ÄGYPTEN

Aus dem Englischen übertragen
von Dr. Eva Eggebrecht

Genehmigte Lizenzausgabe für
Weltbild Verlag GmbH,
Augsburg 1998

Landkarten: Bernhard Higton
Umschlagmotiv:
Mauritius Bildagentur
Kleine Bildmotive:
Mauritius Bildagentur,
AKG, Berlin
Umschlaggestaltung: Studio
Höpfner-Thoma, München
Gesamtherstellung: Fournier A.
Gráficas, S. A., Vitoria
Printed in Spain
ISBN 3-86047-794-3

Frontispiz: Ornamentale Darstellung der Titulatur König Ramses' VI. (1151–1143 v. Chr.) an den Säulen einer Halle in seiner Grabanlage Nr. 9 im Tal der Könige. Nach einer Illustration in Ippolito Rosellini, *I monumenti dell'Egitto e della Nubia,* vol. 1: *Monumenti storici,* Pisa 1832.

BILDATLAS DER WELTKULTUREN

ÄGYPTEN

John Baines und Jaromír Málek

BECHTERMÜNZ VERLAG

INHALT

Erster Teil: Der Schauplatz

Zweiter Teil: Eine Reise auf dem Nil von Süden nach Norden

Dritter Teil: Kultur und Gesellschaft im Alten Ägypten

CHRONOLOGISCHE ÜBERSICHT

Alle mit *Sternchen markierten Jahreszahlen sind gesichert. Die übrigen Daten sind Annäherungswerte.

	v. Chr. 6500	4500	4000	3500	3000	2500
ÄGYPTEN	Spät-paläolithikum	Badarian (Niltal) Merimda (Delta) Faijum	Naqada I (Niltal)	Naqada II (Niltal) Maadi el-Omari (Gebiet von Memphis)	Staatsgründung (Spätes Naqada II) um **3050** Frühdynastische Zeit **2920–2575** 1. Dyn. 2920–2770 2. Dyn. 2770–2649 3. Dyn. 2649–2575	**Altes Reich 2575–2134** 4. Dyn. 2575–2465 5. Dyn. 2465–2323 6. Dyn. 2323–2150 **Erste Zwischenzeit 2134–2040** 9.–10. Dyn. (Herakleopolis) 2134–2040 11. Dyn. (Theben) 2134–2040

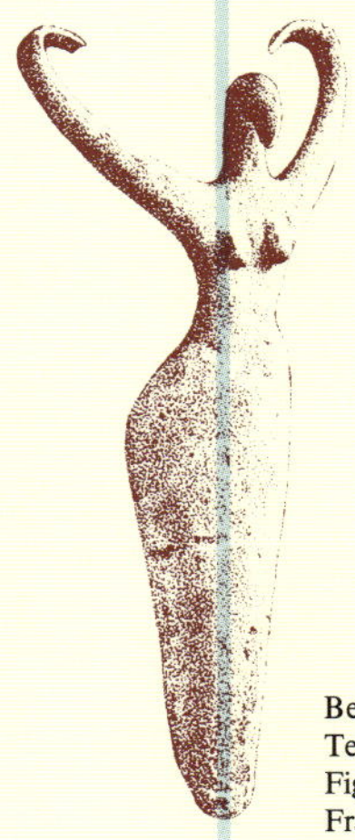

Bemalte Terrakotta-Figur einer tanzenden Frau, Naqada I.

Stufenpyramide des Djoser in Saqqara, um 2630.

Die »Gänse von Meidum«, Malerei aus dem Grab der Itet, um 2560

	v. Chr. 6500	4500	4000	3500	3000	2500
UNTERNUBIEN/ *OBERNUBIEN*	Spät-paläolithikum	Neolithikum Abkan		Frühe A-Gruppe	Klassische A-Gruppe Ausgehende A-Gruppe Kaum siedelnde Bevölkerung	C-Gruppe *Kerma Kultur*
SYRIEN/ *PALÄSTINA*	*Neolithikum Jericho 8500*			Stadt-siedlung Habuba el-Kebira	Frühe Bronzezeit *Kontakte zwischen Ägypten und Palästina* Ebla	Kontakte Ägyptens zu Byblos Zerstörung von Ebla Mittlere Bronze-Zeit
MESOPOTAMIEN/ *IRAN*	*Neolithikum 6500* Neolithikum 6000 Bewässerungs-anbau 5500	Spät-Neolithikum Ubaid 5000		Stadtsiedlung: Uruk Erfindung der Schrift *Ausbreitung des Proto-Elamitischen (Schrift, Sprache)*	Jamdat Nasr Frühdynastische Zeit	Sargon d. Große 3. Dyn. von Ur
ANATOLIEN	Neolithikum Catal Hüyük					
ÄGÄIS	Neolithikum 6500				Frühe Bronzezeit	Mittlere Bronzezeit

2000	1500	1000	500	n. Chr.
Mittleres Reich 2040–1640 11. Dyn. (ganz Ägypten) 2040–1991 12. Dyn. *1991–1783 13. Dyn. 1783–nach 1640 **Zweite Zwischenzeit 1640–1532** 15. Dyn. (Hyksos) 1640–1532 17. Dyn. (Theben) 1640–1550	**Neues Reich 1550–1070** 18. Dyn. 1550–1307 Amarna-Zeit 1352–1333 19. Dyn. 1307–1196 20. Dyn. 1196–1070 **Dritte Zwischenzeit 1070–712** 21. Dyn. 1070–945	22. Dyn. 945–712 23. Dyn. 828–712 24. Dyn. 724–712 25. Dyn. (Nubien und Gebiet von Theben) 770–712 **Spätzeit 712–332** 25. Dyn. (Nubien und ganz Ägypten) 712–657 26. Dyn. *664–*525	27. Dyn. (Persien) *525–*404 28. Dyn. *404–*399 29. Dyn. *399–*380 30. Dyn. *380–*343 2. Perserzeit *343–*332 **Griech.-röm. Epoche *332 v. Chr. – *395 n. Chr.** Makedonische Herrschaft *332–*304 Ptolemäerzeit 304–30 v. Chr.	Römische Kaiserzeit *30 v. Chr.–395 n. Chr. **Byzantinische Zeit *395–*640**

Grab des Ramose (Nr. 55), Theben-West, um 1360, Kopf der Maja

Goldmaske des Tutanchamun um 1325

Detail der Fassade des Großen Tempels von Abu Simbel um 1260

Bronzefigur der Gottesgemahlin Karomama um 850

Der »Grüne Kopf« von einer Privatstatue aus Schist, um 75 v. Chr., Berlin

Fassade des Hathortempels von Dendera Bau geweiht am 17. November 34 n. Chr. (Dekor später)

Besetzung durch Ägypten *Kerma-Staat* Kerma-Eroberung Pfannengräber-Kultur	Ägypten erobert Ober- und Unternubien Entvölkerung Rückzug Ägyptens	*Aufstieg Napata-Meroë (spätere 25. Dyn.)* *25. Dyn.* *Napata-Meroë-Staat –4. Jh. n. Chr.*	Meroïtisch-Ägyptisches Kondominium im Gebiet Dodekaschoinos *Meroïtische Schrift*	Meroïtische Besiedlung *Untergang von Meroë* X-Gruppe
Kontakte Ägyptens zu Byblos Hethitereinfälle	Späte Bronze-Zeit: Stadtstaaten Ägyptische Besetzung um 1530–1200 Mitanni 1520–1330 Hethitervorherrschaft Neu-Hethitische Staaten *Josua Richter*	*Vereinigtes Königreich Israel* *Königreiche von Israel und Judäa* Assyrische Expansion Babylonische Gefangenschaft Juden in Ägypten	Perserherrschaft Aufstand der Satrapen Alexander der Große Seleukidenreich *Ptolemäer*	*Römisches Reich* *Byzantinisches Reich*
1. Dyn. von Babylon *Altelamitisches Reich* Fall Babylons (1595 oder 1531) Kassitendynastie	Unabhängigkeit von Assur, um 1380 *Elamitische Expansion* 2. Dyn. von Isin	Assyrisches Reich Fall Ninivehs Neu-Babylon. Reich *Meder*	*Persische Eroberung* Alexander der Große Seleukidenreich *Parther-Dynastie*	Parther-Dynastie *Sassaniden-Dynastie*
Altes Reich der Hethiter	Hethitisches Großreich Untergang des Hethiterreiches	Urartu SW Anatolische Staaten Gyges von Lydien	Perserherrschaft Alexander der Große Seleukidenreich Ptolemäer	Römisches Reich Byzantinisches Reich
Späte Bronzezeit	Linear B Zerstörung Kretas Zerstörung Mykenes Sub-Mykenisch	Protogeometrisch Geometrisch Orientalisierend Griechen in Ägypten Archaische Zeit	Klassische Zeit Perserkriege Alexander der Große *336–*322 Makedonien Seleukidenreich Ptolemäer	Römisches Reich Byzantinisches Reich

VORWORT

Enger und unbedingter als andere Kulturen ist Altägypten mit seinem geographischen Raum verknüpft. Die Entstehung der pharaonischen Hochkultur, ihre außergewöhnliche Dauer von drei Jahrtausenden und ihre unverwechselbare, sich selbst nie untreu gewordene Eigenart sind geprägt vom Lebensraum des Niltals, eingebettet zwischen Wüsten und Meere. Der ruhige, aber stets spannungsvolle Rhythmus der Dynastien und Reiche, niemals existentiell gefährdet, spiegelt den einprägsamen Kreislauf der Jahreszeiten mit Überschwemmung und Trockenzeit. Literatur, Kunst und Religion der Ägypter sind Früchte einer geistig-seelischen Freiheit, die auf der Grundlage wirtschaftlicher Überschußproduktion wachsen konnte.

So erschließt sich das Verständnis dieser Kultur letztlich nur dem, der sie vor dem Hintergrund des Landes und Klimas, der Lebensbedingungen und wirtschaftlich-sozialen Verhältnisse sieht.

So selbstverständlich diese Gedanken erscheinen mögen, so vergeblich wird man bislang in der neuerdings immer mehr zunehmenden Ägypten-Literatur nach einem Werk gesucht haben, das diese Grundgegebenheit würdigt und angemessen erklärt.

Der Band *Ägypten* im BILDATLAS DER WELTKULTUREN betritt hier Neuland und stößt in ein Vakuum vor. Sein Konzept überzeugt den Fachmann und fesselt den Laien. Nicht die Phänomene der Kultur stehen im Vordergrund der Darstellung, sondern das Land und seine Menschen, aus dem und durch die erst Kultur entstehen konnte. Die Gesetzmäßigkeiten historischer Entwicklung werden hier exemplarisch verdeutlicht, wo unter spezifisch nordostafrikanischen Bedingungen die typischen, unverwechselbaren Kulturformen entstanden. Die große Zahl informativer Karten und Diagramme, aber auch einfach »schöner« Bilder macht die Lektüre zum intellektuellen Erlebnis und zugleich zum ästhetischen Genuß.
Größter Detailreichtum und höchste fachwissenschaftliche Aktualität sind in bewundernswerter Weise zu einem nicht nur leicht lesbaren, sondern in seiner geistreichen Lebendigkeit geradezu spannenden Text verwoben.

»Atlas« meint in diesem Zusammenhang viel mehr als eine Geographie Altägyptens: Reiseführer und Lesebuch, Kunstgeschichte und Bilderbuch zur Religion und Geschichte, Denkmälerkunde und Wegweiser zu Museen: ein Buch zum Lesen, Schauen und Genießen, ein Nachschlagewerk und natürlich auch wirklich ein Atlas.

So vermittelt dieser Band einen Überblick über die wichtigsten archäologischen Fundstätten, und die einzelnen Denkmäler werden unter Einbeziehung neuester Forschungsergebnisse der Ägyptologie in ihrer historischen und kulturgeschichtlichen Bedeutung dargestellt. Zusätzliche Kapitel sind allgemeinen Aspekten der altägyptischen Kultur, der Religionsgeschichte und der zivilisatorischen und gesellschaftlichen Entwicklung vorbehalten, so daß auch der sozialgeschichtliche Hintergrund erhellt wird, vor dem sich das wechselvolle Schicksal der altägyptischen Städte und Tempel ereignet hat.

Den zeitlichen Rahmen bezeichnen die Dynastien angestammter ägyptischer Könige (mit den kurzen Unterbrechungen der Zwischenzeiten und Fremdherrschaften) zwischen etwa 2920 und 332 v. Chr. Um jedoch die frühgeschichtlichen Phasen verständlich zu machen, wurde teilweise auch die Vorgeschichte einbezogen. Ebenso galt es andererseits, die griechisch-römische Epoche, dort, wo es angebracht erschien, in der Darstellung insoweit zu berücksichtigen, als ihre Kultur noch jahrhundertelang ägyptisch war.

John Baines und Jaromír Málek haben in mühevoller Kleinarbeit ein großes Buch gemacht, populärwissenschaftlich im allerbesten Sinne: Sie stellen dem Laien die Wissenschaft vom alten Ägypten exakt und anschaulich dar, und sie führen dieser Wissenschaft damit ein verständnisbereites, qualifiziertes Publikum zu.

Diese beiden hochqualifizierten Kollegen haben nicht nur dem Ägyptenliebhaber, sondern auch der Ägyptologie einen unschätzbaren Dienst erwiesen.

Professor Dr. Dietrich Wildung
Leitender Direktor der Staatlichen Sammlung Ägyptischer Kunst, München

Der erste Teil des Bandes *Ägypten* stammt im wesentlichen von John Baines, für den zweiten Teil zeichnet Jaromír Málek verantwortlich; den dritten Teil haben sich die Autoren geteilt. Helen Whitehouse ist der Beitrag *Ägypten und westliche Kulturen* zu verdanken; an einigen weiteren Spezialbeiträgen wirkten Revel Coles, John Rea und John Tait mit.

ERSTER TEIL

DER SCHAUPLATZ

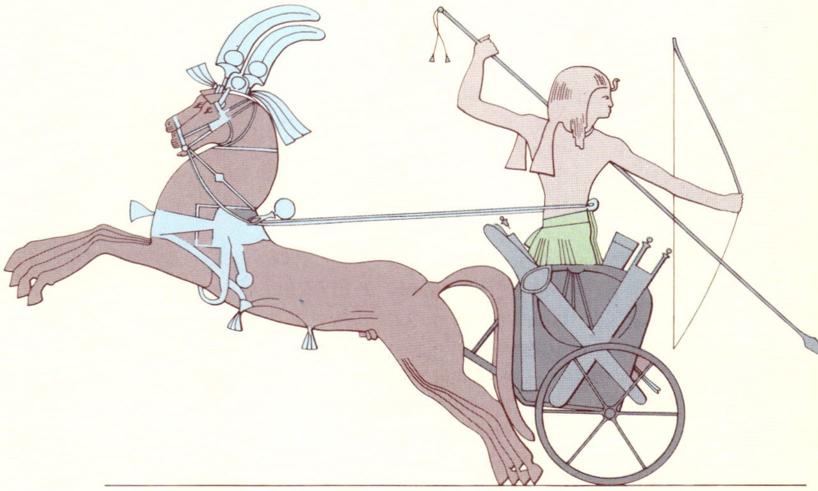

DIE GEOGRAPHIE DES ALTEN ÄGYPTEN

Das alte Ägypten war hinsichtlich seiner geographischen Gegebenheiten außergewöhnlich und in seiner Kontinuität einmalig. Diese Gegegebenheiten stellen selbst unter den verschiedenen Kultur- und Naturoasen, die alle großen Staaten des Altertums waren, einen Sonderfall dar. Für uns ist es nahezu unmöglich, jene Situation mit ihrer Mischung von geographischen und menschlichen Besonderheiten nachzuempfinden, wie es uns auch schwerfällt, die zu betrachtende Zeitspanne gänzlich zu verstehen, die anderthalb mal so lang war wie das christliche Zeitalter. Die Situation, in der sich jener Mensch befand, der die erste Pyramide als ältestes gewaltiges Steingebäude in der Welt entwarf und der in dem einzigen damals existierenden Großreich lebte, können wir kaum nachfühlen. Jedes Verständnis für das alte Ägypten muß von dem Bewußtsein dieser und anderer gewaltiger Unterschiede zwischen damals und heute getragen sein. Doch im Grunde genommen ist die Menschheit überall dieselbe, so daß sich unsere Kenntnis von anderen Zivilisationen auch auf solche gewöhnlichen Dinge erstreckt, wie sie uns selbst umgeben. Man muß also, will man sich mit fremden Kulturen beschäftigen, sowohl das Gewöhnliche als auch das Besondere erforschen; beides wird von den Zwängen der Umwelt beeinflußt.

Geographisch gehört Ägypten in das weite Gebiet Nordostafrikas, aber innerhalb dieser Region hatte seine Nähe zu den Ursprungsländern des Ackerbaus in Westasien von Anfang an eine große Bedeutung. Das historische Ägypten konnte sich zu den meisten Zeiten zwar selbst versorgen, doch nur deswegen, weil seine Wirtschaft in der Hauptsache auf der Landwirtschaft beruhte. Aber zur Beschaffung bestimmter notwendiger Rohstoffe und solcher Dinge, die den Anforderungen einer hohen Zivilisation entsprachen, waren Außenhandel und Unternehmungen in die Wüste notwendig. So ist eine Betrachtung der Gesamtregion für das Verständnis der ägyptischen Kultur unerläßlich. Dasselbe gilt für die Bevölkerung des Landes, die wahrscheinlich aus allen umliegenden Gebieten kam und ethnisch stets sehr heterogen war.

Die Grenzen des alten Ägypten

Es ist keineswegs einfach, die Grenzen Ägyptens im Altertum zu bestimmen. Die entscheidenden Gebiete des Landes, das Niltal, das Delta und das Faijum, wurden durch jene Teile der umliegenden Region ergänzt, auf die die Ägypter besondere Rechte, z.B. bei der Ausbeutung von Minen, geltend machten. Die Südgrenze lag traditionell am Ersten Katarakt bei Assuan, sie wurde aber zeitweilig nach Süden vorgeschoben. Im Neuen Reich finden sich manchmal in Texten Wörter für Ägypten, die sich auch auf die dem Reich einverleibten Teile Nubiens beziehen. Abgesehen von diesen Erweiterungen ägyptischen Territoriums wurde von den Ägyptern zu fast allen Zeiten die Kette der Oasen westlich des Nils – von Siwa im Norden bis el-Charga im Süden – besiedelt und verwaltet; sie verlaufen etwa parallel zum Nil in ca. 200 km Enfernung und erreichten den Höhepunkt ihrer Blüte in der römischen Zeit.

Die wichtigsten Gebiete Ägyptens bilden zusammen eine Flußoase inmitten der Wüste. Auf diese Weise war das Land von seinen Nachbarn weitaus isolierter als alle anderen bedeutenden Staaten des Altertums. Dieser Isolation verdankt es zum größten Teil seine außergewöhnliche Stabilität; einen überzeugenden Hinweis darauf liefern die Texte des 3. Jahrtausends aus Mesopotamien und Syrien, die Ägypten mit keinem Wort erwähnen. Bis etwa zum 13. Jahrhundert v. Chr. war Ägypten ein Anziehungspunkt für einzelne Siedler, aber nicht für geplante Invasionen; die Einwanderer wurden dabei stets sehr rasch absorbiert. Während also ägyptische Geschichte vorwiegend interne Geschichte ist, gilt dies längst nicht für die Zeit der großen, nur ungenügend bekannten Veränderungen in der Vorgeschichte. Obgleich die Oase Ägypten am Ende des 3. Jahrtausends voll ausgebildet war, muß man dieses Stadium der klimatischen Entwicklung im Zusammenhang mit den wesentlich ausgedehnteren Veränderungen früherer Perioden sehen.

In den Jahrtausenden nach dem Ende der letzten Eiszeit (um 10 000 v. Chr.) gehörte das Niltal zu jenen Gebieten, die die Bevölkerung der Sahara und der überwiegenden Teile Nordafrikas anzogen. Während des Pleistozäns war das Flußtal die meiste Zeit über unpassierbares Sumpfgelände und der Wasserspiegel war wesentlich höher als heute. Als die Sahara am Ende dieser Phase austrocknete, wurde sie für die dort einst über fast das gesamte Gebiet verteilten nomadischen Gruppen immer unwirtlicher. Seit etwa 11 000 v. Chr. läßt sich eine Konzentration von paläolithischen Siedlungsplätzen auf dem Wüstenplateau am Rande des Niltals feststellen. Eine Einzelheit jener frühen Kulturen mag darauf hinweisen, daß man bereits die Folgen von Nahrungsverknappung und Bevölkerungsdruck spürte. Einige Feuersteinklingen von Plätzen im Gebiet des 2. Kataraktes zeigen Spuren der Verwendung von gesammelten Gräsern, sehr wahrscheinlich von wilden Grassorten, die Getreidekörner enthalten haben könnten. Dies ist – neben Hayonim Terrace in Palästina – vielleicht der früheste Hinweis auf Getreideverbrauch in der Welt. Allerdings ist es kein Zeugnis für eine seßhafte, bäuerliche Lebensweise, sondern eher für die zunehmende Nutzbarmachung vorhandener Ressourcen durch eine immer noch nicht seßhaft gewordene, eine nomadische Bevölkerung.

Dieses vereinzelte Beispiel eines »Fortschritts« in Ägypten zeitigte anscheinend keine langanhaltende Wirkung. In den Jahren zwischen 10 000 und 5000 v. Chr. setzte sich die spät- und mittelpaläolithische Lebensweise fort; einen klaren Zusammenhang zwischen dieser Periode und den nachfolgenden Kulturen kann man nicht erkennen. Diese Kulturen nennen die Ägyptologen normalerweise »vorgeschichtliche«; sie gehören dem Neolithikum an, ihre Bevölkerung war seßhaft und betrieb Ackerbau. Die Entwicklung mag dabei zum Teil aus Westasien angeregt worden sein. Sie gehören in die Zeit zwischen ca. 4500 v. Chr. und dem Beginn der dynastichen Periode. Dabei dürften die Bedingungen in der ägyptischen Vorgeschichte nicht fundamental verschieden von denen zu Beginn des 19. Jahrhunderts n. Chr. gewesen sein. Diese Analogie ist durchaus wichtig, denn damals wie heute finden sich die meisten Siedlungen im Niltal und im Delta, nicht an den Wüstenrändern. Vermutlich lagen also die Ortschaften meist an derselben Stelle. Es ist vorteilhaft, auf einem älteren Siedlungsplatz zu

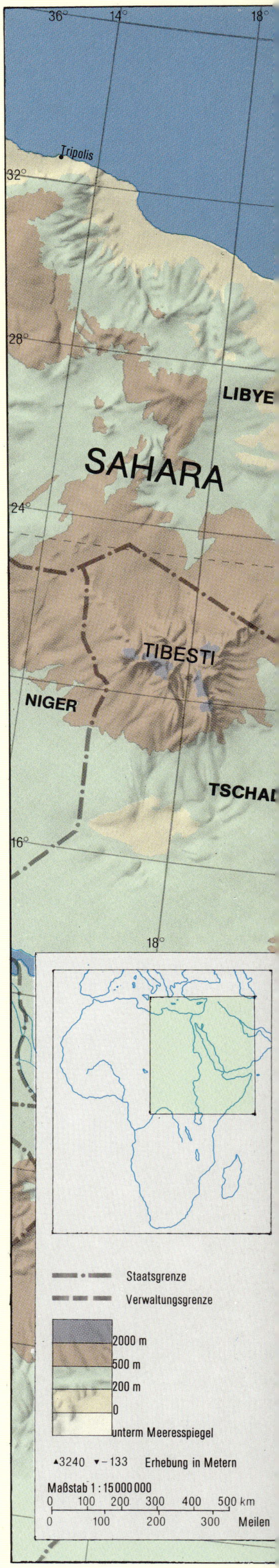

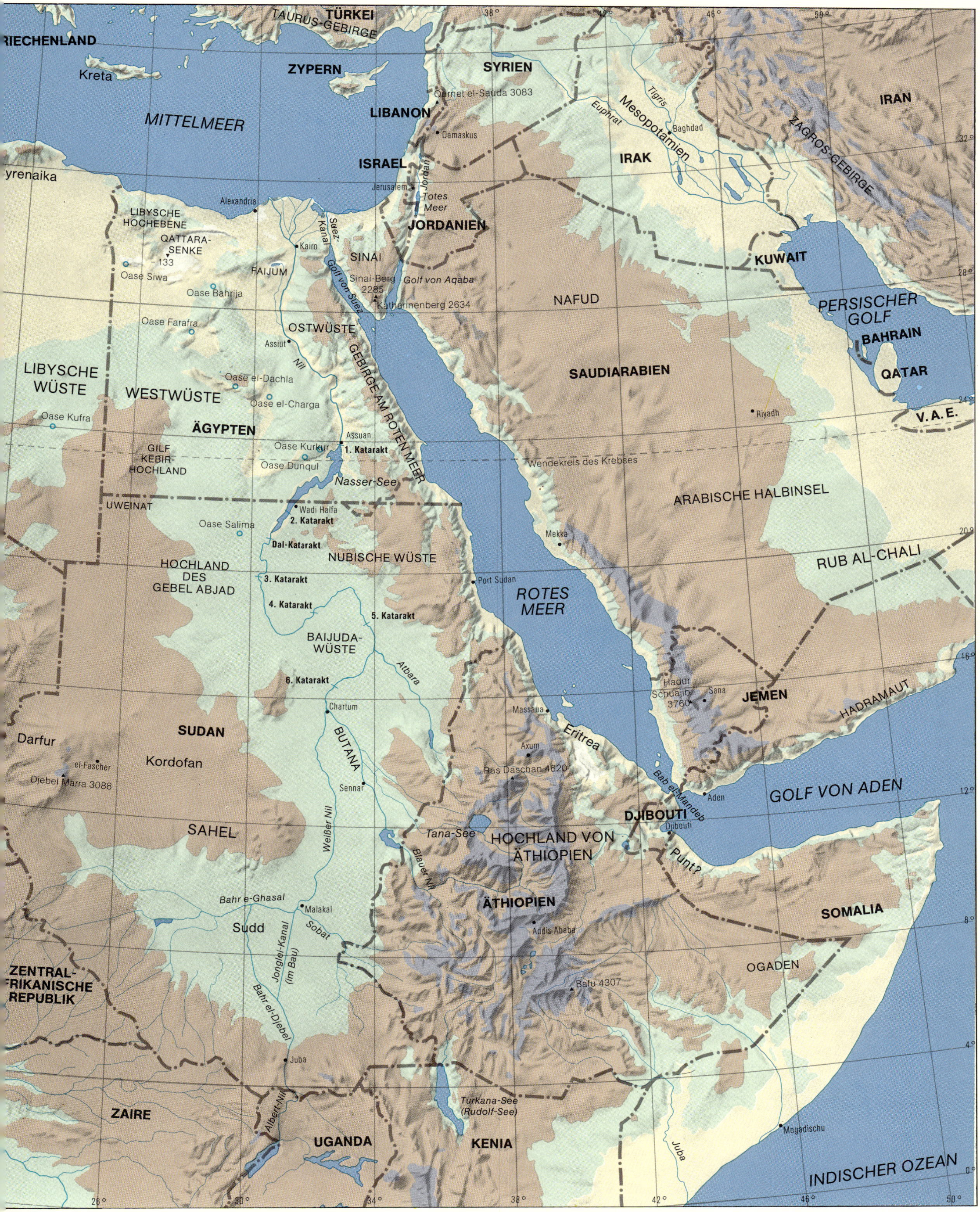
TÜRKEI
TAURUS-GEBIRGE
RIECHENLAND
Kreta
ZYPERN
SYRIEN
Qurnet el-Sauda 3083
LIBANON
Damaskus
MITTELMEER
IRAN
Tigris
Euphrat
Mesopotamien
Baghdad
ZAGROS-GEBIRGE
IRAK
ISRAEL
Jordan
yrenaika
Jerusalem
Totes Meer
JORDANIEN
Alexandria
LIBYSCHE HOCHEBENE
QATTARA-SENKE
-133
Suez-Kanal
Kairo
SINAI
KUWAIT
Oase Siwa
FAIJUM
Golf von Suez
Sinai-Berg 2285
Golf von Aqaba
Katharinenberg 2634
Oase Bahrija
NAFUD
PERSISCHER GOLF
BAHRAIN
Oase Farafra
OSTWÜSTE
Assiut
GEBIRGE AM ROTEN MEER
LIBYSCHE WÜSTE
Nil
Oase el-Dachla
SAUDIARABIEN
QATAR
WESTWÜSTE
Oase el-Charga
Oase Kufra
Riyadh
V.A.E.
ÄGYPTEN
Assuan
GILF KEBIR-HOCHLAND
Oase Kurkur
1. Katarakt
Oase Dunqul
Wendekreis des Krebses
Nasser-See
ARABISCHE HALBINSEL
UWEINAT
Wadi Halfa
2. Katarakt
Oase Salima
Mekka
Dal-Katarakt
NUBISCHE WÜSTE
RUB AL-CHALI
HOCHLAND DES GEBEL ABJAD
3. Katarakt
Port Sudan
ROTES MEER
4. Katarakt
5. Katarakt
BAIJUDA-WÜSTE
Atbara
6. Katarakt
Hadur Schuajib 3760
Sana
JEMEN
HADRAMAUT
Chartum
Massaua
SUDAN
Darfur
BUTANA
Eritrea
el-Fascher
Kordofan
Axum
Djebel Marra 3088
Ras Daschan 4620
Sennar
Bab el-Mandeb
Aden
GOLF VON ADEN
DJIBOUTI
Djibouti
SAHEL
Weißer Nil
Tana-See
HOCHLAND VON ÄTHIOPIEN
Punt?
Blauer Nil
ÄTHIOPIEN
Bahr e-Ghasal
Malakal
SOMALIA
Sudd
Sobat
Addis Abeba
Jonglei-Kanal (im Bau)
ZENTRAL-FRIKANISCHE REPUBLIK
OGADEN
Bahr el-Djebel
Batu 4307
Juba
ZAIRE
Turkana-See (Rudolf-See)
Albert-Nil
UGANDA
KENIA
Mogadischu
Juba
INDISCHER OZEAN
26°
30°
34°
38°
42°
46°
50°
0°
4°
8°
12°
16°
20°
24°
28°
32°

bauen, denn die allmähliche Ansammlung von Schutt hob den Ort mit der Zeit über das Talniveau heraus und schützte somit vor den Gefahren besonders hoher Überschwemmungen. Weil also ältere Siedlungen unter modernen verborgen liegen und weil sich im gesamten Niltal seit etwa 3000 v.Chr. mehr als 3 m Schlamm abgelagert haben, wurden archäologische Reste früherer Ortschaften kaum gefunden. Deshalb ist auch ägyptische Archäologie vielfach hypothetisch.

Das Niltal sowohl der Vorgeschichte als auch der späteren Perioden war also in Nordafrika ein Brennpunkt für die Entwicklung der Landwirtschaft sowie später auch für städtische Gemeinden. Die gesamte Region vom Zusammenfluß des Weißen und Blauen Nils bis zum Delta dürfte ursprünglich kulturell sehr ähnlich gewesen sein; aber vom Beginn der 1. Dynastie an wurden die Unterschiede zwischen Ägypten und dem Süden gravierend. Die Konzentration von Menschen verschiedener Herkunft brachte Neuerungen aus unterschiedlichen Richtungen, wobei die wichtigsten Anregungen wohl aus dem Nahen Osten kamen. Es gehörte in allen Perioden zu den wesentlichen Merkmalen der eigentlichen ägyptischen Kultur, daß sie kaum technische Neuerungen hervorbrachte. Das liegt vielleicht an dem verschwenderischen Reichtum der Natur mit seinem segenspendenden Wasser, der keine Erfindungen förderte.

In diesen frühen Perioden, in denen sich Ägypten herausbildete, war der Kontakt zu den benachbarten Gebieten einfacher als heute; denn die Austrocknung der Sahara war noch nicht abgeschlossen, und die Wüsten im Westen und besonders im Osten des Niltals besaßen eine reichhaltigere Flora und Fauna als heute, so daß sie auch größeren nomadischen Bevölkerungsgruppen Lebensmöglichkeiten boten. Selbst für die Niltalbewohner hatten diese Gebiete eine gewisse Bedeutung. Im späten 4. und im Verlauf des 3. Jahrtausends trockneten die Wüsten zunehmend aus, was für die Herausbildung des ägyptischen Staates nicht unerheblich gewesen sein dürfte. Der politische Zusammenbruch am Ende dieser Klimaphase (um 2150 v.Chr.) ist wohl durch niedrige Überschwemmungen des Nils ausgelöst worden und könnte ein Symptom für die in ganz Nordafrika festgestellte Trockenphase sein.

Klima und Geographie spielten also bei dieser Entwicklung eine wichtige Rolle. Man kann nicht sagen, daß sie ihre Richtung bestimmten, denn es wären auch andere Resultate vorstellbar, aber sie schlossen eine Fortsetzung der bisherigen Daseinsformen aus. Der Nil mit seinen regelmäßigen Überschwemmungen war ein dominierender Faktor in der Organisation des gerade entstandenen ägyptischen Staates.

Das Niltal

Landwirtschaft wäre in Ägypten – vielleicht mit Ausnahme eines Landstriches an der Mittelmeerküste – ohne den Nil unmöglich gewesen, denn die Regenfälle sind unbedeutend; so fallen z.B. im Delta nicht mehr als 100 bis 200 mm Niederschläge im Jahr. Bei keinem der anderen großen Ströme der Welt, deren Täler man für Bewässerungsanbau nutzt, fließt das Wasser regelmäßiger und vorausberechenbarer als beim Nil. Im Altertum bedeckte die jährliche Überschwemmung zwischen Juli und Oktober nahezu das gesamte Flußtal und das Delta, und bei entsprechend sorgfältiger Planung reichte das Wasser für eine Ernte aus. Heute kann man die Wirkung der Überschwemmungen nicht mehr beobachten, denn seit 1830 wird der Fluß durch eine Reihe von Dämmen und Schleusen gezügelt. Sie regulieren die Wasserhöhen von Sennar am Blauen Nil bis zur Spitze des Deltas, nördlich von Kai-

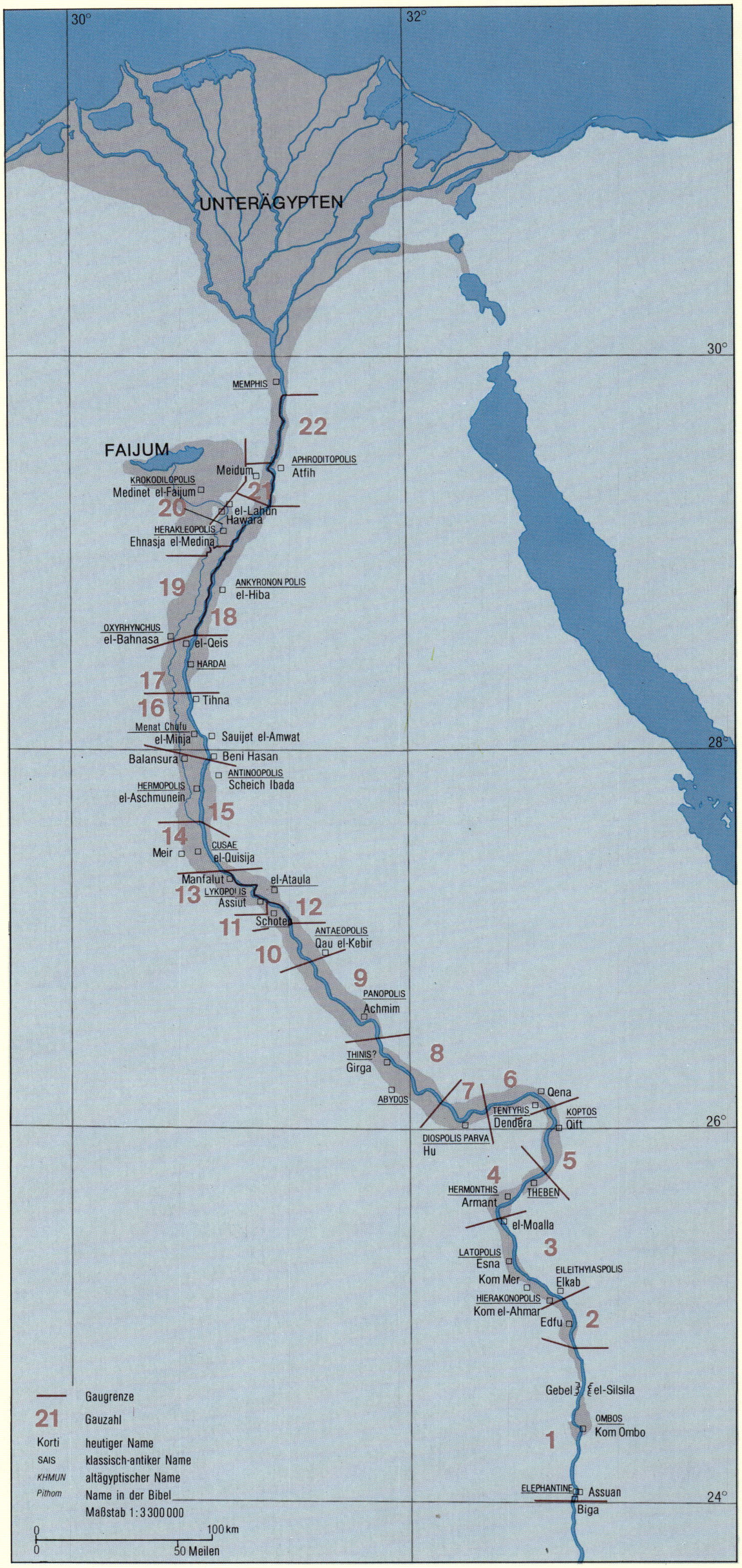

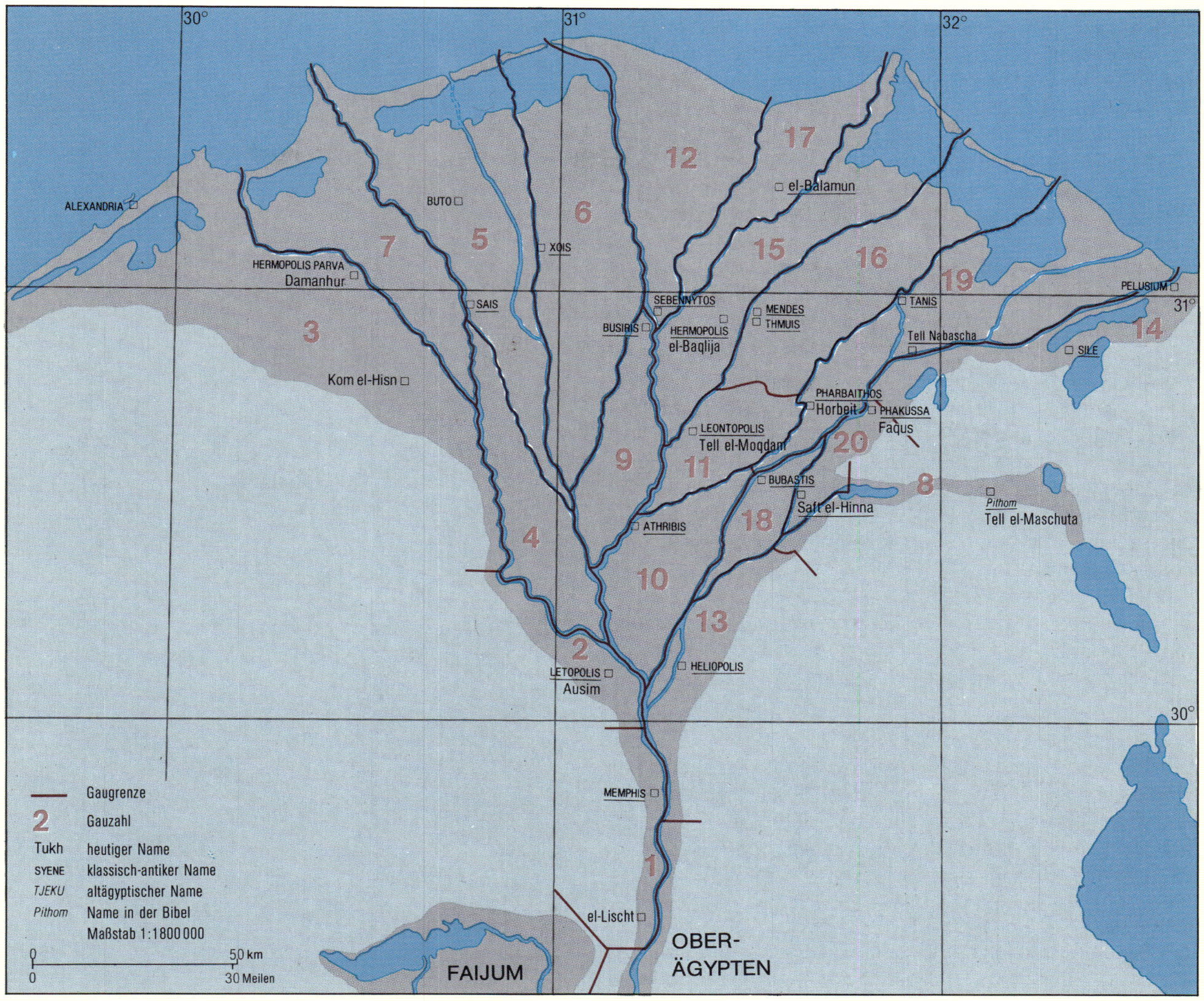

Links: Die Gaue Oberägyptens
Gaue waren Verwaltungsabschnitte Ägyptens, deren Anfänge auf die Frühzeit zurückgehen. In der 5. Dynastie waren die 22 Gaue Oberägyptens voll ausgebildet; ihre Ausdehnung längs des Nils ist im Kiosk Sesostris' I. in Karnak aufgezeichnet. Die auf dieser Karte angegebenen Gaugrenzen basieren auf der Interpretation jener Maßangaben und gelten nicht für alle Perioden Altägyptens. Die endgültige Zahl der 20 Gaue Unterägyptens hatte sich erst in der griechisch-römischen Zeit herausgebildet. Das Faijum und die Oasen waren nicht in dieses Einteilungsschema einbezogen.

Die Gesamtzahl 42 hatte symbolische Bedeutung: es gab im Totengericht 42 Richter, und der frühchristliche Schriftsteller Clemens von Alexandria (2. Jahrhundert n. Chr.) bemerkte, daß die Ägypter 42 heilige Bücher gehabt hätten.

Die Namen der antiken Gauhauptstädte sind unterstrichen. In mehreren Fällen ist mehr als ein Name innerhalb eines Gaues unterstrichen; dort hatte entweder die Hauptstadt gewechselt oder es veränderte sich im Laufe der Zeit die Gaugrenze. Wo unterstrichene Ortsnamen fehlen, ist die Hauptstadt nicht bekannt.

Rechts: Die Gaue Unterägyptens
Diese Anordnung der 20 unterägyptischen Gaue aus griechisch-römischer Zeit basiert auf Gaulisten aus den Tempeln von Edfu und Dendera. Viele Gaugrenzen verlaufen entlang der Flußarme, ihre alte Lage ist versuchsweise rekonstruiert worden.

Für jeden Gau gab es ein bestimmtes Zeichen. Es wurde von Personifikationen der Gaue auf dem Kopf getragen. Sie sind in langen Reihen auf den untersten Registern vieler Tempelwände dargestellt worden. Die Zeichen für Ober- und Unterägypten:

Oberägypten:

Unterägypten:

ro, und bald auch die des Weißen Nils im Südsudan, wo der Jonglei-Kanal den Bergfluß (Bahr el-Gebel) mit dem Sobat verbinden wird. Da wir also diese Erscheinung unter modernen Bedingungen nicht mehr beobachten können, müssen wir auf ältere Quellen zurückgreifen, angefangen von Zeugnissen aus pharaonischer Zeit bis hin zur *Description de l'Égypte* der napoleonischen Expedition und Berichten von Bewässerungsingenieuren aus dem 19. Jahrhundert. Um festzustellen, wie groß das kultivierte Gebiet in der Vergangenheit exakt war, muß man lokale Untersuchungen anstellen. Eine Schätzung für die älteren Perioden zeigt die Karte auf Seite 31.

Der Nil wird gespeist vom im äthiopischen Hochland entspringenden Blauen Nil und vom Weißen Nil, der sich in eine verwirrende Vielzahl kleiner Arme im Südsudan auflöst und bis zum Victoria-See in Zentralafrika reicht. Der Weiße Nil erhält seine Wassermengen durch die Regenfälle im Tropengürtel und sichert das ganze Jahr über einen relativ konstanten Zufluß mit Hilfe der Sümpfe im Südsudan (Sadd), die große Mengen des Wassers in der Regenzeit absorbieren. Der blaue Nil und der Atbara, der einzige, etwas nördlich von Karthoum mündende Nebenfluß des Nils, führen von den im Sommer in Äthiopien niedergehenden Monsunregen riesige Wassermengen heran und speisen in den Monaten Juli–Oktober (im Sudan selbst etwas früher) fast allein den Fluß. Gleichzeitig setzt in den Savannen des Zentralsudan die Regenzeit ein. In Ägypten hatte der Nil von April bis Juni seinen niedrigsten Stand erreicht. Dann aber stieg im Juli der Wasserspiegel, und im August begann normalerweise die Flut, die etwa von Mitte August bis Ende September den größten Teil des Niltals bedeckte; dabei wurden die Salze aus dem Boden gewaschen und eine Schlammschicht abgelagert, die im Laufe eines Jahrhunderts mehrere Zentimeter ausmacht. Wenn der Wasserstand fiel, wurden die wichtigsten Saaten von Oktober–November in

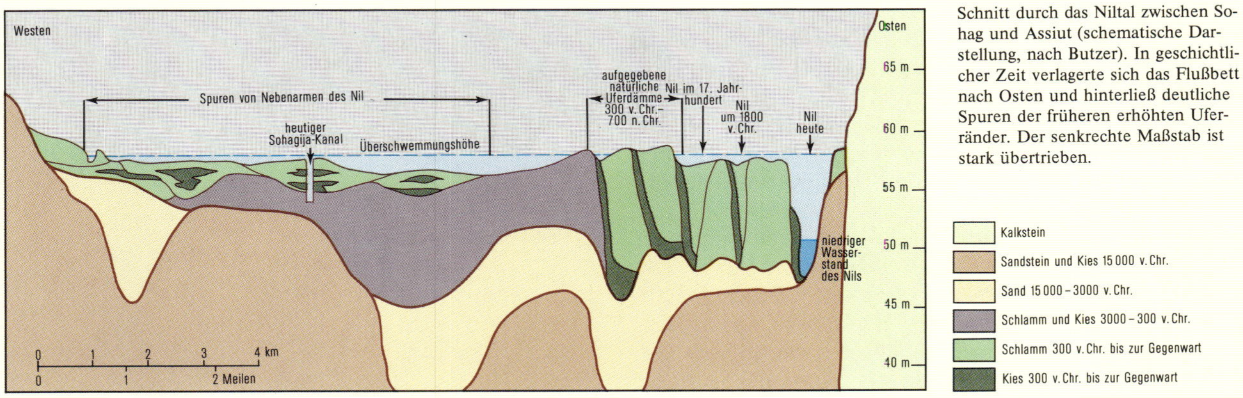

Schnitt durch das Niltal zwischen Sohag und Assiut (schematische Darstellung, nach Butzer). In geschichtlicher Zeit verlagerte sich das Flußbett nach Osten und hinterließ deutliche Spuren der früheren erhöhten Uferränder. Der senkrechte Maßstab ist stark übertrieben.

die Erde gebracht, die je nach Art von Januar bis April reifen. Im Altertum konnte Landwirtschaft fast im gesamten Niltal und im weiten Teilen des Deltas betrieben werden; die wesentlichen Ausnahmen bildeten die Sumpfgebiete. Flußtal und Delta bedecken zusammen eine Fläche von 34000 km^2 (nach den Angaben von 1945–50). Über lange Zeiträume hinweg hat sich das Flußbett beträchtlich verändert, kaum mehr jedoch in den letzten 5000 Jahren. Die Akkumulation von Schlamm und die Bewirtschaftung des Wassers durch den Menschen haben zu einer allmählichen Erweiterung des anbaufähigen Landes geführt; z.B. wurden die gewöhnlich an den Wüstenrändern liegenden Sümpfe kultiviert sowie flache Wüstenstreifen in die Überschwemmungsgebiete einbezogen. In diesem Prozeß spielten das Profil des Niltals und der Verlauf der Überflutungen eine große Rolle. Das Wasser hatte die Tendenz, das Flußbett auszuwaschen, dagegen erhöhten die Schlammablagerungen während der Überschwemmungen das Land unmittelbar am Fluß, wo die Flut am stärksten war. So ergibt sich ein konvexes Talprofil; die Nilränder waren trockener und deshalb eher für eine Besiedlung geeignet als das weiter entfernte Land. Die Flut bedeutete keine allgemeine Überschwemmung der Uferränder, sondern durch Überlaufkanäle gelangte das Wasser in das tiefer liegende Land hinter den Ufern. Der Flutkamm lief also mehr oder weniger parallel im Fluß und in den Hauptteilen der Ebene.

Der Ackerbau verlangte eine möglichst weitgehende Kontrolle der Flut. Die Gebiete der Ebene wurden bis zu einem gewissen Grad nivelliert und bildeten eine Reihe von Becken mit beträchtlichen Ausmaßen; diese »terrassierten« das Land für die Bewässerung, wobei der stufenweise Abfall (jede Terrasse war nur unmerklich niedriger als die vorhergehende) sowohl flußabwärts als auch nach den Seiten hin erfolgte. (Der Niveauunterschied zwischen Assuan und der Küste beträgt nicht mehr als 85 m.) Wegen der enormen Größe der bewässerten Einheiten war wohl im Interesse einer größtmöglichen Ausnutzung des Bodens ein gewisser Grad an zentraler Organisation notwendig. Effektive Einheiten konnten so groß wie die alten Provinzen oder Gaue gewesen sein, von denen es zwischen Assuan und Memphis 22 gab. In historischer Zeit erweiterte sich allmählich die bewässerte Anbaufläche (mit gelegentlichen Rückschlägen, so besonders um 2100 v.Chr.), z.T. aufgrund einer verbesserten Technologie (zumeist importiert) und z.T. durch die Urbarmachung von niedrig liegenden Landesteilen und Sumpfgebieten. In frühen Zeiten stellten die Sümpfe die Rückzugsgebiete für das Großwild dar, das von den Reichen gejagt wurde. Dort wuchs auch der Papyrus, aus dem man Schreibmaterial sowie Matten, Boote und Geräte herstellte. Dann aber wurden die Sümpfe für eine intensive Landwirtschaft erschlossen, so daß der Papyrus im Mittelalter verschwand.

Die wichtigsten Anbaupflanzen waren Getreide wie Emmer *(Triticum dicoccum)* für Brot und Gerste für Bier (Weizen wurde erst in griechisch-römischer Zeit eingeführt). Daneben gab es Hülsenfrüchte (Linsen und Kichererbsen), Gemüse (Lattich, Zwiebeln, Knoblauch), Früchte (besonders Datteln), eine unbekannte Anzahl von Futterpflanzen für die wegen ihrer Felle und ihres Fleisches wichtigen Tiere, ferner Ölpflanzen wie Sesam. Wenig weiß man über Kräuter und Gewürze. Honig galt als das wichtigste Süßmittel, so daß die Bienenzucht recht ausgedehnt gewesen sein muß. Fleisch war Luxus. Die Herden wurden wohl in den sumpfigen Randgebieten, besonders im Delta, geweidet. Rindfleisch war am begehrtesten, aber es wurde sicher auch das Fleisch von Schafen, Schweinen und Ziegen sowie von verschiedenen

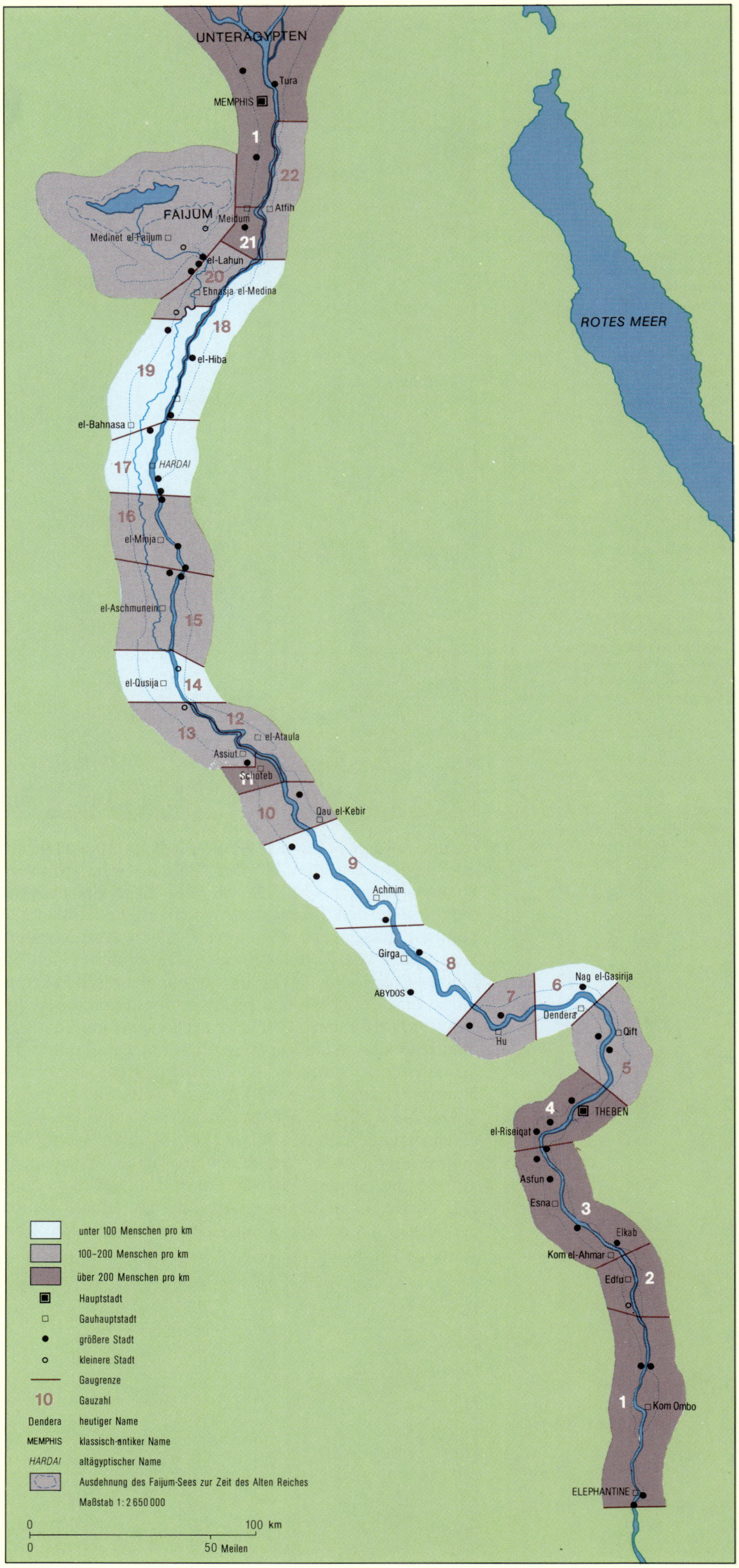

Die Bevölkerungsdichte im Niltal
Geschätzte Bevölkerungsdichte in den Gauen des Niltals in historischer Zeit (nach Butzer). Die Dichte nimmt in den schmalen Teilen des Flußtales und nahe der Hauptstadt zu, wahrscheinlich, weil diese Landstriche bereits in früher Zeit vollständig besiedelt waren und weil sie leichter bewirtschaftet werden konnten. Doch mögen die erhaltenen Zeugnisse das Bild etwas verzerren, denn dort, wo die Wüste dichter an den Fluß heranreicht, haben sich Siedlungsreste eher erhalten. Die Bevölkerungszahl des Deltas, für die es keine Grundlagen zur Schätzung gibt, übertraf im Neuen Reich vermutlich die des Niltals.

Für die größeren Orte, die alle aus historischer Zeit bezeugt sind, werden entsprechend ihrer ungefähren Größe verschiedene Symbole verwendet, um eine ungefähre Vergleichsmöglichkeit zu bieten. Dörfer sind dabei unberücksichtigt geblieben.

Antilopenarten gegessen. Geflügel bildete die Nahrung der Reichen. Man aß Tauben, die vermutlich in Schlägen gehalten wurden, ebenso Enten, Gänse und verschiedene Wildvögel. Hühner waren vor dem Neuen Reich unbekannt und fanden erst in griechisch-römischer Zeit allgemeine Verbreitung.

Die Hauptanbaugebiete von Wein lagen im Westdelta und in den Oasen, der gewonnene Rebensaft galt ebenfalls als Luxusprodukt. Rotweine sind gut bekannt, von Weißweinen sprechen die griechischen Quellen. Das normale alkoholische Getränk war ein grobes Gerstenbier, das zu Hause hergestellt wurde. Ebenso kannte man Wein, der aus Granatäpfeln und Datteln gewonnen wurde. Schließlich waren Papyrus und Flachs zwei wichtige Pflanzen; aus Flachs wurde nahezu die gesamte Kleidung, ferner Segel und Seile (vielleicht auch Leinsamenöl) hergestellt und exportiert. Die Dattelpalmen nutzte man außerdem sehr intensiv für die Gewinnung von Fasern, die dann weiterverarbeitet wurden.

Das Delta

Das Delta bietet im allgemeinen ein ähnliches Bild wie das Niltal, stellte aber sicher eine größere Herausforderung zur Urbarmachung dar. Selbst heute noch sind große Gebiete für eine Kultivierung ungeeignet, doch mögen einige von ihnen als Sümpfe und Lagunen durch spätere Einbrüche des Meeres entstanden sein. Unter diesen Bedingungen stellte die Gewinnung kultivierbaren Bodens zur Entwicklung des Gebietes wohl zu allen Zeiten eine bedeutsame Aufgabe dar. Schon in der 4. Dynastie erscheint das Delta in der Liste der Güter, die in memphitischen Gräbern aufgezeichnet sind, an prominenter Stelle. Aufgrund seiner Bedeutung für die Landwirtschaft bestimmte es seit dem 14. Jahrhundert v. Chr. zunehmend das politische und wirtschaftliche Leben Ägyptens, denn die im Delta zur Verfügung stehende Ackerfläche war doppelt so groß wie die im Niltal.

Das Delta war durch die Wechselwirkung von Meer und abgelagertem Nilschlamm zu einer Zeit entstanden,

Alte Aufnahme eines Nilbootes mit einer Ladung Wassergefäße. Wegen der Bequemlichkeit des Flußtransportes werden auf diese Weise billige und unhandliche Waren über große Entfernungen befördert, wie es wohl immer geschah. Die Töpfe wurden nahe Qena hergestellt, wo es gute Tone gibt, die sich für die Herstellung von porösen, durch ihre Verdunstung das Wasser kühl haltenden Gefäßen besonders eignen.

Alte Aufnahme von zwei hintereinander angeordneten *Schadufs* – das sind Hebearme mit einem Gewicht auf der einen und einem Schöpfgefäß auf der anderen Seite –, wie sie zum Heben von Wasser für Bewässerungszwecke verwendet wurden (die Frauen im Vordergrund holen für den Haushalt benötigtes Wasser). Mit dem im Neuen Reich eingeführten *Schaduf* konnte man das Wasser drei Meter hoch heben oder auch höher, wenn zwei Schadufs – wie hier im Bild – hintereinander angeordnet waren. Dieses Verfahren ist aber derartig arbeitsaufwendig, daß man es nur für die Gartenbewässerung oder zur Erhöhung des Wasserstandes überschwemmter Gebiete benutzte.

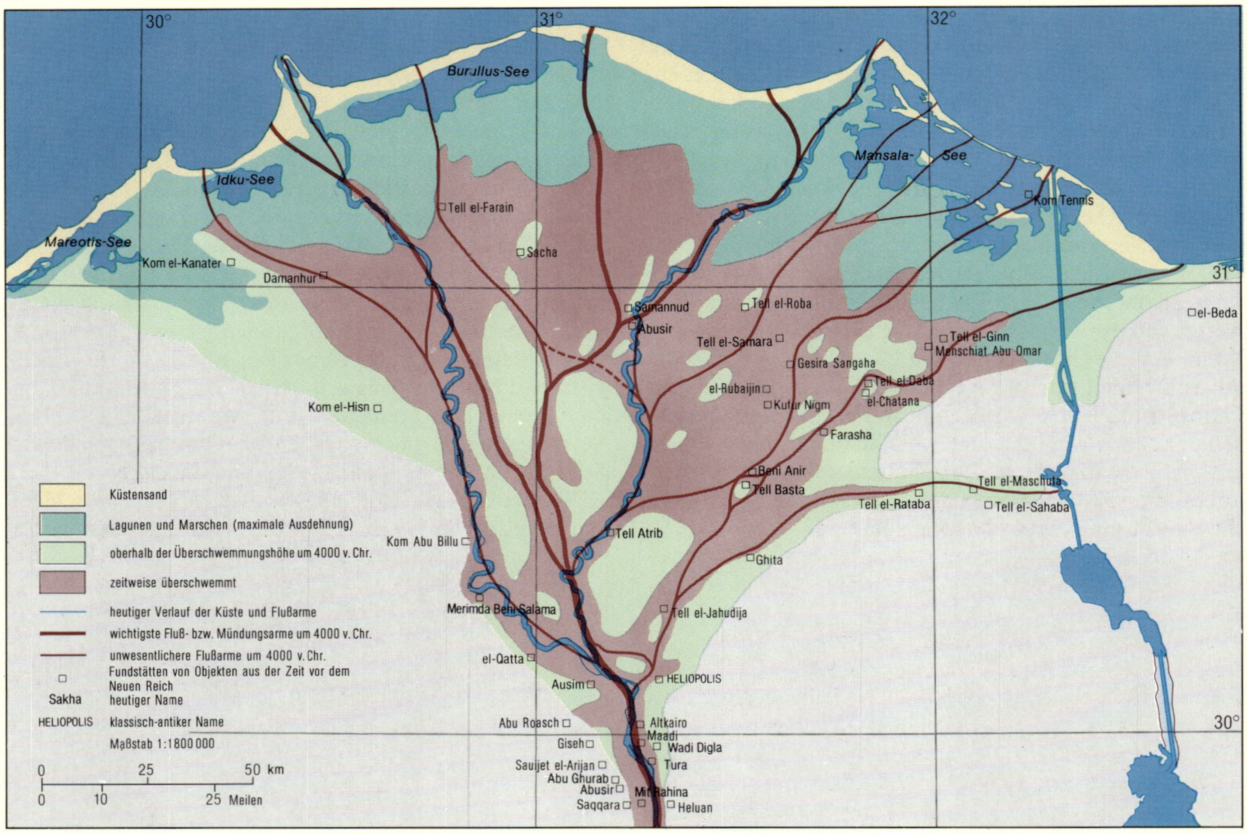

Topographie des Nildeltas
Die Topographie des Nildeltas, rekonstruiert für die Zeit um 4000 v. Chr. (nach Butzer), im Vergleich mit der modernen Situation.

Das nördliche Delta war einst Lagune und Sumpfgebiet. Allmählich wurde es mit Schichten von Nilschlamm überzogen; damit erweiterte sich mit der Zeit jenes Landgebiet, das nur zeitweilig überschwemmt wurde. Die nördlichste Randzone dürfte allerdings viel früher Siedler angezogen haben, als man aus der Karte schließen würde, denn es gibt im Nordosten sehr frühe Siedlungen und einen Gau am Burullus-See. Wie aufgrund untergegangener Plätze an der Küste zu vermuten ist, mag dieses Gebiet später im Verhältnis zum südlichen Delta abgesackt sein, etwa auf der Achse des Wadi Tumilat.

Die allgemeine Entwicklung der einzelnen Flußarme, deren Lauf sicher stark vom Menschen beeinflußt wurde, führte zu ihrer zahlenmäßigen Verringerung; dabei verlagerte sich der Hauptabfluß westwärts.

Die nicht von der Überschwemmung betroffenen Landstriche bestanden um 4000 v. Chr. aus Sand und Schlamm und werden oft mit dem arabischen Wort *gesira* »Insel« bezeichnet. Ihre Ränder waren für eine Besiedlung besonders geeignet. Bei den hier genannten Orten fanden sich bedeutende Denkmäler aus der Zeit vor dem Neuen Reich. Viele weitere Orte sind aus Texten bekannt, wurden hier aber weggelassen.

als in früheren geologischen Zeitaltern der Meeresspiegel noch sehr hoch war. Für eine ständige Besiedlung eigneten sich Sandrücken zwischen den Nilarmen und anderen Wasserkanälen. Einige von ihnen waren vermutlich schon zu Beginn der Vorgeschichte bewohnt, dabei verlief die Besiedlung anscheinend nordwärts. Das Land um die Sandrücken herum konnte für einen Anbau, oder, wenn es feuchter war, zum Weiden genutzt werden. In den Sümpfen hielten sich, wie in denen des Niltals, Wildtiere und Fische; ebenso wuchs dort Papyrus. Wegen des unterschiedlichen Charakters der beiden Hauptregionen Ägyptens war auch die landwirtschaftliche Praxis verschieden; nachgewiesene Handelsbeziehungen zwischen beiden Regionen sprechen für einen Austausch von Produkten. Für die frühen Perioden sind größere Ansiedlungen im Delta nicht belegt. Dieses augenscheinliche Fehlen von Bevölkerungszentren mag zum Teil an der relativen Nähe der Stadt Memphis südlich der Deltaspitze gelegen haben. Es verwundert nicht, daß das aus dem Delta überlieferte archäologische Material nur einen Bruchteil des aus Oberägypten bekannten ausmacht und keineswegs die wahre Bedeutung jenes Gebietes widerspiegelt.

Das Faijum

Das dritte größere, in antiker Zeit bewohnte Gebiet war das Faijum, eine Seeoase westlich des Niltals und südlich von Memphis. Es erhält ständigen Zufluß durch den Bahr Jusuf, einen nördlich von Assiut nach Westen abzweigenden Nilarm, der im Birket Qarun, dem Moëris-See des Altertums, mündet. Der See, der einst fast so groß wie das gesamte Faijumgebiet war, ist seit dem Neolithikum ständig kleiner geworden. Bereits im späten Paläolithikum (um 7000 v. Chr.) und mehr noch im Neolithikum bildete der See einen Anziehungspunkt für Siedler; dies ist auch für das Alte Reich bezeugt. Die frühesten Kulturen waren solche von Jägern und Sammlern, doch war im Alten Reich ohne Zweifel die Landwirtschaft dort bereits eingeführt. Eine intensive Nutzung des Gebietes hing von einem Senken des Wasserspiegels ab, um anbaufähiges Land zu gewinnen, aber ebenso von einer Verwendung des Wassers, das ansonsten den See wieder gefüllt hätte, für die künstliche Bewässerung oberhalb und unterhalb des Seespiegels. Die Könige der 12. Dynastie ließen hier umfangreiche Arbeiten ausführen, die den See beträchtlich verkleinert haben müssen und etwa 450 km Boden für die Kultivierung gewannen. Später verwandelten die Ptolemäer das Faijum zu einem der blühendsten und am dichtesten besiedelten Teile Ägyptens mit etwa 1200 km kultiviertem Boden; viel von dem damals künstlich bewässerten Land ist heute Wüste. Im Gegensatz zum sonstigen Ägypten war im Faijum eine ganz andere Form der Bewässerung notwendig, die in der Hauptsache auf intensiver Arbeit und weniger auf fortgeschrittener Technik beruhte. In den tieferliegenden Gebieten waren zwei Ernten pro Jahr möglich, in ptolemäischer Zeit mag dies sogar für den größten Teil des Faijum gegolten haben.

Ein dem Faijum sehr ähnliches Gebiet, doch von weit geringerer Bedeutung, war das Wadi Natrun, eine natürliche Oase nahe dem Delta, nordwestlich von Kairo und südlich von Alexandria gelegen. Das Wort »Natrun« bezieht sich auf die dortigen Salzseen, die im Altertum die wichtigste Quelle für Natron waren und das man für Reinigungszwecke, für rituelle Bedürfnisse einschließlich der Mumifizierung sowie für die Herstellung von ägyptischer Fayence und Glas benötigte. Für christliche Asketen wurde diese Oase, die arm an landwirtschaftlichen Ressourcen ist, in byzantischer Zeit ein Zufluchtsort.

Die westliche Wüste

Die anderen, noch zu besprechenden Gebiete lagen an der Peripherie Ägyptens und konnten von ihm nur gehalten werden, wenn es eine starke Zentralgewalt besaß. Aus den Oasen der westlichen Wüste kamen einige wertvolle Anbauprodukte wie Wein und die besten Datteln, aber auch als Verbindungsstellen des Handels zu entfernteren Gebieten hatten sie große Bedeutung. Die vier Hauptoasen, die Ägypten beherrschte, waren (von Nord nach Süd): Baharija, Farafra, el-Dachla und el-Charga (östlich von Dachla), dabei waren die beiden letztgenannten bei weitem die wichtigsten. Schließlich wurde in der Spätzeit auch die noch weiter westlich liegende Oase Siwa unter ägyptische Kontrolle gebracht. Sie wurde weltbekannt durch den erfolglosen Feldzug des Kambyses im Jahre 525 v.Chr. (jüngst wurde berichtet, daß man Reste der Armee des Kambyses in der Wüste gefunden habe) und den Besuch, den später Alexander der Große dem dortigen Orakel abstattete. Schließlich sind noch einige kleinere Oasen westlich des Nils und weiter südlich zu nennen: Kurkur, Dunqul und Salima, die auf den sehr langen Karawanenrouten als Haltestationen dienten.

Quellen aus dem Mittleren und Neuen Reich berichten, daß Menschen vor der Gerichtsbarkeit oder vor Verfolgung nach el-Charga und el-Dachla flohen, während man in der 21. Dynastie politisch unliebsame Personen nach dort verbannte. In dieser Hinsicht war das Gebiet ein Teilbereich des ägyptischen Sibirien, einen weiteren bildete die unter entsetzlichen, heute kaum mehr vorstellbaren Bedingungen vollstreckte und mit großen Menschenverlusten verbundene Zwangsarbeit in den Minen der östlichen Wüste.

Im Altertum nannte man das gesamte Gebiet westlich des Nils Libyen. In der Küstenregion westlich von Alexandria bis hin zur Cyrenaika lebte wohl die Mehrheit der libyschen Bevölkerung; dieses Gebiet war damals weniger ungastlich als heute. Viele ägyptische Hinterlassenschaften von dort stammen aus der Zeit Ramses' II., der eine Reihe von Festungen entlang der Küste bis nach Sanijet Umm el-Racham, 340 km westlich von Alexandria, anlegen ließ. Auch aus der griechisch-römischen Zeit haben sich archäologische Relikte gefunden, als die Ptolemäer sowohl in ägyptischem als auch in griechischem Stil in Tolmeita in der Cyrenaika, etwa 1000 km von Alexandria entfernt, gebaut haben.

Für die meiste Zeit der ägyptischen Geschichte waren die Oasen ein Außenposten Ägyptens gegen die Libyer, die oftmals ins Niltal einzudringen versuchten. Zur Zeit der Könige Merenre und Pepi II. unternahm der Expeditionsleiter Harchuf mehrere Reisen in das Land Jam, das wahrscheinlich in der Gegend der heutigen Orte Kerma und Dongola südlich des 3. Kataraktes lag. Einmal nahm er dabei den »Wüstenweg«, der das Niltal in der Nähe von Abydos verläßt und ohne Zweifel über el-Dachla führt. Als er am Ziel ankam, mußte er erfahren, daß der Fürst von Jam ausgezogen war, um »den Herrscher des Libyerlandes bis zur westlichen Ecke des Himmels zurückzuschlagen«. Aus solch einer Einzelheit wird ersichtlich, daß sich »Libyen« für die Ägypter bis zu 1500 km südlich der Mittelmeerküste erstreckte. Archäologische Reste aus dem Fessan, die vermutlich in die Zeit um Christi Geburt gehören, zeigen die Möglichkeiten einer Besiedlung des südlichen Libyen im Altertum, während das Uweinat-Gebiet im 3. Jahrtausend v.Chr. mit Sicherheit besiedelt war. In den frühen Perioden unterschieden sich die Libyer kulturell kaum von den Ägyptern, vielleicht sprachen sie auch keine eigene, sondern einen Dialekt derselben Sprache, doch in historischer Zeit waren die Kontakte meist feindlicher Natur.

Von den westlichen Oasen führte eine heute Darb el-Arbain (40-Tage-Weg) genannte Route nach el-Fascher, der Hauptstadt der Darfur-Provinz im Westsudan. Harchuf benutzte den ersten Teil dieses Weges, aber es ist möglich, daß er in seiner gesamten Länge erst im späten Altertum für den Handel erschlossen wurde. Harchuf reiste mit Eseln, eine effektive Ausnutzung solcher Routen dürfte jedoch erst mit Kamelen möglich geworden sein, die in Ägypten wahrscheinlich im 6.–5. Jahrhundert v.Chr. eingeführt wurden.

Die östliche Wüste

Im Osten Ägyptens gab es einige bedeutende Vorkommen an Mineralien, von denen die nördlichsten im Sinai liegen. Die dortigen Türkisvorkommen wurden von den Ägyptern seit der 3. Dynastie bis zum Ende des Neuen Reiches ausgebeutet. Die wichtigsten Orte mit ägyptischen Hinterlassenschaften sind Wadi Maghara und Serabit el-Chadim im westlichen Sinai, wo es zeitweilig permanent benutzte ägyptische Siedlungen gab. Auch Kupfer ist im Sinai zu finden; bei Timna nahe der Stadt Eilat wurden in der 18.–20. Dynastie betriebene Kupferminen

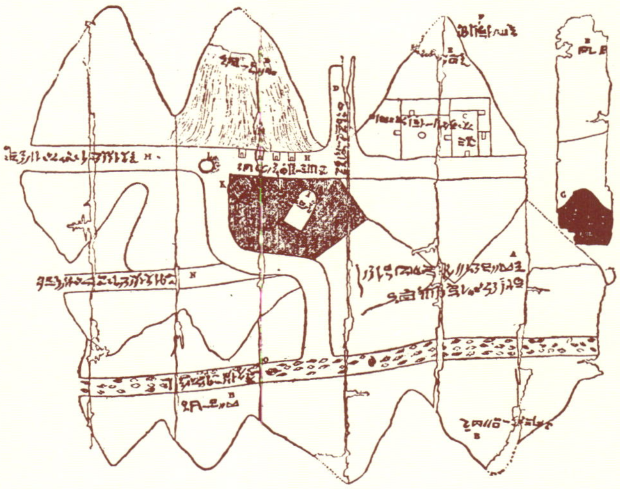

Die einzige erhaltene altägyptische Landkarte. Es handelt sich um das Fragment einer Skizze wahrscheinlich vom zentralen Teil des Wadi Hammamat, wo sich Grauwackevorkommen und Goldminen befinden. Weitere Fragmente zeigen einen langen Weg mit einigen topographischen Details. Die hieratischen Beischriften bezeichnen natürliche und von Menschenhand angelegte Besonderheiten. Der Papyrus bezieht sich auf den Transport einer halbfertigen Statue, die in einem 6. Jahr, wahrscheinlich von Ramses VI., an das thebanische Westufer gebracht wurde. Turin, Museo Egizio.

ausgegraben. Wahrscheinlich ließen die Ägypter die einheimische Bevölkerung für sich arbeiten und übten nur die Kontrolle aus. Es gibt keinerlei Hinweise, daß die Ägypter irgendwo im Sinai selbst Kupfer abgebaut hätten. Allerdings ist es – wie bei dem Getreidehandel mit dem Nahen Osten – möglich, daß die Ägypter das Kupfer selbst gewonnen haben, diese Tatsache aber nicht erwähnten, weil sie ihnen nicht berichtenswert erschien. Sollte dies jedoch nicht der Fall gewesen sein und sollte Ägypten auch nicht, wie in Timna, die ansässige Bevölkerung zur Arbeit in den Kupferminen gezwungen haben, so könnten die Ägypter ihren Bedarf an diesem Metall auch dadurch gedeckt haben, daß sie sie es entweder durch Tausch von der einheimischen Bevölkerung oder aus anderen Quellen erwarben.

In der östlichen Wüste gibt es Halbedelsteine sowie solche Steinsorten, die die Ägypter zum Bauen benötigten; schließlich führte durch dieses Gebiet auch der Weg zum Roten Meer. Zwar lagen einige Steinbrüche unweit des Nils, so der Gebel el-Ahmar mit seinen Quarzit- und Hatnub mit seinen Alabastervorkommen, doch mußten zum Erreichen der entfernter liegenden Bodenschätze (wie z.B. die Grauwackevorkommen im Wadi Hammamat oder die meist südlich des Breitengrades von Koptos befindlichen Goldbergwerke) große Expeditionen ausgerüstet werden. Dabei waren die Ägypter aber auch auf eine Beherrschung oder zumindest auf eine Zusammenarbeit mit der örtlichen nomadischen Bevölkerung angewiesen. Das war auch zur Sicherung der Routen zum Roten Meer notwendig. Drei von ihnen waren sehr bedeutend: der Weg durch das Wadi Gasus nach Safaga, durch das Wadi Hammamat nach Qosseir und durch das Wadi Abbad nach Berenike. Eine andere, nur in der Zeit Ramses' II. belegte Route führte etwa 80 km südlich von Kairo zum Golf von Suez. Die ältesten Zeugnisse für jene Karawanenwege stammen aus der spätvorgeschichtlichen Zeit (Wadi el-Qasch, von Koptos nach Berenike) und müssen im Zusammenhang mit den Handels- und Bergwerksexpeditionen gesehen werden. Die nördlichsten Routen sind zu allen Zeiten der ägyptischen Geschichte benutzt worden, die südlichsten dagegen erst seit dem Zeitabschnitt des Neuen Reichs.

Am Ausgang des Wadi Gasus befand sich ein Tempel der 12. Dynastie; Überreste des in der Nähe liegenden Hafens aus derselben Zeit wurden 1976 entdeckt. Jüngere Zeugnisse stammen aus der 25. und 26. Dynastie (700–525), und sicher benutzte man den Hafen auch während der Perserzeit (6.–5. Jh.v.Chr.). Überreste aus der römischen Zeit fanden sich in Qosseir und Berenike, den Häfen für den Handel mit Ostafrika und Indien. Obwohl direkte Beweise dafür fehlen, daß es derart weitreichende Kontakte Ägyptens gab, wurden diese und andere Häfen zumindest für den Handel mit dem halbmythischen Land Punt benutzt, das in ägyptischen Texten seit dem Alten Reich erwähnt wird. Die genaue Lokalisierung von Punt ist noch immer nicht gesichert, wahrscheinlich aber lag es in der Gegend des modernen Eritrea oder Somalia, wo erst jüngst Funde aus hellenistischer und römischer Zeit gemacht wurden. Bei den aus Punt importierten Gütern handelt es sich um exotische Produkte und Luxuswaren, von denen Weihrauch am wichtigsten war.

Nubien

Die politische Grenze Ägyptens am Ersten Katarakt wurde wahrscheinlich in der späten Vorgeschichte oder am Beginn der Frühzeit anstelle der älteren natürlichen Grenze beim Gebel el-Silsila errichtet. Dort geht der Kalkstein beiderseits des Flusses in eine Sandsteinzone über, die sich fast ausnahmslos bis in die im Zentralsudan gelegene Butana (östlich des Nils gelegene Trockensteppe nördlich von Chartum) erstreckt. Am Gebel el-Silsila reicht der Sandstein an beiden Seiten bis nahe an den Fluß heran. Hier lagen vom Neuen Reich an Ägyptens wichtigste Steinbrüche für dieses vor allem bei Tempelbauten verwendete Material. Der Kalkstein ermöglichte die langsame Entstehung einer relativ breiten Überschwemmungsebene, aber im Sandsteingebiet ist das kultivierbare Land beiderseits der Ufer sehr schmal.

Südlich des Gebel el-Silsila lag der 1. ägyptische Gau mit seinen beiden bedeutendsten Städten Assuan und Kom Ombo. Sein früherer besonderer Status hat sich auch in seinem Namen »Nubierland« erhalten. Zwischen dem Ersten und Zweiten Katarakt liegt Unternubien, dessen Einverleibung stets ägyptisches Bestreben war. Felsinschriften und -reliefs in der Gegend des Zweiten Kataraktes bekunden schon für eine sehr frühe Zeit (1.–2. Dynastie) Ägyptens Interesse an diesem Gebiet. In der 4. und 5. Dynastie gab es keine nennenswerte seßhafte Bevölkerung in Unternubien. Die bei Buhen nördlich des Zweiten Kataraktes gefundenen Überreste einer ägyptischen Siedlung weisen darauf hin, daß die Ägypter hier eine Hegemonie, vielleicht sogar die direkte Herrschaft, ausübten. Diese überließen sie nach der 6. Dynastie den einheimischen Bewohnern, aber in der 11. Dynastie und erneut in der 17. wurde die Kontrolle über Unternubien wiederhergestellt. Die Könige der 18. Dynastie dehnten ihre Herrschaft weit nach Süden bis Kurkur aus, südlich des Endpunktes der von Korosko in Unternubien durch die Wüste bis Abu Hamed führenden Karawanenroute. Diese ägyptischen Gebietserwerbungen waren für die spätere Geschichte des Landes sehr bedeutungsvoll, denn bei Napata, der Hauptstadt Obernubiens, etablierte sich nach dem Neuen Reich eine einheimische, ägyptisch beeinflußte Kultur, die die Könige der 25. Dynastie und des von dieser Zeit an bis zur Mitte des 4. Jahrhunderts n.Chr. existierenden Reiches von Kusch (mit den Zentren Napata und Meroë) hervorbrachte.

Auf Unternubien hatten die Ägypter wohl stets einen Rechtsanspruch erhoben; es war wegen seiner Rohstoffquellen, vor allem an Hartgesteinen und Gold in der Wüste beiderseits des Nils, bedeutsam. In früher Zeit hatte man von dort auch Holz nach Ägypten eingeführt, aber in landwirtschaftlicher Hinsicht spielte Unternubien keine große Rolle, denn das kultivierbare Land bestand nur aus einem schmalen Streifen links und rechts des Flusses. Es war aber vor allem das Durchgangsland für viele afrikanische, von den Ägyptern begehrte Produkte. Dazu gehörten Gewürze, Elfenbein, Ebenholz, Straußenfedern und einige Pavianarten. Gelegentlich wurden auch Pygmäen gehandelt, die in den Wiedergaben von Nillandschaften in der Kunst Griechenlands und Roms stereotyp dargestellt wurden. Es ist nicht bekannt, welche Produkte die Ägypter im Austausch dafür lieferten, augenscheinlich gibt es auch keine archäologischen Zeugnisse für den Handel Ägyptens im Altertum mit dem Bereich Afrikas jenseits der Sahel-Zone. Der Ursprung vieler afrikanischer Importe ist unbekannt (Pygmäen gab es wahrscheinlich nördlich der Nil-Kongo-Wasserscheide nicht, andere Güter müssen aus den tropischen Urwäldern stammen), sie gingen sicher über mehrere Zwischenstationen, ehe sie Ägypten erreichten.

Palästina und Syrien

Das letzte große Gebiet, das noch zu erwähnen bleibt, ist die Küstenregion von Palästina und Syrien. Kontakte zwischen Ägypten und diesen Gebieten sind schon für die Vorgeschichte bezeugt; u.a. wurde der Name des letzten vorgeschichtlichen Herrschers, Narmer, in Tell Gat und Tell Arad in Palästina gefunden. Der Handel mit Lapislazuli, der aus Badakschan in Afghanistan kam, blühte bereits in jener Zeit, und vielleicht bezog Ägypten schon damals Metalle aus Vorderasien. Verbindungen zwischen Ägypten und Byblos sind für das Alte Reich nachgewiesen; das riesige Totenschiff des Königs Cheops, das neben seiner Pyramide »beigesetzt« wurde, war aus dem Holz der Libanonzeder gemacht. In Ägypten gab es nur wenige Baumarten, ihr Holz war von minderer Qualität, so daß gute Hölzer stets aus den Nahen Osten importiert werden mußten. Im Mittleren Reich wurden diese Verbindungen intensiviert, während im Neuen Reich große Teile jenes Gebietes von Ägypten erobert und für mehr als 200 Jahre besetzt gehalten wurden; dabei beutete es die unterworfenen Völker aus und betrieb Handel mit deren Nachbarn. Während des Wiederauflebens ägyptischer Macht in der 22. und 26. Dynastie wurden Teile Palästinas erneut erobert, und dann noch einmal in der griechischen Zeit. Der Besitz von Teilen Palästinas und Syriens war stets ein natürliches Ziel Ägyptens, wenn es dort eine starke Zentralgewalt gab, aber dieses Ziel war wesentlich schwerer zu erreichen als die Sicherung des nubischen Gebietes.

Viele Fortschritte in der materiellen Kultur Ägyptens kamen aus dem Nahen Osten. Als Gegenleistung für solche »unsichtbaren« Importe sowie für Holz, Kupfer, möglicherweise auch Zinn, Silber, Edelsteine, Weine und Öle konnte Ägypten in der Hauptsache vier Dinge liefern: Gold, Nahrungsüberschüsse, Leinen und – besonders in späteren Perioden – Papyrus. Der Handel mit Gold und der Tausch mit den aus Afrika importierten Gütern ist gut bekannt, aber der Export von Lebensmitteln und anderen, wenig repräsentativen Produkten kann nur in Ausnahmefällen nachgewiesen werden. Sie hinterlassen kaum Spuren im archäologischen Material. Die ägyptische Landwirtschaft war stets viel stabiler und produktiver als irgendeine andere im Nahen Osten. Und so wie das Land später für das Römische Reich die Kornkammer war, so mag Ägypten dies in früherer Zeit schon für den Nahen Osten gewesen sein.

Oben: Granitfelsen bei Assuan mit Spuren von Steinbruchtätigkeit. Die Reihen mit zahnähnlichen Kerben entstanden bei der Anlage schlitzförmiger Löcher, in die man Holzkeile trieb. Nachdem diese durchnäßt worden waren, quollen sie und sprengten so den Stein ab. Einige der Kerben sind vermutlich mit Eisenwerkzeugen hergestellt worden und datieren deshalb in die Zeit nach ca. 700 v.Chr.

Unten: Landschaft im südlichen Teil der Ostküste. Obwohl dieses Gebiet etwas weniger trocken war als die westliche Wüste, muß doch die Organisation von Expeditionen, die zum Betreiben von Bergwerken oder zum Beschaffen von Mineralien ausgesandt worden waren, beträchtliche Probleme geboten haben. Dennoch war die antike Erforschung dieser Gebiete erstaunlich sorgfältig. Es gibt nur wenige bedeutende Vorkommen an Mineralien, die nicht schon im Altertum ausgebeutet worden wären.

Die natürlichen Rohstoffe des alten Ägypten
Die angegebenen Fundplätze sind Stellen, wo im Altertum uns namentlich bekannte Vorkommen an Mineralien ausgebeutet wurden.
Es ist oftmals nicht möglich, diese Stätten genau zu datieren, aber einige stammen ausschließlich aus griechisch-römischer Zeit, so die Vorkommen an Smaragden, Beryll und Porphyr sowie die Granitsteinbrüche des Mons Claudianus.

Weitere Halbedelsteine und Mineralien finden sich verstreut über die ganze östliche Wüste: Achat, Breccia, Kalzit (bis zu 140 km nördlich von Assiut), Karneol, Chalcedon, Feldspat, Granat, Eisen, Jaspis, Bergkristall (Quartz) und Serpentin.

Gips findet sich westlich des Nils bis zu 100 km südlich von Kairo; Feuerstein ist auf beiden Seiten des Flusses weit verbreitet, besonders zwischen Luxor und Elkab. Die Felsen am Nil bestehen bis zum Gebel el-Silsil hin aus Kalkstein (nur solche Steinbrüche sind hier angegeben, wo sich für Bauzwecke gut geeignete Steine finden).

Zu den von weither eingeführten Waren gehörten Weihrauch und Myrrhen aus Punt (nördliches Somalia?) und dem Jemen (?), Obsidian aus dem südlichen Äthiopien, Silber aus Syrien sowie Lapislazuli aus Badakschan im nordöstlichen Afghanistan – meist Luxusgüter. Der durchschnittliche Ägypter war Bauer, der sich mit dem lebensnotwendigen Bedarf selbst versorgte und mit der Außenwelt kaum Wirtschaftskontakte unterhielt.

Das für den Anbau von Feldfrüchten zur Verfügung stehende Land war in seiner Ausdehnung ständigen Schwankungen unterworfen, während sich die Weideflächen nur innerhalb der langen Perioden klimatischer Veränderungen wandelten.

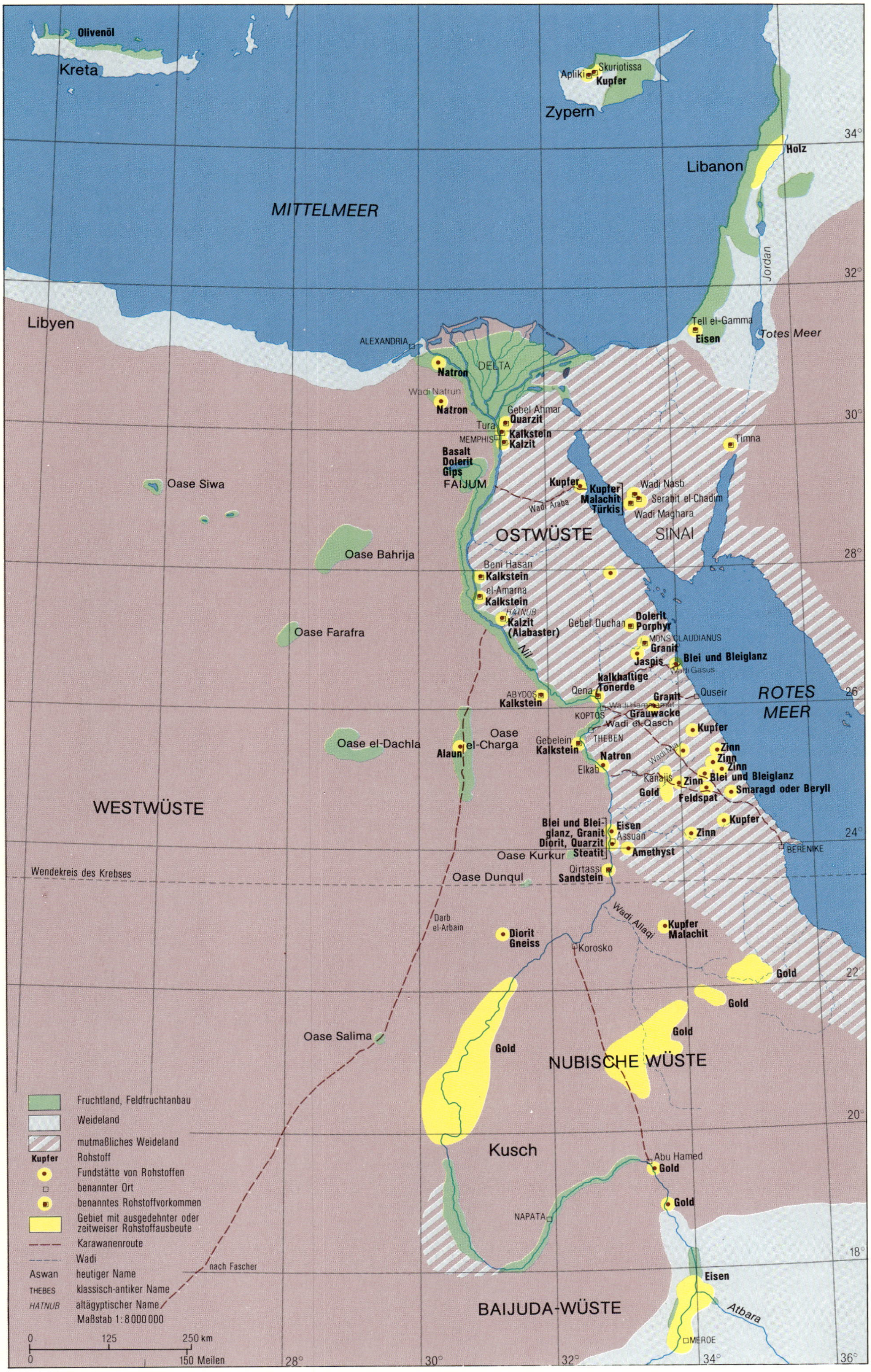

DIE ERFORSCHUNG DES ALTEN ÄGYPTEN

Seit über zweitausend Jahren hält das Interesse der Europäer an Ägypten nunmehr an, und ebenso lange ist, angefangen mit dem Griechen Hekataios von Milet im 6. vorchristlichen Jahrhundert, über dieses Land geschrieben worden. Als die altägyptische Kultur in römisch-spätantiker Zeit erlosch, konnte sie nicht länger Gegenstand zeitgenössischer Beschäftigung sein. Dennoch erinnerte man sich auch im Mittelalter ihrer Denkmäler, namentlich der Pyramiden. Pilger besuchten im Mittelalter auf ihrem Wege ins Heilige Land Ägypten, um vor allem die Stätten zu besichtigen, die sich mit dem Aufenthalt der Heiligen Familie dort in Verbindung bringen ließen. Als »Kornspeicher des Joseph« wurden so auch die Pyramiden in die biblische Geschichte einbezogen.

Vorstufen

Mit der erneuten Hinwendung zum Altertum und dem Aufkommen wissenschaftlichen Interesses an den Kulturen der Antike in der Renaissance brachte das 15. Jahrhundert auch bereits erste klassische Texte ans Licht, die ins alte Ägypten weisen: die *Hieroglyphika* des Horapollo, ein Werk des 4. Jahrhunderts n.Chr., das vorgibt, ägyptischen Ursprungs zu sein und eine Reihe von Zeichen der Hieroglyphenschrift in symbolischer Auslegung erklärt, sowie ein Corpus Hermetischer Schriften, eine Sammlung philosophischer Traktate aus den ersten nachchristlichen Jahrhunderten, die möglicherweise in Ägypten abgefaßt worden sind und in denen sich tatsächlich ägyptisches Gedankengut mit neuplatonischen und anderen Vorstellungen mischt. Die zuletzt genannten Texte schienen die Ansicht, die schon bei den frühen griechischen Philosophen belegt ist, wonach Ägypten der Quell aller Weisheit sei, zu bestätigen. Das trifft auch auf die *Hieroglyphika* zu, in der man tiefe Einsichten vermutete.

Im 16. Jahrhundert begannen die Altertumsforscher aber auch in zunehmendem Maße die materielle Hinterlassenschaft der Antike zu studieren, und im Mittelpunkt dieser Forschungen, in Rom, sahen sie sich unmittelbar Objekten aus Ägypten konfrontiert, die im Zuge der Ausbreitung des sehr populären Isiskults im frühkaiserzeitlichen Römischen Imperium dorthin gelangt waren. Diese Stücke vor allem sind in den frühen Publikationen von Altertümern wiedergegeben und bilden zusammen mit den Obelisken, die noch heute ein Charakteristikum Roms darstellen, den Kern des Studiums, das man für ägyptologisch hielt. Die Interpretation erfolgte unter Zuhilfenahme von Berichten klassisch-antiker Autoren. Da die Illustratoren keinen Blick für das Wesen der ägyptischen Darstellungsweise hatten, ähneln diese Reproduktionen den Originalen oft nur wenig.

Doch gegen Ende des 16. und zu Beginn des 17. Jahrhunderts brachen auch schon die ersten Reisenden nach Ägypten auf mit dem Ziel, dort Altertümer zu erwerben. Pietro della Valle (1586–1652), der das gesamte östliche Mittelmeergebiet durchstreifte und von 1614–1626 im Orient blieb, brachte ägyptische Mumien und koptische Manuskripte mit zurück nach Italien. Die Manuskripte enthielten in griechischen Buchstaben die späteste Form der altägyptischen Sprache, die von den Priestern der Koptischen Kirche in Ägypten erlernt wurde und noch heute in der Liturgie Verwendung findet. Wer des Arabi-

Würfelhocker des Obersten Vorlesepriesters Petamenope; nach einem Stich in G. Herwart von Hohenburg, *Thesaurus Hieroglyphicorum* (1620), der frühesten Publikation einer Sammlung hieroglyphischer Inschriften. Unter Verwendung zweier Manuskriptquellen aus dem 16. Jahrhundert bildet Herwart das gleiche Stück zweimal als verschiedene Objekte ab. Aus Rom (?), ursprüngl. aus Theben; um 650 v.Chr., Paris, Louvre.

Mausoleum mit Obelisk und Elefant. Illustration aus Francesco Colonna, *Hypnerotomachia Polifili* (Venedig 1499) (Poliphilos Traumliebesstreit). Die Hieroglypheninschrift ist weitgehend einem römischen Tempelfries entlehnt, von dem man annahm, daß er ägyptische Hieroglyphen enthalte.

Karte Altägyptens von Abraham Ortelius, Amsterdam, 1595. Das lateinische Motto lautet übersetzt: »Reich an natürlichen Rohstoffen, setzt Ägypten sein ganzes Vertrauen in den Nil und braucht daher weder Außenhandel noch Regen vom Himmel.« (Marcus Annaeus Lucanus, *Pharsalia* oder *Der Bürgerkrieg* 8; 446–47). Um eine »Nillandschaft« wiedergeben zu können, liegt Norden – wie bei vielen Karten vor 1800 – rechts. Die Karte stellt jedoch insofern eine wirkliche Leistung dar, als die meisten Orte und Gaue in ihrer relativen Lage richtig angegeben sind. So ist auch Theben, das erst 125 Jahre später am Ort identifiziert wurde, richtig eingezeichnet. Die Karte basiert auf den Werken klassisch-antiker Autoren, den einzigen Quellen über das alte Ägypten zu dieser Zeit. Die Mündungsarme an der Deltaküste entsprechen den Verhältnissen in griechisch-römischer Zeit. Interessant die Aufzählung nicht-identifizierter Orte! Die topographischen Gegebenheiten gehen natürlich nicht auf eine Vermessung zurück und sind darum ungenau. London, British Library.

schen mächtig war, konnte diese Schriften studieren, denn Lehrbücher des Koptischen lagen arabisch abgefaßt vor. Zwei Jahrhunderte später sollte das Koptische die Grundlage für die Entzifferung der Hieroglyphen bilden. Das Koptische war überdies ursprünglich das Gebiet, mit dem sich der vielseitige Gelehrte Athanasius Kircher (1602–80) befaßte, der zahlreiche Werke über das alte Ägypten schrieb und zu den ersten gehörte, die sich mit der Entzifferung der Hieroglyphen beschäftigte.

Ein faszinierendes Phänomen in der Entwicklung der europäischen Kenntnisse über das alte Ägypten wird bereits in einem Manuskript eines namentlich nicht bekannten Venezianers deutlich, der auf seiner Ägyptenreise 1589 bis nach Oberägypten und el-Derr in Unternubien kam. Dort heißt es nämlich, daß der Verfasser »nicht mit bestimmten Absichten reiste«, sondern »nur viele außergewöhnliche Bauwerke, Kirchen, Statuen, Kolosse, Obelisken und Säulen« habe sehen wollen. Doch »obwohl ich so weit gereist bin, war keines der Bauwerke der Bewunderung würdig außer einem, das die Mauren Ochsur (Luxor, einschließlich Karnak) nennen«. Sein Urteil sollte sich 250 Jahre später, da Luxor zum Mittelpunkt des Tourismus wurde, als absolut zutreffend erweisen. Über Karnak schreibt unser Venezianer: »Man urteile selbst, ob dieses gewaltige Bauwerk den Sieben Weltwundern nicht überlegen ist, von denen eines noch vorhanden ist, nämlich eine der Pyramiden der Pharaonen. Im Vergleich zu dem genannten Bauwerk ist sie eine Kleinigkeit. Dabei schicke ich niemanden, der dieses Monument zu sehen wünscht, an das Ende der Welt; denn es ist nur eine Zehntagesreise von Kairo entfernt, und man gelangt recht billig dorthin«. Dieses erstaunliche Werk ist erst im 20. Jahrhundert veröffentlicht worden und scheint auf andere Reiseschriftsteller keinen Einfluß gehabt zu haben.

Den nächst vergleichbaren Text – nur aus Sekundärschriften bekannt – verfaßten ein Jahrhundert später zwei Kapuzinermönche, die 1668 u.a. auch nach Luxor und Esna gelangten, wo, nach ihrer Aussage, »seit Menschengedenken nie ein Franzose gewesen ist«. Obwohl sie, wie ihr Vorgänger, nur wenig Zeit hatten, setzten sie doch über den Fluß auf das Westufer nach Theben über und besuchten das Tal der Könige, jene höchste Touristenattraktion, die dem Venezianer entgangen war.

Reisende und Archäologen

Natürlich verdienen Erkundungen wie die eben genannten nicht die Bezeichnung »archäologische Forschungsunternehmen«. Hingegen ist dieser Begriff bereits anzuwenden auf die Arbeit des John Greaves (1602–52), eines englischen Astronomen, der 1646 sein Buch *Pyramidographia, or a Discourse of the Pyramids in Aegypt* veröffentlichte. Bei zwei Gelegenheiten 1638–39 besuchte Greaves Giseh, vermaß und untersuchte die Pyramiden eingehend und unterzog die antiken Berichte über diese Monumente einer kritischen Analyse. Auch Saqqara bezog er ein, und seine Ergebnisse übertrafen alles, was damals über das alte Ägypten geschrieben war. Bemerkenswert ist vor allem die Einbeziehung mittelalterlicher arabischer Quellen über die Pyramiden.

Im Laufe des 17. Jahrhunderts nahm die Zahl der Reisenden, die Ägypten besuchten, zu, und in ihren Schriften tauchten mehr und mehr brauchbare Zeichnungen von den Denkmälern auf. Die größten Fortschritte erzielte der Jesuit Claude Sicard (1677–1726), den der französische König mit Nachforschungen über antike Denkmäler in Ägypten beauftragt hatte. Bedauerlicherweise sind nur einige seiner Briefe zu diesem Thema erhalten geblieben. Er besuchte auch Oberägypten viermal und identifizierte als erster Reisender der Neuzeit Theben. Auch die Memnonskolosse und das Tal der Könige ordnete er anhand der Berichte klassischer Schriftsteller richtig zu. Sein bedeutendster Nachfolger war der Däne Frederik Ludwig Norden (1708–42), der 1737–38 Ägypten besuchte. Sein posthum veröffentlichter Reisebericht mit hervorragenden eigenen Zeichnungen erreichte von 1751 bis zum Ende des 18. Jahrhunderts mehrere Auflagen.

Mit der Zunahme der Zahl der Ägyptenbesucher verbesserte sich auch die Qualität der Betrachtungsweise ägyptischer Dinge wie des Altertums und exotischer Kulturen überhaupt, und dies schlug sich in den berühmten Arbeiten des 18. Jahrhunderts nieder, als deren bedeutendste die mehrbändigen Werke von Bernard de Montfaucon (veröffentlicht von 1719–24) und des Baron de Caylus (1752–64) genannt zu werden verdienen. In beiden Publikationen wird ägyptischen Monumenten viel Raum gewidmet, aber auch manches hinzugerechnet, das woanders hingehört. Beträchtliche Altertümer-Sammlungen bestanden damals schon, und einige, wie etwa die kleine Kollektion, die in den dreißiger Jahren des 17. Jahrhunderts dem Erzbischof Laud gehörte, enthielten sogar schon Fälschungen.

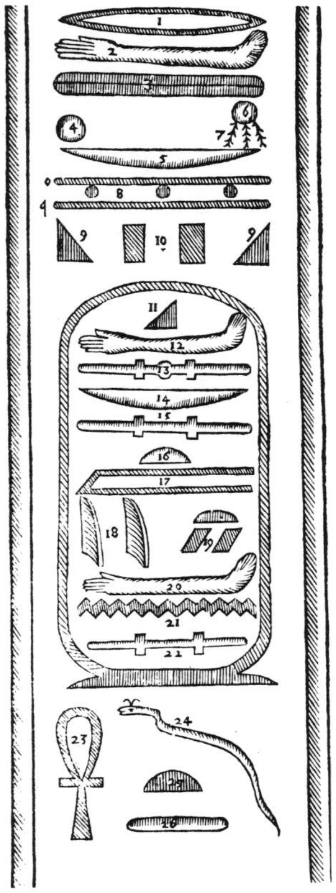

Links außen: Titulatur des Kaisers Domitian auf dem Obelisken, der sich heute auf der Piazza Navona in Rom befindet. Nach: Athanasius Kircher, *Obeliscus Pamphilius* (Rom 1650). Die kleinen Zahlen beziehen sich auf die Erläuterungen zu den Hieroglyphen im Text des Buches.

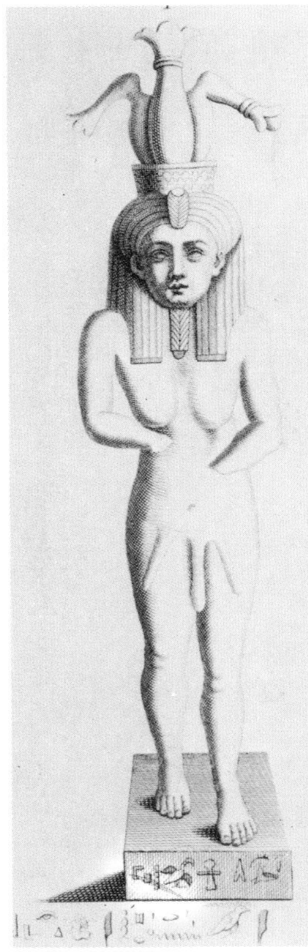

Links: Bronzestatuette des Hapi, Personifikation der Überschwemmung. Gestiftet wurde das Figürchen von einem gewissen Pahap, Sohn der Ptahirdis; nach einer Abbildung bei B. de Montfaucon, *L'Antiquité expliquée et représentée en figures, Supplément* (Paris 1724). Das Stück hat sich damals in Montpellier befunden, ist seitdem jedoch verschollen, so daß die Abbildung sehr wertvoll ist.

Unten: Kleine Objekte aus der Sammlung des Erzbischofs William Laud (1573–1645), die 1635 in den Besitz der Universität Oxford gelangten. Die beiden Figürchen links sind echt, die beiden Stücke unten rechts hingegen sind Fälschungen. Bei Nr. 32 könnte es sich um die Imitation eines »Isisknoten«-Amuletts handeln, D stellt ein Uschebti aus römischer Zeit oder aus der Renaissance dar.

Ganz unten: Ansicht der Felskapellen und Felsinschriften am Gebel el-Sisila, nach: F.L. Norden, *Voyage d'Égypte et de Nubie* (Kopenhagen 1755).

Reisende nach Ägypten und dem Sudan vor 1800
Die auf nebenstehender Karte angegebenen Orte und Sehenswürdigkeiten spielen in den Reiseberichten vor der napoleonischen Expedition eine wichtige Rolle. Fett gedruckt erscheinen die Namen von Reisenden und das Jahr ihres Besuches.

+ Plätze, die vor allem um ihrer Verbindung zum Christentum willen aufgesucht wurden.

—— Der allgemein übliche Verlauf einer mittelalterlichen Pilgerreise ins Heilige Land, zum Sinai und nach Ägypten.

—— Reiseroute des Felix Fabri im Gebiet des Sinai im Jahre 1483.

—— Karawanenweg zum Roten Meer auf der *Egyptus novelo*-Karte aus dem 15. Jahrhundert.

◇ Stätten, die ein anonymer Italiener 1589 besucht hat.

—— Die Reiseroute einer Gruppe französischer Franziskaner, darunter Theodor Krump, französischer Jesuiten und des Arztes Poncet in die Funje-Hauptstadt Sennar und Gondar in Äthiopien in den Jahren 1698–1710.

—— Der Reiseverlauf des Schotten James Bruce bei seiner Rückkehr von Gondar nach Assuan 1771–72.

Zu den Abbildungen auf der Karte: Aus weniger bedeutenden Reiseschilderungen, die nach der Rückkehr nach Europa publiziert wurden. In mehr als 200 Reisebeschreibungen wird Ägypten in den Jahrhunderten zwischen 1400 und 1700 geschildert.

Oben: Christoph Fürer von Haimendorf im Alter von 69 Jahren, datiert auf das Jahr 1610, nach: *Itinerarium Aegypti, Arabiae, Syriae, aliumque regionum orientalium* (Nürnberg 1610)

Mitte: Jean de Thevenot (1633–67) Titelbild zu: *Voyage de M. de Thevenot en Europe, Asie & Afrique* (Amsterdam 1727, ursprünglich Paris 1665). Die Inschrift lautet: »Freund, den Autor magst du von diesem Bildnis kennenlernen, einen besseren Reisenden findest du nicht.«

Unten: Obelisk Sesostris' I. in Heliopolis. Die Hieroglyphen sind zwar lesbar, aber doch sehr unägyptisch, die landschaftliche Umgebung mutet europäisch an. Nach Gemelli Careri, *Voyage du tour du monde* (Paris 1729). Dort wird als Standort des Obelisken Alexandria angegeben.

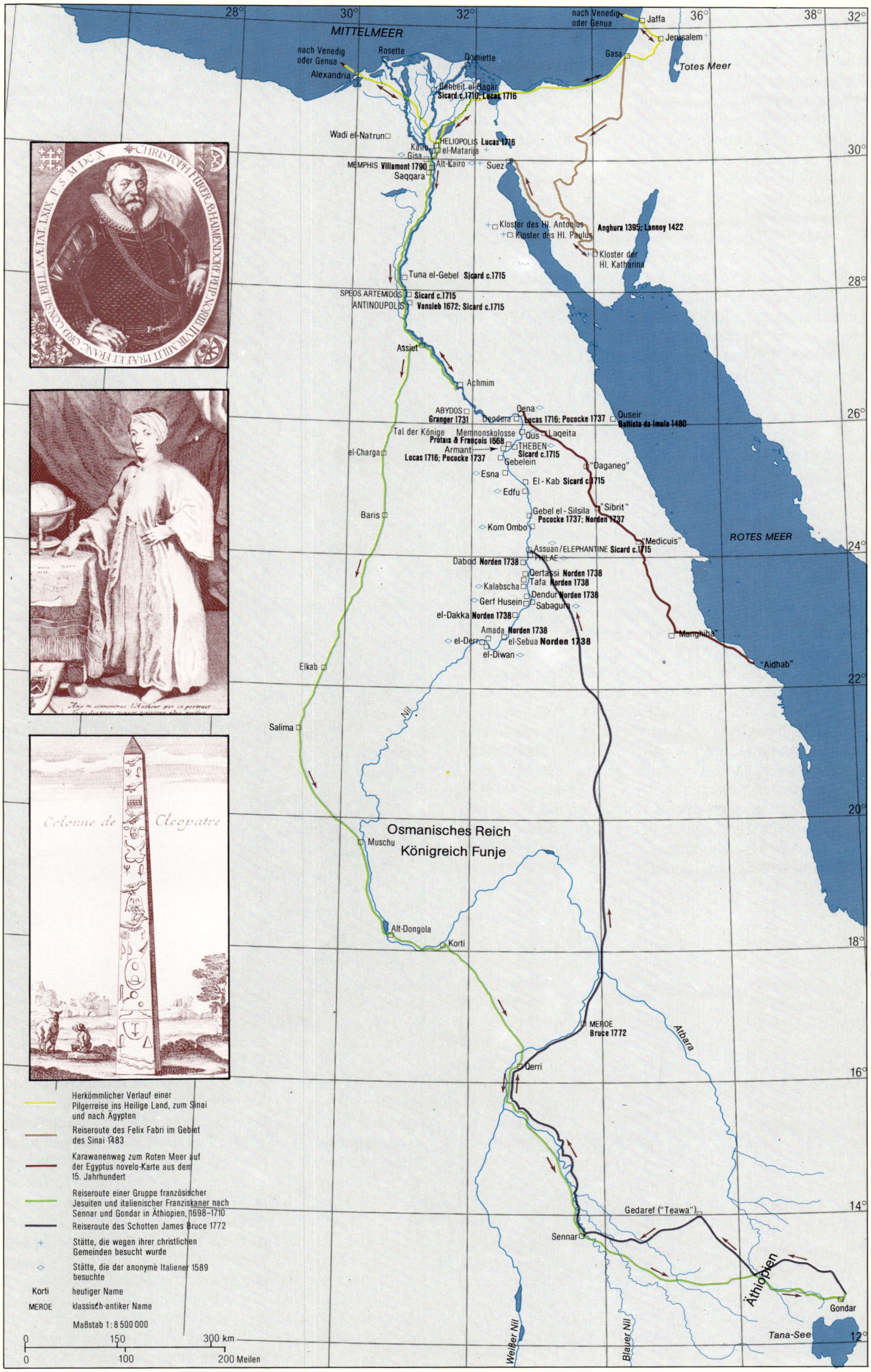

Die Entzifferung der Hieroglyphen

Während des gesamten 18. Jahrhunderts beschäftigte man sich auch mit den Hieroglyphen, aber Fortschritte in Richtung auf die Entzifferung wurden im Grunde nicht gemacht. Das Studium der Altertümer und das linguistische Interesse an Ägypten erreichten dann einen ersten Höhepunkt mit den Arbeiten von Georg Zoëga (1755–1809), dessen Abhandlung über die Obelisken unter Einschluß eines Kapitels über die Hieroglyphen und dessen Katalog der koptischen Manuskripte in den Vatikanischen Sammlungen sich als von bleibendem Wert erweisen sollten. Das Datum der Obelisken-Abhandlung – 1797 – gewinnt insofern symbolische Bedeutung, als es den Höhe- und Wendepunkt in der Ägyptenforschung vor Napoleons Expedition im Jahre 1798 bezeichnet. Obwohl die Hieroglyphenschrift zweifellos auch ohne zweisprachige Inschriften hätte entziffert werden können und wohl auch entziffert worden wäre, ist die moderne Ägyptologie doch das Ergebnis der Expedition mit der Auffindung des Rosette-Steins und der danach folgenden Begeisterung für das alte Ägypten.

Die militärische Kampagne Napoleons wurde von einer Gruppe von Wissenschaftlern begleitet, die jeweils von ihrem Fachgebiet her alle Aspekte des antiken und modernen Ägypten beobachten und darüber berichten sollten. Zwar ging der Stein von Rosette bald in britische Hände über, doch das Wissenschaftlerteam verfaßte nichtsdestoweniger ein vielbändiges Werk, die *Description de l'Égypte,* die in einer ersten Ausgabe zwischen 1809 und 1830 erschien. Dabei handelt es sich um die letzte Publikation vor der Entzifferung der Hieroglyphen durch Jean François Champollion dem Jüngeren (1790–1832) in den Jahren 1822–24. Dieser Zeitpunkt bezeichnet den Beginn der Ägyptologie als eigenes Wissenschaftsfach. In den zwanziger Jahren des 19. Jahrhunderts taten sich Champollion und Ippolito Rosellini (1800–1843), ein Italiener aus Pisa, zusammen, um in einer gemeinsamen Expedition die Denkmäler Ägyptens aufzunehmen, aber damals waren sie bereits Nachzügler auf diesem Gebiet, denn in den davor liegenden zwanzig Jahren hatten viele Reisende in Ägypten und Unternubien die Denkmälerstätten bereits nach Antiken abgesucht und Bücher darüber geschrieben. Zu nennen sind die Konsuln Anastasi, d' Athanasi, Drovetti und Salt, ferner der italienische Kraftmensch Belzoni, der französische Bildhauer Rifaud und die Schweizer Gau und Burckhardt. Die Kollektionen, die diese Männer zusammenbrachten, bilden den Kern so berühmter Ägyptischer Abteilungen wie der des Britischen Museums, des Louvre in Paris, des Rijksmuseum van Oudheden in Leiden und des Museo Egizio in Turin (ein ägyptisches Museum in Ägypten selbst existierte damals noch gar nicht, es wurde erst um 1860 gegründet). In der ersten Hälfte des 19. Jahrhunderts hatten Grabungen vor allem zum Ziel, Stücke zu erwerben, die Information war dabei von zweitrangigem Interesse.

Champollion hatte vor seinem Tode im Jahre 1832 bereits große Fortschritte im Verständnis der altägyptischen Sprache und der Rekonstruktion der altägyptischen Geschichte und Kultur gemacht, doch seine Forschungen

Oben: Titelseite aus: F.L. Norden, *Voyage d' Égypte et de Nubie* (Kopenhagen 1755). Die Darstellung zeigt in der Mitte oben die Personifikation des Ruhmes, um die mittlere Gestalt gruppiert breitet das alte Ägypten seine Schätze aus; der Löwe hält das Wappen des Königs von Dänemark, im Vordergrund die Personifikation des Nils; Altägypten u.a. verkörpert in einer klassisch-antiken Isisfigur und anderen Denkmälern.

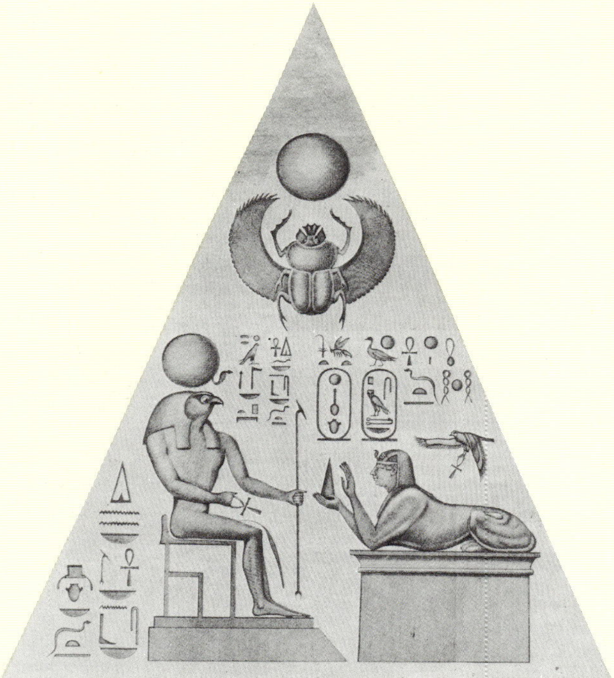

Links: Pyramidion des Obelisken Psammetichs II. am Palazzo di Montecitorio in Rom; nach: G. Zoëga, *De origine et usu obeliscorum* (Rom 1797). Die Kopie der Hieroglyphen ist richtig, jedoch »unägyptisch«.

zeitigten verhältnismäßig wenig Wirkung, was wohl zum einen an der verspäteten Veröffentlichung und zum anderen am rein wissenschaftlichen Charakter seiner Publikationen lag. Um 1840 war die erste Generation der Ägyptologen bereits tot, und dem Fach war in Frankreich mit Vicomte Emmanuel de Rougé (1811–72), in Holland mit Conrad Leemans (1809–93) und vor allem mit Carl Richard Lepsius (1810–84) in Preußen eine etwas prekäre Existenz beschieden. Allerdings stellt Lepsius' zwölfbändige Publikation *Denkmaeler aus Aegypten und Aethiopien* (1849–59), als Ergebnis einer Expedition nach Ägypten und in den Sudan, die ihn zwischen 1842 und 1845 bis nach Meroë im Süden führte, die erste verläßliche Veröffentlichung einer großen Auswahl von Denkmälern dar.

Der Aufschwung der Ägyptologie

Um die Mitte des 19. Jahrhunderts waren es vor allem Lepsius, sein jüngerer Zeitgenosse Heinrich Brugsch (1827–94) und eine Handvoll weiterer Wissenschaftler, welche die Erforschung des alten Ägypten vorantrieben. In Ägypten wurde Auguste Mariette (1821–81) tätig, der als Franzose in den fünfziger Jahren ursprünglich koptische Manuskripte für den Louvre hatte erwerben sollen, sein Augenmerk jedoch der ägyptischen Altertumsforschung widmete. 1858 trat Mariette in die Dienste des Khediven Saïd, führte Ausgrabungen an mehreren antiken Stätten durch und gründete das Ägyptische Museum sowie die Altertümerverwaltung. Aufgabe dieser Behörde sollte es sein, die Denkmäler zu erhalten, Grabungen durchzuführen und das Museum zu verwalten. Bis zur Revolution in Ägypten im Jahre 1952 waren sämtliche Direktoren des Ägyptischen Museums Europäer, der berühmteste wohl Gaston Maspero (1846–1916).

Die Forderungen, die an wissenschaftliche Ausgrabungen zu stellen wären, wurden bereits 1862 von dem schottischen Gelehrten Alexander Rhind (1833–63) formuliert, doch erst mit der Tätigkeit von W.M.F. Petrie (1853–1942) in größerem Umfang verwirklicht. Petrie war 1880 mit der Absicht nach Ägypten gegangen, die Große Pyramide zu vermessen und zwar speziell unter dem Gesichtspunkt der Pyramidologie, d.h. jener aus pseudoreligiösen und pseudowissenschaftlichen Spekulationen gespeisten »Pyramidenforschung«. Später hat er im gesamten Niltal und im Delta Ausgrabungen durchgeführt und meist jedes Jahr einen Band über die Ergebnisse der winterlichen Grabungssaison veröffentlicht. Zwar hatte auch er spektakuläre Entdeckungen im Rahmen seiner Ausgräbertätigkeit zu verzeichnen, doch sein eigentliches Verdienst liegt darin, ein Gerüst von Informationen über die verschiedenen Gebiete und Zeiten geschaffen zu haben, wobei er oft Nachgrabungen an Stellen ansetzte, wo andere vor ihm schon oberflächlich gegraben hatten. Petries Maßstäbe der Grabungstechnik wurden zwar noch zu seinen Lebzeiten überholt, so vor allem von dem Amerikaner G. A. Reisner (1867–1942), aber Reisner hat verhältnismäßig wenig von seinen Ergebnissen veröffentlicht.

Die Jahre zwischen 1880 und 1914 stellten eine Periode reger Ausgrabungstätigkeit in Ägypten dar, und auch Nubien war bereits im Zusammenhang mit der Errichtung des ersten Assuan-Staudamms (1902 und 1907) interessant geworden. Gegen Ende des 19. Jahrhunderts waren auch die Kenntnisse über die altägyptische Sprache und das Wissen über die Chronologie der altägyptischen Geschichte fortgeschritten. Führend auf diesen Gebieten wirkten Adolf Erman (1854–1937) und Eduard Meyer (1855–1930) in Berlin. Seither hat sich unser Wissen über das alte Ägypten auf allen Gebieten noch stark erweitert, doch in nur wenigen Aspekten fundamental geändert, im Unterschied zum 19. Jahrhundert, als noch umwälzende Veränderungen zu verzeichnen waren.

Ausgrabungen im 20. Jahrhundert

Die Grabungstätigkeit im 20. Jahrhundert kennzeichnen vor allem einige wenige spektakuläre Entdeckungen und die Rettungsaktionen für die Altertümer Nubiens, zunächst im Zusammenhang mit der zweiten Erhöhung des ersten Staudammes in Assuan und dann dem Bau des Hochdammes. Eine systematische Aufnahme aller antiken Stätten Ägyptens steht allerdings noch aus, wenn auch in wachsendem Maße Fundplätze erforscht worden

Palästinensischer Tempel aus der Mittleren Bronzezeit in Tell el -Daba im Delta. Bei dieser Grabung sind Techniken der Vor- und Frühgeschichte angewandt worden. Die Fläche wird in Quadrate von 10 mal 10 m eingeteilt, wobei für die Stratigraphie gitterartig Stege stehen gelassen werden. Die Österreichische Mission arbeitet seit den sechziger Jahren im Gebiet von Tell el-Daba.

sind. Eine Ergänzung zu den Ausgrabungen und eine Arbeit von mindestens ebenso großer Bedeutung wie diese stellt das Aufnehmen aufrechtstehender Denkmäler sowie deren Publikation dar. Die ersten wirklich zufriedenstellenden Ergebnisse wurden hier um 1900 erzielt.

Die größte Aufmerksamkeit wandte die Ägyptologie dem Tal der Könige zu. Den ersten königlichen Fund machte in den siebziger Jahren des vorigen Jahrhunderts die Abd el-Rasul-Familie von Qurna, als sie das Versteck fand, das die Mumien der meisten Könige des Neuen Reiches enthielt. Aus Sicherheitsgründen in der 21.Dynastie aus ihren ursprünglichen Gräbern entfernt, hatte man sie an einem Platz in Deir el-Bahari erneut begraben. Wie bei so vielen der wichtigsten archäologischen Entdeckungen handelte es sich auch hier um einen Zufallsfund von Einheimischen, die nach Antiquitäten suchten.

1898 fand Victor Loret (1859–1946) das Grab Amenophis' II. im Tal der Könige mit einigen der Königsmumien, die im Versteck von Deir el-Bahari gefehlt hatten. Von da an riß die Arbeit im Königsgräbertal bis 1932 nicht mehr ab. Für die methodisch einwandfreiesten Grabungen zeichnete Howard Carter (1874–1939) verantwortlich, der meist im Auftrag von Lord Carnavon arbeitete. Carters bedeutendster Fund war natürlich das Grab des Tutanchamun. Obwohl im Vorderen Orient weitere im wesentlichen intakte königliche Begräbnisse zutage gekommen sind, handelt es sich hier doch um den reichsten Komplex dieser Art mit einzigartigen Objekten.

Auch in unserem Jahrhundert sind in Ägypten noch weitere königliche Begräbnisse und ganze Friedhöfe ausgegraben worden. So erbrachte Reisners Entdeckung des Grabes der Hetepheres in Giseh im Jahre 1925 den größten Einzelfund an Schmuck und Möbeln aus dem Alten Reich. Die Sicherung dieser Stücke, deren Holzbestandteile vollkommen zerfallen waren, stellt einen Höhepunkt geduldiger Aufnahmearbeit dar. In den vierziger Jahren grub Pierre Montet (1885–1966) in Tanis eine Reihe unberührter Königsgräber und Gräber von Angehörigen aus der 21. und 22. Dynastie aus.

Als wichtigste Siedlungsgrabungen, von verschiedenen Teams in zahlreichen Kampagnen durchgeführt, müssen Tell el-Amarna und Deir el-Medine genannt werden. Nachdem in den achtziger Jahren des vorigen Jahrhunderts aus einer verheimlichten Quelle in Tell el-Amarna Keilschrifttafeln aufgetaucht waren, ging zunächst Urbain Bouriant (1849–1903) dorthin. Seine Publikation trägt den wahrhaft denkwürdigen Titel *Two Days Excavation at Tell el-Amarna.* Ihm folgte Petrie (1891–92), dessen zwar längerer, aber dennoch zu kurzer Aufenthalt wertvolles Material erbrachte, doch die Ergebnisse seiner Tätigkeit wurden bald überschattet von denen Ludwig Borchardts (1863–1938), der 1913/14 in Amarna u.a. auf das Haus des Bildhauers Tuthmose stieß und neben einer Reihe anderer Meisterwerke auch die berühmte Büste der Nofretete fand. In den zwanziger und dreißiger Jahren führten die Briten dann mehrere Kampagnen in Amarna durch. Die Grabungen förderten wichtige Erkenntnisse zur Geschichte der ausgehenden 18. Dynastie und zur Rolle der kurzlebigen Hauptstadt des altägyptischen Reiches zutage. Erst kürzlich ist die Arbeit an dieser Stätte wieder aufgenommen worden. Deir el-Medine war schon im 19. Jahrhundert immer wieder Herkunftsort von Funden, so daß um die Jahrhundertwende zunächst die Italiener dorthin gingen. Ihnen folgte der Deutsche Georg Möller (1876–1921) 1911 und 1913. 1917 übernahm das Institut Français d'Archéologie Orientale (das Französische Archäologische Institut) die Grabungen, die mit Unterbrechungen bis heute fortdauern.

Doch an dieser Stelle sollten nun auch die Ägyptische Altertümerverwaltung und die ägyptischen Ägyptologen endlich erwähnt werden. Nach Gründung der Altertümerverwaltung unter Mariette war es zunächst Ahmed Kamal (1849–1932), der neben seiner Tätigkeit im Kairoer Museum eine Reihe von Grabungen durchführte. Seit der Jahrhundertwende beschäftigte die Altertümerverwaltung in zunehmendem Maße Ägypter, und auch an der Universität von Kairo unterrichteten Ägypter Ägyptologie. Seit 1952 sind beide Bereiche vollständig in ägyptischer Hand. Die Altertümerverwaltung hat insgesamt die umfassendste Grabungstätigkeit entfaltet, und das meiste Material in den Museen von Kairo, Alexandria, Minja, Mallawi, Luxor und Assuan stammt aus diesen Grabungen. Vor allem sind die Funde von Tuna el-Gebel, eine Tiernekropole und eine gräko-ägyptische Totenstadt sowie die Pionierleistung von Ahmed Fakhry (1905–73) in den Oasen der Westwüste zu nennen.

Fremdvölker als Gefangene – Libyer, ein Vertreter des Landes Punt (?), Vorderasiate, Libyer. Reliefdarstellung vom Aufweg des Totentempelkomplexes des Sahure in Abusir. Die bewundernswert genaue Zeichnung nach: L. Borchardt, *Das Grabdenkmal des Königs Śahu- Re* (Leipzig 1913).

Überblicke und Veröffentlichungen

Nubien wurde bis zum Dal-Katarakt durch Begehungen und Aufnahmen untersucht, und unter archäologischen Gesichtspunkten gehört speziell Unternubien wohl zu den am besten durchforsteten Gebieten der Welt. Heute liegt nur das Gebiet der Festung von Qasr Ibrim über Wasser, so daß dort noch Grabungen stattfinden. Die Erweiterung des Stoffumfangs und die kaum faßbar lange Zeitspanne vom Paläolithikum bis ins 19. nachchristliche Jahrhundert, aus der Funde vorliegen, haben schließlich dazu geführt, daß sich für diesen geographischen Bereich eine eigene Forschungsrichtung herausgebildet hat.

Die Denkmäleraufnahme begründeten Maxence de Rochemonteix (1849–91) und Johannes Dümichen (1833–94), doch keiner von beiden konnte zu Lebzeiten seine Arbeit abschließen. Nach ihrem Tode startete zunächst der Egypt Exploration Fund (später Egypt Exploration Society) einen »Archaeological Survey of Egypt«, dessen Ziel in der Aufnahme der aufrechtstehenden, d.h. nicht auszugrabenden archäologischen Hinterlassenschaft bestand, während zugleich Jacques de Morgan (1857–1924) seinen *Catalogue des Monuments* begann, der zur vollständigen Publikation des Tempels von Kom Ombo führte. Bei beiden Projekten hatte man sich im

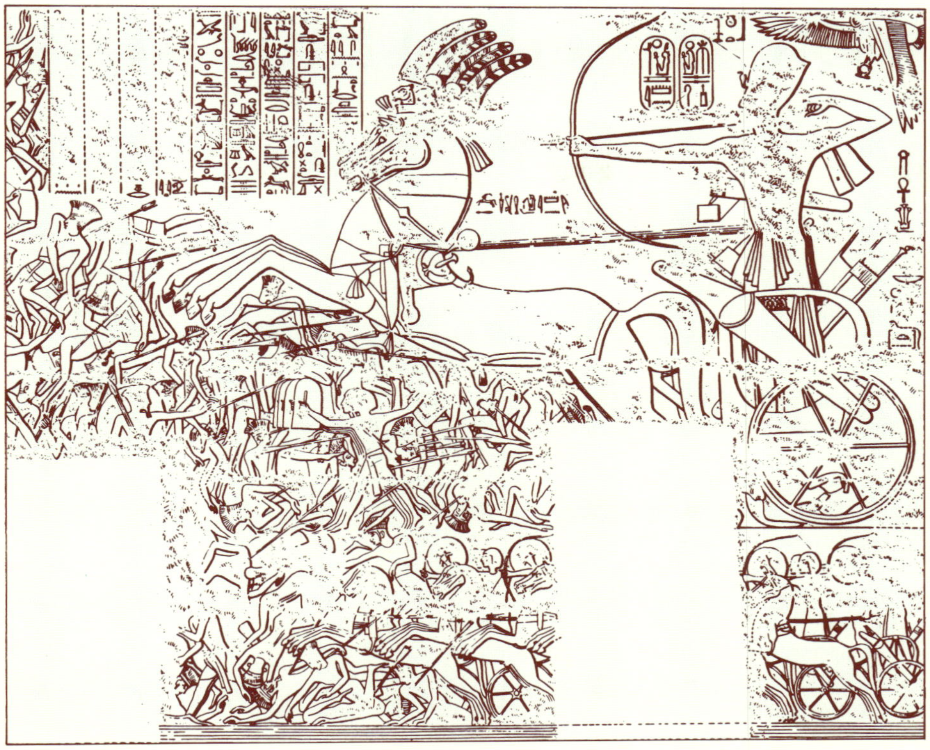

Reliefdarstellung Ramses' III. in der Schlacht gegen die »Seevölker«. Nördliche Außenmauer des Tempels von Medinet Habu. Nach: *Medinet Habu,* der abgeschlossenen Publikation des Oriental Institute der University of Chicago.

Grunde zu viel vorgenommen, aber der Archaeological Survey führte mit der Arbeit des großartigen Kopisten N. de G. Davies (1865–1941) immerhin zur Dokumentation zahlloser ägyptischer Gräber, deren Wanddarstellungen in mehr als 25 Bänden vorgelegt wurden, wobei seine Frau Nina gemeinsam mit anderen farbige Wiedergaben ausgewählter Szenen anfertigte. Eine perfekte Wiedergabe der einzigartigen, immer schneller vergehenden Hinterlassenschaft an Farben auf ägyptischen Denkmälern gibt es bis heute nicht.

Als bedeutendste epigraphische Unternehmung nach Davies ist die Gründung des Chicago House, einer Niederlassung für die Feldarbeit des Oriental Institute der Universität von Chicago, in Luxor im Jahre 1924 anzuführen. Das Oriental Institute selbst war die Schöpfung von James H. Breasted (1865–1935), dem eigentlichen Begründer der Ägyptologie in den Vereinigten Staaten, der zu den großen Wissenschaftlern auf diesem Gebiet zählt. Für das Chicago House in Luxor konnte er die Unterstützung von John D. Rockefeller gewinnen. Die Chicago-Expedition hat als einzige bisher eine erschöpfende Aufnahme eines großen Tempels in Faksimile (Medinet Habu, 1930–70) hervorgebracht und eine Reihe weiterer Veröffentlichungen vorgelegt. Einen vergleichbaren Anspruch erhebt die Publikation der inneren Teile des Tempels Sethos' I. in Abydos von A.M. Calverley (1896–1959) und von M.F. Broome, ebenfalls eine von Rockefeller finanzierte Unternehmung.

Ägyptologie außerhalb Ägyptens

Obwohl unabdingbar, stellt die Arbeit in Ägypten doch nur einen kleinen Teil der gesamten Aufgaben der Ägyptologie dar, und bisweilen bestehen sogar überraschend geringe Kontakte zwischen der Feldarbeit und der übrigen wissenschaftlichen Forschung.

Oberstes und erstes Ziel der Ägyptologie war es stets, die altägyptische Sprache zu verstehen. Zu Beginn unseres Jahrhunderts trieben vor allem F. Ll. Griffith (1862–1934) und Wilhelm Spiegelberg (1870–1930) das Studium des Demotischen, der Kursivschrift und Sprachphase der Spätzeit und der griechisch-römischen Epoche voran, während Adolf Erman weiterhin die früheren Phasen des Ägyptischen erhellte. 1927 veröffentlichte Sir Alan Gardiner (1879–1963) mit einer Grammatik des Mittelägyptischen, in die seine eigenen und die Forschungsergebnisse von Battiscombe Gunn (1883–1950) eingegangen waren, ein Werk, das bis heute nicht übertroffen wurde. 1944 trat der heute als der große alte Mann der Ägyptologie geltende H.J. Polotsky mit einer revolutionierenden Arbeit über einige Aspekte der altägyptischen und koptischen Grammatik hervor, und in den seither vergangenen dreißig Jahren hat er unser Verständnis der Sprache aller Perioden grundlegend verändert. Dennoch scheint der Tag, da uns die altägyptische Sprache keine Schwierigkeiten mehr bietet, in weiter Ferne zu liegen. Desgleichen bildet das elfbändige Wörterbuch, von Adolf Erman und Hermann Grapow (1885–1967) in den Jahren zwischen 1926 und 1953 herausgegeben, zwar einen wesentlichen Fortschritt gegenüber der Pionierarbeit des Heinrich Brugsch, stellt aber ebenfalls im Grunde – wie in allen Bereichen der ägyptologischen Forschung – eher den Anfang als das Ende des Studiums der Bedeutung altägyptischer Wörter dar.

Für seine Arbeit in weiter Entfernung von den Denkmälern ist der Ägyptologe auf Veröffentlichungen dieses Anschauungsmaterials angewiesen, d.h. auf detaillierte Textstudien – hieroglyphische, hieratische und demotische – sowie zahlreiche andere Formen der Hilfsmittel. Auf diesem Gebiet war wohl Kurt Sethe (1869–1934) der führende Gelehrte. Er hatte als Grammatiker angefangen, doch später bereicherte er das Fach in fast allen Gebieten und war wohl der fruchtbarste aller Texteditoren. Noch auf Generationen hinaus wird man seiner Arbeit bedürfen. Auf dem Sektor der Bearbeitung und Veröffentlichung von Papyri muß an führender Position Sir Alan Gardiner genannt werden, der in der Behandlung der Papyri und ihrer Präsentation neue Maßstäbe setzte. Sein Mitarbeiter Jaroslav Černý (1898–1970) widmete sich in hervorragender Weise den Ostraka und sonstigen kursiv geschriebenen, d.h. hieratischen Dokumenten, vor allem aus Deir el-Medine.

Zu allgemeineren Themen der Ägyptologie sollen nur zwei Wissenschaftler mehr oder minder willkürlich hervorgehoben werden, die ganze Sachbereiche des Fachs verändert haben. Weitere wichtige Namen sind in der Bibliographie enthalten. Da wäre zum einen Heinrich Schäfer (1868–1957) mit seinem grundlegenden Werk über die ägyptische Kunst zu nennen. Er unternahm als erster eine Analyse der altägyptischen Darstellungsweise (siehe S. 60f.). Zum zweiten ist Gerhard Fecht anzuführen, dessen neue Betrachtungsweise des Aufbaus altägyptischer Texte völliges Umdenken erfordert. Er konnte zeigen, daß mehr oder minder alle Texte metrisch komponiert sind, d.h. also eher in »Versen« als in »Prosa« geschrieben sind. Wer im alten Ägypten Texte verfassen wollte, mußte die Verskunst beherrschen, ja im Grunde Poet sein. Beide Wissenschaftler haben damit Gebiete erschlossen, die den heutigen Menschen fremd anmuten.

Heute gehört die Ägyptologie zu den eingeführten Wissenschaftsdisziplinen, die an Universitäten, Museen und nationalen Archäologischen Instituten in mehr als 20 Ländern vertreten ist. Etwa 300 Ägyptologen befassen sich mit Sprache, Literatur, Geschichte, Religion und Kunst: Wissenschaftsgebieten, die heute im allgemeinen separate Studienfächer sind. Diese Gesamtschau hat Vorteile insofern, als sie dazu verpflichtet, den Überblick zu behalten, doch birgt dies auch Nachteile für die Detailarbeit ebenso wie für große Projekte, etwa Wörterbücher. Zu bedauern ist, daß die ursprüngliche Arbeit in der Ägyptologie fast ausschließlich zur akademischen Beschäftigung geworden ist.

DER GESCHICHTLICHE HINTERGRUND

Das vorgeschichtliche Ägypten

Noch am Ende der letzten Eiszeit (etwa 10000 v.Chr.) war die Kultur Nordafrikas sehr einheitlich. Die allmähliche Herausbildung Ägyptens bedeutete eine Trennung von diesem Hintergrund; sie wurde im wesentlichen durch Klimaveränderungen verursacht. Die augenfälligsten Merkmale dieses Prozesses sind zum einen die rasch zunehmenden Veränderungen in den Jahrhunderten vor dem Beginn der historischen Zeit und zum anderen das Fehlen jeglicher Ähnlichkeit zwischen dem ägyptischen Staat der 4. Dynastie und seinen etwa ein halbes Jahrtausend älteren Vorgängern. Die ägyptische Kultur wurde zwar keineswegs statisch, aber es gab nie wieder eine solche Woge des Wachsens; die vom Alten Reich bis zur römischen Zeit reichende Kontinuität fehlt zwischen dem vorgeschichtlichen und dem historischen Ägypten.

Die frühesten vorgeschichtlichen Kulturen erstreckten sich nicht einheitlich über das ganze Land, und die beiden Hauptgebiete können nur schwer in ihrer Entwicklung verbunden werden. Die ältesten seßhaften und nahrungsmittelproduzierenden Kulturen des Niltals, die dem frühen Neolithikum angehören, waren das Tasian und das Badarian (so benannt nach den Fundorten, wo sie – ebenso wie die nachfolgend genannten Kulturen – zuerst entdeckt wurden) und sind vielleicht gar nicht voneinander zu trennen (um 4500 v.Chr.). Sie sind auf das Gebiet südlich von Assiut begrenzt und lassen sich hauptsächlich durch bescheidene Friedhöfe nachweisen, die wohl in der Nähe nicht mehr festzustellender Siedlungen lagen. Aus dem Faijum sind Kulturen ungefähr derselben Zeit durch Fundplätze an den damaligen Rändern des Sees nachgewiesen. Ihre Träger waren sicher keine Bauern, sondern lebten wohl in der Hauptsache von der Jagd und vom Sammeln. Der am Nordwestrand des Deltas liegende große Fundort von Merimda ist eventuell älter als Badari, und auch im zentralen Teil des Deltas dürfte es schon in jener Zeit Siedlungen gegeben haben. Mehrere andere neolithische Kulturen sind auch aus dem Gebiet des 2. Kataraktes bekannt.

Die Naqada-I-Kultur (zuweilen auch Amratian genannt) ist wie ihre Vorgänger eine örtlich begrenzte kleine Dorfkultur, die nur geringe Anzeichen einer sozialen Schichtung zeigt. Sie hatte sich aber über ein größeres Gebiet ausgedehnt und bildete den Auftakt für die sich noch weiter ausbreitende Naqada-II-Kultur (Gerzean).

Die Naqada-II-Kultur stellt einen Wendepunkt in der Entwicklung des vorgeschichtlichen Ägypten dar. Sie hatte zum ersten Male Kontakte zu anderen Ländern und dehnte sich über das gesamte Niltal nördlich des Gebel el-Silsila bis ins Delta aus. Es gibt nunmehr eine soziale Schichtung sowie die Entwicklung von bedeutenden Bevölkerungszentren, von denen besonders Hierakonpolis (Kom el-Ahmar), Koptos (Qift), Naqada und Abydos zu nennen sind. Andererseits ist sie die letzte Periode, während der es noch eine gewisse kulturelle Einheit mit den Gebieten südlich des 1. Kataraktes gab. Die nubischen Kulturen dieser Zeit, die sich bis nach Chartum nachweisen lassen, sind nicht grundsätzlich von denen Ägyptens verschieden. Es gab wahrscheinlich einen Austausch über das gesamte Gebiet hinweg ohne eine zentrale politische Autorität. Die kulturelle Abgrenzung zur nubischen A-Gruppe, die während der Naqada-II-Zeit südlich vom Gebel el-Silsila faßbar wird, begleitete vermutlich die Herausbildung einer staatlichen Organisation in Ägypten und die Schaffung einer politischen Grenze. Dieser Prozeß führt direkt in die frühdynastische Periode (Frühzeit), in der Ägypten innerhalb von Grenzen, die denen der späteren Perioden vergleichbar sind, unter einem einzigen Herrscher vereint ist. Es gibt keinen scharfen Bruch zwischen der Naqada-II-Zeit und der Frühzeit, obwohl die Umgestaltung über die Jahrhunderte hinweg gesehen doch nahezu eine totale ist.

Einige Motive der Kunst und gewisse technische Einzelheiten aus der Naqada-II-Kultur machen deutlich, daß

Vorgeschichte und Frühzeit Ägyptens
Fundplätze vorgeschichtlicher ägyptischer Kulturen sind schwarz angegeben und ihrer belegten Reihenfolge nach numeriert:

1. Tasa- und Badari-Kultur
2. Naqada-I-Kultur
3. Naqada-II-Kultur
4. Kulturen Unterägyptens und des Deltas (zeitgleich mit Badari bis Mitte Naqada-II, aber nicht einheitlich)
5. Faijum-Kultur
6. Späte Naqada-II-Kultur und Frühzeit

Die Angaben zu 1–5 sind umfassender als zu 6. Die Benutzung vieler vorgeschichtlicher Plätze hört in der Frühzeit auf, vermutlich, weil man nicht mehr so sehr die Wüstenränder ausnutzte und näher zum Fluß zog.

Felszeichnungen aus den unterschiedlichsten Zeiten sind über das gesamte Wüstengebiet verbreitet, viele von ihnen stammen wahrscheinlich von Nomaden. Meist befinden sie sich in der Nähe der alten Wüstenwege; in Unternubien sind sie auch am Nil häufig. Ihr unägyptischer Stil setzt sich in der dynastischen Zeit fort. Die Hartgesteine der östlichen Wüste wurden von den Niltalbewohnern während der Vorgeschichte und der frühen dynastischen Perioden verwendet.

Der genaue politische Status der angegebenen Gauhauptstädte ist – mit Ausnahme von Abydos und Memphis – unbekannt. Fundplätze nubischer Kulturen sind braun gekennzeichnet. Die Orte der A-Gruppe werden wie folgt unterschieden:

- ● Frühe A-Gruppe (zeitgleich mit der späten Naqada-I- und frühen Naqada-II-Kultur).
- ○ Klassische und Späte A-Gruppe (zeitgleich mit der späten Naqada-II-Kultur bzw. der 1. Dynastie).

Fundplätze nubischer Kulturen im Gebiet des 2. Kataraktes umfassen:

- △ Chartum Variant-Kultur, ca. 4500–3500 v.Chr.
- ▽ Post-Schamarkian, ca. 3500 v.Chr.
- ◇ Abkan, etwa 4000–3200 v.Chr., sich z.T. mit der Klassischen A-Gruppe überschneidend. Infolge günstiger Bedingungen und dank ausgedehnter Erkundungen konnten viele Plätze aller dieser Kulturen identifiziert werden, die wesentlich besser als die ägyptischen vorgeschichtlichen Kulturen bekannt sind.

Ganz rechts: Das Gebiet des 2. Kataraktes zur Zeit der Vorgeschichte

Links: Gegenstände aus Gräbern der Negade-I-Kultur. Links: Nilschlammstatuette einer Frau, die ihre rechte Hand unter ihre linke Brust legt, mit übertriebenen Hüften und Beinen. Mitte: Qualitätvolles Gefäß der rotpolierten Ware mit geschwärztem Rand, auf dem Körper eine eingeritzte Darstellung von unbekannter Bedeutung. Rechts: Sorgfältig gearbeitetes Feuersteinmesser, das wahrscheinlich als Zeremonialgerät diente. Oxford, Ashmolean Museum.

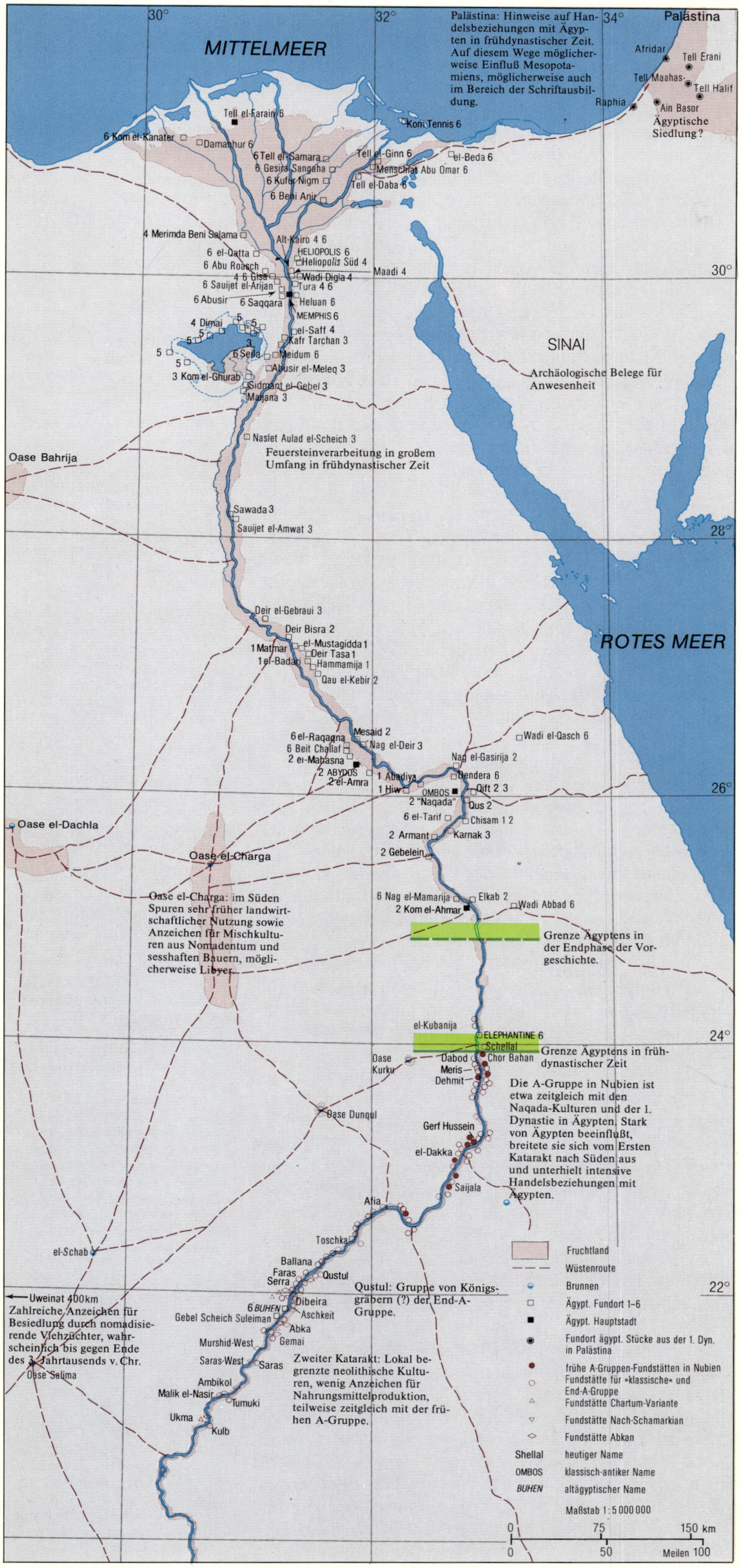

es kulturelle Kontakte zu Mesopotamien gab. Die ägyptische Schrift mag als Antwort auf Anregungen aus Mesopotamien eingeführt worden sein, aber die Schriftsysteme sind sich doch recht unähnlich. Die Vermittlung zwischen beiden Bereichen erfolgte wahrscheinlich durch den bereits sehr weit reichenden Handel. Es gibt Hinweise auf einen Handel in der Frühzeit zwischen Ägypten und dem Sinai sowie dem südlichen Palästina, aber es ist noch immer ungeklärt, ob dieser Handel von Einwanderungen oder Invasionen begleitet war. Kleinen nomadischen Gruppen ist es durchaus möglich, eine große seßhafte Bevölkerung zu unterwerfen; dies kann für die späte Naqada-II-Zeit nicht ausgeschlossen werden.

Die uns erhaltenen späteren schriftlichen Quellen lassen erkennen, daß es zu Beginn der 1. Dynastie Könige gab, die Gesamtägypten beherrschten; sie folgten älteren Herrscherdynastien der beiden Teilreiche von Ober- und Unterägypten. Diese zwei vorgeschichtlichen Königreiche mögen aber auch nur die Widerspiegelung eines alles durchdringenden Dualismus im ägyptischen Denken sein, nicht der Bericht über eine tatsächliche historische Situation. Wahrscheinlicher ist jedoch, daß eine allmähliche Vereinigung der zuvor dezentralisierten Gesellschaft erfolgte, was durch die kulturelle Einheitlichkeit des Landes in der späten Naqada-II-Zeit und durch Gegenstände mit frühen Formen der späteren königlichen *serech*-Embleme reflektiert wird. Dabei handelt es sich um eine Ziegelfassade, deren ausgebildete Form der Horus-Name des Königs ist: ein Falke sitzt über dem *serech,* in dem für den Namen Platz gelassen ist. Diese Motive wurden in Oberägypten, in der Gegend um Memphis sowie im Delta gefunden. Das erste Auftreten des *serech* ist ungefähr zeitgleich mit einem Friedhof in Abydos (in der Nähe der späteren Königsgräber der 1. Dynastie), der vorgeschichtliche Herrschergräber enthalten könnte. In diesem Falle wären sie Herrscher aus der späten Naqada-II-Zeit gewesen, die von dem Zentrum Abydos aus den größten Teil des Landes kontrollierten.

Die monumentalen Schieferpaletten und Keulenköpfe der letzten vorgeschichtlichen Könige, besonders von Narmer, sind späteren königlichen Reliefs typologisch sehr ähnlich und scheinen von Siegen sowie über landwirtschaftliche und rituelle Ereignisse zu berichten.

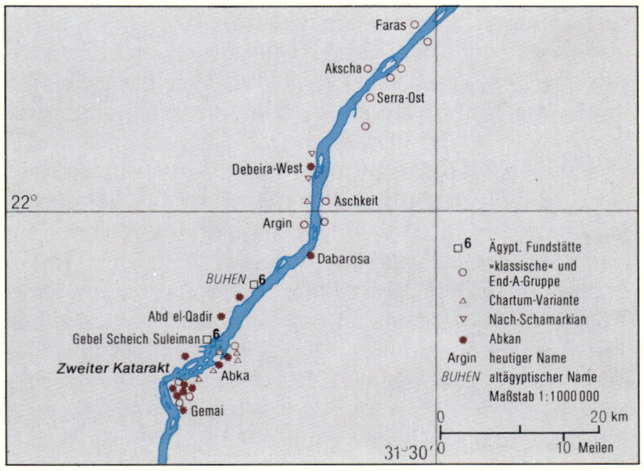

Die frühdynastische Epoche

Zwei einschneidende Veränderungen gegenüber der Vorgeschichte bezeichnen den Beginn der 1. Dynastie: das vermehrte Auftreten schriftlicher Dokumente und die Gründung von Memphis, das wahrscheinlich von dieser Zeit an die politische Hauptstadt war. Überdies hat wohl ein Wechsel in der herrschenden Familie stattgefunden, wie aus Unterschieden in der Benennung der Könige hervorgeht. Die Schrift wurde vor allem zur Jahreszählung verwendet, wobei zu Datierungszwecken für jedes Jahr ein hervorstechendes Ereignis aufgeführt wurde. Listen solcher Jahresbezeichnungen bildeten später die Anfänge der Annalen.

Die 1. Dynastie beginnt mit dem legendären Menes, ein Name, der in späteren Königslisten und Berichten klassisch-antiker Autoren belegt ist. Zu ihrer Zeit kannte man die Könige vor allem unter ihrem Horusnamen, der einen Bestandteil der königlichen Titulatur bildet, und nicht mit ihrem Geburtsnamen. So sind bis heute die Identifikation und die Existenz des Menes umstritten, doch aller Wahrscheinlichkeit nach ist er mit König Aha gleichzusetzen, aus dessen Zeit das älteste Grab in Saqqara stammt. Als Zentren dieser frühen Zeit müssen Abydos und Memphis gelten, während das gleichermaßen bedeutende Hierakonpolis in Oberägypten ebenfalls umfangreiche Funde aus der frühdynastischen Epoche aufweist. Die beiden Schutzgöttinnen des Königtums, Nechbet und Wadjit, repräsentieren Hierakonpolis und Buto (Tell el-Faraïn) im Delta, so daß höchstwahrscheinlich auch Buto zu den wichtigen Zentren zu rechnen ist. Als Dauer für die 1. Dynastie werden 150 Jahre angesetzt. Ausgedehnte Friedhöfe mit reichen Begräbnissen aus dieser Zeit sind in mehreren Landesteilen gefunden worden, auch im Delta, wobei die meisten in die lange Regierungszeit des Den gehören. Diese Verteilung läßt darauf schließen, daß damals eine geringere Konzentration des Reichtums geherrscht hat als im zentralistisch organisierten Alten Reich, als Provinzfriedhöfe von einiger Bedeutung verschwinden.

Für Beziehungen Ägyptens zu Vorderasien oder Libyen liegen für die 1. Dynastie wenige direkte Belege vor, doch das mag Zufall sein. Ein Graffito aus dieser Epoche hat sich in Nubien am 2. Katarakt gefunden. Es handelt sich um eine Darstellung des über seine Feinde triumphierenden Königs.

Bestattet wurden die Könige in Abydos in einer in der Wüste gelegenen Nekropole, während näher zum Fruchtland die für den Totenkult bestimmten Anlagen errichtet waren. Die sicher bereits vorhandenen Kultbauten bestanden wohl aus vergänglichen Materialien, so daß sie je nach Bedarf erneuert wurden. Die königlichen Gräber, noch von bescheidenem Zuschnitt, sind in späterer Zeit geplündert worden, doch alles Erhaltene zeugt von hervorragendem handwerklichem Können.

Während die Könige und ihr unmittelbarer Hofstaat in Abydos beigesetzt wurden, ließen sich hohe Beamte imposante Nilschlammziegelgräber am Wüstenrand von Saqqara-Nord errichten. Beamte so hohen Ranges hat es offenbar in einer bestimmten Zeit nur jeweils ein oder zwei gegeben, da die Zahl der erhaltenen Gräber nur wenig über der der Königsgräber liegt und bezeichnenderweise aus langen Regierungszeiten mehr Gräber vorhanden sind. Aus den Vorratsräumen der Oberbauten dieser Anlagen sind bemerkenswert viele Kupfergegenstände, vor allem aber Gefäße in großer Vielfalt an Gesteinsarten und Form erhalten geblieben. Steingefäße bilden schon ein Charakteristikum der Vorgeschichte, und bis zur 3. Dynastie stellten sie das Hauptkontingent an Luxusgegenständen.

Zu Beginn der 2. Dynastie wurde die königliche Nekropole nach Saqqara verlegt. Nach dem dritten König dieser Dynastie, Ninetjer, traten offensichtlich mehrere rivalisierende Thronprätendenten auf, und die spätere Überlieferung schloß Namen beider Seiten in die Aufzeichnungen ein. In Abydos ist erst Peribsen wieder belegt. Als einziger König in der ägyptischen Geschichte trägt er statt des Horustitels den des Seth, wobei er seinen Horusnamen Sechemib zu Peribsen umänderte. Horus und Seth sind die beiden um das Erbe des Landes miteinander kämpfenden Götter des altägyptischen Mythos. Veränderungen im Titel des Königs würden einen Triumph des Seth nahelegen. Allerdings ist auch nicht auszuschließen, daß dieser Mythos erst nach der 2. Dynastie formuliert wurde. Möglicherweise verursachten auch veränderte Bedingungen unter der Anhängerschaft die Titeländerung. Wie dem auch sei, Peribsens Aktionen scheinen den Widerstand eines Königs namens Chasechem hervorgerufen zu haben, von dem Gegenstände nur aus Hierakonpolis in Oberägypten bekannt sind. Bei dem nächstfolgenden Herrscher namens Chasechemui, dessen Name im ganzen Land belegt ist, handelt es sich wahrscheinlich um die gleiche Person. Der Name Chasechem bezieht sich nämlich auf *eine* Macht *(sechem),* womit Horus gemeint ist, während Chasechemui zwei Mächte anspricht, d.h. Horus und Seth, so daß also beide Götter im Namenstitel auftreten. Der Zusatz »die beiden Herren sind zufrieden in ihm« dürfte ein Hinweis darauf sein, daß der Kampf vorüber war, und mit diesem Ausgleich führt Chasechemuis Regierungszeit in die 3. Dynastie hinüber. Über seine Königin Nimaathapi wird die Verbindung zu den ersten beiden Königen der neuen Dynastie hergestellt.

Die Persönlichkeit des ersten Königs der 3. Dynastie, Sanacht (2649–2630 v.Chr.), nimmt für uns kaum Konturen an, möglicherweise ist er mit einem König namens Nebka identisch. Sein Nachfolger Djoser (2630–2611 v.Chr.) tritt dann als Erbauer der Stufenpyramide von Saqqara, dem ersten Steinbau dieser Größe auf der Welt, umso stärker hervor. Fragmente eines Heiligtums aus Heliopolis, ebenfalls aus Djosers Regierungszeit, weisen bereits in Stil und Ikonographie die vollkommene altägyptische Prägung auf. Die Stufenpyramide mit ihren mehrfachen baulichen Veränderungen offenbart zwar in vieler Hinsicht ein Suchen und Tasten im Bereich der Architekturformen, doch insgesamt bezeugt dieser Baukomplex doch bereits eine erstaunliche technische Meisterschaft und große wirtschaftliche Machtentfaltung zugleich.

Später wurde die Epoche des Djoser als eine Art goldenen Zeitalters hinsichtlich ihrer Errungenschaften und ihrer Weisheit angesehen. Vor allem Imhotep, der neben anderen auch den Titel eines Oberbildhauers trug, wurde als Weiser verehrt, und in griechisch-römischer Zeit genoß er als Heilgott populäres Ansehen. Sein Name findet sich auch als Graffito auf einem Teil der Umfassungsmauer des Pyramidenbezirks des Djoser-Nachfolgers Sechemchet, der durch eine Änderung der Baupläne fast unmittelbar nach Errichtung zugeschüttet wurde, so daß anzunehmen ist, daß Imhotep schon unter seinen Zeitgenossen Verehrung genoß.

Die Pyramidenanlage des Djoser erhob sich inmitten einer Gruppe massiver Nilschlammziegel-Mastabas aus seiner Regierungszeit. Nichtkönigliche Personen erhielten nämlich erst danach aus Stein errichtete Gräber. Doch die Qualität der Reliefkunst kommt auch im Bereich nicht-königlicher Kunstwerke zum Ausdruck. So gehören die Reliefs auf den Holzpaneelen aus dem zeitgenössischen Grab des Hesire zum Besten, was je in diesem Material geschaffen worden ist, wobei nicht auszuschließen ist, daß diese Arbeiten, obwohl sie einer Privatperson gehörten, in einer königlichen Werkstatt entstanden sein können.

Das noch größer geplante Grabmonument des Sechemchet (2611–2603 v.Chr.) ist kaum über die unterirdischen Anlagen hinausgediehen. Seiner Regierungszeit folgte wieder eine Periode der Wirren. Dieses Zwischenspiel vor dem Beginn der 4. Dynastie verdeutlicht einmal mehr, wie stark die Herrscherpersönlichkeiten im Zentrum der Überlieferung stehen und damit unser Wissen

Historische Karten: Fundstätten und Topographie

Auf den in diesem Kapitel abgebildeten Karten sind sowohl die Stätten eingezeichnet, die in den entsprechenden Epochen mit archäologischen Überresten bzw. Funden in Teil II erwähnt sind, als auch eine Reihe zusätzlicher Orte. Die Fundstätten sind also nicht in ihrer exakten zeitlichen Begrenzung aufgeführt. Dies ist auch gar nicht möglich, weil viele Orte durchgehend über sehr lange Zeiträume hinweg besiedelt waren, so daß die Ruinen zerstört oder tief begraben unter der Erde liegen. Es handelt sich eher um die Verteilung von wichtigen Fundstätten denn um die Angabe von Siedlungen. Im Verhältnis zum Niltal sind mehr nubische, Wüsten- und Oasenstätten angegeben, weil hier mehr erhalten ist und weniger strenge Auswahlkriterien vorliegen.

Die Karten führen eine hypothetische Rekonstruktion der alten Topographie vor Augen. Im Unterschied zu heute ist das Fruchtland im Niltal schmaler angegeben; die mäanderförmige Nilachse verläuft weiter westlich (nach Butzer); der Karun-See im Faijum weist stärkere Fluktuationen auf; die Mündungsarme sind nach Butzer und Bietak angegeben; der Golf von Suez war möglicherweise größer.

Die schwarzen und braunen Zeichen geben Ansiedlungen an, blaue Zeichen beziehen sich auf den Namen, nicht auf eine Ansiedlung.

Bestimmte Bereiche der Topographie des alten Ägypten sind zu hypothetisch, als daß sie hier aufgenommen worden wären. Dies bezieht sich z.B. auf Veränderungen der Mittelmeerküste (so war das Land gegenüber dem Meeresspiegel 2,50 m höher in der griechisch-römischen Epoche), aber auch auf den »Ostkanal«, dessen Zweck und Datierung keineswegs gesichert sind (Mittleres Reich oder Spätzeit), der sich aber teilweise zwischen dem Timsah-See und der Gegend bei Tell el-Farama auf Luftaufnahmen abzeichnet.

Ägypten im Alten Reich und in der Ersten Zwischenzeit

Fundstätten von Papyri. Aus dem Alten Reich sind zwar nur wenige Papyri auf uns gekommen, doch im Gegensatz zu späteren Epochen ist ihre Herkunft bekannt.

Mit Relief und/oder Malerei versehene Provinzfriedhöfe, vor allem vom Ende des Alten Reiches und aus der Ersten Zwischenzeit. Die Verteilung dieser Gräber spiegelt die in dieser Periode vorhandene Dezentralisation wider und auch eine gewisse Nivellierung des Reichtums.

Graffiti von Expeditionen aus dem Alten Reich. Dabei ging es hauptsächlich um die Beschaffung von Mineralien, im Falle von Nubien aber auch um Handelsexpeditionen und Raubzüge.

Wawat, Irtjet und Satju waren nubische Staaten zur Zeit des ausgehenden Alten Reiches, die sich zu Beginn der Regierungszeit Pepis II. vereinigten (Grenzen nach E. Edel).

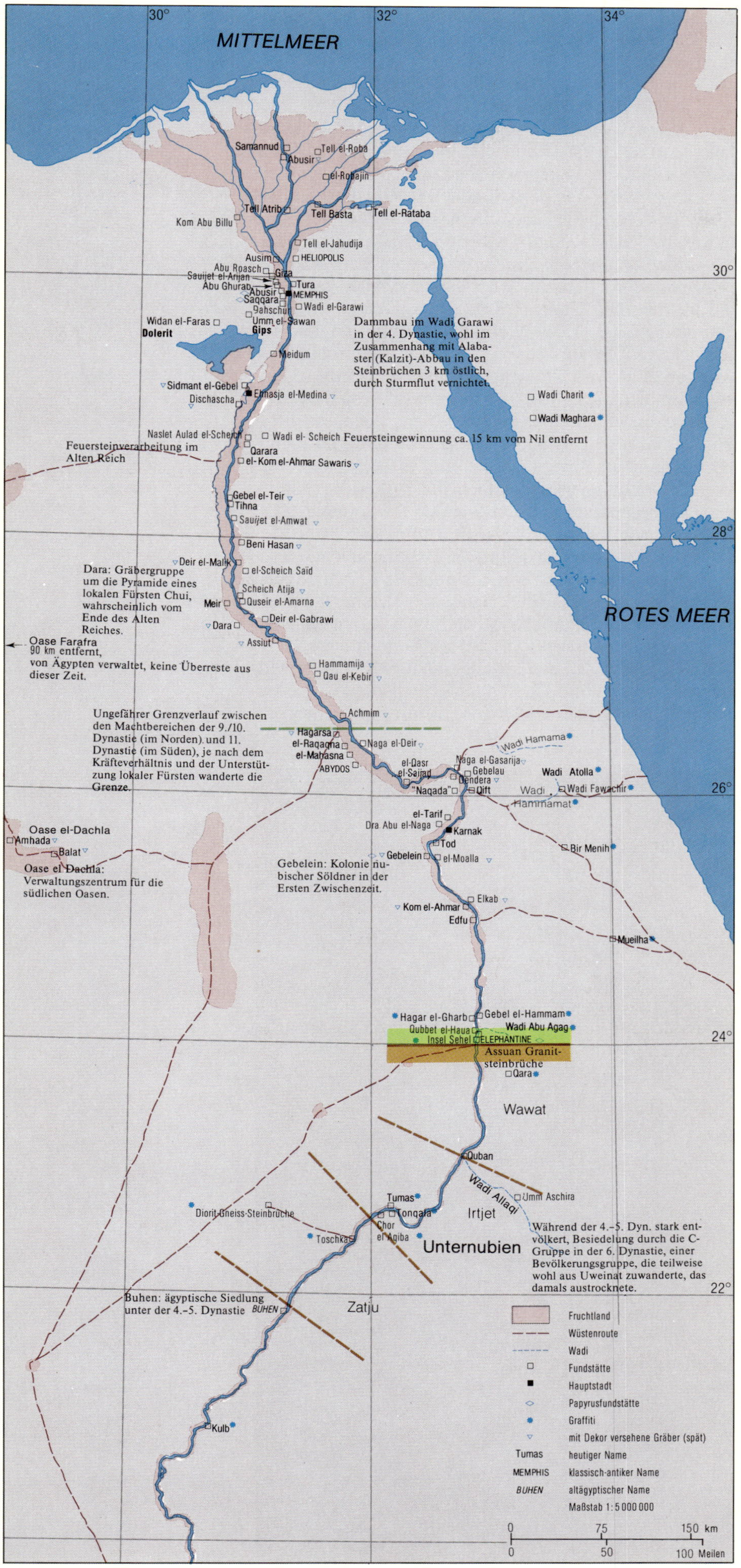

um die Geschichte und ihre Wertung bestimmen. In Zeiten starker Herrscherpersönlichkeiten und straffer Organisation konnten die Ressourcen des Landes auf eindrucksvolle Weise, möglicherweise durch den Einsatz von Fronarbeit, nutzbar gemacht werden, wohingegen in Perioden schwacher Machtenfaltung zwar der normale Unterhalt gewährleistet war und das wirtschaftliche Gefüge des Landes nicht nachhaltig gestört wurde, die über dauernden Leistungen jedoch waren nicht zu erzielen.

Das Alte Reich

Obgleich die 4. Dynastie die Zeit der großen Pyramiden ist, wäre es doch falsch, diese Bauwerke aufgrund ihrer Dauerhaftigkeit zum Maßstab unseres Urteils über die Epoche zu machen. Wie alle anderen Geschichtsperioden war auch dieser Zeitabschnitt von Veränderungen und politischen Konflikten gekennzeichnet.

Snofru (2575–2551 v.Chr.), der Dynastiegründer, erbaute nicht weniger als zwei Pyramiden in Dahschur und vollendete die Pyramide von Meidum. Dieses gigantische Bauprogramm ist den Leistungen seiner Nachfolger in diesem Bereich durchaus vergleichbar und setzt bereits einen entsprechend hohen Stand der Wirtschaft und Arbeitsorganisation voraus. In den Mastabas aus seiner Regierungszeit in Meidum und Saqqara sind in Relief und Malerei die frühesten Beispiele der Bildsujets enthalten, die dann im späteren Alten Reich zum Repertoire der Grabdarstellungen gehören sollten, während die Gräber der mittleren 4. Dynastie im wesentlichen keinen Wandschmuck trugen.

Aus dieser Zeit sind nun auch bereits einige wenige Details über die Organisation der Verwaltung erhalten, so vor allem im Grab des Meten aus Saqqara. Wir erfahren, daß die hohen Beamten mit weit auseinanderliegenden Gütern belehnt wurden, womit wohl das Ziel verfolgt wurde, die Entstehung zusammenhängender Liegenschaften zu vermeiden. In überwiegendem Maße befanden sich die Güter des Meten im Delta, offensichtlich auf bis dahin nicht kultiviertem Boden.

Aus fragmentarisch erhaltenen Königsannalen (Palermo-Stein) und Felsinschriften in Nubien geht hervor, daß unter Snofru zumindest ein Feldzug gegen das südlich angrenzende Gebiet unternommen wurde. Als Folge dieser Militärkampagne wurde in Buhen eine Siedlung gegründet, die jahrhundertelang fortbestand und als Ausgangspunkt für Bergwerks-Expeditionen und Handelsunternehmungen diente. Die Aktivität der Ägypter in der Zeit zwischen der 1. und 4. Dynastie führte, vielleicht beschleunigt durch ungünstige Klimaveränderungen, zum Untergang der nubischen A-Gruppe, der erst nach einer zeitlichen Unterbrechung um 2250 v.Chr. eine als C-Gruppe bezeichnete Bevölkerung nachfolgte.

Auf geistesgeschichtlichem Gebiet ist als wichtigster Faktor in der 4. und 5. Dynastie das Hervortreten solarer Religionsvorstellungen zu nennen. Betrachtet man die eigentliche Pyramide mit glatten Dreiecksseiten als Sonnensymbol, so darf Snofru bereits als Begründer der Sonnenreligion gelten. Die mit dem Namen des Sonnengottes Re zusammengesetzten Königsnamen und das Epitheton »Sohn des Re« treten allerdings erst mit Radjedef auf. Jedenfalls nahmen Einfluß und Bedeutung des Sonnengottes bis zur Mitte der 5. Dynastie ständig zu.

Aufgrund ihrer Bautätigkeit ragen aus der 4. Dynastie vor allem Chufu (Cheops) und Chephren (2551–2528 v.Chr. bzw. 2520–2494 v.Chr.) heraus, in einigem Abstand gefolgt von Menkaure (Mykerinos) um 2490–2472 v.Chr. Die Tatsache, daß diese drei Könige ihre Grabmonumente in Giseh dicht beieinander errichteten, mag andeuten, daß sie auch in der Regierungskonzeption solidarisch waren, während Radjedef (2528–2520 v. Chr.) mit der Ortswahl Abu Roasch, ein namentlich nicht ganz gesicherter König mit den Ausschachtungen einer Pyramide in Sauijet el-Arijan sowie Schepseskaf (2472–2467 v. Chr.) mit seinem Grab in Saqqara-Süd ephemeren rivalisierenden Kräften zuzurechnen sind. Die straffe Zentralisierung der Regierungsform und die Autorität der beiden wichtigsten Könige der 4. Dynastie drückt sich allein schon in den planmäßig ausgerichteten Gräberanlagen um ihre jeweilige Pyramide herum aus. Diese Machtkonzentration sollte jedoch nicht als Folge vermehrter Befugnisse gedeutet werden, denn Snofru war zweifellos bereits so mächtig wie seine Nachfolger, sondern die Herrschergewalt wurde mit anderen Methoden ausgeübt. Es mag nämlich durchaus kein Zufall sein, daß Snofru in gutem Andenken gehalten wurde und göttliche Verehrung genoß, während Cheops und Chephren in der volkstümlichen Überlieferung als Tyrannen galten.

Außer diesen Bauwerken brachte die 4. Dynastie auch einige der bedeutendsten Skulpturen des Alten Reiches hervor, und die wenigen erhaltenen Reliefs, Inschriften und Grabausstattungsobjekte sind ebenfalls von unübertroffener Qualität. Unter dem Gesichtspunkt der materiellen Kultur stellt diese Epoche einen Höhepunkt dar, während wir über das geistige Leben ebenso wenig wissen wie über den Alltag.

Schepseskaf wählte statt einer Pyramide eine riesige Mastaba als Begräbnisstätte, und in dieser fast einmaligen Abweichung äußert sich bereits eine veränderte Auffassung der Könige der 5. Dynastie. Mit der Errichtung einer kleinen, östlich der Stufenpyramide gelegenen Pyramide in Saqqara und dem Bau eines Sonnentempels bei Abusir schuf der erste König der 5. Dynastie, Userkaf (2465–2458 v. Chr.), ein Vorbild, dem sich fünf seiner Nachfolger anschlossen. Diese Tempel bestanden als von der Pyramide Institutionen, blieben aber eng mit den Königen verbunden, die sie erbaut hatten.

Zur im wesentlichen gewahrten Kontinuität in der Architektur zwischen der 4. und 5. Dynastie bilden die königlichen Familien eine Parallele, wobei Schepseskaf und Userkaf als Angelpunkt anzusehen sind. Chentkaus, die Mutter von Userkaf und Sahure (2458–2446 v. Chr.), gehörte der Königsfamilie der 4. Dynastie an, der Vater der beiden ist unbekannt, stammte aber wahrscheinlich aus einem anderen Zweig der gleichen großen Sippe. Doch trotz dieser Kontinuität gestaltete sich die Innenpolitik der 5. Dynastie erheblich anders. Aus der Zurücknahme der Größe der Pyramidenanlagen ohne vergleichsweise andere Bautätigkeit läßt sich entweder auf wirtschaftlichen Niedergang oder den Gebrauch von Gütern, die keine Spuren hinterlassen haben, schließen.

In der 5. Dynastie wurde dann die Aufreihung der Privatgräber nicht mehr reglementiert, auch die Wahl des Standortes nicht mehr gesteuert; der Umfang des Wandschmucks nahm stetig zu. Daraus kann man zweifellos einen größeren Spielraum für die Ausdrucksfähigkeit – innerhalb abgesteckter Grenzen – der Elite ableiten, nicht aber eine Verbesserung der wirtschaftlichen Verhältnisse. Als Indiz für Veränderungen von großer Tragweite darf die Tatsache gelten, daß gegen Ende der 5. Dynastie erneut Gräber in der Provinz angelegt wurden. Aus den Provinzverwaltern, die ursprünglich von der Zentrale ernannt worden waren, hatten sich lokale Fürstenfamilien entwickelt. Am Ende des Alten Reiches gab es große Provinzfriedhöfe, die als Anzeichen für eine geschwächte Königsmacht zu gelten haben. Dieser Prozeß wird auch anhand der Herkunft hoher Beamter deutlich, die nun nicht mehr unbedingt aus der königlichen Familie stammten, allerdings nach wie vor häufig durch Einheirat zugehörig wurden. Die auf dem autokratischen Königtum basierende Verwaltung wich allmählich einer etablierten Bürokratie.

Der letzte Königsname, der in der ägyptischen Siedlung Buhen belegt ist, ist der des Niuserre (2416–2392 v. Chr.), so daß wir davon ausgehen können, daß Ägypten schon kurz danach die Kontrolle über Nubien verlor. Einige Generationen später hören wir dann nur mehr von Handelsexpeditionen nach Süden, während der ständige Außenposten offenbar nicht mehr bestand.

Aus der Tatsache, daß die letzten Könige der 5. Dynastie keine Sonnentempel mehr errichteten, darf wohl auf eine geminderte Bedeutung der Sonnenreligion geschlossen werden. Die Übergangszeit zur 6. Dynastie verkörpert König Unas (2356–2323 v. Chr.). Aufgrund von Reliefdarstellungen am Aufweg und von Texten auf den Wänden seiner verhältnismäßig kleinen Pyramide ist seine Pyramidenanlage von besonderem Interesse. Derartige Texte waren allerdings schon für das Begräbnisritual früherer Könige verwendet worden, so daß sich hierin kein Wandel in den religiösen Vorstellungen andeutet. Von dieser Zeit an wird es jedoch üblich, diese sogenannten Pyramidentexte auf den Wänden anzubringen. Die Sitte läßt sich bis zur 8. Dynastie verfolgen.

Obgleich wir über die politische Geschichte der 6. Dynastie besser informiert sind als über die Ereignisse der vorangegangenen Epochen, handelt es sich doch immer noch um eine willkürliche Auswahl von Informationen. Vieles von dem, was wir als typisch betrachten, könnte sich zu anderen Zeiten auch abgespielt haben. Dies trifft vor allem auf militärische Unternehmungen zu, wie sie von dem hohen Beamten Uni überliefert sind, der von ei-

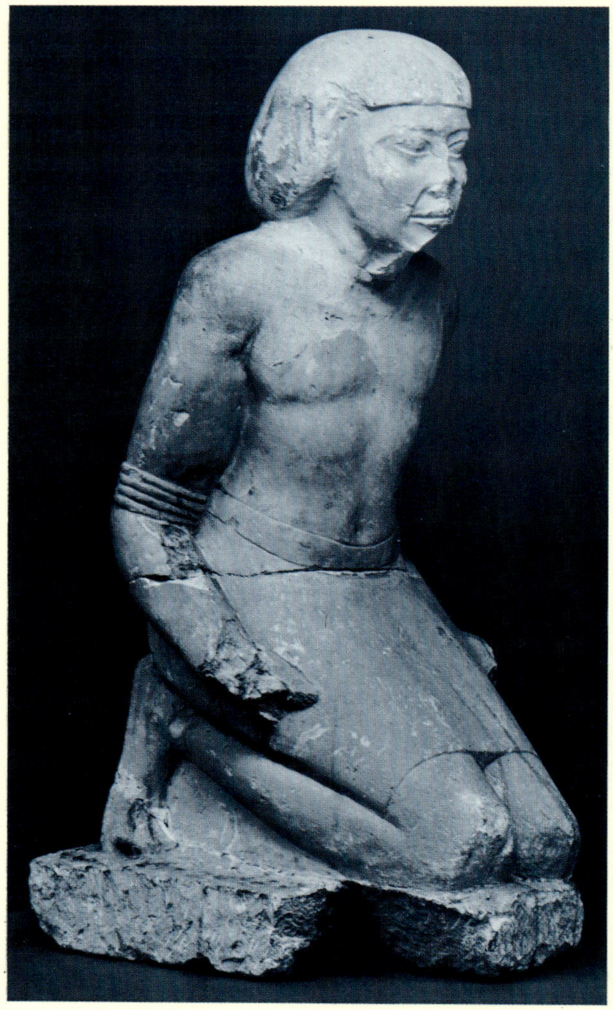

Statue eines Gefangenen aus Vorderasien (?), möglicherweise vom Pyramidenbezirk des Djedkare Isesi in Sakkara. In den Pyramidenbezirken der Könige der 5. und 6. Dynastie hat es zahlreiche solcher Skulpturen gegeben, die unterschiedliche Völkerschaften darstellten, doch aufgrund der Verwüstungen läßt sich bis heute ihr Aufstellungsort nicht genau angeben. Sie sind gleichsam plastische Gegenstücke zu Reliefszenen des »Feinderschlagens«. New York, Metropolitan Museum.

Derb gearbeitete Grab-Stele des Nubiers Senu aus el-Riseiqat bei Gebelein. Im Text der Stele wird ausdrücklich vermerkt, daß der Besitzer und sein Sohn, der kleiner unter seinen Armen wiedergegeben ist, Nubier sind. Beide tragen ein spezielles Gewand mit einer Art Tasche. Wahrscheinlich waren sie Söldner. Höhe: 37 cm, Erste Zwischenzeit, Boston, Museum of Fine Arts.

nem Feldzug in ein Gebiet östlich Ägyptens berichtet. Genau zu lokalisieren ist dieses Gebiet jedoch nicht, es muß sich um ein unmittelbar östlich angrenzendes Territorium oder allenfalls das südliche Palästina gehandelt haben, und auch über den Gegner erfahren wir nichts Näheres. Fest steht nur, daß solche Feldzüge stattgefunden haben, auch wenn Darstellungen von Kämpfen in den Pyramidenanlagen der Könige nicht unmittelbar auf Tatsachen zu beziehen sind. So hat z.B. König Niuserre (2416–2392 v.Chr.) die Darstellungen eines Libyenfeldzuges aus dem Pyramidenkomplex des Sahure (2458–2446 v.Chr.) übernommen, und auch Pepi I. (2289–2255 v.Chr.), Pepi II. (2246–2152 v.Chr.) und sogar Taharqa (690–664 v.Chr.) haben diese Szene kopiert.

Gelegentliche archäologische Funde erhellen schlaglichtartig die Beziehungen Ägyptens zum Vorderen Orient. So sind in Anatolien Goldarbeiten der 5. Dynastie gefunden worden, und vor nicht allzu langer Zeit hat man in Tell Mardich in Syrien Gefäße mit den Namen Chephrens und Pepis I. ausgegraben. Tell Mardich war das Zentrum des Staates Ebla (der um 2250 v.Chr. unterging).

Über die Handelsbeziehungen nach dem Süden, die sich bisweilen über die Oasen el-Charga und el-Dachla abwickelten, berichten die Karawanenführer in ihren Gräbern in Assuan. Unter anderem erfahren wir auch, daß sich in Nubien die C-Gruppe angesiedelt hatte, zunächst in drei Fürstentümern, die später zu einer politischen Einheit zusammenwuchsen, mit der sich Ägyptens Beziehungen aber zunehmend verschlechterten.

Die gestörten Beziehungen zu Nubien dürften einer der Aspekte sein, die für den Machtverfall während der immens langen Regierungszeit Pepis II. (2246–2152 v.Chr., der letzte Teil dieser Regierungsdauer ist durch zeitgenössische Quellen nicht zu belegen) verantwortlich waren. Deutlich zeichnet sich der Niedergang auch in den Privatgräbern der memphitischen Nekropole ab, wo der Wandschmuck nicht nur sehr viel bescheidener war, sondern wohl aus Sicherheitsgründen häufig auch in die unterirdischen Räume verlagert wurde. Und doch überrascht der totale Zusammenbruch und die bittere Armut nach Pepi II. Die vielen Könige, die in den anschließenden zwanzig Jahren herrschten (späte 6. Dynastie sowie 7. und 8. Dynastie), wurden zwar nominell im ganzen Lande anerkannt, aber eine wirkliche zentral gesteuerte Machtausübung war nicht möglich. Die Provinzvorsteher hatten ihre Stellung in erbliche Posten umgewandelt und betrachteten ihre Gaue als Privateigentum, dessen Interessen sie notfalls mit Waffengewalt gegen den Nachbarn verteidigten. Hungersnöte brachen aus, und sie mögen den Schlüssel zum Verständnis der Katastrophe liefern; denn wiederholt ist darauf aufmerksam gemacht worden, daß eine Reihe von Überschwemmungen den politischen Zusammenbruch bewirkt haben. Damit wäre erklärt, warum die Katastrophe im Grunde so plötzlich hereinbrach.

Die Erste Zwischenzeit und die Wiedervereinigung unter der 11. Dynastie

Erste Zwischenzeit wird die Epoche von 2134–2040 v.Chr. genannt, als Ägypten geteilt war und die 9. und 10. Dynastie von Herakleopolis (Ehnas el-Medina) sowie die 11. Dynastie von Theben aus regierten. Zu Beginn haben wahrscheinlich die Herakleopoliten noch einige Jahre lang die Kontrolle über das gesamte Land ausgeübt. Die neuen Dynastien waren aus Gaufürstenfamilien hervorgegangen, die die Königswürde für sich in Anspruch nahmen und die Anerkennung durch benachbarte Territorien erwirken konnten. Zunächst dürfte sich diese Doppelherrschaft kaum auf die Angelegenheiten des Landes ausgewirkt haben, weil diese Dynastien zu schwach waren, um die Politik wirklich beeinflussen zu können. Doch mit der Zeit wuchs ihre Machtposition, und es kam an der Grenze der Einflußsphären häufiger zu Zusammenstößen. Die Grenze zwischen beiden Bereichen dürfte die meiste Zeit über wenig nördlich von Abydos verlaufen sein. Die Anwesenheit einer ziemlich großen Anzahl nubischer Söldner in Oberägypten ist ein Indiz dafür, daß mit gewalttätigen Zuständen zu rechnen war. Trotz der generellen Verarmung des Landes gibt es aus dieser Epoche eine verhältnismäßig große Anzahl Denkmäler von bescheidener, bisweilen sehr minderer Qualität, die für Gesellschaftskreise angefertigt wurden, deren Status deutlich unter dem der bisher tragenden Gesellschaftsschicht gelegen haben muß.

Die Herakleopolitendynastie hatte häufige Thronwechsel aufzuweisen, ohne daß sich eine herausragende Herrscherpersönlichkeit abzeichnet. Als bedeutendster Fürst erwies sich dann Nebhepetre-Mentuhotep (als I. oder II. gezählt), um 2061–2010, aus dem thebanischen Hause, der die im Norden residierende Dynastie aus dem Felde schlagen und das Land neu vereinigen konnte. Als programmatischen Horusnamen wählte er »der den beiden Ländern Herz gibt«. Dieser Name wurde zunächst ersetzt durch »Göttlicher der Weißen Krone« (der Krone Oberägyptens) und später durch »Vereiniger der beiden Länder«. In diesen Namensänderungen kommen offensichtlich die verschiedenen Stadien der Wiedervereinigung zum Ausdruck: der zweite Name würde zunächst der Zusammenfassung ganz Oberägyptens und der dritte der Eroberung des gesamten Landes entsprechen. Mentuhotep verlieh im übrigen dem traditionellen Epitheton »Vereiniger der beiden Länder« neuen bildlichen Ausdruck. In seine Regierungszeit fallen auch erneute Feldzüge in Unternubien, wo er vielleicht an ähnliche Unternehmungen seiner Vorgänger anknüpfte. Mit der Errichtung eines repräsentativen, architektonisch neuen und eindrucksvollen Totentempels in Deir el-Bahari, von dem Reste von Reliefs und Plastik erhalten sind, verwirklichte er einen künstlerischen Stil, der eher einer gemilderten Version der Kunst der Ersten Zwischenzeit als der Wiederaufnahme von Traditionen aus dem Alten Reich verpflichtet ist. Der thebanische Standort des Totentempels verdeutlicht die lokale Machtbasis des Königs.

Die Herrscher des Alten Ägypten

Die Liste auf diesen Seiten enthält Namen und Angaben über die *ungefähre* Regierungsdauer der wichtigsten ägyptischen Herrscher. Regierende Königinnen sind durch ein vorgesetztes »Kgn.« kenntlich gemacht.

Eine vollständige Königstitulatur bestand aus fünf Teilen, von denen die ersten drei in der Reihenfolge ihres Aufkommens angegeben werden. Das sind (1.) Horus-Name, (2.) Beide-Herrinnen-Name und (3.) Gold-Horus-Name. Es handelt sich dabei um Epitheta, die sich auf Aspekte des Königs als Manifestation einer Gottheit zu beziehen scheinen. Dem 4. Namen, der in einer Kartusche eingeschlossen wurde, sind die beiden Wörter *nisut* und *biti* vorangestellt; sie beziehen sich auf die beiden Landeshälften und werden gewöhnlich mit »König von Ober- und Unterägypten« übersetzt. Dieser Thronname enthält eine Aussage über den Sonnengott Re in seiner Beziehung zum König. Der eigentliche Geburtsname findet sich an 5. Stelle; ihm voran steht die Bezeichnung »Sohn des Re«.

Da die exakte Aussprache der Namen vielfach unbekannt ist, bevorzugt man meist die griechischen Formen der Königsnamen, wie sie in dem Geschichtswerk des ägyptischen Priesters Manetho aus dem frühen 3. Jahrhundert v.Chr. erscheinen. In der folgenden Liste steht zuerst der Geburtsname und an 2. Stelle der Thronname *(in Kursiv)*. Die Könige der 20. Dynastie verwendeten das Wort Ramses als dynastischen Namen, ähnlich wurden auch alle ptolemäischen Könige Ptolemaios genannt.

Sich überschneidende Daten weisen auf Mitregentschaften hin. Wo sich zwei oder mehr Dynastien zeitlich überschneiden, wurden diese meist in verschiedenen Landesteilen anerkannt. Gesicherte Regierungsjahre sind mit einem Stern versehen.

Die Daten wurden aus altägyptischen Königslisten, vor allem aus dem Turiner Königspapyrus, sowie aus anderen Quellen zusammengestellt. Die Fehlergrenzen reichen von 10 Jahren für das Neue Reich bis zu 150 für den Anfang der 1. Dynastie. Die meisten Angaben für die 12. Dynastie sind mit Sicherheit bestimmt. Die Daten für die 18. und 19. Dynastie sind mit einer von drei astronomisch bestimmten Möglichkeiten in Übereinstimmung zu bringen. Wir wählten eine Kombination aus der mittleren und untersten Datierung. Von 664 v.Chr. an sind alle Regierungsangaben zuverlässig.

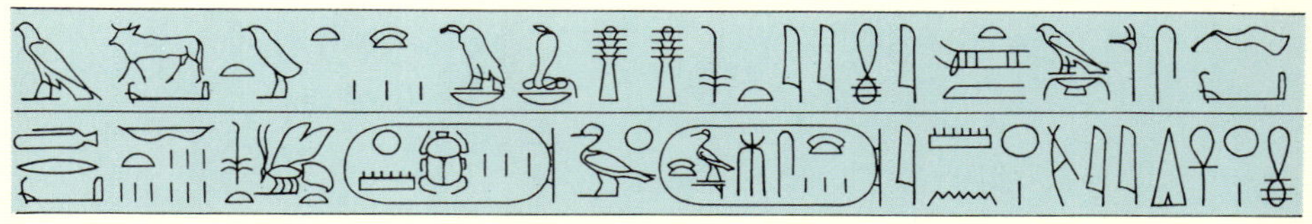

Oben: Beispiel einer vollständigen Königstitulatur. »Horus: Starker Stier, vollendet an glanzvollen Erscheinungen; Die Beiden Herrinnen: Dauernd an Königtum wie Atum [der alte Sonnengott]; Gold-Horus: Stark an Kraft, der die Neun Bogen [die traditionellen Feinde] vertreibt; König von Ober- und Unterägypten: Mencheperre [es dauern die Gestalten des Re]; Sohn des Re: Thutmosis [IV.], der in glanzvollen Erscheinungen erscheint; geliebt von Amun-Re, der Leben gibt [oder: dem Leben gegeben werde] wie Re.«

Rechts: Auswahl von Königsnamen in der üblichen hieroglyphischen Schreibung. Ganz oben Horusnamen. Von den meisten anderen gehören jeweils zwei zusammen. In der einen Kartusche steht der Thronname, den die Zeitgenossen kannten, in der anderen der Geburtsname, unter denen uns die Könige geläufig sind.

SPÄTE VORGESCHICHTE **um 3000**

Hor Sechen; Hor Narmer

FRÜHZEIT **2920–2575**

1. Dynastie **2920–2770**
Menes (= Hor Aha?); Djer; Wadj; Den; Adjib; Semerchet; Qaa

2. Dynastie **2770–2649**
Hetepsechemui; Raneb (Nebra); Ninetjer; Peribsen; Chasechem(ui)

3. Dynastie	**2649–2575**
Sanacht (= Nebka?)	2649–2630
Djoser (Netjerichet)	2630–2611
Sechemchet	2611–2603
Chaba	2603–2599
Huni(?)	2599–2575

ALTES REICH **2575–2134**

4. Dynastie	**2575–2465**
Snofru	2575–2551
Cheops (Chufu)	2551–2528
Radjedef	2528–2520
Chephren (Rachaef)	2520–2494
Mykerinos (Menkaure)	2490–2472
Schepseskaf	2472–2467

5. Dynastie	**2465–2323**
Userkaf	2465–2458
Sahure	2458–2446
Neferirkare Kakai	2446–2426
Schepseskare Ini	2426–2419
Raneferef	2419–2416
Niuserre Ini	2416–2392
Menkauhor	2396–2388
Djedkare Isesi	2388–2356
Unas	2356–2323

6. Dynastie	**2323–2150**
Teti	2323–2291
Pepi I. *(Merire)*	2289–2255
Merenre Nemtiemsaf	2255–2246
Pepi II. *(Neferkare)*	2246–2152

7.–8. Dynastie **2150–2134**
Zahlreiche Könige, darunter Neferkare

1. ZWISCHENZEIT **2134–2040**

9./10. Dynastie (Herakleopolis) **2134–2040**
Mehrere Könige namens Cheti, Merikare, Iti

11. Dynastie (Theben)	**2134–2040**
Intef. I. (Sehertaui)	2134–2118
Intef II. (Wahanch)	2118–2069
Intef III. (Nachtnebtepnefer)	2069–2061
Nebhepetre Mentuhotep	2061–2010

MITTLERES REICH **2040–1640**

11. Dynastie (ganz Ägypten)	**2040–1991**
Nebhepetre Mentuhotep	2061–2010
Seanchkare Mentuhotep	2010–1998
Nebtauire Mentuhotep	1998–1991

12. Dynastie	***1991–1783**
Amenemhet I. *(Sehetepibre)*	*1991–1962
Sesostris I. *(Cheperkare)*	*1971–1926
Amenemhet II. *(Nubkaure)*	*1929–1892
Sesostris II. *(Chacheperre)*	*1897–1878
Sesostris III. *(Chakaure)*	*1878–1841?
Amenemhet III. *(Nimaatre)*	1844–1797
Amenemhet IV. *(Maacherure)*	1799–1787
Kgn. Nefrusobek *(Sebekkare)*	1787–1783

13. Dynastie **1783–nach 1640**
Über 70 Könige; die besser bekannten sind genannt. Die Nummer nach ihrem Namen gibt ihre Stellung innerhalb der vollständigen Liste an

Ugaf *(Chutauire)* 1	1783–1779
Amenemhet V. *(Sechemkare)* 4	
Harnedjheritef *(Hetepibre)* 9	
Ameniqemau 11b	
Sebekhotep I. *(Chaanchre)* 12	um 1750
Hor *(Auibre)* 14	
Amenemhet VII. *(Sedjefakare)* 15	
Sebekhotep II. *(Sechemre-chutaui)* 16	
Chendjer *(Userkare)* 17	
Sebekhotep III. *(Sechemre-sewadjtaui)* 21	um 1745
Neferhotep I. *(Chasechemre)* 22	um 1741–1730
Sebekhotep IV. *(Chaneferre)* 24	um 1730–1720
Sebekhotep V. *(Chahotepre)* 25	um 1720–1715
Aja *(Merneferre)* 27	um 1704–1690
Montuemsaf *(Djedanchre)* 32c	
Dedumose *(Djedneferre)* 37	
Neferhotep III. *(Sechemre-Seanchtaui)* 41a	

14. Dynastie
Gruppe von Kleinkönigen, die wohl alle mit der 13. und 15. Dynastie zeitgleich sind.

2. ZWISCHENZEIT **1640–1532**

15. Dynastie (Hyksos)
Könige namens Salitis, Scheschi, Chian *(Seuserenre)*,

Apophis *(Aa-userre* und andere)	um 1585–1542
Chamudi	um 1542–1532

16. Dynastie
Vasallen der Hyksos, zeitgleich mit der 15. Dynastie

17. Dynastie (Theben) **1640–1550**
Zahlreiche Könige; die Nummer hinter dem Namen gibt ihre Stellung innerhalb der vollständigen Liste an.

Intef V. *(Nubcheperre)* 1	um 1640–1635
Sebekemsaf I. *(Sechemre-wadjchau)* 3	
Nebir(er)au *(Sewadjenre)* 6	
Sebekemsaf II. *(Sechemre-schedtaui)* 10	
Tao (oder Djehuti-aa) I. *(Senachtenre)* 13	
Tao (oder Djehuti-aa) II. *(Seqenenre)* 14	
Kamose *(Wadjcheperre)* 15	um 1555–1550

NEUES REICH **1550–1070**

18. Dynastie	**1550–1307**
Ahmose *(Nebpechtire)*	1550–1525
Amenophis I. *(Djeserkare)*	1525–1504
Tuthmosis I. *(Aacheperkare)*	1504–1492
Tuthmosis II. *(Aacheperenre)*	1492–1479
Kgn. Hatschepsut *(Maatkare)*	1473–1458
Tuthmosis III. *(Mencheperre)*	1479–1425
Amenophis II. *(Aacheperure)*	1427–1401
Tuthmosis IV. *(Mencheperure)*	1401–1391
Amenophis III. *(Nebmaatre)*	1391–1353
Amenophis IV./Echnaton *(Nefercheperure waenre)*	1353–1335
Semenchkare *(Anchcheperure)*	1335–1333
Tutanchamun *(Nebcheperure)*	1333–1323
Eje *(Cheprcheperure)*	1323–1319
Haremheb *(Djesercheperure)*	1319–1307

19. Dynastie	**1307–1196**
Ramses I. *(Menpechtire)*	1307–1306
Sethos I. *(Menmaatre)*	1306–1290
Ramses II. *(Usermaatre setepenre)*	1290–1224
Merenptah *(Baenre hetepirmaat)*	1224–1214
Sethos II. *(Usercheperure setepenre)*	1214–1204
Amenmesse *(Menmire)*, Usurpator während der Zeit Sethos' II.	
Siptah *(Achenre setepenre)*	1204–1198
Kgn. Tawosre *(Satre meritamun)*	1198–1196

20. Dynastie	**1196–1070**
Sethnachte *(Userchaure meriamun)*	1196–1194
Ramses III. *(Usermaatre meriamun)*	1194–1163
Ramses IV. *(Heqamaatre setepenamun)*	1163–1156
Ramses V. *(Usermaatre secheperenre)*	1156–1151
Ramses VI. *(Nebmaatre meriamun)*	1151–1143
Ramses VII. *(Usermaatre setepenre meriamun)*	1143–1136
Ramses VIII. *(Usermaatre achenamun)*	1136–1131
Ramses IX. *(Neferkare setepenre)*	1131–1112
Ramses X. *(Chepermaatre setepenre)*	1112–1100
Ramses XI. *(Menmaatre setepenptah)*	1100–1070

3. ZWISCHENZEIT **1070–712**

21. Dynastie	**1070–945**
Smendes *(Hedjcheperre setepenre)*	1070–1044
Amenemnisu *(Neferkare)*	1044–1040

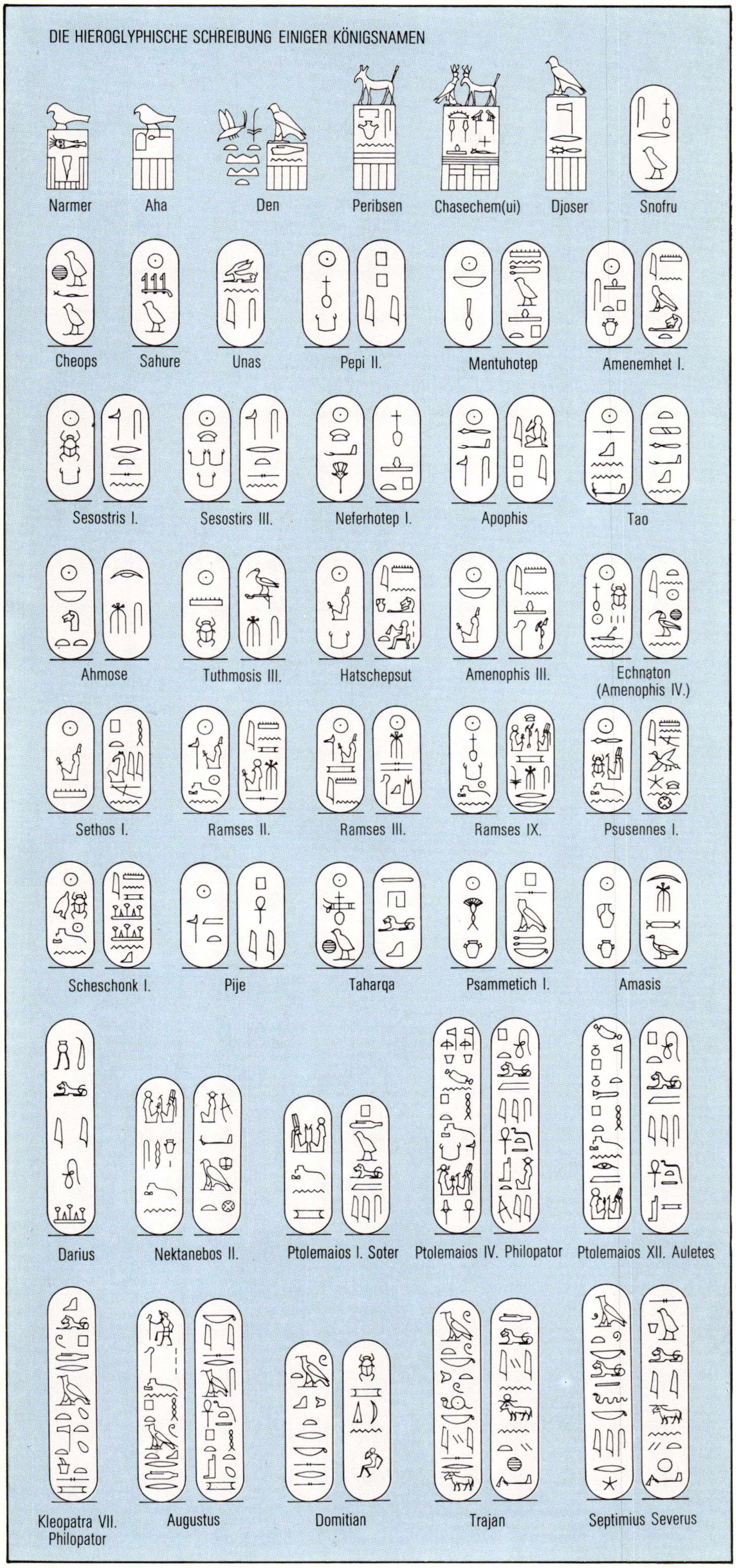

Psusennes I. 1040–992
(Aacheperre setepenamun)
Amenemope 993–984
(Usermaatre setepenamun)
Osorkon I. 984–978
(Aacheperenre setepenre)
Siamun 978–959
(Netjercheperre setepenamun)
Psusennes II. 959–945
(Titcheperure setepenre)

22. Dynastie 945–712
Scheschonk I. 945–924
(Hedjcheperre setepenre)
Osorkon II. 924–909
(Sechemcheperre setepenre)
Takelot I. 909–
(Usermaatre setepenamun)
Scheschonk II. –883
((Heqacheperre setepenre)
Osorkon III. 883–855
(Usermaatre setepenamun)
Takelot II. 860–835
(Hedjcheperre setepenre)
Scheschonk III. 835–783
(Usermaatre setepenre/amun)
Pamai 783–773
(Usermaatre setepenre/amun)
Scheschonk IV. *(Aacheperre)* 773–735
Osorkon V. 735–712
(Aacheperre setepenamun)

23. Dynastie um 828–712
Mehrere gleichzeitige Königshäuser, die in Theben, Hermopolis, Herakleopolis, Leontopolis und Tanis anerkannt wurden. Genaue Reihenfolge noch nicht geklärt.
Pedubaste I. 828–803
Osorkon IV. 777–749
Peftjauauibast *(Neferkare)* 740–725

24. Dynastie (Saïs) 724–712
Tefnachte *(Schepsesre?)* 724–717
Bokchoris *(Wahkare)* 717–712

25. Dynastie 770–712
(Nubien und Thebais)
Kaschta *(Nimaatre)* 770–750
Pije *(Usermaatre u. a.)* 750–712

SPÄTZEIT 712–332

25. Dynastie 712–657
(Nubien und ganz Ägypten)
Schabaqo *(Neferkare)* 712–698
Schebitqo *(Djedkaure)* 698–690
Taharqa *(Chunefertemre)* 690–664
Tanwetamani *(Bakare)* 664–657
(und wohl noch länger in Nubien)

26. Dynastie *664–525
(Necho I. 672–664)
Psammetich I. *(Wahibre)* *664–610
Necho II. *(Uhemibre)* *610–595
Psammetich II. *(Neferibre)* *595–589
Apries *(Haaibre)* *589–570
Amasis *(Chnemibre)* *570–526
Psammetich III. *526–525
(Anchkaenre)

27. Dynastie *525–404
Kambyses *525–522
Darius I. *521–486
Xerxes I. *486–466
Artaxerxes I. *465–424
Darius II. *424–404

28. Dynastie *404–399
Amyrtaios *404–399

29. Dynastie *399–380
Nepherites I. *399–393
(Baenre merinetjeru)
Psammuthis *393
(Userre setepenptah)
Hakoris *(Chnemmaatre)* *393–380
Nepherites II. *380

30. Dynastie *380–343
Nektanebos I. *(Cheperkare)* *380–362
Teos *365–360
(Irmaatenre)
Nektanebos II. *360–343
(Senedjemibre setepenanhur)

2. Perserzeit *343–332
(31. Dynastie)
Artaxerxes III. Ochus *343–338
Arses *338–336
Darius III. Kodomannos *335–332
In dieser Periode beherrschte der einheimische nubische Fürst Chababasch für kurze Zeit Ägypten.

GRIECHISCH-RÖMISCHE ZEIT
***332 v. Chr.–395 n. Chr.**

Makedonische Dynastie *332–304
Alexander III. der Große *332–323
Philipp Arrhidäus *323–316
Alexander IV. *316–304

Ptolemäische Dynastie *304–330
Ptolemaios I. Soter I. *304–284
Ptolemaios II. Philadelphos *285–246
Ptolemaios III. Euergetes I. *246–221
Ptolemaios IV. Philopator *221–205
Ptolemaios V. Epiphanes *205–180
Ptolemaios VI. Philometor *180–164 und *163–145
Ptolemaios VII. Neos Philopator *145
Ptolemaios VIII. *170–163
Euergetes II. *145–116
Kgn. Kleopatra III. und *116–107
Ptolemaios IX.
Soter II. (Lathyros)
Kgn. Kleopatra III. und *107–88
Ptolemaios X. Alexander I.
Ptolemaios IX. Soter II. (Lathyros)
Kgn. Kleopatra Berenike *81–80
Ptolemaios XI. Alexander II. *80
Ptolemaios XII. Neos Dionysos
(Auletes) *80–58 und *55–51
Kgn. Berenike IV. *58–55
Kgn. Kleopatra VII. *51–30
Ptolemaios XIII. *51–47
Ptolemaios XIV. *47–44
Ptolemaios XV. Caesarion *44–30
Es gab noch weitere Koregentschaften mit Königinnen namens Arsinoe, Berenike und Kleopatra, die hier aber nicht aufgeführt sind, da sie nicht selbständig geherrscht haben. Zeitweise gab es ägyptische Erhebungen: Harmachis (Harwennofer, 205–199) Anchmachis (Anchwennofer, 199–186) und Harsiese (131).

RÖMISCHE KAISER
***3o v. Chr. – 395 n. Chr.**
(Namen, die sich in hieroglyphischen und demotischen Texten bis in die Zeit der Tetrarchie finden)

Augustus *3o v. Chr. – 14. n. Chr.
Tiberius *14–37
Gaius (Caligula) *37–41
Claudius *41–54
Nero *54–68
Galba *68–69
Otho *69
Vespasian *69–79
Titus *79–81
Domitian *81–96
Nerva *96–98
Trajan *98–117
Hadrian *117–138
Antoninus Pius *138–161
Marcus Aurelius *161–180
Lucius Verus *161–169
Commodus *180–192
Septimius Severus *193–211
Caracalla *198–217
Geta *209–212
Macrinus *217–218
Diadumenianus *218
Severus Alexander *222–235
Gordian III. *238–244
Philippus *244–249
Decius *249–251
Gallus und Volusianus *251–253
Valerian *253–260
Gallienus *253–268
Macrianus und Quietus *260–261
Aurelian *270–275
Probus *276–282
Diocletian *284–305
Maximian *286–305
Galerius *293–311

Eine Galerie ägyptischer Königsbildnisse

Das Bildnis eines ägyptischen Königs ist weniger ein Porträt als vielmehr die Wiedergabe einer Idealvorstellung. Von den auf diesen beiden Seiten abgebildeten Köpfen weichen nur zwei von der Norm ab, nämlich die Darstellungen von Amenophis IV. (Echnaton) und von Ptolemaios IV. Philopator. Das eine Bildnis ist in höchstem Grade stilisiert, das andere von hellenistischer Porträtkunst beeinflußt.

Die Könige tragen normalerweise eine Krone, einen Uräus (Kobra) an der Stirn sowie einen Zeremonialbart. Von den vielen verwendeten Kronen sind die wichtigsten die hohe Weiße Krone (ursprüngliches Symbol königlicher Macht in den frühen Perioden und mit dem Begriff *nisut* – der üblichen Bezeichnung für König – sowie mit Oberägypten verbunden) und die seit der 18. Dynastie getragene Blaue Krone (blau als angesehenste Farbe). Andere Kopfbedeckungen sind das *nemes*-Kopftuch (im Mittleren Reich besonders bevorzugt), eine flache Haube sowie eine eng am Kopf anliegende Kappe. Merenre ist dagegen als Kind dargestellt und deswegen barhäuptig.

Palette des Königs Narmer, späte Vorgeschichte (um 2950), Schist.

König der 1. Dynastie, um 2850, Elfenbein.

Chasechem, 2. Dynastie, um 2670, Kalkstein.

König der 3. Dynastie, um 2600, Rosengranit.

Schepseskaf, 2472–2467 (?), Diorit.

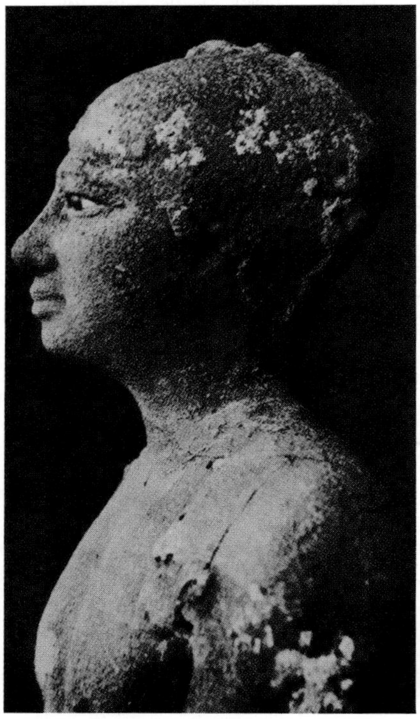

Merenre Nemtiemsaf, um 2255, Kupfer.

Neferhotep I., um 1741–1730, Schwarzer Basalt.

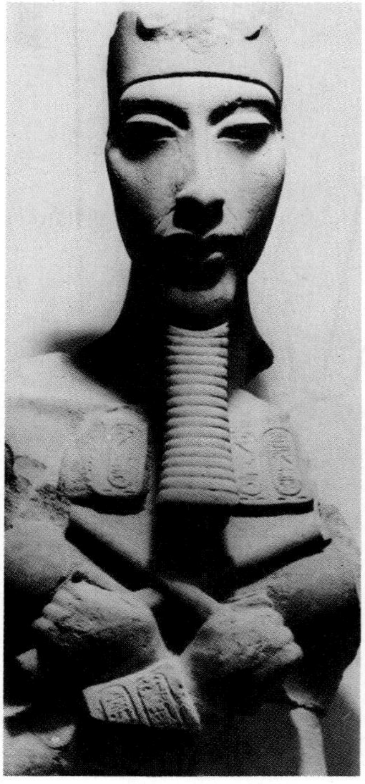

Amenophis IV. (Echnaton), um 1350, Sandstein.

Tutanchamun, 1333–1323, Holz und Stuck.

Ramses II., 1290–1224, Schwarzer Granit.

Sethos I., 1305–1290, Schwarzer Basalt.

König der 3. Zwischenzeit, zwischen 1000 und 800, Quarzit.

Amasis (?), 570–526, Quarzit.

Ptolemaios IV. Philopator, 221–205 (?). Schist.

Das Mittlere Reich

Auch die letzten beiden Könige der 11. Dynastie hielten an Theben als der Hauptstadt des Reiches fest. Allerdings wurde der zweite, Nebtauire-Mentuhotep, in späteren Königslisten ausgelassen, weil er möglicherweise nicht als rechtmäßiger Herrscher anerkannt wurde. Besonderes Kennzeichen der Herrschaft dieser Pharaonen war eine auf das ganze Land verteilte Bautätigkeit und vor allem die Anlage von Steinbrüchen im Wadi Hammamat. Auch die Route zum Roten Meer wurde wieder eröffnet. Insgesamt lassen diese Maßnahmen auf ein starkes Ägypten schließen, aber dennoch erwies sich die politische Ordnung als nicht entsprechend stabil. Als Nachfolger Nebtauires-Mentuhotep wurde dessen Wesir Amenemhet der erste König der 12. Dynastie.

Als erste bedeutsame politische Handlung Amenemhets I. (1991–1962 v.Chr.) ist die Verlegung der königlichen Residenz von Theben in die Nähe von Memphis zu werten, wo er als neue Hauptstadt Itjtaui, d.h. wörtlich: »[Amenemhet ist] der Ergreifer der beiden Länder« gründete. Wahrscheinlich handelte es sich dabei mehr um ein weitflächiges Verwaltungszentrum unter Einschluß der Pyramiden Amenemhets I. und Sesostris' I., während die eigentliche Stadt nach wie vor in Memphis lag. Mit der Gründung der neuen Hauptstadt erfolgte sowohl eine Innovation als auch die Rückwendung zu den Traditionen des Alten Reiches, die auch in der Kunst wieder aufgenommen wurden.

In der Außenpolitik setzte Amenemhet I. das von Nebhepetre-Mentuhotep in Nubien begonnene Werk fort und eroberte in mehreren Feldzügen, an denen er allerdings nicht teilnahm, Unternubien bis hinauf zum Zweiten Nil-Katarakt. An seiner Stelle hatte die Leitung dieser Nubienkampagnen bereits Sesostris I. (1971–1926) übernommen, der zehn Jahre lang Mitregent war, übrigens auch dies eine Neuerung, die den Präzedenzfall auch für spätere Koregentschaften schuf. In den Jahren gemeinsamen Regierens war Sesostris I. allem Anschein nach der aktivere Teil. So führte auch der plötzliche Tod Amenemhets I. – er fiel offenbar einem Mordanschlag zum Opfer, als sich sein Sohn zu einem Feldzug in Libyen aufhielt – dank der bereits installierten Koregentschaft nicht zu Unruhen.

Unter Amenemhet I. und Sesostris I. wurde die bereits zuvor rege Bautätigkeit in Ägypten verstärkt fortgesetzt, und es begann die Errichtung einer Reihe großer Festungen in Unternubien. Gleichzeitig entstanden in dieser Zeit zahlreiche bedeutende literarische Werke, so daß die materiellen und intellektuellen Errungenschaften dieser Dynastie späteren Epochen diese Periode des Mittleren Reiches als Klassische Zeit erscheinen ließen. Als Beispiel seien hier z.B. die Reliefs einer Kapelle Sesostris' I. in Karnak genannt, die Künstlern der frühen 18. Dynastie als Vorbild für eigene Arbeiten dienten.

Der berühmteste aller Könige der 12. Dynastie sollte Sesostris III. werden, dem es durch Militärunternehmungen in Nubien gelang, die Grenze an das Südende des Zweiten Katarakts bis hin nach Semna vorzulegen. Darüber hinaus erweiterte er die bereits existierenden Forts und ließ zusätzlich neue erbauen. Als Folge davon wurde er später in diesem Gebiet als Gott verehrt, und auch der Tempel Tuthmosis' III. in Semna ist sowohl ihm wie der Lokalgottheit Dedun geweiht. Der Grund für diese Aktivitäten gerade in Nubien lag wohl darin, daß Sesostris III. versuchte, den wachsenden Einfluß der Herrscher von Kerma im Süden einzudämmen. Aber auch der Norden wurde nicht vergessen. So fällt in seine Regierungszeit ein Feldzug nach Palästina, der jedoch nicht so sehr zum Zwecke territorialer Erwerbungen geführt wurde, sondern eher den Beginn einer Periode dokumentiert, während der gerade in diesem Gebiet ägyptischer Einfluß sehr stark war. Die Region war damals von Halbnomaden bewohnt und wurde erst gegen Ende der 12. Dynastie im eigentlichen Sinne besiedelt. Wie die Forschung der letzten Jahre ermitteln konnte, hatte Sesostris III. bereits ein zahlenmäßig beträchtliches stehendes Heer zur Verfügung.

Auf Sesostris III. gehen darüber hinaus aber auch tiefgreifende Reformen in der Verwaltung Ägyptens zurück, die vor allem die Macht der Gaufürsten einschränken sollten. So wurde das Land damals in vier »Regionen« aufgeteilt, die in etwa jeweils der Hälfte des Niltales und des Deltas entsprachen. Dokumente der späten 12. und 13. Dynastie, vorwiegend aus el-Lahun, lassen den Schluß zu, daß in dieser Zeit eine alles durchdringende Bürokratie das Land nach entsprechenden, die Eigenständigkeit betonenden Gesetzen verwaltete.

Das auffallendste Erbe aus der Zeit Sesostris' III. ist die Königsplastik, die mit früheren Konventionen bricht und ein alterndes, von Sorgen gezeichnetes Antlitz zeigt, in dem sich wohl die Last der Königswürde ausdrücken sollte. Diese »geprägten« Züge bestimmen auch noch die Skulpturen seines Nachfolgers Amenemhets III. (1844–1797 v.Chr.), dessen Regierungszeit offenbar friedlich verlief. Er genoß später im Faijum, wo er neben anderen Bauwerken eine seiner beiden Pyramiden errichten ließ und wohl auch ein Landgewinnungsprojekt begonnen hat, göttliche Verehrung. Auch in der Regierungszeit Amenemhets IV. (1799–1787 v.Chr.) und der Königin Nefrusobek (1787–1783 v.Chr.) büßte das Land zunächst nichts von seinem Wohlstand ein, doch deutet die Tatsa-

Rechts: Ägypten im Mittleren Reich und in der Zweiten Zwischenzeit

• Fundstätten mit Objekten der Mittleren Bronzezeit: Palästina im 18.–17. Jahrh. v.Chr.

▿ Ausgewählte Fundplätze der Pfannengräber (Pan grave) – Kultur aus der Zweiten Zwischenzeit. Ein nomadisierender Volksstamm in der Ostwüste. Die Männer traten häufig als Söldner in die Dienste der verschiedensten Fürsten. Der Pan-grave-Kultur vergleichbare Keramik wurde in den Randgebirgen des Roten Meeres und in Kassala im südöstlichen Sudan gefunden. Im Neuen Reich lieh der Stamm in Ägypten der Polizeitruppe seinen Namen: *Medjai.*

Rechts außen: Die Festungen am Zweiten Katarakt im Mittleren Reich. Das Kataraktengebiet besteht auf etwa 30 km Länge aus Stromschnellen im Fluß, der hier nicht schiffbar ist. Bei der Kette von Festungen der 12. Dynastie handelte es sich um den umfangreichsten Komplex von Festungen, der aus dem Altertum auf uns gekommen war, bis die Stätten im Nasser-See versanken.

Unten: Reliefs an der Kapelle Sesostris' I. in Karnak, aus Blöcken zusammengesetzt, die im 3. Pylon wiederverbaut worden waren. Der Gott Atum führt den König vor Amun-Re Kamutef. Die ausgewogene Komposition und der klare Stil inspirierten die Künstler der frühen 18. Dynastie.

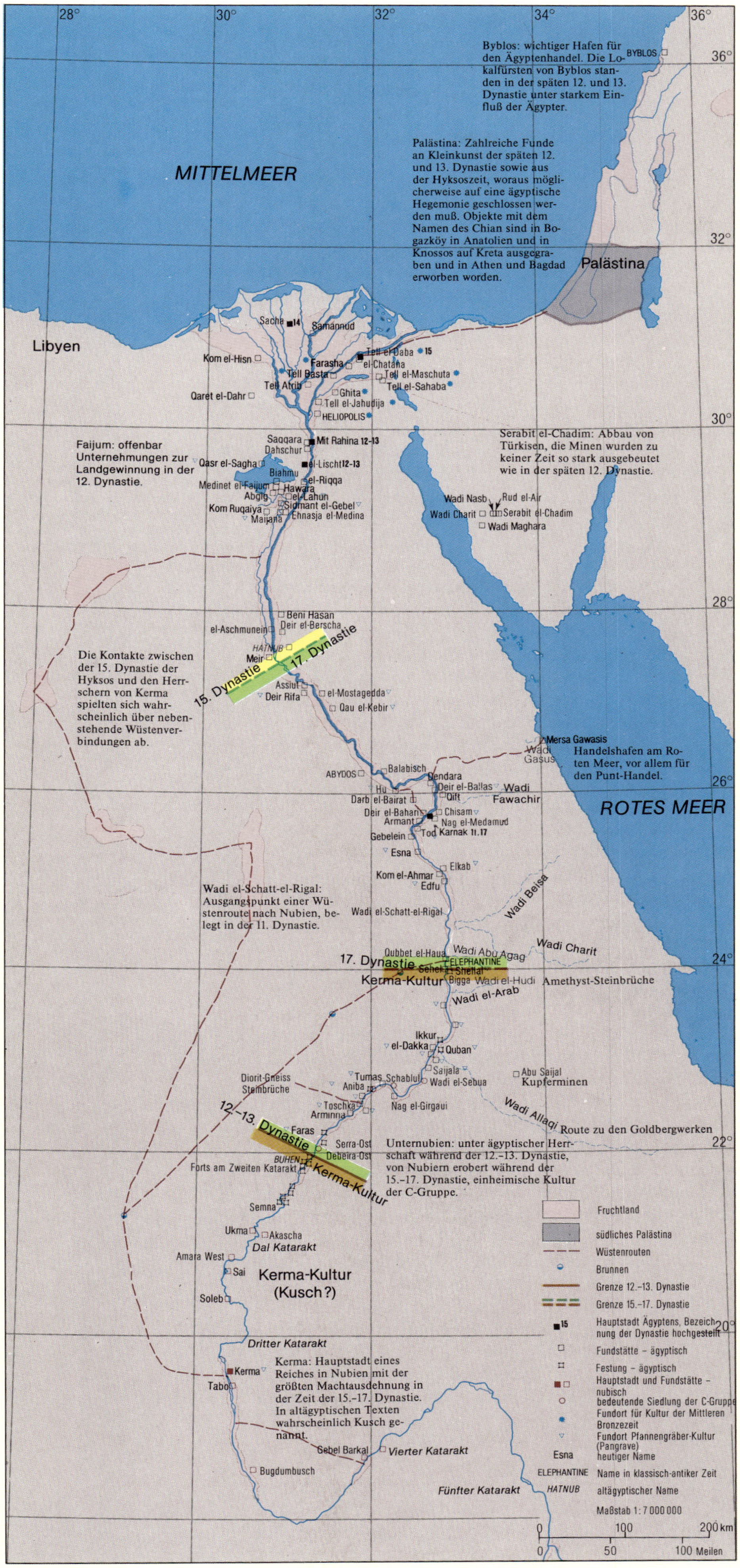

che, daß eine Frau den Thron innehatte, darauf hin, daß die herrschende Familie im Aussterben begriffen war.

Was die 13. Dynastie betrifft, so sind in nur etwa 150 Jahren nicht weniger als 70 Könige überliefert. Obwohl es dabei mehrfach zu rivalisierenden Thronansprüchen gekommen ist, war dies in der Regel nicht der Fall. Vielmehr folgten sich die Könige in rascher Abfolge, und das Land blieb dennoch verhältnismäßig stabil. Demnach scheinen die Könige als Einzelpersönlichkeiten keine große Rolle gespielt zu haben. Die entscheidenden Personen waren vielmehr die Wesire, also die höchsten Beamten, von denen fast im gesamten 18. Jahrhundert alle aus ein und derselben Familie stammten. Aufgrund einer wuchernden Bürokratie kam es in dieser Zeit offensichtlich auch zu einer alle Rangstufen betreffenden Titelschwemme.

Noch gegen 1720 v.Chr. hatte Ägypten kaum an Macht und Ansehen weder im In- noch im Ausland verloren. Anhand einer Reihe nichtköniglicher Denkmäler läßt sich ablesen, daß damals sogar der Wohlstand noch gewachsen war bzw. eine gewisse breite Streuung des Reichtums stattgefunden hatte, existieren doch aus dieser Zeit relativ wenige königliche Denkmäler. In dieser Zeit scheinen auf friedlichem Wege offenbar viele Vorderasiaten eingewandert zu sein, die in die untersten Schichten der ägyptischen Gesellschaft integriert wurden. Einem von ihnen, Chendjer, gelang es schließlich sogar, König zu werden. Damit aber deuten sich in der Zeit nach 1800 v.Chr. im Vorderen Orient Bevölkerungsverschiebungen größeren Ausmaßes an, und diese waren in der Tat die Vorläufer einer Bewegung, die dann in der Zweiten Zwischenzeit in Ägypten zu einer Fremdherrschaft führen sollten. In der späteren 13. Dynastie war das

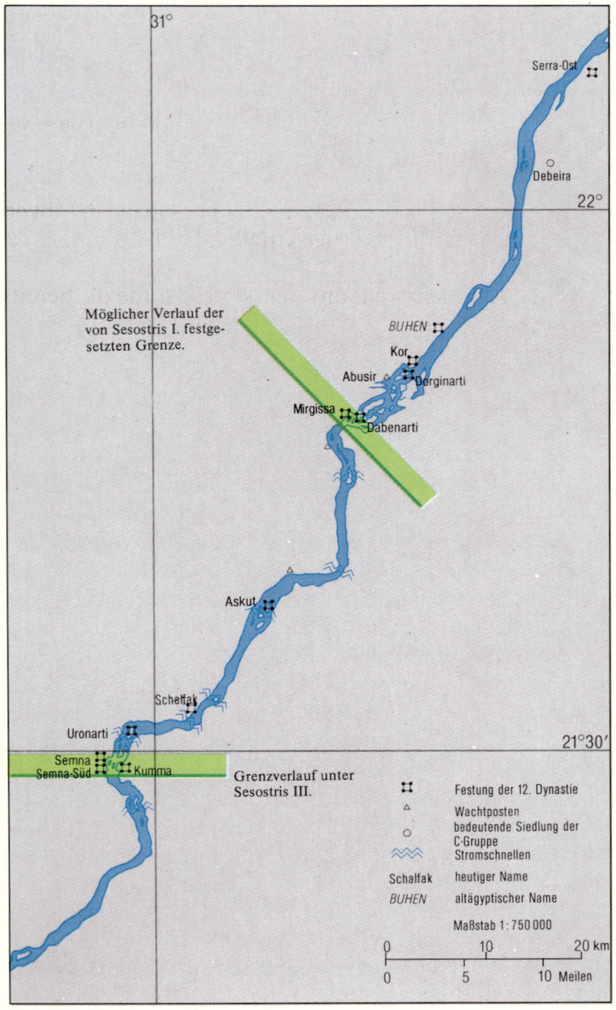

Ostdelta im wesentlichen von Vorderasiaten besiedelt, die nun in Gebieten wohnten, die noch in der 12. Dynastie rein ägyptisch gewesen waren, wie etwa die Gegend um Qantir, das zunächst Hauptstadt des Hyksosreiches und später in der Ramessidenzeit sogar die Hauptstadt Ägyptens wurde. Über den größten Teil Unternubiens konnte Ägypten die Kontrolle anscheinend fast bis zum Ende der 13. Dynastie aufrecht erhalten, doch die dort stationierten Armeekontingente wurden allmählich immer selbständiger, um sich schließlich auch auf Dauer anzusiedeln.

Die Zweite Zwischenzeit

Um 1640 v. Chr. löste eine Gruppe von Fremden, gemeinhin als »Hyksos« bezeichnet, nach der griechischen Wiedergabe eines ägyptischen Begriffs mit der Bedeutung »Herrscher der Fremdländer«, die 13. Dynastie ab. Die Hyksos, die als 15. Dynastie gezählt werden, wurden anscheinend als Hauptrepräsentanten des Königtums im ganzen Land anerkannt, obwohl daneben andere Thronprätendenten existierten. Vielleicht blieb sogar die 13. Dynastie weiter bestehen, ebenso wie die 14., eine Nebenlinie im nordwestlichen Delta.

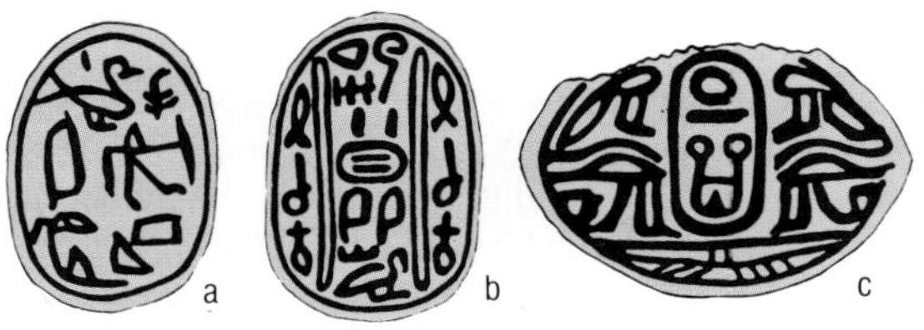

Links: Zwei Namenskarabäen und ein Kauroïd aus der Zweiten Zwischenzeit. Sie sind typisch für diese Epoche und stellen für die Erforschung der Geschichte und der Verwaltung die Hauptquelle dar.
a) Der »älteste Königssohn Ipeq« ist auf mehr als 40 Skarabäen belegt; 15. Dynastie.
b) »Herrscher der Fremdländer« (Hyksos) Chian, der 4. Herrscher der 15. Dynastie.
c) Kauroïd mit dem Namen des Nikare, der wahrscheinlich in die 16. Dynastie eingeordnet werden muß. Steatit, maximale Ausdehnung der Ovalfläche: 17,5 mm. Slg. Frazer-von Bissing, Universität Basel

Zur gleichen Zeit gab es aber auch eine weitere Gruppe von Hyksosherrschern, die als 16. Dynastie gezählt werden; in diesem Fall handelte es sich vielleicht ebenfalls um vorderasiatische Fürsten, die sich die Königswürde angemaßt hatten. Als wichtigste Dynastie muß allerdings die 17. gelten, die aus Ägypten stammte und von Theben aus herrschte. Diese 17. Dynastie hatte das Niltal vom Ersten Katarakt bis nach Cusae (el-Qusija) im Norden unter ihrer Kontrolle, während Unternubien im Süden von den nubischen Herrschern von Kerma erobert worden war. Das alte Herrschaftsgebiet der 12. und 13. Dynastie war also in drei Herrschaftsbereiche zerfallen, aber dennoch scheint etwa ein Jahrhundert lang zwischen ihnen Frieden geherrscht zu haben.

Die Namen der Könige der 15. Dynastie sind nur auf kleinen Objekten an weit auseinanderliegenden Orten im Vorderen Orient gefunden worden, ein Anzeichen dafür, daß diese Herrscher weitreichende diplomatische oder zumindest Handelsbeziehungen unterhielten. Diese Kontakte zu weit entfernten Gebieten im Ausland sollten zu technischen Neuerungen führen, die später große Bedeutung erlangten. Einige dieser Innovationen haben vielleicht die vorderasiatischen Einwanderer nach Ägypten gebracht, andere, vor allem auf militärischem Gebiet, wurden wahrscheinlich auf Feldzügen erworben, in einigen Fällen wohl erst mit dem Beginn der frühen 18. Dynastie. Bis zu dieser Zeit scheint Ägypten im Vergleich zum Vorderen Orient technologisch rückständig gewesen zu sein, und so wurde erst im Verlauf des Neuen Reiches auf diesem Sektor ein Ausgleich erzielt. Zu den neuen Techniken gehörte z. B. die Herstellung von Bronze, so daß keine bereits fertige Bronze-Legierung mehr eingeführt zu werden brauchte und damit die Verwendung arsenhaltigen Kupfers überflüssig wurde. Ferner wären zu nennen die verbesserte schnellaufende Töpferscheibe und der aufrechte Webstuhl, aber auch im Bereich der Ernährung zeigte der Kontakt Folgen: so wurden damals u. a. das Buckelrind (Zebu) und vor allem auch neue Gemüse-und Fruchtsorten in Ägypten bekannt. Was speziell die Waffentechnik betrifft, so wurden nun Pferd und Streitwagen, Kompositbogen, das Sichelschwert und andere Waffengattungen in Ägypten heimisch. Auch auf anderen Ebenen gab es Neuerungen: Musikinstrumente und mit ihnen auch neue Tänze.

Unter Seqenenre Tao, einem Herrscher der 17. Dynastie, begannen die Thebaner ihren Kampf zur Vertreibung der Hyksos. Der erste Abschnitt der Auseinandersetzungen ist uns nur in einer Erzählung des Neuen Reiches überliefert, die unter dem Titel »Der Streit zwischen Apophis (einem der Hyksoskönige) und Seqenenre« bekannt geworden ist. Da Seqenenres Mumie Verletzungen aufweist, die auf einen gewaltsamen Tod schließen lassen, hat man angenommen, daß er vielleicht im Kampf ums Leben gekommen ist. Die Texte zweier Stelen seines Nachfolgers Kamose berichten von ausgedehnten kriegerischen Auseinandersetzungen zwischen den Thebanern und den Hyksos, die sich ihrerseits mit den nubischen Herrschern verbündet hatten. Kamose kam fast bis vor die Tore der Hyksoshauptstadt Auaris im Norden und im Süden bis hinauf nach Buhen.

Das Neue Reich

Um 1532 v. Chr., viele Jahre nach den Unternehmungen des Kamose, gelang es schließlich seinem Nachfolger Ahmose (1550–1525 v. Chr.), die Hyksos endgültig und vollständig zu vertreiben. Den Ablauf der Ereignisse kennen wir aus der Biographie eines Soldaten aus Elkab, namens Ahmose, Sohn des Ebana. Diesem Bericht zufolge verfolgte Ahmose nach seinem Sieg die Hyksos sogar bis nach Palästina hinein, wo entweder Verbündete der Hyksos saßen oder sie selbst bestimmte Gebiete kontrollierten. Diese Auseinandersetzungen dauerten einige Jahre an. Im Süden führten die militärischen Kampagnen bis tief nach Nubien hinein zur Insel Sai in Höhe des Dritten Katarakts, während offenbar gleichzeitig in Ägypten selbst ein Aufstand niedergeschlagen werden mußte.

Ahmose hinterließ einen geeinten Staat mit einer weitgehend intakten Wirtschaft. Das ägyptische Herrschaftsgebiet erstreckte sich in dieser Zeit südlich des Zweiten Katarakts bis nach Palästina und bildete damit zugleich die bedeutendste Macht im Vorderen Orient. Den Quellen zufolge konnte Ahmoses Sohn Amenophis I. (1525–1504 v. Chr.) den Einfluß Ägyptens im Süden wahrscheinlich noch erweitern. Von der späten 18. bis in die 20. Dynastie hinein wurden Amenophis I. und seine Mutter Ahmose-Nefertari von den Bewohnern von Deir el-Medina göttlich verehrt; ein Grund dafür wird wohl in der Einrichtung der Handwerkersiedlung durch Ahmose zu suchen sein. Die Anlage des ersten Grabes im Königsgräbertal und die Gründung des Ortes Deir el-Medina erfolgte aber offenbar erst unter seinem Nachfolger, dem König Amenophis I.

Tuthmosis I. (1504–1492 v. Chr.) war durch Einheirat Verwandter seines Vorgängers geworden, der selbst möglicherweise keinen männlichen Erben besaß. Seine militärischen Unternehmungen waren die ungewöhnlichsten, großartigsten und am weitesten ausgreifenden, die je ein ägyptischer König durchgeführt hat. So erreichte er schon in seinen ersten Regierungsjahren den Euphrat im Norden und die Region von Kurgus jenseits des Vierten Nilkatarakts im Süden. Damit sind die Grenzen des Territoriums abgesteckt, das jemals von Ägypten erobert werden konnte. Zumindest in Syrien und Palästina haben allerdings wahrscheinlich die diversen kriegerischen Unternehmungen der voraufgegangenen Regierungen schon den Boden für eine Machtübernahme vorbereitet.

Rechts: Ägypten im Neuen Reich und während der Dritten Zwischenzeit.
Die Unterteilungen in politische Teilstaaten beziehen sich auf die Dritte Zwischenzeit, als die Gegend um el-Hiba und südlich bis Assuan von den Hohenpriestern in Theben regiert wurde, die nur nominell den in Unterägypten residierenden Dynastien 21–23 unterstellt waren. Nördlich von el-Hiba übten die Könige der 21.–22. Dynastie die Herrschaft direkt aus, wobei dieses Gebiet später in einzelne Teilstaaten (siehe S. 47) zerfiel.

Unten: Dolchgriff aus der Regierungszeit des Nebchepeschre Apophis (wahrscheinl. gleichzusetzen mit Aauserre), 15. Dynastie. Der Antilopen jagende Mann war »Gefolgsmann seines Herrn (Apophis) Nahman« » (ein semitischer Name). Aus Saqqara. Länge des Griffs: 11,4 cm, Kairo, Ägyptisches Museum.

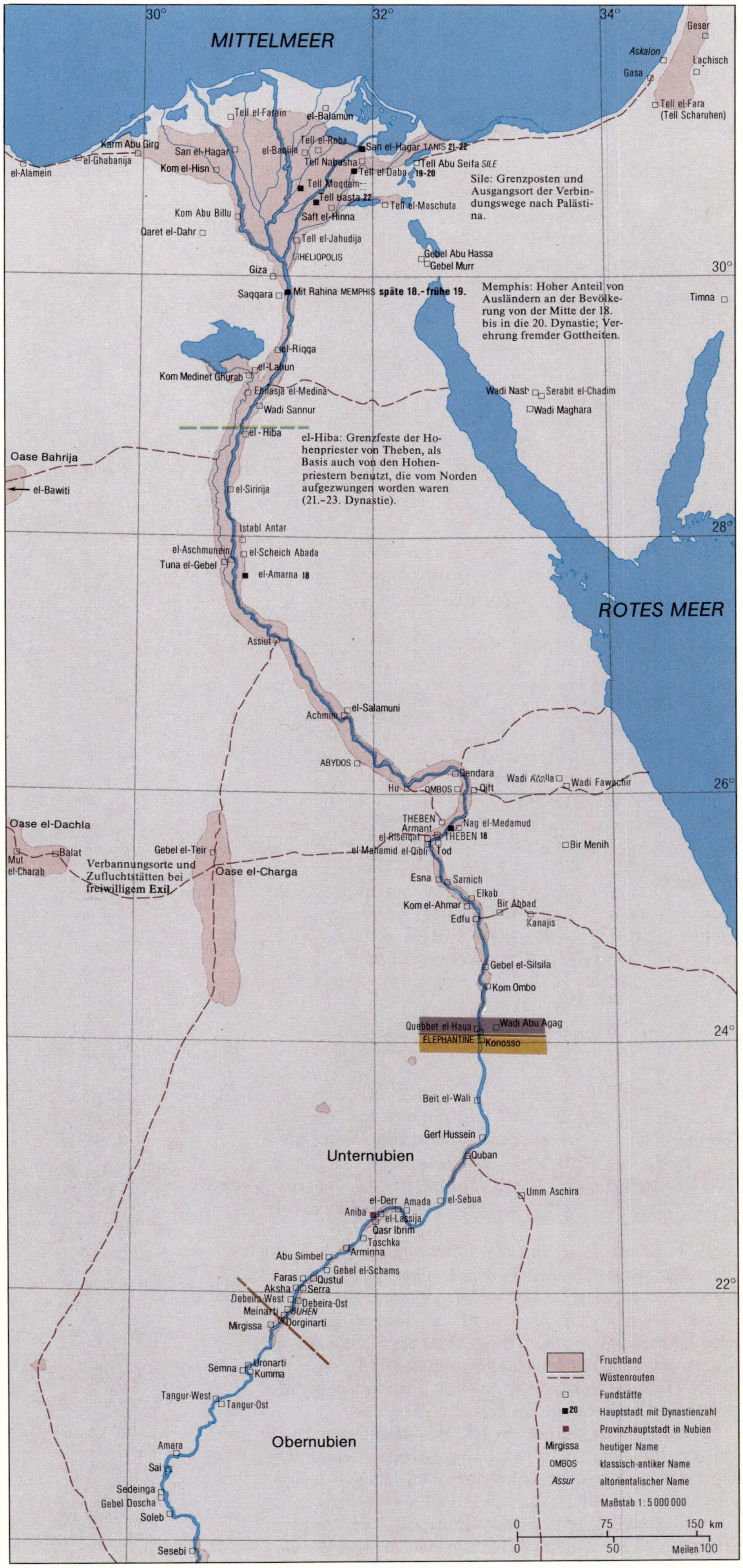

Aber bereits während der Regierungszeit Amenophis' I. begann sich in Nordsyrien das Königreich Mitanni zu formieren, das dann für mehr als ein Jahrhundert Ägyptens Rivale im Vorderen Orient werden sollte.

Die Kleinstaaten in Syrien und Palästina, die das eigentliche ägyptische »Imperium« bildeten, waren durch einen Treueid gebunden und zahlten Tribut, blieben aber ansonsten mit einer ihnen zugestandenen Selbstverwaltung erhalten und konnten so auch ihre eigenen politischen Ziele im Rahmen der ihnen gegebenen lokalen Möglichkeiten verfolgen. Wenige hohe Beamte aus Ägypten und kleine Militärkontingente bildeten die ständige ägyptische Präsenz. Nubien hingegen wurde als Kolonie betrachtet und direkt von einem ägyptischen Vizekönig regiert, der dem ägyptischen König verantwortlich war. Zwar gab es in beiden Einfluß- bzw. Machtbereichen Territorien, die ägyptischen Institutionen wie z.B. Tempeln gehörten, aber das sehr viel härtere Verwaltungssystem in Nubien scheint in diesem Gebiet dann auch – vor allem während der 19. und 20. Dynastie – zu einem erheblichen Bevölkerungsrückgang geführt zu haben. Sowohl in Vorderasien als auch in Nubien war das Grundmotiv für die Anwesenheit der Ägypter die Sicherung der Fernhandelswege und des Zugangs zu Rohstoffen. Verteidigungserwägungen spielten dabei offenbar eine geringere Rolle. Insgesamt gesehen waren es der Handel und das nubische Gold, die Ägyptens Reichtum und seine besondere Machtstellung garantierten.

Die fortgesetzten Expansionskriege hatten in Ägypten selbst zur Folge, daß bald ein größeres stehendes Heer existierte und somit zwei neue Kräfte die Innenpolitik mehr und mehr bestimmen konnten, nämlich die Priesterschaft und die Armee. Zwar waren beide erst in späteren Zeiten von größerer Bedeutung, aber schon in der 18. Dynastie z.B. zeichnet sich der wachsende Einfluß der Priesterschaft anhand der zahlreichen königlichen Stiftungen an die Tempel ab, so vor allem an den Tempel des Amun in Karnak. Diese Stiftungen erfolgten vor allem aus Dankbarkeit für erfolgreich verlaufene Kriege, aber auch in Fällen, wo Könige durch Orakelspruch der Götter ausgewählt worden waren. Den Einfluß der Armee zeigt u.a. die Tatsache, daß einige der einflußreichsten Männer der Epoche ehemalige Offiziere waren.

Auf Tuthmosis II. (1492–1479 v.Chr.), dessen Regentschaft nur geringe Spuren hinterlassen hat, folgte sein noch minderjähriger Sohn Tuthmosis III. (1479–1425 v.Chr.), der aus einer Verbindung mit einer Nebenfrau hevorgegangen war. An seiner Stelle übernahm deshalb zunächst die Gattin Tuthmosis' II., Hatschepsut, die Regentschaft. In den ersten 20 Jahren der Regierung Tuthmosis' III. wurde militärisch zunächst kaum etwas unternommen, so daß Ägypten in dieser Zeit wesentlich an Einfluß eingebüßt zu haben scheint. Im 7. Regierungsjahr Tuthmosis' III. ernannte sich Hatschepsut offiziell selbst zum weiblichen »König« (gab es doch für eine regierende Königin im ägyptischen Königsdogma keinen Platz) und herrschte von da an als dominierender Partner in Koregentschaft gemeinsam mit ihrem Neffen bis zu ihrem Tode im 22. Regierungsjahr Tuthmosis' III.

Unter Hatschepsut lebte eine der wenigen individuell herausragenden Gestalten nichtfürstlicher Abkunft, der Erzieher und Haushofmeister ihrer Tochter, Senenmut. Aus dem Bereich Thebens sind nicht weniger als zwanzig Statuen des Senenmut erhalten geblieben. Darüber hinaus wird seine einzigartig privilegierte Stellung aber vor allem auch daraus erhellt, daß er auf den Reliefs des Tempels von Deir el-Bahari dargestellt ist. Sein Zögling, Hatschepsuts Tochter Nefrure, die ebenfalls in der offiziellen Überlieferung eine große Rolle spielt, sollte wohl die

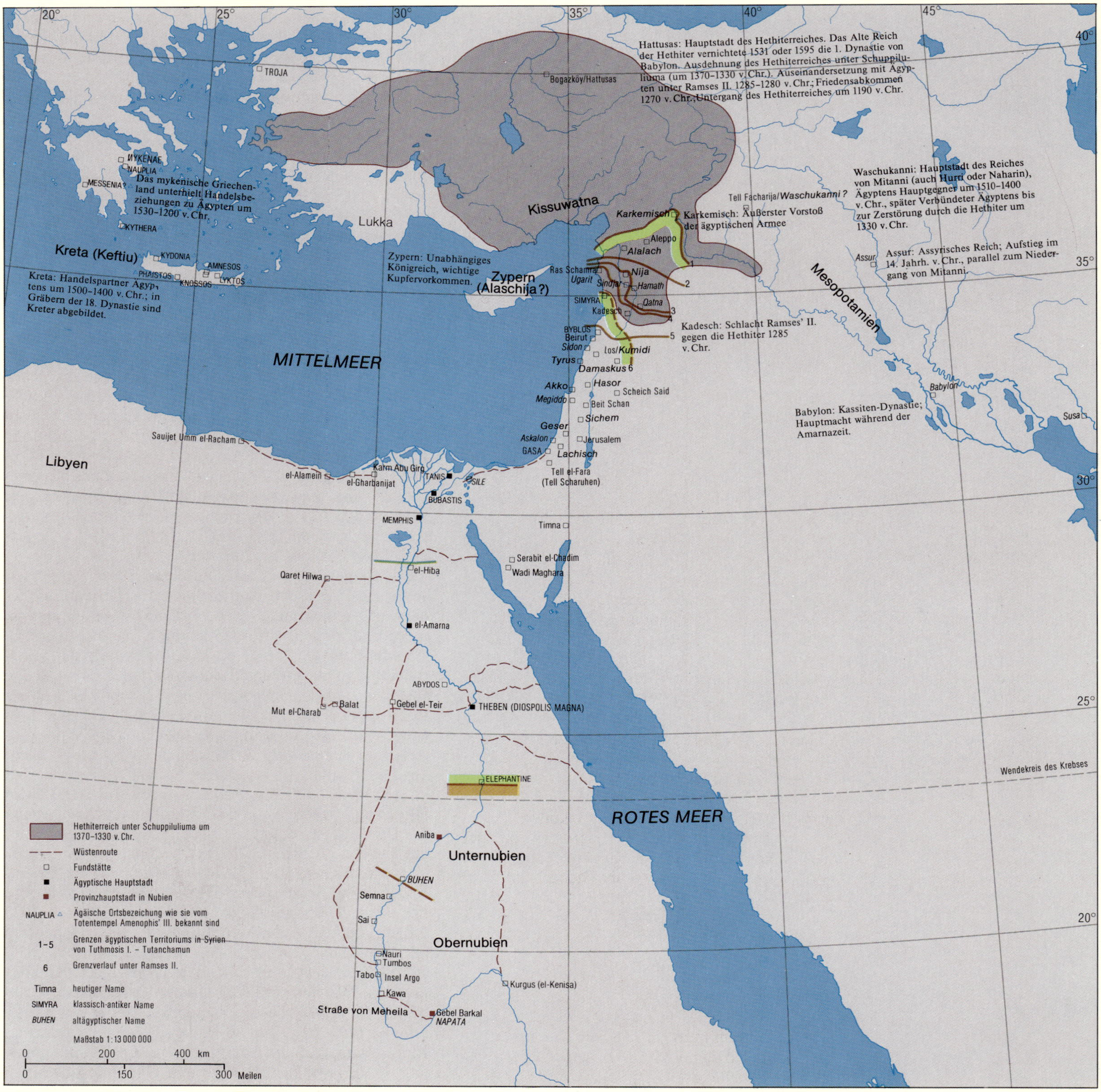

Ägypten und der Vordere Orient (um 1530–1190 v. Chr.)
Der Grenzverlauf ägyptischen Territorialbesitzes in Syrien-Palästina von Norden nach Süden und in chronologischer Abfolge (nach W. Helck):

1 Ausdehnung Ägyptens unter Tuthmosis I.
2 Gegen Ende der Regierungszeit Tuthmosis' III.
3 Jahr 7 Amenophis' II.
4 unter Tuthmosis IV.
5 unter Tutanchamun
6 unter Ramses II.
△ Orte in der Ägäis nach einer Liste vom Totentempel Amenophis' III.

künftige Koregentin oder Frau Tuthmosis' III. werden, starb aber kurz nachdem letzterer die Alleinherrschaft angetreten hatte. Feldzüge nach Vorderasien werden unter Hatschepsut nicht erwähnt. Dafür aber ist uns aus ihrer Zeit eine merkwürdige Inschrift im Tempel von Speos Artemidos bei Beni Hasan erhalten geblieben, in der sie ihren Abscheu gegenüber den Hyksos zum Ausdruck bringt und erklärt, sie habe die Ordnung wiederhergestellt, eine seltsam anmutende Versicherung zwei Generationen nach der Vertreibung dieser Fremdherrscher. Es hat den Anschein, als ob ihre Ablehnung der Hyksos, die vorher nicht derart geschmäht worden waren, als Rechtfertigung dafür dienen sollte, daß sie selbst der Vorderasienpolitik ihrer Vorgänger nicht gefolgt war. Nach ihrem Tode begann Tuthmosis III. eine ganze Folge von Feldzügen im Bereich des Nahen Ostens. So eroberte er in Palästina inzwischen verlorengegangenes Territorium zurück, und in den folgenden zwanzig Jahren kämpften die Ägypter dann vor allem in Syrien, wo nunmehr Mitanni so erfolgreich Widerstand leistete, daß Tuthmosis III. das bei seinem Vorstoß bis an den Euphrat neu dazu erworbene Gebiet nicht lange halten konnte.

Als Bauherr ist Tuthmosis III. an vielen Orten nachweisbar, und auch zahlreiche bedeutende Privatgräber stammen aus seiner Regierungszeit. Alle diese Aktivitäten zeugen von den ganz eindeutigen wirtschaftlichen Vorteilen, die aus seiner Expansionspolitik resultierten. In seinen späten Jahren wandte er sich dann gegen das

Andenken an Hatschepsut, er ließ ihre Reliefs aushacken und durch eigene Bildnisse oder solche seiner beiden Vorgänger ersetzen, ihre Statuen wurden zerschlagen.

In seinen letzten Regierungsjahren ernannte Tuthmosis III. seinen Sohn Amenophis II. (1427–1401 v.Chr.) zum Mitregenten. Letzterer unternahm sowohl vor als auch nach dem Tode seines Vaters mehrere Feldzüge, sah er sich doch wie auch andere Könige vor und nach ihm mit der Tatsache konfrontiert, daß sich die Klientelfürsten durch ihren Eid eher einem bestimmten König persönlich gebunden fühlten als Ägypten generell, so daß bei der Thronbesteigung eines neuen Königs die Autorität neu erkämpft werden mußte. Die militärischen Machtdemonstrationen Amenophis' II. reichten bis nach Syrien, strategische Bedeutung hatten sie nicht, sondern waren lediglich als Signal für die anderen Mächte gedacht. Nach Abschluß des in seinem 9. Regierungsjahr stattfindenden Feldzuges empfing Amenophis Geschenke von den Hethitern, aus Mitanni und Babylon als Zeichen für die Aufnahme normaler diplomatischer Beziehungen.

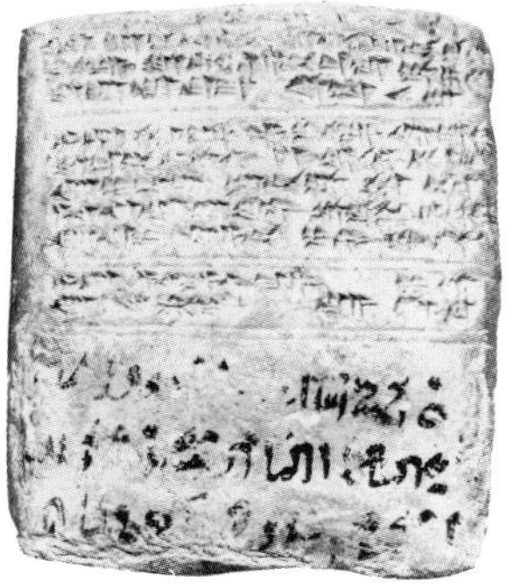

Oben: Keilschriftbrief des Tuschratta von Mitanni an Amenophis III. Unten ein Archivvermerk in ägyptischem Hieratisch mit der Nennung des 36. Regierungsjahres Amenophis' III., mit Tusche aufgetragen. Der Brief war das Begleitschreiben zu einer Statue der Ischtar von Niniveh, die als Bildnis der Heilgöttin nach Ägypten geschickt wurde. Die Statue hatte sich schon unter dem Vorgänger des Tuschratta, Schuttarna II., in Ägypten befunden. Aus el-Amarna, London, British Museum.

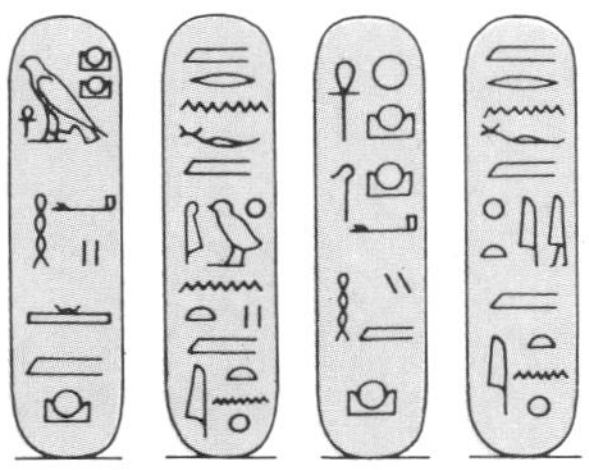

Oben: In Kartuschen geschriebene Namen des Sonnengottes nach den Vorstellungen Amenophis' IV./Echnaton, links die frühe Form, rechts die späte Form, jeweils zwei Kartuschen gehören zusammen.

Sowohl was die auswärtigen Beziehungen betrifft als auch innenpolitisch bilden die beiden Regierungen Tuthmosis' IV. (1401–1391 v.Chr.) und Amenophis' III. (1391–1353 v.Chr.) eine einzige Phase. Zwar verlor Ägypten wiederum Territorium an Mitanni, aber noch vor dem Tode Tuthmosis IV. schlossen die beiden Mächte Frieden und besiegelten dies durch die Heirat einer Mitanni-Prinzessin, die der König als Nebenfrau in seinen Harem aufnahm. Damit ist ein Phänomen angesprochen, das sich mehrfach wiederholt hat: es herrschte ein gewisser Einbahnstraßenverkehr von Frauen nach Ägypten. Daraus geht entweder hervor, daß Ägypten als die überlegene Macht anerkannt wurde oder, wie Amenophis III. einmal an den König von Babylon schrieb, »seit alters niemals eine Königstochter Ägyptens an irgendjemanden (außerhalb) gegeben worden ist«.

Die Friedensverhältnisse bedeuteten für Ägypten ein weiteres Ansteigen des Wohlstandes. Die Bautätigkeit in der Regierungszeit Amenophis' III. läßt sich nur mit der sehr viel längeren Regierung Ramses' II. vergleichen, und was die Plastik, also die Herstellung von Königs- wie von Privatstatuen betrifft, so entstanden damals sogar mehr als zu irgendeiner anderen Zeit Kunstwerke von hoher Qualität. Das gesamte Gebiet von Theben (und wohl auch Memphis) erfuhr eine Umgestaltung mit großzügigen sphinxbegrenzten Prozessionsstraßen, die die Tempel miteinander verbanden. Ein riesiger künstlicher See, der Birket Habu, bildete den Mittelpunkt eines neuen Gebietes auf dem thebanischen Westufer, das u.a. mit dem königlichen Palast von Malqata und dem wuchtigen Totentempel des Königs ausgestattet wurde. Als einschneidender Eingriff muß die Tatsache bezeichnet werden, daß sich der König noch zu Lebzeiten göttlich verehren ließ. Die bedeutendste Persönlichkeit nicht-königlicher Herkunft jener Zeit war wohl ohne Zweifel Amenophis, Sohn des Hapu, ein ehemaliger Offizier, der die zahlreichen Bauunternehmungen leitete und schließlich sogar einen eigenen Totentempel zugestanden bekam.

Nach dem Tode des Prinzen und damit Thronanwärters Tuthmosis wurde Amenophis IV. (1353–1335 v.Chr.) Kronprinz. Seine Regentschaft begann er zunächst damit, daß er sich zum Hohenpriester des Sonnengottes ernannte, eine für die ägyptischen Könige zwar übliche Rolle, die aber bislang nicht in die Titulatur aufgenommen worden war. Dann formulierte er einen neuen programmatischen Namen des Sonnengottes: »Re-Harachte, der in seinem Horizont jubelt in seinem Namen Schu (oder Licht), der die Sonnenscheibe (Aton) ist«. Dieser Name wurde bald in zwei Kartuschen gesetzt, so daß der Gott königlichen Charakter erhielt, und es wurde ein neues Darstellungsschema entworfen, eine Sonnenscheibe, deren Strahlen in Händen endigen, die dem König und der Königin die Hieroglyphe für »Leben« entgegenhalten. Die Entwicklung des neuen Kultes, der bald keinen Platz mehr für die anderen Gottheiten ließ, wurde, neben der Selbst-Glorifizierung, das Hauptziel des Königs. Seine Hauptgemahlin, Nofretete, spielte bei der Einführung dieser Veränderungen wohl eine fast ebenso große Rolle wie er. Gleich in den ersten sechs Jahren seiner Regierung setzte in Karnak zusätzlich zu Bauprojekten in einer Reihe anderer Orte ein umfangreiches Bauprogramm ein. Bildprogramm und Stil der Reliefs wurden radikal verändert. Eines der Heiligtümer in Karnak wurde mit einer Reihe von Kolossalstatuen des Königs ausgestattet, von denen vielleicht ein Viertel die Königin darstellten.

Wahrscheinlich in seinem 5. Regierungsjahr änderte Amenophis IV. seinen Namen in Echnaton (wörtlich »dem Aton wohlgefällig«) und gründete eine neue Hauptstadt auf dem noch jungfräulichen Boden von Tell el-Amarna. Zwar sind die Gebäude der Stadt in späterer Zeit im wesentlichen abgetragen worden, dennoch blieb genügend erhalten, um eine Vorstellung von dieser Anlage zu gewinnen. Der von Echnaton selbst stammende Sonnengesang wurde inschriftlich im Grabe seines höchsten Beamten Eje niedergelegt, und Reliefs und Werke der Kleinkunst lassen erkennen, welche Entwicklung die neue Religion nahm. Um das Jahr 9 herum wurde der dogmatische Name des Gottes in die puristischere Form umgewandelt »Re – Herrscher des Horizontes, der im Horizont jubelt in seinem Namen Re, der Vater, der (wieder)gekommen ist als Sonnenscheibe (Aton)«.

Möglicherweise ließ der König zur Zeit der Einführung des zweiten dogmatischen Namens die Tempel anderer Götter schließen und den Namen des Amun sowie gelegentlich die Pluralbezeichnung »Götter« bei Inschriften aushacken – insgesamt ein wahrhaft immenses Unterfan-

Rechts: Hockerstatue des Amenophis, Sohn des Hapu, der hier als korpulenter älterer Mann (er wurde über 80 Jahre alt) dargestellt ist. Gefunden am 7. Pylon in Karnak. Die Statue wurde später verehrt, und bereits im Altertum ist die Nase bearbeitet worden. Höhe: 1,42 m, Zeit Amenophis' III. Kairo, Ägyptisches Museum.

gen, bei dem wohl auf militärische Unterstützung nicht verzichtet werden konnte. Mit Nofretete hatte Echnaton sechs Töchter, aber keinen Sohn. Sein zweiter Nachfolger Tutanchamun war möglicherweise der Sohn aus einer Verbindung mit der Nebenfrau Kija, deren Andenken in seinen späteren Regierungsjahren verfolgt wurde. Zur gleichen Zeit etwa tritt auf Denkmälern ein Koregent auf, in dem wir wahrscheinlich Nofretete zu sehen haben, und zwar unter Verwendung ihres zweiten Namens Neferneferuaton mit Zusatzelementen und den Attributen der Königsherrschaft. Die Titulatur von Neferneferuaton veränderte sich schnell, in der Endphase ersetzt durch Semenchkare, ein Stadium, das einer kurzen Regentschaft der früheren Nofretete nach Echnatons Tod entsprochen haben könnte. Tutanchaton, der spätere Tutanchamun, ein Kind von ungefähr sieben Jahren, wurde schließlich der Nachfolger (1333–1323 v. Chr.). Schon zu Beginn seiner Regierung gab man die neue Religion auf, obwohl die vollständige Verdammung und damit verbundene Verfolgung erst später einsetzte. Memphis, das schon früher eine der wichtigsten Städte Ägyptens gewesen war, wurde nun wieder zur Hauptstadt gemacht.

Unter Tutanchamuns Herrschaft lag die eigentliche Macht in Händen des Eje und des Generals Haremhab. In Inschriften aus Tutanchamuns Epoche wird zwar über die Wiederherstellung von Tempeln berichtet, über die Außenpolitik allerdings hören wir nichts. Nach den Feldzügen des Hethiterkönigs Schuppiluliuma waren die ägyptischen Besitzungen in Vorderasien in Auflösung begriffen. Nach kurzer Regierungszeit Ejes (1323–1319 v. Chr.) folgte ihm auf dem Thron der General Haremhab (1319–1307 v. Chr.), der im allgemeinen der 18. Dynastie zugerechnet wird.

Haremhab ließ die Tempel Amenophis' IV. in Karnak auseinandernehmen und baute dort selbst in großem Umfang. Auch die Inschriften des Tutanchamun beanspruchte er weitgehend für sich selbst. Der übernächste König, Sethos I. (1305–1290 v. Chr.), führte dann die Restaurationspolitik auf den Höhepunkt: an zahllosen Denkmälern ließ er Ausbesserungen vornehmen, verfolgte das Andenken Echnatons und tilgte sowohl dessen wie auch die Namen seiner drei Nachfolger aus den offiziellen Annalen. Gleichzeitig begann er mit einem umfangreichen Bauprogramm und führte mehrere Feldzüge nach Vorderasien durch, wo er aufgrund einer vorübergehenden Schwäche der Hethiter tatsächlich einige ägyptische Besitzungen in Syrien zurückerobern konnte.

Spät in seiner Regierungszeit teilte Sethos I. den Thron mit seinem Sohn Ramses II. (1290–1224 v. Chr.), der dann von seinem Vater auch die Schwierigkeiten in Syrien als Erbe übernahm. Nach der ersten erfolgreichen Auseinandersetzung in seinem 4. Regierungsjahr endete die berühmte Schlacht bei Kadesch gegen die Hethiter im darauffolgenden Jahr unentschieden, was den König allerdings nicht hinderte, dieses Ereignis in mehreren Tempeln als großen Sieg darstellen zu lassen. Die kriegerischen Auseinandersetzungen dauerten auch die nächsten Jahre an; schließlich wurde sogar ein Waffenstillstand vereinbart, dem im Jahre 21 ein formeller Friedensschluß folgte. Dieser Friede hielt mehr als fünfzig Jahre.

Von Ramses II. sind mehr Bauwerke und Kolossalstatuen erhalten als von irgendeinem anderen ägyptischen Pharao, denn auch auf bereits lange vorhandene Denkmälern ließ er nun seinen Namen einmeißeln. Wie Amenophis III. genoß er bereits zu seinen Lebzeiten göttliche Verehrung, und durch die Kraft der Ausstrahlung seiner Persönlichkeit wurde der Name Ramses zum Synonym für Königtum schlechthin, und dies auf Jahrhunderte hinaus. Im Unterschied zur Epoche Amenophis' III. jedoch kennen wir aus der Zeit Ramses' II., dem gigantischen Umfang öffentlicher Bautätigkeit entsprechend, bei weitem nicht so viele Kunstwerke, die, wie zuvor, für Privatleute geschaffen worden wären.

Zu den wichtigsten Beschlüssen Ramses' II. gehörte die Verlegung der Hauptstadt an eine Stelle im Ostdelta, die den Namen »Pi-Ramesse« (Domäne, d. h. Besitztum des Ramses) erhielt und wahrscheinlich in der Nähe der heutigen Dörfer el-Chatana und Qantir gelegen hat. Zwar stammte die Familie des Königs aus dieser Gegend, Hauptgrund für die Verlegung war aber wohl, daß sich das internationale und wirtschaftliche Zentrum des Landes ins eigentliche Delta verlagert hatte. Folge dieses Schrittes für uns heute ist, daß wir weniger über die Epoche der Spätzeit wissen als über das voraufgegangene Neue Reich, weil Denkmäler im Delta nicht erhalten sind.

Ramses II. hat in seiner langen Regierungszeit viele Angehörige seiner großen Familie überlebt, sein 13. Sohn Merneptah (1224–1214 v. Chr.) wurde schließlich sein Nachfolger. Kurz nach seiner Thronbesteigung hatte er Einfälle der Libyer abzuwehren, die bereits sein Großvater Sethos I. zurückgeschlagen und gegen deren Übergriffe Ramses II. entlang der Mittelmeerküste Festungen angelegt hatte. Im Westdelta fand unter der Regierung Merneptahs eine Schlacht gegen libysche Invasoren und die sogenannten »Seevölker« statt – Stämme, deren Namen auf mittelmeerische Herkunft schließen läßt.

Der erste König der 20. Dynastie, Sethnacht (1196–1194 v. Chr.), berichtet in einer Inschrift von bürgerkriegsähnlichen Verhältnissen vor seiner Thronbesteigung, die noch bis in sein 2. und zugleich letztes Regierungsjahr anhielten, aber mit einer Niederlage der Aufrührer geendet hätten. Aus dieser Inschrift gewinnt man den Eindruck chaotischer Zustände, die vor seiner Machtübernahme im ganzen Land geherrscht haben müssen. Ramses III. (1194–1163 v. Chr.) zumindest übernahm konsolidierte Verhältnisse, die in Bauunternehmungen ihren Niederschlag fanden, aber in seiner Zeit drängten erneut von Norden her die Libyer und die Seevölker gegen Ägypten heran. Ägypten hielt indessen die Kontrolle über den Sinai und das südliche Palästina aufrecht.

Die Titulatur Ramses' III. stimmt fast vollständig mit der Ramses' II. überein, und auch in der Anlage seines Totentempels in Medinet Habu lassen sich viele Anklänge an den Totentempel Ramses' II., das sogenannte Ramesseum, feststellen. Er und weitere Könige der 20. Dynastie waren in ihrer Selbstdarstellung ungewöhnlich konservativ. Doch während Ramses III. noch einige Leistungen aufzuweisen hat, läßt sich dies von seinen Nachfolgern kaum noch sagen. In 90 Jahren folgten einander auf dem Thron Ägyptens acht weitere Könige mit dem Namen Ramses, ein Name, den sie zusätzlich zu ihrem Geburtsnamen annahmen, sobald sie König wurden. Im Verlauf der 20. Dynastie büßte Ägypten die Kontrolle über Palästina ein, und gegen Ende der Dynastie war dann auch Nubien verloren. An bedeutenderen Bauwerken sind aus dieser Zeit nur mehr die Königsgräber und der Tempel des Chons in Karnak erhalten, der allerdings erst in ptolemäischer Zeit ganz fertiggestellt wurde.

Aufgrund von Papyri und Ostraka läßt sich die Geschichte der Verwaltung in der 19. und 20. Dynastie recht gut rekonstruieren. Als eine der wichtigsten Entwicklungstendenzen sei erwähnt, daß immer mehr Land in den Besitz der Tempel überging, und hier vor allem in den des Amunstempels von Karnak. Staat und Tempel waren bei der Führung der Regierungsgeschäfte und der Verwaltung eng ineinander verzahnt, so daß schließlich der Tempel des Amun auch die tatsächliche Kontrolle über Oberägypten errang. Die wichtigsten Priesterämter

Ägypten in der späten Dritten Zwischenzeit
Politische Aufteilung Ägyptens in der Zeit des Pije-Feldzugs (um 730 v. Chr.).
▪ Regierungssitz eines Königs, mit Dynastiezuweisung sofern möglich.
• Orte, die auf der Siegesstele des Pije mit Herrscher genannt sind; einige dort genannte Orte lassen sich nicht lokalisieren. Man vergleiche die Assurbanipal-Liste S. 49.
Die Abgrenzungen zwischen den von Hermopolis und Herakleopolis beherrschten Gebieten sind außerordentlich hypothetisch.

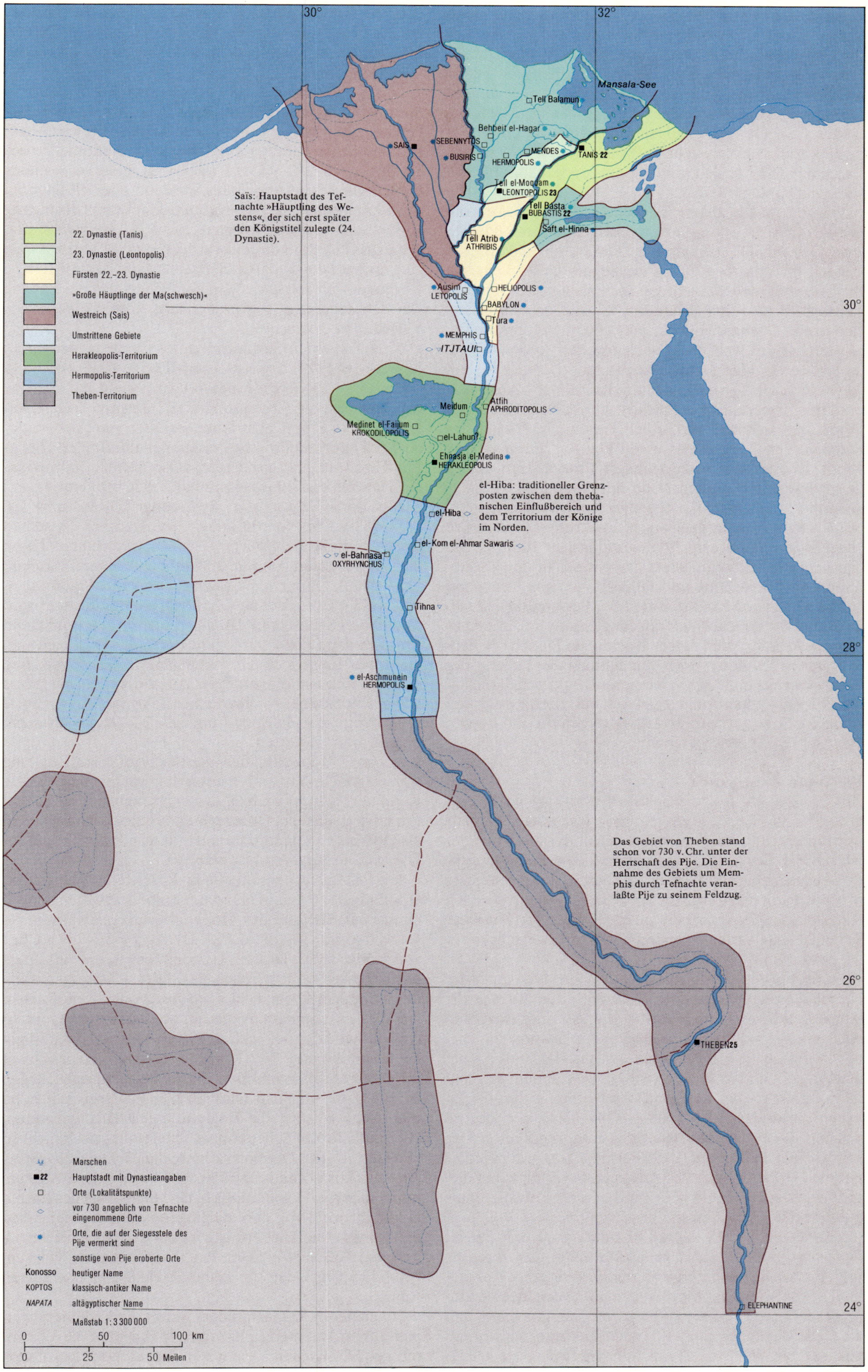

wurden erblich und damit vom König weitgehend unabhängig, so daß die Hohenpriester eine eigene mit dem Königtum rivalisierende Dynastie bildeten. Weitreichende Folgen zeitigte auch die Praxis, Ausländer in Militärkolonien anzusiedeln. Die Libyer bildeten die wichtigste Gruppe. Obwohl sie sehr bald völlig ägyptisiert waren, behielten sie doch ihre eigene Identität bei und nannten sich nach ihrem Stammesnamen Maschwesch, oft zu Ma abgekürzt. Mit der Zeit avancierten sie sogar zur politisch stärksten Kraft im Lande.

Während diese unterschiedlichen Elemente Ägypten in eine nur mehr lose zusammenhängende, fast feudalistische Gesellschaft aufspalteten, führten die Völkerbewegungen im Vorderen Orient zu Beginn dieser Dynastie die Eisenzeit herauf, allerdings nicht in Ägypten. Der gesamte östliche Mittelmeerraum tauchte damals gleichsam in eine Dämmer-Epoche ein, wovon Ägypten am wenigsten berührt wurde; dennoch ging der Vordere Orient daraus technologisch fortgeschrittener hervor, so daß Ägypten seine Vormachtstellung für immer einbüßte.

In der Regierungszeit Ramses' XI. (1100–1070 v. Chr.) führte der Vizekönig von Nubien, Panehsi, im Namen des thebanischen Teilgebietes einen Feldzug durch, den er verlor. Er zog sich nach Aniba in Unternubien zurück und wurde dort begraben. Nach dieser mißglückten Intervention verschwindet die bisherige Linie der Hohenpriester aus dem Amt, und der aus Militärkreisen stammende Herihor übernimmt im 19. Regierungsjahr Ramses' XI. das Amt des Hohenpriesters des Amun. In der Verbindung von Priesteramt und Offizier vereinigte er schon bald die höchste Machtfülle in seiner Person und ließ sich als König darstellen. Nach nur fünf Jahren im Amt starb Herihor jedoch. Auch dessen Nachfolger Pianch überlebte Ramses XI. noch, doch war damals die Teilung des Landes bereits praktisch vollzogen, obwohl sich die späteren Hohenpriester nur gelegentlich auch den Königstitel zulegten. So waren alle Voraussetzungen für den Beginn einer neuen Epoche geschaffen.

Die Dritte Zwischenzeit

Auf Ramses XI. folgte Smendes (1070–1044 v. Chr.) als erster König der 21. Dynastie, und Nachfolger Pianchs war Pinodjem I. Wahrscheinlich bestanden zwischen der 20. und 21. Dynastie verwandtschaftliche Beziehungen. Das Herrschaftsgebiet des nördlichen Reiches erstreckte sich von Tanis im Nordostdelta bis in die Gegend nördlich von el-Hiba. Die Anlage der neuen Hauptstadt Tanis war vielleicht durch ein Versanden der Wasserwege notwendig geworden.

Das Niltal von el-Hiba bis nach Assuan stand unter der Herrschaft der thebanischen Hohenpriester, die zwar die tanitischen Könige anerkannten, aber dennoch Regenten eines separaten Staates waren. Aus den Namen der Thebaner, die sich viel auf ihre militärische Herkunft zugute hielten, geht hervor, daß das »libysche« Element in ihnen sehr stark vertreten war. Auch im Norden waren die Libyer aktiv, und Osorkon I. (984–978 v. Chr.), der obskure 5. König der 21. Dynastie, stammte aus ihren Reihen. Der letzte König, Psusennes II. (959–945 v. Chr.), war offenbar zugleich Hoherpriester des Amun und vereinigte auf diese Weise beide Staaten in seiner Person, ohne allerdings die formelle Einheit wiederherzustellen.

Scheschonk I. (945–924 v. Chr.), der erste König der 22. Dynastie, gehörte einer »Libyerfamilie« aus Bubastis (Tell Basta) an, die bereits seit mindestens einer Generation, bevor Scheschonk zur Herrschaft gelangte, eine führende politische Rolle gespielt hatte. Den Umstand, daß die Linie der thebanischen Hohenpriester ausgestorben war, machte sich Scheschonk zunutze und setzte seinen Sohn in Theben ein; und obwohl es in der Tat niemals wieder einen völlig unabhängigen Herrscher in Theben gab, ließ sich das Gebiet doch 300 Jahre lang nicht wieder voll integrieren.

Auch militärisch zeigte sich Scheschonk I. aktiv. So unternahm er einen Feldzug nach Palästina, den er in Reliefdarstellungen des Tempels von Karnak verewigen ließ. In Vorderasien nahm er möglicherweise die Initiative des Siamun (978–959 v. Chr.) auf, doch hatte er weitaus ehrgeizigere Ziele: so werden während seiner Regierung die Beziehungen zu Byblos, dem Haupthandelspartner Ägyptens an der phönizischen Küste, wiederbelebt, und tatsächlich bleiben diese dann auch einige Generationen lang erneut bestehen. Aus der verstärkten Bautätigkeit zu Beginn der 22. Dynastie wird deutlich, daß in der Epoche des Scheschonk in Ägypten relativ gute ökonomische Verhältnisse herrschten.

Nach fast einem Jahrhundert des Friedens macht sich dann in der 22. Dynastie seit Takeloth II. (860–835 v. Chr.) der Niedergang bemerkbar. Anlaß zur Unruhe war zunächst die Ernennung von Takeloths Sohn Osorkon, seinem Erben, zum Hohenpriester von Theben, der zugleich auch militärische Funktionen übertragen erhielt. Die Thebaner lehnten allerdings Osorkon ab, und aus dieser Haltung resultierte ein anhaltender Bürgerkrieg.

Mit dem Beginn der Regierung Scheschonks III. (835–783 v. Chr.), der offenbar den eigentlich für seinen Bruder, den Hohenpriester Osorkon, bestimmten Thron usurpierte, traten von nun an häufiger mehrere Thronanwärter auf. Einer davon war zunächst Pedubast I. (828–803 v. Chr.), der der 23. Dynastie zugerechnet wird und neben Scheschonk III. anerkannt wurde. Von da an stand es dann praktisch jedem Fürsten, der in einer bestimmten Region als Herrscher anerkannt wurde, frei, sich den Königstitel zuzulegen. Aus diesem Grund gab es gegen Ende des 8. vorchristlichen Jahrhunderts mehrere Gegenkönige, so daß im Grunde die 22.–25. Dynastie nebeneinander regierten.

Um 770 gesellte sich diesem Durcheinander eine weitere Macht hinzu. Der nubische (kuschitische) König Kaschta (770–750 v. Chr.), dessen Hauptstadt am Gebel Barkal lag, wurde in Oberägypten bis hinab nach Theben als Oberherr anerkannt, und damit war in der Tat die 25. Dynastie in Ägypten fest etabliert.

Die instabilen Verhältnisse im Bereich der Königsherrschaft gingen Hand in Hand mit einer deutlichen Schwächung der Stellung des Hohenpriesters des Amun. So setzte Osorkon IV., der der 23. Dynastie (777–749 v. Chr.) angehörte, seine Tochter Schepenupet in ein seit alters bestehendes Amt, nämlich das einer »Gottesgemahlin des Amun« in Theben ein. Und von diesem Zeitpunkt an war die Gottesgemahlin, die nicht heiraten durfte und ihr Amt durch Adoption weitergab, ein Mitglied der königlichen Familie und die wichtigste religiöse Persönlichkeit im gesamten thebanischen Einflußbereich. Zwar liegen Belege dafür vor, daß tatsächlich in späterer Zeit hohe männliche Beamte die Regierungsgeschäfte besorgten, aber im Falle der Schepenupet scheint dies noch nicht so gewesen zu sein. Dennoch konnte die 23. Dynastie dieses Amt nur kurze Zeit bekleiden, und so adoptierte Schepenupet schon bald Amenirdis I., eine Schwester des Kaschta, die ihr wohl von den mächtigen Nubiern aufgezwungen worden war. Dies erfolgte im übrigen wohl auf Betreiben von Kaschtas Bruder Pije (früher Pianchi gelesen, 750–712 v. Chr.), der ihm später als Herrscher nachfolgen sollte.

Im späteren 8. Jahrhundert waren die bedeutendsten politischen Machtgruppierungen in Ägypten die Vorfahren der 24. Dynastie – sie waren damals noch Lokalherr-

Ägypten in der Spätzeit, mit dem Staat von Napate-Meroë (712 v. Chr. –4. Jahrh. n. Chr.).
Ägyptische Fundorte sind schwarz eingezeichnet.
◇ Orte, deren »Könige« in den Assurbanipal-Annalen aufgeführt sind. Vergleiche dazu Pije-Feldzug Karte S. 47 (weitere assyrische Namen lassen sich in Ägypten nicht nachweisen).
* Fundstätten von Texten in Aramäisch, der Amtssprache des Perserreiches. Es handelt sich um Papyri, Ostraka und Felsgraffiti. Der Weg des Heeres, das unter Psammetich II. 591 v. Chr. nach Nubien zog, ist nicht sicher belegt. Seine Soldaten haben griechische und karische Graffiti in Buhen und Abu Simbel hinterlassen, möglicherweise auch im Gebiet des Gebel el-Silsila.
Der Kanal zwischen dem Nil und dem Roten Meer ist auf dieser Karte angegeben. Begonnen wurde er unter Necho II., vollendet von Darius I., der um 490 v. Chr. an bezeichneter Stelle ▲ Stelen anbrachte. Ausgebessert von Ptolemaios II. Philadelphos, Trajan und Hadrian und Amr ibn el-Asi, dem moslemischen Eroberer Ägyptens. Die Länge des Kanals zwischen Tell el-Maschuta und Suez betrug etwa 85 km.
Fundstätten des Staates von Meroë-Napata sind braun eingezeichnet.

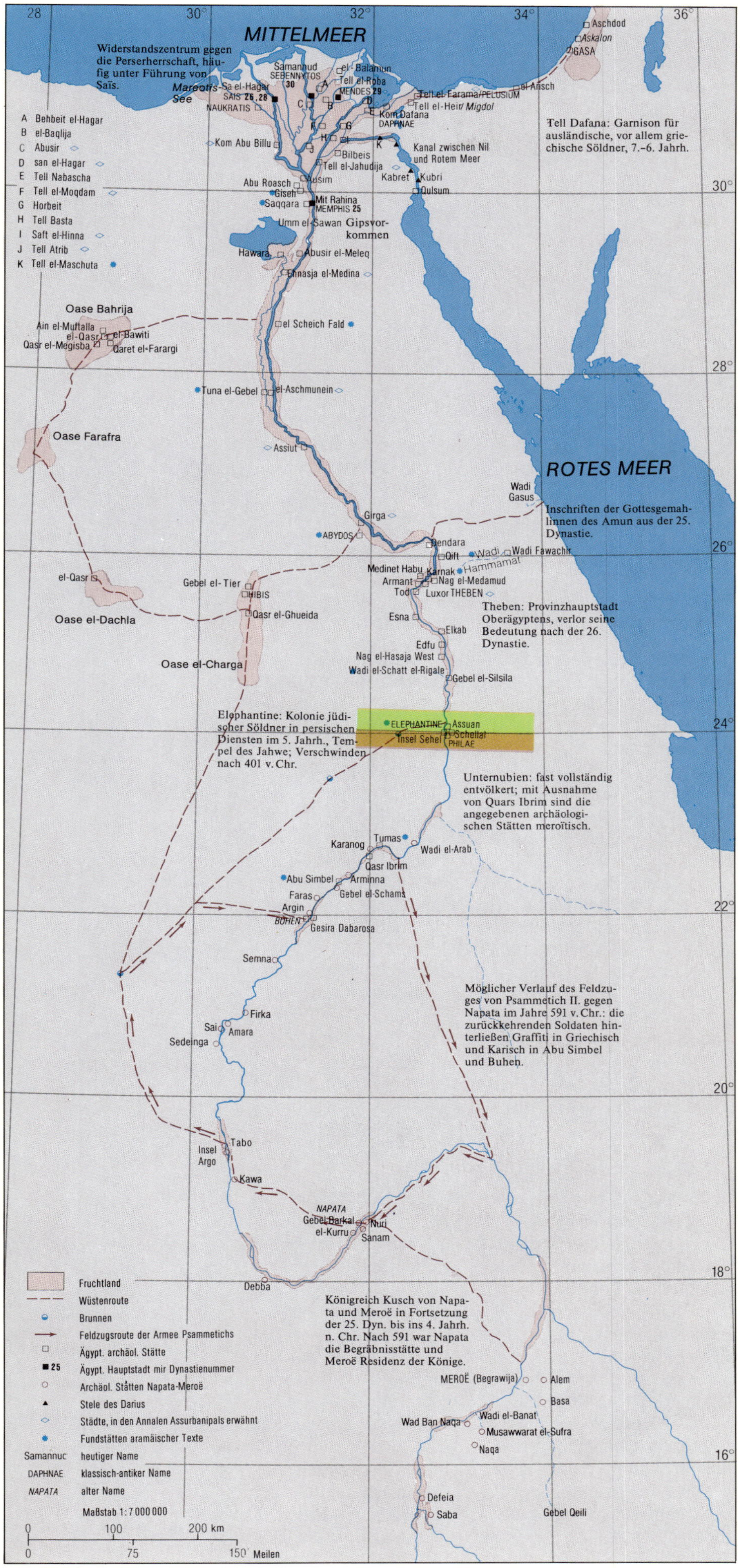

scher in Saïs im Westdelta – und die regierende 25. Dynastie. Um 730 v. Chr. brach der Konflikt zwischen diesen beiden rivalisierenden Mächten aus. Im Gegenzug brach Pije von Napata aus zu einem Feldzug nach Ägypten auf und kam dabei bis nach Memphis im Norden, wo er die Unterwerfung der Lokalfürsten, insbesondere des Tefnachte von Saïs, verlangte. Auf einer Stele aus dem Tempel des Amun in Napata hat uns Pije in einer langen Inschrift einen Bericht von diesen Ereignissen hinterlassen. Sowohl der Text wie auch die bildliche Wiedergabe von vier Königen, deren Namen in Kartuschen gesetzt beigefügt wurden und die alle die Oberhoheit des Pije anerkennen, sind historisch von ganz außergewöhnlichem Interesse. Der Feldzug hatte insgesamt nur geringe unmittelbare Auswirkungen, denn Pije gab sich mit seiner allgemein bekundeten Anerkennung zufrieden und zog sich wieder nach Napata zurück, ohne daß er sich zum alleinigen Herrscher Ägyptens erklärt hätte. In seiner Inschrift gibt er sich ägyptischer als die Ägypter selbst und stellt den Feldzug propagandistisch als eine gleichsam heilige Mission zur Beendigung aller Übel Ägyptens dar. Zugegebenermaßen war Napata damals bereits ein altes Zentrum der Amunverehrung, so daß die Sorge um die Ansprüche dieses Gottes zutreffen mögen, aber dennoch ging es Pije vor allem um einen politischen Akt.

Die Spätzeit

Mit dem Namen des Königs Schabaqo (712–698) verbindet sich der Beginn der ägyptischen Spätzeit. Im ersten Regierungsjahr flammte der Konflikt zwischen Napata und Saïs erneut auf, wobei König Bokchoris aus der 24. Dynastie (717–712) in den Kämpfen zwischen beiden Mächten ums Leben kam. Schabaqos Einschreiten in Unterägypten führte schließlich zur Beseitigung aller anderen Kleinkönige im Lande. Von nun an begannen die Kuschiten ein weitaus größeres Interesse an Ägypten zu zeigen; sie erhoben Memphis zu ihrer Residenz und waren selbst häufig in Ägypten. Die Ausschaltung der Kleinkönige hatte allerdings die politische Struktur Ägyptens nicht grundsätzlich verändert, denn die Machthaber in den örtlichen Zentren blieben weitgehend unabhängig und wurden tatsächlich in den assyrischen Annalen im Zusammenhang mit der 40 Jahre später erfolgten Invasion Ägyptens als »Könige« bezeichnet. Während der insgesamt etwa 50 Jahre dauernden kuschitischen Herrschaft wurden in Oberägypten so viele Denkmäler geschaffen wie insgesamt in den vorausgegangenen zwei Jahrhunderten. Das Land erlebte eine künstlerische Wiedergeburt, wobei man sich unter anderem an den älteren Perioden orientierte.

Unter den Königen Schebitqo (698–690) und Taharqa (690–664) setzte sich der ökonomische Aufschwung fort. Taharqo hinterließ zahlreiche Denkmäler in Ägypten und auch in Nubien bis hin nach Meroë, der späteren Hauptstadt, wo sich sein Name fand. Mehrere Inschriften erzählen von der segensreichen Wirkung einer hohen Nilflut, die im 6. Jahr des Taharqo auftrat und auch in Form von Nilstandsmarken an den Kais von Karnak belegt ist. Wahrscheinlich gab es damals eine allgemeine Zunahme der Überschwemmungshöhen, die zu dem steigenden Wohlstand des Landes beigetragen haben könnte.

In Theben wurde Schebitqos Schwester Schepenupet II. von der amtierenden Gottesgemahlin Amenirdis I. adoptiert. Andere Mitglieder der kuschitischen Königsfamilie besaßen hohe Kultfunktionen. Unter Taharqo adoptierte Schepenupet II. die Tochter des Königs, Amenirdis II. Die wirkliche Macht lag in Theben jedoch in den Händen von ein oder zwei Familien. Die bedeutendste Persönlichkeit war Montemhet, Vierter Prophet

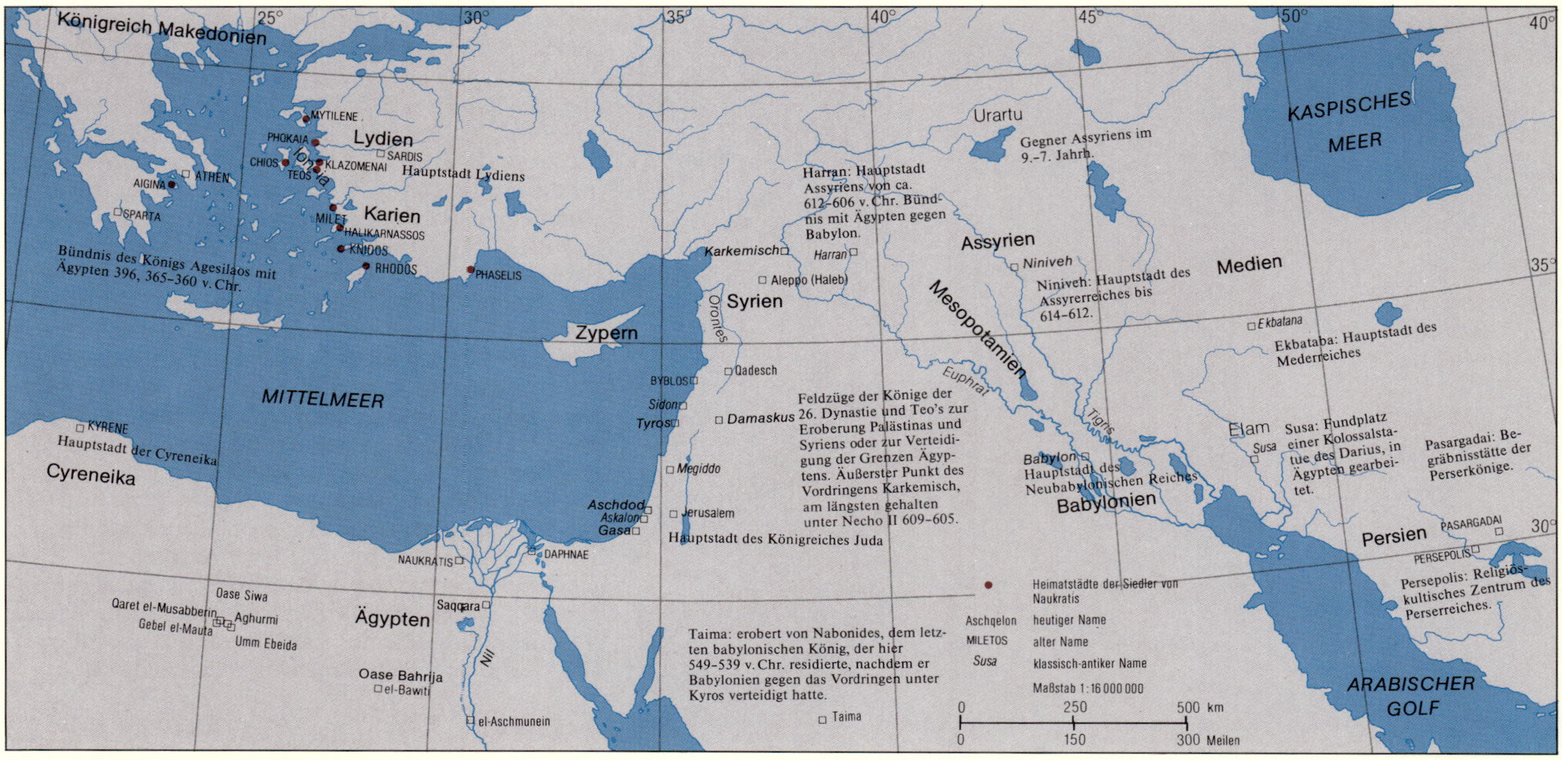

des Amun und Bürgermeister von Theben; er war eigentlicher Herrscher nahezu ganz Oberägyptens und überstand den Wechsel zur 26. Dynastie gut. Sein Grab, zusammen mit Statuen und Inschriften, gehört zu den ersten großen privaten Denkmälern der Spätzeit.

Das vereinigte Reich von Ägypten und Kusch (Nubien) stellte eine Großmacht dar, deren einziger Rivale im Nahen Osten das seit dem 9. Jahrhundert sich ausdehnende Assyrien war. Im Südwesten war es schon bis Palästina vorgedrungen, dessen kleine Fürstentümer ständig versuchten, die assyrische Herrschaft abzuwerfen und deswegen hilfesuchend nach Ägypten blickten. Diesen Annäherungsversuchen schenkten die Kuschiten anfänglich keinerlei Beachtung, dann aber kämpfte im Jahre 701 eine ägyptische Streitmacht auf der Seite der Könige von Juda in Palästina gegen den assyrischen Herrscher Sennacherib (704–681). Die Schlacht blieb unentschieden, und für die nächsten 30 Jahre achteten beide Seiten darauf, daß zwischen ihnen eine Pufferzone erhalten blieb.

Im Jahre 674 versuchte der assyrische König Assarhaddon (681–669), Ägypten zu erobern, wurde aber an der Grenzfestung von Sile zurückgeschlagen. Dagegen war ein zweiter Angriff 671 erfolgreich. Memphis wurde eingenommen und das Land mit Tribut belegt. Taharqa floh nach Süden, kehrte aber zwei Jahre später nach Ägypten zurück. Es gelang ihm, Memphis wieder in seine Hand zu bekommen. Auf dem Wege zur Gegenattacke starb jedoch Assarhaddon, und dessen Sohn Assurbanipal (669–627) setzte erst 667 den Krieg fort. Er machte sich den Fürsten von Saïs, Necho I. (672–664), der sich nun König nannte, und dessen Sohn Psammetich (I.) zu seinen Hauptverbündeten bei dem Versuch, die assyrische Herrschaft über Ägypten wiederherzustellen. Nach Taharqos Tod im Jahre 664 wurde Tanwetamani (664–657 in Ägypten, noch einige Jahre länger in Kusch) dessen Nachfolger und unternahm sofort einen Feldzug zur Rückeroberung Ägyptens, wobei er bis zum Delta vorstieß. Der Hauptgegner der Kuschiten war wohl Necho I., der bei diesen Kämpfen wahrscheinlich den Tod fand. Die anderen örtlichen Machthaber beeilten sich, Tanwetamani als ihren neuen Herrn anzuerkennen.

Irgendwann zwischen 663 und 657 leitete Assurbanipal selbst den Vergeltungszug und plünderte dabei das ganze Land, während Tanwetamani nach Süden floh. Dies war die letzte Phase der assyrischen Besetzung Ägyptens; während Assurbanipal einen Aufstand in Babylon niederzuschlagen hatte, konnte sich Psammetich I. (664–610) noch vor 653 unabhängig machen. Damit endete die Isolation Ägyptens. Von nun an war es ständig auf die eine oder andere Weise mit allen Staaten des Altertums verbunden.

Nachdem Psammetich I. zwischen 664 und 657 alle örtlichen Machthaber Unterägyptens ausgeschaltet hatte, veranlaßte er im Jahre 656, daß die in Theben amtierende Gottesgemahlin Schepenupet II. seine Tochter Nitokris adoptierte, was bedeutete, daß die bereits als Nachfolgerin vorgesehene Amenirdis II. umgangen wurde.

Psammetichs Kriegszüge zur Vereinigung des Landes hatten auch in anderer Hinsicht große Bedeutung. Zum ersten Mal wurden griechische und karische Söldner im Heer beschäftigt, womit ein Beispiel für die folgenden 300 Jahre gegeben wurde. Im 4. Jahrhundert verwendeten alle größeren Mächte griechische Truppenkontingente; sie wurden eine Voraussetzung für die Beteiligung an internationalen Konflikten und bestimmten nicht selten deren Verlauf. Ein Teil der griechischen Söldner siedelte sich in Ägypten an, wo sie einen Kern von Fremden bildeten und wegen ihrer Spezialisierung sowohl im Handel als auch im Kriegshandwerk eine große Rolle in der Geschichte des Landes spielten.

In der Spätzeit war die ägyptische Wirtschaft weniger unabhängig als früher, denn man war auf den Import des Eisens als wichtigstem Metall angewiesen, das vermutlich aus dem Nahen Osten und nicht aus Nubien kam. Ägypten exportierte dafür Güter – besonders Getreide und Papyrus –, hatte aber im Gegensatz zu Griechenland und Anatolien kein Münzsystem, so daß es zu dem schwerfälligeren Verfahren des Warenaustauschs gezwungen war.

Die Wiedervereinigung Ägyptens und die Errichtung einer zentralen Verwaltung anstelle lokaler Machthaber setzte die in der 25. Dynastie begonnene Blüte des Landes fort. Die Entwicklung erreichte in der 26. Dynastie

Rechts: Darstellung eines Ägypters und eines Persers, von der Basis einer Statue Darius' I. aus Susa. Insgesamt sind 24 Figuren dargestellt, die die Provinzen des persischen Reiches repräsentieren. Knieend erheben sie ihre Hände in Verehrung des Königs, unter ihnen befindet sich ein Oval mit dem eingeschriebenen Namen der Provinzen. Die Statue entstand in Ägypten, die Darstellungen entsprechen jedoch fremden Auffassungen. Als Ganzes spiegelt sie den Versuch, für das gesamte Reich einen internationalen Stil zu finden. Teheran, Museum Iran Bastan.

Links: Ägypten, die Ägäis und der Nahe Osten in der Spätzeit
Assyrisches Reich: Dehnte sich vom 9. Jh. an aus, eroberte im 8. Jh. Syrien und Palästina, besetzte Ägypten 671-657. Wurde von den Medern und Babyloniern 614-612 zerstört.

Königreich Juda: Hauptsächlichster Feind Assyriens und Babylons bis zur Babylonischen Gefangenschaft 586; erwartete Hilfe von Ägypten, doch in der Regel ohne Erfolg.

Lydien: War mit Psammetich I. gegen die Assyrer verbündet, von den Kimmerern 653 vernichtend geschlagen.

Karien und Ionien: Heimat vieler ausländischer Söldner Ägyptens, die dort seit Psammetich I. beschäftigt wurden.

Neubabylonisches Reich (612-539): Zerstörte den assyrischen Nachfolgestaat vor 605, griff Ägypten 591 und 567 an; im Jahre 539 von Persien unter Kyros zerstört.

Persiches Reich: Dehnte sich in Nachfolge der Meder von 549 an aus und beherrschte auf dem Gipfel seiner Macht Sind, Anatolien, die Cyrenaika und Ägypten. Von Alexander dem Großen 336-332 zerstört, der zusätzlich zu dem von ihm beherrschten Makedonien dieses Gebiet übernahm.

Athen: Häufiger Bundesgenosse Ägyptens gegen die Perser. Sandte 460 eine Expedition von 200 Schiffen nach Ägypten, um dem Land gegen Rebellen im westlichen Delta zu helfen, die aber 454 vernichtend geschlagen wurde. Von 385 bis etwa 375 und nochmals 360 organisierte der athenische General Chabrias den ägytischen Widerstand gegen die Perser. Ägypten bezahlte die Hilfe durch Getreidelieferungen.

Cyrenaika: Von griechischen Kolonisten besiedelt, die dort um 630 eine Dynastie begründeten. Interne Kriege im Jahre 570 führten zur Machtergreifung des Amasis in Ägypten, mit dem sich die Cyrenaika verbündete. Um 515 in das persische Reich eingegliedert.

Zypern: Von etwa 567 bis 526 in der Hand des Amasis. König Euagoras verbündete sich 389-380 mit Ägypten gegen die Perser.

Naukratis. Im 7. Jh. gegründetes griechisches Handelszentrum, das von Amasis in eine exklusive griechische Gemeinde innerhalb Ägyptens umgewandelt wurde. Die dort lebenden Griechen kamen aus den mit braunem Punkt markierten Städten.

ihren Höhepunkt, aber heute kann man nicht mehr viel davon sehen, da sich der Reichtum im Delta konzentrierte. Die wichtigste Ausnahme hiervon bildet eine kleine Gruppe imposanter Privatgräber des späten 7. Jahrhunderts in Theben. Auch die künstlerische Wiedergeburt fand ihre Fortsetzung.

Die Politik der 26. Dynastie im Nahen Osten wurde im wesentlichen von zwei Gesichtspunkten bestimmt: einmal sollte das Gleichgewicht zwischen den Großmächten durch Unterstützung der Rivalen des jeweiligen Gegners aufrechterhalten bleiben, zum anderen versuchte man, die Politik des Neuen Reiches zur Eroberung von Palästina und Syrien fortzusetzen. So unterstützte Psammetich I. z.B. Lydien und später auch Babylon gegen Assyrien bis zu dessen Niedergang nach 620, danach aber halfen die Ägypter den Assyrern. Während des 6. Jahrhunderts stand Ägypten solange auf seiten der Feinde Babylons, bis die Perser zu einer Großmacht geworden waren. Necho II. (610-595), Psammetich II. (595-589) und Apries (589-570) setzten dieses von Psammetich I. begonnene Werk fort und gingen selbst zum Angriff über. Necho II., der vermutlich einer Initiative seines Vorgängers folgte, führte von 610 bis 605 Krieg in Syrien, wurde aber schließlich zum Rückzug gezwungen. 601 konnte er einen Angriff des babylonischen Herrschers Nebukadnezar II. (604-562) auf Ägypten zurückschlagen. Die auf dem Mittelmeer und dem Roten Meer operierende Flotte wurde mit Trieren ausgerüstet; gleichzeitig versuchte man, den Nil mit dem Roten Meer durch einen Kanal zu verbinden. Diese Seeroute sollte dann im 5. Jahrhundert von internationaler Bedeutung werden. Es gibt Anzeichen für eine spätere Verfolgung des Andenkens an Necho, was die wenigen Denkmäler mit seinem Namen erklären würde.

Psammetich II. machte nur einen Versuch zum militärischen Eingreifen in Syrien, hatte aber augenscheinlich keinen bleibenden Erfolg. Seine wichtigste politische Unternehmung war ein größerer Feldzug gegen Kusch im Jahre 591, der die 60 Jahre dauernden friedlichen Beziehungen zwischen beiden Staaten beendete. Das Heer, in dem sich auch griechische und karische Truppenkontingente befanden, erreichte wohl Napata, aber eine dauernde Besetzung Nubiens war anscheinend nicht vorgesehen Auf dem Rückweg hinterließen die fremden Söldner Felsinschriften in Buhen und Abu Simbel (Unternubien), aus denen man den Verlauf des Feldzuges rekonstruieren konnte. Nach 591 wurde in Ägypten das Andenken an die kuschitischen Könige ausgelöscht.

Bereits im Jahre 595 hatte die damals über siebzigjährige Gottesgemahlin des Amun, Nitokris, in Theben die Tochter von Psammetich II., Anchesneferibre, als ihre Nachfolgerin adoptiert. Anchesneferibre trat ihr Amt 586 an und lebte noch im Jahre 525. So haben nur zwei Frauen in 130 Jahren als Repräsentanten der Königsfamilie in Theben gewirkt.

Wie seine Vorgänger unterstützte auch Apries die palästinensischen Staaten gegen Babylon. In diese Epoche fällt die in der Bibel überlieferte Babylonische Gefangenschaft der Juden, von denen viele nach Ägypten fliehen konnten. Doch erst aus dem folgenden Jahrhundert haben wir Berichte über die Existenz einer jüdischen Kolonie auf der Insel Elephantine.

570 unterstützte Apries einen libyschen Fürsten in Cyrene gegen griechische Siedler. Die ausgesandte ägyptische Armee wurde jedoch geschlagen und meuterte daraufhin. Apries schickte einen General namens Amasis zur Niederschlagung der Revolte aus, doch dieser vereinigte sich mit den Meuterern, erklärte sich zum König von Ägypten (570-526) und zwang Apries ins Exil. Als dieser mit einer von Nebukadnezar II. ausgesandten babylonischen Invasionsarmee zurückkehrte, wurde er geschlagen und getötet. Amasis ließ ihn mit allen Ehren eines Souveräns bestatten und berichtete darüber auf einer Stele, deren Text seine Gewalttat verschleiern sollte.

Nach Meinung der Griechen, die zu dieser Frage unsere einzige Quelle darstellen, zeichnete sich die Politik von Amasis durch eine Sonderbehandlung der Griechen aus, deren Handelsaktivitäten auf die Deltastadt Naukratis begrenzt wurden, während die ausländischen Soldaten auf Garnisonen in Memphis konzentriert waren. Die Griechen sahen den Sonderstatus von Naukratis als eine Begünstigung an, doch im Grunde bewirkte diese kluge Politik, daß Reibungsmöglichkeiten zwischen Ägyptern und Griechen durch die Unterbindung jeglichen Kontaktes zwischen beiden Bevölkerungsgruppen reduziert wurden. An Amasis erinnerte sich die Nachwelt als an einen Trinker und Frauenhelden.

Das Ende der Herrschaft des Amasis wurde von der aufsteigenden Macht Persiens überschattet, aber erst dessen Nachfolger Psammetich III. (526-525) wurde mit der sofort erfolgreichen Invasion konfrontiert. Kambyses (525-522) war der erste König der 27. Dynastie und gleichzeitig der erste Ausländer, dessen Hauptinteresse nicht Ägypten galt. Er unternahm erfolglose Feldzüge nach Nubien und zur westlichen Oase Siwa. An seine Herrschaft erinnerte man sich später mit besonderem Abscheu, zum Teil deswegen, weil er versucht hatte, die Einkünfte der politisch einflußreichen Tempel zu beschneiden. Darius I. (521-486) verfolgte eine etwas konziliantere Linie, indem er Neubauten von Tempeln sogar förderte, so z.B. den Bau des Tempels von Hibis in der Oase el-Charga, die einzige nahezu vollständig erhaltene Tempelanlage aus der Zeit zwischen 1100 und 300 v.Chr. Die zunehmende Bedeutung der Oasen dürfte unter anderem darauf zurückzuführen sein, daß die Perser das Kamel in Ägypten eingeführt hatten. Aus ähnlichen Beweggründen ließ Darius auch den von Necho II. begonnenen Kanal zwischen dem Nil und dem Roten Meer fertigstellen, vor seiner Versandung eine direkte Wasserverbindung zwischen Persien und Ägypten.

Obwohl die Regierungszeit des Darius als eine Periode des Wohlstands gelten muß, wurde die persische Oberhoheit von den Ägyptern nur solange toleriert, wie sich keine echte Chance bot, ihr zu entfliehen. Die persische Niederlage in der Schlacht bei Marathon 490 setzte das Signal für einen 80 Jahre dauernden Widerstandskampf, in dem die ägyptischen Aufständischen Getreide an die griechischen Staaten lieferten und dafür militärische Hilfe erhiel-

ten. Zentrum des Widerstandes war das westliche Delta, da das übers Rote Meer erreichbare Niltal von den Persern leichter unter Kontrolle gehalten werden konnte. Auch die Perser verwendeten fremde Truppen; so stand die jüdische Garnison von Elephantine in ihren Diensten.

404 gelang es Amyrtaios von Sais, im Delta das persische Joch abzuschütteln, und schon im Jahre 400 befand sich ganz Ägypten in seiner Hand. Er nannte sich, wie manche anderen Rebellen gegen die Perser, ebenfalls König, aber im Gegensatz zu jenen wurde er – als einziger Herrscher der 28. Dynastie – in die offiziellen Listen aufgenommen. Der 399 zur Regierung gekommene Usurpator Nepherites von Mendes (399–393) wird als Begründer der 29. Dynastie angesehen. Er baute ebenso wie seine Nachfolger Psammuthis (393) und Hakoris (393–380) an vielen Stellen des Landes. Persische Angriffe zwischen 385 und 383 wurden von Ägypten zurückgeschlagen. Man stützte sich dabei vor allem auf die griechischen Söldner, die allerdings kein Interesse mehr hatten, in Ägypten seßhaft zu werden. Daher war ihre Loyalität zweifelhaft.

Nektanebos I. (380–362), ein General aus der Stadt Sebennytos im Delta, usurpierte den Thron von Nepherites II. (380) und begründete die 30. Dynastie. In seinen Inschriften machte er kein Hehl aus seiner nichtköniglichen Abstammung. Es begann eine Zeit großen Wohlstandes, im ganzen Land wurde gebaut, wobei man die künstlerischen Traditionen der 26. Dynastie wieder aufnahm und entwickelte. 373 konnte ein persischer Invasionsversuch zurückgewiesen werden, in den 60er Jahren nahm Nektanebos I. sogar an einem Verteidigungsbündnis persischer Provinzen teil. Sein Nachfolger Teos (365–360 mit einer Koregenz) wurde bei dem Versuch, in Palästina aktiv zu werden, durch einen Aufstand in Ägypten gestürzt. Dessen Neffe konnte als Nektanebos II. (360–343) den Thron besteigen, vor allem deswegen, weil Sparta, der Bundesgenosse Teos', diesen an den neuen König verraten hatte.

Nektanebos II. widerstand einem ersten Eroberungsversuch des Perserkönigs Artaxerxes III. Ochus im Jahre 350 mit Erfolg, unterlag aber 343. Damit begann die zehn Jahre dauernde 2. Perserherrschaft über Ägypten, die nur für zwei Jahre durch den Aufstand des einheimischen Königs Chababasch unterbrochen wurde, an den man sich noch viele Jahre lang erinnerte. Wahrscheinlich kontrollierte er das gesamte Unterägypten, denn die erneute Unterdrückungspolitik der Perser machte die Ägypter von vornherein jedem neuen Herrscher geneigt.

Griechisch-ägyptische Terrakottastatuetten. *Links:* Der ägyptische Gott Bes hält ein Messer und einen römischen Schild. *Oben:* Hochrelief mit Darstellung des Herakles-Harpokrates (das Horuskind), der auf einem Phönix sitzt und ein Füllhorn im Arm hält. Das Genre der Terrakottafiguren ist eher griechisch als ägyptisch. Aber während das eine Stück dem ägyptischen Stil nahesteht, ist das andere fast gänzlich klassisch (griechisch). Römische Zeit, Kairo, Ägyptisches Museum.

Die griechisch-römische Zeit

Ohne Kampf nahm Alexander der Große im Jahre 332 Ägypten in Besitz. Während seines dortigen kurzen Aufenthaltes beschloß er den Plan zur Gründung der Stadt Alexandria, opferte den ägyptischen Göttern und besuchte das Orakel des Ammon (wahrscheinlich nicht identisch mit dem ägyptischen Amun) in der Oase Siwa. Nach seinem Tode gelang es Ptolemaios, Sohn des Lagos, Ägypten als seine Satrapie zu erhalten. Er war es auch, der Alexander in Memphis beisetzen ließ (der Leichnam wurde später nach Alexandria überführt). Ende 305 oder zu Anfang des Jahres 304 folgte Ptolemaios dem Beispiel der anderen Satrapen des alexandrinischen Weltreiches und machte sich zum unabhängigen König von Ägypten.

Für die nächsten 250 Jahre wurde Ägypten von den Griechen beherrscht, aber als selbständiges Land und in Verfolgung eigener Interessen, die nicht immer mit denen der einheimischen Bevölkerung identisch waren. Die ptolemäische Herrschaft war in gewisser Weise bedrükkend – aber vielleicht nicht mehr als die der einheimischen Vorgänger – und provozierte nationalistische Erhebungen, doch sie konzentrierte sich, anders als die Herrschaft der unmittelbaren Vorgänger und Nachfolger, auf Ägypten. Ein Hinweis darauf liegt allein schon in der Tatsache, daß die Ptolemäer die ägyptischen Besitzungen zu erweitern trachteten, und zwar auf die übliche Weise durch Annexion Palästinas und später durch einen Vorstoß auf ein kleines Gebiet Unternubiens, wo es eine Art gemeinsamer Herrschaft mit dem kuschitischen (meroïtischen) Reich gegeben hat. Zusätzlich gelangten Cyrene, Zypern (das schon einmal kurzzeitig von Amasis gehalten

Links: Lebensgroßer Dioritkopf eines Ägypters aus dem 1. Jahrhundert v. Chr. Dieses hervorragende Werk setzt die Traditionen der spätzeitlichen Porträtkunst fort, nur die Behandlung des Haares verrät griechischen Einfluß. Aus Mit Rahine (Memphis), New York, Brooklyn Museum.

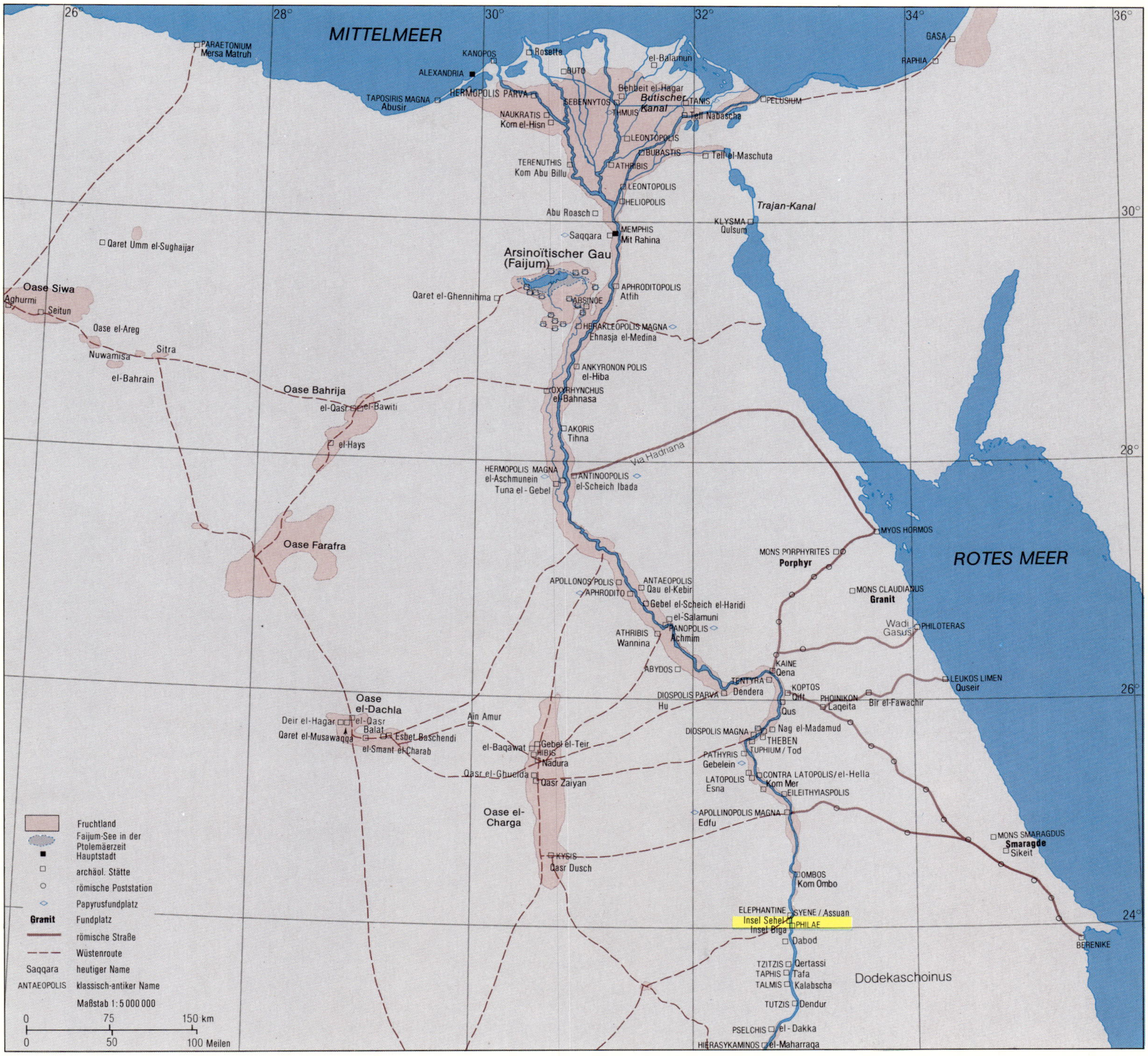

Oben: Ägypten in der griechisch-römischen Zeit
◇ bedeutende Fundplätze griechischer Papyri und Ostraka.
○ Römische Wegestationen, die in regelmäßigen Abständen entlang der Karawanenwege in der östlichen Wüste angelegt wurden; dort befand sich meist ein Brunnen. Die Routen führten zu vier Häfen des Roten Meeres; von dort aus wurde der Handel mit Ostafrika und Indien abgewickelt.

Rechts: Das Faijum in griechisch-römischer Zeit
Das dem Moëris-See abgewonnene Land und die Wüstenbewässerung machten das Faijum (den Arsinoïtischen Gau) zum wohlhabendsten Gebiet griechischer ◇Siedlungen im landwirtschaftlichen Bereich.

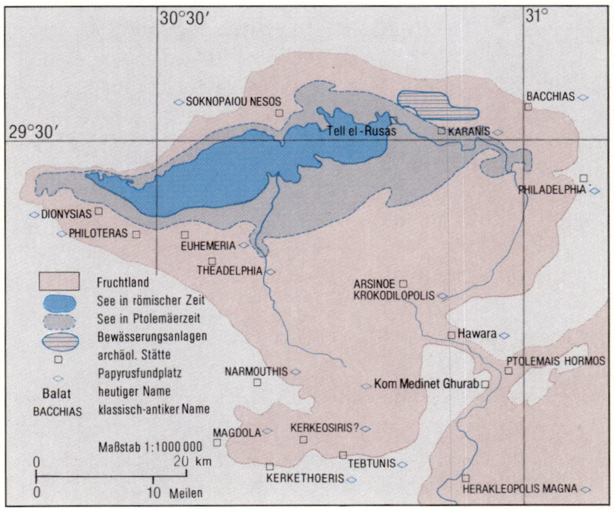

wurde), Teile Anatoliens und mehrere ägäische Inseln für einige Zeit unter ptolemäische Kontrolle.

Die Regierungszeit der ersten drei Ptolemäerkönige bedeutete für Ägypten eine Periode der Entwicklung, in der das Land hinsichtlich seiner Landwirtschaft, des Handels und – nur für die griechische Bevölkerung – der Bildung Anschluß an die hellenistische Welt fand. Die bedeutendste landwirtschaftliche Neuerung war die weitverbreitete Einführung von zwei Ernten im Jahr. Viele wirtschaftliche Veränderungen gehen auf staatliche Monopole zurück; unsicher bleibt, inwieweit die Ptolemäer hierbei Tendenzen früherer ägyptischer Könige fortsetzten. Als Gegenleistung für ihre Verpflichtung zum Militärdienst erhielten ausländische Soldaten Land von der Krone. In vielen Gebieten, besonders dort, wo – wie im Faijum – Landgewinnungsprojekte bestanden, entwickelten sich griechische Siedlungen. Obwohl der Kontakt zwischen Einheimischen und Griechen begrenzt war, brach-

Ägypten und die östliche Mittelmeerwelt in griechisch-römischer Zeit
Die bedeutendsten Mächte des Nahen Ostens waren im 3. Jahrhundert v. Chr. das Makedonische Königreich, das Reich der Seleukiden und das Königreich der Ptolemäer. Die Karte zeigt die ungefähr größte Ausdehnung der ptolemäischen Besitzungen zur Zeit von Ptolemaios III. Euergetes I. und Ptolemaios IV. Philopator. Noch vor dem Jahr 30 v. Chr. waren sie fast alle wieder verlorengegangen, als das gesamte Mittelmeergebiet in das römische Imperium einbezogen wurde.

□ Städte, durch die die Ptolemäer die Kontrolle ausübten. Das Königreich selbst bestand aus Städten, nicht Regionen. Der Rand des farbig eingezeichneten Gebietes umreißt die ungefähren Grenzen ihres Kontrollbereiches, nicht politische Grenzen.

▵ Namen von Inseln, die zur Ägäischen Liga des 3. Jahrhunderts v. Chr. gehörten; vermutliche Mitglieder der Liga sind mit einem Fragezeichen versehen. Chios war als unabhängiger Staat ein Verbündeter der Ptolemäer.

Rechts: Überlebensgroßes Statuenpaar von Ptolemaios II. Philadelphos und seiner Gemahlin Arsinoë II. Philadelphos, die das Gegengewicht eines Halskragens in ihrer Linken hält. Stil und Ikonographie sind rein ägyptisch, selbst das »Lächeln« erscheint in sonstigen einheimischen Arbeiten. 1710 im Bereich des kaiserlichen Pavillons in den Gärten des Sallust auf dem Monte Pincio in Rom gefunden, wahrscheinlich unter Domitian oder Hadrian aufgestellt; ursprünglich aus Heliopolis. Hochpolierter Rosengranit, Rom, Vatikanstadt, Museo Gregoriano Egizio.

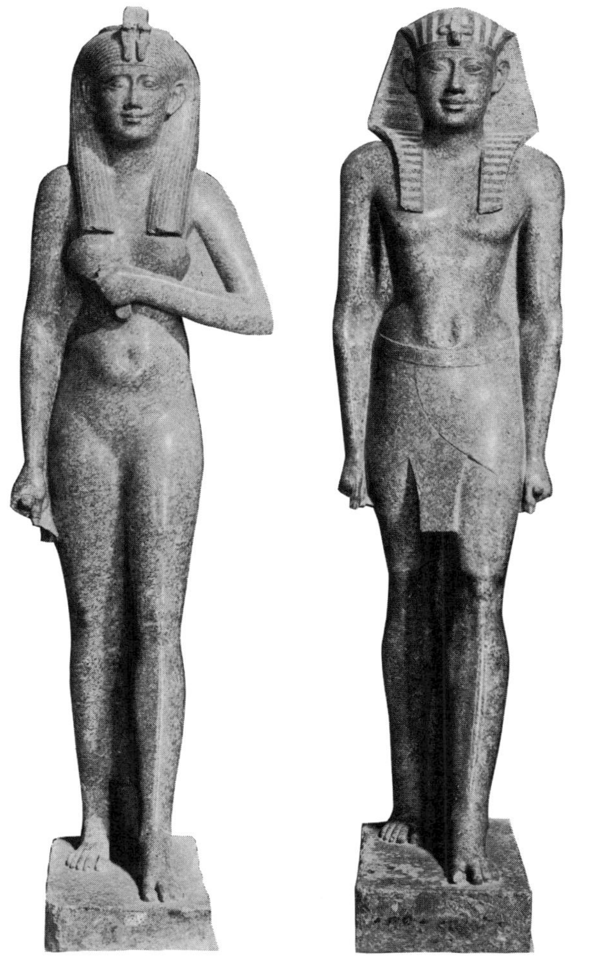

Unten: Sarg des Artemidorus mit Porträt, aus Hawara im Faijum. Der Sarg geht auf spätzeitliche Vorbilder zurück. Oberstes Register: Anubis beim Einbalsamieren der Mumie. Mitte: Horus und Toth schützen ein Emblem des Gottes Osiris. Unten: Die Wiederauferstehung des Osiris. Isis schwebt in Gestalt einer Weihe über ihm. Das Porträt ist eines von vielen hunderten, doch haben sich nur wenige mit Sarg erhalten. Diese sogen. Mumienporträts bilden den einzigen größeren Komplex von Werken der Porträtmalerei, der aus der Antike erhalten ist. 2. Jahrhundert n. Chr., London, British Museum.

te diese neue Aktivität und der Zuwachs an anbaufähigem Boden dem ganzen Land Wohlstand. Allerdings konzentrierte sich die griechisch bestimmte Hauptentwicklung auf den Ausbau von Alexandria als führende Metropole der griechischen Welt. Im späteren Sprachgebrauch lag Alexandria »bei«, nicht »in« Ägypten.

Das 2. vorchristliche Jahrhundert war eine Zeit wirtschaftlichen Niedergangs und politischen Haders. Es gab Machtkämpfe innerhalb der herrschenden Familie, und in Oberägypten waren seit Ptolemaios IV. Philopator (221–205) nationale Erhebungen an der Tagesordnung. Der gefährlichste Aufstand konnte im Jahre 85 niedergeworfen werden. Ägypten verlor die meisten seiner ausländischen Besitzungen und wurde außerdem von Antiochus IV. Epiphanes von Syrien erobert, der sich im Jahre 168 für eine kurze Zeit zum König Ägyptens machte. Die Schwäche der Zentralgewalt setzte sich im 1. Jahrhundert fort, was in gewisser Weise zum Vorteil für die einheimische Bevölkerung wurde. Aber die alles überschattende Macht Roms vereitelte eine ägyptische Unabhängigkeit.

Die ptolemäischen und römischen Herrscher erscheinen auf den einheimischen Denkmälern als traditionelle ägyptische Pharaonen; die Ptolemäer hatten auch ägyptisch geschriebene Berichte über jene ihrer Taten herausgegeben, die dem Wohl der einheimischen Bevölkerung dienen sollten. Die an alle Bewohner Ägyptens gerichteten Verlautbarungen wurden in drei Schriftarten verfaßt, in hieroglyphischem Ägyptisch, in demotischem Ägyptisch und in Griechisch. Das berühmteste dieser Dekrete ist auf dem Stein von Rosette erhalten; Ptolemaios V. Epiphanes (205–180) hatte es erlassen.

Während der gesamten griechischen Zeit wurden traditionelle ägyptische Tempel gebaut. Anscheinend waren die Tempelländereien, von denen die täglichen Einkünfte der Tempel kamen, seit den früheren Zeiten mehr oder weniger unverändert erhalten geblieben, so daß die zusätzlichen Mittel für Bauprogramme vom König kamen.

Auch die im traditionellen Stil gehaltene private Rundplastik erlebte in dieser Zeit eine reiche Entfaltung und zeigt die ungebrochene Lebenskraft und Wohlhabenheit der einheimischen Oberschicht, obwohl ihre Einflußsphäre beschnitten war, was sich im Ton von Frömmigkeit und Resignation sowohl der Tempel- als auch der privaten Inschriften widerspiegelt. Erst im letzten Jahrhundert v. Chr. lassen ihre Denkmäler klare Hinweise auf eine Empfänglichkeit gegenüber griechischem Einfluß erkennen. Die griechische Bevölkerung wiederum unterlag dem Einfluß der ägyptischen Religion.

Unter römischer Herrschaft (beginnend mit dem Jahre 30 v. Chr.) gab es anfänglich eine Zunahme des Wohlstandes. Aber die verbesserte Verwaltung hatte die Sicherung des Reichtums zugunsten Roms zum Ziel und nicht, Ägypten um seiner selbst willen zu entwickeln. Im späten 1. Jahrhundert n. Chr. bereits traten aufgrund der übertriebenen Besteuerung und des offiziellen Zwanges schwerwiegende Probleme auf. Einige Kaiser, vor allem Hadrian (117–138), brachten zwar Ägypten eine besondere Aufmerksamkeit entgegen, aber es gab zu keiner Zeit einen grundlegenden Wandel jener Politik, die die griechische Bevölkerung Ägyptens bevorzugte und die Ägypter sich selbst überließ. Ganz im Gegensatz zu anderen Provinzen des Römischen Reiches wurde Ägypten auch nicht das geringste Zugeständnis an innerer Autonomie gemacht; ein Präfekt leitete die Verwaltung.

Für Ägyptens späteren Ruf war die griechisch-römische Zeit dennoch äußerst wichtig. Schon unter den Ptolemäern verbreiteten sich ägyptische Kulte in der Mittelmeerwelt, sie erlangten aber in der frühen Kaiserzeit ihre größte Popularität, als eingeborene ägyptische Priester und auch viele ägyptische Gegenstände nach Rom kamen, während die Kulte in weite Gebiete des Imperiums vordrangen. Unter diesen ragt der des Serapis besonders heraus. Dieser griechisch-ägyptische Gott wurde als eine »bewußte Kreuzung« am Beginn der ptolemäischen Zeit geschaffen. Ägypten galt aber schon damals als das exotische Land *par excellence.*

Tempel im traditionellen ägyptischen Stil wurden auch noch in der römischen Zeit errichtet, und auch die alte Religion wurde weiterhin praktiziert. Nach dem 1. Jahrhundert n. Chr. allerdings entstanden kaum noch neue Bauten, vielleicht wegen der allgemeinen Verarmung des Landes. Immerhin aber setzte man die Ausschmückung der bereits bestehenden Heiligtümer mit Reliefs fort und hielt bei der Ausfüllung der Kartuschen mit Namen durchaus Schritt mit den in rascher Abfolge stattfindenden Kämpfen um den kaiserlichen Thron. Die späteste hieroglyphische Inschrift datiert aus dem Jahre 394 n. Chr., während ägyptische demotische Dokumente und literarische Texte noch im 3. Jahrhundert häufig waren.

Die Macht, die am Ende die traditionelle ägyptische Kultur zerstörte und zu einer Verstümmelung der Denkmäler führte, war nicht die römische Herrschaft, sondern das Christentum, dessen Erfolg zum großen Teil gerade darauf beruhte, daß es nicht mit Rom identisch war. Seinen Beitrag dürfte das Ägypten der Einheimischen aber auch noch zum Christentum geleistet haben, so z. B. in der Rolle der Jungfrau Maria und der Ikonographie der Jungfrau mit dem Kind, die an Mythe und Darstellung der Isis mit dem Horuskind erinnern. Das begriffliche Ende der altägyptischen Geschichte im Jahre 395 ist das Datum der endgültigen Teilung des Römischen Reiches.

KUNST UND ARCHITEKTUR

Rechts: Statue des Amenopemhat in kniender Haltung. Er bringt dem Gott Ptah ein Hathoremblem dar. Der hervortretende Wadenmuskel ist deutlich sichtbar (der Unterarm ist ebenfalls angespannt). Eine vergleichbare Muskelbehandlung findet sich bereits im Alten Reich. Um 630 v. Chr., Schist, Höhe 64 cm, New York, Metropolitan Museum of Art.

Die Darstellungsformen der ägyptischen Kunst – Skulpturen und Flachbilder (Relief und Malerei) – nahmen zu Beginn der historischen Zeit ihren einmaligen, unverwechselbaren Charakter an. Bereits in dieser Periode war der Stand der dekorativen und angewandten Kunst, d.h. des Kunstgewerbes sehr hoch. Es seien nur Arbeiten mit ornamentalen Malereien, die Herstellung von Steingefäßen, Elfenbeinschnitzereien, Möbel und Metallerzeugnisse genannt. Die Architektur entfaltete sich von nun an sehr rasch und entwickelte sich mit der Beherrschung neuer Materialien und neuer Formen. Von Anfang an stellen die Kunstwerke in ihrer großen Vielfalt von Genres das bedeutendste und zudem bemerkenswert homogene Vermächtnis des alten Ägypten dar. Die im Laufe der Zeit auftretenden Veränderungen in der Kunst reflektieren Veränderungen in der Gesellschaft und machen diese sogar deutlicher sichtbar, obwohl die Kunst ihre Anregungen eher in anderen künstlerischen Bereichen als in der Umwelt sucht.

Nur wenige ägyptische Werke entstanden aus ästhetischen Gründen, es gab normalerweise kein »l'art pour l'art«. Sie alle hatten eine Funktion, entweder als Gegenstände des täglichen Gebrauchs oder – und solche haben sich vorwiegend erhalten – im religiösen und funerären Zusammenhang. Manchmal wird die Ansicht vertreten, daß man sie aus diesem Grunde nicht als »Kunst« ansehen könne, aber es gibt keinen notwendigen Widerspruch zwischen dem künstlerischen Charakter eines Werkes und seiner Funktion. Vielleicht sollte man sagen, daß die künstlerische Qualität eines Werkes ein ästhetisches Element ist, das zum funktionalen Charakter hinzukommt. Die Stellung der ägyptischen Kunst als »Kunst« war im Verständnis der Ägypter zwar graduell anders als die Stellung der abendländischen Kunst für abendländische Betrachter, dennoch gibt es keinen fundamentalen Unterschied. In der Tat ähneln sich ägyptische und abendländische Kunstgattungen auffällig.

Das Flachbild (Relief und Malerei)

Seine spezielle Wirkung von Licht und Schatten erhält das Relief durch die Modellierung, während die Malerei mit Linie und Farbe arbeitet. Aber die Darstellungsweise ist in beiden Fällen dieselbe, beide wurden farbig gestaltet. Es gibt erhabenes und versenktes Relief. Beim erhabenen Relief wurde die Oberfläche um die Figuren herum bis zu etwa 5 mm abgetragen, so daß die Darstellungen erhaben herausstehen. Beim vertieften Relief dagegen wurden die Umrisse der Figuren in die Oberfläche geritzt, die stehenblieb, während man die Figuren modellierte. In Innenräumen verwendete man im allgemeinen erhabenes Relief, wogegen das vertiefte Relief für Außendarstellungen bevorzugt wurde, wo es im Sonnenlicht besser zur Geltung kommt. Doch gab es zu allen Zeiten Modeschwankungen, außerdem war das vertiefte Relief billiger. Größere Sakralbauten und die besseren Privatgräber erhielten Reliefs. Malereien verwendete man dann für Privatgräber, wenn etwa durch schlechte Beschaffenheit des Gesteins die Anfertigung von Reliefs nicht möglich war oder wo man sparen wollte bzw. wo es auf Dauerhaftigkeit nicht ankam, und schließlich auch dort, wo die Oberfläche für Reliefs ungünstig war, z.B. bei den aus Schlammziegeln errichteten Gebäuden wie Wohnhäusern und Palästen.

Eine dritte, sehr seltene Gruppe von Flachbildern ist das sog. Pastenmosaik. In einigen Gräbern der 4. Dynastie bei Meidum wurden Darstellungen mit farbigen Pasten gebildet, die in vertiefte Partien der steinernen Wände eingelegt wurden. Dieselbe Technik wurde in späterer Zeit hauptsächlich bei kleinen Gegenständen angewandt, indem man Glas und farbige Steine einlegte, allerdings auch, um Einzelheiten besonders herauszuheben.

In Ägypten sind Schrift und Bild sehr eng miteinander verbunden. Hieroglyphen sind selbst Bilder, die – abgesehen von ihrem sprachlichen und ornamentalen Zweck, der ihre Nebeneinanderstellung bedingte – in ihren Gestaltungsprinzipien nicht sehr von denen sonstiger Darstellungen unterschieden waren. Umgekehrt enthalten die meisten Bilder hieroglyphische Texte, die entweder Kommentare zu den Szenen liefern und nichtbildliche Informationen bieten, oder die die bildliche Komponente vollständig beherrschen können, wie es z.B. bei einigen Tempelreliefs der Fall ist. In Grabszenen ist die Hauptfigur nichts anderes als eine erheblich vergrößerte Hieroglyphe, die ein Schriftzeichen ersetzt, das aus den Textbeischriften – die den Namen des Dargestellten enthalten – weggelassen ist. Figur und Text hängen also wechselseitig voneinander ab.

Die Gestaltungsmethoden

Im Gegensatz zur abendländischen Kunst und zu den modernen Erfindungen der Photographie und des Filmes basiert die ägyptische Kunst auf keinem der beiden Grundprinzipien der Perspektive, weder auf dem Gebrauch der Verkürzung noch der Annahme eines einzigen, einheitlichen Standpunktes für das gesamte Bild. Statt dessen sind die Figuren eher Diagramme dessen, was sie zeigen, mit dem Ziel, Informationen zu liefern. Die Bildoberfläche wird meist als neutrales Element behandelt, nicht als illusionärer Raum. Andeutungen von Räumlichkeit sind noch am ehesten bei kleinen Figurengruppen zu finden. Diese Charakteristika begegnen uns überall in der Welt, während die Perspektive sich als Gestaltungsprinzip nur sehr langsam durchsetzte, und überall das direkte oder indirekte Ergebnis griechischen Einflusses zu sein scheint.

Oben: Statue des Metjetji aus einem Stück Holz gearbeitet. Das Material ist in gekonnter Weise ausgenutzt worden, so daß die Figur von den sonst üblichen Standbildern abweicht. Beachtenswert ist die den Schurz haltende rechte Hand. Höhe 61,5 cm, Zeit des Unas, aus Saqqara.

Links: Relief mit Pasteneinlagen aus dem Grab der Itet in Meidum. Der größte Teil der Einlagen ist ergänzt, aber am Schurz und am rechten Arm des Mannes sind größere Partien original erhalten. Frühe 4. Dynastie, Oxford, Ashmolean Museum.

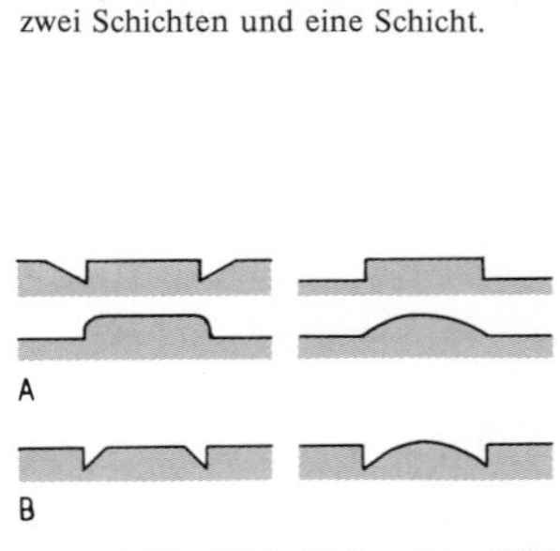

Unten: Erhabenes und versenktes Relief (nach Schäfer). A: Bearbeitungsstadien von erhabenem Relief. B: Bearbeitungsstadien von versenktem Relief. C: Versenktes Relief mit Schrägschnitt. D: Erhabenes Relief, zwei Schichten und eine Schicht.

Um ägyptische »Diagramme« zu verstehen, muß man sich mit ihren Konventionen, d.h. ihren Gestaltungsprinzipien, vertraut machen. Theoretisch können diese Prinzipien ebenso willkürlich sein wie bei einer Landkarte, tatsächlich aber sind sie es nicht. Ihre große Ähnlichkeit mit perspektivischen Bildern verführt moderne Betrachter oft dazu, sie in ihrer Gesamtheit als perspektivisch anzusehen. Unter den nichtperspektivischen Darstellungssystemen ist das ägyptische eines derjenigen, die dem visuellen Bild am ehesten entsprechen. Es erlaubt objektive und mathematisch genaue Wiedergaben, wie z.B. bei der menschlichen Figur, und ist relativ leicht zu vermitteln und zu verstehen, ganz anders als die ausgeklügelten Darstellungsweisen der frühen chinesischen oder der mittelamerikanischen Kunst. Es muß jedoch noch weitere Gründe für die optische Eingängigkeit der ägyptischen Kunst geben, die man indessen bisher noch nicht herausgefunden hat. Man hat vermutet, daß der ägyptische Glaube an die magische Kraft der Darstellung dafür verantwortlich sei, aber die Stärke dieses Glaubens ist wohl übertrieben worden. In ihrer extremen Form würde solch eine Vorstellung bedeuten, daß die Ägypter buchstabengetreuer waren als schlechthin denkbar ist.

Die Ägypter bildeten einen Gegenstand auf ganz typische Weise ab, indem sie seine charakteristischsten Ansichten zusammenfügten. Diese wurden durch eine Umrißlinie zusammengefaßt, die selbst ein Höchstmaß an notwendigen Informationen enthielt. Die einzelnen Ansichten wurden ohne Verkürzung, also geradansichtig, wiedergegeben, das heißt, das geradlinige Formen genau berücksichtigt wurden. Bei solch einer Gestaltungsweise können z.B. die Vorder- und Seitenansicht eines Kastens direkt aneinandergefügt werden. Bei Gegenständen mit gekrümmten Oberflächen erscheint diese Methode noch paradoxer. Gelegentlich finden sich zwar Verkürzungen, doch sind sie für das Gestaltungssystem insgesamt ohne Bedeutung. Daneben existieren noch weitere Besonderheiten, die aus den grundlegenden Gestaltungsprinzipien herzuleiten sind. So kann z.B. ein nicht sichtbarer Teil eines Gegenstandes in »unechter Durchsichtigkeit« wiedergegeben werden, ebenso wie es möglich ist, den Inhalt eines Behältnisses über diesem darzustellen.

Die Wiedergabe eines einzelnen Objektes läßt sich am besten am Beispiel der menschlichen Figur erläutern. Zur Beschreibung wird eine in Ruhe befindliche, stehende Figur zugrunde gelegt; dabei gibt es eine Reihe möglicher Variationen in Haltung und Detail. Grundtyp ist die nach rechts gewendete Figur. Der Kopf wird in Seitenansicht wiedergegeben, der dareingesetzte halbe Mund hat vielleicht nicht ganz die Hälfte der Breite eines Mundes in voller Ansicht. Auge und Augenbraue sind in Vorderansicht wiedergegeben. Die Schultern sind in ihrer vollen Breite von vorn gesehen, aber die Vorderlinie des Oberkörpers von der Achselhöhle bis zur Taille ist unter Einschluß des Nabels eine Seitenansicht. Bei der Breite des Brustkorbes können Details der Bekleidung (gewöhnlich sind es Halskragen und die Träger von Kleidern) angegeben sein, aber keine spezifischen Teile des Oberkörpers, es sei denn, daß die Figuren sich umwenden oder andere ungewöhnliche Haltungen einnehmen. Auch die Linie von der hinteren Achselhöhle bis zur Taille scheint in ähnlicher Weise nicht mehr als eine Verbindungslinie zu sein. Taille, Beine und Füße werden wiederum in Seitenansicht gegeben. Der Nabel sitzt nahe der Vorderlinie der Taille, die an dieser Stelle oft leicht hervortritt (was nicht im Profil gezeigt werden kann). Die Wiedergabe der Füße ist ein Beispiel dafür, daß es sich um eine Montage und nicht um ein Sehbild handelt. Bis zur Mitte der 18. Dynastie und auch oftmals noch danach wurden beide Füße von ihrer Innenseite abgebildet, mit Angabe einer Zehe und des Fußgewölbes. Da die Wölbung nicht ohne Andeutung von Tiefe gezeigt werden kann, muß sich in diesem Bereich der ganze Fuß von der Standfläche abheben. Dieses Merkmal verselbständigt sich so sehr, daß durch die Lücke des Fußgewölbes hindurch der dahinter befindliche 2. Fuß zu sehen ist, so daß das Darstellungsprinzip als visuell möglich interpretiert wurde.

In der ägyptischen Sprache werden Farbe, Haut und Natur mit verwandten Wörtern bezeichnet. Eine nicht farbig gefaßte Figur galt als unvollständig, darum wurde die Farbe auch nur in seltenen Fällen absichtlich weggelassen. Dabei hat die Farbe eine genauso diagrammhafte Bedeutung wie die Figur, für die sie verwendet wird. Da keine Sehbilder wiedergegeben werden, sind Licht und Schatten irrelevant. Sowohl die Farbe in einem Ton als auch Maserungen und Muster – etwa Holzmaserungen oder die Muster von Tierfellen – verteilen sich einheitlich über die gesamte Figur. Das kleine Farbrepertoire verwendete Schwarz, Weiß, Rot, Gelb, Blau und Grün. Von der 18. Dynastie an wird die Farbskala etwas größer, bleibt aber einfach und klar.

Bei der Komposition von Szenen oder ganzen Wandbildern gibt es grundsätzlich zwei Verfahren: entweder werden die einzelnen Bildelemente vor einem neutralen Hintergrund auf die Oberfläche (der Wand) aufgetragen, oder die reale Grundfläche wird, gleichsam in die Höhe gekippt, zum Bilduntergrund. Die erste Möglichkeit findet sich nahezu überall, die zweite nur in ganz besonderen Fällen und während bestimmter Perioden.

In ersterem Fall geht man vom Register als Grundlage einer Gliederung aus. Die Figuren stehen auf waagerechten Linien, die man Grundlinien nennt; sie können gleichzeitig der reale Boden sein, doch meist ist das nicht der Fall. In bestimmten Abständen sind diese Register über die ganze Wandhöhe verteilt. Thematisch aufeinander bezogene Szenen können in einem Register nebeneinander stehen, aber auch als Abfolgen die Wand herauf und herunter gelesen werden, manchmal sind auch beide Möglichkeiten nebeneinander angewendet worden. Zwei unterschiedliche Versionen zusammengehöriger Szenen – z.B. die Folge vom Pflügen bis zum Ernten – können auch gegenläufig angeordnet sein. Daraus ergibt sich, daß die Position einer Szene auf der Wand für die Informationsübermittlung nicht entscheidend ist.

Als Beispiele für die zweitgenannte Möglichkeit der Szenenkomposition (die »Landkarten-Methode«) seien Darstellungen von Hausgrundrissen und Wüstenlandschaften genannt. In jedem Fall kann die Umrißlinie der »Karte« – die selten eine spezielle Örtlichkeit bezeichnet – auch den in Registern abgebildeten Figuren als Standlinie dienen. Nur gelegentlich sind bei »Karten-Kompositionen« Figuren in vertikaler Abfolge wiedergegeben, so daß eine gewisse optische Tiefenwirkung erzielt wird. Das ist jedoch eigentlich das einzige Merkmal, das auf die Annahme nur eines Standpunktes wie bei der Perspektive hinweist. Doch sollte daraus nicht geschlossen werden, daß die Perspektive angestrebt war.

Ein wesentliches Charakteristikum aller ägyptischen Darstellungen ist die Berücksichtigung des Größenverhältnisses, das zusammen mit der Ikonographie ideologisches Ausdrucksmittel ist. Innerhalb einer Figur haben die Einzelteile ihre natürlichen Proportionen, und das gilt auch oft für Szenen; aber ganze Szenenfolgen sind maßstäblich um ihre Hauptfiguren herum aufgebaut. Je größer eine Figur, desto bedeutender ist sie. In Privatgräbern kann die Figur des Grabherrn oftmals die ganze Höhe der Wand einnehmen und bis zu sechs Register mit Szenen vor sich haben. Es sieht so aus, als wenn er die

Detail einer Jagdszene aus dem Grab des Kenamun in Theben (Nr. 93). Die gepunktete Bildoberfläche soll eine Wüstenlandschaft darstellen und deutet sowohl den Boden des Jagdreviers als auch den Hintergrund an. Die weißen Flächen sind den Umrissen der Tiere angepaßt, bilden Hintergrund und gleichzeitig ihr Lager. Zeit Amenophis' II.

Unechte Durchsichtigkeit. Der Mann taucht einen Schöpflöffel in einen Kochkessel. Schöpflöffel und Inhalt sind innerhalb des Gefäßes sichtbar, können aber in Wirklichkeit nicht gesehen werden. Grab Ramses' III.

Inhalt über einem Objekt dargestellt. Ein Mann hebt den Deckel eines Schmuckkästchens, darin befindet sich ein weiteres Kästchen in Form zweier Kartuschen, auf dem Rand des ersten Kästchens dargestellt. Theben, Grab Nr. 181. Zeit Amenophis' III.

Aus der Darstellungsweise resultierende Besonderheiten. Die Wölbung der Fußsohlen wird als Bogen oberhalb der Standlinie angegeben. Durch das in Wirklichkeit nicht existierende »Loch« werden die Pfoten der Hunde sichtbar. Stele der 12. Dynastie, Berlin-DDR, Ägyptisches Museum.

Salbgefäß in Gestalt einer Dienerin, die ein typisches Salbgefäß trägt. Der Künstler hat es verstanden, die durch das Gewicht verursachte Körperbewegung wiederzugeben. Dadurch verliert die Figur vollständig die axiale Gebundenheit, die den meisten ägyptischen Skulpturen anhaftet. Höhe 15 cm, Zeit Amenophis' III. Durham, Gulbenkian Museum of Oriental Art.

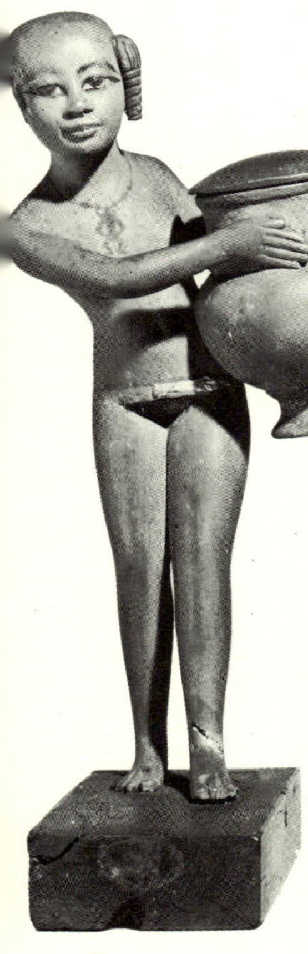

Szenen »beobachtet«, als wenn sie in seiner Blickrichtung liegen. Er kann auch mehrmals so groß sein wie seine Frau und seine Kinder, die ihre Arme um seine Waden legen. Ähnlich überragt der König seine Untertanen. In den Schlachtdarstellungen des Neuen Reiches kann die riesige Figur des Königs auf seinem Streitwagen fast die Hälfte der ganzen Fläche einnehmen; der Rest ist mit ägyptischen Soldaten, erschlagenen Feinden und einer feindlichen Festung auf der Spitze eines Hügels gefüllt, deren winzige Menschen der König mit seiner Hand packt. Geringe Größenunterschiede weisen die Tempelreliefs auf, wo normalerweise nur der König und Gottheiten dargestellt werden, die innerhalb des gegebenen Zusammenhanges von vergleichbarer Größe sind. Manchmal wird das Größenverhältnis allerdings auch aus stilistischen Gründen verändert, zum Beispiel kennt man aus dem 4. Jahrhundert v. Chr. Opfergabenbringer mit seltsam riesigen Gänsen auf ihren Schultern; hier scheint stilistische Übertreibung eine Rolle gespielt zu haben.

Ein weiteres geistiges Anliegen der ägyptischen Kunst hat nichts mit Gestaltungsprinzipien zu tun, ist aber nichtsdestoweniger ebenso grundlegend. Gemeint ist die starke Idealisierung. Die Dinge werden so gezeigt, wie sie sein sollten, nicht, wie sie wirklich sind. Aber die Idealisierung wird ebenso wie die Behandlung des Größenverhältnisses nicht generell angewendet. Hauptpersonen wurden meisten idealisiert und in jugendlicher Reife gezeigt, während die Frauen generell jung und schlank sind. Statuarische Ruhe kennzeichnet ihre Haltung. Untergeordnete Personen hingegen können voller Runzeln, kahlköpfig und mißgebildet sein, manchmal auch streiten und kämpfen. Details dieser Art finden sich am häufigsten in den besten Mastabas des Alten Reichs. Sie sollten den Szenen wohl ein besonderes Interesse und Individualität verleihen. Darstellungen dieser Art fehlen in den Tempeln, deren Reliefs eine zeitlose, abstrakte Welt widerspiegeln.

Die Rundplastik

Die offenkundigen stilistischen Ähnlichkeiten zwischen Skulpturen und Flachbildern beruhen zum Teil auf Techniken, die in beiden Bereichen angewandt wurden. Dennoch dürfte es für die strenge Achsengebundenheit der Rundplastik – die sich fast überall in der Welt als Charakteristikum dort findet, wo es nichtperspektivische Darstellungsweisen in zwei Dimensionen gibt –, tiefere Gründe geben, die wir nicht kennen. Wie auch immer die Antwort auf diese generelle Frage lauten mag, bemerkenswert bleiben die Kontinuität und die Parallelen der Entwicklung zwischen beiden Ausdrucksformen. Die meisten ägyptischen Statuen, ob es sich nun um Götter, Könige oder Privatleute handelt, sind nach einem mehr oder weniger einheitlichen Schema angelegt. Die Figuren befinden sich in Ruhe – ob in sitzender oder stehender Haltung – und zeigen keinerlei Bewegung. Der Kopf ist geradeaus gerichtet und steht im rechten Winkel zur Schulterebene; die Stellung der Gliedmaßen ist diesen beiden Ebenen in strenger Achsengebundenheit angepaßt. Die organische Beziehung der einzelnen Körperteile zueinander ist kaum angedeutet, so daß die Rundbilder im Prinzip den zweidimensionalen »Diagrammen« entsprechen, insofern als sie aus losgelösten Teilen zusammengesetzt sind. Diese Analogie zum Flachbild läßt die Vermutung aufkommen, daß die »Zweidimensionalität« einem grundsätzlichen Gestaltungsprinzip entspricht und kein stilistisches Ausdrucksmittel ist. Die Ähnlichkeit zwischen Flachbild und Rundskulptur resultiert zum Teil daraus, daß der Bildhauer von Zeichnungen abhing, die der üblichen zweidimensionalen Darstellungsweise entsprachen.

Die wichtigsten Ausnahmen zur strengen Achsengebundenheit sind erhobene Köpfe, als ob der Blick zur Sonne gerichtet sei, oder gesenkte Köpfe bei Schreiberstatuen, bei denen der Blick auf den über den Knien aufgerollten Papyrus geht. Knieende Figuren mit angespannten Wadenmuskeln sollen wahrscheinlich zum Ausdruck bringen, daß ihre Haltung eine momentane Geste der Ehrerbietung ist. Die genannten Ausnahmen und gelegentliche seltene Andeutungen eines organischen Zusammenhanges der Körperteile finden sich nur bei den besten Werken, bei denen die übliche Strenge als gegeben vorausgesetzt und gemildert wurde, was wahrscheinlich aus ästhetischen Gründen geschah. Hinzu kommt eine kleine Gruppe von Skulpturen, die meist aus Holz gefertigt sind (18. Dynastie) und eine Abweichung von den genannten Regeln aufweisen; bei ihnen finden sich Drehungen und Kontraposte, so daß die übliche Achsengebundenheit nur noch in Spuren vorhanden ist.

Die Techniken bei der Herstellung von Flach- und Rundbildern

Sowohl bei zwei – als auch bei dreidimensionalen Werken bildete die Vorzeichnung die Grundlage für die Arbeit des Künstlers. Systeme von Hilfslinien oder Quadratnetze gewährleisteten genaue Wiedergaben. Bis zur 26. Dynastie beruhte das Quadratnetz für die menschliche Figur auf einem Quadrat, das die Größe der Faust der zu zeichnenden Figur hatte und das proportional zu allen anderen Körperteilen in Beziehung gesetzt wurde. Theoretisch mußte bei jeder Figur, die eine unterschiedliche Größe hatte, ein neues Gitternetz zugrunde gelegt werden, aber oft zeichneten die Künstler weniger wichtige Figuren freihand. Die mit Hilfe des Quadratnetzes entstandenen Figuren wurden mit Beischriften versehen, die Anweisungen für die Handwerker enthielten. Danach wurde in einem über viele Stadien verlaufenden Prozeß von Korrekturen und Ausarbeitungen das gewünschte Endprodukt hergestellt. Die Künstler arbeiteten dabei in Gruppen und waren für eine bestimmte Aufgabe spezialisiert.

Würfelhocker des Pedimahes. Die abfallende Linie der Oberarme bildet ein Gegengewicht zum erhobenen Kopf. Grauer Granit, aus Tell el-Moqdam, Höhe 46,3 cm, New York, Brooklyn Museum.

Darstellungsprinzipien

Die ägyptische Darstellungsweise wurzelt tief in der ägyptischen Kultur. Anders als perspektivische Kunst basiert sie nicht auf wissenschaftlichen Gesetzen, sondern berücksichtigt einen »gemeinsamen kleinsten Nenner« zur Erleichterung des Wiedererkennens. Wo etwas uns Vertrautes dargestellt ist, haben wir keinerlei Schwierigkeiten im Verständnis; ist uns aber ein Gegenstand oder eine Szene nicht vertraut, ergeben sich bisweilen Schwierigkeiten der Identifizierung. Auf dieser Seite werden verschiedene Darstellungsweisen erläutert, die Grundprinzipien der ägyptischen Kunst zeigen.

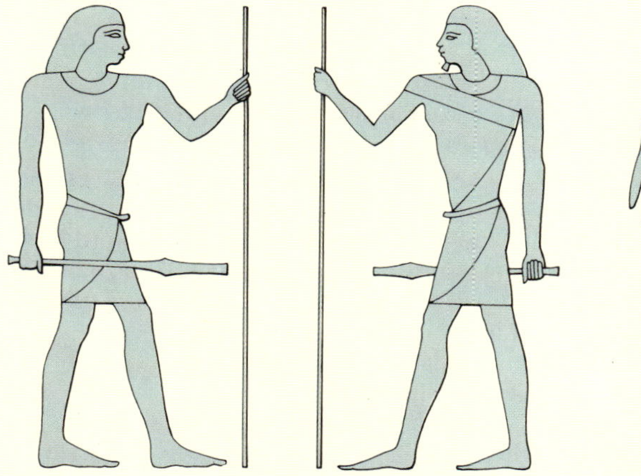

Orientierung
Figuren werden mit Blickrichtung nach rechts entworfen, die Beziehung zwischen rechts und links ist symbolisch wichtig. Wo sich eine Figur nach links wendet, hat sie manchmal die »richtigen« Hände für die in ihnen gehaltenen Insignien beibehalten. Darum wird bei der Figur rechts der Stab von einer linken Hand, die wie eine rechte Hand aussieht, gehalten, während des Szepter in der Rechten liegt. Wahrscheinlich wegen dieser visuellen Unstimmigkeit gibt es bei nach links gewendeten Figuren mehrere unterschiedliche Möglichkeiten zur Lösung des Problems.

Rinder mit künstlich verbogenen Hörnern führen dieselbe Problematik vor. Ihr linkes Horn ist nach unten gebogen, aber wenn sich die Tiere nach links wenden, sieht es so aus, als wenn es ihr »rechtes« wäre. Die Wirkung der Darstellung ist derart ungezwungen, daß es naheliegt, diese Einzelheit falsch zu deuten.

Das Zusammenfügen von Einzelteilen: Wiedergabe von Drehungen und selten dargestellten Körperhaltungen
Rundbilder lassen erkennen, daß die Frauen Kleider trugen, deren Träger die Brüste bedeckten.

Im Flachbild zeigen solche Figuren eine unbedeckte Brust, aber nur deswegen, weil die vordere Begrenzungslinie des Oberkörpers an dieser Stelle eine Brust in Seitenansicht wiederzugeben hat. Die Gewandträger liegen innerhalb des Torsos.

Bei Figuren, die sich umwenden, kann dieses Gestaltungsprinzip verändert werden. Bei den nur selten vorkommenden Wiedergaben unbekleideter Frauen werden beide Brüste in Vorderansicht und im Profil dargestellt. Es handelt sich hierbei meistens um Musikantinnen, deren körperliche Reize von Bedeutung waren. Ganz selten werden in Gruppendarstellungen Gesichter in Vorderansicht gezeigt, aber auch sie sind zusammengesetzt.

In den freiesten, d.h. von den Gestaltungsprinzipien am stärksten abweichenden Bildern wie der Darstellung dieser Frau, die in einen Ofen bläst, können die Figuren fast gänzlich in Seitenansicht gegeben werden (mit Ausnahme des Auges). Die Andeutung des Atems ist ungewöhnlich. Im fragmentarischen hieratischen Text heißt es, daß ihr »Kopf vor der Kammer (Öffnung ?)« ist und daß sie »in den Ofen bläst«.

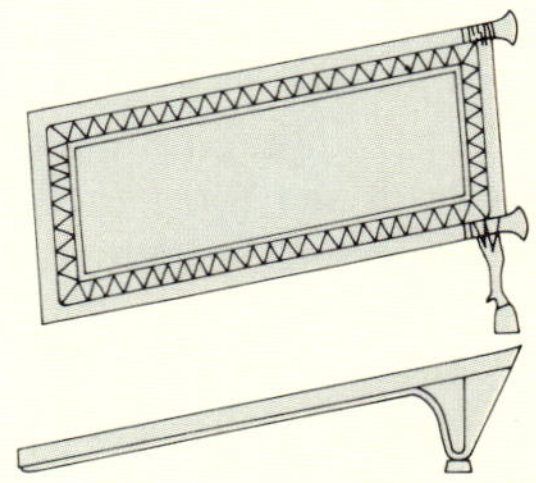

Das Verhältnis von Einzelteilen zueinander; Materialien
Die klare Wiedergabe von Möbeln gestaltete sich besonders schwierig, weil sie sowohl dreidimensional als auch geradlinig sind. Diese frühe Malerei zeigt ein Bett mit zwei Füßen, dessen Fußende auf dem Boden liegt. Beide Zeichnungen geben eine Seitenansicht wieder, einmal mit und einmal ohne Liegefläche, bei der Liegefläche ist die Rechtwinkligkeit aufgegeben. Es scheint sich um zwei Betten zu handeln, aber auch ein Bett in zwei Bildern wäre denkbar.

Wenn zwei Personen auf einem breiten Stuhl sitzen, wird deren gesellschaftliche Stellung berücksichtigt. Der Mann erscheint vor der Frau, die sich an seiner linken, d.h. untergeordneten Seite befindet. Aber bei dieser Haltung wäre es nicht möglich gewesen, den rechten, um die Schulter des Mannes gelegten Arm der Frau, und ihren linken Arm, der über die Armlehne hängt, zu zeigen. Die augenscheinliche Tiefe des Stuhls meint wahrscheinlich dessen Breite.

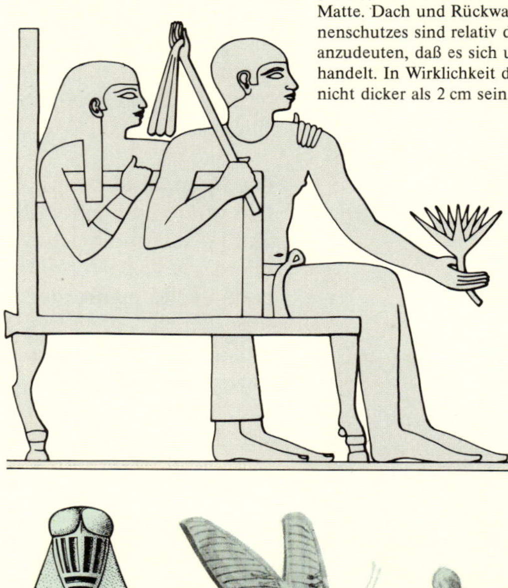

Das Material eines Gegenstandes kann auf unerwartete Weise wiedergegeben werden. Das Sonnendach, unter dem der Mann sitzt, besteht aus frischen Schilfmatten (grün angegeben), der Hocker steht auf einer Matte. Dach und Rückwand des Sonnenschutzes sind relativ dick, um anzudeuten, daß es sich um Matten handelt. In Wirklichkeit dürften sie nicht dicker als 2 cm sein.

Reine Konvention oder charakteristische Ansichten
In manchen Fällen helfen willkürliche Gestaltungsweisen bei der Unterscheidung zwischen ähnlichen Formen. So werden Krokodile stets in Seitenansicht dargestellt, Eidechsen dagegen immer in Draufsicht. Dabei werden die unterschiedlichen Größen dieser Tiere und auch der Blickwinkel, unter dem man sie normalerweise sieht, berücksichtigt.

Die Herstellung eines Flachbildes

Reliefs und Malereien hingen entscheidend von Vorzeichnungen ab, die unter Verwendung von Hilfslinien angelegt wurden; vom Mittleren Reich an benutzte man Quadratnetze. Sie wurden auch über fertige Arbeiten gezeichnet, um mit ihrer Hilfe Darstellungen zu kopieren.

Bei dem erstgenannten Verfahren zog man in festgelegten Abständen sechs horizontale Linien über die Fläche, um die Proportionen der Figuren festzulegen; senkrechte Linien bestimmten die Mittelachse des Körpers. Die waagerechten Linien wurden oftmals für lange Prozessionszüge benutzt. Wie die Hilfslinien bestimmten auch die Quadratnetze die Proportionen der Figuren entsprechend einem festgelegten Kanon, der zu den normalen ägyptischen Längenmaßen in Beziehung stand und sich mit diesen in der Spätzeit veränderte. Nachgewiesene Linien sind hier rot angegeben, mutmaßliche Linien in gelb.

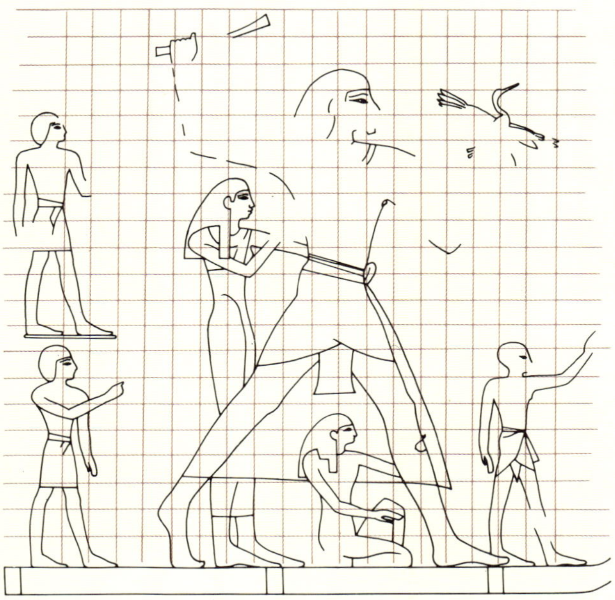

Das ältere Quadratnetz basiert auf 18 Quadraten von der Standlinie bis zur Haarlinie an der Stirn (der darüberliegende Teil kann je nach dem getragenen Kopfputz von unterschiedlicher Höhe sein). Obwohl sich das Netz nur auf Figuren von gleicher Größe bezieht, kann es manchmal eine ganze Fläche bedecken, die mit einer Szene zu füllen war; wahrscheinlich wurde die Zeichnung in diesem Fall von einem kleinen Entwurf mechanisch vergrößert. Gelegentlich sind Quadratnetze unterteilt.

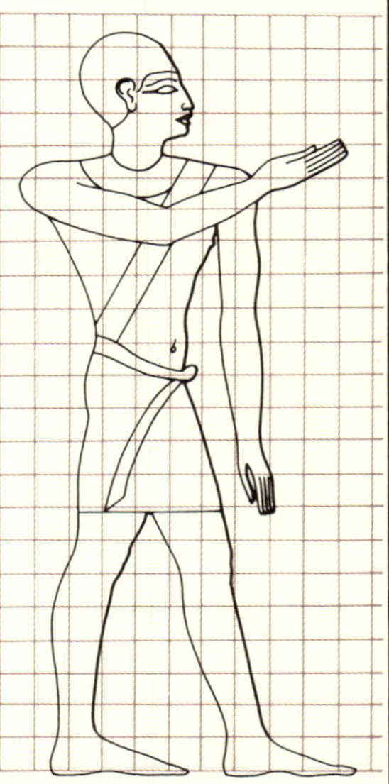

Das jüngere Quadratnetz besteht aus 21 Quadraten von der Grundfläche bis zu einem etwas niedrigerer liegenden Meßpunkt in Höhe der Augen. Die Unterschiede zwischen beiden Systemen sind äußerst gering.

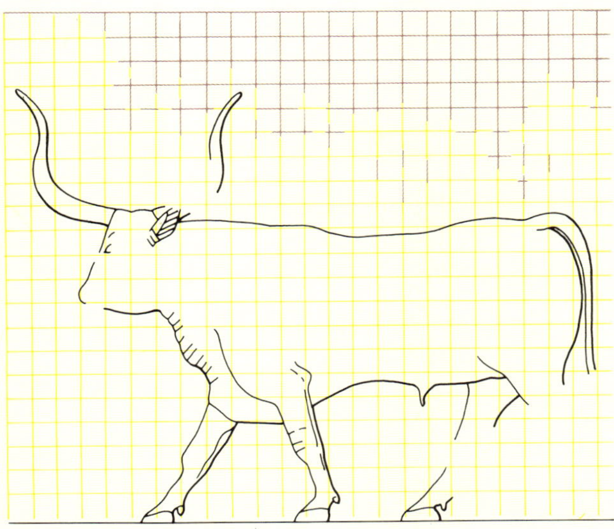

Auch für Tiere verwendete man die Quadratnetze. Hier sind Teile der Linien über dem Rind erhalten. Durch die Modellierung des Reliefs wurde die originale Oberfläche mit dem Quadratnetz beseitigt.

Malereien entstanden auf dieselbe Weise, aber hier mußte zuerst der Untergrund vorbereitet werden. Er bestand aus Stein oder viel öfter aus Schlammputz, über den eine dünne Gipsschicht gezogen wurde. Bei der Malerei ging aus der Vorzeichnung sogleich das Endprodukt hervor, beim Relief jedoch verschwand durch die Bearbeitung der Oberfläche die Vorzeichnung, so daß man nach ihrer Fertigstellung eine zweite Zeichnung anfertigen mußten, die als Grundlage für die Bemalung diente.

Die Skulpturen wurden aus rechteckigen Blöcken herausgearbeitet, die auf allen Seiten mit Quadratnetzen und Vorzeichnungen versehen waren. Dann wurde danach die Steinoberfläche abgetragen, erneut Vorzeichnungen aufgetragen und weitergearbeitet. Dies wiederholte sich solange, bis die Figur fertig war. Bei einigen noch nicht ganz vollendeten Statuen ist noch die über die Mitte des Gesichts führende senkrechte Linie zu sehen, die die Achse bestimmte. Die Endarbeiten bestanden wie beim Relief aus der Glättung der Oberfläche, der Beseitigung von Werkzeugspuren und dem Auftragen der Farbe.

Die wichtigsten Techniken beherrschten die Ägypter schon zu Beginn der historischen Zeit, so daß sich die künstlerische Entwicklung vor allem auf die Herausarbeitung der Gestaltungsprinzipien, die Ikonographie und die Komposition bezog. Die hauptsächlichen Werkzeuge waren kupferne (später bronzene) Sägen, Drillbohrer und Meißel. Nasser Sand wurde als Schleifmittel zum Schneiden des Steins verwandt. Hinzu kamen Hämmer aus Hartgestein von unterschiedlicher Form. Für Holzarbeiten verwendete der Bildhauer dieselben Werkzeuge und Techniken wie der Zimmermann. Eisenwerkzeuge kamen erst um 650 v.Chr. in Ägypten auf.

Bei Großplastiken waren die technischen Probleme hauptsächlich von Ingenieuren zu bewältigen. Die ersten Arbeitsstufen bei einem Kolossalbildnis hatten mehr mit Steinbrucharbeit als mit Kunst zu tun. Transportiert wurden Kolossalstatuen wohl in nahezu fertigem Zustand, um sie so leicht wie möglich zu machen; erst am Aufstellungsort wurde letzte Hand an sie gelegt. Ihr Transport bedeutete, daß man spezielle Wege anlegen und besondere Lastschiffe bauen mußte. Ehe man sie aufstellen konnte, waren umfangreiche Erdarbeiten notwendig.

Die Architektur

Die überwältigende Mehrzahl aller erhaltenen Architekturdenkmäler sind religiöse Bauwerke. Ihrem Wesen nach hatten sie sowohl symbolische als auch konkret funktionale Bedeutung. Der genaue symbolische Gehalt bei Gebäuden im Bereich des Begräbniswesens – also Pyramiden, Mastabas und Felsengräber – ist nicht ausreichend bekannt, hingegen ist bei Tempeln dies ziemlich klar. Wahrscheinlich aber waren die Prinzipien für beide Arten von Bauwerken ähnlich: sie stellten Neuschöpfungen des Kosmos oder einzelner seiner Teile dar. Dieser Kosmos entsprach einem Idealbild, gereinigt und außerhalb der Alltagswelt. Seine Beziehung zu dieser bestand in der Analogie und nicht im Abbild. Wer sich im Tempel (oder Grab) aufhielt, war symbolisch am Schöpfungsakt beteiligt und in die kosmischen Zyklen, vor allem den Sonnenlauf, eingebunden. Dieser Symbolgehalt wird sowohl in der Lage des Tempels und seiner Ausgestaltung als auch in den Darstellungen auf Wänden und Decken ausgedrückt. Am deutlichsten tritt dies in den Tempeln aus der griechisch-römischen Zeit hervor, die wahrscheinlich in ihrer Bedeutung von den älteren Vorbildern aus dem Neuen Reich kaum unterschieden sein dürften. Die Anlage wird durch eine massive Umfassungsmauer aus Nilschlammziegeln von der Umwelt abgesondert; vielleicht sollte damit der Zustand bei der Schöpfung nachge-

Grabstelen

Die Grabstele (Grabstein) und der Sarg mit der Mumie waren die wichtigsten Elemente der ägyptischen Grabanlagen (im Gegensatz zu einfachen Gräbern). Gewöhnlich identifizierte die Stele den Toten durch Nennung seines Namens und seiner Titel (die Ägypter nannten dies »seinen Namen leben lassen«), während die Darstellungen ihn entweder vor dem mit Opfergaben beladenen Speisetisch sitzend oder bei der Entgegennahme von Opfergaben seiner Familienangehörigen zeigten. In späteren Stelenbildern konnte der Verstorbene auch in Begleitung von Gottheiten erscheinen. Diesen Idealzustand erstrebte jedermann für seinen *Ka*; so sollte mit Hilfe der Stele das ewige Weiterleben garantiert werden. In den frühen Perioden waren außerdem die Opferliste (eine Aufzählung lebensnotwendiger Dinge, die der *Ka* für seine Fortexistenz im Jenseits benötigte) oder bildliche Wiedergaben dieser Dinge ein wichtiges Element der Stele. Die *hetep-dj-nisut*-Formel, die konstant hinzugefügt wurde, sollte sicherstellen, daß diese Güter auch wirklich zur Verfügung stehen: »Ein Opfer, das der König dem Osiris gibt, damit dieser Opfer an Brot, Bier, Rindern, Geflügel, Alabaster, Kleidung und allen guten und reinen Dingen, von denen ein Gott lebt, dem *Ka* des Verstorbenen geben möge.« Die alte Fassung der Formel zeigt deutlich, wie man sich die Versorgung des Grabes dachte: der König gibt Osiris, dem Herrn der Unterwelt, Opfergaben, durch den der *Ka* des Verstorbenen seinen Anteil erhält.

Anders als die Sargkammer war die Grabstele normalerweise jedem zugänglich. Auf sie konzentrierte sich der Totenkult für den Verstorbenen; Opfergaben wurden an bestimmten Tagen gebracht und auf Opfertafeln vor den Stelen niedergelegt.

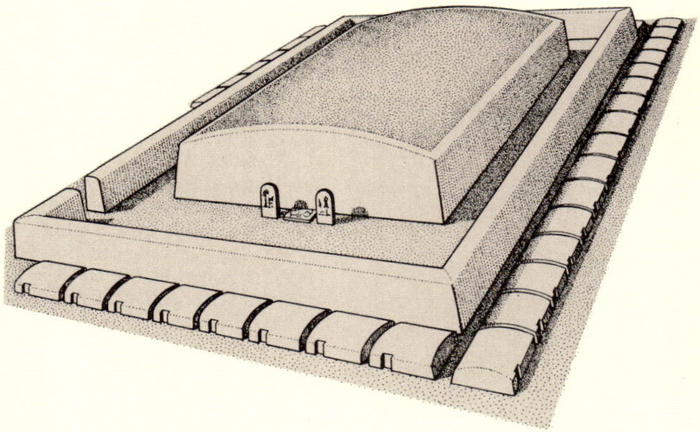

Königliche Stelen aus der 1. Dynastie (rechts) kennt man aus Abydos. Sie wurden paarweise vor einer Außenseite des mastabaförmigen Graboberbaus aufgestellt *(unten)*, waren oben abgerundet und der Dekor symmetrisch (gegenläufig) angelegt. Außerdem enthielten sie nur den Namen des Königs (bzw. der Königin).

Die Scheintür (links) bildete die typische Grabstele des Alten Reiches; sie hatte sich aus der älteren »Palastfassade« und der mit ihr verbundenen Nischenstele entwickelt. Während man die Stele im oberen Teil noch deutlich erkennen kann, wurde die »Palastfassade« zu einem komplexen Gebilde von Türeinfassungen und -stürzen, tatsächlichen Eingängen entsprechend, umgestaltet *(unten)*. Diese blinde »Tür« verband die Lebenden mit der Welt der Toten, man glaubte, daß der *Ka* durch sie ungehindert ein- und austreten könne. Scheintüren bestanden meist aus Stein, seltener aus Holz, und waren in die Westwand der Kultkammer eingelassen.

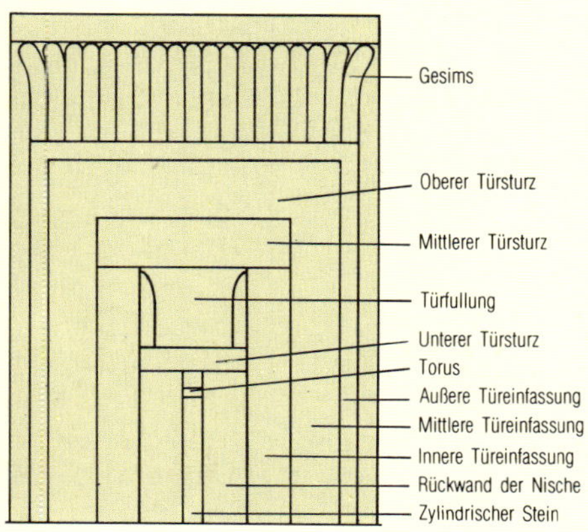

Bei den Provinzstelen der Ersten Zwischenzeit (links) wurde das ausgeklügelte Scheintürsystem zugunsten flacher, rechteckiger Formen und einfacher Dekoration aufgegeben, als ob man sich auf die Tradition der Nischenstelen zurückbesonnen hätte. Die Darstellungen waren oft roh und die Hieroglyphen ungelenk ausgeführt, aber diese typischen Merkmale ermöglichen heute die Zuweisung solcher Stelen an bestimmte Gebiete Ägyptens.

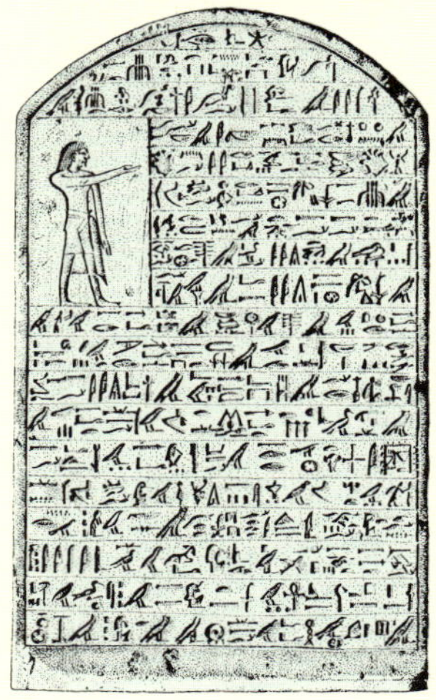

Die Stelen des Mittleren Reiches (links und rechts) stellten eine Weiterentwicklung der Stelen aus der Ersten Zwischenzeit dar und waren entweder rechteckig oder oben abgerundet. Hinsichtlich der Gestaltung und der Texte variierten sie erheblich, aber aufgrund zahlreicher ermittelter Kriterien können sie sowohl datiert (z. B. durch den Typ der *hetep-dj-nisut*-Formel) als auch einer bestimmten Nekropole (z. B. durch die angerufenen Gottheiten) zugewiesen werden.

Die aus Ziegeln errichteten Oberbauten von Privatgräbern aus den ersten drei Dynastien wiesen die »Palastfassade« auf, ein System von Vorsprüngen und Nischen *(oben)*. Auf der Rückwand einer solchen Nische befand sich nahe der südöstlichen Ecke der Mastaba eine steinerne oder hölzerne *Nischenstele (links)*. Die »Palastfassade« wurde gelegentlich auch in der innerhalb der Mastaba befindlichen Kultkammer verwendet; dadurch erhöhte sich die Anzahl der Nischenstelen.

Stelen in Form von Opferplatten (oben) waren für die bei Giseh während der 4. Dynastie erbauten frühesten Mastabas mit steinernem Oberbau charakteristisch. Sie befanden sich an der östlichen Außenwand der Mastabas und waren, wie die Gräber selbst, ein königliches Geschenk, hergestellt von den besten Handwerkern.

Abgesehen von einigen neuen Formen war das hervorstechendste neue Element der *Neuen Reichs-Stelen (oben)* das Auftreten von Gottheiten (vor allem von Osiris) in den Hauptszenen. Trotz der enormen Vielfalt in Form und Dekor wandten die Künstler ganz einfache Gestaltungsprinzipien an. Diese, und nicht mysteriöse »Systeme«, sind für die Wechselwirkung der Proportionen verantwortlich, wie dieses Beispiel einer *Spätzeitstele* zeigt.

bildet werden: der Tempel erhebt sich auf dem ersten, vom Wasser des Urozeans umgebenen Land. Innerhalb der Umfassungsmauer liegt der Hauptpylon – bzw. die Eingangsfront –, der außen eine Darstellung des Königs beim Erschlagen der Feinde trägt. Die Szene sollte auf magische Weise bewirken, daß das (durch die Feinde repräsentierte) Chaos nicht in den Tempel eindringen konnte. Der Pylon bildet das höchste Bauelement des Heiligtums. Gleichzeitig erinnern seine beiden hochaufragenden Türme mit der Lücke zwischen ihnen an die Hieroglyphe für »Horizont« 𓈌. Theoretisch waren die meisten Tempel nach Ost-West orientiert (da sie aber praktisch auf den Nil – und nicht auf die Himmelsrichtungen – ausgerichtet waren, gab es oft erhebliche Abweichungen). Die Sonne sollte ihre Strahlen beim Aufgang durch das Pylontor direkt in das Sanktuar werfen.

Der eindrucksvollste Teil des Tempels ist die Hypostylen (oder Säulen-)halle. Symbolisch verkörpert diese Halle die Sümpfe zur Zeit der Urschöpfung. Die Säulenkapitelle haben die Gestalt von Wasserpflanzen, und auf den untersten Registern der Wanddekorationen finden sich ebenfalls Reliefs mit Wasserpflanzen. Architrave und Decken sind als Himmel gestaltet, so daß der Dekor praktisch die ganze Welt umfaßt. Die Darstellungen auf den Wänden zeigen Geschehnisse dieser Welt. Manchmal sind in den untersten Registern anstelle der Pflanzen Friese mit Opfergabenträgern zu sehen, die dem König pflichtgemäß Produkte des Landes darbringen.

Beide Motive sind nicht zu den darüber befindlichen Hauptszenen in Beziehung gesetzt, die abstrakter gefaßt und in mehrere Register aufgeteilt sind. Wie ein Schachbrett angeordnet, enthalten sie Darstellungen des Königs beim Opfer vor Gottheiten oder in Ritualhandlungen. Der Tempel dient als Aufenthaltsort des Gottes, dem der Bau geweiht war, aber die Anzahl der dargestellten Gottheiten konnte sehr groß sein. Dabei ist der König in Richtung auf das Allerheiligste gewendet, während die Götter stets zum Eingang blicken. In der Tempelsprache kristallisieren sich im Geben und Nehmen zwischen König und Gott die Aktivitäten der Welt.

Die hinteren Teile des Tempels sind niedriger als die Hypostylenhalle, werden von den äußeren Teilen schützend umschlossen und sind heiliger als jene. Um das Allerheiligste liegt eine Anzahl kleiner Räume, deren Außenseiten das Äußere eines Tempels nachbilden und gewissermaßen einen eigenen Komplex innerhalb eines größeren bilden. Das Allerheiligste stellt den Urhügel dar und steht in Beziehung zu den Marschen in Form einer Säulenhalle. Auf diese Weise durchlief eine zum Allerheiligsten führende Prozession alle Stadien der Schöpfung.

Die Bautechniken

Die ägyptische Architektur hat mit der Verwendung des Steins drei grundverschiedene Typen von Anlagen hervor gebracht: 1. in den anstehenden Felsen geschnittene Räume (Gräber oder Heiligtümer), wobei die Arbeitsmethoden den Steinbruchtätigkeiten entsprachen. 2. aufgetürmte Hügel – die Pyramiden – und 3. freistehende Gebäude (die im folgenden beschrieben werden).

Wir wissen sehr wenig darüber, wie man den späteren Standort eines Bauwerks aussuchte, begutachtete und vorbereitete; alle Rekonstruktionsversuche dieses Vorgangs sind meist gänzlich spekulativ. Es gehörte jedoch große Erfahrung dazu, Grundriß und Höhe für eine große Pyramide genau zu berechnen und auszuführen.

Die Fundamente ägyptischer Gebäude waren oft überraschend schwach. Sie bestanden aus einem mit Sand gefüllten Graben, der oben mit wenigen Lagen roh zugehauener Steine abschloß. Erst in griechisch-römischer Zeit legte man regelmäßig massive Fundamente aus ordentlichem Mauerwerk und verwendete dafür häufig das Material älterer Gebäude, die abgerissen wurden, um neuen Platz zu machen. Mörtel als Bindemittel wurde sehr sparsam verwendet. Steinmauern wurden auf folgende Weise gebaut: Man legte eine Schicht von Blöcken, die auf der Oberkante nivelliert wurden, überzog die Lagerfläche mit einer dünnen Schicht Mörtel, der in erster Linie als Gleitmittel zu dienen hatte, und schob die nächste Lage von Blöcken in die gewünschte Position. Wahrscheinlich wurden die Unterseiten und die Seitenflächen der Blöcke roh geglättet, ehe sie verwendet wurden. Jeder Block wurde entweder einzeln an den neben ihm liegenden angepaßt, da die Seitenflächen nicht immer ganz senkrecht waren, oder man arbeitete mit dem rechten Winkel. Oft setzte man in die Oberseiten zweier nebeneinander liegender Blöcke hölzerne Krampen (sog. Schwalbenschwänze), die eine zusätzliche Festigkeit bieten und vielleicht auch ein Weggleiten der Blöcke verhindern sollten, während der Mörtel abband.

Die Ägypter arbeiteten offenbar ohne mechanische Hebevorrichtungen. Zum Heben von Lasten baute man hauptsächlich Schuttrampen, die die zu bauende Wand verbargen. Die Rampen wurden solange erhöht, bis die Mauer ihre volle Höhe hatte. Danach wurden die Außenflächen geglättet, entweder schrittweise mit dem Abtragen der Rampen oder von hölzernen Gerüsten aus, die man später zur Anfertigung der Reliefs auf alle Fälle verwendete. Die verschiedenen Stadien der Arbeit an einem Bauwerk liefen oftmals gleichzeitig ab, so daß Steinmetze, Vorzeichner, Stukkateure, Reliefschneider und Maler alle zur gleichen Zeit arbeiten konnten.

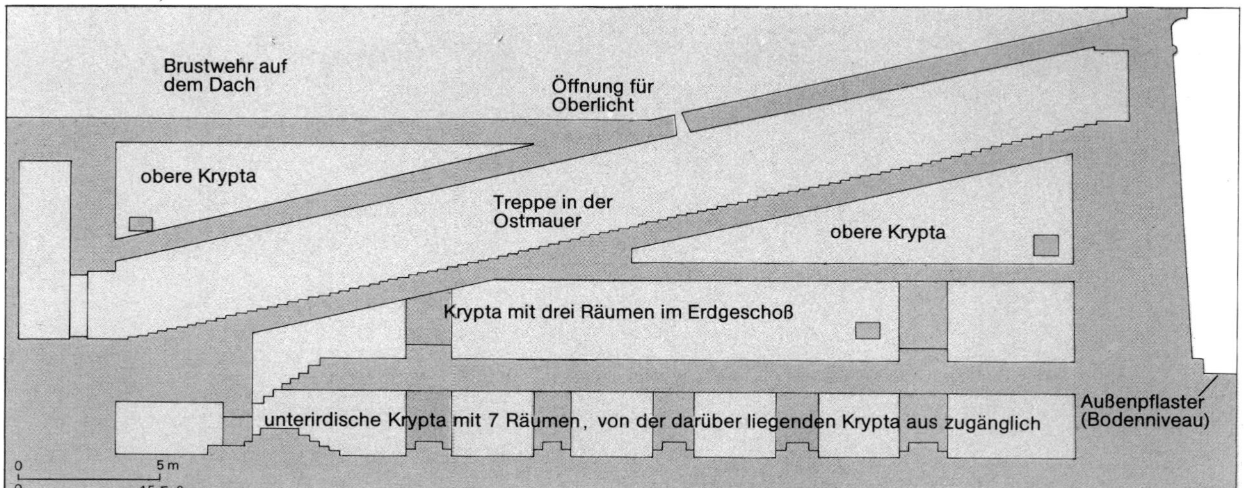

Der Tempel von Dendera. Längsschnitt der Ostmauer. In der massiven Tempelmauer Raumfolgen, die sog. Krypten, sowie ein Treppenaufgang. Die unterste Reihe der Krypten liegt unterhalb des Fußbodenniveaus innerhalb der 10 m tiefen Fundamente. Der Dachbereich ist in ähnlicher Weise aufwendig gestaltet. Oberhalb der Dachlinie bildet links die Außenmauer der Wand eine Brustwehr in 8,5 m Höhe. 1. Jahrhundert v. Chr.

ZWEITER TEIL

EINE REISE AUF DEM NIL VON SÜDEN NACH NORDEN

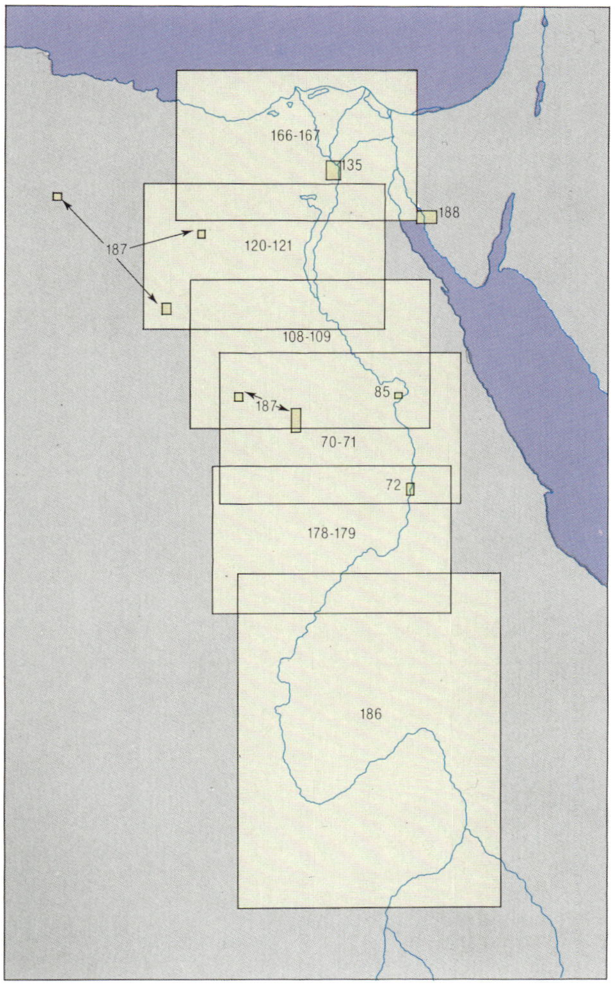

Das Fruchtland Ägyptens ist mit einer Lotuspflanze verglichen worden: das Delta als üppige Blüte am langen, dünnen Stengel des Niltales und der Knospe des Faijums, eng an den Stengel geschmiegt. Mit Ausnahme der Oasen, die parallel zum Flußtal im Westen aufgereiht sind, waren die umliegenden Gebiete stets arid und unwirtlich, so daß sie sich zur Besiedlung nicht eigneten.

Bis in die 19. Dynastie, als sich die Szenerie der Ereignisse nach Norden verlagerte, haben zwei Städte die Schlüsselrolle gespielt: Memphis an der Stelle, wo sich das Tal zum Delta öffnet, und Theben im Süden. An diesen beiden Orten werden wir unsere imaginäre Schiffsreise den Nil hinab unterbrechen. Bei unserer Fahrt durch die Geschichte Ägyptens bietet sich der 1. Nilkatarakt im Süden als Ausgangspunkt an.

Nubien und die Oasen sind zwar nie zu Ägypten gerechnet worden, aber doch in einem solchen Maße von Ägypten kolonisiert worden, daß wir sie in unsere Reise einschließen müssen. Und der Sinai wurde so häufig aufgesucht, daß dieses Gebiet gleichfalls dazugehört. Der Weg stromauf nach Nubien unterscheidet sich allerdings von der leichten Reise den Nil hinab, und für den Besuch der Oasen und des Sinai müssen wir vom Boot auf den Esel umsteigen.

Boote auf dem Nil

Geographisch gesehen ist ein seltsameres Land als das alte Ägypten kaum vorstellbar: langgestreckt und schmal erweckt es die Vorstellung von einer sich ausdehnenden Stadt, die sich entlang einer einzigen Straße ausbreitet. Und tatsächlich bestand ein Vorteil der Landesgestalt darin, daß der alle Siedlungen miteinander verbindende Nil die Kommunikation erleichterte. Schiffe waren darum das wichtigste Transportmittel.

Zu den ersten Booten auf dem Nil zählten solche Nachen aus Bündeln von Papyrusstengeln, die mit Stricken verbunden waren. Diese Boote hielten zwar nicht lange, aber sie waren billig und leicht zu ersetzen. Für Hirten, die mit ihren Herden von Krokodilen bewohnte Wasserläufe zu durchqueren hatten, oder zur Jagd im Papyrusdickicht der Sümpfe waren diese Boote unerläßlich. Das Wort *sepj* – »binden« benutzte man später auch zur Benennung beim Bau hölzerner Boote.

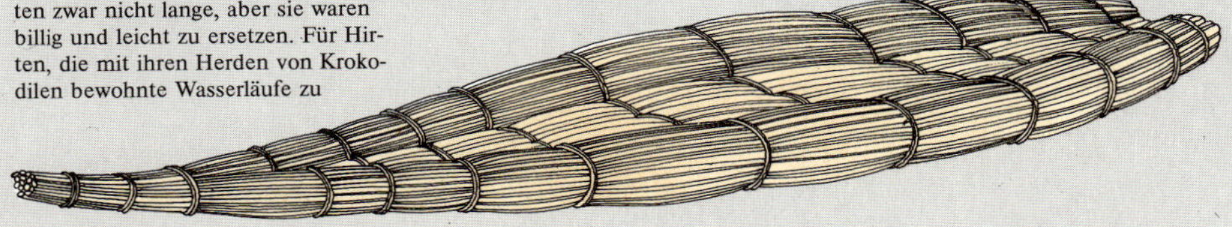

Die Konstruktion des Schiffsrumpfes bei kleineren Booten macht deutlich, daß Ägypten kein hochwertiges Holz zur Verfügung hatte. Die Schiffsbauer mußten verhältnismäßig kurze Planken verwenden, die durch Zapfen und Harz verdichtet oder zusammengebunden wurden. Das Holz für größere oder seetüchtige Schiffe wurde importiert. Zumindest bis zum Neuen Reich ist eines der auffallendsten Merkmale ägyptischer Boote, daß sie keinen Kiel aufweisen.

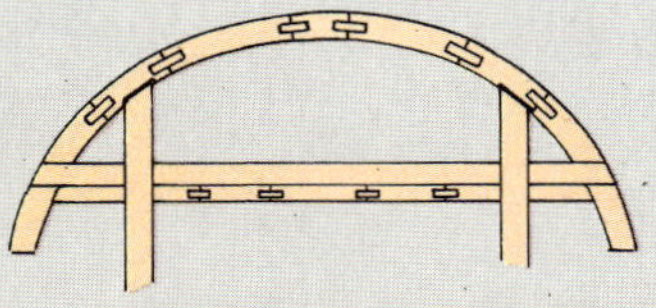

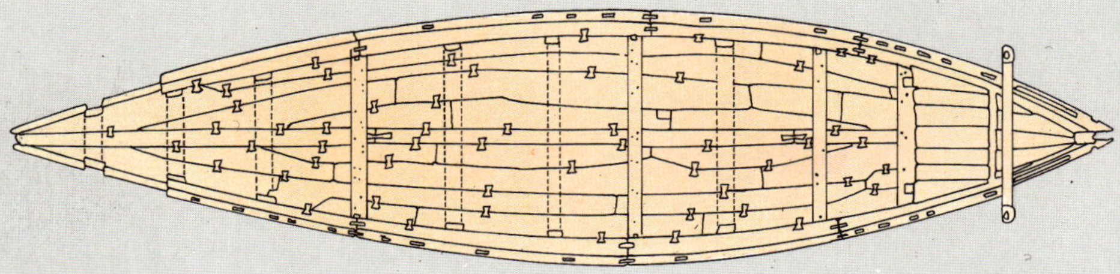

Nordwind, günstig für das Segeln stromauf, herrscht im Niltal vor, stromabwärts mußte gerudert werden. In der Hieroglyphenschrift wurden daher die Begriffe »nordwärts reisen« (stromabwärts rudern) und »südwärts reisen« (stromauf segeln) mit dem jeweiligen Bootsdeterminativ versehen, auch wenn es sich um Landreisen handelte.

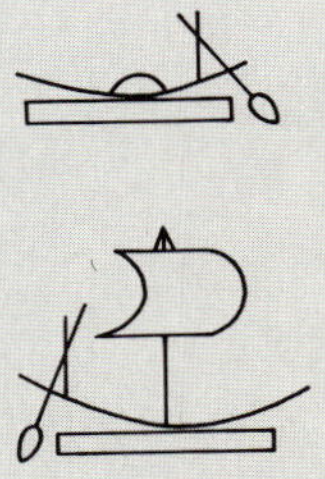

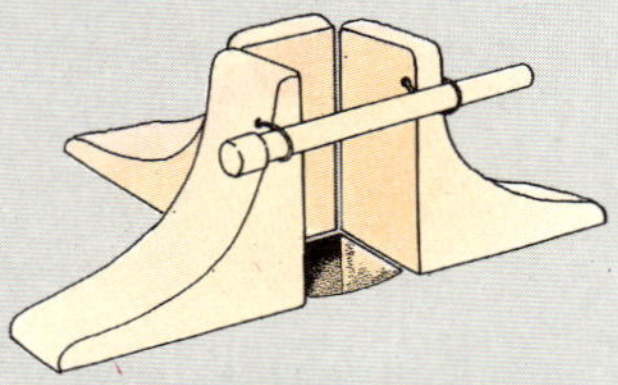

Durch den häufigen Wechsel vom Segel- zum Ruderboot und umgekehrt mußte ein schnelles und effektives Setzen des Mastes gewährleistet sein.

Die Steuerung wurde mittels eines kräftigen Steuerruders, das an einem Ruderpfosten und am Bootsheck befestigt wurde, bewerkstelligt. Durch Seitwärtsbewegung der Ruderpinne drehten sich Ruderstange und Ruderblatt, so daß auf diese Weise das Boot gesteuert wurde.

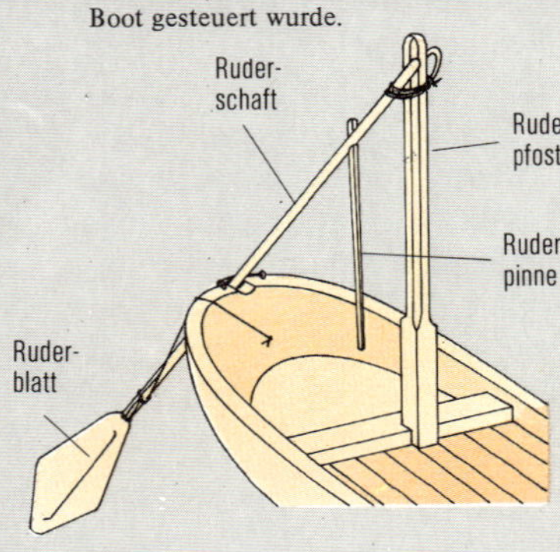

Unser Wissen über altägyptische Schiffe stammt aus der darstellenden Kunst (Reliefs, Malereien), von Schiffmodellen als Grabbeigaben und einigen wenigen Funden von Totenschiffen (Giseh und Dahschur). Die Textquellen sind verhältnismäßig selten und nicht sehr informativ. Je nach Zweckbestimmung gab es große Unterschiede bei den Nilschiffen, je nachdem ob es sich um Reiseschiffe, Lastschiffe, Zeremonialbarken oder andere handelte. Die relativ sichere Datierung basiert auf folgenden Indizien: (1) Aussehen des Schiffsrumpfes, (2) Steuermethode, (3) Art von Masten und Segeln, (4) Art der Paddel oder Ruder, (5) Lage der Decksaufbauten und (6) außergewöhnliche Kennzeichen.

Vorgeschichte: (1) bisweilen, aber nicht immer, steil nach oben ragender Bug und hohes Heck (selbst größere Nilschiffe wurden aus Papyrus oder ähnlichem Material gefertigt; (2) ein oder mehrere große Steuerruder; (3) rechteckige Segel (4) und (5) Paddel in zwei Gruppen, unterbrochen von einem Decksaufbau in der Mitte; (6) Schiffsschnabel-Dekor aus Baumästen (?); Standarte nahe am Decksaufbau.

Altes Reich: (1) »klassische « ägyptische Form des Schiffsrumpfes (Material jetzt vorwiegend Holz), oft mit Schiffsschnabel in Form eines Tierkopfes; (2) mehrere große Steuerruder, ab der 6. Dynastie besondere Steuervorrichtung; (3) im allgemeinen zweiendiger Mast; möglicherweise trapezförmige Segel, im allgemeinen höher als breit; (4) ab 5. Dynastie Ruder.

Mittleres Reich: (1) höheres Heck; (2) Steuervorrichtung von einem Steuermann bedient, der zwischen Ruderpfosten und Steuerruder steht; (3) Einzelmast, der auf gabelförmigen Stützpfosten auflag, wenn flußabwärts gerudert wurde; (5) Decksaufbauten vor dem Ruderpfosten.

Neues Reich: (Sehr viele unterschiedliche Boots- und Schiffstypen): (2) Steuervorrichtung im allgemeinen mit zwei Steuerrudern, von einem Steuermann bedient, der vor dem Ruderpfosten steht; (3) Segel eher breit als hoch; (5) kioskartige Aufbauten vorn und hinten, Decksaufbau in der Mitte.

Vorgeschichte

Altes Reich

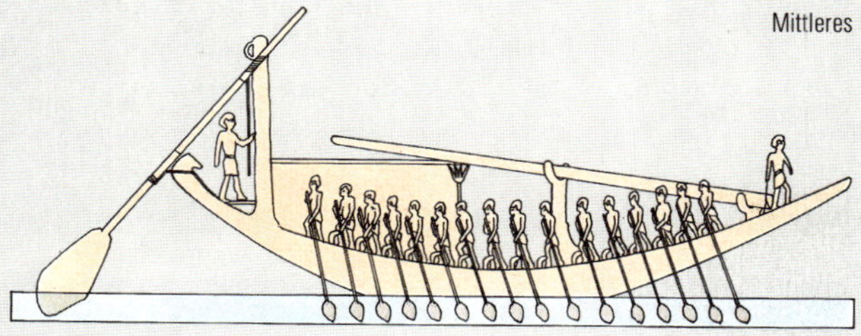

Mittleres Reich

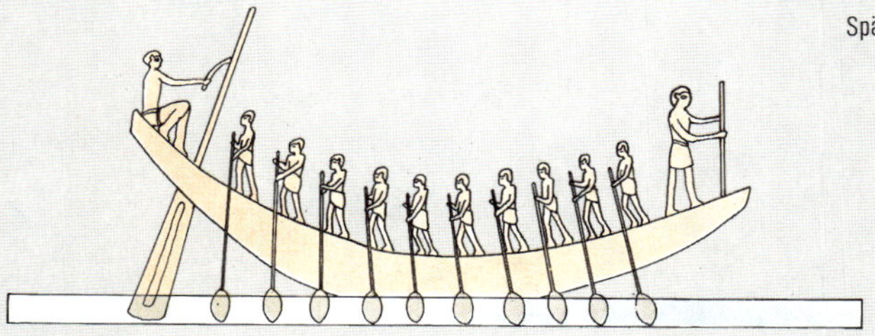

Spätzeit

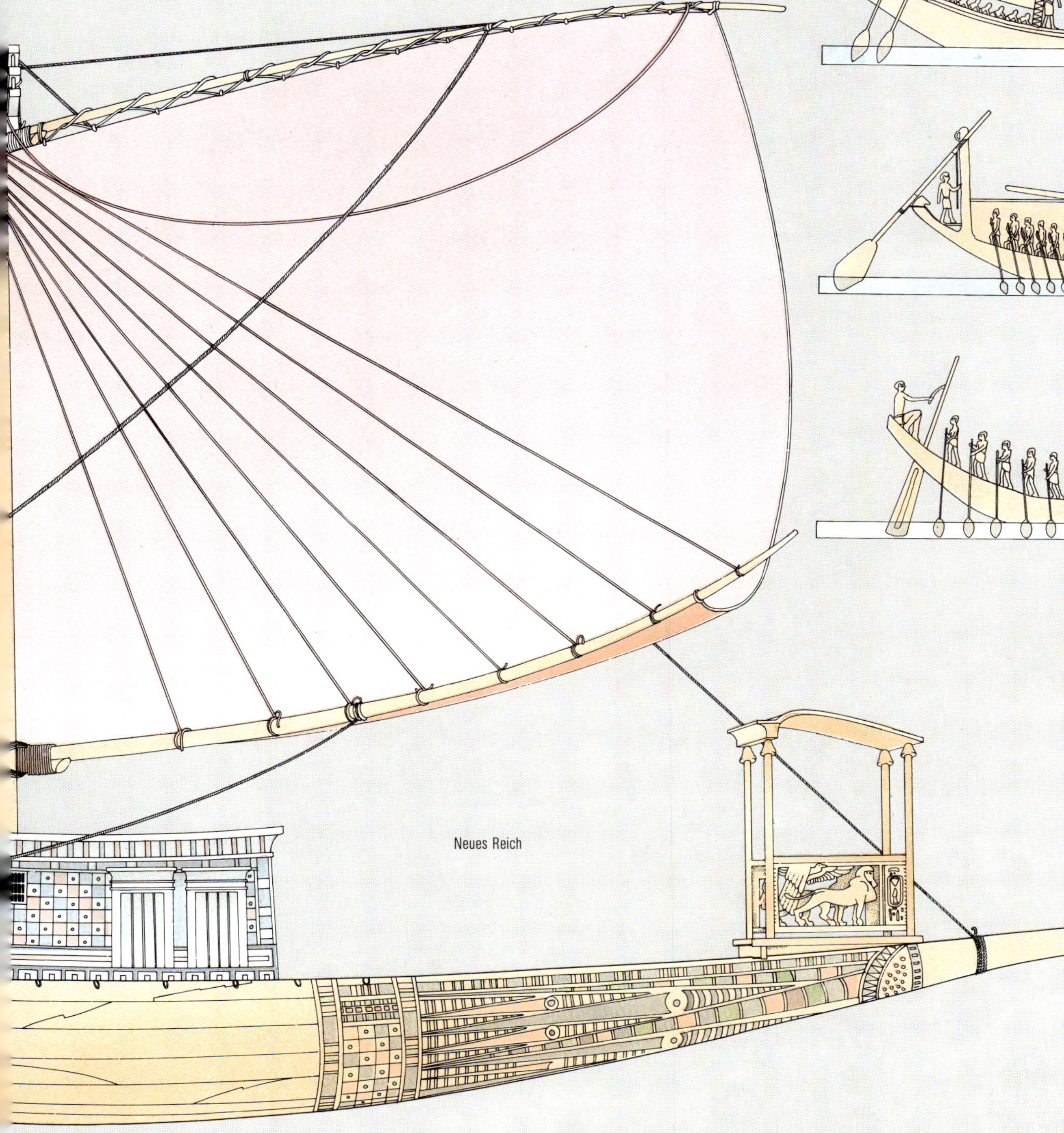

Neues Reich

DAS SÜDLICHE OBERÄGYPTEN

Da sich die alten Ägypter nach Süden orientierten, galt Assuan als »erste« Stadt des Landes, die wenig nördlich der eigentlichen Grenze auf der Insel Bigga lag. Der südlichste Landesteil zerfiel in den 1. oberägyptischen Gau, dessen Ausdehnung von Bigga bis an den Gebel el-Silsila durch natürliche Gegebenheiten bestimmt war, sowie in die bis nach Theben hinabreichenden Gaue 2–4. In der Länge sind diese beiden Teile fast gleich, aber das Gebiet des 1. oberägyptischen Gaues gehört noch zum Sandsteingürtel Nubiens; es ist bis heute unfruchtbar, reich an Mineralien, aber beherrscht von der Wüste.

Zu den frühesten städtischen Zentren gehörte Kom el-Ahmar, das jedoch in geschichtlicher Zeit schnell an Bedeutung verlor. Wahrscheinlich ist es auf die dominierende Rolle Thebens zurückzuführen, daß die nach Süden anschließenden Gebiete im Neuen Reich in den Territorialbereich des Vizekönigs von Nubien (Kusch) einbezogen wurden. Ein weiterer Grund mag darin gelegen haben, daß das hier besonders schmale Niltal keine so große Bevölkerungszahl wie Theben ernähren konnte. Wichtig war dieser Landesteil allerdings in fast allen Epochen der ägyptischen Geschichte, weil von hier aus Handelsrouten in die Wüsten abzweigten.

Entsprechend seines frühgeschichtlichen Gewichts sind im südlichen Oberägypten zahlreiche vorgeschichtliche und frühdynastische Fundstätten vorhanden. Aus späterer Zeit sind dann noch das Alte Reich und die Erste Zwischenzeit, das frühe Neue Reich und die griechisch-römische Epoche gut belegt. Dabei handelt es sich in allen Fällen um Geschichtsperioden, in denen die Zentralmacht nicht sehr stark war. Abgesehen von der herrlichen Landschaft, dürften die Kapellen und Felsinschriften am Gebel el-Silsila, die auf die Bedeutung der Überschwemmungen für Ägypten hinweisen, sowie die griechisch-römischen Tempel von Philae, Kom Ombo, Edfu und Esna zu den schönsten Denkmälern zählen.

Oben links: die Insel Elephantine vom Ostufer aus. Im Vordergrund wiederhergestellte römische Mauern am Nilometer.

Oben rechts: Kolossalstatue eines Falken, grauer Granit; Skulptur am Eingang zur Säulenvorhalle im Tempel von Edfu; wahrscheinlich ptolemäisch.

Unten links: Kiosk des Trajan in Philae, im Vordergrund die Grundmauern einer kleinen Kapelle; die Aufnahme wurde 1964 vor dem Bau des Assuan-Hochdammes gemacht.

Unten rechts: Gräberkomplex des Pepinacht und anderer im Bereich der Qubbet el-Haua, nördl. von Assuan, späte 6. Dynastie. Eingangshof, Säulen und Treppe sind aus der Sandsteinklippe herausgearbeitet.

Elephantine und Assuan
Stadtanlage und Tempel auf der Insel Elephantine. Felsgräber vom Alten bis ins Neue Reich auf der Qubbet el-Haua. Unvollendeter Obelisk und mumiengestaltige Kolossalstatue östlich von Assuan.

Philae
Bedeutendes Pilgerzentrum in griechisch-römischer Zeit mit Tempeln der Isis, des Arsnuphis (Harensnuphis), des Mandulis, der Hathor und anderer Gottheiten.

Kom Ombo
Griechisch-römischer Tempel der Triaden des Sobek und Haroëris mit Nebenbauten in einer Umfassungsmauer aus Nilschlammziegeln.

Gebel el-Silsila
Sandsteinbrüche, abgebaut von der 18. Dynastie bis in griechisch-römische Zeit. Felskapelle des Haremhab (Großer Speos), Fels-»kapellen« von Königen und hohen Beamten des Neuen Reiches.

Edfu
Hervorragend erhaltener Tempel des Horus aus der Ptolemäerzeit, mit Geburtshaus. Reste der Stadtanlage aus fast allen Epochen, Gräber vom Alten bis zum Neuen Reich. Fundamente eines Pylons von Ramses III.

Kom el-Ahmar
Vorgeschichtliche Siedlungen und Friedhöfe. Stadt- und Tempelruinen aus allen Epochen, vor allem aus frühgeschichtlicher Zeit. Felsgräber von der 6.–18. Dynastie.

Elkab
Stadtruine und Tempel der Nechbet mit Nebenbauten aus allen Epochen teilweise außerhalb der Umfassungsmauer. »Wüstentempel« der Schesmetet, Hathor und anderer Gottheiten. Felsgräber vor allem aus der 18. Dynastie.

Esna
Griechisch-römischer Tempel des Chnum im Bereich der heutigen Stadt. Friedhöfe des Mittleren Reiches und späterer Epochen. Zerstörte griechisch-römische Tempel in der Umgebung.

el-Moalla
Felsgräber aus der Ersten Zwischenzeit.

Gebelein
Gräber aus der Ersten Zwischenzeit. Tempel der Hathor, alle Epochen.

Tod
Tempel des Month, Denkmäler von der 5. Dynastie bis in griechisch-römische Zeit.

Armant
Tempel des Month, 11. Dynastie und später, heute weitgehend zerstört. Bucheum (Stiernekropole).

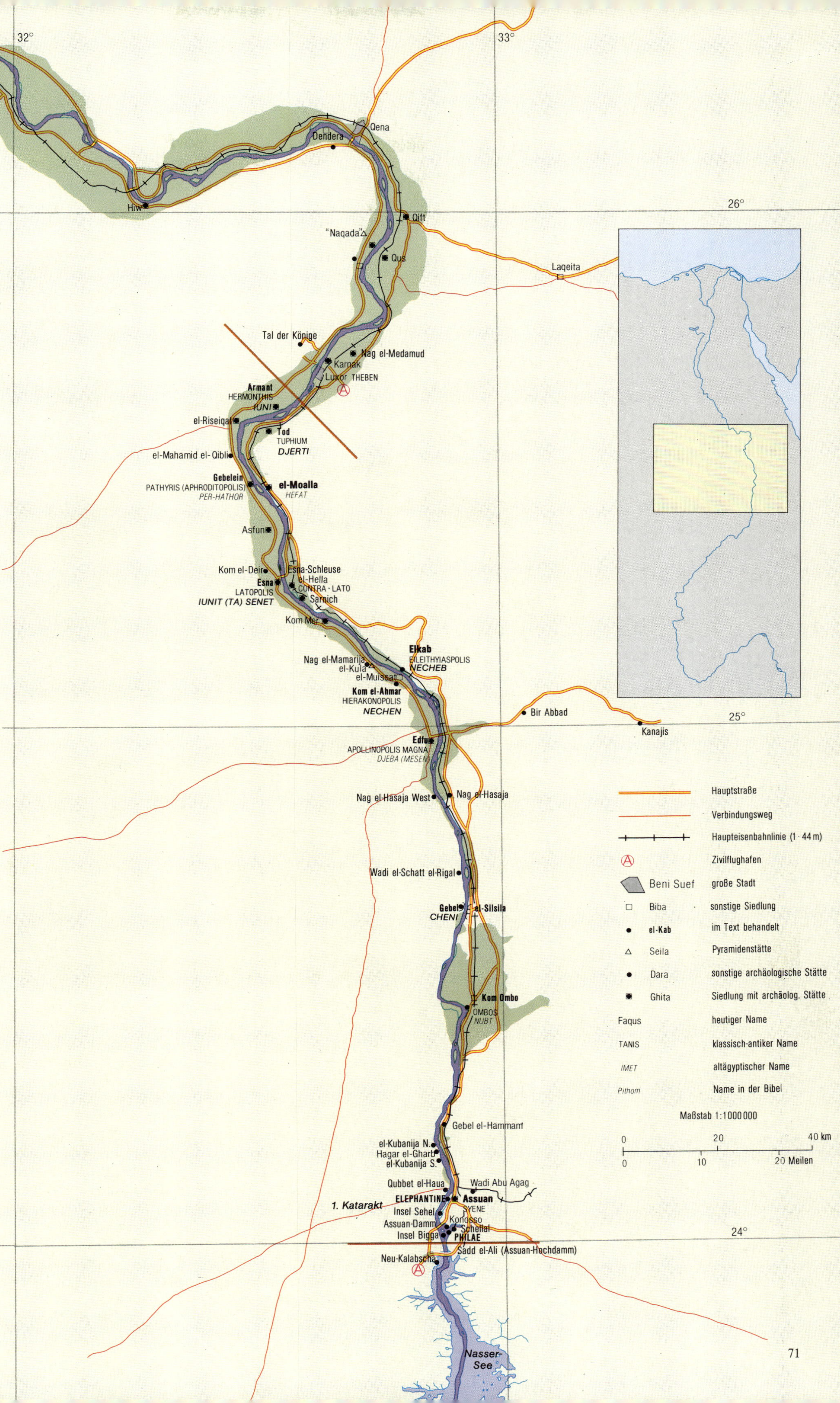

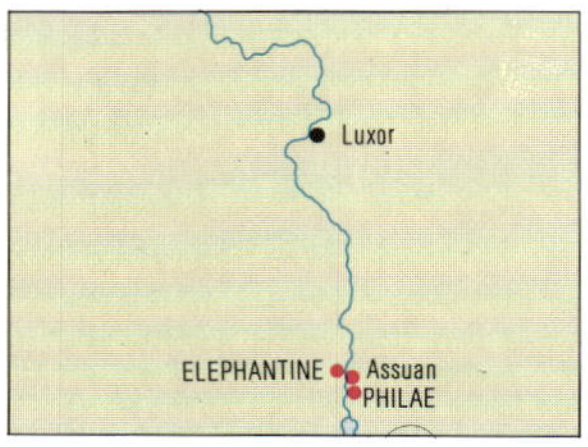

Elephantine und Assuan

Hauptstadt des 1. oberägyptischen Gaus war Elephantine, das offenbar in frühgeschichtlicher Zeit noch gar nicht zum eigentlichen Ägypten gehört hat. Mit seiner natürlichen Barriere, die der 1. Katarakt darstellt, und den reichen Erzvorkommen der Umgebung war Elephantine stets von eminenter strategischer Bedeutung, aber im Grunde liegt es in einem unfruchtbaren Gebiet und mußte wohl zu allen Zeiten aus Gegenden weiter nördlich mit Lebensmitteln versorgt werden. Als Garnison und Umschlagplatz für den Handel hatte es jedoch sein Auskommen. Das Wort *swenet,* von dem der heutige Name Assuan abgeleitet ist, hat im Altägyptischen gemeinhin die Bedeutung »Handel.«

Die Stadt und das Tempelgebiet erstreckten sich im wesentlichen über den südlichen Teil der Insel. Über die Stadtanlage läßt sich noch wenig aussagen, sie ist Gegenstand eines langjährigen Grabungsprojektes. Hervorzuheben gilt es den Fund von frühdynastischen Votivfigürchen, wie sie ähnlich auch aus Kom el-Ahmar (Hierakonpolis) bekannt sind, woraus auf das Vorhandensein eines Heiligtums geschlossen werden darf. Aus dem späten Alten Reich sind Teile einer mit Reliefs verzierten Holzverkleidung von der Kapelle eines Beamten der 6. Dynastie, deren Gräber auf der anderen Seite des Flusses liegen, zutage gekommen. Es handelt sich offenbar um ein ähnliches Heiligtum wie das des Heqaib, eines Beamten der 6. Dynastie, der nach seinem Tode göttlich verehrt wurde und dessen Kult bis ins Mittlere Reich bestanden hat. Aus allen späteren Epochen sind Relieffragmente von den Tempeln des Chnum, der Satet und der Anukis erhalten, der hier am Ort verehrten Triade. Ein kleiner Umgangstempel Amenophis' III. war bis 1820 fast vollständig erhalten, ebenso wie ein Bau Tuthmosis' III. Widdergrabstätten aus griechisch-römischer Zeit – der Widder war das heilige Tier des Chnum – sind im Bereich ei-

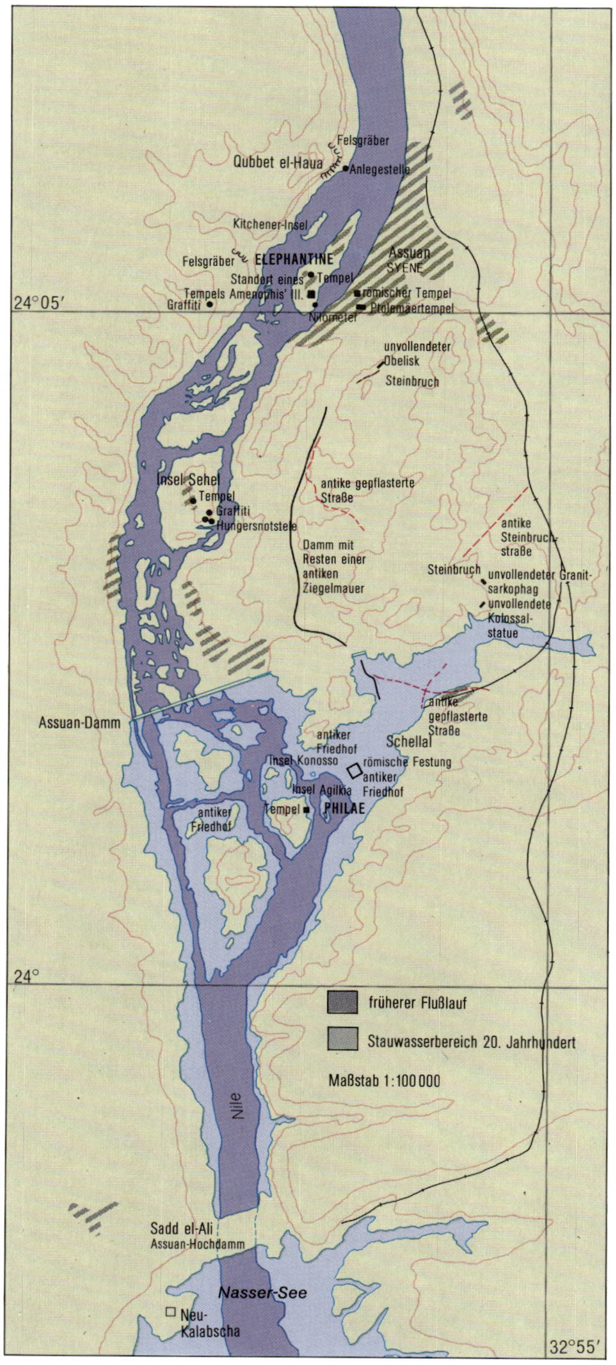

Oben links: Tempelbereich auf der Insel Elephantine, Blick nach Nordwesten, im Hintergrund das moderne Dorf. Die Steinmauern stammen aus den verschiedensten Epochen (das aufrecht stehende Tor ist restauriert).

Links: Mumiengestaltige Kolossalstatue, unvollendet liegengeblieben im Bereich der Steinbrüche auf dem Ostufer, wahrscheinlich 19. Dynastie. Herausragende große Felsbrocken bestimmen das Bild des Kataraktengebiets. Auf dem Felsbrocken neben der Statue deutliche Spuren von Steinbrucharbeiten. Die Statue weist Erosionsspuren auf, das Antlitz haben Generationen von Besuchern blankgerieben.

Oben: Pfeilerdarstellung im Grab des Setka auf der Qubbet el- Haua, späte 6. Dynastie; wohl eine der qualitativ besten Reliefarbeiten aus dem Alten Reich in Assuan. Darstellung des Toten mit Leopardenfell, langem Schurz und kurzer Perücke als älterer Priester. In der Beischrift wird er als »Fürst, Vorsteher der Phylen (Priestergruppen) von Oberägypten« bezeichnet. Setka schreitet den Besuchern seines Grabes entgegen, auf der im Bilde linken Pfeilerseite befinden sich Darstellungen von Tieren und Opferträgern, die sich auf den Grabherrn zu bewegen.

nes Tempels Alexanders IV. gefunden worden. Einige der vergoldeten Kopfteile aus Kartonage befinden sich im nahegelegenen Museum. Die steinernen Sarkophage sind an Ort und Stelle geblieben. Das bekannteste, heute noch gut sichtbare Monument ist der Nilmesser auf der Ostseite von Elephantine. Daneben befindet sich eine mit Ellenmarkierungen versehene Treppe zum Messen der Wasserhöhen. Die dort verzeichneten Angaben von Überschwemmungshöhen stammen aus griechisch-römischer Zeit.

Auf dem Westufer nördlich der Stadt, in dem im Arabischen Qubbet el-Haua, d.h. »Kuppel der Winde« genannten Felsriff liegen die Gräber der Karawanenführer des Alten Reiches, der Gaufürsten des Mittleren Reiches und einiger Beamter des Neuen Reiches. Besonders die Gräber der 6. Dynastie enthalten wichtige biographische Texte, wohingegen die künstlerische Ausgestaltung sparsam und von provinzieller Qualität ist. Weitaus eindrucksvoller nimmt sich dagegen das Grab des älteren Sarenput aus der 12. Dynastie aus, das von der Architektur und dem Dekor her die früheren Gräber übertrifft.

Auf den Granitfelsen des Kataraktes südlich von Elephantine kann man an vielen Stellen Spuren von Steinbrucharbeiten beobachten. Das Steinbruchgebiet erstreckt sich vom Stadtkern aus bis zu 6 km nach Osten. Die interessantesten archäologischen Zeugnisse sind jedoch der unfertige Obelisk und eine mumiengestaltige Kolossalstatue. Einzusehen ist, warum der fehlerhafte Obelisk nicht weiter bearbeitet wurde, warum aber die Statue liegenblieb, bleibt unklar. Sowohl vom Fluß aus als auch auf dem Lande sind überall Inschriften, sogen. Graffiti, zu sehen, die inhaltlich entweder an Steinbruchexpeditionen erinnern oder allgemeiner gehalten sind.

In Assuan selbst sind wenige Überreste aus der Antike erhalten geblieben, weil hier ständig Relikte aus früheren Zeiten überbaut worden sind. Zwei kleine Tempel aus griechisch-römischer Zeit stellen wohl nur den geringsten Teil eines einstmals größeren Sakralbereichs dar.

Philae

Mit ihrer unvergleichlichen Lage im Kataraktengebiet bildete die üppige Insel Philae im 19. Jahrhundert eine der Touristenattraktionen Ägyptens, bis der Bau des ersten Assuan-Staudammes sie mitsamt ihren Bauwerken fast das ganze Jahr über unter Wasser setzte. Nach der Anlage des Hochdammes sind nun die Tempel von Philae abgebaut und auf dem nahegelegenen Agilkia wieder errichtet worden.

Die frühesten Bauten von Philae stammen aus der Zeit Nektanebos' I., aber aus den Fundamenten geborgene Blöcke datieren die Geschichte der Insel zumindest bis in die Zeit Taharqas zurück. In Philae ist die letzte Hieroglypheninschrift – aus dem Jahre 394 n. Chr. – erhalten, demotische Graffiti reichen bis in das Jahr 452 n.Chr.

Die Ägypter führten den Namen der Insel auf die Bezeichnung »Insel aus der Zeit (des Re)« zurück, womit angedeutet ist, daß Philae als Ort der Urschöpfung angesehen wurde, als der Sonnengott auf der Erde herrschte. Auf der benachbarten Insel Bigga lag das Abaton, die »reine Stätte«, d.h. eines der vielen Osirisgräber des Landes. Ihm näherte man sich über den kleinen Tempel von Bigga, der Philae gegenüber liegt. Den architektonischen Höhepunkt auf Philae bildete der Tempel der Isis, das berühmteste Götterpaar der Spätzeit besaß also jeweils eine

Ganz oben: Das Tempelareal von Philae, vom nahegelegenen Bigga aus gesehen, Aquarell von David Roberts (veröffentlicht 1846). Im Vordergrund der teilweise zur Kirche umgestaltete Tempel von Bigga. Die Rückwand der westlichen Kolonnade bildet das Ende der Insel. Nach links schließen der Landungssteg und das Tor des Hadrian an. Dahinter (von rechts nach links) die erste östliche Kolonnade, der Kiosk des Trajan, der 1. Pylon, das Geburtshaus (Mammisi) und die zweite östliche Kolonnade; 2. Pylon und Tempel der Isis. Auf dem Dach des Isistempels Reste neuzeitlicher Behausungen (im 19. Jahrhundert entfernt).

Oben: Darstellung eines Sistrums aus der Zeit Ptolemaios' VI. Philometor am Eingang zum Hauptsaal des Hathortempels auf Philae. Das Motiv, oft als Säulenkapitell verwendet, zeigt den Kopf der Hathor auf dem Goldzeichen (das der Hathor geweihte Metall) mit zwei Uräusschlangen zu beiden Seiten und einem Naos auf dem Kopf, der das eigentliche Sistrum bildet.

PHILAE
(vor Abbau der Tempel)
Reste von Nilschlammziegelbauten nicht berücksichtigt
(vor allem aus nachchristlicher Zeit)

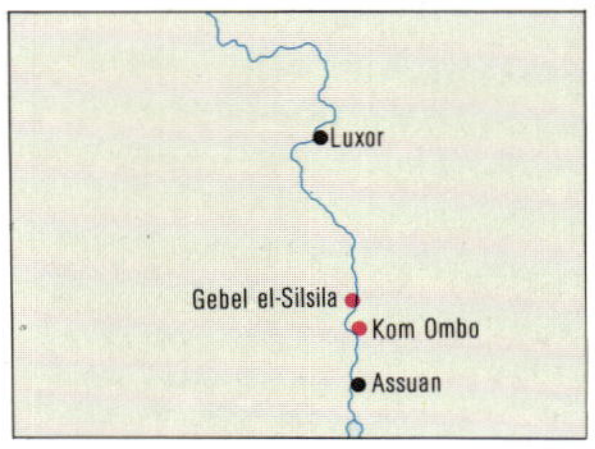

Unten: Tor des Hadrian auf Philae: die kuhköpfige Isis gießt Milch aus über dem heiligen Hain von Bigga mit der auferstandenen »Seele« des Osiris darüber. Hinter der Göttin (links im Bilde) die Felslandschaft von Bigga mit einer Personifikation der Überschwemmung in einer Höhle, von der das Wasser seinen Ausgang nimmt, darüber Geier und Falke.

Rechts: Tempel des Sobek und Haroëris in Kom Ombo, von Osten. Ganz vorn die Umfassungsmauer aus Nilschlammziegeln, dahinter die äußere und innere Steinmauer. Die Reliefs stammen aus römischer Zeit.

Insel. Isis errang die größere Popularität, ihre Verehrer kamen aus Gegenden hoch im Norden und tief im Süden. Die kurze Periode des ptolemäisch-meroïtischen Kondominiums hat in der Ausgestaltung des Harensnuphis-Tempels ihren Niederschlag gefunden, sie fällt in die Zeit Ptolemaios' IV. Philopator und des meroïtischen Königs Arqamani (um 220–200 v. Chr.). Meroïtische Graffiti datieren aus der Zeit vom 3. vorchristlichen bis ins 3. nachchristliche Jahrhundert.

Die Pilger gingen in der Nähe der Halle des Nektanebos an Land und schritten dann unter freiem Himmel zwischen zwei großen Säulenhallen dahin. Sie stammen zweifellos aus späterer Zeit und mögen von den öffentlichen Platzanlagen mit ihren Kolonnaden, wie sie die klassische Antike kannte, abgeleitet sein. Die Ausschmükkung der westlichen Kolonnade ist im wesentlichen römischen Datums.

Östlich der Ostkolonnade lagen die den nubischen Göttern Arensnuphis und Mandulis geweihten Tempel sowie ein Tempel des Imhotep, eines hohen Beamten aus der Zeit des Königs Djoser, der später göttliche Verehrung genoß. Ihn erwähnt auch die Inschrift einer Felsstele aus ptolemäischer Zeit auf der Insel Sehel weiter nördlich. In der Lücke nördlich zwischen der ersten östlichen Kolonnade und dem später errichteten Kiosk des Trajan auf der Ostseite der Insel befindet sich ein Tor Ptolemaios' II. Philadelphos, das auf eine kleine Kapelle zuführt.

Der vordere Teil des Isistempels setzt sich aus einzelnen Bauwerken zusammen. Hinter dem ersten Pylon wird der Hof eingefaßt vom Geburtshaus, das hier abweichend von der Regel parallel zur Tempelachse verläuft, und der zweiten östlichen Kolonnade, von der eine Reihe von Räumen abzweigen. Die Reliefs in diesem Bereich stammen aus spätptolemäischer und frührömischer Zeit. Der dahinter liegende eigentliche Tempel, dessen früheste Teile unter Ptolemaios II. Philadelphos ausgestaltet wurden, besteht aus einer verkürzten Form von Pylon, Hof und Säulenhalle und erreicht bei weitem nicht die Maße der sonst aus dieser Epoche erhaltenen Tempel.

Zu den schönsten Bauwerken aber gehört zweifellos der Tempel der Hathor, die hier als die zornige Göttin des Mythos verehrt wurde, weil sie bis nach Nubien hinein Zerstörung und Verwüstung angerichtet hatte und von Toth erst besänftigt werden mußte, ehe sie sich zur Rückkehr nach Ägypten entschloß. Hervorzuheben sind die Darstellungen auf den Säulen des Vorhofes, darunter Musikanten einschließlich des Gottes Bes, die mit ihren Darbietungen die Göttin wieder friedlich stimmen sollen.

Am Nordende der Insel stand ein Tempel aus der Zeit des Augustus und ein als »Tor des Diokletian« (284–305 n. Chr.) überliefertes römisches Stadttor. Zwischen dem Isistempel und diesen Bauten waren seit der Mitte des 4. Jahrhunderts zwei christliche Kirchen entstanden, die neben dem heidnischen Kult existierten, der schließlich unter dem byzantinischen Kaiser Justinian (527–565 n. Chr.) verboten wurde. Die Säulenhalle des Isistempels wurde nun ebenfalls in eine Kirche verwandelt und wie an so vielen anderen Stätten ging man daran, die »fleischlichen« Partien der Götter- und Königsbildnisse vollständig zu zerstören.

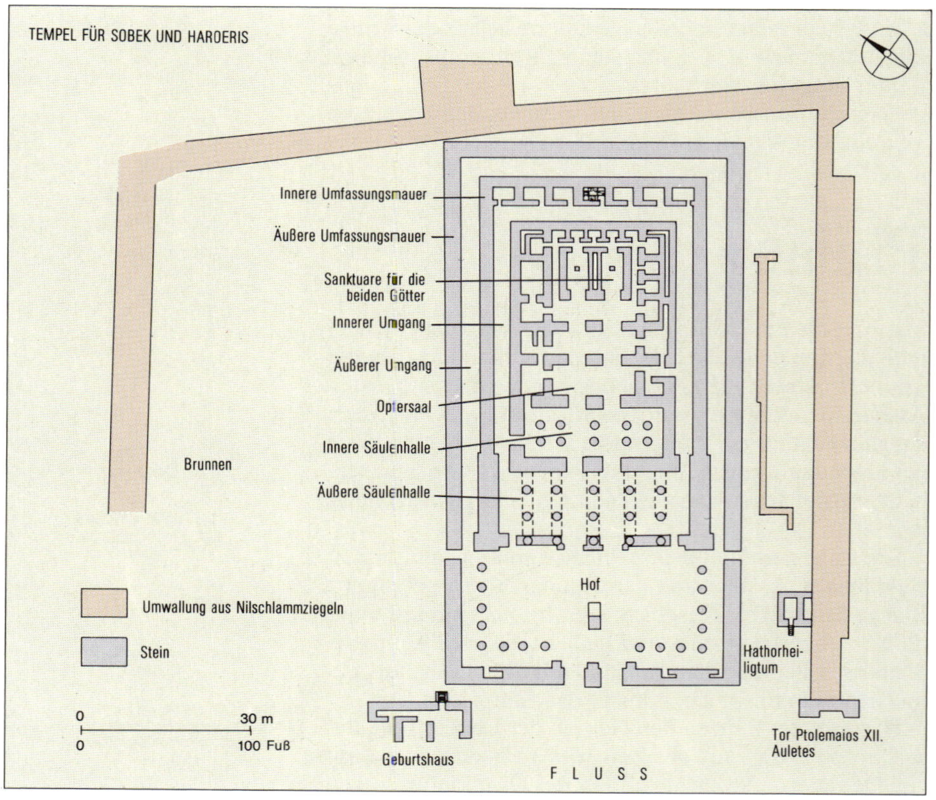

Sitzende Gottheit mit einem Opferaufbau, darunter ein Kasten mit chirurgischen Geräten. Die Darstellung befindet sich im äußeren Umgang und stammt aus römischer Zeit.

Darstellung des Königs auf einer Säule, farblich ausgezeichnet erhalten; aus der Zeit des Tiberius. Die Krone bringt den König mit Onuris-Schu in Verbindung; die Hieroglyphe hinter dem König ist das Zeichen für göttlichen Schutz.

Kom Ombo

Kom Ombo liegt auf einem Landvorsprung an einer Nilbiegung, am Nordende einer der größten landwirtschaftlich nutzbaren Flächen südlich vom Gebel el-Silsila. Aufgrund verbesserter Anbaumethoden war dieses Gebiet schon in der Ptolemäerzeit von großer Bedeutung, und aus dieser Epoche datieren denn auch fast alle baulichen Reste. Champollion hat allerdings in der südlichen Umfassungsmauer noch ein Tor aus der 18. Dynastie gesehen, und einzelne Blöcke aus dem Neuen Reich sind gefunden worden. Ein Teil des Tempelvorhofs ist in den Nil abgerutscht; außerhalb der Umfassungsmauer haben kaum Nachforschungen stattgefunden.

Der früheste im Tempel belegte Name ist der des Ptolemaios VI. Philometor, der Reliefdekor wurde im wesentlichen unter Ptolemaios XII. Auletes fertiggestellt. In der römischen Kaiserzeit wurden der Hof und der äußere Umgang mit Darstellungen ausgestattet. Der Doppeltempel ist zwei Götterdreiheiten gewidmet: Sobek, Hathor und Chons und Haroëris (Horus der Ältere), Tasenetnefret (die gute Schwester) und Panebtaui (der Herr der beiden Länder). Die beiden zuletzt genannten sind insofern künstliche Namen, als sie der weiblichen Gottheit lediglich die Funktion der Gefährtin und dem jugendlichen Gott eine königliche Rolle zuweisen. Sobek und seine Triade haben hier zweifellos die älteren Rechte, denn ihm ist der Südteil des Tempels geweiht, und der Süden hatte Vorrang vor dem Norden, wie aus dem Ordnungssystem der Ägypter hervorgeht.

Das nahe am Fluß gelegene Geburtshaus hat seinen Westteil eingebüßt, es rückt nahe an den Pylon heran, so daß man vermuten darf, daß vielleicht schon in der Antike nicht viel Platz nach dieser Seite hin vorhanden war. Der Pylon verfügt über zwei Durchgänge, in denen sich eine Eigentümlichkeit des Doppeltempels von Kom Ombo andeutet: auf jeden dieser Durchgänge ist eine Achse des Tempels ausgerichtet. Über eine lange Raumfolge gelangt man schließlich in zwei Sanktuarien. Von der ersten Säulenhalle ab umschließt ein Gang den gesamten inneren Tempel, an der Rückseite zweigen mehrere kleine Räume ab. Ein zweiter äußerer Umgang öffnet sich in den Hof vor der ersten Säulenhalle. Unfertige Reliefs im inneren Umgang und in den kleinen rückwärtigen Kammern machen den Arbeitsprozeß der Maler und Bildhauer dieser Epoche deutlich. Von den einzigartigen und bizarren Reliefbildern im äußeren Umgang wird die Darstellung eines Gerätesatzes im allgemeinen als Instrumentensatz eines Chirurgen gedeutet.

Bei einer Darstellung des Haroëris in der ersten Säulenhalle finden sich Anzeichen für die Wiederaufnahme einer alten Technik: anstelle des Auges befindet sich ein Loch. Hier sollte sicher eine kostbare Einlage der Götterfigur besondere Lebendigkeit verleihen.

Im kleinen aus römischer Zeit stammenden Hathorheiligtum südlich des großen Tempels werden heute die Krokodilsmumien aus einem nahegelegenen Tierfriedhof aufbewahrt. Eine komplizierte Anlage stellt der Brunnen nördlich vom Tempel dar, aufgrund des Höhenunterschieds zwischen Tempelareal und Fluß ist er besonders tief. Wie allen sonstigen Brunnen sollte auch dieser reines Wasser für die sakrale Anlage zur Verfügung stellen.

Gebel el-Silsila

Etwa 65 km nördlich von Assuan rücken am Gebel el-Silsila steile Sandsteinklippen an den Nil heran und bilden für den Verkehr auf dem Fluß ein natürliches Hindernis.

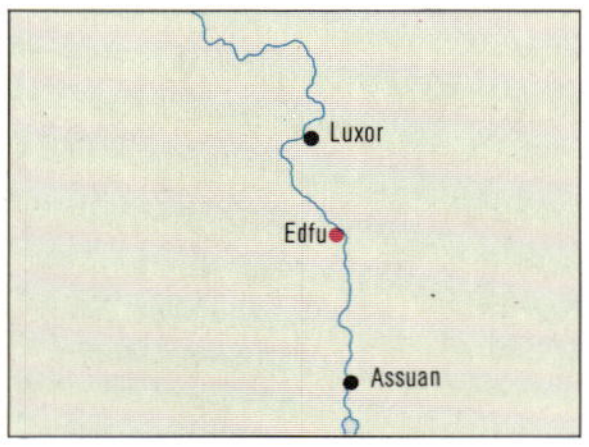

Der altägyptische Name *Cheni* oder *Chenu,* mit »Ruderstelle« übersetzt, trägt dieser Tatsache Rechnung, insofern als das Rudern mühsamer war als Segeln. Steinbrüche, vor allem auf dem Ostufer, sind hier von der 18. Dynastie bis in die griechisch-römische Epoche abgebaut worden.

Auf dem Westufer erhebt sich der Große Speos (Felsenheiligtum) des Haremhab. Die sieben Gottheiten, denen die Kapelle geweiht war, sind an der Rückseite des Sanktuars als Sitzfiguren wiedergegeben, darunter auch der krokodilsgestaltige Lokalgott Sobek und König Haremhab selbst. Mehrer Könige nach ihm ließen als Kenotaphe gedachte »Heiligtümer« (Kammern oder Nischen) aus dem Fels schlagen, so Sethos I., Ramses II. und Merneptah, aber auch hohe Beamte vor allem der 18. Dynastie sind hier verewigt.

Edfu

Edfu, nahe am Fluß und dennoch erhöht im breiten Tal gelegen, darf als ideale Siedlungsstätte gelten, denn der Ort wurde von den Überschwemmungen nicht berührt und lag dennoch nicht isoliert am Wüstenrand. Der Ptolemäertempel war einst Bestandteil eines größeren Areals, das sich ost- und südwärts unter der heutigen Stadt fortsetzte und bestimmt soviel ausmachte wie die ausgedehnten archäologischen Überreste in westlicher Richtung. Die innere und äußere Umfassungsmauer auf der Westseite entstand im Alten Reich. Eine weitere Mauer außerhalb der äußeren wurde wahrscheinlich in der Ersten Zwischenzeit errichtet. Innerhalb dieser Wälle und auf ihnen sind Siedlungsreste aus dem Alten Reich und aus griechisch-römischer Zeit zutage gekommen. Die spätere Mauer überdeckt ein Gebiet mit Gräbern aus dem späten Alten Reich und der Ersten Zwischenzeit. Darunter befinden sich verhältnismäßig große Mastabas. Überdies hat man verstreut Stelen, Statuen und Opfertische aus der Zweiten Zwischenzeit und dem Neuen Reich gefunden.

Aus der Zeit Ramses' III. sind die Fundamente eines Tempelpylons gefunden worden. Dieses Bauwerk war wie üblich zum Nil hin ausgerichtet und sicher kleiner als der spätere Tempelbau. Der Durchgang in den ersten Hof des späteren Tempels ist auf den Durchgang des früheren Pylons ausgerichtet, der mit einem kleinen Tor nach Süden und dem im rechten Winkel zum Haupttempel ausgerichteten Geburtshaus einen Baukomplex bildet. Der Haupttempel von Edfu ist der am besten erhaltene in Ägypten und von der Konzeption her archetypisch. Bauinschriften an der Außenmauer, in horizontalen Schriftbändern angebracht, berichten viele Details über die Entstehung der Anlage. Begonnen wurde im Jahre 237 v. Chr. (unter Ptolemaios III. Euergetes I.). Der innere Teil war 212 (Ptolemaios IV. Philopator) beendet und 142 (Ptolemaios VIII. Euergetes II.) mit dem Bildschmuck versehen. Der getrennt gebaute äußere Säulensaal wurde 124 v. Chr. (Ptolemaios VIII. Euergetes II.) fertig. Der Dekor dieses Teiles und weiterer äußerer Bauten wurde erst 57 v. Chr. vollendet. Ungeachtet der politischen Verhältnisse wurde die Arbeit an diesem Tempel kontinuierlich fortgesetzt, bis auf eine Unterbrechung von etwas mehr als zwanzig Jahren, als in Oberägypten unter Ptolemaios IV. und Ptolemaios V. Epiphanes Unruhen ausbrachen.

Die von der üblichen West-Ost-Orientierung abweichende Südorientierung der Tempelachse mag auf die Gegebenheiten des Geländes zurückzuführen sein. Der Hof hinter dem Pylon ist von Säulen mit paarweise sich entsprechenden Kapitellen unterschiedlicher Form, wie bei anderen Bauwerken aus dieser Zeit auch, umgeben, die Abwechslung in den sonst einseitigen Formenschatz bringen. Mehrere Ausgänge führen vom Tempel in einen Umgang, dessen äußere Begrenzung die Fortsetzung der Hofmauer ist. Die Darstellungen und Inschriften beinhalten u.a. Landschenkungen an den Tempel, eine Schilderung der mythischen Tempelgründung und eine Reihe Reliefszenen mit »dramatischen« Texten zu einem Ritual, das den Sieg des Horus über seinen Feind Seth zum Gegenstand hat.

Zu den bleibenden Eindrücken des Horustempels von Edfu zählt die Lichtführung im Innern bzw. die Art, wie Hell und Dunkel verteilt sind. Einige Räume liegen völlig

Oberste Aufnahme: Luftaufnahme, von Norden, aus dem Jahre 1932. Deutlich erkennbar sind die dominierende Lage des Tempels und der Schutthügel der antiken Stadt.

Oben: Säulenkapitelle vom Vorhof; Mitte und rechts sogen. Kompositkapitelle aus stilisierten Pflanzenelementen, einmal eine einzelne Papyrusdolde mit Stengeldekor, zum anderen eine Komposition aus mehreren Papyrusdolden. Links außen ein Palmwedelkapitell, das eine lange Tradition aufweist. Das Palmkapitell birgt solare Bezüge und zugleich solche zum Wasser, denn Palmen gedeihen gern am Ufer von Teichen.

Rechts: Blick durch den Säulensaal von Edfu nach Osten. Ein Raumgefühl stellt sich kaum ein, weil die Säulen sehr hoch sind und eng beieinander stehen. Hervorgerufen werden sollte dagegen der Eindruck eines üppigen Pflanzendickichts. Die Pflanzensymbolik der Säulen kommt in der Angabe der Keimblätter an der Basis zum Ausdruck. Opferszenen und Darstellungen glücksbringender Zeichen vervollständigen den Dekor.

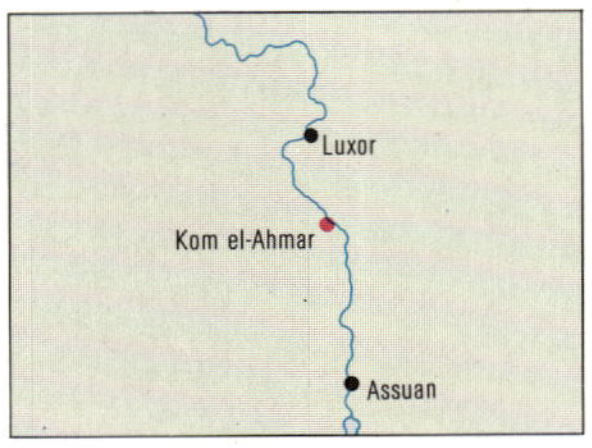

im Dunkeln, andere erhalten ein wenig Licht aus den Säulenhallen oder von Öffnungen in der Decke oder der Übergangsstelle von Wand und Decke. Ganz generell schreitet man vom Licht ins Dunkel, das Sanktuar wird nur von der Mittelachse her beleuchtet. Der Eindruck muß noch überwältigender gewesen sein, als die Reliefs ihre originale Bemalung hatten.

Der aus einem einzigen Block Syenit gearbeitete und auf Hochglanz polierte Naos im Allerheiligsten hat allem Anschein nach einen hölzernen Schrein mit dem Kultbild des Gottes enthalten, das vielleicht 60 cm hoch und ebenfalls aus Holz war, mit Gold und Halbedelsteinen verziert. Dieser steinere Naos aus der Zeit Nektanebos' II. ist der älteste Bestandteil des Tempels.

Wie bei allen anderen Tempeln der Spätzeit wurde auch in Edfu das Inventar entfernt, nachdem der Kult nicht mehr bestand. Wir dürfen uns daher glücklich schätzen, daß zumindest drei Falkenstatuen am Eingang und an der Tür zum Säulensaal erhalten sind. Mehrere überlebensgroße Statuen nackter Jünglinge, die heute im Hof liegen, stellen möglicherweise den jugendlichen Gott Ihi oder Harsomtus dar und gehörten zur Ausstattung des Tempels, so daß wir uns den Tempelbereich nicht so kahl vorstellen dürfen wie er heute erscheint.

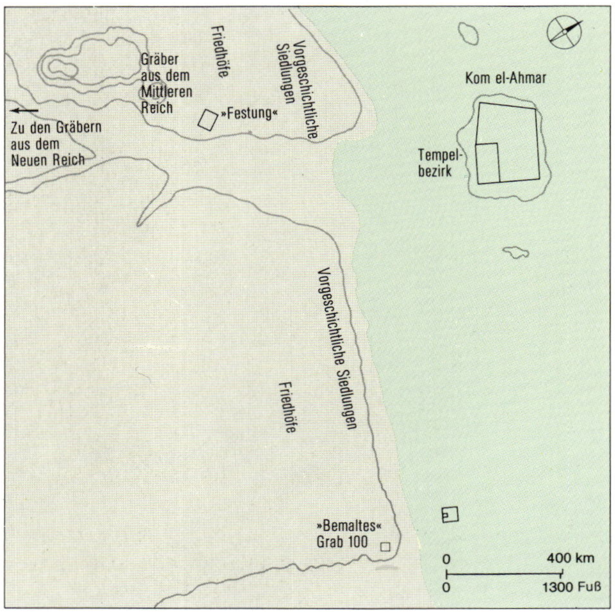

Kom el-Ahmar

Kom el-Ahmar (»der rote Hügel«), das alte *Nechen,* liegt etwa 1 km südwestlich des heutigen Dorfes el-Muissat auf dem Westufer des Nils. Im Mythos spielt *Nechen* eine bedeutende Rolle: gemeinsam mit *Necheb* (Elkab) auf dem gegenüberliegenden Ufer bildete der Ort das Gegenpaar zum unterägyptischen *Pe* und *Dep* (heute Tell el-Faraïn) im Delta. Die schakalsköpfigen Gestalten, »Seelen von *Nechen*« genannt, waren möglicherweise Personifikationen der frühen Herrscher von *Nechen.* Hauptgottheit war ein Falke mit zwei hohen Federn auf dem Kopf, *Necheni,* d.h. »der von Nechen« genannt, der sehr bald mit Horus zu »dem Horus von Nechen« verschmolz, worauf die griechische Bezeichnung des Ortes, Hierakonpolis, zurückgeht. *Nechen* bildete in der Frühzeit das Zentrum des 3. oberägyptischen Gaues, im Neuen Reich trat dann Elkab an seine Stelle, das Territorium unterstand der Verwaltung des Vizekönigs von Kusch.

Auf 3 km etwa erstrecken sich südlich und südwestlich des Dorfes el-Muissat die Überreste vorgeschichtlicher Siedlungen und Friedhöfe. Ein Ziegelbau unbestimmten Zwecks, gemeinhin als Festungsbau bezeichnet und der frühdynastischen Zeit zugehörend, zieht sich etwa 500 m ins Wadi hinein. Das berühmte mit Malereien ausgestattete »Grab 100« wurde Ende des vorigen Jahrhunderts im ganz im Osten liegenden Teil des Siedlungs-Friedhofsbereichs gefunden, heute ist davon nichts mehr zu sehen. Die aus Nilschlammziegeln errichtete unterirdische Anlage wies die bescheidenen Maße von 4,5 × 2 × 1,5 m auf. Die Westwand trug Darstellungen von Booten, Tieren und Menschen. Wahrscheinlich war hier in spätvorgeschichtlicher Zeit ein Häuptling bestattet worden. Das Grab belegt die zunehmende soziale Schichtung der ägyptischen Gesellschaft und veranschaulicht zugleich die Herausbildung von Motiven und Darstellungsweisen der ägyptischen Kunst.

Zu Beginn der 1. Dynastie trat die als Kom el-Ahmar bekannte unregelmäßig geformte Stadtumwallung an die Stelle der früheren Siedlung am Wüstenrand. In der Süd-

Oben: Kleine Weihefigürchen aus Elfenbein und Fayence aus frühgeschichtlicher Zeit, aus dem sogen. »Main Deposit« des Tempels von Kom el-Ahmar. Oxford, Ashmolean Museum.

Links: Sitzender Löwe, Tonfigur mit glänzendem rotem Überzug, wahrscheinl. 3. Dynastie. Seltsam mutet die schematische Behandlung der Ohren und die Wiedergabe der Mähne an, die wie ein Lätzchen auf die Brust herabfällt, wohl in Nachahmung des Kopftuches. Höhe: 42,5 cm. Im Tempel gefunden, Oxford, Ashmolean Museum.

Prunkkeulenkopf des Königs »Skorpion« (nach dem Skorpion-Zeichen neben dem Kopf), der möglicherweise mit König Narmer identisch ist. Die Szene gibt die Grundsteinlegung für einen Tempel wieder, der König hebt den ersten Graben aus. Kalkstein, Höhe: 25 cm, aus dem »Main Deposit«. Oxford, Ashmolean Museum.

ecke bedeckte der Tempelkomplex etwa ein Sechstel der gesamten Fläche. Dieser Teil wurde bei den umfassendsten Grabungen, die hier je stattgefunden haben, in den Jahren 1897–99 freigelegt. Dabei stießen die Ausgräber J.E. Quibell und F.W. Green auf technische Schwierigkeiten, die in der ägyptischen Archäologie damals noch nicht zu überwinden waren. In seiner frühesten Form hat der aus Ziegeln errichtete Tempel wohl einen Sandhügel enthalten, der mit Steinen abgestützt und verkleidet war in der Form, wie ihn die Hieroglyphe wiedergibt, die zur Schreibung von *Nechen* diente. Als Stifter für den Tempel müssen vor allem König Narmer und Chasechem/Chasechemui gelten. Zu einem späteren Zeitpunkt sind viele der frühen Weihgaben zusammengetragen und im sogen. »Main Deposit« vergraben worden. Unbekannt ist allerdings, wann dies stattgefunden hat und warum. Viele der Stücke aus dem »Main Deposit« (Paletten, Keulenköpfe, Steingefäße, Elfenbeinfiguren usw.) stammen aus der Regierungszeit der beiden zuvor genannten Könige, obwohl für manche Objekte ohne Inschrift auch eine spätere zeitliche Ansetzung vorgeschlagen wurde. Aus fast allen späteren Epochen sind Denkmäler im Tempelbereich gefunden worden, aber sie sind weder zahlreich noch besonders auffallend, bis auf einige Stücke aus der 6. Dynastie: zwei Kupferstatuen Pepis I. und Merenres, eine Granitstele mit der Darstellung des Königs Pepi mit Horus und Hathor, eine Statuenbasis Pepis II, und möglicherweise ein Falkenkopf aus Gold.

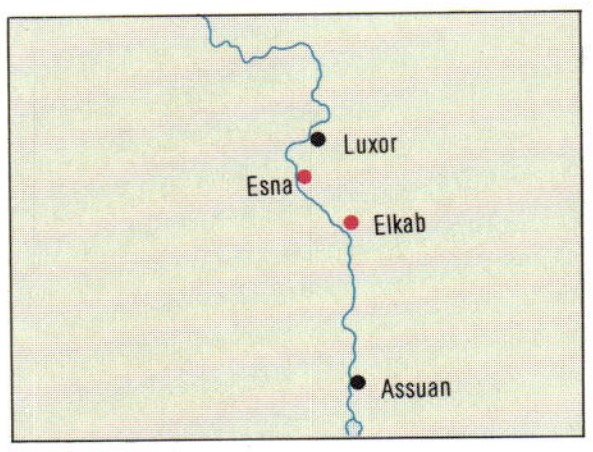

Elkab

Hier reichen die frühesten Spuren menschlicher Aktivität mit Funden der Kabian-Mikrolithkultur vor die neolithischen Kulturen Oberägyptens in die Zeit um 6000 v. Chr. zurück. Genau wie *Nechen* (Kom el-Ahmar) auf dem Westufer spielte auch *Necheb* auf dem Ostufer in prä- und frühdynastischer Zeit eine große Rolle, die ihren Ausdruck in der Hervorhebung der Geiergöttin Nechbet als Kronengöttin neben der Schlangengöttin Wadjit für Unterägypten fand. *Nechbet* galt als oberägyptische Göttin schlechthin. Unter ihrem Namen »die Weiße von Nechen« gehörte sie zu den Gottheiten, die bei der Geburt von Königen oder Göttern hilfreich zur Seite standen. In griechisch-römischer Zeit wurde sie mit Eileithya verglichen, und die Stadt Necheb erhielt im Griechischen die Bezeichnung Eileithyaspolis. Seit Beginn der 18. Dynastie war *Necheb* die Hauptstadt des 3. oberägyptischen Gaus, eine Funktion, die später Esna übernahm.

Das von einer gewaltigen Ziegelmauer umgebene Stadtgebiet des antiken Elkab in der Abmessung von etwa 550 × 550 m wirkt noch heute eindrucksvoll. Innerhalb dieses Gebietes liegen der Haupttempel der Nechbet mit zugehörigen Bauten, darunter einem Geburtshaus, mehrere kleinere Tempel, ein heiliger See und Friedhöfe aus der Frühzeit. Wahrscheinlich ist Elkab schon in frühdynastischer Zeit mit zunächst noch bescheidenen Tempelbauten ausgestattet worden. Ein Granitblock mit dem Namen des Chasechemui legt diese Vermutung nahe. Im Mittleren Reich schenkten Nebhepetre-Mentuhotep, Sebekhotep III. (Sedfestkapelle) und Neferhotep III. (Sechemreseanchtaui) diesem Ort besondere Beachtung. Rege Bautätigkeit am Tempel der Nechbet begann in der 18. Dynastie, deren Könige alle mehr oder minder stark zum Ausbau beitrugen, allen voran Tuthmosis III. und Amenophis II. Nach dem Zwischenspiel der Amarna-Zeit ehrten die Ramessiden die Nechbet von Elkab mit Bauwerken. Taharqa in der 25. Dynastie, Psammetich I. in der 26. und Dareios I. in der 27. Dynastie setzten diese Tradition fort, doch für den heute weitgehend zerstörten Tempel, den die Archäologen vorfanden, hatten vor allem die Könige der 29. und 30. Dynastie (Hakoris und Nektanebos I. und II.) verantwortlich gezeichnet.

Außerhalb der Stadtmauer befanden sich zwei heute zerstörte Kapellen: die etwa 750 m nordwestlich gelegene hatte Tuthmosis III. errichten lassen; die andere, außerhalb des Nordostteiles der Stadtmauer, stammte von einem der beiden Könige mit Namen Nektanebos. Etwa 2,2 km nordöstlich der Stadtmauer, am Eingang zum Wa-

Links: Einer der Wüstentempel von Elkab, Felsenheiligtum aus der Ptolemäerzeit, gestiftet der Göttin Schesmetet. Ansicht von Süden.

»An einem Ort namens Caab ... entdeckten wir etwas, das wie ein Stück Altertum aussah ... wir kamen zu den Resten eines antiken Tempels aus sechs Pfeilern in zwei Reihen, ihre Dächer ganz. Wenig weiter nach Norden gibt es noch viele Fragmente zerbrochener Pfeiler und umfangreiche andere Ruinen, kurios mit Hieroglyphen usw. bedeckt.« (C. Perry, *A View of the Levant,* 1743, S. 361). Es handelt sich um die Beschreibung der Säulen im Säulensaal des Hakoris im Tempel der Nechbet.

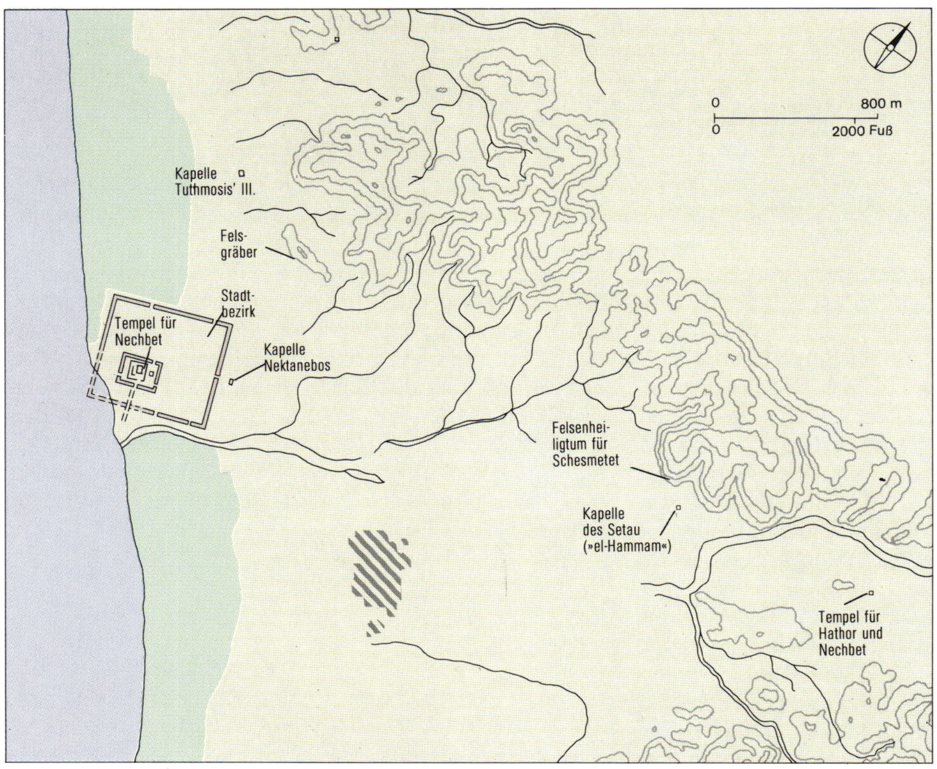

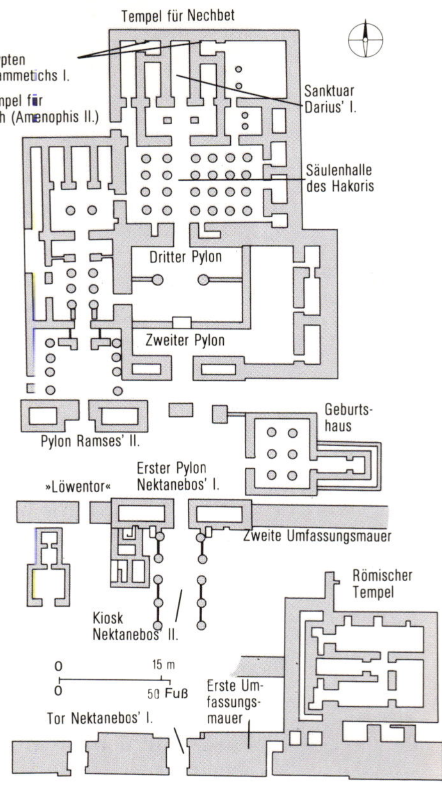

Tempel des Chnum in Kom el-Deir, nordwestlich von Esna, heute zerstört. Wiedergabe der napoleonischen Expedition 1798–1800.

Fassade des Chnumtempels von Esna, 1. Jahrhundert n. Chr. Im Bereich der Seiteneingänge zum Säulensaal sind wichtige mythologische Texte angebracht. Durch diese Eingänge betraten normalerweise die Priester das Tempelinnere.

di Hellal, liegt der erste der sogen. »Wüstentempel,« das teils aufgemauerte, teils aus dem Fels gehauene Heiligtum der Göttin Schesmetet (Smithis). Seine wichtigsten Bauherren waren Ptolemaios VIII. Euergetes II. und Ptolemaios IX. Soter II. Ungefähr 70 m nach Südosten befindet sich die gut erhaltene, als »Hammam« (Bad) bezeichnete Kapelle des Vizekönigs von Kusch, Setau, die in der Epoche Ramses' II. erbaut und unter den Ptolemäern restauriert wurde. Wahrscheinlich war sie den Göttern Re-Harachte, Hathor, Amun, Nechbet und Ramses II. geweiht. Etwas weiter entfernt (3,4 km von der Stadtmauer) errichteten Tuthmosis IV. und Amenophis III. einen Tempel für Hathor, »die Herrin des Taleingangs«, und Nechbet.

Felsgräber vor allem aus der frühen 18. Dynastie, aber auch aus dem Mittleren Reich und der Ramessidenzeit, befinden sich etwa 400 m nördlich der Stadtmauer. Zwei von ihnen, das des Ahmose, Sohn des Ebana (Nr. 5), und das des Ahmose Pennechbet (Nr. 2), sind wegen ihrer biographischen Inschriften von besonderem Interesse; denn sie berichten von der Einnahme der Hyksoshauptstadt Auaris, von der Belagerung von Scharuhen durch König Ahmose sowie von syrischen und nubischen Feldzügen der Könige der frühen 18. Dynastie. Beachtenswerte Reliefs enthält das Grab des Paheri, der Bürgermeister von Necheb war.

Esna

Esna, das altägyptische *Iunit* oder *(Ta)-senet,* wurde von den Griechen Latopolis genannt, nach dem *Lates*-Fisch, den die Bewohner verehrten und auf einem Friedhof westlich der Stadt beisetzten. An der gleichen Stelle liegen Nekropolen mit Menschenbestattungen aus dem Mittleren Reich bis in die Spätzeit.

Etwa 200 m vom Nil entfernt, liegt mitten in der heutigen Stadt der Tempel von Esna, und zwar 9 m unter dem Niveau der modernen Straße. Diese Höhe bezeichnet den Siedlungsschutt. Die heilige Straße, die vielleicht einst den Tempel mit dem Ufer verband, ist verschwunden. Der Kai mit Kartuschen des Marcus Aurelius ist allerdings noch heute in Benutzung. Aus Texten im Tempel ist auf Beziehungen zu weiteren vier Tempeln in der Umgebung zu schließen, drei lagen nördlich, einer auf dem Ostufer. Sie sind heute vollständig verschwunden, obwohl im 19. Jahrhundert noch Teile davon sichtbar waren. Ein weiteres Heiligtum aus dieser Zeit wurde 12 km südlich in Kom Mer erst vor kurzem ausgegraben.

Der Tempel von Esna ist dem Chnum und einigen anderen Göttern geweiht, von denen als bedeutendste Neith und Heka genannt seien. Aufrecht steht heute nur mehr die erste Säulenquerhalle, deren Westwand einst den Beginn des Tempelinnern bezeichnete. Die Reliefs dieser Wand stammen aus der Zeit von Ptolemaios VI. Philometor und Ptolemaios VIII. Euergetes II. Einige der Szenen (Darstellung von Göttern und des Königs beim Vogelfang mit dem Netz) verdienen Hervorhebung.

Zum Bedeutendsten gehören allerdings Texte auf den Säulen, die ein klares und anschauliches Bild von den Festen des sakralen Jahres in Esna vermitteln, das in Form eines Kalenders als Säuleninschrift ebenfalls überliefert ist. Hinzuweisen ist ferner auf zwei kryptographisch geschriebene, d.h. verschlüsselte Hymnen an Chnum, die einmal nur aus Widderzeichen, zum andern aus Krokodilshieroglyphen bestehen.

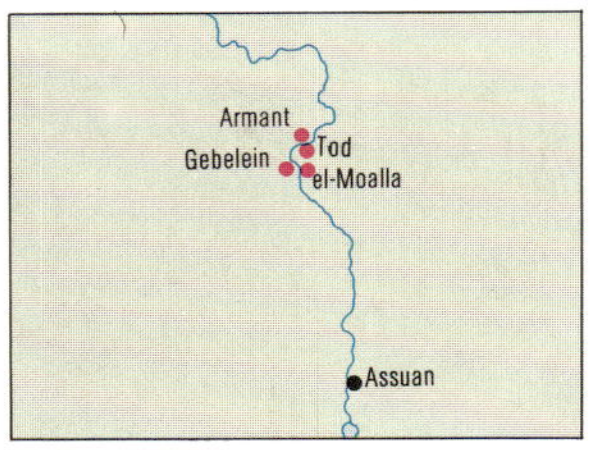

el-Moalla

Zwei mit Malereien versehene Felsgräber aus dem Beginn der Ersten Zwischenzeit, die einem gewissen Anchtifi und Sebekhotep gehörten, stellen die wichtigsten Denkmäler von el-Moalla dar, das möglicherweise mit dem antiken *Hefat* gleichzusetzen ist. Abgesehen von den nicht herkömmlichen Malereien enthält das Grab des Anchtifi darüber hinaus interessante biographische Angaben, in denen die Verhältnisse in den südlichen Gauen nach dem Ende des Alten Reiches recht lebendig geschildert werden.

Gebelein

Der Name dieses Ortes bedeutet im Arabischen noch genau das gleiche wie im Altägyptischen, nämlich »Die beiden Hügel.« Er bezieht sich auf einen deutlich sichtbaren Markierungspunkt in der Landschaft auf dem Westufer des Nils an der Stelle, wo der 3. und 4. oberägyptische Gau aneinandergrenzten. Im Westhügel sind Gräber erhalten, die vorwiegend der Ersten Zwischenzeit angehören, auf dem Osthügel erhob sich ein Tempel der Hathor (daher der griechische Name des Ortes Pathyris, von *Per-Hathor* »Besitz der Hathor« oder Aphroditopolis). Dieser Tempel scheint schon in der 3. Dynastie bestanden zu haben, und Reliefs, Stelen oder Inschriften, die von hier stammen, erwähnen Nebhepetre-Mentuhotep, mehrere Könige der 13. Dynastie (Djedneferre Dedumose II., Djedanchre Mentuemsaf und Sechemreseanchtaui Neferhotep III.) und der 15. (Chian und Awoserre Apo-

Links außen oben: Grab des Anchtifi in Moalla. Der Grabherr beim Fischestechen vom Papyrusboot aus. Hinter ihm waren Frau und Tochter abgebildet, doch diese Darstellungen sind erst in allerjüngster Zeit durch Grabräuber zerstört worden. Malerei, Erste Zwischenzeit.

Oben und links außen unten: Aus dem Grab des Iti in Gebelein. Drei nackte, knieende junge Männer, die möglicherweise zur Darstellung sportlicher Spiele gehörten. Oben der Transport von Getreide und das Einbringen in die Speicher. Malerei, Erste Zwischenzeit, Turin, Museo Egizio.

Links: Ptolemäertempel in Tod.

phis). Der Tempel hat bis in die griechisch-römische Epoche hinein bestanden, in seinem Bereich sind eine Reihe demotischer und griechischer Papyri gefunden worden. Unterhalb des Osthügels in der Ebene erstreckte sich die Stadt.

Tod

Offensichtlich hat es schon zur Zeit des Userkaf in der 5. Dynastie eine aus Nilschlammziegeln errichtete Kapelle im altägyptischen *Djerti* (Tuphium in der griechisch-römischen Epoche) auf dem Ostufer des Nils gegeben. Umfangreichere Bautätigkeit zu Ehren des Lokalgottes Month setzte jedoch erst im Mittleren Reich ein, unter Nebhepetre-Mentuhotep, Seanchkare-Mentuhotep und Sesostris I., diese Tempelbauten sind jedoch heute zerstört. Im neuen Reich ließ Tuthmosis III. für die Barke des Month ein Heiligtum aufstellen, das noch heute teilweise erhalten ist und an dem Amenophis II., Sethos I., Amenmesse und Ramses III. und IV. Ausbesserungsarbeiten vornehmen ließen. Ptolemaios VIII. Euergetes II. fügte vor dem Bau Sesostris' I. seinen Tempel und einen heiligen See hinzu, in der Nähe befand sich ein Kiosk aus römischer Zeit.

Statue des hohen Beamten Sebekemsaf, Schwager eines Königs der Zweiten Zwischenzeit. John Gardner Wilkinson hat diese Skulptur in der ersten Hälfte des 19. Jahrhunderts noch in Armant gesehen. Heute befindet sie sich im Kunsthistorischen Museum in Wien, allerdings ohne Basis und Füße, dieser Teil ist im National Museum von Irland in Dublin. (Das vorliegende Photo wurde unter Verwendung eines Abgusses der Basis hergestellt.) Schwarzer Granit, Höhe 1,50 m.

Armant

Das alte *Iuni* auf dem Westufer im 4. oberägyptischen Gau war einer der Hauptkultorte des Kriegsgottes Month und bis zum Beginn der 18. Dynastie Gau-Hauptstadt auch für das dann so bedeutende Theben. Der moderne Name Armant wird abgeleitet aus *Iunu-Month,* im Koptischen Ermont und Griechisch Hermonthis.

Einen Monthtempel gab es in Armant seit der frühen 11. Dynastie, die möglicherweise von hier stammte, und Nebhepetre-Mentuhotep ist der erste sicher belegte Bauherr. Von den ansehnlichen Erweiterungsbauten der 12. Dynastie und des Neuen Reiches sind noch Reste eines Pylons von Tuthmosis III. vorhanden. Irgendwann in der Spätzeit ist der Tempel zerstört worden und läßt sich heute nur durch einzelne Blöcke nachweisen. In der Regierungszeit Nektanebos' II. begann man mit einem Neubau, den die Ptolemäer fortsetzten. Einer der wichtigsten Beiträge stammt von Kleopatra VII. Philopator und Ptolemaios XV. Caesarion, die ein Geburtshaus mit einem See hinzufügten. Dieses heute zerstörte Bauwerk hat in der ersten Hälfte des vorigen Jahrhunderts noch bestanden. Auch zwei Tore, eines von Antoninus Pius, sind gefunden worden. Das Bucheum (vom altägyptischen *bech*), die Nekropole des heiligen Buchis-Stieres von Armant, liegt am Wüstenrand nördlich von Armant. Das früheste Begräbnis stammt aus der Zeit des Nektanebos II., das Bucheum war von da an 650 Jahre lang bis in die Regierungszeit des Diokletian in Benutzung. Auch der Begräbnisplatz der »Mutter des Buchis«, d.h. der heiligen Mutterkühe, ist lokalisiert worden.

THEBEN

Das altägyptische *Waset* wurde von den Griechen Thebai genannt, ohne daß wir wüßten, wie es zu dieser Benennung kam, denn der Vorschlag, die Aussprache des ägyptischen *Ta-ipet* (*Ipet-resit* war der Name des Luxor-Tempels) oder *Djeme* (Medinet Habu) habe den Griechen wie der Name der böotischen Stadt geklungen, überzeugt nicht recht.

Waset gehörte also, tief im Süden, zum 4. oberägyptischen Gau. Die geographische Lage nahe zu Nubien und der Ostwüste mit ihren wertvollen Erzvorkommen und Handelsrouten und gleichzeitig weit entfernt von den behindernden Machtzentren im Norden trug sicher zum wirtschaftlichen Aufstieg der Stadt bei. Thebanische Lokalfürsten haben schon in den früheren Geschichtsperioden, so vor allem in der Ersten Zwischenzeit, eine expansionistische Politik betrieben, die dann in späteren Epochen als Reaktion der Ägypter gegen fremde Invasoren (Hyksos) umschrieben wurde. Denkmäler aus der Zeit vor dem Ende des Alten Reiches sind selten, *Waset* wird schwerlich mehr als eine Provinzstadt gewesen sein. Zu wirklicher Bedeutung gelangte es erst in der 11. Dynastie. Obwohl aber zu Beginn der 12. Dynastie die Hauptstadt nach Itjtaui im Norden verlegt wurde, hatte sich Theben mit seinem Gott Amun zu einem fest etablierten Verwaltungszentrum im südlichen Oberägypten entwickelt, das den Höhepunkt seiner Bedeutung als Hauptstadt des ganzen Landes in der 18. Dynastie erreichen sollte. Seine Tempel stiegen zu den wichtigsten und vor allem reichsten in ganz Ägypten auf, und die für die führende Schicht des Staates auf dem Westufer in den Fels getriebenen Gräber gehören zu den luxuriösesten, die je in Ägypten angelegt worden sind. Selbst als gegen Ende der 18. Dynastie und in der Ramessidenzeit die königlichen Residenzen nach Norden verlegt wurden (el-Amarna, Memphis, Ramsesstadt), standen die thebanischen Tempel weiterhin in Blüte, die Könige ließen sich nach wie vor im Tal der Könige beisetzen, und die Stadt behielt eine gewiße Bedeutung als Verwaltungszentrum. In der Dritten Zwischenzeit bildete Theben mit dem Hohenpriester des Amun als Oberhaupt das Gegengewicht zum nördlichen Landesteil unter den Königen der 21. und 22. Dynastie, die Tanis im Delta zum Regierungssitz gewählt hatten. Erst in der Spätzeit ging der Einfluß Thebens zurück. Die früheste Stadtanlage und wohl auch die Haupttempel lagen auf dem Ostufer, während die Westseite jenseits vom Nil die Nekropole mit den Gräbern und Totentempeln sowie einen westlichen Stadtteil beherbergte. Amenophis III. baute dann in el-Malqata einen Palast, und in der Ramessidenzeit dürfte das Zentrum nördlich davon, in Medinet Habu, gewesen sein.

»Die Pyramiden, die Katakomben und einige andere Dinge, die es in Unterägypten zu sehen gibt, werden als große Wunder betrachtet und zu Recht allem vorgezogen, womit die Welt sonst sich brüsten kann. Doch wenn diesen der Vorrang zukommt vor allem, was die Welt außerhalb Ägyptens zu bieten hat, so müssen diese Sehenswürdigkeiten hinwiederum den Ruhm der Überlegenheit abtreten an die vielen alten Tempel usw. im Saidi« (arab. für Süden, d. h. Oberägypten)« (C. Perry, *A View of the Levant*, 1743, Vorwort).

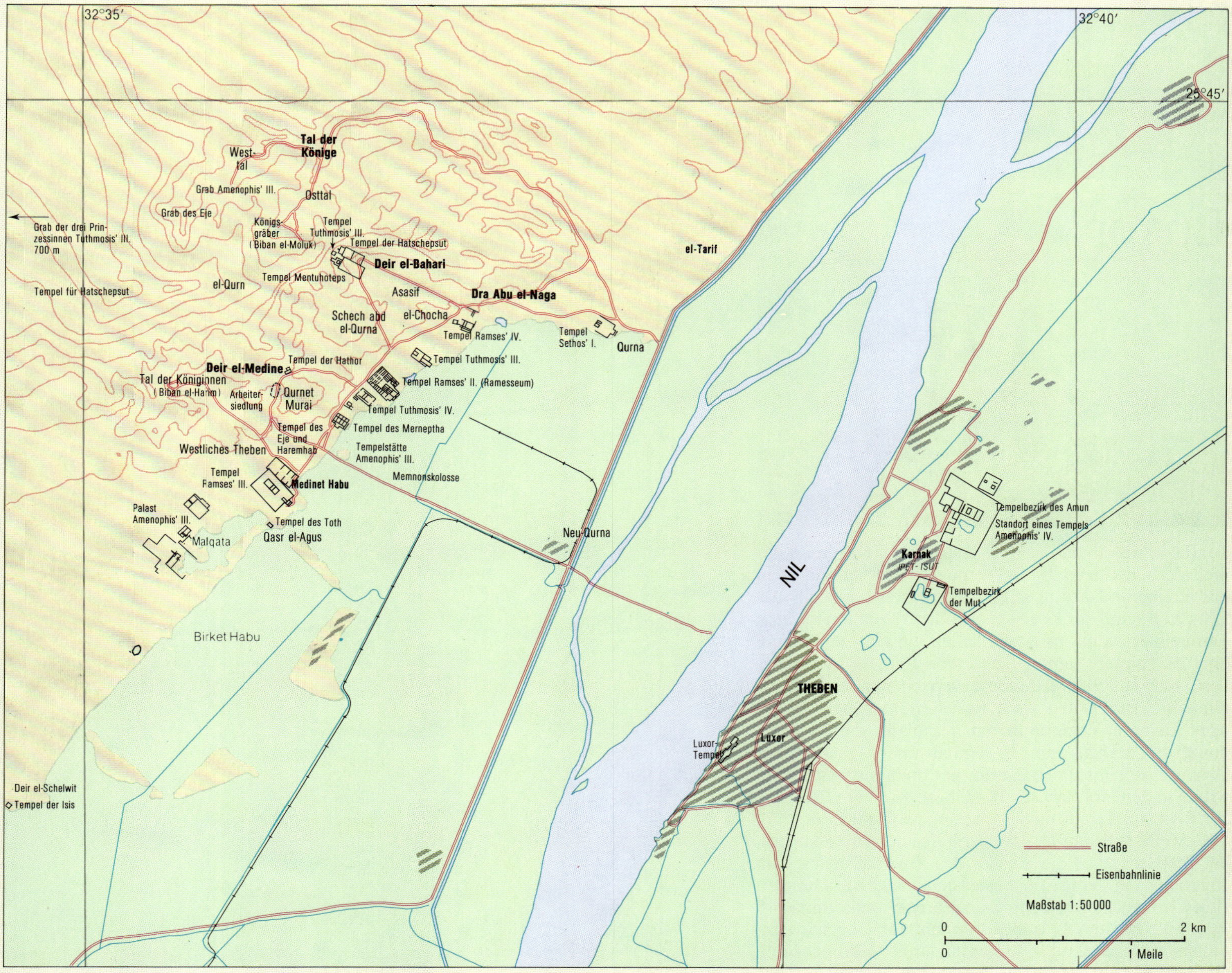

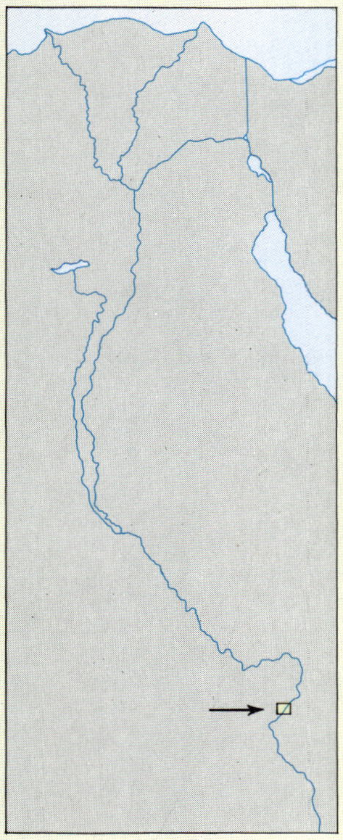

Luxor
Tempel des Amun, im wesentlichen aus der Zeit Amenophis' III., Ramses' II. und Alexanders des Großen.

Karnak
Tempelbezirke des Amun, Month und der Mut, Tempel des Chons und mehrere kleine Tempel, 12. Dynastie – Griechisch-Römische Epoche.

Die Westseite: Tempel
Deir el-Bahari: Totentempel von Nebhepetre-Mentuhotep und Hatschepsut, Tempel des Amun von Tuthmosis III.
Ramesseum: Totentempel Ramses' II.
Medinet Habu: Tempel des Amun aus der 18. Dynastie und später, Totentempel Ramses' III.
Weitere Totentempel, u.a. Sethos' I. in Qurna und Amenophis' III. mit »Memnonskolossen.«

Königsgräber
el-Tarif: 11. Dynastie.
Dra abu el-Naga: 17. Dynastie
Tal der Könige: 18.–20. Dynastie, darunter Grab des Tutanchamun.
Deir el-Medine: Arbeitersiedlung

Privatgräber
Gräber aus der Zeit von der 6. Dynastie bis in die griechisch-römische Epoche.

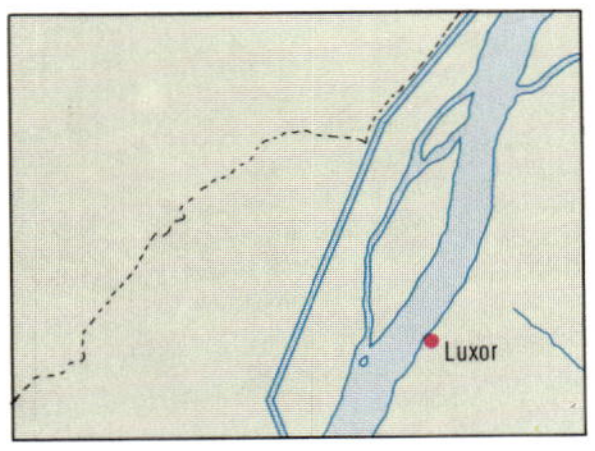

Luxor

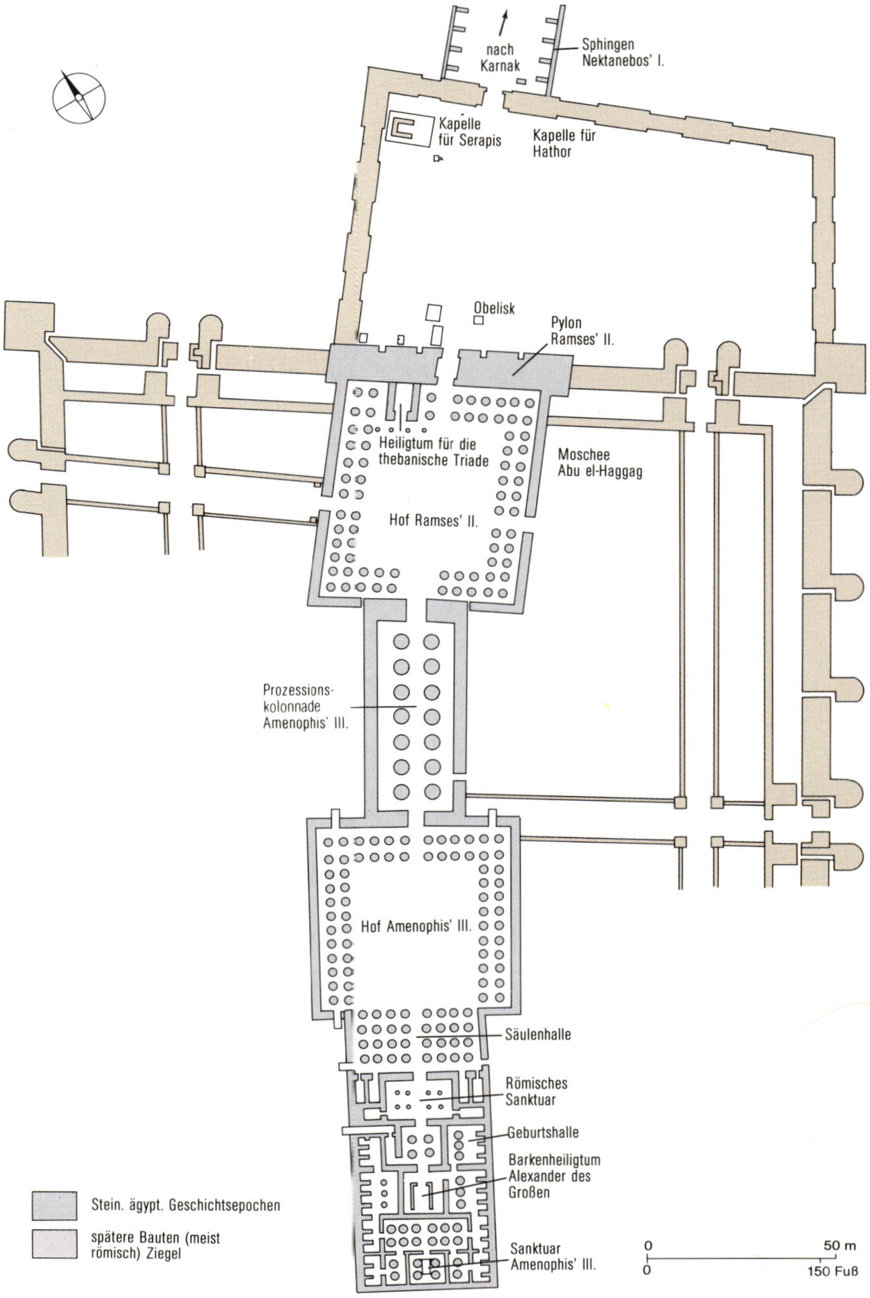

Textliche wie archäologische Zeugnisse belegen an der Stelle des heutigen Luxor-Tempels oder zumindest in unmittelbarer Nachbarschaft die Existenz eines Sanktuars zu Beginn der 18. Dynastie oder früher; am jetzigen Tempelbau waren im wesentlichen die Könige Amenophis III. (hintere, innere Teile) und Ramses II. (außen, vorn) beteiligt. Mehrere andere Herrscher haben Inschriften anbringen lassen, zum Reliefschmuck beigetragen oder kleinere Veränderungen veranlaßt, darunter namentlich Tutanchamun, Haremhab und Alexander der Große. Ein früheres Heiligtum der thebanischen Triade wurde in den Hof Ramses' II. einbezogen. Vom Pylon bis zur Rückwand mißt die Tempelanlage fast 260 m.

Geweiht war der Tempel dem Amun (Amenemope), der hier in Luxor die Gestalt des ithyphallischen Min angenommen hatte. Es bestanden enge Beziehungen zum Großen Amun-Tempel in Karnak, und einmal im Jahr während des 2. und 3. Monats der Überschwemmungsjahreszeit fand in Luxor ein lange währendes religiöses Fest statt, in dessen Verlauf das Götterbild des Amun von Karnak sein *Ipet-resit,* das »südliche Ipet«, wie der Tempel genannt wurde, besuchte.

Gegen Ende der Regierungszeit des römischen Kaisers Diokletian kurz nach 300 n. Chr. wurde der erste der Vorräume im inneren Tempel in eine Verehrungsstätte des Kaiserkults umgewandelt. Dort wurden die Standarten und Insignien der Legion aufbewahrt. Dazu wurden die Räumlichkeiten mit exquisiten Malereien ausgestattet, die im 19. Jahrhundert noch bestens erhalten waren, heute aber fast vollständig verschwunden sind. Im Hof Ramses' II. wurde zur Zeit der Ajjubiden (13. Jahrh. n. Chr.) die heute noch erhaltene kleine Moschee des Abu el-Haggag eingebaut. Eine Sphinxallee aus der Zeit Nektanebos' I. verband das etwa 3 km nördlich gelegene Karnak mit Luxor und führte auf eine Ziegelmauer zu. Im Vorhof zum Tempel befanden sich eine später abgetragene Kolonnade des Schabaka sowie Kapellen für Hathor, von Taharqa errichtet, und Serapis, von Hadrian gestiftet.

Die Reliefs und Texte auf dem Pylon Ramses ' II. vor dem Tempel schildern die berühmte Schlacht gegen die Hethiter in Kadesch in Syrien um 1285 v. Chr. Von den ursprünglich zwei Obelisken aus Rosengranit vor dem Pylon steht heute nur mehr einer (annähernd 25 m hoch), der andere wurde 1835–36 entfernt und auf der Place de la Concorde in Paris wieder aufgerichtet. Mehrere Kolossal-

Links außen: Säulengang Amenophis' III. von Südwesten, dahinter der Pylon von Ramses II. und die Moschee Abu el-Haggag rechts.

Links: Pylon von Norden mit Resten eines Kolossalstandbildes Ramses' II, am westlichen Seiteneingang zum Hof. Rechts der Säulengang Amenophis' III. mit den riesigen Säulen in Gestalt von Papyruspflanzen.

Rechts: Ansicht des Pylon von 1838, kurze Zeit nachdem der nördliche Obelisk entfernt worden war. Dieser Anblick bot sich dem schottischen Maler und Zeichner David Roberts (1796–1864). Die Kolossalstatuen von Ramses II. vor dem Pylon sind noch zur Hälfte im Schutt vergraben.

Rechts außen oben: Säulen mit Kapitellen in Form geschlossener Papyrusdolden vom Säulensaal, Deckplatten und Architravteile mit Namen und Texten Amenophis' III.

Oben und rechts außen unten: Malereien im römischen *sacellum:* Teil der Ostwand und Teil der Darstellungen in der linken Apsis (halbkreisförmiger Rücksprung durch Ausfüllen eines Durchgangs zwischen der 1. und 2. Vorkammer des alten Tempels). Aufzeichnung von Sir John Gardner Wilkinson aus dem Jahre 1856 oder davor (früher als das Datum, das in der Fachliteratur genannt wird). Heute fast vollkommen verschwunden.

bildnisse Ramses' II., darunter zwei Sitzfiguren, flankieren den Eingang. Der mittlere Durchgang des Pylons wurde teilweise von Schabaka ausgestaltet.

Den Hof Ramses' II. hinter dem Pylon umgeben 74 Papyrussäulen mit Szenen des Königs vor verschiedenen Göttern. Die in Doppelreihe angeordneten Säulen werden von einem Heiligtum mit drei Kapellen (oder Barkenstationen) für Amun (in der Mitte), Mut (links) und Chons (rechts), erbaut von Hatschepsut und Tuthmosis III., unterbrochen.

Das Dekor dieses Heiligtums wurde von Ramses II. erneuert. Möglicherweise hat dieses Bauwerk die Abweichung der Hofbauten von der achsialen Ausrichtung der Bauten Amenophis' III. bewirkt. Zwischen den Säulen an der Südseite des Hofes wurden Kolossalstatuen Amenophis' III. wieder aufgestellt. Vor dem Säulengang Amenophis' III. mit je sieben Säulen auf jeder Seite passiert der Besucher zwei riesige Sitzfiguren Ramses' II. mit Königin Nefertari am rechten Bein auf der Nordseite sowie zwei Doppelstatuen mit Amun und Mut auf der Südseite. Die Wände zu Seiten des Säulengangs ließen Tutanchamun und Haremhab mit Szenen aus dem Opet-Fest ausschmücken: auf der Westwand ist eine Barkenprozession von Karnak nach Luxor wiedergegeben, die auf der Ostwand den umgekehrten Weg nimmt.

Der säulenumstandene Hof von Amenophis III. geht in eine Säulenhalle über, die, ursprünglich überdacht, den ersten Raum des inneren Tempels bildet. Daran schließen vier Vorkammern mit Nebenräumen an. Östlich der zweiten Vorkammer liegt der Geburtsraum mit Darstellungen der symbolischen »göttlichen Geburt« Amenophis' III., der sich gemäß dem ägyptischen Königsdogma als aus der Verbindung zwischen Amun und seiner Mutter Mutemwia entsprossen darstellen ließ. In der dritten Vorkammer stiftete Alexander der Große einen Barkenschrein. Das Sanktuar Amenophis' III. bildet den letzten Raum in der Mittelachse des Tempels.

S. 88/89: Detail von einer Granitstatue mit der Kartusche des Merneptah, wahrscheinlich aber von Amenophis III. aus Luxor. »Das Königtum ist ein schönes Amt. Auch wenn es keinen Sohn und keinen Bruder hat, der die Erinnerung daran fortdauern ließe, so stellt doch einer (das Denkmal) des andern wieder her. Es tut es ein jeder für seinen Vorgänger, weil er wünscht, daß das, was er selbst gemacht hat, auch von einem anderen, der nach ihm kommt, hergestellt werde.« (Zitiert nach: A. Erman, Die Literatur der Aegypter, Leipzig 1923, S. 117) Papyrus Leningrad 1116 A.

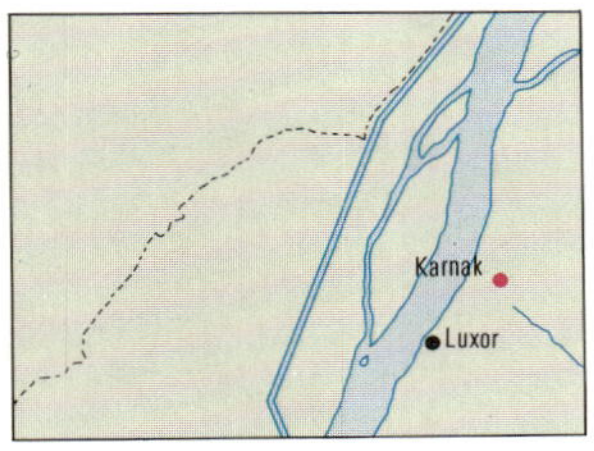

Karnak

Karnak, abgeleitet vom Namen des modernen Dorfes el-Karnak, bezeichnet eine ausgedehnte, mit Tempeln, Kapellen und sonstigen Bauten aus den verschiedensten Epochen bestandene Ruinenfläche von 1,5 × 0,8 km. Die altägyptische Bezeichnung lautete *Ipet-isut,* die »Auserwählteste der Stätten«, Hauptkultort der thebanischen Triade mit Amun an der Spitze, Verehrungsstätte zugleich für mehrere andere »Gast«-Gottheiten. Kein anderer Ort in Ägypten erzielt einen so nachhaltigen Eindruck auf den Betrachter wie dieses offensichtliche Chaos aus Mauern, Obelisken, Säulen, Statuen, Stelen und mit Reliefs und Malerei versehenen Blöcken. Nachdem thebanische Könige und mit ihnen der Gott Amun zu Beginn des Mittleren Reiches zu Ansehen gelangt waren, vor allem aber seit dem Beginn der 18. Dynastie, als in Theben die Hauptstadt des ägyptischen Reiches war, ist etwa 2000 Jahre lang in Karnak neu gebaut, abgerissen, um-und angebaut worden. Ideologisch und wirtschaftlich war der Tempel des Amun das bedeutendste Tempelunternehmen in ganz Ägypten.

Durch Ziegelumwallungen voneinander getrennt, lassen sich drei Gebäudegruppen unterscheiden. Am größten und wichtigsten ist der mittlere Gebäudekomplex, der eigentliche Tempel des Amun, der nördliche Bereich war dem Gott Month geweiht, während das Areal der Mut nach Süden mit dem Amuntempel durch eine Allee von widderköpfigen Sphingen verbunden war. Ein ebenfalls sphinxgesäumter Weg führte von Karnak zum Luxor-Tempel, und über Kanäle waren die Tempel des Amun und Month an den Nil angeschlossen.

Das Heiligtum des Amun

Der trapezförmige Mittelteil des Großen Amuntempels erstreckt sich entlang zweier Achsen in Ost-West- und Nord-Süd-Richtung und enthält eine Reihe kleinerer Tempel, Kapellen und einen heiligen See. Östlich der Umwallung befanden sich der heute vollkommen zerstörte Tempel Amenophis' IV. (Echnaton) mit wahrhaft gigantischen Abmessungen sowie zwei kleinere, heute ebenfalls nicht mehr existierende Anlagen aus der Ptolemäerzeit. Reste der frühesten Bauten sind im sogen. Zentralhof im Ostteil des Großen Tempels hinter dem 6. Pylon zutage gekommen. Sie stammen aus der Zeit Sesostris' I.

Vom Grundschema her besteht der Große Tempel aus einer Abfolge von Pylonen aus verschiedenen Zeiten und Höfen oder Säulenhallen zwischen ihnen, die auf das Sanktuar hinführen. Die frühesten Pylonen sind der 4. und 5., von Tuthmosis I. errichtet; von da aus wurde das Tempelareal dann in westlicher und südlicher Richtung erweitert.

Vor dem 1. Pylon befindet sich ein Kai, der in seiner jetzigen Form wahrscheinlich auf die 25. Dynastie zurückgeht. Den König beschützende Widdersphingen zu beiden Seiten des Zugangs tragen den Namen des Hohenpriesters des Amun, Pinodjem I. aus der 21. Dynastie. Südlich der Sphinxallee liegen mehrere kleinere Bauwerke, darunter ein Barkenheiligtum von Psammuthis und Hakoris sowie Brustwehren der 25.–26. Dynastie mit Texten, die sich auf die Zeremonie des Füllens der Krüge für die thebanische Triade beziehen. Der 1. Pylon ist nicht sicher datiert, er stammt möglicherweise aus der 30. Dynastie. Im Hof dahinter befindet sich ein Barkenheiligtum Sethos' II. mit drei nebeneinanderliegenden Kapellen für Amun, Mut und Chons. Von Süden her reicht ein kleiner Tempel Ramses' III., ein Stationstempel für die heilige Barke, in den Hof herein.

Vor dem 2. Pylon, wahrscheinlich von Haremhab, der hier ältere Blöcke verbaute, stehen Kolossalstatuen Ramses' II.. Dahinter schließt der wohl eindrucksvollste Teil des gesamten Tempelkomplexes an: der große Säulensaal, dessen heute nicht mehr vorhandene Decke von 134 Papyrussäulen, deren mittlere 12 mit Papyrusdoldenkapitellen ausgestattet sind und die übrigen an Höhe überragen, getragen wurde. Der Reliefdekor stammt von Sethos I. und Ramses II. Die Reliefs der Außenmauern geben

Oberstes Bild: Widdersphingen (auch als »Krio« (Crio)-Sphingen bezeichnet, griech. Krios = Widder) vor dem 1. Pylon. Der Widder war das heilige Tier des Amun. Das Motiv des Königs oder eines Privatmannes im »Schutze« eines Tieres kommt in der Rund-und Flachbildnerei häufig vor.

Oben links: Statue Sethos' II. (ohne Kopf) mit einer Opferplatte. Die Skulptur wurde restauriert und nördlich der 4. Säule auf der Nordseite des Mittelschiffs im Großen Säulensaal aufgestellt.

Oben: Rückwärtiger Teil des Großen Amuntempels, von Osten.

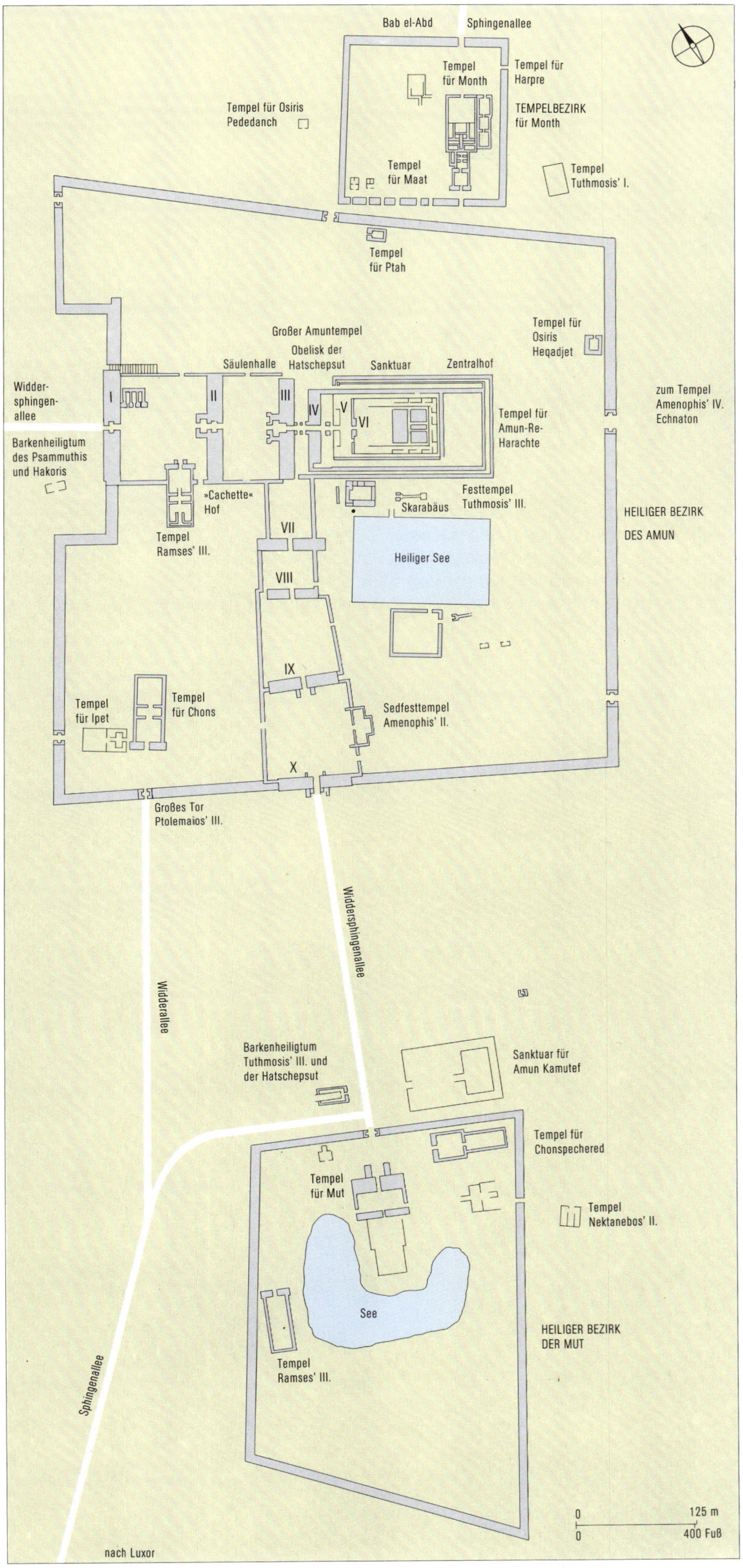

Der kleine Tempel Ramses' III. zwischen dem 1. und 2. Pylon: Osirispfeiler auf der Westseite des Hofes, vom Eingang her gesehen. Die Reliefs zu Seiten der Pfeiler zeigen den König vor verschiedenen Göttern.

Szenen von Feldzügen der beiden Könige in Palästina und Syrien wieder.

Der 3. Pylon stammt von Amenophis III. mit einem von Sethos I. und Ramses II. ausgeschmückten Vorbau. Der abgetragene Pylon hat zahllose verbaute Blöcke von früheren Bauwerken erbracht: so z.B. eine Sed-Festkapelle Sesostris' I. (die sogen. Weiße Kapelle), jetzt nördlich des Großen Säulensaales wiedererrichtet; ferner Heiligtümer von Amenophis I. und II., Hatschepsut (sogen. Rote Kapelle, nach dem Material, einem rötlichen Quarzit) und Tuthmosis IV., von dem auch Reste einer Säulenvorhalle gefunden wurden. Die vier Obelisken hinter dem 3. Pylon stammten von Tuthmosis I. und III. und bezeichneten den ursprünglichen Tempelzugang. Aufrecht steht noch einer der Obelisken Tuthmosis'. Zwischen den Pylonen 4 und 5, beide von Tuthmosis I., befinden sich die noch erhaltenen frühesten Bauteile des Tempels, darunter 14 Papyrusbündelsäulen, die ursprünglich vergoldet waren, und zwei Obelisken der Hatschepsut, von denen einer noch aufrecht steht.

Den 6. Pylon und den Hof davor ließ Tuthmosis III. anlegen, dem auch der Saal mit zwei wunderbaren Granitpfeilern zuzuschreiben ist. Das Barkenheiligtum stiftete Philippos Arrhidaios, dessen Granitkapelle an der Stelle eines älteren Schreines aus der Zeit Tuthmosis' III. errichtet wurde. Hinter dem nun anschließenden Mittelhof gelangt man zum Festtempel Tuthmosis' III., zu dem auch der als »Botanischer Garten« – so genannt nach den Darstellungen exotischer Pflanzen, Vögel und anderer Tiere – bekannte Raum gehört.

Weitere vier Pylonen liegen in der Nord-Süd-Achse. Der nördlich des 7. Pylons gelegene Hof ist als »Cachette« Hof bekannt: hier wurden in einem »Versteck« Anfang des 20. Jahrhunderts Tausende im Boden vergrabener Statuen gefunden, die einst im Tempelbereich gestanden hatten. Reste früherer Bauten in diesem Bereich schließen Säulen Sesostris' I. und mehrere Kapellen Amenophis' I. ein. Die Pylone 7 und 8 erbaute Tuthmosis III., dessen Barkenstation sich im Hof zwischen diesen

beiden Pylonen befand. In den Pylonen 9 und 10 aus der Regierungszeit des Haremhab haben sich viele »talatat«-Blöcke von Bauwerken Amenophis 'IV. gefunden aus der Epoche, bevor Amenophis IV. Echnaton nach Amarna ging.

Die Südwestecke des Tempelareals füllt der Tempel des Chons aus. Dem von Ptolemaios III. Euergetes I. errichteten Torbau, bekannt unter dem Namen Bab el-Amara, nähert sich von Süden eine von Widdersphingen gesäumte Allee. Der König, den die Widderbildnisse beschützen, ist Amenophis III. Den Pylon des Chonstempels ließ Pinodjem I. mit Reliefs ausstatten, im Hof ist Herihor belegt, und die inneren Räume wurden von mehreren ramessidischen Königen ausgestaltet – einen Teil des Tempels ließ Ramses III. erbauen –, aber auch die Ptolemäer sind noch vertreten.

Der nahegelegene Tempel der nilpferdgestaltigen Göttin Ipet geht im wesentlichen auf Ptolemaios VIII. Euergetes II. zurück, der Reliefdekor stammt aus späterer Zeit, u.a. ist auch Augustus vertreten. Im rückwärtigen Teil des Tempels unter dem Allerheiligsten befindet sich eine symbolische »Osiriskrypta.«

Der heilige Bezirk des Month

Der annähernd quadratische Nordbezirk ist der kleinste der drei heiligen Bezirke. In seiner Umwallung liegen der Tempel des Month und mehrere kleinere Bauwerke, so z.B. Tempel für Harpre und Maat sowie ein heiliger See. Außerhalb der Ostseite der Umfassungsmauer wurde 1970 ein früherer Monthtempel aus der Zeit Tuthmosis' I. gefunden.

Im Norden vor dem Tempelbezirk des Month sind Kaianlagen und eine Sphingenallee nachgewiesen. Der Propylon, das Bab el-Abd genannte Tor, stammt von Ptolemaios III. Euergetes I. und Ptolemaios IV. Philopator. Die Anlage des Haupttempels geht auf Amenophis III. zurück, doch haben nachfolgende Könige, vor allem Taharqa, Umbauten vorgenommen.

Der heilige Bezirk der Mut

Von einem halbkreisförmigen See ist der Tempel der Mut im südlichen der drei heiligen Bezirke umgeben. Zugehörige Bauten wie der Tempel des Chonspechered und der Muttempel stammen aus der 18. Dynastie. In einiger Entfernung befindet sich ein Tempel Ramses' III. Der von Amenophis III. errichtete Muttempel wurde in der Ptolemäerzeit (Ptolemaios II. Philadelphos und Ptolemaios III. Euergetes I.) mit einem Propylon in der Umfassungsmauer ausgestattet. Umbauten des Tempels stammen u.a. von Taharqa und Nektanebos I. Amenophis III. stiftete Hunderte von Statuen der löwenköpfigen Göttin Sachmet aus schwarzem Granit in diesen heiligen Bezirk. Einige sind heute noch in Karnak zu sehen.

Links außen: Ramses II. bei der Rückkehr von einem Palästina-Feldzug. Vor dem Gespann treibt er die gefesselten »Häuplinge von Retenu« her. Unterstes Register auf der südlichen Außenwand des Großen Säulensaales, in der Nähe des 2. Pylons.

Rechts: Prinzessin, möglicherweise Bint-Anat, zwischen den Beinen einer Kolossalstatue ihres Vaters Ramses' II. (später hingefügte Kartuschen Ramses' VI. und des Hohenpriesters des Amun, Pinodjem I. aus der 21. Dynastie). Restauriert und wiederaufgestellt vor dem 2. Pylon des Großen Amuntempels, Nordseite des Durchgangs.

Unten: Zahllose Privatleute ließen im Tempelbereich von Karnak Statuen aufstellen. Sie hatten eine ähnliche Funktion wie Votivstelen: die Anwesenheit des Stifters im Tempelgebiet sollte auf ewig gesichert sein, damit er von der Gottesnähe profitierte.

Links: Der hohe Beamte Senenmut, Zeitgenosse der Hatschepsut und in ihren Diensten. Hier in seiner Rolle als Erzieher der Prinzessin Nefrure. Schwarzer Granit, Höhe 53 cm, Chicago, Field Museum of Natural History.

Unten: Der Dritte Prophet des Month, Pacherchons. Der Kniende hält einen Naos mit einer Figur des Gottes Osiris vor sich. Schwarzer Granit. Höhe: 42 cm. Dritte Zwischenzeit, Baltimore (Md.), Walters Art Gallery.

»Die am weitesten nördlich stehende, angeblich die Statue des *Memnon,* ist mit einer Unzahl griechischer und lateinischer Inschriften bedeckt. Es handelt sich um Bekundungen von Leuten, die angeblich bei Sonnenaufgang an dieser Statue Töne wahrgenommen haben«. (C. Perry, *A View of the Levant,* 1743, S. 348).

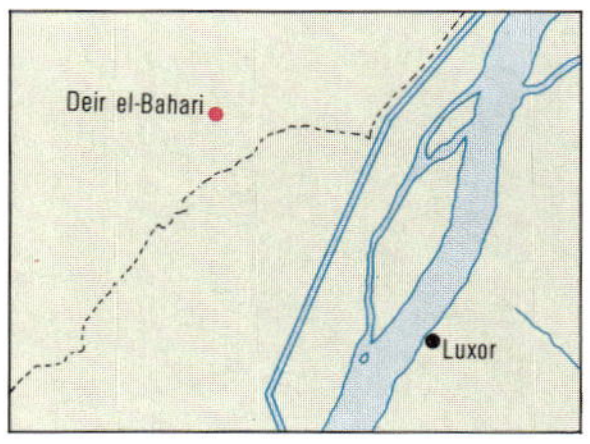

Theben-West

Die Tempel

Auf dem Karnak und Luxor gegenüberliegenden Nilufer sind auf einer Strecke von mehr als 7,5 km Reste von Tempelbauten aufgereiht. Es handelt sich dabei vor allem um Totentempel, die für den Kult der verstorbenen und in Felsgräbern weiter westlich beigesetzten Könige des Neuen Reiches errichtet worden sind. Darüber hinaus wurden in diesen Tempeln aber auch Gottheiten verehrt, allen voran Amun und Re-Harachte. Zu den berühmtesten dieser Totentempel zählen Deir el-Bahari, das Ramesseum und Medinet Habu. Der Totentempel Sethos' I. befindet sich in Qurna, während nur die als »Memnonskolosse« bekannten riesigen Sitzfiguren vom Standort des Totentempels Amenophis' III. künden. Neben den Totentempeln gab es jedoch auf dem thebanischen Westufer auch Göttertempel, wie etwa den der Hathor in Deir el-Medine, des Toth in Qasr el-Agus und der Isis in Deir el-Schelwit, die allesamt aus der griechisch-römischen Epoche stammen.

Deir el-Bahari

Als Standort ihrer Totentempel wählten Nebhepetre-Mentuhotep aus der 11. und Königin Hatschepsut aus der 18. Dynastie Deir el-Bahari, einen der kuhgestaltigen Göttin Hathor heiligen Ort. Während Mentuhotep seine Anlage mit dem Begräbnisplatz verband, ließ Hatschepsut in einiger Entfernung zwei Felsgräber anlegen: eines im entlegenen Wadi Sikket Taqet Said und ein zweites im Königsgräbertal. Kurz nach Vollendung des Hatschepsuttempels legte Tuthmosis III. für Amun (Djeserachet) einen Tempelkomplex und eine Hathorkapelle zwischen den beiden bereits bestehenden Gebäudekomplexen an. Im Hof des Mentuhotep-Tempels erbaute er überdies einen Kiosk (Djesermenu). Obwohl die Konzeption vielleicht schon in den Köpfen der Architekten der Pyramidenkomplexe des Alten Reiches vorhanden war, stellt doch der **Totentempel des Nebhepetre-Mentuhotep (Achisut)** in Deir el-Bahari zum ersten Mal die Verwirklichung eines Terrassenbauwerks mit unterschiedlichen Höhen

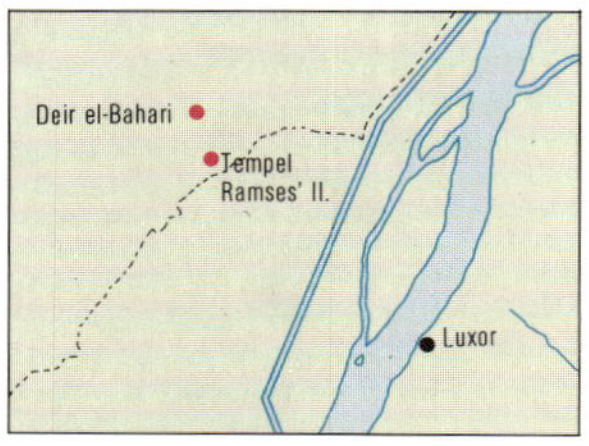

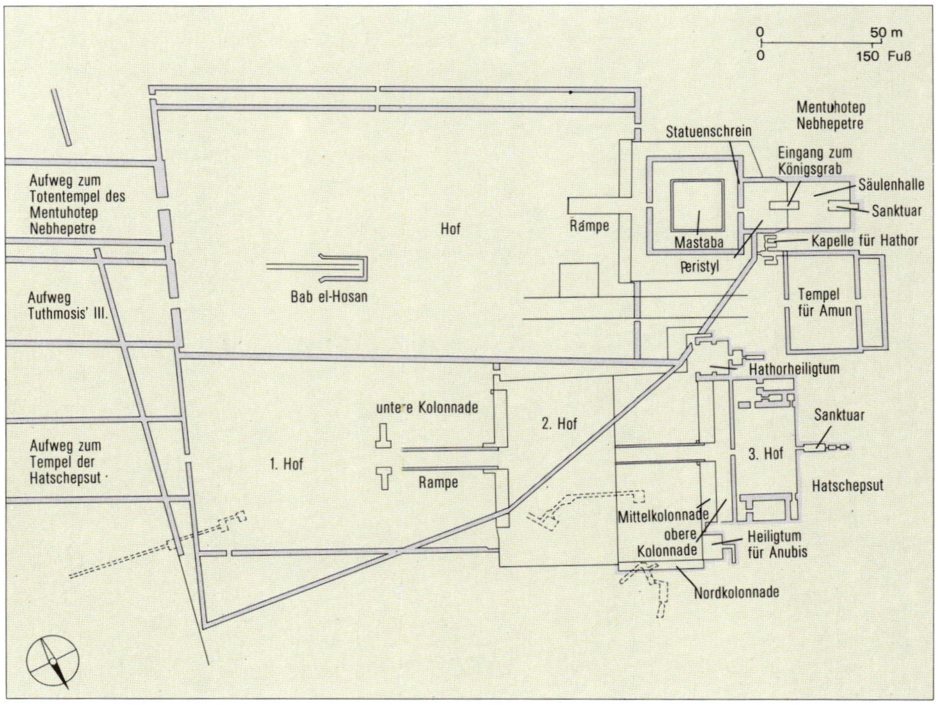

Oben links: Soldaten bei einer Schiffsprozession. Relief, Nordwand des Säulensaales der Hathorkapelle, Südteil des Tempels der Hatschepsut.

Oben: Die Tempel von Deir el-Bahari, vom nördlich gelegenen Bergrükken aus.

in Ägypten dar. Ein weiteres neues Architekturelement, die Pfeilerhalle als Rückwand der Terrasse, leitet sich möglicherweise vom Anblick der sogen. *Saff*-Gräber der Könige der frühen 11. Dynastie ab.

Auf einer 46 m breiten, mit Ziegeln gepflasterten Straße näherte man sich vom heute untergegangenen Taltempel einem Vorhof, der an drei Seiten von Mauern umgeben war. In diesem Vorhof befindet sich eine Terrasse mit einem stark zerstörten, an eine Mastaba erinnernden Bauwerk, das möglicherweise mit dem Kult des Sonnengottes Re in Verbindung zu bringen ist. Im Ostteil des Hofes liegt die als »Bab el-Hosan« berühmte Öffnung, die über einen langen unterirdischen Gang mit einem symbolischen Grab, d.h. Scheingrab, das unvollendet geblieben ist, verbunden ist. Im Westteil des Hofes stand zu beiden Seiten einer auf die Terrasse führenden Rampe ein Tamarisken- und Sykomorenhain. Die Rückwände der zweigeteilten Pfeilerhalle an der Westseite des Hofes und auf der Terrasse waren mit Reliefs geschmückt, die Schiffsprozessionen, kriegerische Auseinandersetzungen, Jagdszenen u.a. wiedergaben. Z.T. sehr kleine Fragmente solcher Szenen sind über die Museen der ganzen Welt verstreut. Die alles beherrschende Mastaba war an allen vier Seiten von einem Ambulatorium von Pfeilern umgeben, in der Westwand sind sechs Statuenschreine (und weiter westlich die Gräber) königlicher Gemahlinnen des Nebhepetre enthalten, die von Norden nach Süden folgendermaßen zuzuweisen sind: Miit, Aschaït, Sadeh, Kawit, Kemsit und Henhenet.

Der in das Felsmassiv vorgetriebene innere oder westliche Tempelteil besteht aus Hof, Säulengang und Säulensaal östlich und westlich des Eingangs zu einem unterirdischen Gang, der nach 150 m in der eigentlichen Grabkammer endet. Vom Königsgrab und der Grabausstattung ist so gut wie nichts erhalten geblieben. Ein aus dem Fels gearbeitetes Sanktuar an der Rückseite dieses inneren Tempelbereichs bildete den Hauptkultplatz für den toten König.

Beim **Totentempel der Hatschepsut** *(Djeser djeseru)* handelt es sich um einen teils frei aufgeführten, teils aus dem Fels gehauenen Terrassenbau. Die Erbauer nahmen damit Vorstellungen des damals bereits seit ca. 500 Jahren toten Vorgängers auf und entwickelten die in dem unmittelbar südlich gelegenen Bauwerk des Mentuhotep angewandten Architekturformen weiter. Selbst heute in seinem unvollständigen Zustand vermittelt der Tempel der Hatschepsut noch immer den Eindruck vollendeter Harmonie aus von Menschenhand Geschaffenem und natürlicher Umgebung. Ursprünglich muß das Ensemble mit seinem Baumbestand und Blumenbeeten, Sphingen und Statuen überwältigend gewirkt haben. Die Tempelanlage entstand zwischen dem 7. und 22. Regierungsjahr von Hatschepsut und Tuthmosis III.

Grundsteinbeigaben bezeugen, daß auch ein Taltempel zu diesem Tempelkomplex gehört hat, aber das Bauwerk selbst ist verschwunden, teilweise wohl durch eine Tempelanlage Ramses' IV. Ein etwa 37 m breiter befestiger Weg, von Sphingen gesäumt und mit einem Barkensanktuar ausgestattet, führte auf die in unterschiedlicher Höhe angelegten drei Höfe zu, die durch Rampen miteinander in Verbindung stehen und durch Säulenhallen zum Schutz der heute so berühmten Reliefs voneinander getrennt werden. Zu den bekanntesten Szenen zählen der Obeliskentransport auf großen Lastschiffen von Assuan hinab zum Tempel des Amun in Karnak (untere Kolonnade); die göttliche Geburt und Krönung der Hatschepsut (Nordhälfte der mittleren Kolonnade) sowie ei-

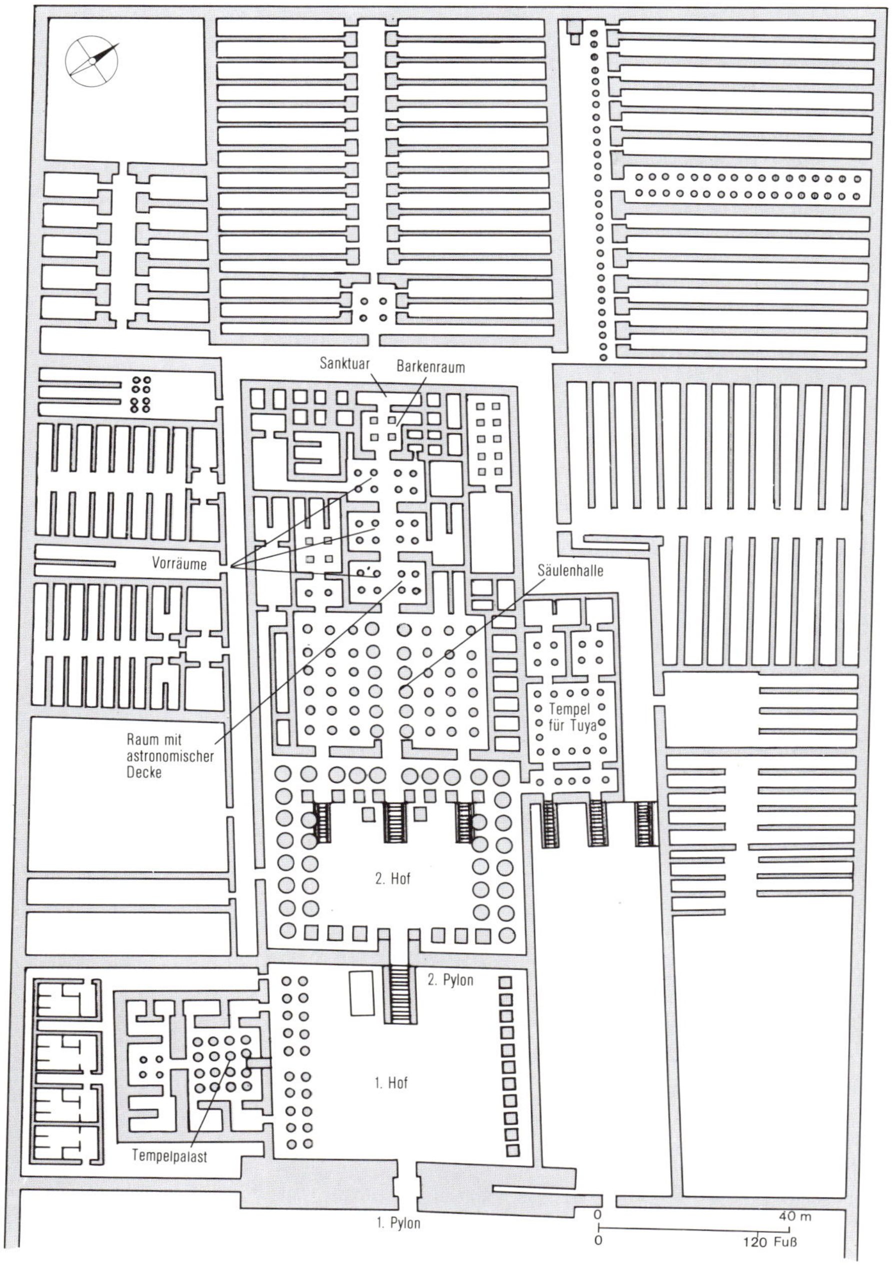

Ganz oben rechts: Säulenhalle im Ramesseum, von Südwesten.

Oben rechts: Ostwand der Säulenhalle im Ramesseum, südlich des Eingangs, unterstes Register: Detailszene von der Erstürmung der Festung Dapur, »die Stadt, die Seine Majestät verheerte im Lande Amor«, im Jahre 8 unter der Herrschaft König Ramses II. Die genaue Lokalisierung der in der Nähe von Aleppo gelegenen Stadt in Nordsyrien steht noch aus.

ne Handelsexpedition in das exotische afrikanische Land Punt (Südhälfte der mittleren Kolonnade). Die oberste Säulenhalle mit ihren Osirispfeilern und Kolossalstatuen der Königin grenzte den oberen Hof nach vorn ab. Überwölbte Räume an der Nord- und Südseite dieses Hofes waren Hatschepsut, ihrem Vater Tuthmosis I. sowie den Göttern Re-Harachte und Amun geweiht. Vom Säulensaal aus führte ein Zugang zum eigentlichen Sanktuar, dessen hinterster Raum von Ptolemaios VIII. Euergetes II. mit Reliefs versehen wurde.

Der Totentempel Ramses' II. *(Chenemet-waset)*
Ramesseum

Die Totentempelanlage für Ramses II., von Diodor irreführenderweise als »Grab des Osymandyas« (aus Usermaatre, Bestandteil des Thronnamens Ramses' II.) beschrieben, heute unter der Bezeichnung Ramesseum bekannt, besteht aus dem eigentlichen Tempel, umliegenden Magazinräumen aus Nilschlammziegelmauern und anderen Bauwerken. (Das Grab dieses Königs liegt im Tal der Könige.)

Nach dem üblichen Grundschema angelegt, ist dieser Tempelbau aus Steinquadern mit seinen zwei Höfen, einer Säulenhalle, einer Reihe von Vorräumen und Nebenräumen, dem Barkenraum und dem Sanktuar üppiger als gewöhnlich ausgestattet. Der äußere Umriß stellt ein Parallelogramm dar, kein Rechteck, wie zu erwarten wäre. Wahrscheinlich mußte man bei der Anlage auf einen bereits existierenden kleinen Tempel für Tuja, die Mutter Ramses' II., Rücksicht nehmen, während die Pylonen auf den Tempel von Luxor auf dem Ostufer ausgerichtet wurden.

Reliefszenen der 1. und 2. Ramesseumspylone geben u.a. die Kadeschschlacht (wie sie auch von Karnak, Luxor, Abydos und Abu Simbel bekannt ist) wieder. Zwei überlebensgroße Statuen Ramses' II. aus Granit standen auf einer Plattform vor dem Säulensaal. Das Oberteil der Statue auf der Südseite befindet sich heute im Britischen Museum, der Kopf des Gegenstücks auf der Nordseite ist noch im Ramesseum. Der erste Vorraum hinter dem Säulensaal trägt als Deckendekor astronomische Darstellungen. Der zum Tempel gehörende Palast liegt südlich vom ersten Hof.

Medinet Habu

Das altägyptische *Tjamet* (oder *Djamet*), Koptisch *Djeme* (oder *Djemi*) auf dem Westufer gegenüber Luxor gehört zu den Stätten im thebanischen Gebiet, die am frühesten

1 Ramses III. erschlägt die Feinde
2 Ramses III. auf der Jagd
3 Ramses III. mit Gefangenen vor Amun und Mut
4 Sokarfest und Libyerkrieg
5 Fest für Amun und Min
6 Feldzüge gegen Libyer, Vorderasiaten und »Seevölker«

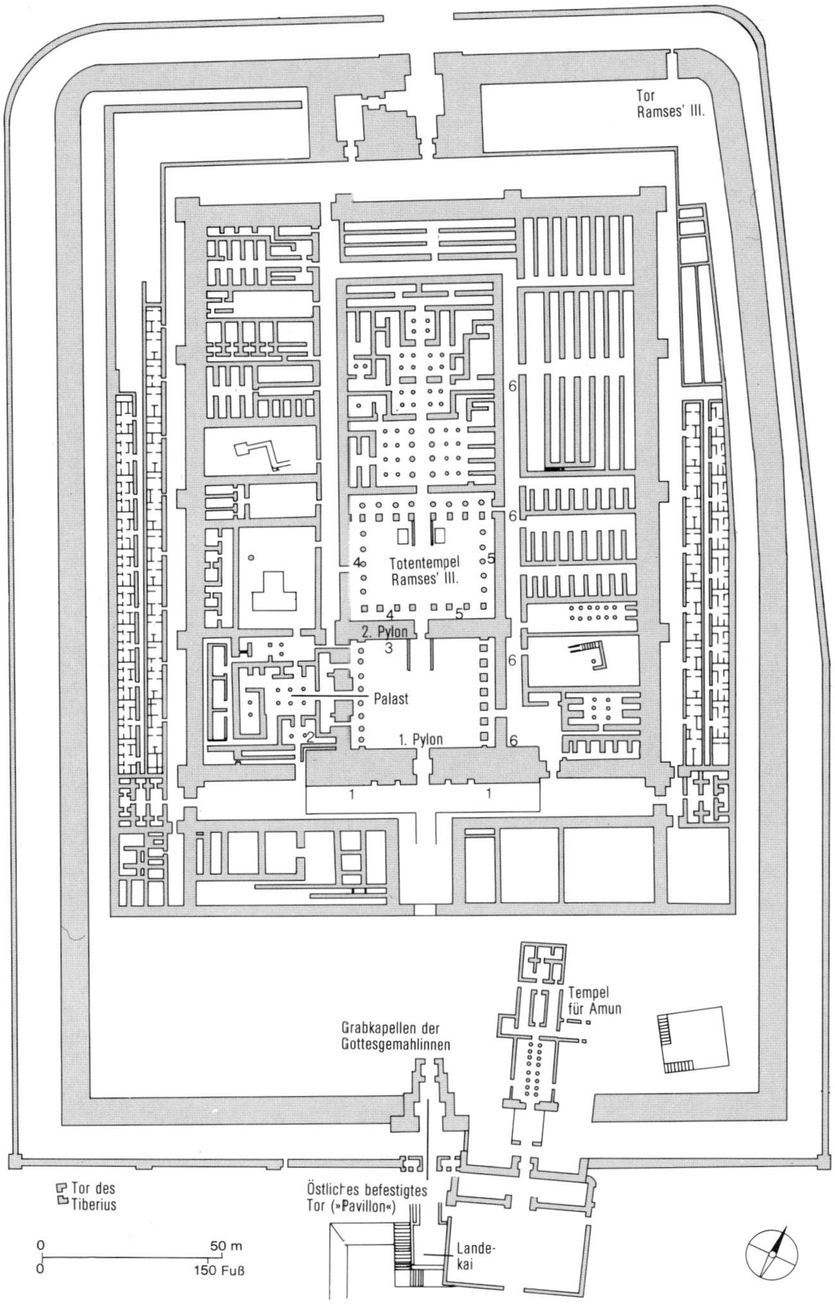

eng mit Amun in Verbindung gebracht wurden. Hatschepsut und Tuthmosis III. errichteten ihm hier bereits einen Tempel. In unmittelbarer Nähe legte Ramses III. seinen Totentempel an und umgab beide Bauten mit gewaltigen Ziegelumwallungen, innerhalb derer Vorratsräume, Werkstätten, Verwaltungsgebäude und Wohnungen für Priester und Beamte lagen. Medinet Habu wurde so zum Mittelpunkt der Verwaltung und des Wirtschaftslebens in ganz Theben und behauptete diese Stellung einige Jahrhunderte lang. Sogar Gräber und Grabkapellen begann man hier zu bauen, namentlich für die Gottesgemahlinnen der 25. und 26. Dynastie. Bis ins 9. nachchristliche Jahrhundert hinein war Medinet Habu bewohnt.

Der Tempel des Amun *(Djeser-iset)* von Hatschepsut und Tuthmosis III. ist in den darauffolgenden 1500 Jahren häufig verändert und erweitert worden, so vor allem in der 20. Dynastie von Ramses III., in der 25. Dynastie von Schabaka und Taharqa, weiter in der 26. und 29. Dynastie (Hakoris) bis hin zur 30. (Nektanebos I.) und in die griechisch-römische Epoche (Ptolemaios VIII. Euergetes II., Ptolemaios X. Alexander I. und Antoninus Pius) hinein. Dabei wurde der Grundriß verändert, es kamen eine Säulenhalle, zwei Pylonen und ein Hof hinzu.

Der Totentempel Ramses' III. *(Chenemet-neheh)* war über einen Kanal mit dem Nil verbunden, ein wichtiger Gesichtspunkt für ägyptische Tempelanlagen generell, denn Schiffsprozessionen spielten eine große Rolle bei allen religiösen Festen. Außerhalb der Umfassungsmauer hat es also eine Kaianlage gegeben. Den Zugang zum Tempelareal bildeten zwei große Festungstore im Osten und Westen, wovon nur mehr das östliche, bisweilen als »Pavillon« bezeichnet, noch steht.

Der Tempel selbst ist nach dem üblichen Schema angelegt und ähnelt sehr stark dem Rameseum. Südlich des 1. Hofes befand sich der aus Ziegeln errichtete, heute weit-

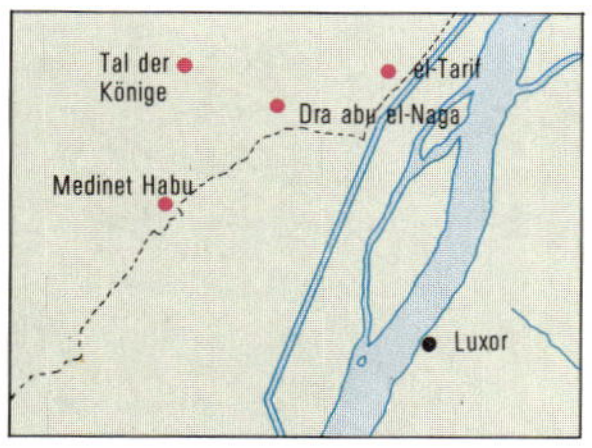

Oben: Knieend Ramses III. bei der Krönung und dem Überreichen eines *Sed*-Fest-Emblems seitens der thebanischen Triade: rechts thronend Amun, hinter ihm stehend Chons, hinter dem König (nicht im Bild) Mut. Ostteil der Südwand im ersten Säulensaal, unteres Register, Tempel Ramses' III. in Medinet Habu.

Oben rechts: Tal der Könige.

Tempel Ramses' III.: von rechts: 1. Pylon, Umfassungsmauer des 1. Hofes mit drei Durchgängen und dem »Erscheinungsfenster«, das die Verbindung zwischen Tempel und Palast herstellt. 2. Pylon, Südwand des 2. Hofes und hinterer (innerer) Teil des Tempels.

gehend zerstörte Palast, den der König bei religiösen Festen bewohnte. Die Innenwände waren mit dekorativen Fayence-Kacheln verziert, wie sie auch aus unterägyptischen Palästen in Tell el-Jahudija und Qantir bekannt sind. Ein »Erscheinungsfenster« verband den Palast mit dem Tempel.

Einige der Reliefzyklen von Medinet Habu sind nicht nur künstlerisch außerordentlich interessant, sondern auch historisch bedeutsam, denn sie schildern wichtige Ereignisse aus der Regierungszeit Ramses'.III.:

1. Pylon: Auf der Außenseite Darstellung des Königs in der symbolischen Szene des Feindeschlagens vor Amun und Re-Harachte. Die unterworfenen Länder und Städte sind in kartuschenförmigen Ringen mit Menschenköpfen namentlich genannt. Auf der Westseite der südlichen Pylonhälfte befinden sich ungewöhnlich lebendige Jagdszenen.

2. Pylon: Auf der Ostseite der südlichen Pylonhälfte präsentiert der König Amun und Mut Gefangene. Auf der Pyloninnenseite und den Süd- und Nordwänden des Hofes Darstellungen des Sokar- und des Minfestes.

Tempelaußenmauer: Darstellung von Kämpfen gegen Libyer, Vorderasiaten und »Seevölker« auf der nördlichen Außenwand.

Die Königsgräber

el-Tarif

Die mit den Herakleopoliten in Unterägypten (9./10. Dynastie) um die Vormachtstellung in Ägypten ringenden ehrgeizigen Fürsten der 11. Dynastie von Theben legten ihre Gräber in el-Tarif an, vom Flußlauf aus gesehen der nördlichste Teil der thebanischen Nekropole. Obwohl diese Anlagen mit gleichzeitigen Provinzgräbern Ähnlichkeit haben, muß man sie doch angesichts ihrer Ausmaße und der wirklich monumentalen architektonischen Konzeption mit dem Totentempel und dem Grab des Königs aus ihren Reihen vergleichen, der schließlich die Herrschaft über das ganze Land erringen konnte: Nebhepetre-Mentuhotep.

Die Grabanlagen bestehen aus großen, bis zu 300 m langen und 60 m breiten Höfen, die in den Fels eingesenkt sind. Türähnliche Öffnungen in der rückwärtigen Fassade, die den Eindruck einer Pfeilerhalle erwecken, haben diesen Gräbern zu ihrem Namen verholfen: *Saff*-Grab, von Arabisch *»saff«* = Reihe. Verhältnismäßig bescheidene Grabkammern und weitere aus dem Fels hinter der Fassade herausgehauene Räume sowie ein aus Nilschlammziegeln errichteter Taltempel vervollständigten diese Anlagen. Von der Ausschmückung dieser Grabanlagen ist wenig erhalten.

Am bekanntesten sind die *Saff*-Gräber Intefs I. (Horus Sehertaui): Saff el-Dawaba; Intefs II. (Horus Wahanch): Saff el-Kisasija und Intefs III. (Horus Nechtnebtepnefer): Saff el-Baqar.

Dra Abu el-Naga

In bescheidenen Gräbern in Dra Abu el-Naga, zwischen el-Tarif und Deir el-Bahari, ließen sich die thebanischen Herrscher der 17. Dynastie und ihre Familienangehörigen beisetzen. Die Zuweisung dieser Gräber und ihre Lage zueinander kennen wir aus einem Papyrus aus der Zeit um 1080 v. Chr. (Papyrus Abbott). In diesem Schriftdokument ist eine Inspektion dieser Grabanlagen niedergelegt. Mit Inschriften versehene Objekte, darunter auch sogen. *»Rischi«*-Särge, Prunkwaffen und Schmuck aus diesen Gräbern fand Mariette bei Grabungen vor dem Jahre 1860. Über ihre Architektur, möglicherweise unter Einschluß kleiner Ziegelpyramiden, ist wenig bekannt.

Das Tal der Könige (Biban el-Moluk)

Nach dem Sieg über die Hyksos begannen die aus Theben stammenden Herrscher der 18. Dynastie erneut Gräber anzulegen wie sie eines Königs von Ober- und Unterägypten für würdig erachtet wurden. Das Grab Amenophis' I. lag wahrscheinlich in Dra Abu el-Naga. Aus der Verehrung, die diesem König später zuteil wurde, speziell unter den Handwerkern und Künstlern, die beim Bau der Königsgräber beschäftigt waren, läßt sich schließen, daß er als erster ein Grab im neuen Stil anlegte. Als erster König ging Tuthmosis I. dann mit seiner Grabanlage in die Felsen eines öden Wüstentales jenseits von Deir el-Bahari, das später als Tal der Könige berühmt werden sollte. Beherrschend ragt über diesem Gebiet »el-Qurn«, das Horn, heraus. Zwei Gebirgseinschnitte, ein östlicher mit der Mehrzahl der Königsgräber und ein westlicher mit den Gräbern Amenophis' III. und Ejes, bilden das »Königsgräbertal«. Die Zahl der Gräber beträgt insgesamt 62, das zuletzt entdeckte Grab des Tutanchamun trägt die Nummer 62, wobei einige nicht-königliche Anlagen hierzu gehören und einige hinsichtlich ihrer Zuweisung umstritten sind. Die Gräber lagen also von den Totentempeln am Rande des Fruchtlandes räumlich getrennt. Der Grund für die Trennung von Tempel und Grab ist zweifellos nicht nur in Sicherheitserwägungen zu suchen,

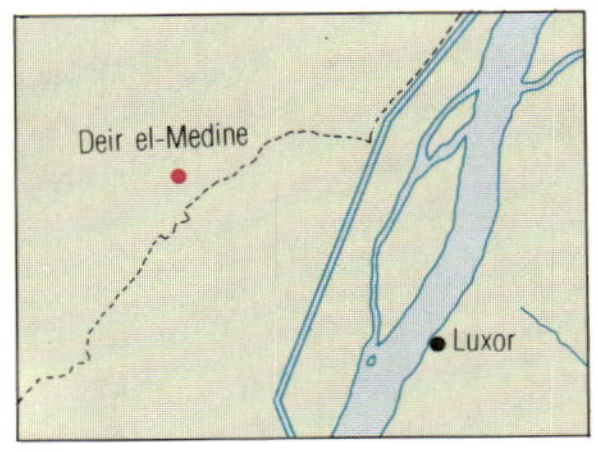

Oben links: Grab des Haremhab, Nr. 57. Der König beim Weinopfer vor dem falkenköpfigen Harsiese, dem »großen Gott, König der Götter, Herr des Himmels«. Links der König vor Hathor, »der Ersten von Theben, Gebieterin der Götter, Herrin des Himmels«. Bemaltes Relief auf der Ostwand des Raumes vor der Sargkammer.

Oben: Grab Tuthmosis' III. (Nr. 34) Szenen und Texte der 3. Stunde des *Amduat.* Malerei in der ovalen Sargkammer.

auch religiöse und architektonische Überlegungen müssen dabei eine Rolle gespielt haben.

Das Grundschema der Königsgräber von der 18.–20. Dynastie (das späteste von Ramses XI.) besteht in einem langen, in das Felsmassiv hinein geneigten Gang mit einem oder mehreren breiteren und höheren Räumen (bisweilen mit Pfeilern ausgestattet), der in der Grabkammer endet. In den frühen Gräbern weist dieser Gang eine meist rechtwinklige Biegung nach rechts oder links auf, vom Ende der 18. Dynastie an führt er geradeaus zur Grabkammer. Die Gräber variieren in der Tiefe, das des Haremhab ist z.B. 105 m lang (bzw. tief), das des Siptah 88 m, das Ramses' VI. 83 m. Der Dekor besteht überwiegend aus religiösen Darstellungen, der König in der Gemeinsamkeit mit verschiedenen Göttern ist ein immer wiederkehrendes Thema. Die größte Faszination aber strahlen die wändefüllenden Illustrationen zu religiösen »Büchern« (oder Spruchsammlungen) aus, die Titel tragen wie *Amduat* (Das, was in der Unterwelt ist), »Pfortenbuch«, »Höhlenbuch«, »Litanei des Re« (Hymnen auf Re). In den frühen Gräbern sind diese Bilder so gestaltet, daß sie wie überdimensionale ausgerollte Papyri die Wände überziehen. Vom Ausgang der 18. Dynastie an tritt Reliefdekor an die Stelle der Malerei.

Kostbarkeit und Schönheit der ursprünglichen Grabausstattungen, die in diesen Gräbern gelagert haben, können wir uns schwerlich vorstellen. Der einzig erhaltene Schatz – aus dem Grab des Tutanchamun – vermag allenfalls einen Schimmer davon zu vermitteln; denn er ist vermutlich nicht einmal typisch.

Die Arbeitersiedlung Deir el-Medine

Aus Ostraka, Papyri und sonstigen Überresten läßt sich das tägliche Leben der Nekropolenarbeiter, d.h. der Handwerker und Künstler, die im Tal der Könige die Grabanlagen schufen, recht zuverlässig rekonstruieren. In einer Talsenke hinter dem Bergrücken von Qurnet Murai sind die Ruinen von mehr als 70 Häusern innerhalb einer Siedlungsmauer erhalten. Hier haben seit der Regierungszeit Tuthmosis' I. die Nekropolenarbeiter mit

Links: Die Arbeitersiedlung von Deir el-Medine.

ihren Familien gewohnt, die Kapellen ihrer Lokalgottheiten befinden sich in der Nähe wie auch ihre Gräber.

Die Arbeiter waren in einem »Trupp« von einigen 60 und mehr Mann zusammengefaßt und in zwei »Seiten« unterteilt. Zu jeder Seite gehörte ein Vorarbeiter, sein Stellvertreter und einer oder mehr Schreiber. Ihr Vorgesetzter war der Wesir, der gelegentlich selbst nach dem Rechten sah oder einen königlichen »Butler« schickte, um sich vom Fortschritt der Arbeit zu überzeugen. Entlohnt wurden die Leute mit Naturalien, vor allem Korn, und anderen Gütern des täglichen Bedarfs. Zu ihrer Versorgung gehörten beispielsweise auch Fisch, Gemüse, gelegentlich Fleisch, Wein, Salz und anderes mehr. Kennzeichnend für die Verhältnisse unter der 20. Dynastie war das Ausbleiben der Rationen, so daß die Arbeiter demonstrierten. Der erste Streik, von dem wir hören, fand im 29. Regierungsjahr Ramses' III. statt. Während ihrer zehntägigen » Arbeitswoche« waren die Arbeiter normalerweise in der Nähe ihrer Arbeitsstätte im Tal der Könige untergebracht, danach kehrten sie für Ruhe- oder Feiertage anläßlich religiöser Feste nach Hause zurück.

»Der goldene Pharao Tutanchamun« und wie es um »die ... größte archäologische Entdeckung aller Zeiten« wirklich steht.

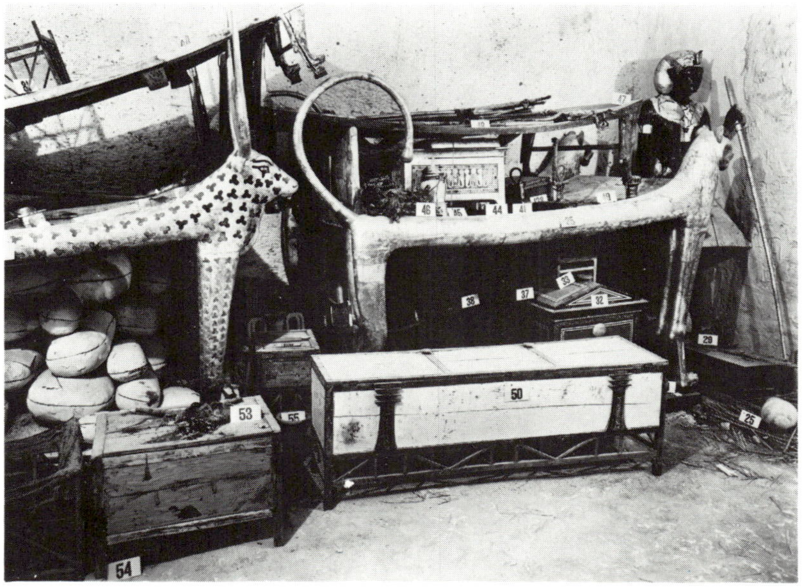

»At last have made wonderful discovery in Valley; a magnificent tomb with seals intact; re-covered same for your arrival; congratulations«, so lautete das Telegramm im Original, das Carter am Morgen des 6. November 1922 an Lord Carnavon sandte. (Endlich wunderbare Entdeckung im Tal gemacht; großartiges Grab mit intakter Versiegelung; habe selbiges wieder zugedeckt bis zu Ihrer Ankunft; Gratuliere).

Das Grab des Tutanchamun (Nr. 62 im Tal der Könige) wurde 1922 von dem englischen Ägyptologen Howard Carter entdeckt, dessen Grabungen der Earl of Carnavon finanzierte. Es handelt sich um das einzige weitestgehend intakte Königsgrab aus dem Neuen Reich, das die Zeiten überdauert hat. Dabei wird es wahrscheinlich auch bleiben. Obwohl diese Entdeckung die größte Publizität erfahren hat und trotz des öffentlichen Interesses, das dieser Grabschatz durch Ausstellungen in aller Welt fand, sind die Stücke aus dem Grab des Tutanchamun bisher nicht wissenschaftlich von Ägyptologen ausgewertet worden, so daß dieser außergewöhnliche Materialkomplex bis heute nicht in unser Wissen über das alte Ägypten eingearbeitet ist. Das vor allem gilt es zu bedenken, wenn von »unbekannten Tatsachen« über die Auffindung des Tutanchamun-Grabes die Rede ist. Die Objekte befinden sich heute im Ägyptischen Museum in Kairo. Die detaillierten Aufzeichnungen, die Carter und seine Mitarbeiter in den Jahren mühevoller Bergungsarbeit anlegten, werden im Griffith Institute in Oxford aufbewahrt.

Funde aus dem Grab: *In Verbindung mit der Mumie:*
vier hölzerne Schreine
ein Quarzitsarkophag
äußerer und mittlerer hölzerner Sarg
innerer Goldsarg
Goldmaske und Schmuck
Golddiadem
goldener Dolch
Kanope
Kanopenschrein

Grabausstattung:
Statuetten des Königs
zerlegte Wagen
Liegen und Betten
Kopfstützen
Thron aus Holz mit Goldüberzug *(rechts im Bilde)*
Sessel und Stühle
Kästen
Gefäße und Lampen
Bögen, Bögenkästen und Schilde
Stöcke, Peitschen und Szepter
Gewänder
Schreibgerät
Brettspiele
Schmuck
Wedel
Musikinstrumente
Modellboote
Schreine aus Holz und Gold
Statuetten von Göttern
Uschebtis.

Links außen: Grab des Wesirs Ramose in Scheich Abd el-Qurna (Nr. 55), aus den ersten Regierungsjahren Amenophis' IV. Relief.

Links: Sargboden des Soter, frühes 2. Jahrhundert n. Chr., Darstellung der Göttin Nut, umgeben von den Tierkreiszeichen. Aus einem Gemeinschaftsgrab in Scheich Abd el-Qurna, London, British Museum.

Unten: Grab des Gottesvaters Amunemone in Qurnet Murai (Nr. 277), frühe 19. Dynastie, Detail der Bestattungszeremonie, Malerei.

Privatgräber

Die größeren und bedeutenderen Gräber der thebanischen Nekropole sind in einigen wenigen Bereichen der Westseite versammelt. Von Norden her sind das: Dra Abu el-Naga, Deir el-Bahari, el-Chocha, Asasif, Scheich Abd el-Qurna, Deir el-Medine und Qurnet Murai. Die Ägyptische Altertümerverwaltung hat 409 Gräber durchnumeriert, erst kürzlich sind fünf hinzugefügt worden. Die Gräber stammen aus der Zeit der 6. Dynastie bis in die griechisch-römische Periode, in überwiegendem Maße aber aus dem Neuen Reich. Alles in allem sind aber noch weitere Gräber vorhanden, einige davon sind groß und mit Dekor versehen, andere nicht mehr als einfache Grabstätten. Die bedeutendsten liegen im Tal der Königinnen, südlich von Deir el-Medine, und in kleineren Talschluchten wie z.B. das »Grab der drei Prinzessinnen« aus der Regierungszeit Tuthmosis' III. im Wadi Qubbanet el-Qirud (Affengräbertal), dessen Schatz an Gold- und Silbergefäßen sich heute im Metropolitan Museum in New York befindet.

Wie zu erwarten, gehören einige der weniger wichtigen Gräber und Begräbnisse in el-Tarif und Dra Abu el-Naga in die Zeit der 11. und 17. Dynastie, aber Dra Abu el-Naga weist Bestattungen bis in die Spätzeit hinein auf. Das Gleiche gilt auch für Asasif und el-Chocha an den Aufwegen zu den Totentempeln der 11. und 18. Dynastie in Deir el-Bahari und nach Deir el-Bahari selbst.

Neben den Einzel- und Familiengräbern sind auch eine Reihe Gruppenbestattungen gefunden worden. So entdeckten E. Grébaut und G. Daressy 1891 in Deir el-Bahari ein Versteck mit Särgen von »Amunpriestern« aus der Dritten Zwischenzeit. Dabei handelte es sich schon um den zweiten Fall; denn bereits 1858 hatte Mariette Särge von »Priestern des Month« gefunden. Zum spektakulärsten Ereignis aber wurde das Versteck im Grab 320 im ersten Tal südlich von Deir el-Bahari. im Jahre 1881 wurden hier die Särge und Mumien der berühmtesten Könige von der 17.–20. Dynastie sichergestellt, die man in der 21. Dynastie vor Grabplünderern hatte verbergen müssen.

Einige Gräber in Scheich Abd el-Qurna, südlich von Deir el-Bahari, gehörten Familienangehörigen des berühmten Senenmut, der, aus einfachen Verhältnissen stammend, unter Hatschepsut zu den höchsten Ämtern

Unten: Grab des Amenemone in Qurnet Murai (Nr. 277), frühe 19. Dynastie, in einer Szene zwei Vorgänge aus der Bestattungszeremonie: Weihrauch- und Wasserspende über Opfergaben und sogen. Mundöffnung. Für die beiden Ritualhandlungen sind zwei anthropoide Särge vor dem Grabeingang dargestellt. Malerei.

Rechts: Grab des »Dieners an der Stätte der Wahrheit«, Paschedu in Deir el-Medine (Nr. 3), Regierungszeit Sethos' I. Bemalte Grabkammer.

aufstieg. Ein Grab aus der Dritten Zwischenzeit enthielt über dreißig Särge und ein weiteres vierzehn aus der Zeit des Hadrian. Wie der Name besagt, liegen im Tal der Königinnen (Biban el-Harim) die Gräber der Königinnen und anderer Angehöriger des Königshauses, vor allem Gräber von Prinzen aus dem Ramessidenhause.

Die meisten größeren Gräber in Theben waren aus dem Fels herausgehauen und nur wenige wiesen freistehende Oberbauten auf. Die Anlagen sind so unterschiedlich, daß im folgenden nur einige wenige Charakteristika genannt seien:

Spätes Altes Reich: ein oder zwei Räume von unregelmäßiger Form, manchmal mit Pfeilern ausgestattet. Schräg abwärts führende Gänge enden in einer oder mehreren Grabkammern.

Mittleres Reich: Die Rückwand eines offenen Hofes bildet die Grabfassade. Ein langer Gang endet in einer Grabkapelle, die mit der Grabkammer durch einen abwärts führenden schrägen Gang verbunden ist.

Neues Reich: Ein offener Hof, manchmal mit Stelen ausgestattet, liegt vor der Fassade des Grabes mit Grabkegeln aus Ton über dem Eingang. An einen Querraum mit Stelendarstellungen auf den Schmalwänden schließt sich ein Längsraum an, der in der Mittelachse des Grabes in die Tiefe führt. Das Sanktuar besteht aus einer Statuennische oder Scheintür. Alle Innenräume können mit Pfeilern bzw. Säulen ausgestattet sein. Der Grabschacht zur Grabkammer führt meist vom Hof aus nach unten. Die ramessidischen Gräber in Deir el-Medine stellen eine Kombination aus freistehenden Oberbauten (Pylon, offener Hof, Eingangsvorhalle und gewölbte Kapelle mit Statuennische; kleine Ziegelpyramide als Bekrönung) und Felsenkammern dar, die man über einen Schacht erreicht.

Spätzeit: Einige der Spätzeitgräber sind gewaltig ausgedehnte und vom Plan her komplexe Anlagen mit Ziegelpylonen und mehreren offenen Höfen, die einer Vielzahl von unterirdischen Räumen, mit Säulen oder Pfeilern ausgestattet, voraufgehen. Die Räume führen auf die Grabkammer zu.

J. G. Wilkinson in Theben

Die heutigen Ägyptologen stehen gleichsam auf den Schultern jener Gelehrten, die oft unter unglaublich harten Bedingungen in der ersten Hälfte des vorigen Jahrhunderts das Fach begründet haben. Es war die Zeit, in der die Ägyptologie ihr Basismaterial zusammentrug und mit unglaublicher Intensität Inschriften, Reliefs und Malereien beschrieb und kopierte. Einige dieser Publikationen sind noch heute, nach 150 Jahren, unentbehrlich.

John Gardner Wilkinson kam im Jahre 1821, ein Jahr bevor Champollion die Hieroglyphenschrift entschlüsselte, als junger Mann von 24 Jahren nach Ägypten, wo er die nächsten 12 Jahre blieb. Es gibt kaum eine antike Stätte, die dieser geschickte und überzeugende Kopist nicht besichtigt und in seinen Notizbüchern zumindest beschrieben hätte. Sein Interesse grenzte an Besessenheit: nicht das geringste Fragment einer Inschrift hielt er für unwichtig. Er gehörte zu den ersten, die für die altägyptische Darstellungsweise ein solches Gefühl entwickelten, daß er absolut zuverlässige Kopien anzufertigen imstande war. Dank seiner Begabung und seines Könnens sind in seinen Papieren, die im Griffith Institute in Oxford aufbewahrt werden, wahre Schätze an Informationen über die verschiedensten Aspekte ägyptischen Lebens enthalten. Die theoretischen Ergebnisse seiner Arbeit veröffentlichte Wilkinson in mehreren Büchern, nicht aber seine Kopien, und sofern sie in den Publikationen erschienen, waren sie häufig durch unzureichende Reproduktionsmethoden stark entstellt. Sein wichtigstes Werk trägt den Titel *Manners and Customs of the Ancient Egyptians, including their private life, government, laws, arts, manufactures, religion, agriculture, and early history, derived from a comparison of the paintings, sculptures, and monuments still existing, with the accounts of ancient authors.* Es erschien 1837 in drei Bänden und bildete in den darauffolgenden 50 Jahren die beste Darstellung allgemeiner Art zur altägyptischen Kultur. Seinem Autor brachte es 1839 den Adelstitel ein, er wurde der erste britische Ägyptologe von Format.

Viele schwierige Probleme sind seither durch Konsultation der Wilkinson'schen Unterlagen gelöst worden, denn in ihnen finden sich die Denkmäler in dem Zustand abgebildet, in dem sie zwischen 1821 und 1856 waren. Sein unschätzbares Verdienst wird wohl an den thebanischen Privatgräbern besonders deutlich: viele der Szenen, die Wilkinson seinerzeit kopierte, sind heute stark beschädigt oder völlig zerstört, während andere, bisweilen ganze Gräber, bis heute nicht publiziert oder inzwischen gar unzugänglich geworden sind.

Oben: Handwerkerszenen: Relief im thebanischen Grab Nr. 36 des Obersten Haushofmeisters der Gottesgemahlin, Ibi, Regierungszeit Psammetichs I. (teilweise kopiert nach einem Grab der 6. Dynastie in Deir el-Gebrawi). Folgende Tätigkeiten sind dargestellt (von links), 1. Register von oben: Lederarbeiter fertigen Sandalen an; Herstellung von Steingefäßen, Uschebtis und Kanopenkrügen; Metallarbeiter. 2. Register: Herstellung von Wagen; Bildhauer, Tischler, Hersteller von Gefäßen. 3. Register: Tischler, Bildhauer, Hersteller von Schmuck. 4. Register: Metallarbeiter, Männer mit einem Holzbalken, Bootsbauer. 5. Register: Bootsbauer und Schreiber. Die Darstellungen sind heute stark beschädigt.

Mitte links: Zwei bärtige Männer beim Gänserupfen, Malerei im thebanischen Grab Nr. 88 des Standartenträgers des Herrn der beiden Länder, Pehsucher Tjenenu, Zeit Tuthmosis' III. oder Amenophis' II. Die Arbeit spielt sich in einer Hütte ab, die bereits gerupften Gänse hängen vom Dachbalken herab. Auf dem Boden liegen drei weitere geschlachtete Tiere. Die Szene wurde inzwischen stark beschädigt, der Mann links ist heute ganz verschwunden.

Unten links: Zwei Schreiber und ein Aufseher aus einer Szene des Viehzählens. Malerei in Grab Nr. 76 des Wedelträgers zur Rechten des Königs Tjenuna aus der Regierungszeit Tuthmosis' IV. Die Männer sitzen in der typischen Schreiberhaltung mit untergeschlagenen Beinen, in der Hand eine Papyrusrolle. Schreibtische gab es im alten Ägypten nicht. Behältnisse für die Papyrusrollen stehen daneben. Heute stark beschädigt.

Mitte rechts: Der Wesir Paser und seine Frau mit Verwandten bei einem Reinigungsopfer mit Weihrauch und Wasser. Relief im thebanischen Grab Nr. 106. Paser war Wesir unter Sethos I. und Ramses II.. Das Grab ist nicht vollständig veröffentlicht, die Szene ist heute fast völlig zerstört.

Unten rechts: Nubische Tänzerin, begleitet von Musikanten und Musikantinnen mit Lyra, Doppelflöte und Harfe. Malerei im thebanischen Grab 113, das dem Priester und Wahrer der Geheimnissse am Besitztum des Amun, Kinebu, aus der Zeit Ramses' VIII. gehört. Dieser wahrscheinlich »keskes« genannte nubische Tanz ist auch auf anderen Denkmälern wiedergegeben. Außer der Nubierin nehmen auch Kinebus Söhne und Töchter am Tanz teil, wohl ein Hinweis auf die Beliebtheit dieses Tanzes in der Ramessidenzeit. Die Szene ist heute vollkommen zerstört.

DAS NÖRDLICHE OBERÄGYPTEN

Links: Die Bezeichnung dieser Basaltstatuette im Ashmolean Museum zu Oxford als »MacGregor-Mann« geht auf den Reverend William MacGregor zurück, aus dessen Sammlung sie 1922 im Londoner Auktionshaus Sotheby erworben wurde. Der bekannte Sammler hatte sie, zusammen mit einer Gruppe von Elfenbeinfigürchen, von einem Händler gekauft. Angeblich stammen alle diese Stücke aus Naqada, wo sehr viele Funde aus vorgeschichtlicher und frühdynastischer Zeit gemacht wurden. Die meisten Bücher über ägyptische Kunst zeigen als Auftakt diese herrliche Arbeit, obwohl ihre Echtheit aus stilistischen Gründen angezweifelt wurde.
Höhe 39 cm, Vorgeschichte.

Links außen: Typische Landschaft mit Kalksteinfelsen westlich des Nils bei Nag Hammadi, wo das Fruchtland nur einen sehr schmalen Streifen bildet. Ein Geologe kann aus den Ablagerungen und Terrassen der Felsen die einzelnen Eiszeiten erkennen.

Das nördliche Oberägypten reicht von Theben bis Assiut. Es war das Herz Altägyptens, wo sich seine ersten Dynastien herausbildeten und formten, das Hinterland, das in Zeiten der Krise immer ägyptisch blieb. Von hier aus wurden, mit Theben an der Spitze, immer wieder Anstrengungen zur erneuten politischen Einheit des Landes unternommen. Wirtschaftlich war die Kontrolle über die Zugänge zu den Gold- und Mineralvorkommen in der östlichen Wüste von herausragender Bedeutung, während politisch die Stadt Theben im Süden den Verlauf der Ereignisse von der 11. Dynastie an bestimmte.

Negade, Qift und Abydos beherrschten die Szene in vorgeschichtlicher und frühdynastischer Zeit, und vom Alten Reich an nahm auch die Bedeutung Denderas zu. Abydos entwickelte sich seit dem Mittleren Reich zum religiösen Zentrum für ganz Ägypten. Der Aufstieg Thebens im Neuen Reich ließ seine nördlichen Nachbarn in den Hintergrund treten, allerdings erhielt sich Abydos seine Stellung und Qift wurde auch weiterhin durch königliche Bautätigkeit gefördert. Der Tempel von Dendera ist zweifellos das beeindruckendste Bauwerk dieses Gebietes für das späte Altertum.

Nag el-Medamud
Tempel aus griechisch-römischer Zeit für die Triade des Month, mit Nebengebäuden, über älteren Bauwerken errichtet.

Naqada und Tuch
Friedhöfe aus vorgeschichtlicher und frühdynastischer Zeit, mit einer Mastaba aus der Zeit des Königs Aha. »Pyramide« von Tuch.

Qus
Reste eines ptolemäischen Tempels für Haroeris und Heqet.

Qift
Reste eines Mintempels aus dem Mittleren Reich und später. Kleiner Mintempel in el-Qala.

Dendera
Hathortempel mit Nebengebäuden, innerhalb einer Umfassung. Zweite Tempelgruppe, vielleicht für den Horus von Edfu. Friedhof, einschließlich Tierbegräbnissen.

el-Qasr el-Saijad
Gräber aus der Ersten Zwischenzeit.

Au
Zwei Tempel aus griechisch-römischer Zeit.
Friedhöfe aus allen Perioden.

Abydos
Friedhöfe aus fast allen Zeiten, einschließlich Königsgräbern aus der Frühzeit.
Tempel für Osiris mit Kapellen sowie Reste der Stadt.
Kenotaph-Tempel, darunter für Sethos I. und Ramses II.

Beit Challaf
Mastaba-Gräber aus der 3. Dynastie.

Achmim
Felsenkapelle für Min von Tuthmosis III. und anderen Königen bei el-Salamoni.
Reste von Tempeln aus griechisch-römischer Zeit für Min und Repit.
Felsengräber aus verschiedenen Zeiten bei el-Hawawisch und el-Salamoni.

Wannina
Tempel und Gräber aus ptolemäischer Zeit.

Qau el-Kebir
Gräber der 12. Dynastie.

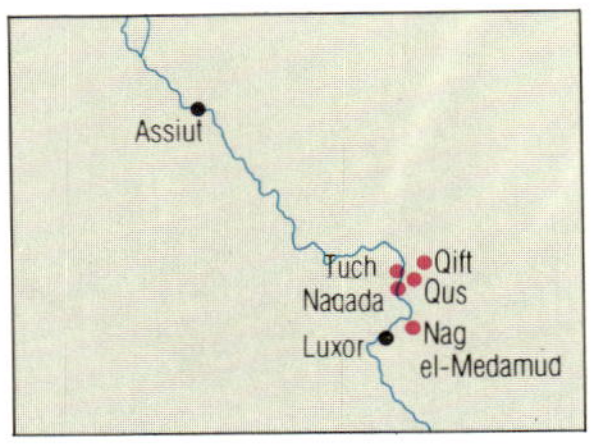

Links unten: Reste der äußeren Säulenhalle des Monthtempels in Nag el-Medamud, erbaut von Ptolemaios VIII. Euergetes II. Ansicht von Nordwest.

Unten: Türbekrönung Sesostris' III. aus Nag el-Medamud. In der Doppelszene opfert der König »weißes Brot« (links) und Kuchen (rechts) dem Gott Month, »Herr von Theben«. Paris, Musée du Louvre.

Nag el-Medamud

Neben Karnak, Tod und Armant war auch das 8 km nordöstlich von Luxor gelegene altägyptische *Madu* ein bedeutender Ort der thebanischen Region, in dem der falkenköpfige Gott Month verehrt wurde. Der ältere, jetzt zerstörte Tempel von Medamud stammte aus dem Mittleren Reich (möglicherweise von Nebhepetre Mentuhotep, vor allem aber von Sesostris III.), stand aber vielleicht auf dem Platz eines noch älteren Schreines. Einige Könige aus dem späten Mittleren Reich und aus der Zweiten Zwischenzeit ließen hier weiterbauen (so Sedjefkare Amenemhet VII., Sechemre-chutaui Sebekhotep II. und Sechemre-swadjtaui Sebekhotep III. aus der 13. sowie Sechemre-wadjchau Sebekemsaf aus der 17. Dynastie), doch keiner ihrer Bauten hat sich erhalten. Es gibt auch einige verstreute Denkmäler aus dem Neuen Reich und aus der Spätzeit.

Der Tempel für Month, Rattaui und Harpokrates, von dem noch einige Teile stehen, wurde in griechisch-römischer Zeit über älteren Gebäuden errichtet. Mehrere Herrscher haben zu seiner Ausschmückung beigetragen. Ein Kai und Reste einer Sphinxallee liegen vor dem Tor des Kaisers Tiberius in der aus Ziegeln erbauten Umfassungsmauer. Vor dem eigentlichen Tempel befinden sich drei Kioske von Ptolemaios XII. Auletes; von hier aus gelangt man zum Hof des Antoninus Pius. Von dem äußeren Hypostylensaal an (erbaut von Ptolemaios VIII. Euergetes II.) hat der Tempel den gewöhnlichen Grundriß. Unmittelbar hinter diesem Bau liegt ein zweites Heiligtum, das dem heiligen Stier des Month geweiht ist. Einige seiner Räume dienten wohl dem dort gehaltenen Tier als Aufenthaltsort. Die Außenwände beider Tempel ließen die beiden römischen Kaiser Domitian und Trajan dekorieren.

Dann gab es noch einen heiligen See südlich des Monthtempels, und ein Gründungsdeposit sowie Reliefblöcke weisen darauf hin, daß sich in der südwestlichen Ecke der Anlage ein frühptolemäischer Tempel befand (Ptolemaios II. Philadelphos, Ptolemäus III. Euergetes I. und Ptolemaios IV. Philopator).

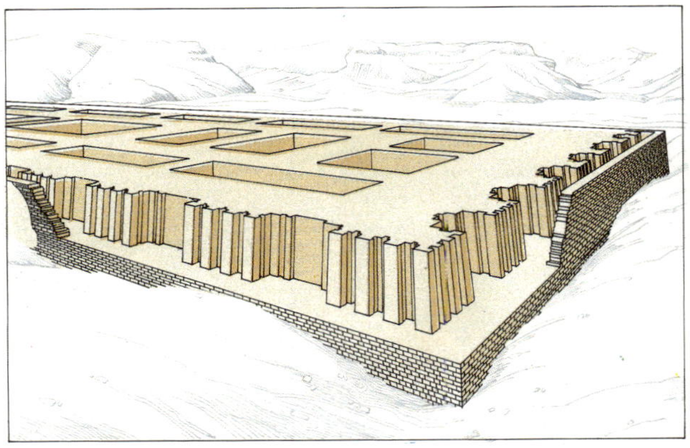

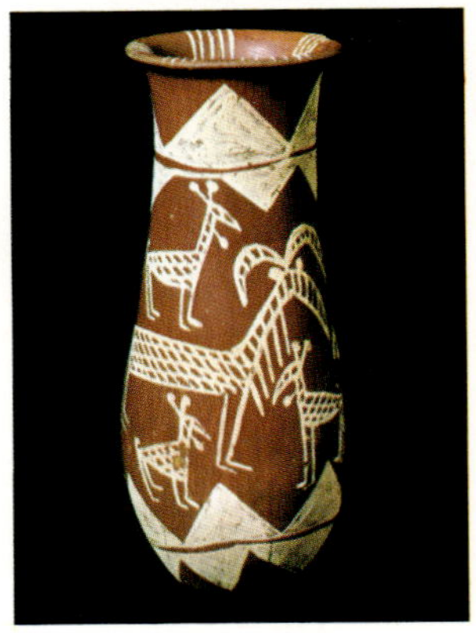

Links oben: Rekonstruktion der von J. de Morgan bei Naqada gefundenen Mastaba aus der Frühzeit. Die Anlage war von einer ca. 1,1 m dicken Umfassungsmauer umgeben. Im Zentrum des Kernbaues lagen fünf Räume für die Bestattung und die Grabausstattung, umgeben von weiteren 16 mit Kies und Sand gefüllten Hohlräumen.

Oben: Bemalter Topf der Naqada-II-Kultur. Oxford, Ashmolean Museum.

Naqada und Tuch

Oftmals verwenden Archäologen den Namen bedeutender Fundplätze als beschreibende Bezeichnungen ganzer Kulturen. Die letzten zwei vorgeschichtlichen Kulturen Ägyptens werden gewöhnlich Naqada-I und Naqada-II nach den von W. M. Flinders Petrie 1895 ausgegrabenen Friedhöfen genannt. In diesem Falle allerdings ist die Bezeichnung nicht ganz richtig gewählt: obwohl Naqada die größte moderne Siedlung in diesem Gebiet ist, liegen die Friedhöfe aber tatsächlich 7 km nördlich davon, zwischen Tuch und el-Ballas.

Ungefähr 3 km nordwestlich des Dorfes Naqada wurde am Wüstenrand von J. de Morgan 1897 ein Mastaba-Grab aus der Frühzeit entdeckt. Es handelt sich um ein großes Ziegelgebäude (54 × 27 m) mit einer »Palastfassade« auf allen Seiten. Dort gefundene Elfenbeintäfelchen, Gefäßfragmente und Tonsiegel tragen die Namen des Königs Aha wie auch der Neithhotep, die wahrscheinlich dessen Frau war und anschließend regierte. Das Grab gehörte wohl einem örtlichen hohen Beamten vom Beginn der 1. Dynastie. Aus nahegelegenen anderen Friedhöfen kamen zahlreiche Grabstelen aus dem späten Alten Reich und aus der Ersten Zwischenzeit zutage.

Die Größe der von Petrie ausgegrabenen Friedhöfe und Siedlungsplätze (»Naqada«) zeigt, daß das alte, etwa 4 km südöstlich gelegene *Nubt* (griechisch Ombos), das

König Sesostris I. mit dem *hep*-Zeichen (ein Ritualobjekt unbekannten Ursprungs) und einem langen Ruder bei dem zeremoniellen *sed*-Fest-Lauf vor dem Gott Min. Kalksteinrelief von einem älteren Gebäude unter dem Nordtempel von Qift. London, Petrie Collection (University Coll.).

Oben: Kolossalkopf eines römischen Kaisers, wahrscheinlich des Caracalla. Gefunden im 2. Pylon des Nordtempels in Qift, der dem Min und der Isis geweiht war. Roter Granit, Höhe 51 cm, Philadelphia (Pa.), Pennsylvania University Museum.

Unten: Qus zur Zeit der Napoleonischen Expedition nach Ägypten: der westliche Pylon des Tempels für Haroëris und Heqet sowie die moderne Stadt.

gewöhnlich mit dem modernen Tuch in Zusammenhang gebracht wird, am Ende der Vorgeschichte eine sehr bedeutende Stadt gewesen sein muß. Der Stadtname ist wahrscheinlich von dem altägyptischen Wort *nub*, »Gold«, herzuleiten und könnte mit den in der Nähe der östlichen Wüste vom Wadi Hammamat aus zugänglichen Goldminen zusammenhängen; dies würde wiederum die gestiegene Bedeutung der Stadt erklären. Der Ortsgott war Seth (»*Nubti*«, »Der Ombitische«), den man später als den Gott Oberägyptens par excellence ansah. Bis jetzt ist nur ein Tempel aus dem Neuen Reich gefunden worden, der dem Seth geweiht war. An ihm bauten mehrere Könige der 18. (Thutmosis I. und III., Amenophis II.) und der 19. Dynastie.

Unklarheit besteht über die sog. Pyramide von Tuch. Sie ist aus ungeglätteten Steinen erbaut worden; zweifelhaft ist die Datierung, ja selbst die Identifizierung des Bauwerkes als Pyramide.

Qus

Nach den Friedhöfen zu urteilen, die sich bei dem nordwestlich von Naqada auf dem anderen Nilufer liegenden Qus (altägyptisch *Gesa* oder *Gesi*, das Apollinopolis Parva der griechisch-römischen Zeit) befinden, muß der Ort in der frühen historischen Zeit Ägyptens eine bedeutende Rolle gespielt haben. Vielleicht hängt dies damit zusammen, daß damals von hier aus die Expeditionen zu den Steinbrüchen des Wadi Hammamat und zum Roten Meer ihren Anfang nahmen. Heute sind nur noch zwei Pylone des den Gottheiten Haroëris und Heqet geweihten Tempels aus ptolemäischer Zeit dort zu sehen.

Qift

Die Hauptstadt des 5. oberägyptischen Gaus lag an der Stelle des modernen Qift. Sie hieß altägyptisch *Gebtu*, die Kopten nannten sie *Kebto* oder *Keft*, während sie die Griechen als Koptos bezeichneten (was nichts mit dem Wort »koptisch« zu tun hat). Ihre Bedeutung verdankte sie ihrer geographischen Lage. Von hier aus (zuweilen auch von dem etwas weiter südlich gelegenen Qus) verließen die Handelsexpeditionen zu den Küsten des Roten Meeres und die vielen Steinbruchexpeditionen in die östliche Wüste das Niltal. *Gebtu* wurde bald bedeutendstes religiöses Zentrum jener Region und sein Ortsgott Min zum Herrn der östlichen Wüstenregion. In der griechisch-römischen Zeit waren dagegen Isis und Horus die beherrschenden Gottheiten der Stadt; einen der Gründe hat man in der Neuinterpretation der beiden Falken auf der Gaustandarte als Horus und Min zu suchen. Es wäre zu erwarten, daß man in Qift Denkmäler aus allen Epochen der ägyptischen Geschichte finden müßte, tatsächlich aber haben sich nur Tempelanlagen aus der Spätzeit und der griechisch-römischen Periode *in situ* erhalten.

Reste dreier Tempelgruppen, die innerhalb einer Umfassungsmauer lagen, wurden von W.M. Flinders Petrie (1893–94) sowie R. Weill und A.-J. Reinach (1910–11) freigelegt.

Der große, weitgehend undekoriert gebliebene Nordtempel wurde von einem Beamten namens Sennuu im Auftrag Ptolemaios' II. Philadelphos erbaut; mehrere Erweiterungen stammen von Ptolemaios IV. Philopator, Caligula und Nero. Er befindet sich an der Stelle älterer Gebäude von Amenemhet I., Sesostris I. und Tuthmosis III.. Südlich des 3. Pylons vom Nordtempel sind Reste einer für Osiris bestimmten Kapelle gefunden worden, die auf Amasis zurückgeht.

Auch der Standplatz des Mitteltempels hat eine lange Geschichte. Es fanden sich Blöcke von Sesostris' I., ein Tempeltor Tuthmosis' III. mit Zusätzen eines Osorkon (wohl Osorkon II.) sowie eine zusammengehörige Reihe von Stelen (»Koptos-Dekrete«) aus der 6. und 7. Dynastie mit Textkopien königlicher Erlasse zugunsten des Tempels und seines Personals. Der Tempel selbst wurde von Ptolemaios II. Philadelphos erbaut, Zufügungen stammen von Caligula, Claudius und Trajan. An der Stelle des Südtempels fanden sich noch Tempeltore von Nektanebos II., Caligula und Claudius sowie eine Kapelle der Königin Kleopatra VII. Philopator und von Ptolemaios XV. Caesarion.

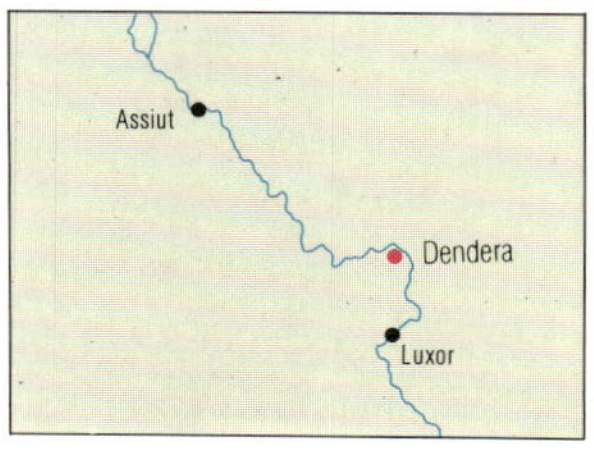

Unten: Dendera: Lageplan des Haupttempel-Komplexes.

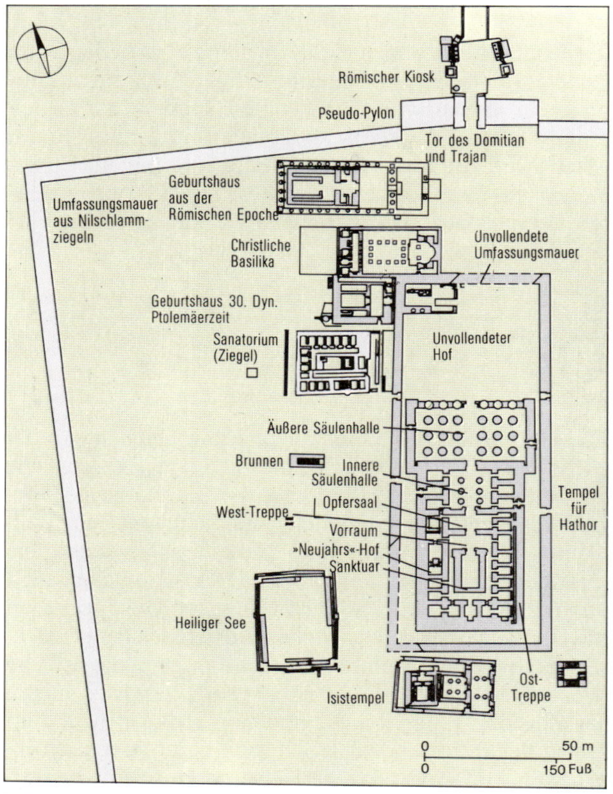

Oben: Der Hathortempel von Südwesten gesehen, mit Reliefs von Ptolemaios XV. Caesarion und der Königin Kleopatra VII. Philopator. Über dem überdimensional großen Sistrum in der Wandmitte (beschädigt) befand sich ursprünglich ein hölzerner Baldachin. Die plastisch vortretenden Löwenköpfe dienten als Wasserspeier zur Ableitung des Regenwassers.

Links: Tor aus römischer Zeit, östlich der Hauptanlage, das zusammen mit einigen wenigen Mauerfundamenten Teil eines dem Horus von Edfu geweihten Tempelkomplexes bildete.

Dendera

Dendera hieß altägyptisch *Iunet* bzw. *Tantere*, griechisch Tentyris, war einst Hauptstadt des 6. oberägyptischen Gaues und von einiger Bedeutung, doch seit dem Altertum verlagerte sich das Bevölkerungszentrum nach dem auf dem Ostufer gelegenen Qena. Der Tempelkomplex liegt heute isoliert am Wüstenrand und beherrscht zwei nahegelegene Dörfer.

Schon aus der Frühzeit fanden sich in Dendera Gräber, doch erst am Ende des Alten Reiches und während der Ersten Zwischenzeit erhielt die Stadt größere Bedeutung, als die Gaue mehr oder weniger autonom waren. Obwohl Dendera nicht zu den einflußreichsten Gebieten Oberägyptens gehörte, konnten seine Beamten trotzdem zahlreiche Mastabas von annehmbarer Größe errichten. Allerdings war nur eine dekoriert. Westlich des Ortes fanden sich Katakomben mit Ziegelgewölben voller Tierbestattungen, vor allem von Hunden und Vögeln. Begräbnisse von Kühen – dem heiligen Tier der Göttin Hathor – wurden an einigen Stellen der Nekropole entdeckt.

Eine freigelegte kleine Kapelle des Königs Nebhepetre Mentuhotep, an der sich auch Inschriften des Königs Merenptah finden, ist im Kairoer Museum wieder aufgebaut worden. Das Gebäude war mehr für den Kult des Königs als für die Göttin bestimmt und hing wahrscheinlich vom Haupttempel jener Zeit ab.

Der Tempelkomplex ist wie üblich auf den Nil ausgerichtet, der hier von Ost nach West fließt, so daß der Tempeleingang im Norden liegt, was aber für den Ägypter symbolisch »Osten« war.

In die massive Umfassungsmauer aus Schlammziegeln, die den Tempelbezirk umgibt, ließen Domitian und Trajan ein monumentales, auf einen freien Platz führendes Tor einfügen. An dessen westlicher Seite liegt das Geburtshaus aus römischer Zeit, das jüngste erhaltene Sakralgebäude dieser Art. Es war der rituelle Platz, an dem die Göttin Hathor den jungen Ihi gebar, das Symbol für die Jugendphase von Schöpfergottheiten im allgemeinen. Der Bau dieses neuen Geburtshauses wurde notwendig, als das damals benutzte, auf Nektanebos I. zurückgehende und in frühptolemäischer Zeit mit Dekor versehene Geburtshaus von den Mauern des (nie vollendeten) ersten Hofes vom Haupttempel der Hathor durchschnitten wurde. Beide Geburtshäuser, die sich in Grundriß und Ausgestaltung erheblich voneinander unterscheiden, sind heute zugänglich.

Unmittelbar südlich des älteren Geburtshauses liegt das »Sanatorium«, wo die Besucher im heiligen Wasser baden oder auch die Nacht in der Hoffnung auf einen heilenden Traum der Göttin verbringen konnten. Der Haupttempel ist das größte und schönste Heiligtum dieser Epoche. Die gewaltigen Fundamente enthalten gewiß viele Blöcke älterer Anlagen, die abgerissen wurden. Es fanden sich Denkmäler aus früheren Perioden, aber keine Gebäude. So erinnerte man sich noch in den Texten des Tempels an die Pharaonen Pepi I. und Tuthmosis III.

Zuerst entstand der hintere Teil des Tempels, wahrscheinlich am Ende des 2. Jahrhunderts v. Chr.; der älteste erhaltene Name nennt Ptolemaios XII. Auletes. Die meisten Kartuschen sind nicht ausgefüllt worden, was wahrscheinlich auf die Auseinandersetzungen innerhalb der königlichen Familie während des 1. Jahrhunderts v. Chr. zurückzuführen ist. Die Ausschmückung des äuße-

Links: Die römische Säulenhalle. Das kalte Licht von Norden bringt die Reliefoberflächen sehr wirkungsvoll zur Geltung. An einigen Stellen ist der weiße Hintergrund erhalten.

Unten: Das Geburtshaus aus der Zeit des Trajan: Relief. Darstellung des opfernden Königs vor der Göttin Hathor, die den jungen Ihi stillt. Links ist Ihi nochmals abgebildet.

ren Säulensaales erfolgte in der Zeit der römischen Kaiser von Augustus bis Nero.

Der Tempel ist nach klassischem Plan angelegt. Die Säulen der äußeren Säulenhalle und des »Neujahrshofes« haben Kapitelle in Form des Sistrums, ein der Göttin Hathor geweihtes Musikinstrument. Sein Gebrauch beschwört das Bild der Hathor herauf, die als Kuh zwischen den Pflanzen in den Sümpfen der Schöpfung erscheint. In der Mitte der südlichen Außenwand zeigt ein Relief ebenfalls ein Sistrum mit Hathorkopf, das einst vergoldet war. Damit sollte sowohl die Bedeutung dieses Gerätes hervorgehoben als auch Hathor, das »Gold der Götter«, beschworen werden. Alle Sistrumdarstellungen wurden in frühchristlicher Zeit stark verstümmelt.

Innerhalb des Tempels sind die »Krypten« wohl die ungewöhnlichsten Raumelemente. Es handelt sich bei ihnen um Raumfolgen in drei Etagen, die sich in der dikken Mauer der Außenwand befinden. Sie dienten hauptsächlich zur Aufbewahrung von Kultgeräten, der Unterbringung von Archiven sowie der Deponierung der zum magischen Tempelschutz benötigten Embleme. Ihre Wanddekorationen sind auf die Tempelachse bezogen, dabei lagen die wichtigsten Reliefs, unter denen sich wieder vor allem Sistrumdarstellungen befanden, genau auf der Mittelachse des Gebäudes. Innerhalb der Mauern sind auch die Treppen untergebracht, die auf das Dach und wieder zurück führen. Auf dem Dach steht ein Kiosk, in dem die Riten der Vereinigung der Göttin mit der Sonnenscheibe vollzogen wurden. Hier befinden sich auch die in zwei Komplexe aufgeteilten Osiriskapellen, aus denen die heute im Louvre in Paris befindliche Tierkreistafel von Dendera stammt. Eines der vielen Osiris-Gräber, die es in Ägypten gab, lag auch in Dendera. Die genannten Kapellen haben keinen Bezug zu Hathor; in ihnen wurden die Riten zur Wiedergeburt des Osiris begangen.

Unmittelbar südlich des Hathortempels liegt das Geburtshaus der Isis, das unter Augustus dekoriert wurde und für dessen Fundamente man Blöcke eines zerstörten ptolemäischen Tempels verwendete. Das östliche Tor der Gesamtanlage stammt ebenfalls aus römischer Zeit und führt zu diesem Gebäude, das wegen seiner zweifachen Orientierung einmalig ist. Seine vorderen Räume weisen nach Osten, die inneren nach Norden zum Hathortempel. Die Hauptszene (Geburt der Isis) ist zerstört.

Die in Edfu und Dendera verehrten Göttertriaden waren sich sehr ähnlich; zu ihnen gehören Horus sowie Hathor (bzw. Isis) und Ihi (bzw. Harsomtus). Die Hathor von Dendera und der Horus von Edfu trafen sich bei der Zeremonie der heiligen Hochzeit, wenn die Göttin nach Süden auszog.

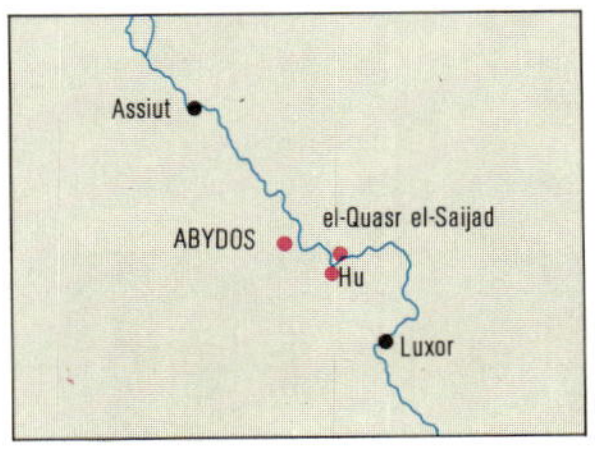

el-Qasr el-Saijad

Die nahe der modernen Ortschaft el-Qasr nordöstlich von Hu auf dem rechten Nilufer im 7. oberägyptischen Gau gelegenen Felsengräber stammen aus dem Anfang der Ersten Zwischenzeit. Nur zwei von ihnen, die den »Großen Fürsten des Gaues« Idu Seneni und Tjauti gehören, verdienen wegen ihrer erhaltenen Reliefdekoration besondere Beachtung.

Hu

Unter Sesostris I. wurde im 7. oberägyptischen Gau auf dem Westufer des Flusses das königliche Gut »Cheperkare (Sesostris I.), der Gerechtfertigte, ist mächtig« gegründet. Bald wurde dieser Platz bedeutender als die ursprüngliche Gauhauptstadt, und man begann, den langen Namen zu *Hut-Sechem* oder einfach *Hut* abzukürzen. *Hut-Sechem* wurde als »Haus des Sistrums« re-interpretiert, eine Anspielung auf die hier verehrte Göttin Bat, die in Form eines sistrumähnlichen Gegenstandes mit menschlichem Kopf sowie Rinderohren und -hörnern verehrt wurde. Doch schon im Neuen Reich war Bat der Hathor aus dem benachbarten Dendera vollständig angeglichen. In griechisch-römischer Zeit hieß die Stadt Diospolis Mikra oder – häufiger – Diospolis Parva. Über die koptische Namensform *Ho* (bzw. *Hou*) hat sich der alte Name bis heute erhalten.

Obwohl nach Auskunft altägyptischer Texte in Hu Tempel aus pharaonischer Zeit gestanden haben müssen (z.B. laut Papyrus Harris, der eine Tempelschenkung aus der Zeit Ramses' III. erwähnt), konnten sie archäologisch bisher nicht nachgewiesen werden. Die beiden erhaltenen Anlagen stammen aus der griechisch-römischen Zeit; ein Tempel ist wahrscheinlich von Ptolemaios VI. Philometor, der andere von Nerva und Hadrian erbaut worden.

Ungefähr 1,5 km südlich der Tempel lag einst das ptolemäische Grab eines gewissen Harsiëse Dionysus, das heute zerstört ist. Glücklicherweise haben einige der frühen Ägyptologen (Wilkinson, Nestor l'Hôte, Burton, Hay und andere) in der ersten Hälfte des vorigen Jahrhunderts die Texte und Reliefdarstellungen mit großer Sorgfalt zeichnerisch festgehalten.

Unten: Brüllendes Nilpferd aus gebranntem Ton, aus einem frühen Naqada-II-Grab bei Hu. Tierdarstellungen aus der Vorgeschichte und der Frühzeit scheinen von viel besserer Qualität als zeitgleiche Darstellungen menschlicher Figuren gewesen zu sein. Oxford, Ashmolean Museum.

Abydos

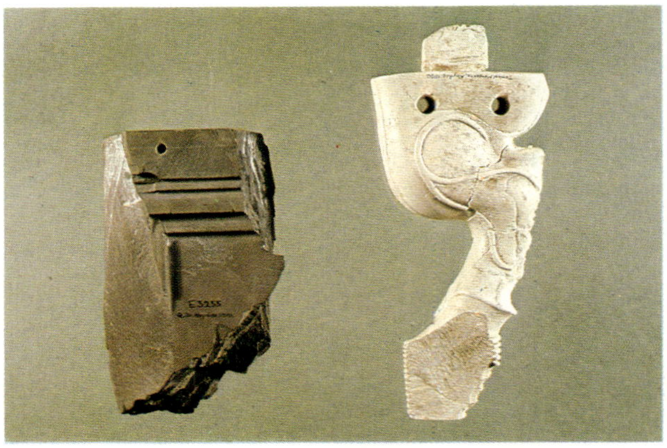

Links: Fragmente von Möbeln aus frühdynastischen Königsgräbern in Abydos. Das linke Stück aus Schist, von dem man nicht weiß, wofür es bestimmt war, ist mit außerordentlicher Genauigkeit und Geschicklichkeit gemacht. Rechts ein Bettfuß in Form eines hinteren Rinderbeines, oben ein Zapfen zum Einlassen in den Rahmen, an der Seite Löcher für Verschnürungen. Elfenbein, Oxford, Ashmolean Museum.

Das altägyptische *Abdju* (koptisch *Ebot* oder *Abot*) war die bedeutendste Begräbnisstätte ganz Ägyptens am Beginn der Frühzeit, während die Besiedlungsspuren bis in die vorgeschichtliche Naqada-I-Zeit zurückreichen. Allerdings ist die politische Bedeutung der Stadt Abydos und ihr Verhältnis zur Gauhauptstadt *Tjeni* (vielleicht in der Nähe des modernen Girge) weit weniger klar.

In den ersten Dynastien war der Tempel des örtlichen Friedhofgottes Chentiamentiu (»Der Erste der Westlichen«, d.h. der Herrscher der Toten) ein bedeutendes religiöses Zentrum. Im Verlauf der 5. und 6. Dynastie wurde der Gott mit dem ursprünglich unterägyptischen Gott Osiris gleichgesetzt, und im Mittleren Reich stieg Abydos zum wichtigsten religiösen Zentrum ganz Ägyptens auf. Die »Osiris-Mystrien«, die das rituelle Spiel von Leben, Tod und Wiederauferstehung des Osiris zum Inhalt hatten, zogen Pilger aus allen Teilen des Landes an. Viele Menschen wollten in ihrem Leben nach dem Tode an den Zeremonien teilnehmen, um selbst an der Wiederauferstehung des Gottes teilhaben zu können. Deswegen bauten sie in Abydos kleine Ziegelkenotaphe und errichteten Stelen zwischen dem Osiristempel und den Friedhöfen. Diese erstrecken sich über 1,5 km südwestlich von Kom el-Sultan bis zum Tempel Sethos' I. und sind wesentlich ausgedehnter als alle anderen Ortsfriedhöfe Ägyptens. Die Könige begannen im Mittleren Reich mit dem Bau von Kenotaphen, die mit den Bauten von Sethos I. und Ramses II. in der 19. Dynastie ihren Höhepunkt erreichten. Die abydenischen Privatgräber der Spätzeit haben im allgemeinen Ziegelpyramiden, die mit einem steinernen Deckstein (Pyramidion) bekrönt waren.

Außerdem wurden in Abydos Bestattungen von Hunden oder Schakalen sowie von Ibissen und Falken gefunden, die in die Spätzeit und in die griechisch-römische Periode gehören.

Unten: Klapper in Form eines Unterarmes (ein weit verbreitetes Musikinstrument), die laut Inschrift der Dienerin der Göttin Heqet, Sithathor, gehörte. Knochen, 2. Zwischenzeit, aus Hu. London, British Museum.

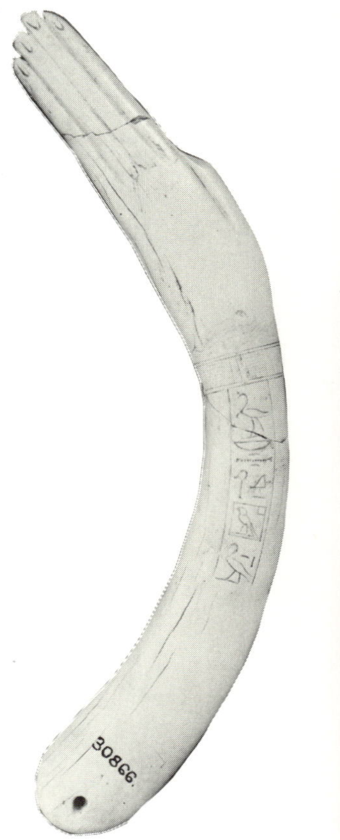

Tempel Sethos' I. Relief in der dem König geweihten Kapelle. Das Bild zeigt den Iunmutef-Priester oder Gott vor dem mumifizierten König auf einem Thron über dem Schriftzeichen für »Fest«. Der Text bietet eine ausführliche Version einer bestimmten Räucherformel.

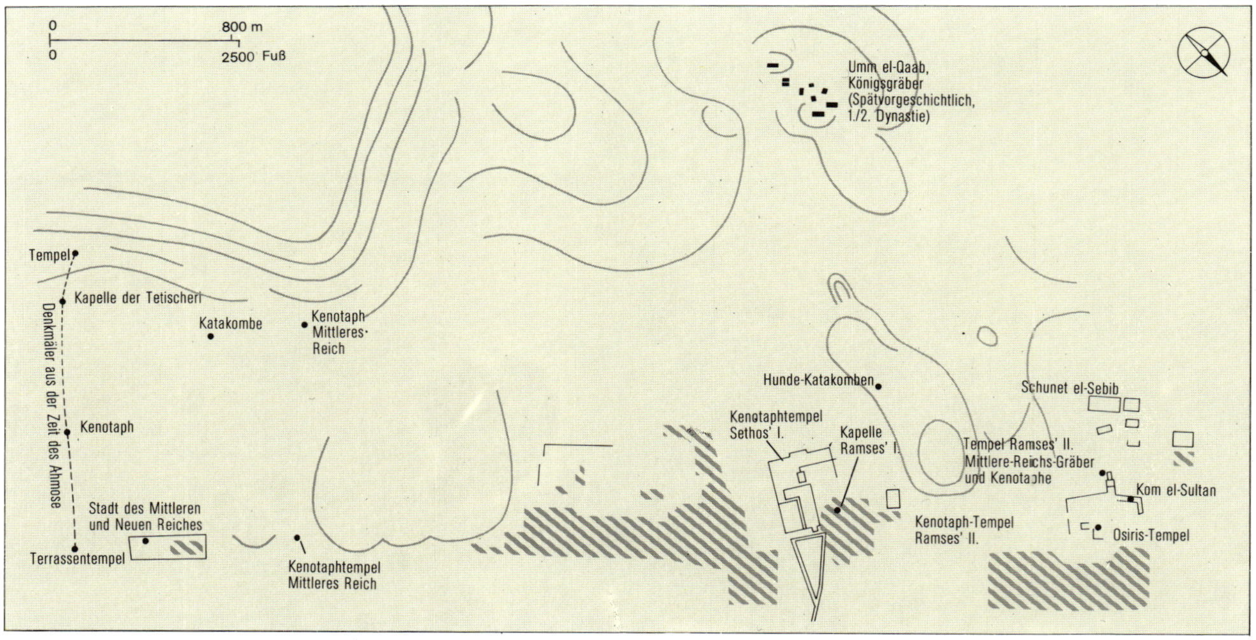

Links: Karte des Gebietes von Abydos mit den antiken Denkmälern, die sich am Rand des Fruchtlandes über 5 km hin erstrecken. Die alte Stadt, die wahrscheinlich bis in das Fruchtland hineinreichte, konzentrierte sich am Nordende, die königlichen und privaten Grabdenkmäler waren dagegen nach Süden hin orientiert.

Links außen: Der Tempel Ramses' II. von Nordwesten. Der größte Teil der Anlage ist bis zu 2 m Höhe erhalten. Im Vordergrund die hinteren Räume mit Szenen, die sich auf den Totenkult beziehen. Dahinter liegen die beiden Hallen mit quadratischen Pfeilern anstelle von Säulen und der Vorhalle. Außerhalb des modernen Zugangs lag ein weiterer Hof mit einer Seitenkapelle und einem Pylon.
Die konstruktiven Teile bestehen aus Sandstein, womit beträchtliche Weiten überspannt werden können, die Wandverkleidung zur Aufnahme der Reliefs aus Kalkstein; die beiden Tore aus grauem Granit. Ähnlich ist auch beim Bau des Sethostempels verfahren worden.

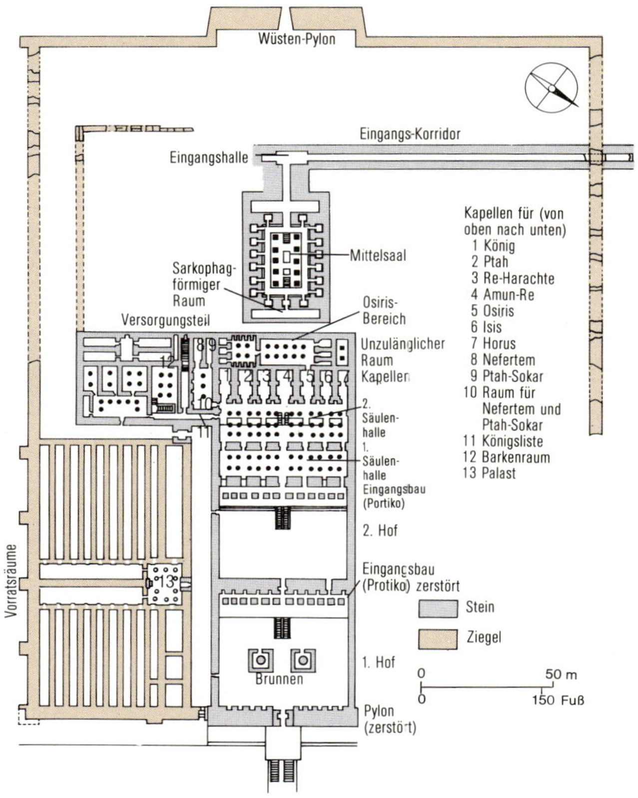

Die frühen Königsgräber

É. Amélineau legte in den Jahren 1895–96 eine Reihe von Gräbern frei, die Gegenstände mit den Namen frühdynastischer Könige enthielten; sie liegen bei Umm el-Qaab (»Mutter der Krüge« – so benannt nach den in diesem Gebiet gefunden Topfscherben). Im Anschluß an Amélineaus etwas unbefriedigende Arbeiten grub W. M. Flinders Petrie 1900–01 den Platz erneut aus und fand Denkmäler aller Könige der 1. Dynastie sowie von zwei Herrschern der 2. Dynastie (Peribsen und Chasechemui). Alle Oberbauten sind zerstört gewesen, dagegen hatten sich die ziegelverkleideten Gruben mit zahlreichen Nebenbestattungen erhalten. Zu den reichhaltigen Funden gehören schöne Königsstelen und kleine Objekte wie Krugverschlüsse aus Lehm, Elfenbein- und Ebenholztäfelchen, Fragmente von Steingefäßen und Möbelteile. Das Grab des Königs Djer, das man später als das Grab des Gottes Osiris ansah, war von Opfergaben in Form von Töpfen aus der 18. Dynastie und aus späterer Zeit umgeben.

Der Friedhof reicht bis in den Anfang der 1. Dynastie zurück und dürfte auch Begräbnisplatz der letzten vorgeschichtlichen Herrscher gewesen sein.

In der Nähe des kultivierten Landes, im Gebiet des Osiristempels, gab es weitere Denkmäler aus der Frühzeit. Dabei handelt es sich um Friedhöfe, die einen ungenutzten Platz umgaben. Hier standen vielleicht jene vorübergehend errichteten Gebäude, die für die Begräbniszeremonien der einzelnen Könige benötigt wurden. Man glaubt, daß die Schunet el-Sebib genannte massive Ziegelanlage, die nicht weit davon entfernt bereits im Wüstengebiet liegt, die monumentale Ausführung eines solchen Bezirks gewesen sein könnte: vielleicht ein Vorgänger der in Saqqara errichteten Anlage bei der Stufenpyramide.

Stadt und Tempel des Osiris

Das Zentrum der alten, von einer Mauer umgebenen Stadt liegt unter dem Kom el-Sultan genannten Hügel. Das bedeutendste Bauwerk der Stadt muß jener Tempel gewesen sein, in dem zuerst Chentiamentiu und von der 12. Dynastie an Osiris verehrt wurde. Er bestand aus Ziegeln, nur einzelne Teile wie Türeinfassungen und Deckbalken waren aus Stein, was der Grund für seine nahezu vollständige Zerstörung ist. Die ältesten, in seinem Bereich gefundenen Gegenstände gehören der beginnenden 1. Dynastie an: ein steinernes Gefäßfragment mit Na-

Oben: Tempel Ramses' II., Hof. Gemästeter Ochse mit einem Hirten, aus einer Prozession mit Opfern für ein Fest. Der Ochse kommt laut Beischrift aus einem Tempelgut. Am rechten Rand ist ein weiterer Mann zu sehen, der eine Oryxantilope mit sich führt.

Rechts oben: Tempel Ramses' II., 1. Halle, Nordwand. Die Personifikation von Dendera, aus einem Fries mit weiteren Figuren dieser Art, die Opfergaben in Form von Lebensmitteln und Wasserkrügen vor sich halten. Die Wohlbeleibtheit der Figur symbolisiert den Überfluß, ihre blaue Haut und die grüne Perücke entsprechen dem kanonischen Gebrauch von Farben, sind also symbolisch. Der Text identifiziert die Figur mit dem König: »Ramses ist gekommen, indem er Opfer an Lebensmitteln bringt« (das rechte Schriftband bezieht sich auf die nächste Figur). Oben Reste einer Szene mit Priestern, die eine Götterbarke in einer Prozession tragen.

men des Königs Aha sowie zahlreiche kleine Stein- und Fayencefiguren von Menschen und Tieren. Seit Cheops aus der 4. Dynastie, von dem sich eine Elfenbeinstatuette fand (das einzige erhaltene Bildnis dieses Herrschers), bis zu Pepi II. sind nahezu alle Könige des Alten Reiches durch Fundstücke bezeugt. Wahrscheinlich fügte im Mittleren Reich König Nebhepetre Mentuhotep dem bestehenden Tempel einen kleinen Schrein hinzu. Für die folgende Zeit sind bis zur 17. Dynastie viele Könige im Tempelbereich nachgewiesen. Den Herrschern Amenophis I., Tuthmosis III. und Amenophis III. aus der 18. Dynastie werden verschiedene Um- und Erweiterungsbauten verdankt, während aus der 19. Dynastie alle bedeutenden Ramessiden – Ramses II. durch einen nahegelegenen vollständigen Neubau – bezeugt sind. Aus der Spätzeit ragen Apries, Amasis und Nektanebos I. als Bauherren heraus. Wahrscheinlich existierte der Tempel als funktionierende Institution auch noch in der griechisch-römischen Zeit. Die gewaltigen Umfassungsmauern aus Nilschlammziegeln stammen aus der 30. Dynastie.

Die königlichen Gedächtnistempel (Kenotaphe)

Die ägyptischen Kenotaphe der Herrscher sind Scheingräber mit Tempelcharakter, die – zusätzlich zum eigentlichen Totenkult am Grab – als weitere Stätte des Gedächtniskultes für den Verstorbenen in seiner Eigenschaft als Osiris errichtet wurden; sie dienten daneben auch der Verehrung von Gottheiten. Sesostris I. ist der erste Herrscher, von dem man weiß, daß er sich etwa 3 km südlich von Kom el-Sultan einen Kenotaph bauen ließ. Alle anderen bestimmbaren Gebäude in diesem Gebiet scheinen mit Ahmose verbunden gewesen zu sein. Darunter war auch ein Kenotaph, den er seiner Großmutter Tetischeri errichten ließ.

Der Tempel Sethos' I. (das »Memnonium« des Strabo) hat einen sehr ungewöhnlichen Grundriß in Form eines L, aber die innere Raumanordnung stellt lediglich eine Variante des Üblichen dar. Er hatte zwei Pylone (der äußere ist fast völlig zerstört) mit zwei Höfen und Säulenportikos, darauf folgen zwei Säulenhallen und sieben nebeneinanderliegende Kapellen. Sie sind – von Süd nach Nord – für Sethos I., Ptah, Re-Harachte, Amun-Re, Osiris, Isis und Horus bestimmt. Von der Osiriskapelle aus gelangt man in einen Bereich, der dem Osiriskult vorbehalten war und der die gesamte Breite des Tempels entlang verläuft. Dazu gehören zwei Hallen und zweimal drei Kapellen für Osiris, Isis und Horus. Der ungewöhnlichste Teil ist ein Raum mit zwei Säulen, der bereits vom Entwurf her vollständig unzugänglich blieb. Der südliche Teil des Tempels enthält Räume für den Kult der memphitischen Götter Nefertem und Ptah-Sokar sowie einen galerieartigen Gang. Dort befindet sich ein herrliches Relief, das Sethos I. und Ramses II. beim Einfangen eines Stieres mit dem Lasso zeigt. Gegenüber ist eine der wenigen ägyptischen Königslisten angebracht, die dem Kult der königlichen Vorgänger diente. Die von Sethos I. im inneren Teil des Tempels fertiggestellten Reliefs sind außergewöhnlich fein, die der äußeren Bereiche stammen von Ramses II.

Hinter dem Tempel liegt genau in der Mittelachse der eigentliche Kenotaph. Er ähnelt sowohl im Grundriß als auch in seiner Ausschmückung einem königlichen Grab (die Reliefs ließ hauptsächlich Merneptah ausführen). Man gelangt von Norden in das Innere durch einen langen, herabführenden Gang, der dann nach Westen umbiegt. Die Haupträume bestehen aus einer eine Insel nachahmenden Halle und einer zweiten, die einem Sarkophag ähnelt, mit einer astronomischen Decke. Die ganze Anlage war mit Granitarchitraven abgedeckt und dann unter Sand vergraben. Sie sollte die Wiederauferstehung aus dem Urozean symbolisieren: die Insel war von Wasser umgeben, in ihrer Mitte hatte sie den ersten festen Hügel, der nach dem Zurückweichen des Urozeans entstand; wahrscheinlich ruhte auf ihm einst ein leerer symbolischer Sarkophag.

Nordwestlich dieses Tempels ließ Ramses II. einen kleineren Bau errichten, der wegen der ausgezeichneten farbigen Erhaltung der Darstellungen bemerkenswert ist.

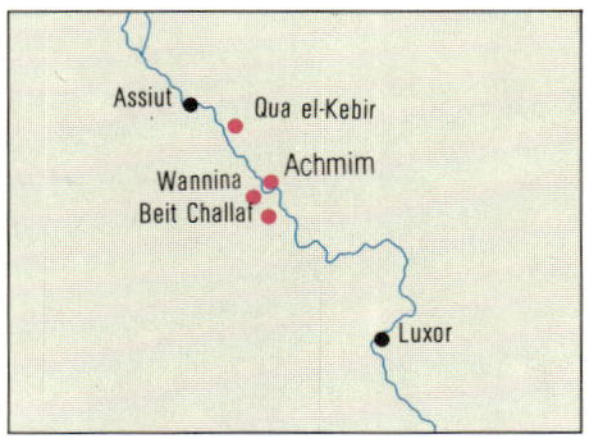

Beit Challaf

Etwa 20 km nordwestlich von Abydos, bei dem modernen Dorf Beit Challaf, fanden sich fünf große Ziegelmastabas (die Anlage K.1 ist 85 × 45 m groß), in denen unter anderem Tonsiegel mit den Namen der Könige Sanacht und Netjerichet (Djoser) zutage kamen. Wahrscheinlich gehörten die Gräber Verwaltern des thinitischen Gebietes am Anfang der 3. Dynastie.

Achmim

Achmim, dessen alter Name (altägyptisch *Ipu* oder *Chent-Min*, koptisch *Chmin* oder *Schmin*, griechisch Chemmis) sich bis heute erhalten hat, liegt auf dem Ostufer des Nils und war einst ein blühendes Zentrum des wichtigen 9. oberägyptischen Gaues. Nur sehr wenig hat sich aus der glorreichen Vergangenheit dieser Stadt erhalten, von der selbst nichts gefunden wurde. Die Tempel sind fast vollständig abgetragen und ihr Material im Mittelalter von den Bewohnern nahegelegener Dörfer verbaut worden. Die sehr ausgedehnten Friedhöfe des alten Achmim erfuhren bisher keine systematische archäologische Erforschung.

Nordöstlich von Achmim, bei el-Salamoni, gibt es eine Felsenkapelle für den Ortsgott Min. Er wurde von den Griechen mit ihrem Pan gleichgesetzt, so daß die Stadt in der klassischen Antike auch Panopolis hieß. Die Kapelle geht vermutlich auf Tuthmosis III. zurück. Während der Regierungszeit Ejes wurde sie von dem »Ersten Propheten des Min« Nachtmin ausgestaltet. Die Reliefs zeigen den König und seine Gemahlin Tij vor Ortsgottheiten. Etwa 1000 Jahre später wurden sehr ähnliche Darstellungen von Ptolemaios II. Philadelphos und dessen Gemahlin Arsinoe II. von deren Zeitgenossen Harmacheru, »Oberster Priester des Min«, angebracht.

Links außen: Opfertafel des Harsiese, aus Achmim. Dargestellt sind oben Fruchtbarkeitsgottheiten, die über dem Zeichen für Opfer Gaben herbeibringen, unten der Tote und links seine Seele *(Ba)* in Vogelgestalt mit Menschenkopf, in beiden Fällen eine Wasserspende von einer Baumgöttin empfangend. Granit, etwa 56 × 53 cm, ptolemäische Zeit, London, British Museum.

Links: Deckel des äußeren anthropomorphen Sarges eines Espamai, der in der 26. oder 27. Dynastie als Priester in Achmim lebte. Die auf dem Deckel aufgezeichneten Pyramidentexte waren mindestens 2000 Jahre früher verfaßt worden. Holz, Höhe 2,10 m, Berlin-Charlottenburg, Ägyptisches Museum.

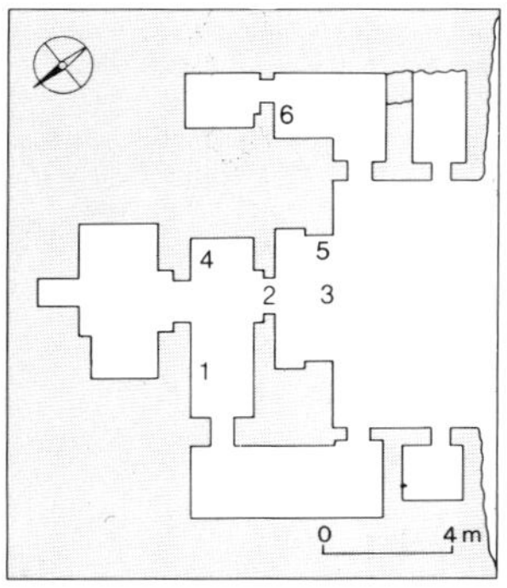

1 zwei Register: *Ptolemaios II. vor Min und anderen Gottheiten*

2 Oberer Torweg: *Aja und Königin Teje vor Min und anderen Gottheiten*

3 Oberer Torweg: Aja und Königin Teje vor Min und Hathor und vor Horus und Mehit

4 Tuthmosis III. vor Min

5 Tuthmosis III. vor Amun-Re

6 Tuthmosis III. vor Gottheiten

Oben: Felsenkapelle des Gottes Min bei Achmim.

Rechts: Deckel vom Sarkophag des Propheten Schepen-Min, Sohn des Heprenpu und der Taschent-Min, wahrscheinlich aus ptolemäischer Zeit. Theophore Namen (also solche, die Namen von Gottheiten enthalten) bieten oftmals einen guten Hinweis auf die Herkunft eines Denkmals. In diesem Fall weisen die Namen des Eigentümers und seiner Mutter auf den Ortsgott von Achmim, Min. Kalkstein, Höhe 1,80 m. Kopenhagen, Ny Carlsberg Glypothek.

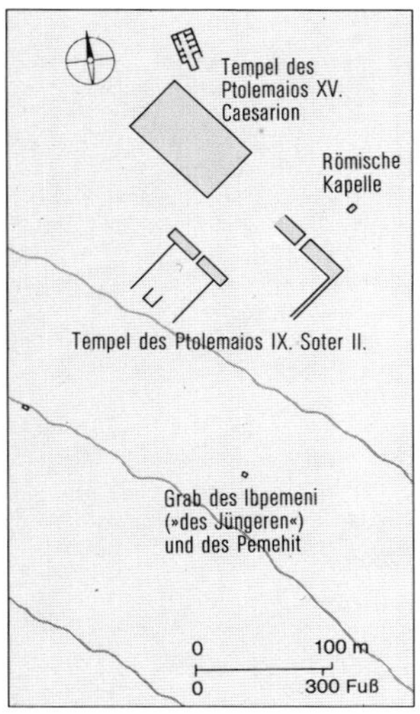

Oben: Plan der Tempel von Wannina.

Rechts außen: Kopf einer Statue des Ibu, wahrscheinlich ein Zeitgenosse Sesostris' III. Aus seinem Grab in Qau el-Kebir. Bemalter Kalkstein, Höhe 25 cm, Turin, Museo Egizio.

Zwei Tempel, die einst westlich der modernen Stadt Achmim standen, waren für den Kult des Min (Pan) und für die Göttin Repit (Triphis), die als dessen Begleiterin angesehen wurde, bestimmt. Höchstwahrscheinlich entstanden sie in griechisch-römischer Zeit; ebenfalls aufgefundene Blöcke aus früheren Zeiten mögen zu diesen Heiligtümern gehört haben, doch ist dies nicht ganz klar. Vielleicht handelt es sich in diesem Fall um wiederverwendetes Baumaterial.

In der Umgebung von Achmim gibt es mehrere Gruppen von Felsengräbern, so bei el-Hawawisch, nordöstlich der Stadt, und bei el-Salamoni, weitere 3 km nördlich. Die Decken der aus der griechisch-römischen Zeit stammenden Gräber bei el-Salamoni sind mit Darstellungen der Tierkreiszeichen bemalt. Einige Gräber bei el-Hawawisch entstanden bereits im späten Alten Reich und im frühen Mittleren Reich und waren für Beamte des Gaues von Panopolis bestimmt. Sehr viele Denkmäler, insbesondere Stelen und Särge, die sich in verschiedenen ägyptologischen Museen befinden, können mit großer Sicherheit als achmimisch angesehen werden.

Wannina

Unter Ptolemaios XV. Caesarion wurde in dem etwa 10 km südwestlich von Achmim gelegenen Wannina (altägyptisch *Hut-Repit*, griechisch Athribis) ein Tempel für die Göttin Triphis (Repit) errichtet. Südlich davon gab es einen älteren, unter Ptolemaios IX. Soter II. entstandenen Tempel. Eines der in der Nähe gelegenen Gräber, das den Brüdern Ibpemeni »dem Jüngeren« und Pemehit aus dem 2. Jahrhundert n. Chr. gehört, zeigt zwei Darstellungen von Tierkreiszeichen mit Horoskopen.

Qau el-Kebir

Mehrere große, terrassenförmig angelegte Grabdenkmäler von Beamten des 10. oberägyptischen Gaues aus der 12. Dynastie befinden sich im Gebiet der modernen Ortschaft Qau el-Kebir (altägyptisch *Tjebu*, später *Dju-qa*, in der griechisch-römischen Zeit Antaiopolis genannt). Sie repräsentieren den Höhepunkt der Grabarchitektur aus dem Mittleren Reich. Über einen Aufweg gelangt man vom Tal aus zu einer Reihe von Höfen und Hallen, die teilweise bis in den Felsen hineinreichten. Den innersten Raum, die Kultkapelle, verband ein Schacht mit der darunter liegenden Grabkammer. In der Nähe wurden auch Friedhöfe aus anderen Zeiten gefunden. Ein ptolemäischer Tempel unweit des Flusses (wahrscheinlich von Ptolemaios IV. Philopator erbaut) wurde in der ersten Hälfte des vergangenen Jahrhunderts zerstört.

MITTELÄGYPTEN

Hölzerne Modellboote gehören zu den üblichen Beigaben mittelägyptischer Felsengräber aus der Ersten Zwischenzeit und dem Mittleren Reich: Segelboot aus Beni Hasan, 12. Dynastie, Länge 71,5 cm. Oxford, Ashmolean Museum.

Mit dem Begriff Mittelägypten wird das Gebiet zwischen Assiut und Memphis beschrieben, also der nördliche Teil Oberägyptens in der traditionellen Terminologie. Beide Grenzen sind geographisch genau bestimmt und historisch bedeutsam. Während der Ersten Zwischenzeit wurde Assiut zum südlichsten Gebiet der Herrscher von Herakleopolis. Die Grenze zwischen dem nördlichen und dem südlichen Verwaltungsgebiet Ägyptens, von denen später jedes einen eigenen Wesir hatte, blieb bis zum Ende des Neuen Reiches in der Nähe von Assiut.

Das Gebiet wird archäologisch von den Provinzgräbern aus dem späten Alten Reich und der Ersten Zwischenzeit bestimmt, die in den Felsen am Rande des Wüstenplateaus angelegt waren. Ehnas el-Medina war die Residenz der Herrscher von Herakleopolis, während die Hauptstadt der 12. Dynastie weiter nördlich bei Itjtaui in der Nähe von el-Lischt lag. El-Amarna war für einige Jahre während der 18. Dynastie Residenz. In der Dritten Zwischenzeit und später war Mittelägypten das Gebiet, in dem die Interessen des Nordens mit dem Delta denen des südlichen Oberägypten begegneten. In der Spätantike blühte dieser Landesteil wirtschaftlich auf und trieb regen Handel mit den Oasen. Viele Tempel dieses Gebietes, obwohl kleiner und weniger ins Auge fallend als jene zur selben Zeit im Süden entstandenen, bezeugen die erneute Lebensfähigkeit mittelägyptischer Städte.

Assiut
Gräber der Ersten Zwischenzeit und des Mittleren Reiches.

Deir el-Gebraui
Gaufürstengräber der 6. Dynastie.

Meir
Gaufürstengräber der 6. und 12. Dynastie.

el-Amarna
Ruinen von Achetaton (der Hauptstadt Echnatons) mit Palästen, Tempeln und Häusern.
Felsengräber der Beamten. Königsgrab.

el-Scheich Saïd
Gaufürstengräber aus der 6. Dynastie.

Deir el-Berscha
Felsengräber von Gaufürsten aus der 12. Dynastie.

el-Aschmunein
Tempel des Toth aus der 12. Dynastie und der Ramessidenzeit.
Stadtruinen mit späten Tempeln.
Frühchristliche Basilika.

Tuna el-Gebel
Grenzstele Echnatons.
Katakomben mit Ibis- und Affenbestattungen.
Grab des Petosiris.
Griechisch-ägyptische Totenstadt.

el-Scheich Abada
Stätte des antiken Antinoopolis, mit einem älteren Tempel Ramses' II.

Beni Hasan mit dem Speos Artemidos
Felsengräber von Gaufürsten aus der 11. und 12. Dynastie.
Felsentempel für die Göttin Pachet (Speos Artemidos), von Königin Hatschepsut angelegt.

Sauijet el-Amwat
Stufenpyramide.
Felsengräber aus dem späten Alten Reich.

Tihna el-Gebel
Felsengräber des Alten Reiches.
Reste dreier Tempel und Friedhof aus der griechisch-römischen Zeit.

el-Bahnasa
Stätte des antiken Oxyrhynchos, Fundplatz tausender griechischer Papyri.

el-Hiba
Tempel von Scheschonk I.

Deschascha
Gräber des späten Alten Reiches.

Ehnasja el-Medina
Harsaphestempel aus der 12. Dynastie und späterer Zeit.
Gräber der Ersten Zwischenzeit.
Tempel Ramses' II. bei Kom el-Aqarib.
Gräber von der Ersten Zwischenzeit bis zur griechisch-römischen Periode bei Sedment el-Gebel.

Kom Medinet Ghurab
Tempel Thutmosis' III.
Palast Amenophis' III.
Stadt und Friedhöfe.

el-Lahun
Pyramidenanlage Sesostris' II. und Pyramidenstadt.
Mastabas und Gräber aus allen Zeiten.

Faijum
Tempel und Siedlungen, meist aus der griechisch-römischen Zeit.
Pyramiden bei Hawara (Amenemhet III.) und bei Seila (3. Dynastie).

Meidum
Erste echte Pyramide (Huni/Snofru).
Mastabas aus der frühen 4. Dynastie.

el-Lischt
Pyramiden von Amenemhet I. und Sesostris I.
Gräber aus der gleichen Zeit.

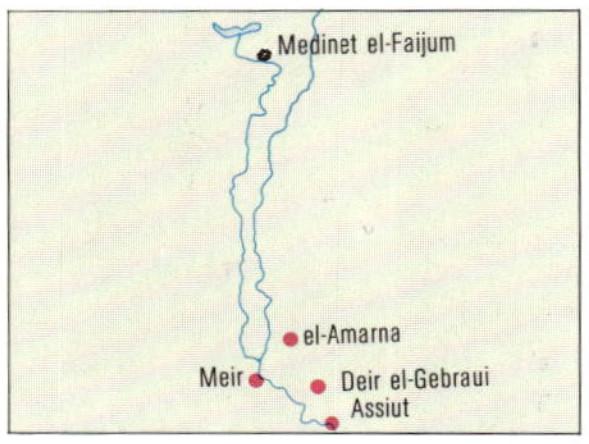

Gruppe von 40 mit Speeren und Schilden bewaffneten Soldaten: aus dem Grab des Mesehti in Assiut, wahrscheinlich 12. Dynastie. Bemaltes Holz, Länge 1,93 m. Kairo, Ägyptisches Museum.

Assiut

Assiut (altägyptisch *Sauti*) war die Hauptstadt des 13. oberägyptischen Gaues. Ihren Platz in der ägyptischen Geschichte sicherte sie sich durch ihre strategische Lage, sie befand sich an einer Stelle, wo die libysche Wüste auf das kultivierte Land übergreift und sich dem Nil nähert und von wo der Darb el-Arbain genannte Karawanenweg zur Oase el-Charga und dann weiter nach Süden abgeht. Das Gebiet zwischen Assiut und Memphis wird oft als Mittelägypten beschrieben.

Obwohl die Stadt und ihre Tempel (insbesondere das Heiligtum des wolfsgestaltigen Ortsgottes Upuaut) oft in ägyptischen Texten erwähnt werden, sind die tatsächlich erhaltenen archäologischen Reste fast ausschließlich mit der Nekropole von Assiut verbunden, die westlich der modernen Stadt liegt. Die bedeutendsten Gräber stammen aus der 9./10. und 12. Dynastie, aber auch zwei ramessidische Gräber (von Siese und Amenhotep) fanden sich hier.

Während der Ersten Zwischenzeit waren die »Großen Fürsten des lykopolitischen Gaues«, Cheti I., Itefibi und Cheti II., zuverlässige Anhänger der Könige von Herakleopolis, und ihr Gau bildete den südlichsten Abschnitt des herakleopolitischen Herrschaftsgebietes. Biographische Texte aus Assiut liefern wertvolle Informationen über die Geschichte des Konfliktes mit den »südlichen Gauen« (d. h. mit der 11. Dynastie). Der Sieg Thebens beeinflußte den Status der Gaufürsten Djefaihapi I.–III. aus der 12. Dynastie ungünstig, dennoch behielten ihre Gräber auch in den späteren Jahrhunderten das hohe künstlerische Niveau der früheren Zeit bei.

Deir el-Gebraui

Während der 6. Dynastie wurden die mächtigen Gaufürsten des 12. oberägyptischen Gaus in zwei Gruppen von Felsgräbern nahe der modernen Stadt Deir el-Gebraui begraben. Einige dieser örtlichen Herrscher führten auch den Titel »Großer Fürst des abydenischen Gaues«; sie kontrollierten demzufolge ein großes Gebiet, das vom 8. Gau (Abydos) im Süden bis zum 12. (oder 13.) im Norden reichte. Es ist bemerkenswert, daß einige Szenen aus dem Grab des Ibi 1600 Jahre später für das in der Regierungszeit Psammetichs II. entstandene thebanische Grab Nr. 36 eines Mannes mit demselben Namen kopiert wurden.

Meir

Nichts weist heute mehr darauf hin, daß bei el-Qusija, auf dem Westufer des Nils, einst die alte Stadt *Qis* (Cusae), das Zentrum des 14. oberägyptischen Gaues, lag. Etwa 7 km westlich von el-Qusija befindet sich das Dorf Meir, das einigen Gräbergruppen weiter westlich ihren Namen gab; sie waren in einem niedrigen, auf das Wüstenplateau führenden Abhang angelegt.

Die bedeutendsten dieser Felsengräber gehörten jenen Männern, die den Gau in der 6. und 12. Dynastie leiteten. Es ist für uns von größtem Interesse, daß in beiden Perioden die Abfolge der Gräber ungebrochen ist, da das erbliche Amt stets von seinem Inhaber an den Sohn oder den jüngeren Bruder weitergegeben wurde. In den meist mit Reliefdekor versehenen Gräbern sind einige der lebendigsten Kompositionen von Künstlern und Handwerkern der 12. Dynastie geschaffen worden, darunter eine Jagd-

»William«, das blaue Nilpferd aus Fayence, auf dessen Körper Wasserpflanzen aufgemalt sind. Aus Meir, Grab des Senbi (B.3), Zeit Sesostris' I. – Amenemhet II. Höhe 11,5 cm, New York, Metropolitan Mus. of Art.

szene im Grab B. 1 des Senbi aus der Zeit Amenemhets I. Im letzten dieser Gräber (C. 1), das einem Uchotep gehörte, waren die Wände nur bemalt worden. Als prominentester Archäologe arbeitete Aylward M. Blackman in der ersten Hälfte unseres Jahrhunderts in Meir.

Links: Uchotep, Besitzer des Grabes C.1 in Meir, mit seinen beiden Frauen Chnumhotep und Nebkau sowie einer kleinen Tochter. Granit, Höhe 37 cm. Zeit Sesostris' II. oder III. Boston (Mass.), Mus. of Fine Arts.

el-Amarna

el-Amarna (auch Tell el-Amarna), das altägyptische Achetaton (»Horizont der Sonnenscheibe«), war die kurzlebige Hauptstadt Ägyptens, während des größten Teils der Regierungszeit von Echnaton königliche Residenz, aber auch Zentrum der neuen zu jener Zeit eingeführten Staatsreligion. Sie ist eine der wenigen Städte Ägyptens, die in größerem Umfang ausgegraben werden konnte. Anlage und Architektur der Stadt sind ziemlich gut bekannt, denn der Platz wurde etwa 15 Jahre nach seiner Gründung wieder verlassen und entging somit der Zerstörung, die bei fortgesetzter Besiedlung erfolgt wäre. König Echnaton baute auf unberührtem Boden, der nicht durch frühere Anwesenheit von Menschen und ihren Göttern getrübt war. Die wirklichen Gründe für seine Wahl dieser großen Bucht auf dem Ostufer des Nils, nördlich des Felsmassivs Gebel Abu Feda, sind nicht bekannt.

Die Grenzen von Achetaton wurden durch eine Reihe von Stelen markiert, die das Stadtgebiet auf beiden Seiten des Flusses umgaben. Auf dem Westufer findet sich die nördlichste (Stele A) bei Tuna el-Gebel, während sich auf dem Ostufer die Stadt bis zu den Gräbern von el-Scheich Saïd ausdehnte (Stele X).

Obwohl in Achetaton zahlreiche berühmte Kunstwerke entstanden sind, ist der moderne Besucher von den Ruinen der Stadt enttäuscht, denn es finden sich kaum noch irgendwelche Gebäude. Die Ausplünderung begann bald nach der Aufgabe der Stadt mit dem Abriß von Gebäuden, deren Steine in nahegelegenen Orten, besonders in el-Aschmunein, verbaut wurden.

Mit Ausnahme der dem Fluß zugewandten Seite ist die Ebene von el-Amarna von Felsen eingeschlossen, die nur gelegentlich von Wadis unterbrochen werden. Die Bucht ist etwa 10 km lang und ca. 5 km tief, aber die alte Stadt nahm nur das Gebiet direkt am Fluß ein. Im wichtigsten, zentralen Teil lag der *Per-Aton-em-Achetaton* (»Der Tem-

Links unten: Blinde Sänger; kleine Gruppe unter einer großen Szene, die Echnaton und dessen Familie beim Opfer für den Gott Aton zeigt. Relief aus dem Grab des Merire I. (Nr. 4) von el-Amarna, Südwand der Säulenhalle, Osthälfte.

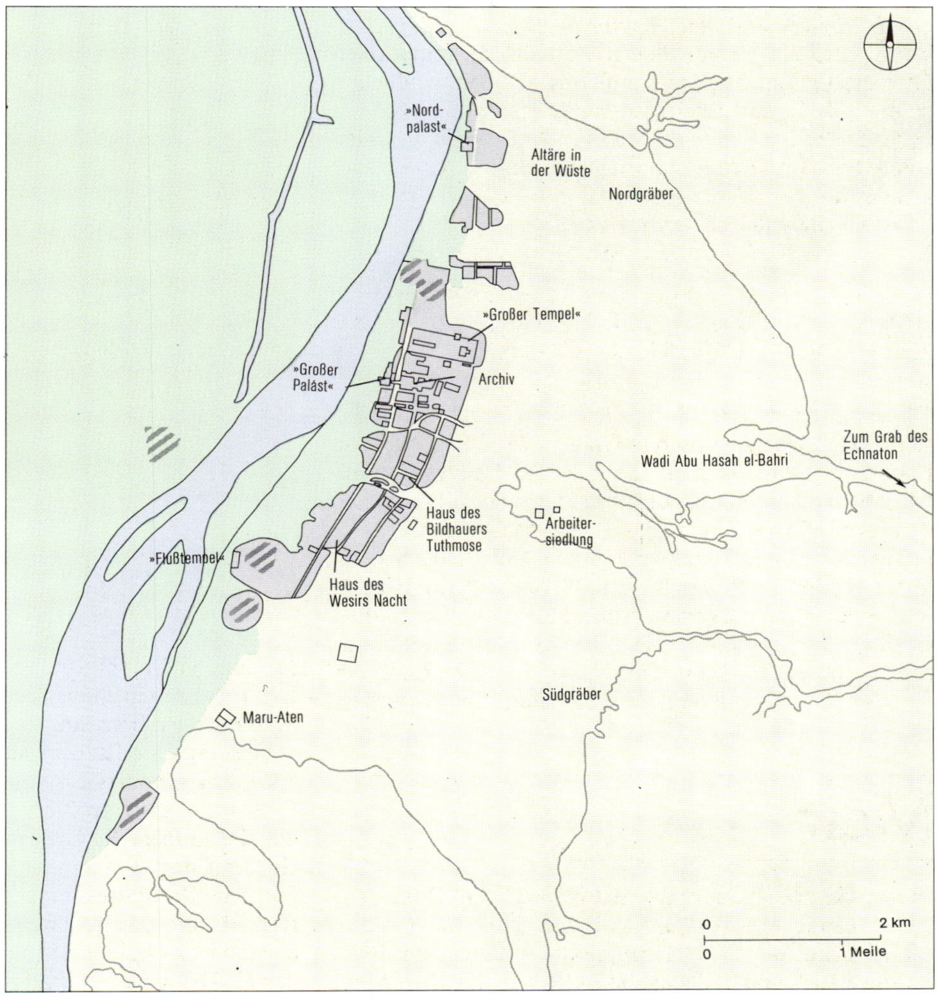

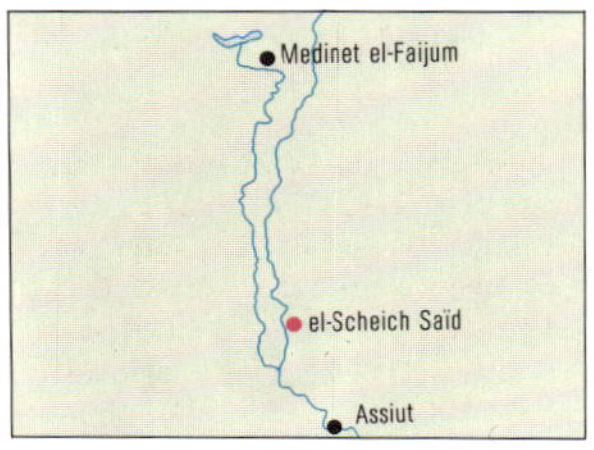

pel des Aton in Achetaton«), auch als »Der große Tempel« bekannt, und das offizielle Staatsgebäude »Der große Palast«. Dieser bestand im wesentlichen 1. aus den »Staatsräumen« mit einer Reihe von Höfen und säulenbestandenen Sälen, 2. aus dem »Harim« mit angrenzenden Quartieren für die Dienerschaft und 3. aus der sog. »Krönungshalle«. Echnatons Privatgemächer lagen auf der anderen Seite der Straße und waren durch eine Brükke mit dem »Großen Palast« verbunden. Nahebei lag das »Archiv«, wo 1887 ein großer Teil der in Keilschrift verfaßten diplomatischen Korrespondenz (die Amarna-Briefe) gefunden wurden, die Amenophis III., Echnaton und Tutanchamun mit den Herrschern und Vasallen von Palästina, Syrien, Mesopotamien und Kleinasien geführt hatten. Diese Gruppe offizieller Gebäude war auf der Nord- und Südseite von Privathäusern, Werkstätten, Bildhauerateliers usw. umgeben. Die Namen vieler Hausbesitzer sind durch beschriftete Architekturteile bekannt, die während der Ausgrabungen gefunden wurden (z.B. der Bildhauer Tuthmose, der Wesir Nacht u.a.).

Am Südende der Amarna-Bucht lag *Maru-Aton,* eine Gruppe von Gebäuden, deren Fußböden mit Malereien geschmückt waren (eine Anlage, zu der auch ein künstlicher See, ein Kiosk auf einer Insel und Blumenrabatten gehörten). Am Nordende der Bucht standen der »Nordpalast« und vielleicht noch eine weitere königliche Residenz. Allerdings ist die genaue Zweckbestimmung einiger Gebäude von Amarna noch immer Gegenstand von Vermutungen.

Die Gräber der Beamten von Amarna waren in den Felsen rund um die Ebene angelegt. Außer Theben und Saqqara ist Amarna der einzige Platz mit einer bedeutenden Nekropole des Neuen Reiches. Die Gräber bilden zwei Gruppen; ihr Grundriß entspricht dem gewöhnlichen Plan, der für Gräber der 18. Dynastie charakteristisch ist. 1. ein großer Hof, 2. und 3. eine langgestreckte und eine quergelagerte Halle, beide manchmal mit Säulen, sowie 4. eine Statuennische. Die Ausschmückung erfolgte in versenktem Relief. Ihre Datierungen verraten sich durch die neuen Motive und die ungewöhnlichen

Links: Bemalte Kalksteinbüste der Königin Nofretete mit der für sie charakteristischen hohen Krone und einem Uräus. Sie wurde 1912 zusammen mit anderen Kunstwerken im Atelier des Bildhauers Thutmose während der deutschen Ausgrabungen in el-Amarna (1911–1914) gefunden. Höhe 48 cm, Berlin, Ägyptisches Museum.

Oben: Fragment einer Wandmalerei aus der königlichen Privatresidenz in el-Amarna. Die Malerei zeigt die beiden Töchter Echnatons, Neferneferutascherit und Neferneferure, und gehörte zu einer wesentlich größeren Szene mit Darstellung der königlichen Familie (rechts neben dem Kopf der Prinzessin ist die Ferse der sitzenden Königin Nofretete zu sehen). Oxford, Ashmolean Museum.

Links: Fragment einer weiblichen Statue aus rotem Quarzit; wahrscheinlich handelt es sich um ein Bildnis der Nofretete. Dieser Torso stellt eine der einfühlsamsten Studien des weiblichen Körpers aus der Amarna-Zeit dar und gehört zu einer Gruppe von (sehr ähnlich unvollständigen) Prinzessinnenstatuen in der Petrie Collection des University College London sowie im Ashmolean Museum Oxford. Höhe 29 cm. Paris, Musée du Louvre.

Unten: Zwei sog. Talatat, d. h. kleinformatige Sandsteinblöcke, die typisch für Bauten des Echnaton sind. Das obere zeigt die Hand des Königs mit einem Olivenzweig, das untere zwei in Ehrerbietung die Erde küssende Gefolgsleute. New York, Schimmel Collection.

künstlerischen Besonderheiten der Amarna-Kunst.

Wie viele dieser Gräber tatsächlich einst benutzt wurden, entzieht sich unserer Kenntnis. Einige Grabherren besaßen zusätzliche Gräber in anderen Gegenden; sie waren wohl vor ihrer Übersiedlung nach Amarna oder später angelegt worden. Grab Nr. 25 der Südgruppe war für Eje, der später den Thron bestieg und als vorletzter König der 18. Dynastie im Tal der Könige bei Theben (Nr.23) beigesetzt wurde. Für sein eigenes Familiengrab wählte Echnaton eine etwa 6 km von der Mündung des großen Wadi Abu Hasah el-Bahri entfernte Seitenschlucht.

el-Scheich Saïd

Die Gräber der Fürsten des Hasengaues (15. oberägyptischer Gau) aus der 6. Dynastie wurden in einem steilen Felsen angelegt, der nach einem in der Nähe bestatteten islamischen Heiligen benannt ist. Ihre Bedeutung gewinnen sie zum großen Teil dadurch, daß aus el-Aschmunein, der Gauhauptstadt, keinerlei zeitgenössische Denkmäler erhalten sind.

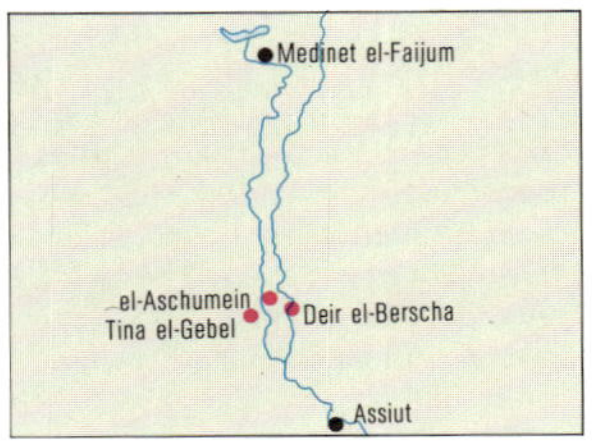

Deir el-Berscha

Fast genau gegenüber der Stadt Mallawi liegt auf dem Ostufer das Tal Wadi el-Nachla, das sich seinen Weg durch die Felsen bricht und in südöstlicher Richtung verläuft. Neben Kalksteinbrüchen, die zu den unterschiedlichsten Zeiten ausgebeutet wurden, gibt es dort eine Reihe von Felsengräbern. Einige gehören den Gaufürsten des 15. oberägyptischen Gaus und stammen aus der 12. Dynastie, einige sind wohl auch etwas älter.

Das bedeutendste Grab wurde für den »Großen Fürsten des Hasengaues«, Djehutihotep, angelegt, der zur Zeit der Könige Amenemhet II., Sesostris II. und III. lebte. Die Grabkapelle besteht aus einer von zwei Säulen mit Palmblattkapitellen getragenen Vorhalle und einem Innenraum mit einer Nische in der Rückwand. Der Dekor ist in sehr flachem Relief ausgeführt, einige Teile sind nur bemalt. Auf der Westwand findet sich die berühmte Szene vom Transport einer kolossalen Alabasterstatue aus den Steinbrüchen von Hatnub.

Die Gräber wurden von Expeditionen der Egypt Exploration Fund (P. E. Newberry und andere) zwischen 1891 und 1893 und 1915 vom gemeinsamen Team der Harvard Universität und des Museum of Fine Arts in Boston (G. A. Reisner und andere) ausgegraben.

el-Aschmunein

el-Aschmunein, das altägyptische *Chmun* (»Acht-Stadt«), ist nach einer Gruppe von acht Gottheiten (Achtheit) benannt, die die Welt vor ihrer Erschaffung repräsentieren, während die Griechen sie nach dem Gott Hermes (= ägyptisch Toth) als Hermopolis bezeichneten. Sie war die Hauptstadt des 15. oberägyptischen Gaus und Hauptkultzentrum für Toth, den Gott des Heilwesens und der Weisheit sowie Schutzherr der Schreiber. Es sind von dort keine frühen Zeugnisse erhalten, was wohl auf deren zufällige Zerstörung zurückzuführen ist. Der Fundplatz liegt in einem reichen Gebiet, wo sich das Niltal beträchtlich weitet. Jetzt stark zerstört, gibt es lediglich noch Reste von Tempeln, die sich über dem Schutt erheben. Nur die aus römischer Zeit stammende Agora mit einer frühchristlichen Basilika ist einigermaßen erhalten und zeugt für die große Wohlhabenheit der Stadt in der Spätantike. Noch im Jahre 1820 waren zwei Säulenreihen eines Bauwerks im altägyptischen Stil zu sehen, die zur Säulenhalle des Tothtempels aus der Zeit Alexanders des Großen und Philippos Arrhidaios' gehörten. Ungefähr 200 m südlich dieses Tempels gab es einen Pylon Ramses' II., in dessen Fundamenten zwischen 1929 und 1939 von einer deutschen Expedition unter Leitung von Günther Roeder

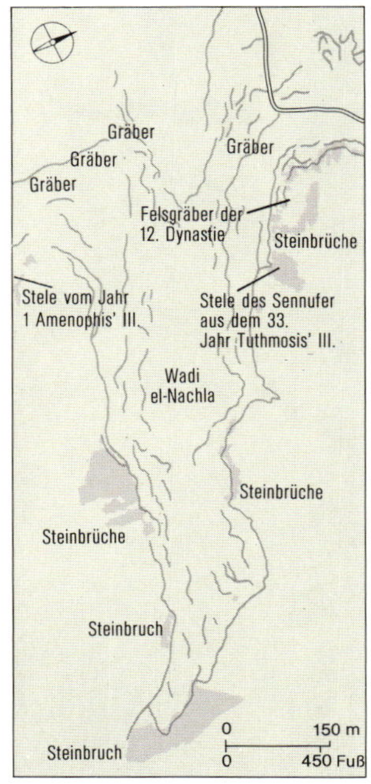

Oben: Wadi el-Nachla.
Unten: Szene vom Transport einer Kolossalstatue aus den Alabastersteinbrüchen von Hatnub. Grab des Djehutihotep in Deir el-Berscha (vor 1856 von John G. Wilkinson kopiert).

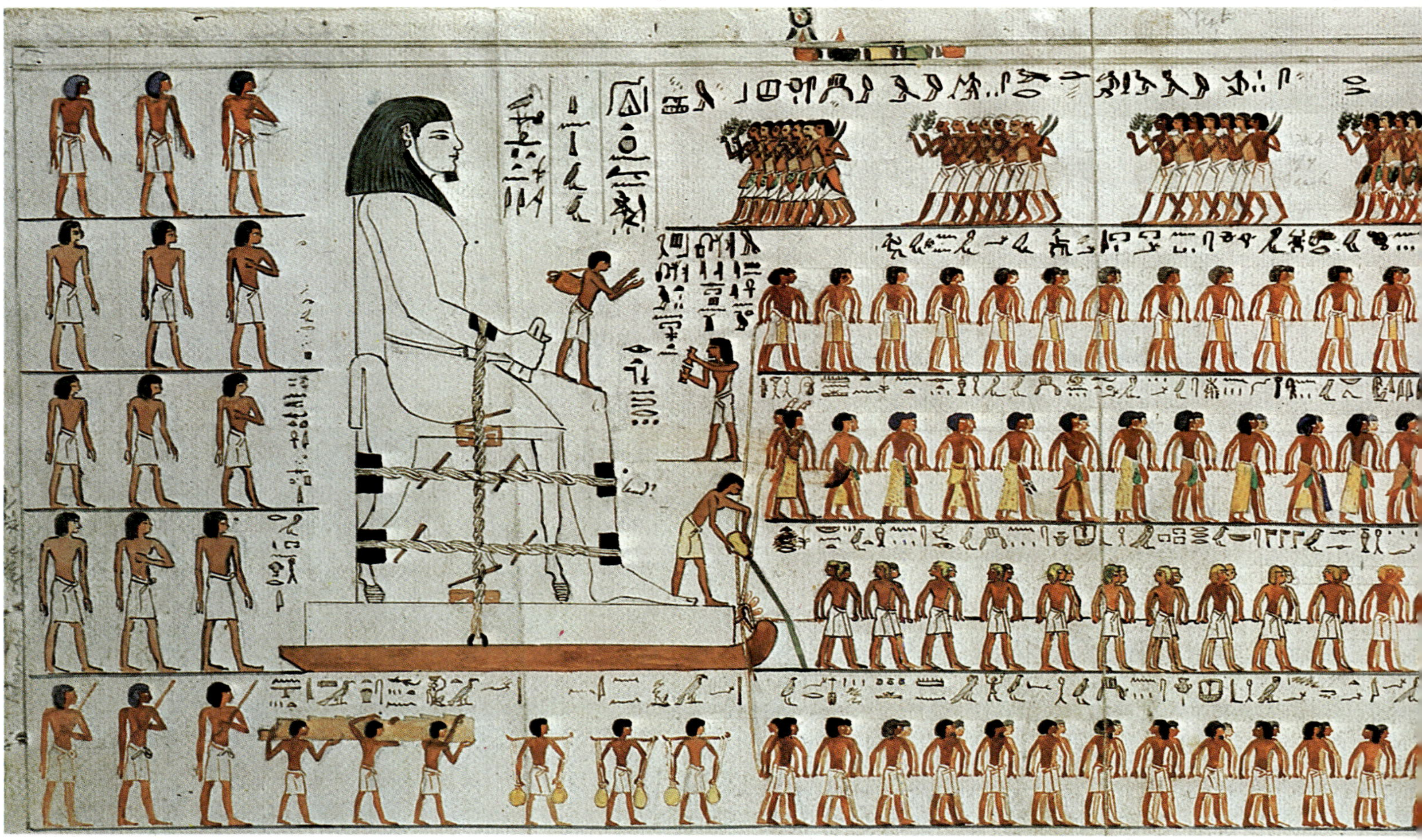

Unten: Granitsäulen der frühchristlichen Basilika in el-Aschmunein, das einzige erhaltene große Gebäude dieser Art in Ägypten.

mehr als 1500 Blöcke gefunden wurden, die von abgerissenen Tempeln des Echnaton aus el-Amarna stammen.

Zu den anderen, jetzt noch sichtbaren Denkmälern aus pharaonischer Zeit gehören ein Tempeleingang von Amenemhet II. und der erste Pylon eines Amuntempels der 19. Dynastie mit Reliefs von Sethos II. Alle diese Gebäude befanden sich im zentralen heiligen Bezirk der Stadt, der von einer massiven Mauer aus Nilschlammziegeln umschlossen ist, die in die 30. Dynastie gehört.

Ihre wirtschaftliche Blüte in der griechisch-römischen Zeit verdankt die Stadt neben der Landwirtschaft vor allem dem Ansehen des Gottes Toth, der als Hermes Trismegistos (»Der Dreimalgroße«) gleichermaßen von Griechen und Ägyptern verehrt wurde und dem man das Korpus hermetischer Schriften mit Texten unterschiedlichen Inhalts zuschrieb. Hermopolis und Tuna el-Gebel waren als Pilgerzentren sowohl bei den Griechen als auch bei den Römern beliebt.

Tuna el-Gebel

Die Ruinen von Tuna el-Gebel verteilen sich über ein 7 km westlich von el-Aschmunein am Wüstenrand liegendes Gebiet von 3 km Länge. Eine Grenzstele des Echnaton ist das älteste Denkmal dieses Ortes. Sie gehört zu den am leichtesten zugänglichen Grenzsteinen dieser Art, von denen es mehrere gibt. Nach der Inschrift markierten 6 Stelen, von denen die bei Tuna el-Gebel die nordwestlichste ist, die Grenzen der Stadt Achetaton (el-Amarna) mit ihrem landwirtschaftlichen Hinterland. Sie ist ähnlich wie ein »Schrein« in die Felsböschung gehauen, der Text der Stele durch Erosion stark abgerieben; zu beiden Seiten befinden sich – aus dem anstehenden Felsen herausgearbeitet – Statuen des Königspaares mit unterschiedlicher Armhaltung (wahrscheinlich in Verehrung bzw. beim Opfer) und von Prinzessinnen. Die Stele, deren Text stark zerstört ist, zeigt im Giebelfeld eine Reliefdarstellung des königlichen Paares bei der Verehrung der Sonnenscheibe.

Südlich davon liegen die Reste der späten Nekropole von el-Aschmunein. Zu den ältesten Funden gehören aramäische Papyri aus dem 5. Jahrhundert, bei denen es sich um Verwaltungstexte aus der Zeit der persischen Besatzung handelt. Sie befanden sich in einem Krug, der in den ausgedehnten Katakomben mit ihren Ibis- und Pavianbestattungen entdeckt wurde. Diese Katakomben prägen das Bild dieses Platzes, in denen sich auch der Sarkophag für einen Pavian aus der Zeit des Perserkönigs Darius fand. Das meiste aber stammt aus der griechisch-römischen Zeit. Eine Auswahl von Keramikgefäßen, Bronzestatuetten und Mumien wird jetzt im Museum der nahegelegenen Stadt Mallawi gezeigt. Ibis und Pavian waren die beiden wichtigsten heiligen Tiere des Gottes Toth.

In Tuna el-Gebel befindet sich auch das nahezu einzigartige Grab der Familie eines Mannes namens Petosiris aus der Zeit des Philippos Arrhidaios. Es hat die Form eines Tempels mit einem Portiko und einer dahinterliegen-

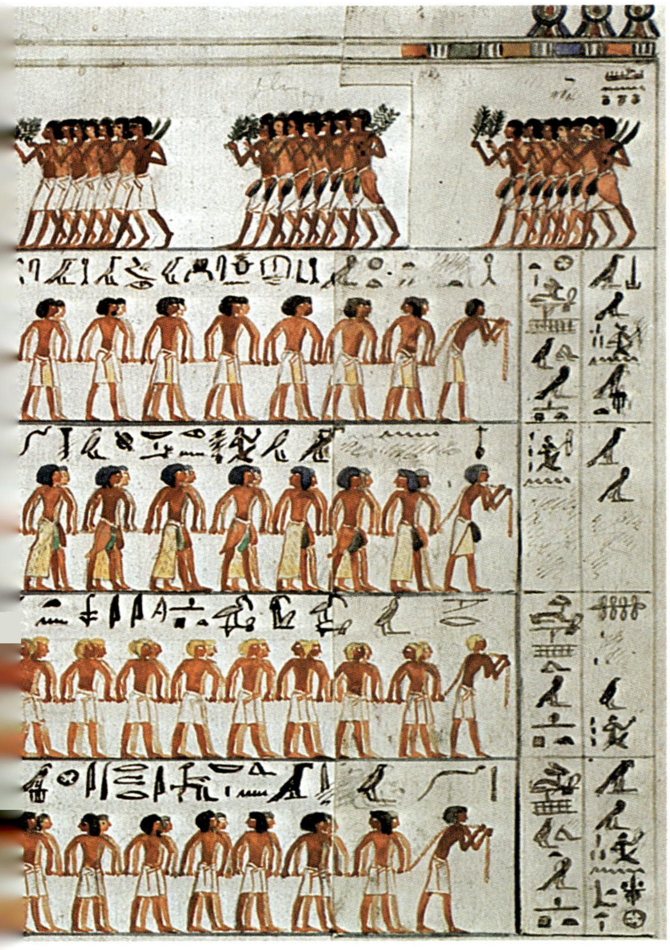

Oben: Ramessidische Kalzitstatuette eines Priesters mit umgelegtem Leopardenfell und einem im Nacken sitzenden Pavian. Wahrscheinlich hat der Dargestellte einen Pavian in den Toth-Tempel von el-Aschmunein gestiftet. Oxford, Ashmolean Museum.

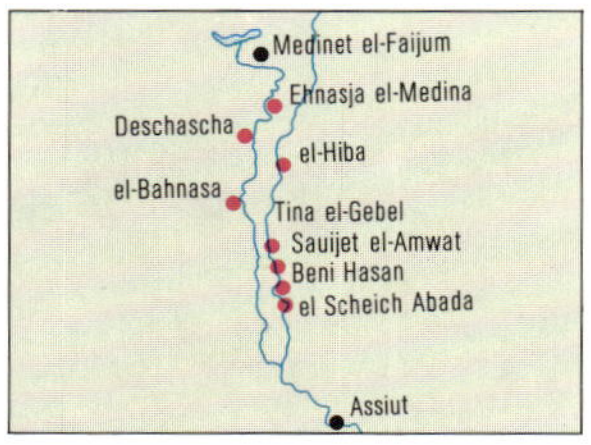

Links: Malerei in ägyptisch-griechischem Mischstil aus dem »Totenhaus« 21 von Tuna el-Gebel, etwa 2. Jahrhundert n. Chr. Abgesehen von dem Ornament im untersten Teil sind die Motive ägyptisch und die Hieroglyphen verständlich. Oben: Horus und Toth übergießen die in griechischem Stil dargestellte Tote mit Wasser; rechts ist ihr »Schatten« als ein symbolisch schwarzer, ausgemergelter Körper dargestellt. Unten: Gottheiten in anbetender Haltung. Von links nach rechts die Göttin des Westens, Atum, und zwei weitere Gottheiten.

Rechts: Goldene Statuette des Gottes Harsaphes mit einer Inschrift auf der Unterseite der Basis, die den Kleinkönig Neferkare Peftjau-auibastet von Herakleopolis, einen Zeitgenossen des Pije aus der 25. Dynastie, nennt. Höhe ca. 6 cm, aus der Säulenhalle des Tempels von Ehnasja el-Medina. Boston (Mass.), Mus. of Fine Arts.

den Kultkammer. Der Portiko ist mit Szenen des täglichen Lebens und Darstellungen von Opfergabenträgern in ägyptisch-griechischem Mischstil ausgestattet. Die Kultkammer enthält traditionelle religiöse Szenen und wichtige Texte, darunter eine ausführliche Beschreibung von Arbeiten in den Tempeln von Hermopolis.

Südlich vom Grab des Petosiris befindet sich eine große griechische Totenstadt aus den ersten Jahrhunderten n. Chr. mit Gräbern und Kultgebäuden im griechisch-ägyptischen Mischstil. Sie wurde zwischen den beiden Weltkriegen von dem ägyptischen Ägyptologen Sami Gabra freigelegt.

el-Scheich Abada

An dieser Stelle liegt die antike Stadt Antinoopolis, die von dem römischen Kaiser Hadrian im Jahre 130 n. Chr. im Gedenken an dessen hier ertrunkenen Liebling Antinoos gegründet wurde. Unter den älteren Denkmälern befindet sich u. a. ein Tempel Ramses' II., der den Gottheiten von el-Aschmunein und Heliopolis geweiht war.

Beni Hasan mit dem Speos Artemidos

Bei Beni Hasan auf dem Ostufer des Nils, etwa 23 km südlich von el-Minja, liegt die bedeutendste und aufschlußreichste Provinznekropole des Mittleren Reiches zwischen Assiut und Memphis. Zu ihr gehören 39 große Felsgräber, von denen in mindestens acht »Große Fürsten des Oryx-Gaues« (16. oberägyptischer Gau) aus dem Ende der 11. und der frühen 12. Dynastie beigesetzt waren.

Der biographische Text im Grab des letzten Inhabers dieses Titels namens Amenemhet (Grab Nr. 2) ist in das »Jahr 43, 2. Monat der Überschwemmungszeit, Tag 15« des Königs Sesostris I. datiert. Obwohl die Gräber seiner zwei Nachfolger, Chnumhotep II. (Nr. 13) und Chnumhotep III. (Nr. 3), keine merkliche Abnahme der materiellen Ressourcen erkennen lassen, wurde doch letztlich durch die von den Königen der frühen 12. Dynastie allmählich erreichte Zentralisierung die Macht der Gaufürstenfamilien ganz Mittelägyptens gebrochen, so daß die großen Felsengräber aufhören. Der Grundriß des letzten dieser Gräber zeigt 1. einen Außenhof mit einer durch zwei Säulen gebildeten Vorhalle, 2. einen rechteckigen Hauptraum mit vier polygonalen Säulen und 3. eine Statuennische. Der Wandschmuck ist nur mehr in Malerei ausgeführt und läßt ein schnelles Absinken der Qualität erkennen. Vorherrschende Themen sind militärische Unternehmungen wie z. B. Belagerungsszenen.

Südlich von Beni Hasan wurde für die Löwengöttin Pachet in der 18. Dynastie von der Königin Hatschepsut ein Felsentempel gebaut, den die Griechen Speos Artemidos nannten und der heute von den Dorfbewohnern als Istabl Antar bezeichnet wird. Auf dem äußeren Architrav befindet sich eine lange Weihinschrift mit der berühmten Klage über die Freveltaten der Hyksos.

Sauijet el-Amwat

Als wichtigste Altertümer dieses Platzes sind eine Stufenpyramide, vermutlich aus der 3. Dynastie, und eine Nekropole mit Felsgräbern hauptsächlich aus dem Ende des Alten Reiches zu nennen, die zu dem alten *Hebenu* (modern Kom el-Ahmar), der frühen Hauptstadt des 16. oberägyptischen Gaues, gehört.

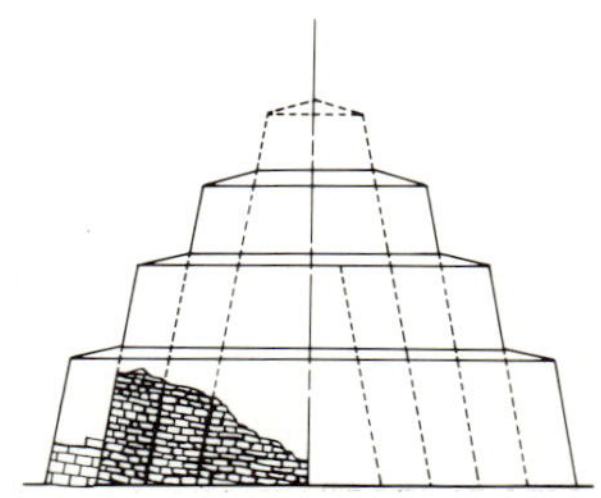

Schnitt durch die Stufenpyramide von Sauijet el-Amwat.

Tihna el-Gebel

Die Felsengräber (»Fraser-Gräber«) bei Tihna stammen aus dem Alten Reich. 2 km nördlich von ihnen, nahe des jetzigen Dorfes, finden sich Reste der alten Stadt Akoris und drei kleine Tempel sowie eine Nekropole aus griechisch-römischer Zeit.

Ein Ägyptologe braucht manchmal auch die Fähigkeiten eines Detektivs: ein scharfes Auge, ein gutes Gedächtnis und ein Sinn für Einzelheiten können oft helfen, einzelne Denkmäler zu identifizieren. Das Grabrelief rechts befindet sich heute im Museo Arqueologico in Madrid, gefunden wurde es 1968 bei Ausgrabungen eines Friedhofes der Ersten Zwischenzeit südlich des Harsaphestempels von Ehnasja el-Medina. Das linke Fragment befand sich bereits 1964 im New Yorker Kunsthandel, wo es falsch datiert und mit einer irreführenden Herkunftsangabe angeboten wurde.

Oben: Holzstatuette des Vorlesepriesters Merirehaischtef, als nackter Jüngling dargestellt. Holzfiguren dieser Art sind typisch für die Zeit am Ende des Alten Reiches, ähnliche Stücke stammen sowohl aus der memphitischen Nekropole als auch von Provinzfriedhöfen. Höhe 51 cm, 6. Dynastie, aus Sedmant el-Gebel. London, British Museum.

el-Bahnasa

Über die pharaonische Zeit von *Per-medjed* (koptisch *Pemdje*), der Hauptstadt des 19. oberägyptischen Gaues, weiß man kaum etwas. Obgleich der Ort in der ägyptischen Mythologie eine interessante Rolle spielte, sind keine pharaonischen Reste erhalten. Die Stadt wurde in der griechisch-römischen Epoche als Oxyrhynchos – so benannt nach dem Ortskult des hier verehrten *Mormyrus*-Fisches – recht bedeutend. Aus den Abfallhaufen kamen viele tausende von griechischen Papyri (Grenfell und Hunt, 1897–1907) zutage, die sich in solchen Mengen nur noch in den Städten des Faijum fanden.

el-Hiba

Hier liegen die Reste einer alten Stadt (altägyptisch *Teudjoi*) mit einem stark zerstörten Tempel des Königs Scheschonk I. Das Gebiet stellte die nördliche Grenze der Thebaïs während der 21. bis 25. Dynastie dar.

Deschascha

Deschascha ist durch seine Gräber aus dem späten Alten Reich bekannt, von denen einige höheren Beamten des 20. oberägyptischen Gaues gehören. Das Felsengrab des Inti enthält die seltene Szene von der Belagerung einer befestigten Stadt.

Ehnasja el-Medina

Etwa 15 km westlich von Beni Suef liegt auf dem rechten Ufer des Bahr Jusuf der moderne Ort Ehnasja el-Medina. Der Name ist von dem altägyptischen *Henen-nesut* (koptisch *Hnes*) abgeleitet, das in der Nähe des heutigen Dorfes lag, wahrscheinlich in westlicher Richtung. Hauptgott der alten Stadt war der widderköpfige Harsaphes (ägyptisch Herischef, wörtlich »Der auf seinem See Befindliche«), der später mit dem griechischen Herakles identifiziert wurde. Das führte zur Benennung der Stadt als Herakleopolis Magna.

Die Reste des Harsaphestempel liegen südwestlich des Dorfes und wurden von E. Naville (1891–92), W. M. Flinders Petrie (1904) und jüngst von einer spanischen Expedition (J. López) ausgegraben. Die ältesten Teile stammen aus der 12. Dynastie. In der 18. Dynastie wurde der Tempel vergrößert, das Haupterweiterungsprogramm führte jedoch Ramses II. durch. Noch in der 3. Zwischenzeit und in der Spätzeit wurde das Heiligtum benutzt.

Seine wichtigste Rolle in der ägyptischen Geschichte spielte Herakleopolis allerdings während der Ersten Zwischenzeit, als dort die Herrscher der 9./10. Dynastie (Herakleopoliten) ihren Sitz hatten. Bis heute wurden hier keine Gebäude aus dieser frühen Zeit entdeckt, aber etwa 300 m südlich des Tempels wurden Gräber von Beamten jener Zeit gefunden.

Südöstlich des Harsaphestempels liegt bei Kom el-Aqarib ein weiteres Heiligtum, das Ramses II. erbauen ließ. Ungefähr 7 km weiter nach Westen, bei Gebel el-Sedment, befand sich wahrscheinlich die Hauptnekropole der Stadt mit Gräbern und Felsenanlagen, die von der Ersten Zwischenzeit bis zur griechisch-römischen Periode reichen.

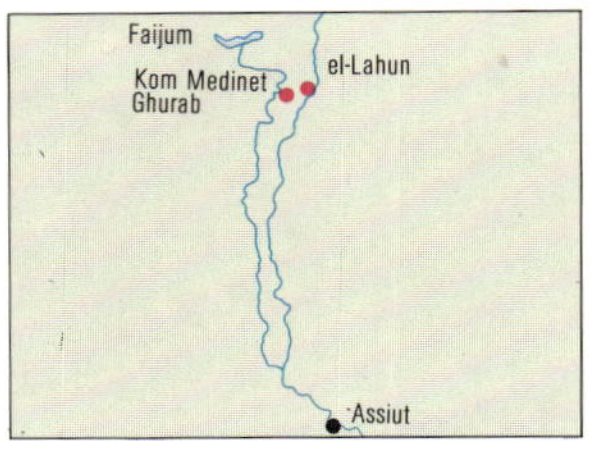

Kom Medinet Ghurab

Auf der Südseite des Faijum-Zuganges, am Wüstenrand und etwa 3 km südwestlich von el-Lahun, gibt es spärliche Reste zweier Tempel mit angrenzenden Stadtvierteln und Friedhöfen. Das größere Heiligtum stammt von Tuthmosis III., aber auch andere Zeugnisse sprechen dafür, daß die Stadt in der 2. Hälfte der 18. Dynastie und in der 19. eine Blüte erlebte. Viele der hier gefundenen Objekte zeigen Amenophis III. und Teje oder sind mit ihnen verbunden; so wird auch eines der Gebäude als ein Palast aus dieser Zeit angesehen.

el-Lahun

Die etwa 3 km nördlich der modernen Stadt el-Lahun erhaltenen Pyramidenreste sind König Sesostris II. zuzuweisen. Sie befinden sich auf der nördlichen Seite des Faijum-Zuganges, durch den der Bahr Jusuf ins Faijum gelangt, gegenüber von Kom Medinet Ghurab. Die Pyramide überragt dieses Gebiet, dem die Könige der 12. Dynastie viel Aufmerksamkeit geschenkt haben. Die Bauleute wählten einen natürlichen Felsenhügel als Untergrund und wandten die im Mittleren Reich verbreitete Methode der Kernmauerkonstruktion an, d.h. Steinmauern gingen sternförmig nach außen, die dazwischenliegenden Räume wurden mit Ziegeln aus Nilschlamm gefüllt. Außen wurde die Pyramide mit Steinen verkleidet, so daß der Eindruck entstand, als wäre das gesamte Grabmal aus Steinen errichtet. Heute, nachdem die Verkleidung fehlt, ist die Anlage nur wenig mehr als ein riesiger Erdhaufen. Der Eingang in das Innere lag – in Form zweier Gänge – an der Südseite, was sehr ungewöhnlich ist (normalerweise befand sich der Zugang an der Nordseite) und den Ausgräber W. M. Flinders Petrie vor Probleme stellte.

Sehr schöne Goldschmiedearbeiten des Mittleren Reiches, die mit den in Dahschur entdeckten vergleichbar sind, wurden in dem Schachtgrab der Prinzessin Sithathoriunet südlich der Pyramide gefunden.

Der zur Pyramide gehörende Taltempel liegt etwa 1 km östlich des Grabmals am Rande des kultivierten Landes. Daneben befindet sich die von Petrie ausgegrabene, von einer Umfassungsmauer umgebene alte Siedlung el-Lahun (auch als Kahun bekannt). Sie wurde einheitlich geplant und angelegt und besteht aus Straßen und Häusern, die in ziemlich gleichmäßigen geometrisch ausgerichteten Reihen angeordnet sind. Mindestens drei verschiedene, durch Mauern voneinander getrennte Stadtbezirke sind zu unterscheiden: 1. die »Akropolis«, die vielleicht für den König selbst bestimmt war, 2. das östliche Viertel mit etwa 40 × 60 m großen Gehöften, die sich um einen Hof konzentrierten und aus 70 bis 80 Räumen bestanden, und 3. das westliche Viertel mit kleinen einheitlichen Häusern (etwa 10 × 10 m), die 4–12 Räume hatten. In der Stadt lebten Priester und Beamte, die mit dem Totendienst der Pyramide verbunden waren. Obgleich diese Siedlung bislang einmalig ist, muß es aber viele solcher Anlagen gegeben haben, die in der Nähe von Pyramiden lagen. Sie ist nicht nur wegen ihrer Einmaligkeit, sondern auch wegen der vielen dort gefundenen hieratischen Papyri (»Kahun-Papyri«) berühmt. Es handelt sich dabei um Texte unterschiedlicher Art, z.B. literarische, mathematische, medizinische und veterinärmedizinische Arbeiten, aber auch um Rechts- und Tempeldokumente, Rechnungen, Briefe usw.

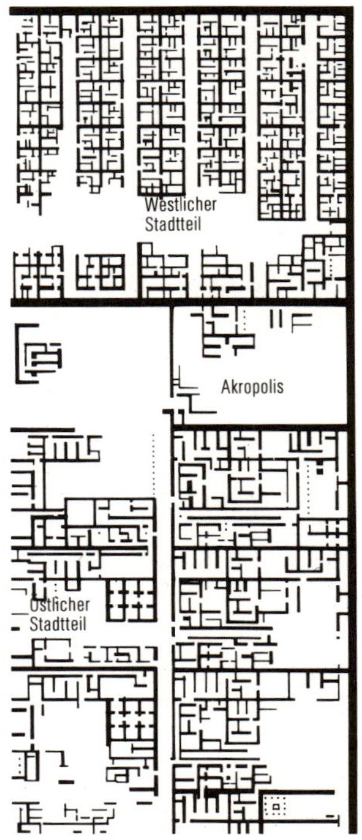

Stadtplan des nördlichen Stadtteils von el-Lahun.

Links: Köpfchen einer Königin, wahrscheinlich der Gemahlin von Amenophis III., Teje, aus Kom Medinet Ghurab. Der kluge und etwas resignierende Gesichtsausdruck macht diesen Kopf wohl zum individuellsten weiblichen Porträt aus dem alten Ägypten. Eibenholz, Glas, Stuck, Stoff u.a., Höhe 9,5 cm, Berlin-Charlottenburg, Ägyptisches Museum.

Unten: Die Pyramide Sesostris' II. bei el-Lahun.

Oben: Der Tempel von Qasr el-Sagha.

Rechts außen: Statue eines Königs aus schwarzem Granit, die höchstwahrscheinlich Amenemhet III. zeigt. Er ist als Priester gekleidet, trägt eine ungewöhnlich schwere Perücke und hält zwei mit Falkenköpfen bekrönte Standarten (lange Stangen, die dem Ortsgott heilig waren) in den Händen. Höhe 1 m, 12. Dynastie. Aus Mit Faris im Faijum. Kairo, Ägyptisches Museum.

Die interessantesten und wichtigsten Orte im Faijum:

Kom Auschim (Karanis)
Griechisch-römischer Tempel, den Lokalgöttern Petesuchos und Pnepheros geweiht.

Dimai (Soknopaios Nesos)
Ptolemäischer Tempel für Soknopaios (eine Gestalt des Krokodilgottes Sobek).

Qasr el-Sagha
Unvollendeter Tempel aus dem Mittleren Reich.

Qasr Qarun (Dionysias)
Spätptolemäischer Tempel.

Batn Ihrit (Theadelphia)
Ptolemäischer Tempel für Pnepheros.

Biahmu
Gemauerte Sockel für zwei sitzende Kolossalstatuen des Königs Amenemhet III.

Medinet el-Faijum, auch **el-Medina (Krokodilopolis, Arsinoe)**
Tempel für den Krokodilgott Sobek (12 Dynastie, in späterer Zeit neu aufgebaut oder vergrößert).

Abgig
Große freistehende Stele (früher »Obelisk« genannt) aus der Zeit Sesostris I., nun nach Medinet el-Faijum verbracht.

Hawara
Pyramide für Amenemhet III. (eine andere für ihn errichtete Pyramide steht in Dahschur).
Großer Totentempel (im klassischen Altertum das berühmte »Labyrinth«), im Süden der Pyramide gelegen.
Gräberfelder mit Felsengräbern und Bestattungen (Mittleres Reich und griech.-röm. Zeit).

Seila
Kleine Stufenpyramide, datiert etwa auf die 3. Dynastie.

Medinet Madi
Tempelkomplex der Schlangengöttin Renenutet (Termuthis), ursprünglich von Amenemhet III. u. IV. errichtet, mit Zusätzen aus ptolemäischer Zeit.

Tell Umm el-Breigat (Tebtunis)
Ptolemäischer Tempel und Siedlung.

Kom Ruqaija
Felsgräber, wahrscheinlich 12. Dynastie.

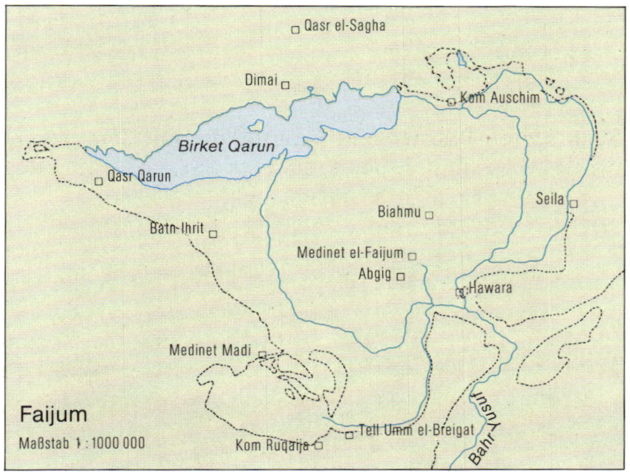

Das Faijum

Obwohl in der Regel als Oase beschrieben, ist das Faijum durch einen Flußarm, den Bahr Jusuf (arabisch: »Fluß des Joseph«), mit dem Nil verbunden. Das Faijum (altägyptisch *Scha-resi* »Der südliche See«, später in *Scha-resi* und *Merwer* »Der große See«, griechisch Moëris, unterteilt) ist eine lange, fruchtbare Senke, die sich etwa 65 km in ost-westlicher Richtung ausdehnt, mit einem im nordwestlichen Teil gelegenen See. Heute nimmt er nur etwa ein Fünftel des Faijums ein und liegt 44 m unter dem Meeresspiegel, doch in der Vergangenheit war der See wesentlich größer, voller wildlebender Tiere und mit üppiger Vegetation an seinen Ufern. Krokodile z. B. müssen dort sehr verbreitet gewesen sein, denn sie spielten einst als Hauptgottheit dieses Gebietes (Sobek, griechisch Suchos) eine große Rolle. Das moderne Wort Faijum geht auf den alten Namen des Sees zurück, der koptisch *Peiom* hieß.

Zwei Perioden der ägyptischen Geschichte waren für das Faijum von großer Bedeutung. Als in der 12. Dynastie die Hauptstadt des Landes nach el-Lischt verlegt wurde, suchte man nach Mitteln zur Steigerung des wirtschaftlichen Ertrages aus dem benachbarten Faijum. Durch die Verringerung des Wasserzuflusses in den See und Urbarmachung wurde Land hinzugewonnen. Die bis heute entdeckten Tempel und Ortschaften stammen aber alle aus der griechisch-römischen Zeit, als das Gebiet wiederum im Mittelpunkt königlichen Interesses stand. Der See wurde künstlich verkleinert, um weiteres Ackerland zu gewinnen, und Ptolemaios II. Philadelphos siedelte dort besonders griechisch-makedonische Veteranen an. Tausende von ägyptischen (demotisch geschriebenen) und griechischen Papyri aus dieser Zeit wurden in den Städten des Faijum gefunden.

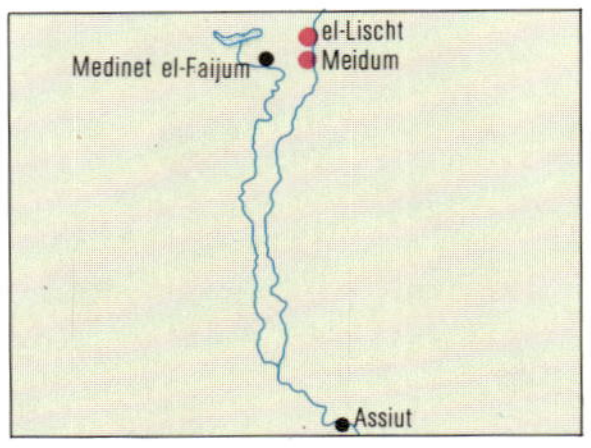

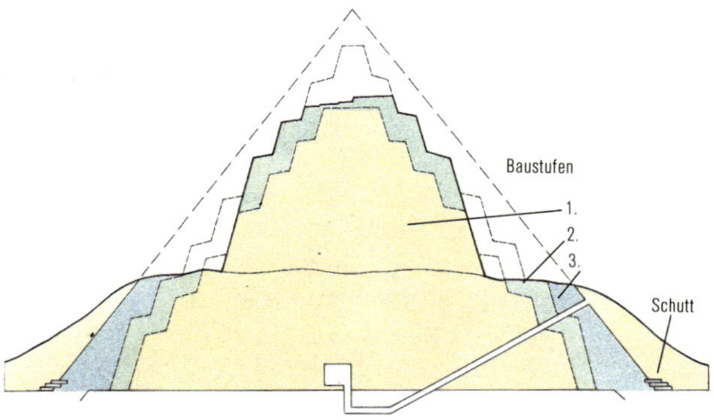

Meidum

Meidum bietet den unverwechselbaren Anblick eines turmartigen Gebildes, das über einem Hügel aus Steinschutt emporragt. Es handelt sich um die Überreste der ersten wirklichen Pyramide in Ägypten, und zugleich war hier zum ersten Mal (neben der Anlage der »Knickpyramide« in Dahschur) der Pyramidenkomplex voll ausgebildet.

Experimente im Pyramidenbau sind der Grund für die heutige Erscheinungsform der Ruinenstätte. Der Bau wurde als siebenstufige Pyramide begonnen, wurde dann in eine Pyramide aus acht Stufen umgestaltet, und schließlich füllte man die Stufen aus und umgab das Ganze mit einer Verkleidung, um die eigentliche Pyramidenform zu erreichen. Begonnen hat dieses Bauwerk wahrscheinlich Huni, der letzte König der 3. Dynastie. Graffiti aus dem Neuen Reich überliefern jedoch, daß zu diesem Zeitpunkt die Pyramide mit Snofru, dem Nachfolger Hunis, in Verbindung gebracht wurde; man nimmt daher heute allgemein an, daß Snofru für die Fertigstellung verantwortlich war. Die geglätteten Verkleidungssteine, die die Außenseiten der Pyramide im Zustand des Stufenbaus – bilden sollten – und die man heute noch erkennt –, boten nicht genügend Halt für die späteren Füllsteine, die gegen diese glatten Außenseiten gelehnt worden waren,

Oben links: Äußeres Mauerwerk der Stützmauern und die weniger sorgfältige Schichtung der Steine im Innern.

Oben: Luftaufnahme der Pyramide von Osten mit dem Aufweg und dem Totentempel. Die Aufnahme zeigt außerdem den riesigen Schuttberg, der durch das teilweise Herunterbrechen des Bauwerks entstanden ist, in der Mitte der Pyramidenkern.

Oben links: Pyramidenschnitt, von Westen.

Statuen des »Größten der Schauenden«, d. h. Hoherpriester, von Heliopolis und leiblichen Königssohnes (des Snofru) Rahotep und seiner Gemahlin Nofret. Kalkstein mit bestens erhaltener Malerei. Höhe: 1,20 m und 1,18 m, Kairo, Ägyptisches Museum.

und überdies fehlten der äußersten Verkleidungsschicht die richtigen Fundamente und die richtige Schichttechnik. Aufgrund dieser bautechnischen Mängel gaben die äußeren vier Stützmauern nach, und alle nicht fest aneinander gefügten Teile des Bauwerks glitten nach unten weg, so daß nur mehr der heutige turmartige Kern stehen blieb. Der Zeitpunkt, zu dem sich dies ereignet haben könnte, ist Gegenstand heißer Diskussionen. Man hat versucht, diese »Baukatastrophe« mit der Änderung des Neigungswinkels bei der Knickpyramide in Dahschur in Beziehung zu setzen. Da aber unmittelbar um die Meidum-Pyramide eine ausgedehnte zeitgenössische Nekropole nachgewiesen ist, dürfte die Katastrophe kaum zu diesem frühen Zeitpunkt eingetreten sein. Wenn also nicht unerwartet irgendwo anders inschriftliche oder bildliche Belege zu diesem Vorfall auftauchen, können nur Ausgrabungen in der unmittelbaren Umgebung der Pyramide die Lösung des Problems bringen.

Friedhöfe mit großen Ziegelmastabas aus dem Beginn der 4. Dynastie befinden sich an der Nord- und Ostseite der Pyramide von Meidum. Am bekanntesten sind die Doppelmastabas des Rahotep und seiner Frau Nofret sowie des Nefermaat und seiner Frau Itet. Obwohl das gesamte Areal bisher noch nicht systematisch erforscht worden ist, haben sich eine Reihe von Ausgräbern hier versucht, allen voran A. Mariette, W. M. Flinders Petrie und Alan Rowe.

el-Lischt

Zu Beginn seiner Regierung verlegte König Amenemhet I. in der 12. Dynastie den Verwaltungssitz und die Residenz Ägyptens von Theben nach Itjtaui, einer neugegründeten, ummauerten Stadt im Gebiet zwischen dem Faijum und Memphis. Es mag paradox erscheinen, aber von dieser Stadt sind bis heute keine Überreste gefunden worden, ihre genaue Lage ist nach wie vor unbekannt. Fest steht allerdings, daß das Pyramidengebiet von el-Lischt die Hauptnekropole bildete, so daß man wohl annehmen darf, daß Itjtaui im Fruchtland östlich davon gelegen hat. Itjtaui behauptete seine Stellung mindestens 300 Jahre lang, bis es seine Rolle an die Hyksos-Hauptstadt Auaris im Nordostdelta und an Theben für den südlichen Reichsteil in der Zweiten Zwischenzeit abgeben mußte.

Im Blickpunkt stehen in el-Lischt die zusammengefallenen Pyramiden Amenemhets I. und seines Sohnes Sesostris' I., die etwa 1,5 km auseinander liegen. Sie sind umgeben von kleineren Pyramiden und Mastabas von Mitgliedern der königlichen Familie und Friedhöfen von Beamtengräbern. Die Nähe der memphitischen Nekropole bedeutete für Amenemhet I., daß er das Baumaterial im Grunde vor der Tür hatte, und so haben denn die Archäologen auch eine große Zahl bearbeiteter und mit Reliefs versehener Blöcke früherer Pyramidenanlagen in der Amenemhet-Pyramide gefunden.

Zu den interressantesten Mastabas der 12. Dynastie nördlich der Pyramide Amenemhets I. zählen die Gräber des Wesirs Intefiqer, des Obersten Haushofmeisters Nacht, des Vorstehers der Siegler Rehuerdjersen und der Herrin des Hauses Senebtisi, während südlich der Pyramide Sesostris' I. die Gräber des Hohenpriesters von Heliopolis Imhotep, des Haushofmeisters Sehetepibreanch, des Hohenpriesters von Memphis Sesostrisanch und andere zu nennen wären.

Unten: Kalksteinrelief mit der Darstellung von Bogenschützen. Es handelt sich um einen der vielen Blöcke aus Memphis (Altes Reich), die von Amenemhet I. in el-Lischt wiederverwendet wurden. Die meisten dieser Stücke stammen von königlichen Denkmälern und sind von hervorragender Qualität. New York, Metropolitan Museum of Art.

Unten rechts: Die Göttin Seschat trägt ausländische Gefangene und Beute in die Annalen ein. Kalksteinrelief der 12. Dynastie in der Tradition ähnlicher Szenen von königlichen Tempeln des Alten Reiches. Vom Totentempel Sesostris' I. in el-Lischt. New York, Metropolitan Mus. of Art.

MEMPHIS

Die Stadt Memphis, heute fast vollkommen verschwunden, war das verwaltungsmäßige und religiöse Zentrum des 1. unterägyptischen Gaus. Zudem war Memphis in der frühgeschichtlichen Epoche und im Alten Reich Residenz und Hauptstadt Ägyptens, und auch in späterer Zeit unterhielten viele Könige dort einen Palast. Die Tempel der Stadt gehörten zu den bedeutendsten des ganzen Landes. Memphis war im Grunde zu allen Zeiten einer der volkreichsten und angesehensten Orte nicht nur Ägyptens, sondern der Antike überhaupt: seine Bewohner galten als echte Kosmopoliten. Der Hafen und die hier ansässigen Werkstätten spielten eine wichtige Rolle im Außenhandel Ägyptens.

Gewichtigkeit und Größe dieser Metropole lassen sich heute noch aus der über 30 km auf dem Westufer des Nils erhaltenen Nekropole ablesen. Zur memphinitischen Nekropole werden gerechnet: 1. Dahschur, 2. Saqqara, 3. Abusir, 4. Sauijet el-Arijan, 5. Giseh, 6. Abu Roasch, wobei Giseh und Abu Roasch verwaltungsmäßig zum 2. Gau Unterägyptens gehörten.

Die Benennung der Teile der memphinitischen Nekropole richtet sich nach heutigen, in der Nähe gelegenen Dörfern. Eine Gesamtbezeichnung hatten die Ägypter für die Nekropole offenbar nicht, aber Bezeichnungen für Teile sind bekannt, so z.B. *Rasetau* (wahrscheinlich für das südliche Giseh). Die am ehesten ins Auge fallenden Monumente der Nekropole, die königlichen Pyramiden, liehen ihren Namen bisweilen den umliegenden Vierteln der Städte, die sich aus den ursprünglichen »Pyramidenstädten« entwickelt hatten. Dort hatten Priester und an den Pyramiden beschäftigte Beamte ihre Behausungen. Dies geschah zum Beispiel bei Memphis, das die gräzisierte Form von Koptisch *Menfe* aus dem altägyptischen *Mennefer* darstellt. Mennefer hieß schon in der 18. Dynastie die Stadt, auf die man den Namen der Pyramide Pepis I. in Saqqara übertragen hatte.

Memphis selbst oder was immer von seinen Palästen, Tempeln und Häusern erhalten sein mag, muß im Fruchtland östlich der Nekropole unter Nilschlammablagerungen gesucht werden. Geringe Teile sind in Mit Rahina und Saqqara (östlich der Teti-Pyramide) zutage gekommen. Erschwerend für den Archäologen kommt hinzu, daß die Lage der Stadt bzw. ihres Zentrums im Laufe der langen Geschichte Ägyptens nicht gleich blieb. So wurden neue Stadtviertel bevorzugt und alte verfielen. Die langgestreckte Totenstadt legt Zeugnis ab von diesen Veränderungen, obwohl die Wahl der jeweils zur Stadt der Lebenden gehörenden Nekropole sicher auch danach erfolgte, ob sich der Untergrund und die Gegend für die umfangreichen Pyramidenprojekte eignete. Was wir uns heute unter der Metropole Memphis und ihrem dem Schattenreich angehörenden Gegenstück, der memphitischen Nekropole, vorstellen, ist ein eher künstliches Gebilde, das es zu keiner Zeit vollständig gegeben hat.

Klassisch-antike Quellen und archäologische Entdekkungen bezeugen, daß Memphis zu Beginn der ägyptischen Geschichte nach 2920 v.Chr. zum wichtigsten Verwaltungszentrum des ganzen Landes geworden war. Herodot schreibt, daß es Menes gewesen sei, der erste König nach der Tradition, der einen Damm errichtet habe, um die Stadt vor den Fluten der Überschwemmung zu schützen. Nach Manetho erbaute der Nachfolger des Menes namens Athothis die ersten Paläste. Der älteste Name lautete *Ineb-hedj,* d.h. »die Weiße Mauer«, wohl eine Anspielung auf das Bild, das die befestigte Residenz bot, auf welche die Bezeichnung auch zutreffen könnte. Am geeignetsten und zutreffendsten mutet der Name an, der im Mittleren Reich geläufig war, »*Anch-taui* «, d.h. »die die beiden Länder zusammenbindet«, eine Beschreibung der strategisch bedeutsamen Lage der Stadt an der Spitze des wirtschaftlich gewichtigen Deltas an der Stelle, wo nach der traditionellen Terminologie Unter- und Oberägypten zusammenstießen. Darum hatten wohl die Herrscher der 1. Dynastie hier die Hauptstadt gegründet.

Vertrautes Antlitz: Kopf der Alabaster-Sphinx in Mit Rahina (Memphis).

Nur Theben im Süden war vergleichsweise wichtig in religiöser, politischer und wirtschaftlicher Hinsicht, doch im Gegensatz zu diesem Zentrum wissen wir vom Nationalheiligtum Memphis verhältnismäßig wenig. Fremde setzten Memphis mit Ägypten gleich. Einige Wissenschaftler vertreten sogar die Meinung, daß der Name eines Tempels im Neuen Reich und der ihn umgebenden Viertel »*Hikuptah* « (Der Tempel des *Ka* des Ptah) dem ganzen Land den Namen gegeben habe: die Griechen nämlich hätten daraus »Aigyptos«, unser »Ägypten«, herausgehört. Die gleiche Etymologie wird übrigens von den Sprachwissenschaftlern für das Wort »koptisch« bzw. »Kopten« angenommen.

Den allmählichen Niedergang der altägyptischen Kultur in den ersten nachchristlichen Jahrhunderten überlebte auch Memphis nicht. Schon Jahrhunderte vorher hatte Alexandria der älteren Stadt wirtschaftlich im Übermaße Konkurrenz gemacht.

Die religiöse Bedeutung war dahin, nachdem Kaiser Theodosius (379–95 n.Chr.) das Christentum zur einzig anerkannten Religion im Gesamtbereich des römischen Imperiums erklärt hatte. Den Gnadenstoß erhielt Memphis dann schließlich im Jahre 641 n.Chr., als der islamische Eroberer Amr Ibn el-Asi weiter im Norden, auf dem Ostufer am südlichen Ende des heutigen Kairo die neue Hauptstadt Ägyptens, el-Fustat, gründete.

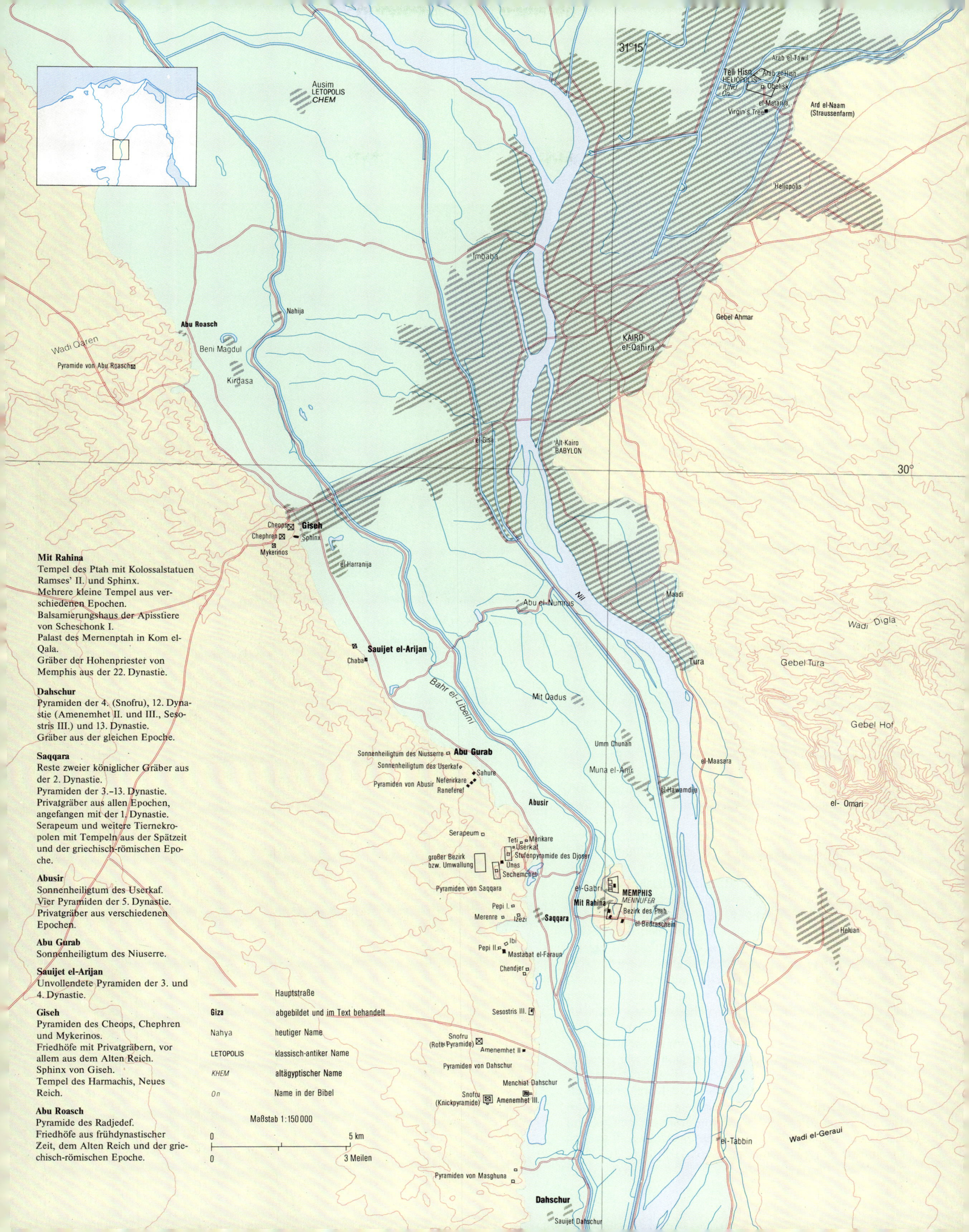

Mit Rahina
Tempel des Ptah mit Kolossalstatuen Ramses' II. und Sphinx.
Mehrere kleine Tempel aus verschiedenen Epochen.
Balsamierungshaus der Apisstiere von Scheschonk I.
Palast des Mernenptah in Kom el-Qala.
Gräber der Hohenpriester von Memphis aus der 22. Dynastie.

Dahschur
Pyramiden der 4. (Snofru), 12. Dynastie (Amenemhet II. und III., Sesostris III.) und 13. Dynastie.
Gräber aus der gleichen Epoche.

Saqqara
Reste zweier königlicher Gräber aus der 2. Dynastie.
Pyramiden der 3.–13. Dynastie.
Privatgräber aus allen Epochen, angefangen mit der 1. Dynastie.
Serapeum und weitere Tiernekropolen mit Tempeln aus der Spätzeit und der griechisch-römischen Epoche.

Abusir
Sonnenheiligtum des Userkaf.
Vier Pyramiden der 5. Dynastie.
Privatgräber aus verschiedenen Epochen.

Abu Gurab
Sonnenheiligtum des Niuserre.

Sauijet el-Arijan
Unvollendete Pyramiden der 3. und 4. Dynastie.

Giseh
Pyramiden des Cheops, Chephren und Mykerinos.
Friedhöfe mit Privatgräbern, vor allem aus dem Alten Reich.
Sphinx von Giseh.
Tempel des Harmachis, Neues Reich.

Abu Roasch
Pyramide des Radjedef.
Friedhöfe aus frühdynastischer Zeit, dem Alten Reich und der griechisch-römischen Epoche.

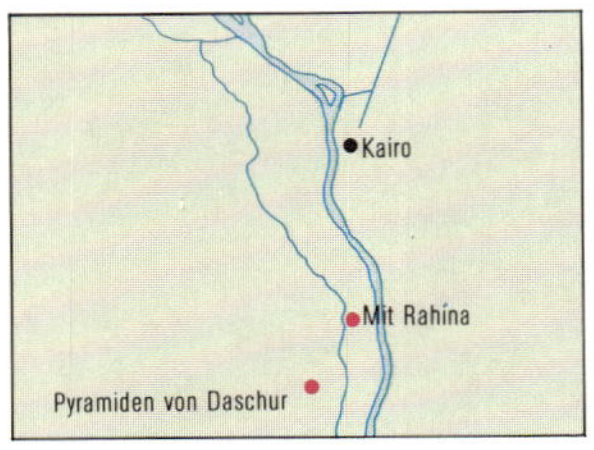

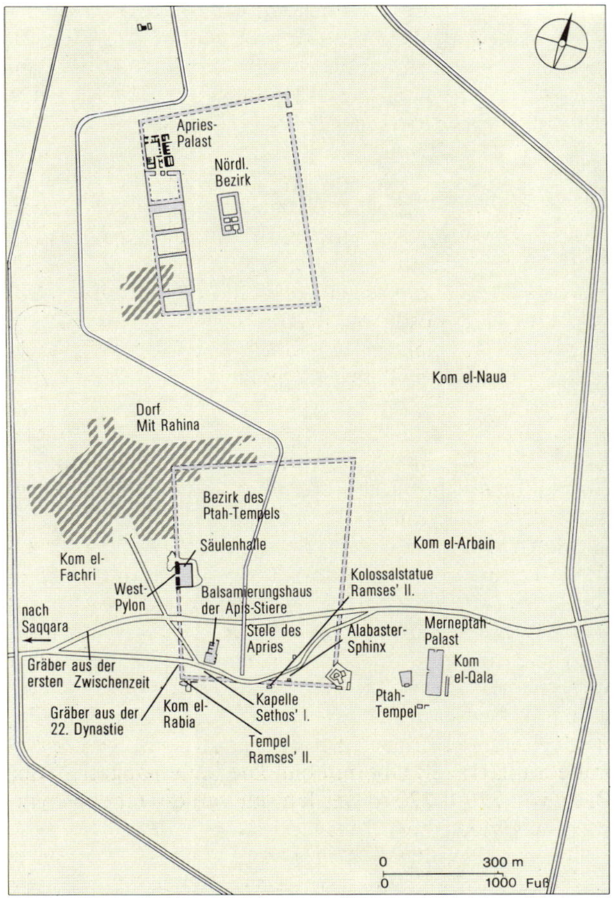

Umgestürzte Granitstatue Ramses' II. mit der Weißen Krone. Die Statue wurde neben dem Südtor der Umfassungsmauer des Ptahtempels, etwas mehr als 30 m von der Kolossalstatue des gleichen Königs aus Kalkstein entfernt, gefunden. Spuren der ursprünglichen Farbfassung sind noch erhalten. Von einem Gegenstück zu diesem Bildnis sind Fragmente zutage gekommen, außerdem der untere Teil einer etwas kleineren überlebensgroßen Sitzfigur.

Mit Rahina

Inmitten malerischer Palmenhaine beim heutigen Dorf Mit Rahine sind Reste des alten Memphis erhalten. Am deutlichsten zeichnen sich die Spuren des Ptahtempels mit Kolossalstatuen Ramses'II. und einer großen Alabaster-Sphinx, wohl aus der gleichen Zeit, ab. Ptah war die angesehenste Gottheit von Memphis, die im klassischen Altertum mit Hephaistos und Vulkan gleichgesetzt wurde. Nur ein kleiner Teil des Westbereichs des Tempels, der zu den größten Ägyptens zählte, ist bisher freigelegt worden. Der westliche in eine Säulenhalle führende Pylon wurde von Ramses II. erbaut, doch sind auch vereinzelt Stücke aus früheren Epochen gefunden worden (ein Türsturz Amenemhets III., Blöcke Amenophis' III. usw.), so daß auf das Vorhandensein älterer Bauten geschlossen werden darf. Darüber hinaus errichtete Ramses II. auch Tore in der Umfasssungsmauer an der Nord- und Südseite und ließ in der für ihn typischen Weise außerhalb der Tore Kolossalstatuen aufstellen. Ein kleinerer Tempel entstand während seiner Regierungszeit außerhalb der Umfassungsmauer an der Südwestecke. Könige nach ihm bauten innerhalb der Umfassungsmauer. Scheschonk I. fügte ein Balsamierungshaus für die Apisstiere hinzu, und Schabaka und Amasis gaben mehrere kleinere Kapellen in Auftrag.

Gründungsgruben westlich der Ptah-Umfassungsmauer lassen auf einen früheren Tempel aus der Zeit Tuthmosis' IV. schließen, den nachfolgende Herrscher der 18. Dynastie erweiterten. Nördlich des Ptah-Bezirks zeichnet sich eine Umfassungsmauer aus der Spätzeit ab, dort sind die Namen Psammetichs II. und des Apries aus der 26. Dynastie sowie Teos aus der 30. Dynastie belegt. Siedlungshügel südlich und östlich des Ptahbezirks zeigen an, daß diese Orte durchgehend bewohnt waren: nennenswert sind Kom el-Rabia mit einem Tempel der Hathor von Ramses II. und Kom el-Quala mit einem kleineren Ptahtempel und einem Palast des Merneptah. Letzterer wurde vor mehr als 50 Jahren von C. S. Fisher und einem Team des University Museum in Philadelphia ausgegraben, aber bis heute nicht veröffentlicht.

Auch Gräber sind in Mit Rahina gefunden worden. Diejenigen in Kom el-Fachry stammen aus der Ersten Zwischenzeit und dem Mittleren Reich, während die Gräber in der Nähe der Südwestecke der Ptahumfassungsmauer der 22. Dynastie zugehören. Hier waren Hohepriester des Ptah namens Scheschonk, Tjekerti, Peteese und Harsiese bestattet.

Dahschur

Der Pyramidenbereich von Dahschur liegt am Südende der memphitischen Nekropole und dehnt sich über 3,5 km aus. Wahrzeichen von Dahschur ist jene Pyramide von einzigartiger Form in Ägypten, die man als »Knickpyramide«, »stumpfe Pyramide«, »falsche Pyramide« oder »Rhomboidale« bezeichnet hat.

Die Zeit des Übergangs von der 3. zur 4. Dynastie ist gekennzeichnet vom Übergang von der Stufen- zur eigentlichen Pyramide. Dieser wichtige Schritt in der Entwicklung des königlichen Grabbaus wurde begonnen und zugleich vollendet in der Epoche des letzten Königs der 3. Dynastie, Huni, und des ersten Königs der 4., Snofru. Ablesen läßt sich dieser Prozeß an den Pyramiden von Meidum und Dahschur. Die südliche Pyramide von Dahschur war das erste Bauwerk dieser Art, das von Anbeginn als eigentliche Pyramide konzipiert war. Als der Bau jedoch über die halbe geplante Höhe hinausgediehen war, wurde die Neigung der Seitenflächen drastisch verändert, der Neigungswinkel von 54° 27′ 44″ auf 43° 22′ zurückgenommen, so daß der typische »Knick«-Umriss entstand; außerdem wurde die Methode des Schichtens der Blöcke sowohl beim Füllmaterial als auch bei der Verkleidung verbessert. Diese Änderung erfolgte entweder aufgrund der Erkenntnis von bautechnischen Fehlern an diesem Bau selbst oder solchen an der Pyramide von Meidum. Einzigartig ist die Knickpyramide aber auch insofern, als sie zwei Eingänge aufweist, einen an der Nord-, den anderen an der Westseite. Große Teile der Außenflächen besitzen noch heute ihre hervorragend geglättete Verkleidung. Südlich der Knickpyramide erhebt sich die übliche Nebenpyramide, die nicht näher bekannte rituelle Zwecke erfüllte. Der Taltempel liegt 700 m nordöstlich der Pyramide. Hier wurden wertvolle Reliefs mit der Darstellung von Frauen, die Snofrus Stiftungsgüter in Ober- und Unterägypten personifizieren, in einer Prozession aufgereiht, gefunden.

Snofru gab sich offenbar mit einer Pyramide nicht zufrieden und ließ deshalb 2 km nördlich eine zweite errichten, die aufgrund des rötlichen Kalksteins, den man als Baumaterial verwandte, die »Rote« Pyramide genannt wird. Eine Erklärung für diesen zweiten Pyramidenbau für ein und denselben König hat man bisher nicht gefunden. Von Bedeutung ist aber zweifellos, daß die Rote Pyramide den Neigungswinkel aufweist, den die Knickpyramide im flacheren Oberteil hat. Die Seitenlängen an der Basis von 220 × 220 m werden nur von der Cheopspyramide in Giseh übertroffen.

Die übrigen Pyramiden von Dahschur, in einiger Entfernung voneinander gelegen und nicht zu einer Gruppe zusammengehörig, sind kleinere Bauwerke der 12. Dynastie. Die sogen. »Weiße Pyramide« ließ Amenemhet II., die »Schwarze Pyramide« Amenemhet III. errichten, die dritte gehört Sesostris III. Die beiden zuletzt genannten sind Ziegelpyramiden. Neben der Pyramide Amenemhets III. liegt das Grab des ephemeren Königs Auibre-Hor und die kleine Pyramide des Ameniqemau, beide aus der 13. Dynastie. Neben der Pyramide Sesostris' III. wurden sechs hölzerne Boote, vergleichbar dem Boot des Cheops in Giseh, gefunden.

Gemäß dem üblichen Schema umgeben Gräber der Königsfamilie, hoher Beamter und Priester die Pyramidenanlagen. Innerhalb der Umfassungsmauern der Pyramiden Amenemhets II. und Sesostris' III. liegen die Gräber von Prinzessinnen (Iti, Chenemet, Itiweret und Sitmerhut, allesamt Töchter Amenemhets II., Menet und Senetsenebtisi, Töchter Sesostris' III.) und Königinnen. Aus diesen Gräbern stammen zahlreiche berühmte Beispiele herrlichster Schmuckstücke – Armbänder, Pektorale, Kolliers und Halsketten –, die sich heute im Kairoer Museum befinden.

Von den Ausgräbern Dahschurs gilt es vor allem J. de Morgan zu nennen, dem wir die Kenntnis der Pyramiden und Gräber des Mittleren Reiches (1894–95) verdanken, und Ahmed Fakhry, der 1951–55 die Knickpyramide untersuchte. Seit kurzem führt das Deutsche Archäologische Institut die Grabungen in Dahschur weiter.

»Knickpyramide« und »Rote Pyramide« hinter den Wahrzeichen von Saqqara, der Mastabat el-Faraun und der Pyramide Pepis II. Die Trennlinie zwischen Saqqara und Dahschur ist im Grunde künstlich, wie diese Aufnahme zeigt.

Rechts: Sogen. »*Ka*«-Statue aus dem Grab des Auibre Hor. Die erhobenen Arme auf dem Kopf stehen für die Hieroglyphe *ka*. Holz, Spuren von Farbe und Vergoldung. Höhe: 1,75 m. Kairo, Ägyptisches Museum.

Links: Granitpyramidion (Schlußstein) Amenemhets III. aus Dahschur. Höhe: 1,40 m. Kairo, Ägyptisches Museum.

Die Pyramiden: Art und Bauweise

In den ungefähr eintausend Jahren zwischen 2630 und 1645 v. Chr. erbauten ägyptische Könige ihre Grabmäler in Form von Pyramiden. Bei der Einführung und Entwicklung der Pyramide haben architektonische und religiöse Erwägungen eine Rolle gespielt. Trotz ihrer einheitlichen Zweckbestimmung gibt es bei den Pyramidenanlagen große Unterschiede hinsichtlich ihrer Form, Größe, Innengestaltung und anderer Einzelheiten.

Die Stufenpyramide

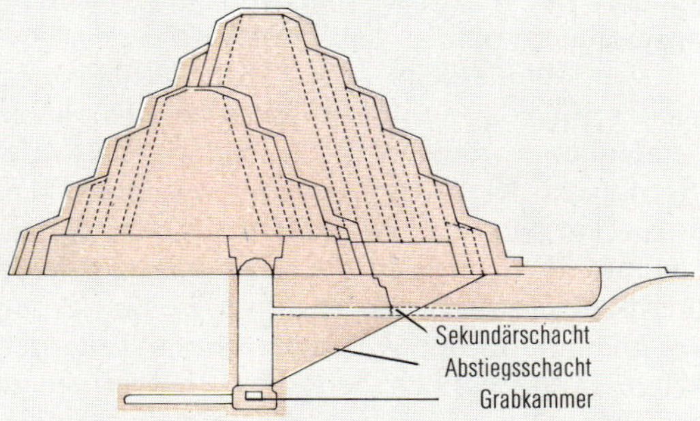

Die frühesten Pyramiden aus der 3. Dynastie bestehen aus mehreren »Stufen«. Die Grabkammer ist unterirdisch angelegt und über einen Abstiegsschacht zugänglich, der an der Nordseite der Pyramide seinen Ausgang nimmt. Unterirdische Galerien (Vorratsräume oder Magazine) umgeben die Pyramide an der Nord-, Ost- und Westseite. Die erste Stufenpyramide, und wahrscheinlich die einzige, die vollendet wurde, ist die des Netjerichet-Djoser in Saqqara.

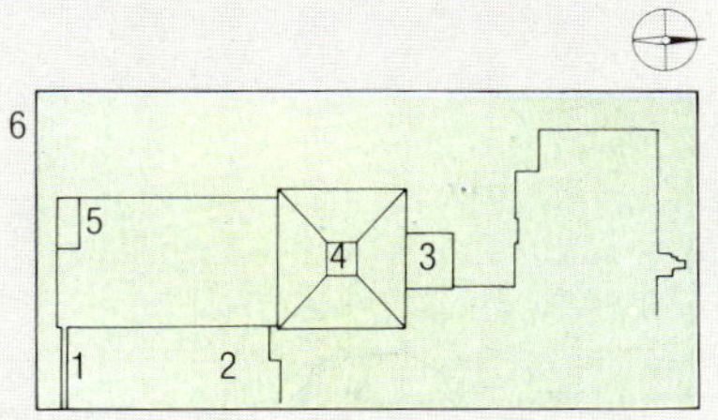

Pyramide und Nebenbauten werden von einer Umfassungsmauer umgeben. Die Hauptachse des gesamten Pyramidenbezirks verläuft in Nord-Süd-Richtung.

Pyramidenbezirk des Djoser (Netjerichet; 3. Dynastie) in Saqqara

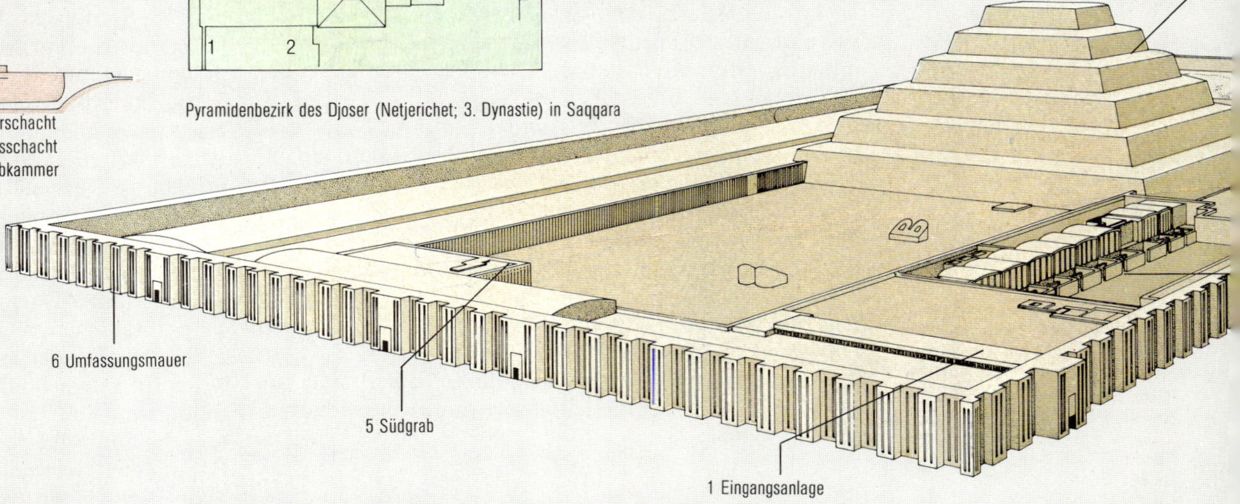

Die eigentliche Pyramide

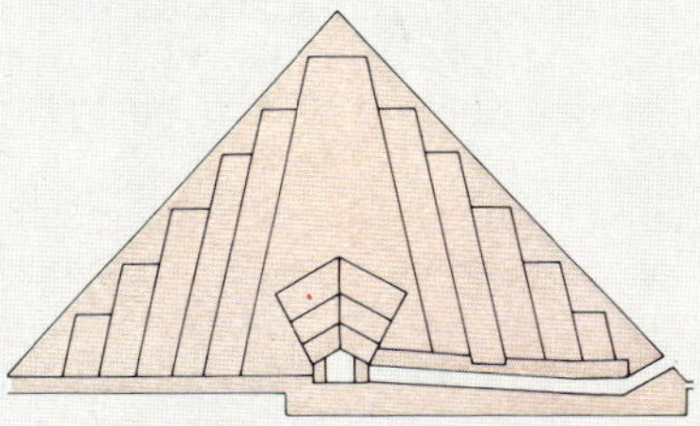

Die eigentliche oder »richtige« Pyramide hatte sich zu Beginn der 4. Dynastie aus den vorausgegangenen Stufenpyramiden entwickelt.

Die wesentlichsten neuen Architekturelemente sind der Taltempel, der Aufweg und der Totentempel an der Ostseite der Pyramide. Im allgemeinen liegt in der Südostecke des Pyramidenbezirks eine sogen. Nebenpyramide. Die Hauptachse verläuft in Ost-West-Richtung.

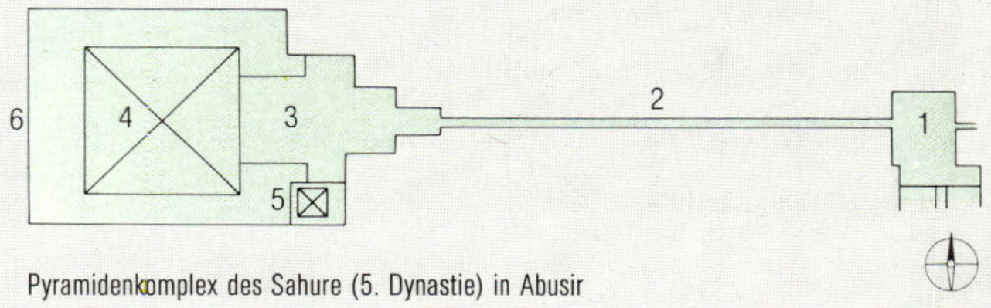

Pyramidenkomplex des Sahure (5. Dynastie) in Abusir

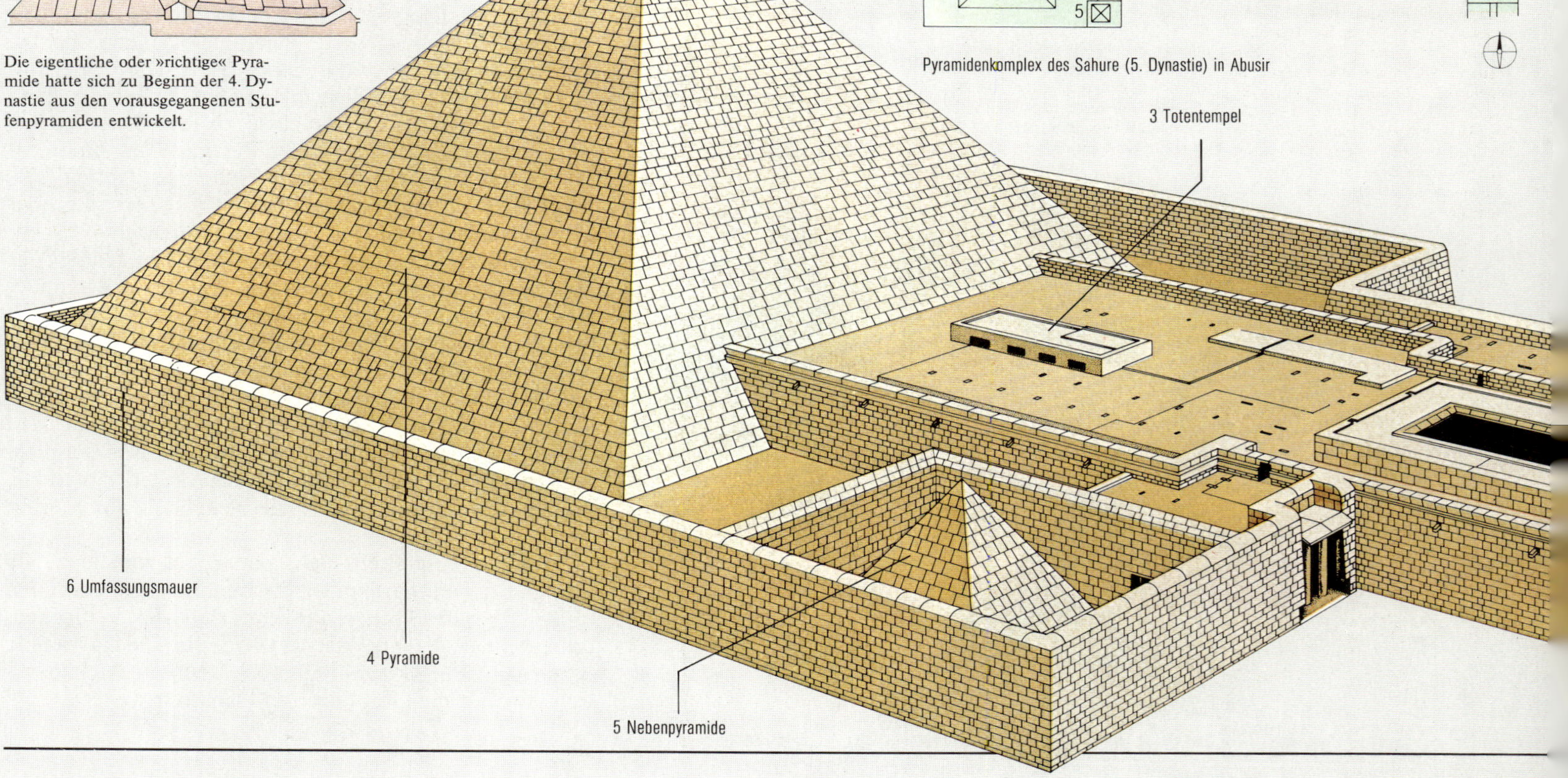

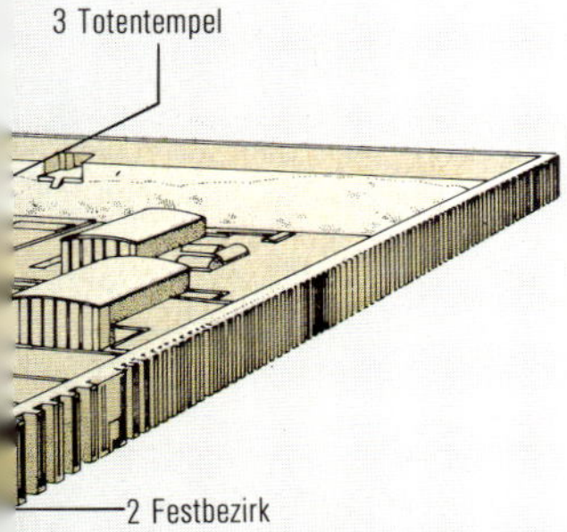

Die Neben- oder Kultbauten, vor allem das Südgrab und der Totentempel, dienten zur Sicherung der Existenz des Königs im Jenseits. Hier spielte sich der Kult für den verstorbenen König ab. Eine sonst nirgends nachgewiesene Eigenheit des Djoser-Bezirks sind die dem *Sed*-Fest gewidmeten Bauten.

Bauweise

Bei den meisten Pyramiden sind nach außen niedriger werdende Stützmauern aus Steinquadern um einen inneren Kern gelegt worden. Mit anderen Worten: in den »richtigen« Pyramiden verbirgt sich häufig eine Stufenpyramide. Aus Gründen der Stabilität wurde diese Technik angewandt, die sich historisch über mehrere Phasen hinweg entwickelte. Durch Auffüllen der »Stufen« und besonders gut bearbeitete und geglättete Verkleidungssteine, meist aus Tura-Kalkstein als Außenschicht, entstand dann allmählich die »richtige« Pyramide.

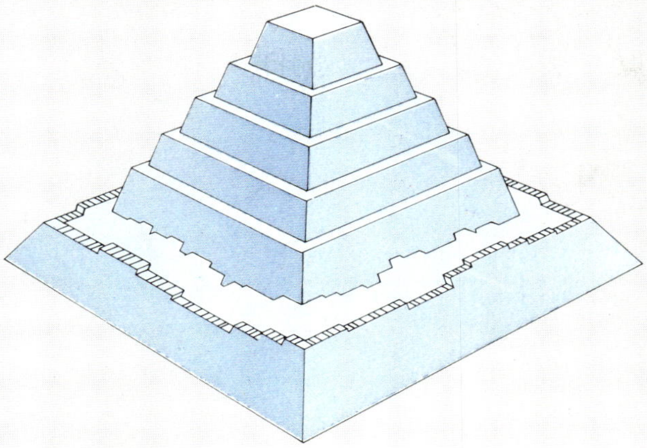

Bei den Pyramiden der 12. und 13. Dynastie wandte man ein anderes Verfahren an, für das Sparsamkeit der Beweggrund gewesen sein mag. Diese Bauweise eignete sich für Pyramiden verhältnismäßig bescheidener Ausmaße, unter Verwendung weniger kostspieligen Materials. Dabei wurden wie auf nebenstehender Zeichnung sternförmig Stützmauern aufgeführt und die Zwischenräume mit Steinen, Steinschutt oder luftgetrockneten Ziegeln ausgefüllt. Die Außenverkleidung erfolgte wie üblich. Obwohl diese Anlagen schneller zu erstellen waren, hielten sie gegenüber den früheren Bauten dem durch die Zeitläufe bedingten Verfall nicht in dem Maße stand wie andere Pyramiden. Alle Pyramiden dieser Art sind heute weitgehend verfallen.

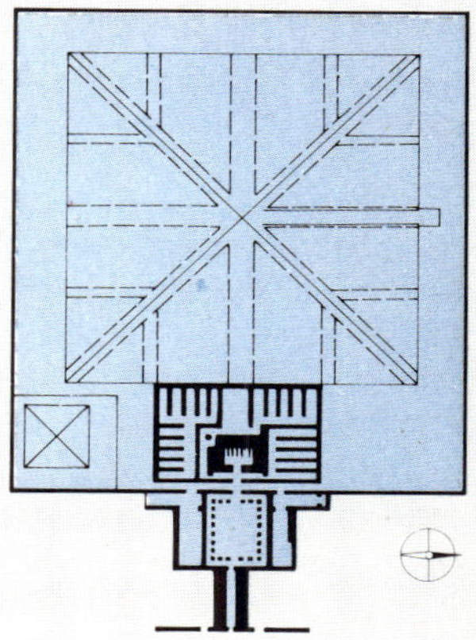

Baurampen

Das Heben der großen Steinblöcke bildete für die Baumeister eines der wesentlichsten Probleme. Die Verwendung von Baurampen stellt die wahrscheinlichste Lösung dar. Dabei handelt es sich um schiefe Ebenen, die aus Ziegeln und Schotter aufgeführt wurden und auf denen man die Blöcke mit Hilfe von Schlitten emporzog; Wagen mit Rädern waren im Pyramidenzeitalter unbekannt. Um die Neigung der Baurampen konstant bei etwa 1:10 zu halten, mußten sie mit dem Bau nicht nur erhöht, sondern auch verlängert und die Basis verbreitert werden. Wahrscheinlich wurden mehrere Rampen angelegt.

Über Art und Verwendung solcher Baurampen sind viele Theorien diskutiert worden. Unter der Voraussetzung, daß die »Stufenpyramide« in der Pyramide zuerst hochgezogen worden wäre, konnten Rampen auf den einzelnen Stufen errichtet werden statt der im rechten Winkel auf die Pyramidenseiten zuführenden Rampen.

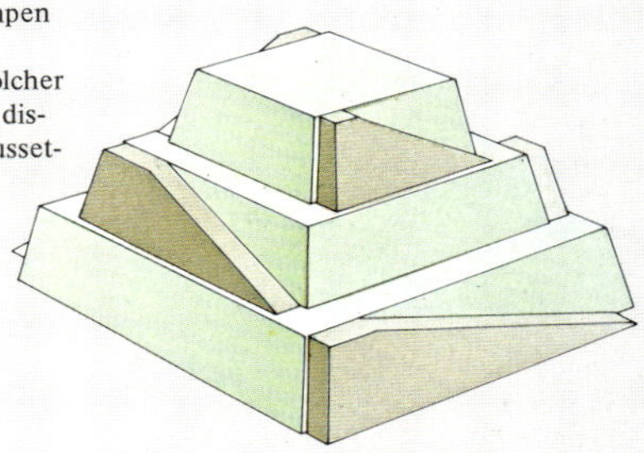

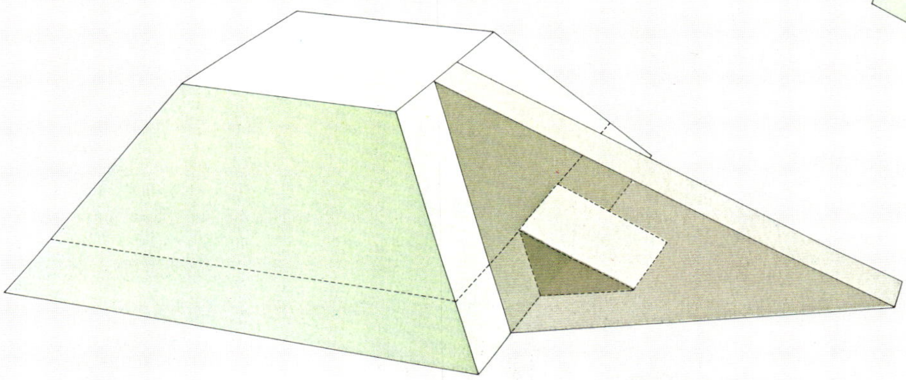

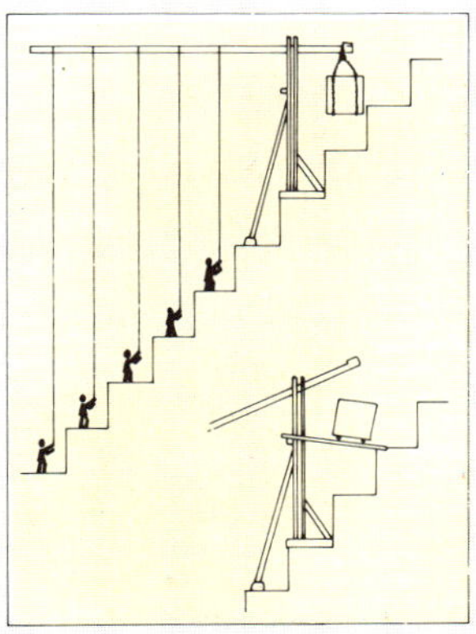

Sonstige Hebevorrichtungen

Größe und Materialvolumen solcher Baurampen müßten dergestalt gewesen sein, daß auch Erwägungen über andere Hebevorrichtungen angestellt worden sind. L. Croon hat eine nach dem Prinzip des *Schaduf* arbeitende Methode vorgeschlagen. Nun kannten die Ägypter zwar das *Schaduf* zum Wasserschöpfen, als Hebegerät ist es jedoch nicht bekannt. Hier liegt der Haupteinwand gegen die Hypothese.

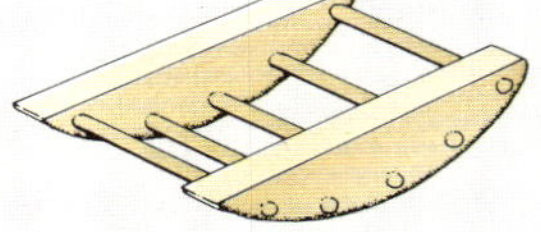

Da die Archäologen Modelle nebenstehender wiegenartiger sogen. Kippschlitten gefunden haben, hat man daraus geschlossen, daß sie in voller Größe zum Steintransport verwendet worden seien. Die Steinblöcke wären dann hochgeschaukelt worden. Bei bestimmten Bauphasen mag mit diesen Kippschlitten gearbeitet worden sein, aber sie dürfen sicher nicht als wichtigste Hebevorrichtung gelten.

Probleme der Geometrie

Ein Irrtum im Einhalten des Neigungswinkels der Pyramide hätte an der Spitze zu enormen Abweichungen der Kanten geführt. Nun sind zwar grundlegende Konstruktionsweisen bekannt, aber in den Einzelheiten bleibt doch noch vieles ungeklärt.

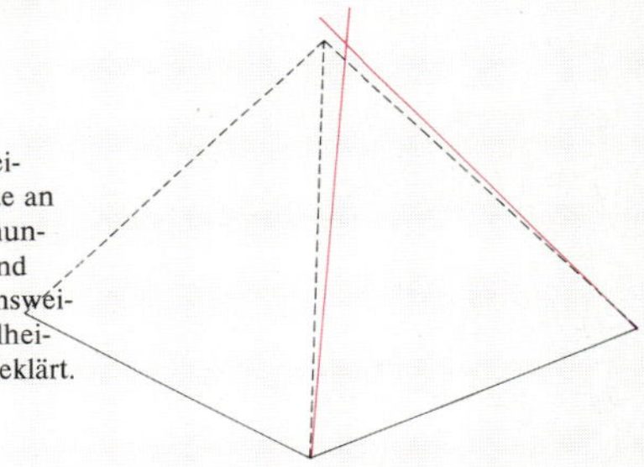

Einige Pyramidenabmessungen legen die Verwendung der Zahl Pi zugrunde. So ergibt sich z.B. bei der Cheopspyramide:

$$\text{Höhe der Pyramide} = \frac{\text{Summe der Seitenlängen Grundkante}}{2\pi}$$

Nachweislich reichten die mathematischen Kenntnisse der Ägypter aber nicht aus, um diese Gleichung rechnerisch zu ermitteln, sie könnte aber »zufällig« sich ergeben haben, wenn man zur Abmessung von Entfernungen eine Trommel abrollte.

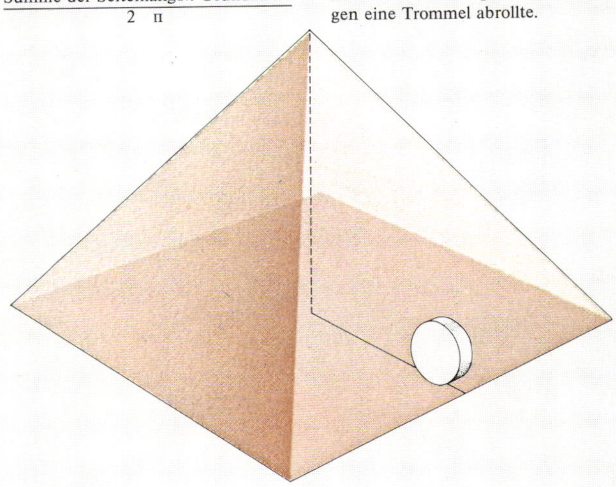

Als typisches Beispiel für einen Pyramidenbezirk der späteren Zeit mag die Anlage des Sahure in Abusir gelten. Kaianlagen am Taltempel belegen, daß man sich den Pyramidenbezirken in Booten nähern konnte. Der vom Rand des Fruchtlandes zum Wüstenplateau führende Aufweg verbindet Tal- und Totentempel. Der Totentempel besteht aus einem äußeren Teil mit Eingangspassage und Säulenhof und einem inneren Teil mit fünf Statuennischen, Magazinen nach Norden und Süden und einer Kapelle mit Opferstelle. Bei den meisten Pyramiden geht der Abstiegsschacht von der Nordseite der Pyramide aus. Die größten und schwersten Steinquader des gesamten Bauwerks sind für die Überdachung der Grabkammer verwendet worden.

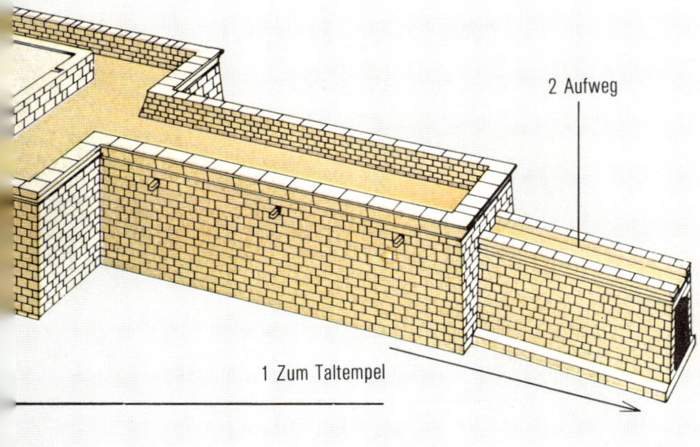

Die Pyramiden: Lage und Namen

Nachfolgend sind alle königlichen Pyramiden Ägyptens aufgeführt, die bis heute bekannt geworden sind. Meist liegen mehrere Pyramiden eng beieinander, die dann als Gruppe mit dem Namen nahegelegener Dörfer versehen wurden. Für diese Zusammenfassungen lassen sich Gründe anführen, doch generell gilt, daß die Pyramiden des Alten Reiches um Memphis konzentriert waren, während die des Mittleren Reiches in der Nähe von Itjtaui (dem modernen el-Lischt) liegen, Hauptstadt des Landes in dieser Epoche. Zu Beginn der 4. Dynastie erhielten die Pyramidenbezirke Namen, während in der 12. Dynastie wahrscheinlich sogar die einzelnen Bestandteile des Pyramidenkomplexes benannt wurden.

△ »richtige« Pyramide
Stufenpyramide
Knickpyramide
»Pyramide« in Sarkophagform

Sämtliche hier listenmäßig aufgeführten Pyramidenanlagen sind mit folgenden Informationen angegeben (sofern vorhanden): Name des Königs und Dynastie; alter Name der Pyramidenanlage in Hieroglyphen und eine mögliche Übersetzung; heutige Bezeichnung; Abmessungen (α = Neigungswinkel); zugehörige Pyramiden

Abu Roasch

Radjedef/4. Dyn.
»Pyramide, die der *Sehedu*-Stern ist« 104,5 m im Quadrat; α = 60°
△ Nebenpyramide
Unvollendet; Reste der Granitverkleidung

Giseh

Cheops/4. Dyn.
»Pyramide der Horizonte, bzw. wo die Sonne auf- und untergeht«
Heutige Bezeichnung: Große Pyramide oder Erste Pyramide von Giseh
230 m im Quadrat; α = 51° 50′ 35″;
ursprüngl. Höhe: 146 m
Nebenpyramide △, Königinnenpyramiden △△△
5 Ausschachtungen für Boote, ein in Einzelteile zerlegtes Boot wurde geborgen, ein weiteres liegt noch im Boden.

Chephren/4. Dyn.
»Die Große Pyramide«
Heutige Bezeichnung: Zweite Pyramide von Giseh;
214,5 m im Quadrat; α = 53° 7′ 48″;
Höhe: 143,5 m
Nebenpyramide △
Unterste Lage der Verkleidung aus Granit, Reste der ursprüngl. Kalksteinverkleidung nahe der Spitze; 5 Ausschachtungen für Boote.

Mykerinos/4. Dyn.
»Die Göttliche Pyramide«
Heutige Bezeichnung: Dritte Pyramide von Giseh
105 m im Quadrat; α = 51° 20′ 25″,
ursprüngl. Höhe: 65,5 m
Königinnenpyramiden △△△
Wiederherstellungsarbeiten vorgenommen in der 26. Dyn.; 16 untere Lagen der Verkleidung aus Granit.

Sauijet el-Arijan

Besitzer unbekannt (möglicherweise Nachfolger des Chephren), Name der Pyramide unbekannt
Heutige Bezeichnung: Unvollendete Pyramide
209 m im Quadrat
Nur unterirdische Anlagen teilweise ausgeführt; Sarkophag von ungewöhnlicher Form in den Boden der Sargkammer eingesenkt.

Möglicherweise Chaba/ 3. Dyn.
Heutige Bezeichnung: Steinpyramide oder »el-Medouara«
78,5 m im Quadrat
Zuweisung an Chaba aufgrund beschrifteter Alabastergefäße, die in der Nähe gefunden wurden; wahrscheinlich unvollendet.

Abusir

Sahure/5. Dyn.
»Pyramide, wo der *Ba* (wesensbestimmender immaterieller Bestandteil des Menschen, meist mit »Seele« übersetzt) erscheint«.
78,5 m im Quadrat; α = 50° 11′ 40″
Ursprüngl. Höhe: 47 m
Nebenpyramide △

Niuserre/5. Dyn.
»Pyramide dauernd an Stätten«
81 m im Quadrat; α = 51° 50′ 35″
Ursprüngl. Höhe: 51,5 m
Nebenpyramide △
Taltempel und Teile des Aufwegs waren ursprüngl. für Neferirkare angelegt und wurden usurpiert.

Neferirkare/5. Dyn.
»Pyramide des *Ba*«
105 m im Quadrat; α = 53° 7′ 48″;
ursprüngl. Höhe: 70 m
Taltempel und Aufweg beim Tode des Königs unvollendet, später von Niuserre usurpiert.

Wahrscheinlich Raneferef/5. Dyn.
»Pyramide göttlich an *Ba*-Wesen«; 65 m im Quadrat; kaum begonnen; Name der Pyramide nur bekannt von Titeln von Priestern, die mit dieser Anlage in Verbindung zu bringen sind; hier gegebene Zuweisung liegt nahe, wird jedoch durch sonstige Beweise nicht gestützt.

Saqqara

Teti/6.Dyn.;
»Pyramide dauernd an Stätten«;
78,5 m im Quadrat; α = 53° 7′ 48″;
ursprüngl. Höhe: 52, m;
Nebenpyramide △ sowie Königinnenpyramide (Iput I.) △ und (Chuit) △;
Pyramidentexte

Wahrscheinlich Merikare/9. od. 10.Dyn.
»Pyramide gedeihend an Stätten«;
schätzungsweise 50 m im Quadrat;
Zuweisung erschlossen durch Titel von Priestern, die in der Nähe bestattet sind; nicht ausgegraben.

Userkaf/5. Dyn.
»Pyramide rein an Stätten«;
heutige Bezeichnung: »el-Haram el-Macharbisch«;
73,5 m im Quadrat; α = 53° 7′ 48″
ursprüngl. Höhe: 49 m;
Nebenpyramide △
Totentempel an nicht üblicher Stelle an der Südseite der Pyramide.

Netjerichet (Djoser)/3. Dyn.;
heutige Bezeichnung: Stufenpyramide oder »el-Haram el-Mudarrag«;
140 × 118 m
Begonnen als Mastaba, 6 Änderungen im Bauplan; Endform: 6 Stufen; zeitlich frühester Pyramidenbau in Ägypten.

Unas/5. Dyn.
»Pyramide schön an Stätten«;
57,5 m im Quadrat; α = 56° 18′ 35″;
ursprüngl. Höhe: 43 m;
Nebenpyramide △ Pyramidentexte;
Aufweg mit Reliefs an Seitenmauern;
Ausschachtungen für Boote.

Sechemchet/3. Dyn.;
Heutige Bezeichnung: »Die begrabene Pyramide«
120 m im Quadrat;
unvollendet, nur etwa 7 m Höhe gediehen; leerer Sarkophag in der verschlossenen Grabkammer.

Besitzer unbekannt, wahrscheinlich ein König der 3. Dynastie.
Heutige Bezeichnung »The Great Enclosure«
Nur Umrisse der Umfassungsmauer erkennbar, nicht ausgegraben; wohl im Anfangsstadium, aber in riesigen Abmessungen geplant; möglicherweise keine Pyramide und auch nicht der 3. Dynastie zugehörig.

Pepi I./6. Dyn.
»Dauernde und schöne Pyramide«;
78,5 m im Quadrat; α = 53° 7′ 48;
ursprüngl. Höhe: 52,5 m;
Pyramidentexte
Pyramidenname Mennefer wurde zu Memphis.

Isesi/5. Dyn.
»Die schöne Pyramide«;
Heutige Bezeichnung: »el-Schauwaf«;
78,5 m im Quadrat; α = 53° 7′ 48″;
ursprüngl. Höhe: 52,5 m;
Königinnenpyramide △.

Merenre I./6. Dyn.
»Die schöne und glänzende Pyramide«
78,5 m im Quadrat; α = 53° 7′ 48″;
ursprüngl. Höhe: 52,5 m
Pyramidentexte

Ibi/8. Dyn.
Altäg. Name unbekannt;
31,5 m im Quadrat; Neigungswinkel nicht ermittelt; zu stark verfallen, als daß noch exakte Messungen vorgenommen werden könnten; Totentempel aus Ziegeln; Taltempel und Aufweg waren offenbar nicht vorhanden.

Pepi II./6. Dyn.
»Die dauernde und lebende Pyramide« 78,5 m im Quadrat;
α = 53° 7′ 48″; ursprüngl. Höhe: 52,5 m;
Nebenpyramide △; Königinnenpyramiden (Neith) △ (Iput II.) △ und (Udjebten) △;
Pyramidentexte

Schepseskaf/4. Dyn.;
»Die reine Pyramide«
100 × 72 m;
keine Pyramide, sondern ein sarkophagförmiges Bauwerk. Allerdings schrieben die Ägypter selbst den Namen dieses Grabes häufig mit dem Pyramidendeterminativ.

Chendjer/13. Dyn.;
Altäg. Name unbekannt;
52,5 m im Quadrat; α = 55°;
ursprüngl. Höhe: 37 m;
Königinnenpyramide (?) △
Baumaterial vorwiegend Ziegel.

Besitzer unbekannt/13. Dyn.;
Altäg. Name unbekannt;
80 m im Quadrat; Neigungswinkel nicht ermittelt, ursprüngl. Höhe unbekannt.
Zu stark verfallen, um exakte Messungen vornehmen zu können, Baumaterial vor allem Ziegel, heute 3 m hoch anstehend.

Dahschur

Sesostris III./12. Dyn.;
Altäg. Name nicht sicher;
105 m im Quadrat; α = 56° 18′ 35″;
ursprüngl. Höhe: 78,5 m;
Baumaterial vorwiegend Ziegel; 8 hölzerne Boote neben der Pyramide beigesetzt.

Snofru/4. Dyn.;
»Die glänzende Pyramide«;
heutige Bezeichnung: »Rote Pyramide« (bzw. Rosa usw.):

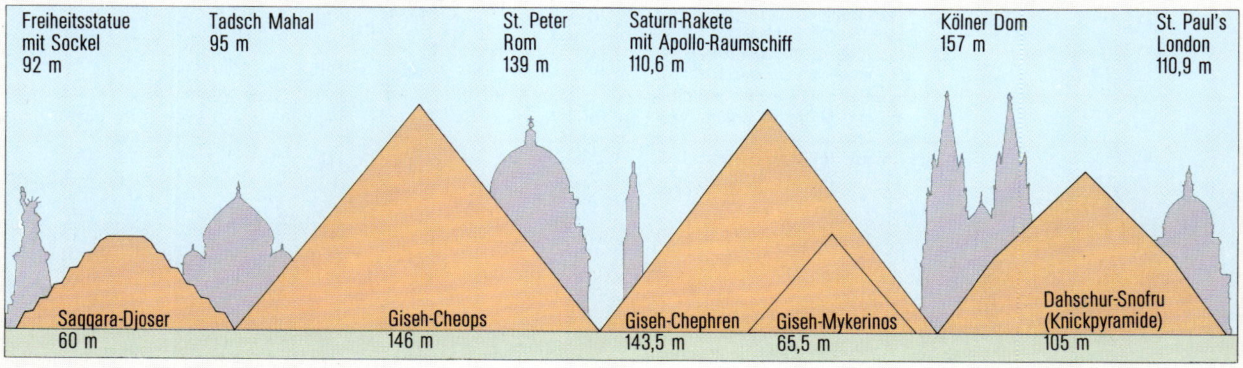

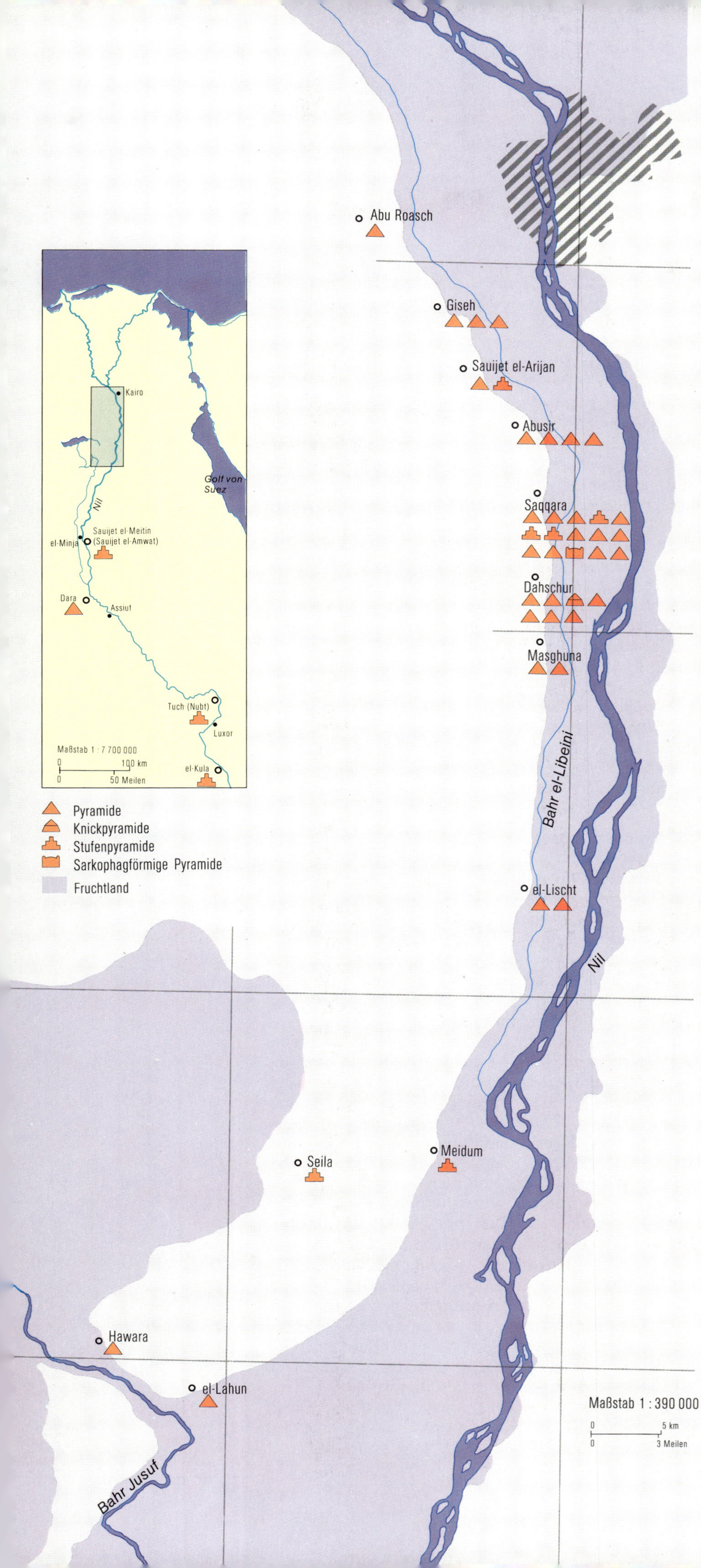

220 m im Quadrat; α = 43° 22′; ursprüngl. Höhe: 104 m

Snofru/4. Dyn.

»Die südliche glänzende Pyramide«;
Heutige Bezeichnung: »Knickpyramide«;
183,5 m im Quadrat; ursprüngl. Höhe: 128,5 m; α = 54° 27′ 44″, im oberen Teil: 43° 22′;
Nebenpyramide △;
einzige Pyramide dieser Form in Ägypten.

Amenemhet II./12. Dyn.;

»Die mächtige Pyramide«; heutige Bezeichnung: die »Weiße Pyramide«;
Mehr als 50 m im Quadrat; Neigungswinkel nicht ermittelt; ursprüngl. Höhe nicht ermittelt; zu stark verfallen, um exakte Messungen vorzunehmen.

Besitzer unbekannt, Datierung unbekannt, keine Angaben möglich.

Amenemhet III./12. Dyn.;
Altäg. Name nicht sicher;
Heutige Bezeichnung: die »Schwarze Pyramide«;
105 m im Quadrat; α = 57° 15′ 50″;
ursprüngl. Höhe 81,5 m;
Baumaterial Ziegel.

Ameni-Qemau/13. Dyn.;
78,5 m im Quadrat;
Zuweisung nach Alabastergefäßen mit Inschriften, die in der Nähe gefunden wurden; wahrscheinlich unvollendet.

Masghuna

Besitzer unbekannt, vielleicht Amenemhet IV. oder Nefrusobek, 12.Dyn., eher aber ein König der 13. Dyn.
Altäg. Name der Pyramide unbekannt;
Oberbau wahrscheinlich aus Stein, heute völlig verschwunden.

Besitzer unbekannt, vielleicht Amenemhet IV. oder Nefrusobek, 12. Dyn., eher aber 13. Dyn.;
Altäg. Name der Pyramide unbekannt;
52,5 m im Quadrat; Neigungswinkel nicht ermittelt, ursprüngl. Höhe nicht ermittelt.
Baumaterial: Ziegel

el-Lischt

Amenemhet I./12. Dyn.;

»Die hohe und schöne Pyramide« oder

»Pyramide der erschienenen Stätten« u. a.;
78,5 m im Quadrat; α = 54° 27′ 44″;
ursprüngl. Höhe: 55 m;
Wiederverwendung zahlreicher Reliefblöcke aus dem Alten Reich.

Sesostris I./12. Dyn.;

»Die Pyramide begünstigt an Stätten« oder

»Pyramide, die die beiden Länder überschaut«;
105 m im Quadrat; α = 49° 23′ 55″;
ursprüngl. Höhe: 61 m;

Nebenpyramide △
Königinnen- und Prinzessinnenpyramiden △ △ △ △ △ △ △ △ △

Meidum

verändert zu Wahrscheinl. Huni/3. Dyn.;
147 m im Quadrat; α = 51° 50′ 35″;
ursprüngl. Höhe: 93,5 m;
Nebenpyramide △
Möglicherweise von Snofru vollendet.

Seila

Besitzer unbekannt (höchstwahrscheinl. königliche Pyramide) wahrscheinlich 3. Dyn.;
26 m im Quadrat;
im wesentlichen unerforscht

Hawara

Amenemhet III./12. Dyn.;
100 m im Quadrat; α = 48° 45′;
ursprüngl. Höhe: 58 m;
altäg. Name nicht sicher;
Baumaterial: Ziegel.

el-Lahun

Sesostris II./12. Dyn.;

»Die glänzende Pyramide« u. a.;
106 m im Quadrat; α = 40° 35′;
ursprüngl. Höhe: 48 m;
Königinnenpyramide △

Sauijet el-Meitin (oder Sauijet el-Amwat)

Besitzer unbekannt (wahrscheinl. keine königliche Pyramide), wohl 3. Dyn.;
18 m im Quadrat;

Dara

Wahrscheinl. Chui/7.–10. Dyn.;
altäg. Name unbekannt
130 m im Quadrat;
Baumaterial: Ziegel, heute noch 4 m hoch anstehend.

Tuch (Nubet)

Besitzer unbekannt (wahrscheinl. keine königliche Pyramide), wohl 3. Dyn.;
18 m im Quadrat.

el-Kula

Besitzer unbekannt (wahrscheinl. keine königliche Pyramide), wohl 3. Dyn.;
18 m im Quadrat.

Lage unbekannt

Menkauhor/5. Dyn.;
sicher in Saqqara;
»Pyramide, die göttlich an Stätten ist«

Neferkare/7. oder 8. Dyn.;
mit großer Wahrscheinlichkeit in Saqqara,

»Die ewig dauernde und lebende Pyramide«.

Iti 7./10. Dyn.;

»Pyramide der *Ba*-Wesen«

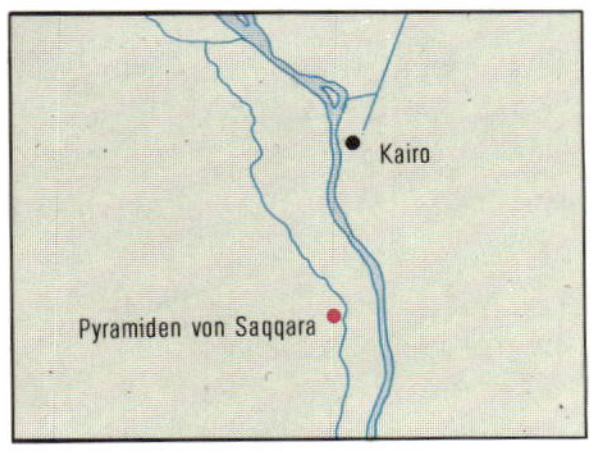

Unten links: Spielscheibe aus Kalkstein mit Randborte aus schwarzer Paste und Intarsien aus Kalzit. Im Rund die Darstellung zweier Eulen mit ausgebreiteten Flügeln. Mit weiteren 44 Stücken im Grab des Hemaka, eines Beamten des Königs Den, gefunden. Durchmesser: 9,7 cm. Kairo, Ägyptisches Museum.

Rechts: Der »Schreiber Ahmose, Sohn des Jeptah, ist gekommen, um den Tempel des Djoser zu sehen. Er fand ihn, als wenn der Himmel darin sei und Re in ihm aufginge«. (So der Text eines hieratischen Graffito, einer Besucherinschrift, aus der 18. Dynastie über den Pyramidenbezirk des Djoser in Saqqara).

Saqqara

Saqqara ist zweifellos die attraktivste archäologische Stätte in Unterägypten, aber die ungünstigeren Voraussetzungen für die Erhaltung der Denkmäler im Delta haben ihr erst zu diesem Rang verholfen. In der Reihe der zu Memphis gehörenden Friedhöfe spielt Saqqara die wichtigste Rolle mit einer Ausdehnung von 6 km in der Länge × 1,5 km in der Breite.

Die Zeit vor den Pyramiden (1. und 2. Dynastie)

Der früheste Königsname, der in Saqqara entdeckt wurde, ist der des Narmer, den manche Ägyptologen mit dem legendären Menes gleichsetzen, dem Gründer von Memphis. Sein Name findet sich in einer Schale aus porphyrartigem Gestein eingeritzt, die zusammen mit Tausenden ganzer Gefäße und Scherben von hervorragender handwerklicher Qualität in einem der unterirdischen Magazine der Stufenpyramide des Djoser gefunden wurde. Das früheste Mastaba-Grab von Saqqara dürfte nur wenig später entstanden sein, und zwar unter der Regierung des Königs Aha, der möglicherweise Narmers Nachfolger war und den eine andere Ägyptologen-Schule mit Menes gleichsetzt.

Große Mastaba-Gräber der 1. Dynastie liegen aufgereiht an der Ostseite des ausgedehnten Plateaus nördlich der Stufenpyramide des Djoser, oberhalb des heutigen Dorfes Abusir. Die aus luftgetrockneten Nilschlammziegeln errichteten Oberbauten dieser Gräber mit verkleideten »Palastfassaden« erreichten beträchtliche Ausmaße: Grab S 3504 z.B. aus der Regierungszeit des Wadji weist die Abmessungen 56,45 × 25,45 m auf. Im Innern der Mastaba befanden sich Kammern mit Grabbeigaben, während die unterirdischen Anlagen die zentral gelegene Grabkammer und Nebenräume enthielten. Die wichtigsten Gräber dieser Epoche sind zwischen 1936 und 1956 von W. B. Emery ausgegraben worden. Es wurde vermutet, daß wir in einigen dieser Gräber, schon aufgrund ihrer Größe, königliche Denkmäler zu sehen hätten, doch heute geht die überwiegende Meinung der Wissenschaft dahin, daß in ihnen die hohen in Memphis residierenden Beamten bestattet waren.

Gegen Ende der 1. Dynastie macht die »Palastfassade« zwei Nischen in der Ostseite der Gräber Platz, wobei die Nische an der Südostecke bald zum Mittelpunkt des Totenkults für den Verstorbenen wird. Im allgemeinen kleinere Mastabas von Privatleuten aus der 2. Dynastie wurden relativ willkürlich im Bereich westlich der großen Anlagen der 1. Dynastie errichtet. Eine Ansammlung unterirdischer, aus dem Fels geschnittener Kammern ist zudem unter der Ostseite der Unas-Pyramide und 140 m östlich davon festgestellt worden. Von den einstigen Ziegeloberbauten ist nichts erhalten, doch Siegelabdrücke – Krüge und sonstige Objekte der Grabausstattung wurden mit dem Siegel des Eigentümers versehen – lassen vermuten, daß diese galerieartigen Anlagen unter den Königen Raneb und Ninetjer in der frühen 2. Dynastie errichtet wurden. Setzt man diesen Tatbestand in Beziehung zur Auffindung einer Stele des Raneb, die wahrscheinlich beim Bau eines modernen Hauses in einem der nahegelegenen Dörfer verwendet wurde, so könnten diese Galerien königliche Gräber gewesen sein, und die frühesten Königsbegräbnisse in Saqqara lägen dann am Beginn der 2. Dynastie.

Die Pyramidenerbauer (3.–13. Dynastie)

Die Pyramiden. Insgesamt 15 königliche Pyramiden, die hier in chronologischer Reihenfolge abgehandelt werden sollen, sind in Saqqara festgestellt worden. Die meisten haben ihre ursprüngliche mathematisch-geometrische Form verloren und gleichen heute nur mehr künstlichen Hügeln. So unglaublich es auch anmuten mag: es ist durchaus möglich, daß noch Pyramiden gefunden werden, so z.B. die des Menkauhor.

1. Wenig nach 2630 v.Chr. entstand die Stufenpyramide des Netjerichet-Djoser. Sie war die erste Pyramide und der erste Steinbau dieser Größe auf der Welt überhaupt. Die Schwierigkeiten im Umgang mit dem neuen Baumaterial sind aus der zögernden Aufführung ersichtlich. Nicht weniger als sechs Bauplanveränderungen sind festzustellen. Gemäß der in Saqqara zu dieser Zeit bereits bestehenden Tradition errichtete man zunächst eine Mastaba, die über mehrere Erweiterungsphasen hinweg schließlich zu einer sechsstufigen Pyramide emporwuchs. Die Konzeption der Stufenpyramide hielt man Imuthes (Ägypt.: Imotep) zugute, der 2400 Jahre später bei Manetho als »Erfinder der Kunst des Bauens mit behauenen Steinen« genannt wird. Bei Ausgrabungen im Eingangsbereich der Stufenpyramide in den Jahren 1925–26 wurde der Name des Imhotep tatsächlich auf der Basis einer Statue des Netjerichet entdeckt, so daß Manetho durch ein zeitgenössisches Beweisstück bestätigt wurde.

An der Südostecke des Pyramidenbezirks sind Kapellen und Pavillons in Stein umgesetzt, die zur Feier des *Sed*-Festes aufgebaut wurden. Dieses Fest wurde zur Erneuerung der Herrschaft des Königs begangen. Die

1 Netjerichet-Djoser
2 Sechemchet
3 Grosse Umfriedung
4 Schepseskaf
5 Userkaf
6 Isesi
7 Unas
8 Teti
9 Pepi I.
10 Merenre
11 Pepi II.
12 Ibi
13 Merikari (?)
14 Chendjer
15 unbekannter König der 3. Dynastie

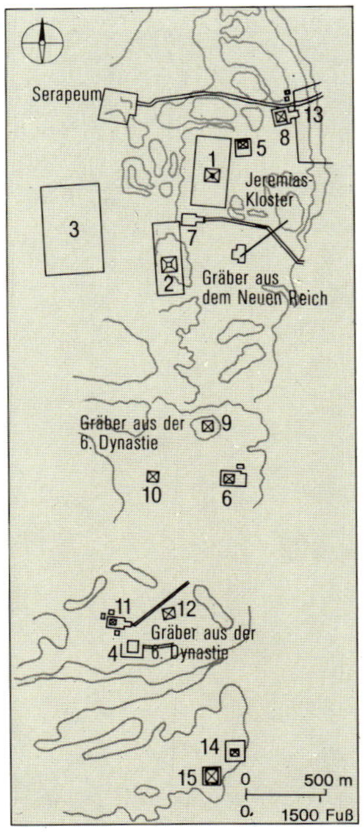

Ausführung in unvergänglichem Stein sollte Djoser für die unzähligen Erneuerungsfeste zur Verfügung stehen, die er im Jenseits zu begehen hoffte. In einem geschlossenen Raum *(Serdab)* nahe der Nordwestkante der Pyramide wurde eine Sitzfigur des Königs gefunden, die das erste nahezu lebensgroße Königsbildnis, das wir aus Ägypten kennen, darstellt.

Seit mehr als 50 Jahren verbindet sich die Grabungstätigkeit an der Stufenpyramide mit dem Namen des französischen Ägyptologen Jean-Philippe Lauer. Seine Restaurierungs- und Wiederherstellungsarbeiten konzentrieren sich jetzt im wesentlichen auf die Sedfest-Kapellen. Kein Besucher von Saqqara sollte sich die Besichtigung der frühesten Zeugnisse ägyptischer Steinarchitektur, die hier in ihrer ursprünglichen Schönheit wiedererstehen, entgehen lassen.

2. König Sechemchet wollte seinen Vorgänger übertreffen, doch sein größter geplanter Pyramidenkomplex südwestlich der Djoser-Pyramide blieb unvollendet und ist im Laufe der Zeiten unter dem Sand verschwunden. Erst 1950 wurde die Anlage von dem ägyptischen Ägyptologen Zakaria Goneim entdeckt, der ihr die zutreffende Bezeichnung »Die begrabene Pyramide« gab.

3. Luftaufnahmen zeigen die deutlichen Umrisse eines gigantischen umfriedeten Areals westlich des Sechemchet-Bezirks. Ein weiterer solcher Bezirk könnte auch westlich der Djoser-Pyramide vorhanden sein.

4. Grabkomplex des Schepseskaf: Bei dieser Anlage des letzten Königs der 4. Dynastie handelt es sich nicht um einen Pyramidenbau, sondern um ein Grab, das einem riesigen Sarkophag ähnelt und unter der Bezeichnung »Mastabat el-Faraun« bekannt ist. Als einzige Paral-

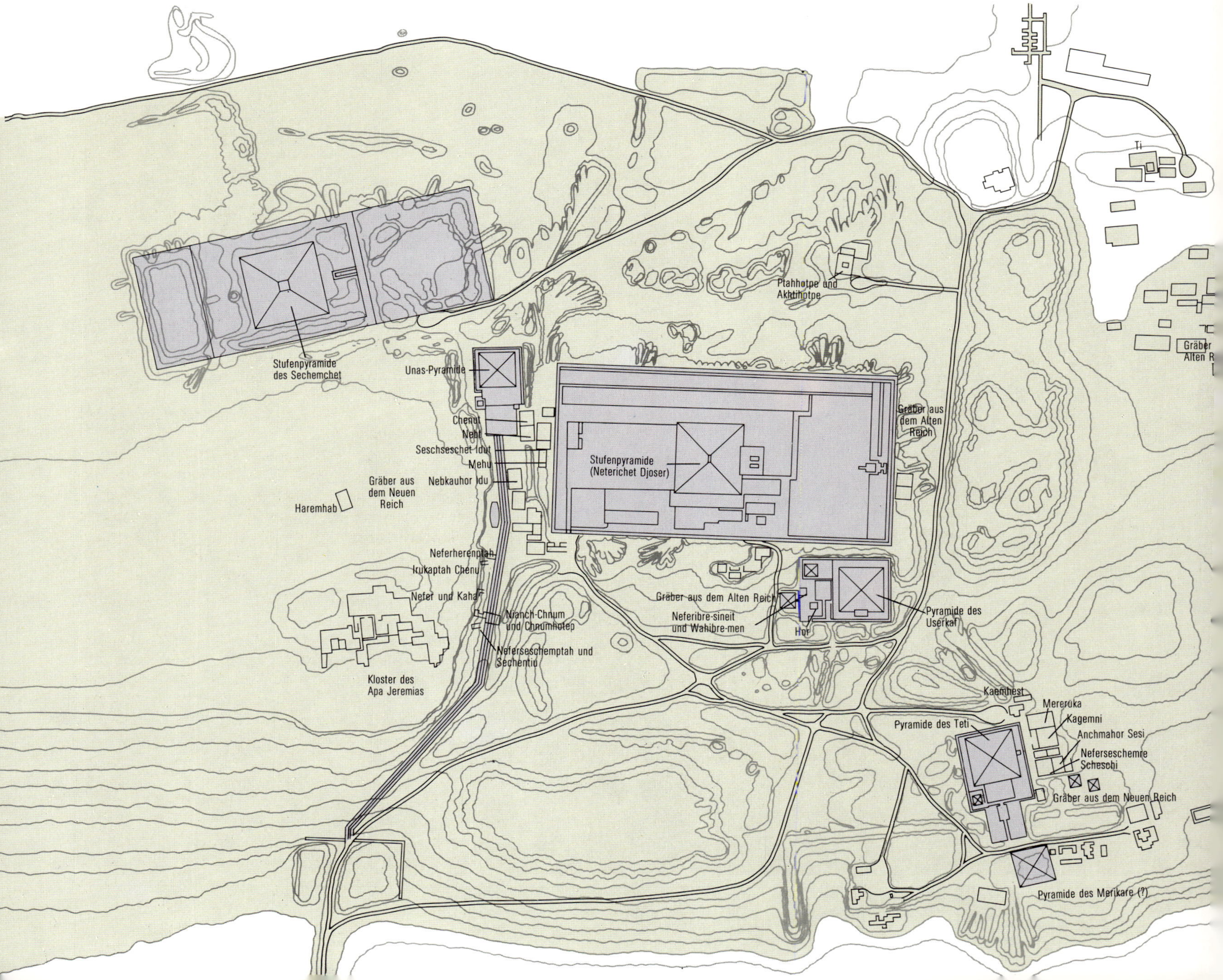

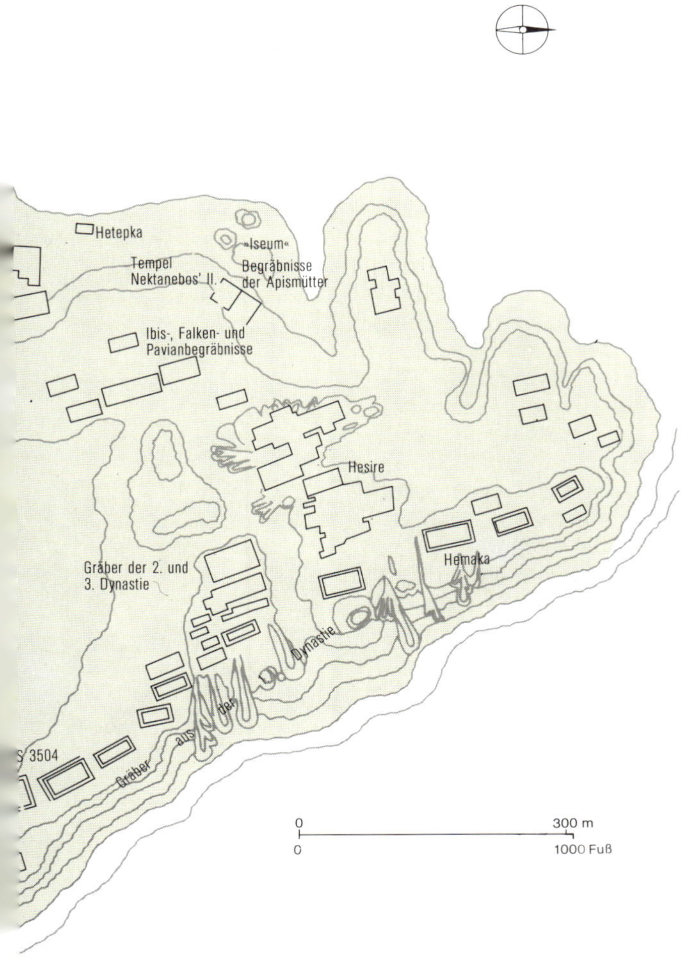

Ganz oben links: Eingang zum Bezirk der Stufenpyramide des Netjerichet Djoser. Südostecke der nischengegliederten Umfassungsmauer.

Ganz oben rechts: Säulenstellung in der Eingangshalle, die den Eingang mit dem südlich der Pyramide gelegenen Hof verbindet. Die gerippten Säulen (Umsetzung von Pflanzenstengeln) sind durch Mauerzungen mit der dahinter liegenden Mauer verbunden.

Oben links: »Südkapelle« im *Sed*-Fest-Komplex. Sämtliche Gebäudeteile stark ergänzt.

Oben: Oberteil einer Sitzfigur des Djoser, Kalkstein. Im *Serdab* gefunden. Der König ist mit einer Zeremonialrobe bekleidet und trägt eine merkwürdige Kopfbedeckung. Die Haltung des rechten angewinkelten Armes mit der fest an die Brust gedrückten Hand gilt als typisch für die archaische Epoche. Die ursprüngliche Bemalung – gelb für die Hautpartien, schwarz für Haar und Bart – ist weitgehend verschwunden. Die Beschädigungen des Gesichts sind beim Herausschlagen der eingelegten Augen entstanden. Höhe: 1,40 m. Kairo, Ägyptisches Museum.

Oben rechts: Pyramidenbezirk des Unas. Vertiefungen für Boote südlich des Aufweges, etwa 180 m östlich der Pyramide, 39 m lang.

lele für dieses ungewöhnliche Monument ließe sich das Grab der Chentkaus in Giseh, der Mutter der ersten Könige der 5. Dynastie, anführen.

5. Userkaf, der erste König der 5. Dynastie, ging mit seiner Pyramidenanlage an eine Stelle außerhalb der Nordostecke des Djoser-Bezirks. Seine Nachfolger hingegen gaben Saqqara zugunsten des wenig nördlich gelegenen Abusir auf. Die Rückkehr nach Saqqara hat möglicherweise Menkauhor initiiert, doch seine Pyramide ist bisher nicht gefunden worden.

6. Die Pyramide des Nachfolgers von Menkauhor, Isesi, wurde in Saqqara-Süd erbaut.

7. Die Pyramide des Unas, des letzten Königs der 5. Dynastie, erhebt sich außerhalb der Südwestecke des Djoser-Bezirks. Zum ersten Male sind hier die Wände der Räume im Innern mit den sogen. Pyramidentexten versehen, einer Spruchsammlung, die dem verstorbenen König im Jenseits behilflich sein sollte und wohl auch bei den Begräbniszeremonien Verwendung fand. Nach Unas gehören die Pyramidentexte zur Ausstattung aller Pyramiden des Alten Reiches.

Auf der südlichen Außenseite der Unas-Pyramide befinden sich Reste einer Inschrift des Chaemwese, eines Sohnes Ramses' II. Sie besagt, daß Chaemwese, der für sein Interesse an alten Bauwerken bekannt ist, auch hier Restaurierungsarbeiten durchführen ließ. Als Hoherpriester des Ptah war der Prinz eng mit dem Gebiet von Memphis verbunden.

Die Seitenmauern des Aufwegs, der den Taltempel mit dem an der Ostseite der Pyramide liegenden Totentempel verband, waren mit Reliefdarstellungen versehen. Reste dieser Darstellungen zeigen u.a. den Transport von Säulen und Architraven aus den Granitsteinbrüchen von Assuan zum Bauplatz der Pyramidenanlage. Der Trans-

Links: Aufweg zur Unaspyramide, im Hintergrund die Reste des Totentempels und der Pyramide.

Unten: Holzverkleidung. Dargestellt ist der Vorsteher der Zahnärzte und Ärzte, Hesire. 3. Dynastie. Mehrere Paneele dieser Art bildeten Nischenverkleidungen in seinem Grab in Saqqara. Kairo, Ägyptisches Museum.

port auf Lastschiffen hat demnach, wie es heißt, sieben Tage gedauert.

8. Die nördlichste Pyramide von Saqqara ist die des Teti, des Begründers der 6. Dynastie. Seine Nachfolger, Pepi I. (9), Merenre (10) und Pepi II. (11), folgten dem Beispiel des Isesi und erbauten ihre Pyramiden ebenfalls in Saqqara-Süd. Seit 1965 sind die Innenräume der Pyramiden der 6. Dynastie systematisch freigeräumt worden. Jean-Philippe Lauer und Jean Leclant haben im Rahmen dieses archäologischen Projekts die dort enthaltenen Pyramidentexte kopiert und bearbeitet.

12. Im gleichen Gebiet befindet sich auch die kleine Ziegelpyramide des kaum bekannten Königs Ibi aus der 8. Dynastie.

13. Die noch nicht ausgegrabenen Reste der Pyramide, die östlich der Teti-Pyramide in Saqqara-Nord sichtbar ist, könnte von König Merikare, einem der zwei etwas näher bekannten Könige der Herakleopolitenzeit (9./10. Dynastie), stammen. Diese Vermutung stützt sich auf die Tatsache, daß der an den Pyramidenkomplex des Teti anschließende Teil von Memphis in dieser Epoche bevorzugt wurde: hier liegen zahlreiche Gräber dieser Zeit, wobei einige der Grabherren Priester an der Pyramide des Merikare waren; das entsprechende Stadtviertel *(Djet-isut* nach dem Namen der Teti-Pyramide) wird in einem berühmten literarischen Text, der »Lehre für Merikare«, genannt.

14. und 15. Die beiden südlichsten Pyramiden von Saqqara gehören Königen der 13. Dynastie und bestehen aus luftgetrockneten Ziegeln, wie es für diese Epoche typisch ist. Eine der Pyramiden stammt von Chendjer, während die Zuweisung der anderen nicht sicher ist.

Privatgräber. Die umfangreichste Ansammlung von Privatgräbern aus dem Zeitalter der Pyramiden liegt in dem Bereich nördlich der Stufenpyramide des Djoser und schließt an die früheren Friedhöfe der 1. und 2. Dynastie an. Viele dieser Gräber, namentlich aus der 3.–5. Dynastie, sind vor mehr als einem Jahrhundert ausgegraben worden, und zwar unter der Leitung des französischen Archäologen Auguste Mariette. Die Grabungsmethoden und technischen Möglichkeiten entsprachen den Gegebenheiten ihrer Zeit. Diese Gräber sind seit langem wieder zugeweht und heute nicht zugänglich.

Sämtliche Pyramiden des Alten Reiches umgeben Friedhöfe mit Privatgräbern. Die südlich der Stufenpyramide gelegenen waren beim Bau der Unas-Anlage im Wege, sie wurden teilweise vom Unas-Aufweg überdeckt und auf diese Weise von den Plünderungen und Zerstörungen späterer Zeiten verschont. Bei den Privatgräbern handelt es sich teilweise um in den Fels gehauene Gräber, was allerdings für Saqqara nicht typisch ist, weil sich das hier anstehende Gestein dafür nicht eignet. Aufgrund ihres Reliefschmucks und ihrer teilweise außergewöhnlichen architektonischen Eigenheiten sind vor allem die Gräber aus dem späten Alten Reich und der Ersten Zwischenzeit nördlich und östlich der Teti-Pyramide sowie im Umkreis der Pyramide Pepis II. von großem Interesse.

In dem nahezu einen Jahrtausend der ersten zehn ägyptischen Dynastien (2920–2040 v.Chr.) sind fast ununterbrochen in Saqqara Gräber angelegt worden. Die Kultnische der Ostfassade bei den Gräbern der 1. und 2. Dynastie wurde in der 3. und 4. Dynastie nach innen verlegt, möglicherweise um die mit Dekor versehenen Partien vor den Unbilden der Witterung zu schützen. Nach außen wurde sie durch einen Gang verbunden: auf diese Weise entstand die für Saqqara so kennzeichnende kreuzförmige Kultkammer. Durch Hinzufügung weiterer Räume entwickelte sich dieser einfachste Typ der Kultkammer in der 5. und 6. Dynastie weiter. Diese Räume höhlten schließlich den zunächst massiven Steinquader oder Ziegelkubus der Mastaba völlig aus und boten Raum für Relief- und Malereidekor. Die berühmtesten Mastabas von Saqqara aus dem Alten Reich, wie die des Ti – mit Vorhalle, Pfeilerhof und vier Räumen – und das Familiengrab des Mereruka, gehören diesem Grabtyp an.

Rechts: »Scheich el-beled«, »Dorfschulze«, nannten die Grabungsarbeiter 1860 diese Statue. Sie ist aus Holz geschnitzt, die Arme waren gesondert gearbeitet. Stucküberzug und Bemalung haben das Bildnis einst vervollständigt. Die Augen sind eingelegt. Füße, Unterschenkel und Stock sind modern ergänzt. Die Skulptur trägt keine Inschrift, wurde jedoch im Grab des Obersten Vorlesepriesters Kaaper aus dem Beginn der 5. Dynastie gefunden und stellt den Grabherrn dar. Offensichtlich handelt es sich um ein sehr realistisches Bildnis eines älteren, korpulenten Mannes. Die Holzskulptur gehört zu den hervorragendsten Werken dieser Gattung. Höhe: 1,10 m. Kairo, Ägyptisches Museum.

Rechts außen: Reliefdarstellungen aus dem Alten Reich. Von oben: Geflügelhof. Gänse und Kraniche werden gemästet. Aus einem unbekanten Grab der 5. Dynastie. Staatl. Museen Berlin. Schlachtungsszene im Grab des Mereruka aus der Regierungszeit des Teti. Opferträger, Figuren rechts unvollendet. Grab des Achtihotep, Ende 5. Dynastie. Rinder beim Durchqueren eines Kanals, im Wasser Nilpferd und Fische. Grab des Kagemni, Regierungszeit des Teti. Schrein mit einer Statue des Toten wird auf einem Schlitten zum Grab gezogen. Grab des Hetepka, späte 5./frühe 6. Dynastie.

Das Neue Reich

Privatgräber. Aus der Zeit unmittelbar vor dem Aufstieg der 18. Dynastie ist in Saqqara bisher nur eine bedeutende Grabstätte gefunden worden, was angesichts der politisch und gesellschaftlich wirren Situation des Landes nicht weiter überrascht. Merkwürdig hingegen mutet an, daß die frühe und mittlere 18. Dynastie fehlen, d.h. die Zeit vor Amenophis III.. Mehrfach ist in Texten belegt, daß die königlichen Prinzen in der Umgebung von Memphis, so auch in Giseh, nicht nur auf die Jagd gingen, sondern auch mit anderen Unternehmungen befaßt waren, so daß wir wohl annehmen dürfen, daß Memphis zumindest zeitweilig Aufenthaltsort der Königsfamilie und des Königs war. Damit aber war Personal verbunden, das Unterbringung und Versorgung gewährleisten mußte. Außerdem muß es im Gebiet von Memphis Verwaltungspersonal gegeben haben, und nicht zuletzt die memphitischen Tempel bedurften einer ständig dort beschäftigten Priesterschaft. Wenn sich die Gräber dieser Leute nicht anderswo befinden – was unwahrscheinlich ist – so darf man annehmen, daß sie einfach noch nicht entdeckt worden sind. Als für die Suche nach diesen Gräbern vielversprechendster Platz bietet sich die Böschung an der Ostkante der Nekropole an, vor allem im Bereich zwischen der Pyramide des Teti und dem Nordteil des Plateaus nördlich dieser Pyramide. Möglicherweise waren es Felsgräber, wie sie von anderen Orten, z.B. Elkab, als typische Provinzgräber der 18. Dynastie bekannt sind. Das würde auch erklären, warum bisher keine vereinzelten Reliefteile aufgetaucht sind. Jedenfalls sind bisher nur wenige Gräber aus dem Neuen Reich – und zwar Felsgräber – in Saqqara gefunden worden, darunter das Grab eines Wesirs namens Aperia.

Die aus Steinen aufgeführten Gräber des Neuen Reiches (im Unterschied zum Felsgrab), treten in Saqqara mit Amenophis III. auf, doch die überwiegende Zahl derer, die wir kennen, stammt sogar aus wenig späterer Zeit. Als Tutanchamun el-Amarna verließ, wurde die königliche Residenz höchstwahrscheinlich nach Memphis verlegt und nicht nach Theben. Memphis, und damit auch die Nekropole Saqqara, hielten ihre Stellung bis in die Zeit Ramses' II., als die Ramsesstadt im Delta die Funktion als Residenz übernahm. Die schönsten Gräber des Neuen Reiches in Saqqara stammen also aus der Zeit zwischen Tutanchamun und Ramses II.. Sie belegen als relativ geschlossene Gruppe eine Zeit von etwa 100 Jahren. Die besten Künstler und Handwerker waren natürlich mit nach Memphis gezogen und betätigten sich nun in diesen Grabanlagen, so daß die künstlerische Qualität der Reliefs einen Höhepunkt erreichte, der bei nicht-königlichen Denkmälern in der verbleibenden Zeitspanne des Neuen Reiches nicht wiederkehren sollte. Leider sind nur die wenigsten Gräber dieser Gruppe bei wissenschaftlichen Grabungen untersucht worden. Da sie nahe an der Oberfläche lagen und manchmal über Gräbern des Alten Reiches, wurden sie eine leichte Beute der Kunstliebhaber des vorigen Jahrhunderts, zumal Saqqara nicht weit von Kairo entfernt und darum leicht erreichbar war. Soweit unsere Kenntnis von Gräbern des Neuen Reiches in Saqqara reicht, liegen sie im wesentlichen in zwei Bereichen, einmal in der Umgebung der Teti-Pyramide und dann südlich des Unas-Aufwegs mit der Begrenzung durch das Jeremias-Kloster im Osten und dem Pyramidenbezirk des Sechemchet im Westen.

Erst vor wenigen Jahren kam es hier zu einer aufsehenerregenden Entdeckung, die einen langewährenden Disput der Ägyptologen beenden wird: einem englisch-holländischen Team der Egypt Exploration Society und des Nationalmuseums für Altertümer in Leiden unter Leitung von G. T. Martin gelang die Auffindung des Haremhab-Grabes. Schon seit der ersten Hälfte des vorigen Jahrhunderts hatten mehrere Ägyptische Sammlungen, vor allem der Museen in Berlin, Bologna, Leiden, Leningrad, London und Wien, Reliefs und Stelen aus dem Grab des Generals Haremhab ausgestellt. Er war es, der in der Nach-Amarna-Zeit, unter Tutanchamun und Eje, als Oberkommandierender die Militärmacht verkörpert hatte und schließlich am Ende der 18. Dynastie selbst König wurde. Sein Königsgrab im Tal der Könige in Theben trägt die Nummer 57. Die Denkmäler in den Museen mußten also aus einem früheren Grab stammen, das Haremhab vor der Thronbesteigung hatte anlegen lassen. Die Lage des Grabes, aus dem die Museumsstücke

Gegenüber oben: Der Aufseher der Handwerker, Amenemone, mit seiner Frau Tahesit und Söhnen reicht der löwenköpfigen Sachmet von Memphis Papyrusstengel und Lotosblüten dar. Ende 18. Dynastie. Kairo, Ägyptisches Museum.

Gegenüber unten: Hissen des Mastes bei einem Segelboot auf dem Nil. Ostwand und (*oben*) Teil der Westwand mit Scheintüren für mehrere Familienmitglieder in der Kultkammer des Leiters der Sänger, Nufer, Mitte bis Ende 5. Dynastie.

Mitte links: Der Vorsteher der Friseure, Hetepka, Darstellung auf den Seiten und der Rückwand der Scheintürnische. Späte 5. oder frühe 6. Dyn.

Links: Bemalte Kalksteinstatue eines Schreibers, der von einem Papyrus liest, die Augen auf seinen Zuhörer gerichtet. Auf seinem straff gespannten Schurz ist die Papyrusrolle ausgebreitet. Während er mit der linken Hand die Rolle hält, ist die Rechte bereit, das weitere Aufrollen zu übernehmen. Auf dem Papyrus sind noch Reste einer Aufschrift in schwarzer Tinte zu erkennen. Die Statue trägt keine Inschrift, die näheren Fundumstände sind unbekannt, so daß der Dargestellte anonym bleiben muß. Dieser Statuentyp wurde in der 4. Dynastie eingeführt und blieb stets beliebt. Höhe 49 cm, 5. Dynastie. Kairo, Ägyptisches Museum.

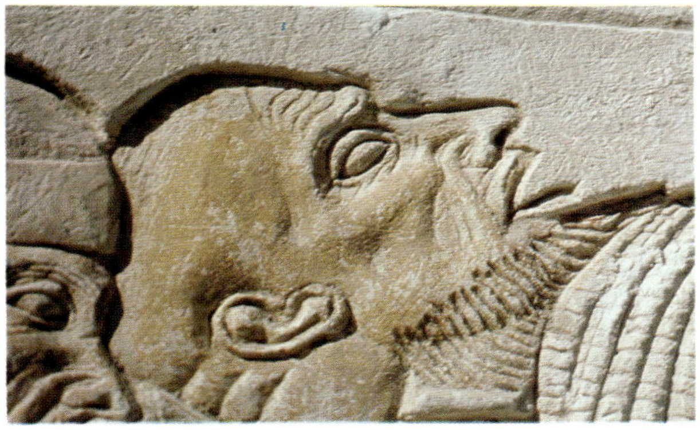

Memphitisches Grab des Haremhab, Ostwand des 2. Säulenhofs. Höflinge in langen, plissierten Gewändern, vorn gebauscht, wie sie gegen Ende der 18. Dynastie in Mode waren. Dazu tragen die Männer elegante lange Spazierstöcke mit verzierten Knäufen. Sie nehmen an einem gesellschaftlichen Ereignis teil. Ihr individueller Geschmack zeigt sich in der Vorliebe für unterschiedliche Perücken. Bei dem »gesellschaftlichen Ereignis« handelt es sich um die Vorführung vorderasiatischer und afrikanischer Gefangener, die der »General der Generäle« Haremhab auf Feldzügen gemacht hat. Gegen ihren Willen und gezwungen von ihren ägyptischen Bewachern, werden die Gefangenen unter Demütigungen vor den Sieger geschleift. Es handelt sich um eine sehr realistische, unkonventionelle Darstellung; die harte Behandlung, die den Gefangenen zuteil wird, steht in eklatantem Kontrast zur weichen Manieriertheit der Höflinge. Die Reliefs sind von größter Feinheit, hervorragend modelliert, so z.B. in der Wiedergabe der Hände, und stehen in bester Amarna-Tradition. Fragmente dieser Reliefs, die seit langem bekannt waren, konnten nunmehr in die Wandkomposition eingefügt werden – wie z.B. ein Block mit afrikanischen Gefangenen im Museo Civico in Bologna und ein Stück, das ehemals in der Zizinia-Sammlung in Alexandria war.

stammten, war nirgends festgehalten, ja man wußte nicht einmal genau, aus welcher Gegend Äygptens die Fragmente nach Europa gelangt waren. Der belgische Ägyptologe Jean Capart hatte, nachdem sowohl Theben als auch Memphis in Erwägung gezogen worden war, 1921 für das memphitische Gebiet plädiert. Doch erst 54 Jahre später, im Januar 1975, wurde seine Ansicht bestätigt und die Lage des Grabes festgestellt.

Wesentliche Bestandteile eines Grabes aus dem Neuen Reich in Saqqara waren demnach ein offener Hof, manchmal an einer oder mehreren Seiten mit Säulen umgeben, sowie eine Kultkammer im rückwärtigen Teil der Mastaba. Mittelpunkt der Kultkammer war eine in der Ost-West-Mittelachse errichtete Stele, weitere Stelen und Statuen an anderen Stellen der Mastaba kamen hinzu. Über dem Kultraum wurde im allgemeinen eine kleine Pyramide erbaut. Der Schacht zur unterirdischen Grabkammer ging vom Hof aus.

Die Gräber der Apis-Stiere. Der Kult des Apis-Stiers stand in engem Zusammenhang mit der Verehrung für die Hauptgottheit von Memphis, Ptah. Von der Regierungszeit Amenophis' III. an hat es im Serapeum in Saqqara Bestattungen mumifizierter Stiere gegeben.

Als Zeichen ihrer Frömmigkeit hinterließen die Teilnehmer an einem Tierbegräbnis häufig eine Weihgabe in Form einer Stele. Heute sind meist nur mehr die Einlaßstellen in der Wand sichtbar. Galerie der »Mütter des Apis«.

Spätzeit und griechisch-römische Epoche

Privatgräber. Während der 26. Dynastie hatten die Architekten endlich den Grabtyp entworfen, den sie zwei Jahrtausende lang vergeblich angestrebt hatten: das fast sichere Grab. In vielen Gräbern dieser Epoche in Saqqara legte man damals eine gewölbte Grabkammer am Ende eines langen und tiefen Schachtes an, der nach der Bestattung vollkommen mit Sand aufgefüllt wurde. So paradox es klingen mag: die enorme Menge rieselnden Materials, die aus diesen Schächten entfernt werden mußte, bevor man in das eigentliche Grab gelangte, scheint den Grabräubern mehr Schwierigkeiten bereitet zu haben und mit größerem technischen Aufwand verbunden gewesen zu sein als das Herausschlagen oder Umgehen der steinernen Blockaden in den früheren Grabanlagen. Neben diesem Grabtyp kommt auch das übliche Felsgrab vor.

Die Gräber der Spätzeit und der griechisch-römischen Epoche liegen in überwiegendem Maße in der Nähe des Bezirks der Stufenpyramide: (1) nördlich davon, ungefähr entlang der Sphinxallee, die zum Serapeum führt. Hier sind Gräber aus der 30. Dynastie und der griechisch-römischen Epoche konzentriert. (2) östlich vom Djoserbezirk, im Bereich der Pyramide des Userkaf, sind Schachtgräber erhalten und weiter östlich im Felsabhang Felsgräber aus der 26. Dynastie. (3) westlich des Djoserbezirks liegen vor allem Gräber aus der griechisch-römischen Zeit und (4) südlich in der Nähe der Unas-Pyramide insbesondere Gräber aus der 26. und 27. Dynastie, aber auch große Gräber aus der Ptolemäerzeit.

Das Serapeum und weitere Friedhöfe heiliger Tiere. Unter den Begräbnissen heiliger Tiere und ihrer kultischen Verehrung nahmen zweifellos die Apisstiere den ersten Rang ein. Noch im Neuen Reich gab Ramses II. die Sitte der Einzelbegräbnisse für Apisstiere auf und ließ eine unterirdische Galerie (die sogen. Kleineren Grüfte) anlegen, wo in Nischen zu Seiten eines Ganges die mumifizierten Stiere beigesetzt wurden. Da es jeweils nur eine Inkarnation dieses Apis gab, fanden etwa alle 14 Jahre solche Stierbegräbnisse statt. Die von Ramses II. begonnene Galerie erreichte eine Länge von 68 m. Die sogen. Großen Grüfte oder Große Galerie, in der 26. Dynastie begonnen, verläuft rechtwinklig zur älteren Anlage, und der erste Apisstier, er hier zur Ruhe gebettet wurde, starb im 52. Jahr Psammetichs I. Diese 198 m lange Galerie blieb bis in griechisch-römische Zeit in Benutzung.

Ein ganzer Komplex von kleineren Tempeln und Kapellen wuchs um die Stierkatakomben empor und bildete das Serapeum, die dem Serapis geheiligte Stätte (Serapis abgeleitet von *Usir-Hapi*-Osiris-Apis, der verstorbene zu Osiris gewordene Apis, griech. Osorapis, später mit dem von den Ptolemäern eingeführten mehr oder minder künstlichen Gott Serapis gleichgesetzt. Nektanebos I. und II. aus der 30. Dynastie trugen wesentlich zur Erweiterung der Anlage bei. Ersterer stiftete wahrscheinlich die Sphinxallee, die von Memphis bis zum Serapeum auf dem Wüstenplateau von Saqqara heraufführte. Es heißt, daß 1850 eine der Sphingen, die aus den Sandverwehungen hervorsah, Auguste Mariette auf den Gedanken gebracht habe, das bei klassisch-antiken Autoren erwähnte Serapeum in Saqqara zu suchen. In jüngerer Vergangenheit publiziertes Material weist allerdings darauf hin, daß der britische Antikensammler A. C. Harris schon einige Jahre vor Mariette auf diesen Gedanken gekommen war.

Am östlichen Ende der Sphinxallee, in unmittelbarer Nachbarschaft der Stadt Memphis, befanden sich das berühmte Anubieion und das Asklepieion, zum größten Teil unter den Ptolemäern errichtet. Beide Verehrungsstätten waren von Friedhöfen mumifizierter Schakale (Anubis) und Katzen umgeben.

Bei seit 1964 durchgeführten Ausgrabungen der Egypt Exploration Society sind am nordwestlichen Ende der Saqqara-Nekropole Galerien mit Begräbnissen mumifizierter »Apismütter«, d.h. heiliger Kühe, sowie Falken, Ibisvögel und Affen gefunden worden.

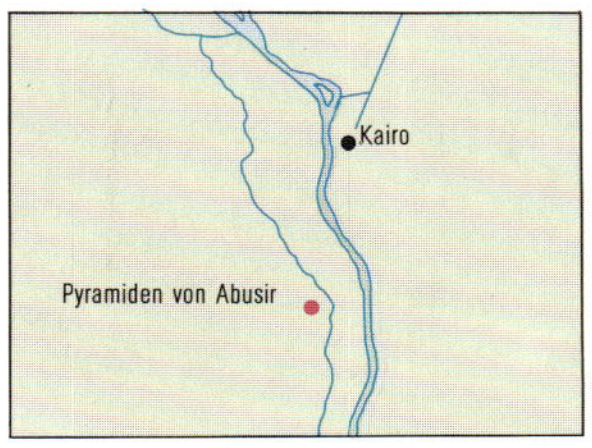

Unten: Abusir von Nordosten, im Vordergrund die Pyramide des Sahure, dahinter die Pyramiden des Niuserre und Neferirkare, dahinter die Reste der Raneferef-Anlage. Diese Luftaufnahme wurde vor Beginn der Ausgrabungen durch das Tschechoslowakische Ägyptologische Institut gemacht. Die Grabungen werden noch weitergeführt.

Rechts: Bis an die Taltempel heran wird der Boden bebaut. Allerdings gilt es noch die Aufwege hinter sich zu bringen, bevor man die Pyramiden erreicht. Der Aufweg zur Pyramide des Sahure mißt 230 m, doch bei der Pyramide von Neferirkare war die doppelte Länge geplant.

Abusir

Das Sonnenheiligtum

Am weitesten nach Norden, etwa auf halbem Wege zwischen Abu Gurab und den Pyramiden von Abusir, liegt abseits von allen übrigen Bauwerken das Sonnenheiligtum des Userkaf. Da es sich um den frühesten Bau dieser Art in Ägypten handelt, rufen die Einfachheit der Anlage und das Fehlen von Reliefdekor kaum Verwunderung hervor, doch der eigentliche Grund liegt wohl in der Tatsache, daß Userkaf bei nur 7 Regierungsjahren seinen Sonnentempel nicht vollenden konnte. In altägyptischen Texten wird der Name häufig mit einer Hieroglyphe geschrieben, die eine Obeliskenbasis mit Umfassungsmauer wiedergibt. Daraus darf geschlossen werden, daß der Obelisk offenbar eine spätere Zutat war, und Grabungen und Untersuchungen an den architektonischen Überresten durch H. Ricke und G. Haeny zwischen 1954 und 1957 haben ergeben, daß es sich tatsächlich so verhalten hat. Vier Bauphasen, die ersten drei aus der 5. Dynastie, sind am oberen Teil des Tempels festgestellt worden.

Einige Unsicherheit besteht noch hinsichtlich des unteren Teils, des sogen. Taltempels. S. Schott und H. Ricke haben vorgeschlagen, daß dieses Bauwerk mit dem Kult der Göttin Neith in Verbindung gestanden habe, jener aus dem Delta stammenden Göttin, die im Alten Reich im Gebiet von Memphis zu hohem Ansehen gelangte. Ihre Beinamen lauteten hier »Nördlich der Mauer« (möglicherweise eine Anspielung auf die Lage ihres Heiligtums nördlich der Stadtmauer von Memphis) und »Öffnerin der Wege« (bezogen auf ihren kriegerischen Charakter als »Pfadfinderin.«). Die Lage ihres Tempels hat man bisher nicht ermitteln können.

Die Pyramiden

Während der Begründer der 5. Dynastie, Userkaf, seine Pyramidenanlage in Saqqara errichtete, gingen vier der folgenden fünf Könige nach Abusir (die Pyramide des Schepseskare ist noch nicht lokalisiert worden). Den Pyramidenbezirk des Sahure müssen wir uns sowohl von der Größe als auch von der Austattung her als überwältigendes Monument vorstellen, das für die Grabarchitektur der 5. Dynastie als beispielhaft gelten darf. Grundbaustoff war der lokale Kalkstein, bereichert um feinen weißen Kalkstein aus Tura (vom Ostufer über den Nil herantransportiert) für die Reliefs, Rosengranit aus Assuan für die Säulen und Türdurchgänge sowie schwarzer Basalt für das Bodenpflaster. Die Pyramide bestand ebenfalls aus lokalem Kalkstein mit einer Verkleidung aus Tura-Kalkstein, mit dem auch die Gänge im Innern ausgekleidet waren, sowie Granit für einige Teile im Innern. Die Arbeit im Pyramidenkern zeugt von wenig Sorgfalt, was natürlich Zeit gespart hatte und sich hinter der glatten Verkleidung verbergen ließ. Deshalb ist auch heute nicht viel mehr als ein Haufen Steinschutt erhalten geblieben.

Obwohl von den Kalksteinplatten mit Darstellungen und Inschriften der größte Teil durch emsige Unternehmer späterer Zeiten zu Kalk gebrannt worden ist, zeigen schon die fragmentarisch erhaltenen Szenen, daß hier motivisch und in der Ausführung Einmaliges geleistet wurde. Zwar sind von den an der Pyramide gelegenen Totentempeln früherer Zeiten kaum nennenswerte Reste erhalten, so daß gewissermaßen das Vergleichsmaterial fehlt, aber dennoch muß als sicher gelten, daß sich die Baumeister und Künstler der Sahure-Anlage eine vollkommen neue Aufgabe gestellt hatten und ihre Lösung Vorbild und Maßstab vieler kommender Generationen werden sollte.

Im Mittelpunkt der Szenen steht der König mit seinen Unternehmungen und Leistungen im Diesseits und seiner Beziehung zu den Göttern. Zu den schönsten Bildkompositionen gehören eine große Jagdszene, die Sahure mit Pfeil und Bogen bei der Jagd auf Wüstentiere zeigt, oder die Wiedergabe von Schiffen, die von einer Expedition nach Vorderasien zurückkehren. In meisterhaft beherrschter »Hochrelief«-Technik (bemalt wie üblich) he-

König Userkaf oder die Göttin Neith? Fast vollständig erhaltener Kopf einer Statue aus Grauwacke, der in der Nähe des Sonnenheiligtums gefunden wurde. Die Rote Krone wurde sowohl vom König als auch von der Göttin Neith getragen. Die Deutung als Königsbildnis hat die größere Wahrscheinlichkeit für sich. Kairo, Ägyptisches Museum.

ben sich die Figuren und Hieroglyphen nur wenige Millimeter vom glatten Untergrund ab.

Die Pyramidenbezirke des Neferirkare und des Niuserre sind sogar noch stärker in Mitleidenschaft gezogen worden als die Anlage ihres Vorgängers. Neferirkare hatte einen größeren Bereich vorgesehen als Sahure, konnte ihn aber nicht fertigstellen, so daß Niuserre den unvollendeten unteren Teil seinem eigenen Pyramidenkomplex einverleibte. Den Aufweg vom Taltempel leitete er zu seinem eigenen Totentempel um. Überreste der vierten, im allgemeinen Raneferef zugeschriebenen Pyramidenanlagen sind bisher nicht gefunden worden. Doch ihr Name wird in ägyptischen Texten genannt und es dürfte kaum ein Zweifel daran bestehen, daß dieser Name sich auf den hier gemeinten Denkmälerkomplex bezieht. Wissenschaftliche Untersuchungen an den Pyramiden von Abusir betrieb um die Jahrhundertwende der deutsche Ägyptologe L. Borchardt.

Die Mastabagräber

Unter den Privatgräbern von Abusir kommt der Familienmastaba des Ptahschepses, Wesir (höchster Staatsbeamter) und Schwiegersohn des Niuserre, die größte Bedeutung zu. Es handelt sich um das ausgedehnteste Privatgrab des Alten Reiches überhaupt, so daß C. R. Lepsius in der ersten Hälfte des 19. Jahrhunderts diese Anlage als 19. Pyramide aufführte. Hier sind in jüngster Zeit vom Tschechoslowakischen Institut für Ägyptologie Grabungen durchgeführt worden.

Obwohl seetüchtige Schiffe erst im Totentempel des Sahure wiedergegeben sind, läßt ihre hochentwickelte Konstruktionsweise auf einen längeren Umgang mit ihnen schließen. (Hier nach einer Rekonstruktion abgebildet). Da ägyptische Boote keinen Kiel hatten, mußten über ein Tau Bug und Heck miteinander verbunden sein, um die Längsausrichtung zu gewährleisten. Im Alten Reich sind Darstellungen seetüchtiger Schiffe sehr selten; außer den abgebildeten Reliefs sind Schifsdarstellungen am Aufweg des Unas und (wiederverwendet) aus el-Lischt belegt. Berlin, Ägyptisches Museum.

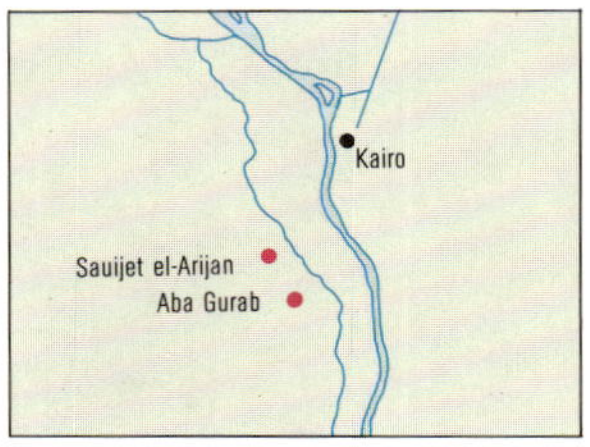

Abu Gurab

Mit Ausnahme der letzten beiden Herrscher brachten die Könige der 5. Dynastie ihre Bevorzugung des heliopolitanischen Sonnengottes Re durch den Bau spezieller Tempel für diese Gottheit zum Ausdruck. Aus altägyptischen Texten sind die Namen von insgesamt sechs solcher dem Sonnenkult geweihter Heiligtümer überliefert, aber die Archäologen haben bisher erst zwei lokalisieren können.

Als beispielhafte Anlage sei das Sonnenheiligtum des Niuserre in Abu Gurab angeführt, ein in jeder Weise herausragendes Bauwerk, das kaum übertroffen werden dürfte, auch wenn die vier übrigen noch gefunden werden sollten. In der allgemeinsten Form lehnt es sich an die gleichzeitigen Pyramidenkomplexe an: die Hauptachse verläuft von Ost nach West, und seine einzelnen Bestandteile sind:

1. ein Taltempel (an einem Kanal gelegen, so daß der Bezirk zu Schiff erreichbar war)
2. ein Aufweg (zur Verbindung von Taltempel und oberem Gebäudekomplex)
3. ein oberer Tempel.

Im oberen Tempel bildete ein weiträumiger offener Hof mit einem Altar und aufgemauertem (im Gegensatz zu monolithisch) Obelisken, dem Symbol des Sonnengottes, den wichtigsten Teil. Den offenen Hof umgab im Innern ein korridorartiger Gang, der mit Reliefszenen des Königs beim *Sed*-Fest geschmückt war. Ungewöhnlich dagegen sind die Szenen der sogen. »Weltenkammer«, die das Wirken des Sonnengottes in der Natur veranschaulichen sollten: für die Jahreszeiten *Achet* (Überschwemmung) und *Schemu* (Erntezeit) typische Erscheinungen des Landes am Nil sind dabei abgebildet. Bei königlichen Denkmälern des Alten Reiches sind derartige Naturschilderungen außerordentlich selten, Parallelen finden sich in weit ge-

Links: Offener Hof des Sonnenheiligtums von Abu Gurab, von Osten, mit Obeliskenbasis und Altar und (*rechts*) der Altar von Westen. Der ungewöhnliche Alabaster-Altar wird aus vier *Hetep*-Zeichen gebildet, der hieroglyphischen Fassung einer Opfermatte mit einem Brot darauf. Durchmesser etwa 6 m. Die großen Alabasterbecken in der Südostecke des Hofes gehören zum Schlachthof an der Nordseite. In ihnen sollte wahrscheinlich das Blut der Opfertiere aufgefangen werden.

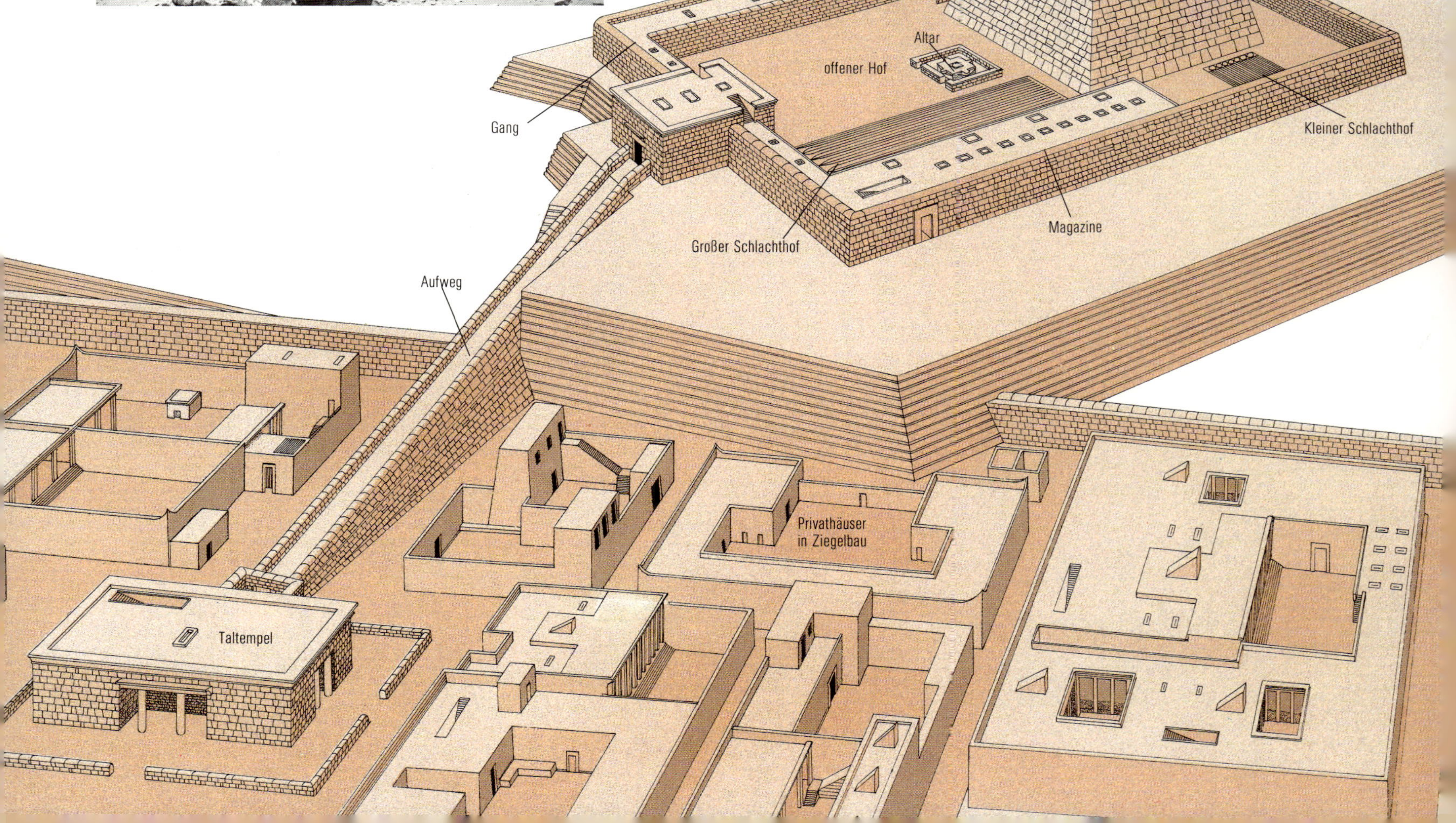

ringerem Umfang bei Darstellungen in den Pyramidenbezirken des Niuserre in Abusir und des Königs Unas in Saqqara.

Das Sonnenheiligtum des Niuserre, frühen Reisenden als »Pyramide von Rigah« geläufig, wurde von den deutschen Archäologen Ludwig Borchardt, Heinrich Schäfer und F. W. von Bissing in den Jahren 1898–1901 freigelegt; die Reliefs sind als Fragmente über viele Museen und Sammlungen Deutschlands verstreut, einige wurden im 2. Weltkrieg zerstört. Erst kürzlich sind Zeichnungen von den Darstellungen der Weltenkammer veröffentlicht worden, doch eine abschließende Würdigung steht noch heute nach 80 Jahren aus.

Sauijet el-Arijan

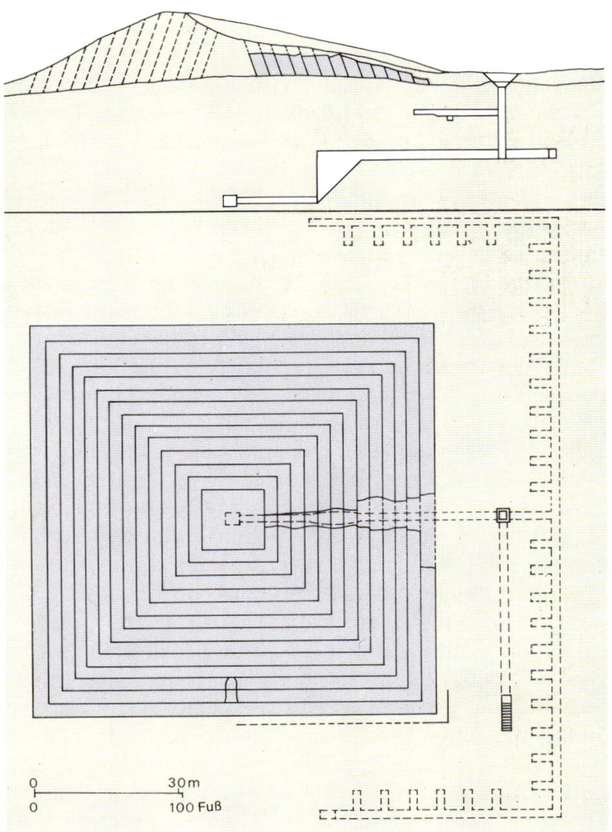

Grundriß und Schnitt der »Steinpyramide«.

Beide Pyramiden von Sauijet el-Arijan sind unvollendet geblieben. Die zeitlich frühere als Stufenbau begonnene »Steinpyramide« wird dem König Chaba aus der 3. Dynastie zugewiesen, während die »unvollendete« zweite Pyramide nach ihren fortgeschritteneren Architekturmerkmalen der 4. Dynastie zuzuweisen ist. In einem Grab in der Nähe der Chaba-Pyramide wurden Siegelabdrücke und ein Keramikfragment mit dem Namen des vordynastischen Herrschers Narmer gefunden.

Unten rechts: Äypten im Sommer (*Schemu*). Darstellung auf einem Jahreszeiten-Relief von der Westwand der »Weltenkammer« in Abu Gurab: im Wasserstreifen Äschen, darunter zwei Register mit Wüstentieren, teilweise beim Vorgang der Geburt: Mendes-Antilope (oberes Register, 5. von links), Oryx-Antilope (oben, 4. von links, auch unteres Register), Gazelle, Strauß (oben). Die Hunde links unten gehören zu einem Jäger, von dem nur ein Korb erhalten ist, in dem er eingefangene Jungtiere transportieren will. Der Korb wurde über die Schulter geworfen. Berlin, Ägyptisches Museum.

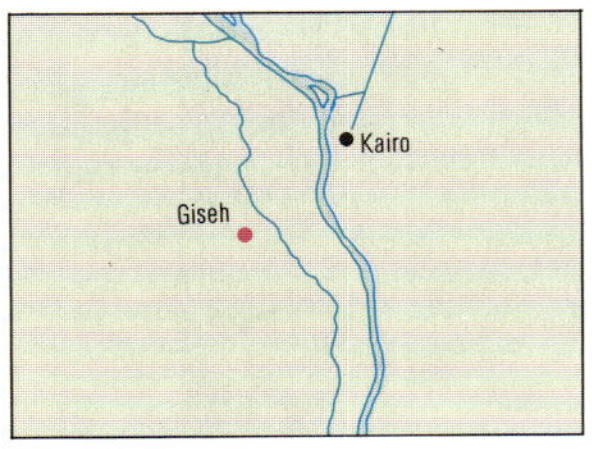

Giseh

Die drei Pyramiden von Giseh aus der 4. Dynastie werden bereits am Horizont sichtbar, sobald man den Kairoer Vorort, der ihnen zu ihrem Namen verholfen hat, verlassen und in südwestlicher Richtung die Scharia al-Ahram (Pyramidenstraße) entlangfährt. Doch die Geschichte dieser Stätte reicht noch weit vor die 4. Dynastie, zumindest bis in die Zeit des Ninetjer aus der 2. Dynastie zurück: in einem Grab im südlichen Teil der Nekropole wurde ein Krugsiegel mit seinem Namen gefunden. Noch früher ist ein Grab aus der Regierungszeit des Wadj aus der 1. Dynastie, das südlich des Gebiets gefunden wurde, das man gemeinhin als Nekropole von Giseh bezeichnet.

So wie sich das Terrain gegenwärtig darbietet, ist es das Ergebnis des Zusammenwirkens von natürlichen Gegebenheiten und Veränderungen durch Menschenhand: der hier anstehende, an Fossilien reiche Kalkstein wurde abgetragen und als Baumaterial verwendet für Pyramiden und Mastabas, während zugleich durch das Ablagern von Bauschutt Vertiefungen aufgefüllt wurden. Die Folgen der Steinbrucharbeiten zeichnen sich besonders deutlich südöstlich der Pyramiden des Chephren und des Mykerinos ab.

Von Natur aus zerfällt das Gebiet in zwei Bereiche auf höher gelegenem Grund, die durch ein breites Wadi getrennt werden. Der größere dieser beiden Bereiche besteht aus den Pyramiden- und umliegenden Friedhofsarealen, der kleinere und weniger bedeutende mit Privatgräbern ist ein Höhenrücken in südöstlicher Richtung. Die zu den Pyramiden gehörenden Taltempel einschließlich der Großen Sphinx und der umliegenden Tempel ziehen sich unterhalb des Plateaus hin.

Die Erforschung dieser Denkmälerstätte begann in der ersten Hälfte des 19. Jahrhunderts. Zu den frühen Erkundern gehören Giovanni Battista Caviglia, Giovanni Battista Belzoni, R. W. Howard Vyse und J. S. Perring. C. R. Lepsius arbeitete in den frühen vierziger Jahren des vorigen Jahrhunderts mit einer preußischen Expedition auf dem Pyramidenfeld von Giseh. Auguste Mariette und W. M. Flinders Petrie waren in der zweiten Hälfte des 19. und zu Beginn unseres Jahrhunderts hier tätig. Mehr als alle anderen aber trugen George Andrew Reisner, Hermann Junker und Selim Hassan zu unserem Wissen über Giseh bei. Doch obwohl in Giseh mehr systematische Grabungen veranstaltet wurden als an irgendeiner anderen archäologischen Fundstätte des Alten Ägypten, kann die wissenschaftliche Arbeit auch heute noch längst nicht als abgeschlossen gelten.

Der Pyramidenbezirk des Cheops

Die Cheopspyramide, auch Große Pyramide genannt, gehört sicher zu den berühmtesten Bauwerken der Welt. Ihre wahrhaft majestätische Größe und die Perfektion der Bauweise haben seit undenklichen Zeiten die Besucher fasziniert. Mit ziemlicher Sicherheit darf man behaupten, daß die Pyramide schon in der Epoche politischer und sozialer Wirren im Anschluß an den Zusammenbruch des Alten Reiches ausgeraubt worden ist, doch einen Beweis

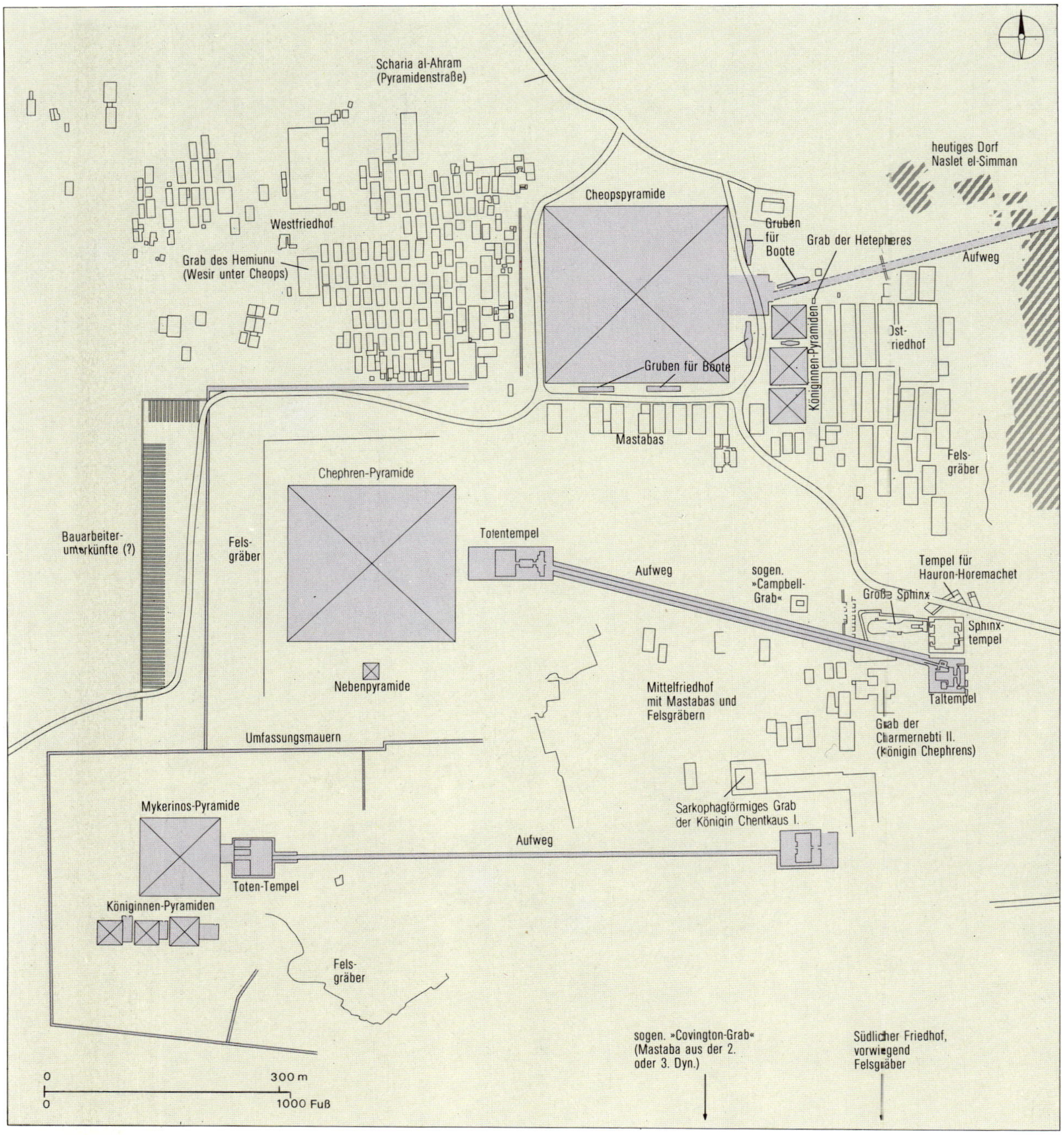

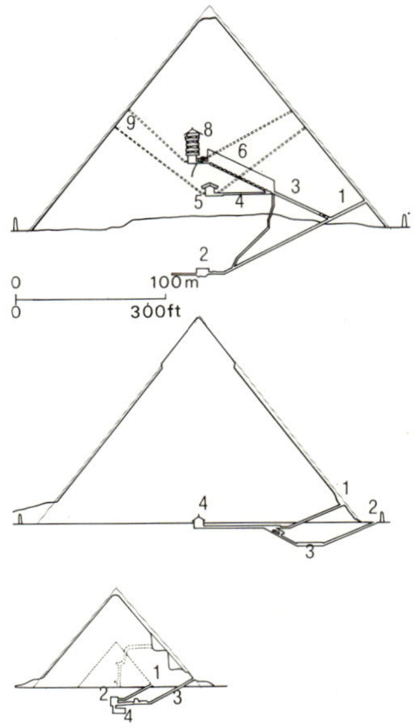

Oben: Pyramidenschnitte, von Westen gesehen:

Cheops: 1 absteigender Gang, 2 Grabkammer 1. Bauplan, 3 aufsteigender Gang, 4 ebener Gang, 5 Grabkammer, 2. Bauplan (sogen. Königinnenkammer) 6 Große Galerie, 7 Grabkammer 3. Bauplan (Königskammer), 8 Entlastungskammern, 9 Entlüftungsschächte, die möglicherweise religiöse Bedeutung hatten.

Chephren: 1 oberer Eingang, 2 unterer Eingang, 3 Grabkammer 1. Bauplan, 4 Grabkammer 2. Bauplan.

Mykerinos: 1 aufgegebener absteigender Gang 1. Bauplan, 2 Grabkammer 1. Bauplan, 3 absteigender Gang, 4 Grabkammer 3. Bauplan.

dafür gibt es nicht. Die Wiederverwendung von Blöcken der Cheopsanlage in el-Lischt begann mit Amenemhet I. In der Neuzeit jedenfalls fand man die Große Pyramide leer vor, nur in der Grabkammer aus der 3. Baustufe – hinsichtlich des Gang- und Grabkammersystems – stand der massive Granitsarkophag, so daß auf den vorgesehenen Verwendungszweck geschlossen werden konnte.

Im Mittelalter war die äußere Kalksteinverkleidung der Großen Pyramide systematisch abgetragen worden. Viele Bauten im alten Giseh und in Kairo dürften aus dem Baumaterial der Cheopspyramide bestehen. Doch trotz dieser Beraubung ist sie außer den kleinen Königinnenpyramiden an der Ostseite der einzige Bestandteil des einstigen Pyramidenbezirks, der unverändert erscheint; denn der einstige Taltempel liegt irgendwo unter den Häusern des heutigen Dorfes Naslet el-Simman, und auch der Aufweg, der auf alten Karten noch deutlich sichtbar ist und auch im vorigen Jahrhundert sich noch abhob, ist unter dem Dorf verschwunden. Nur Reste des Basaltpflasters an der Ostseite der Pyramide deuten noch an, wo sich der Totentempel befunden hat. Cheops mag zwar sein Ziel, einen absolut sicheren Bau für seine ewige Ruhe zu errichten, nicht erreicht haben, gelungen ist es ihm dagegen, ein unzerstörbares Monument zu hinterlassen.

Das Innere der Großen Pyramide (siehe Schnitt) zeigt, daß die Anlage der Räume und Gänge während des Bauprozesses mindestens zweimal Veränderungen unterzogen wurde. Der heutige Besucher gelangt durch einen Eingang in die Pyramide, den der Kalif Mamun im 9. Jahrhundert brechen ließ. Er befindet sich wenig westlich und unterhalb des ursprünglichen Zugangs. Ein absteigender Gang führte nach dem ersten Bauplan in die unterirdische Grabkammer. Noch vor Fertigstellung wurde die Grabkammer in das Pyramidenmassiv verlegt und war über einen nun aufsteigenden und dann eben verlaufenden Gang zugänglich, doch auch dieser Plan wurde zugunsten eines dritten aufgegeben: die Grabkammer wurde noch höher angelegt, zugänglich über den hohen Gang der sogen. »Großen Galerie«. Die Große Galerie mit ihrem Kragsteingewölbe stellt zweifellos den eindrucksvollsten Teil der Innenanlagen dar. Eine ihrer Funktionen hat wahrscheinlich darin bestanden, die Granitblöcke

Rechts: »Es gibt keine andere Möglichkeit der Zerstörung, als daß man an der Spitze beginnt. Die Basis ist einfach zu sicher, als daß hier ein Ansatz vorhanden wäre. Und wer immer sich das vornehmen sollte, würde bald ebenso große Schwierigkeiten haben wie derjenige, der sie aufgebaut hat.« (F. L. Norden, *Travels in Egypt and Nubia,* 1757, S. 72).

Links: Die Große Galerie, wie sie die Zeichner der napoleonischen Expedition gesehen haben: »Gebückt geht man weiter; denn obwohl sie 22 Fuß hoch ist und einen erhöhten Absatz an den Seiten hat, ist die Galerie doch so steil und glatt, daß, wenn man die Löcher verpaßt, die den Aufstieg erleichtern sollen, man zurückgleitet und bis zu der Stelle, wo man gewöhnlich Rast macht, zurückrutscht.« (F. L. Norden, *Travels in Egypt and Nubia,* 1757, S. 79). Der »Aufstieg« ist heutzutage nicht mehr so schwierig.

hochgestützt aufzunehmen, die nach der Beisetzung den aufsteigenden Gang blockieren sollten. Die häufigen Änderungen im Plan werden wohl eher verständlich, wenn man bedenkt, daß die Architekten sich vor das unlösbare Problem gestellt sahen, den gesamten Pyramidenkomplex für die Bestattung des Königs fertig haben zu müssen, ohne daß sie diesen »Endtermin« kennen konnten.

Selbst heute noch würde der Bau der Großen Pyramide erhebliche technologische und organisatorische Schwierigkeiten aufwerfen. Das Projekt muß gegen Ende der Regierungszeit des Cheops - nach 23 Jahren - mehr oder minder fertig gewesen sein. Das bedeutet, daß jedes Jahr 100000 große Steinblöcke (d.h. etwa 285 pro Tag) mit einem durchschnittlichen Gewicht von je 2,5 Tonnen gebrochen, behauen, transportiert und an Ort und Stelle gebracht worden sein müssen. Mit dem Anwachsen des Bauwerks mußten die Blöcke selbstverständlich immer höher hinauf gehievt werden, während gleichzeitig die Arbeitsfläche immer kleiner wurde. Ab einer gewissen Höhe über dem Erdboden konnte man wohl nur mehr Menschenkraft für den Transport einsetzen, weil für Zugtiere einfach nicht genügend Platz vorhanden war. Mit Rädern ausgestattete Transportmittel gab es nicht, so daß das Bewegen der Steinquader äußerst schwierig gewesen sein muß. Mindestens ebenso viele Menschen, wie für die eigentliche Bauarbeit eingesetzt waren, müssen Hilfsdienste verrichtet haben wie das Aufführen von Rampen, auf denen die Blöcke gezogen werden konnten, das Überholen von Werkzeug, die Bereitstellung von Nahrung und Wasser. Doch da bis heute nicht eindeutig geklärt ist, welcher Methoden sich die Ägypter bedienten, läßt sich auch kaum schätzen, wie viele Menschen bei den Arbeiten eingesetzt waren.

Das Bauvolumen, die Exaktheit der Ausführung und die Tatsache, daß die Große Pyramide leer vorgefunden wurde, sowie die absurd anmutende Vorstellung, daß dies alles als Grab für einen einzigen Menschen geschaffen worden ist, hat die Phantasie von Wissenschaftlern und Amateuren seit langem beschäftigt. Leider folgen nicht alle jener Ägyptenliebhaber, die die Große Pyramide »studieren«, streng wissenschaftlichen, um Objektivität bemühten Methoden. So hat man für die Tendenz zur esoterischen Interpretation den Ausdruck »Pyramidologie« geprägt. Freilich kann auch die wissenschaftliche Ägyptologie nicht behaupten, alle Probleme der Pyramiden schon gelöst zu haben.

Zu einer interessanten Entdeckung an der Großen Pyramide kam es in den fünfziger Jahren unseres Jahrhunderts. In einer rechteckigen Grube an der Südseite der Cheopspyramide fand man die Teile eines auseinandergenommenen hölzernen Schiffes, das sich in der Luftabgeschlossenheit bestens erhalten hatte. Zusammengesetzt ergab es eine Länge von mehr als 40 m mit einem Ladevermögen von 40 Tonnen. Leider ist dieses Schiff für Besucher von Giseh noch nicht zugänglich. In einer zweiten Grube, die noch geöffnet werden muß, vermutet man ein weiteres derartiges Schiff. Möglicherweise wurden die beiden Schiffe beim Transport der Leiche des Königs zunächst zur Reinigungsstätte und dann zur Mumifizierung und zum Taltempel benutzt.

Rechts: Den Taltempel des Chephren betritt man durch einen Durchgang in der Ostfassade. Kurze Gänge führen in einen Quersaal, der hinwiederum durch einen kurzen Gang mit dem T-förmigen Pfeilersaal verbunden ist.

Unten: Als C. R. Lepsius und sein Team 1842–43 Giseh besuchten, war der Aufweg zur Cheopspyramide noch deutlich sichtbar. Nach Herodot war dieser Aufweg »ganz aus poliertem Stein und mit eingeschnittenen Figuren versehen.« Mit Dekor verzierte Blöcke sind zwar vereinzelt gefunden worden, aber die Behauptung Herodots konnte bis heute nicht bestätigt werden.

Der Pyramidenbezirk des Chephren

Cheops' Sohn und unmittelbarer Nachfolger Radjedef begann in Abu Roasch eine Pyramidenanlage, doch sein Nachfolger und ebenfalls ein Sohn des Cheops, Chephren, ging in unmittelbare Nähe der Pyramide seines Vaters. Obwohl seine Pyramide kleiner ist, ruft der etwas größere Neigungswinkel der Seitenflächen, durch den das Bauwerk steiler ausgefallen ist, den Eindruck hervor, als erreiche es die Größe der Cheopspyramide. Möglicherweise aufgrund einer neuen Art der Verlegung der Verkleidungsblöcke hat sich nahe der Pyramidenspitze ein Teil der glatten Verkleidung erhalten.

Der Taltempel des Chephren-Bezirks neben der Großen Sphinx, von schlichten Formen und ohne jeden Dekor, erzielt seine Wirkung allein von der Verkleidung aus riesigen polierten Rosengranitblöcken, die sich vom Alabaster-Boden abheben. In einem der Räume fand man in einer Grube Statuen des Chephren aus Diorit-Gneis und Grauwacke, darunter auch das wohl berühmteste Bildwerk des alten Ägypten, die Sitzfigur des Königs, hinter dessen Kopf ein Falke hockt.

Der Pyramidenbezirk des Mykerinos

Die Pyramide des nächstfolgenden Königs aus der 4. Dynastie, Mykerinos, wirkt im Vergleich zu den beiden anderen fast zwergenhaft. Der Taltempel, aus Zeitgründen in luftgetrockneten Ziegeln fertiggestellt, bildete die Fundstelle einer Reihe hervorragend gearbeiteter Statuengruppen des Königs mit der memphitischen Göttin Hathor und Personifikationen der ägyptischen Gaue. Ne-

Links: Chephren und Horus, die Majestät Pharaos und seine Nähe zu den Göttern: eine abstrakte Vorstellung, in Stein umgesetzt. Statuen dieser Art gab es möglicherweise bereits unter Cheops, und für die Tempel des Chephren sind sicher mehr als dieses eine Bildnis gearbeitet worden. Ähnliche Skulpturen sind auch später noch geschaffen worden, doch einen Vergleich halten alle diese Werke nicht aus. Diorit, Höhe 1,68 m, Kairo, Ägyptisches Museum.

Ganz oben rechts: Mykerinos zwischen Hathor, der »Herrin der Sykomore an allen ihren Stätten (der Verehrung)« und der Personifikation des 7. oberägyptischen Gaues. Grauwakke. Höhe: 0,96 m, aus dem Taltempel des Mykerinos, Kairo, Ägyptisches Museum.

Rechts Mitte: Wiederaufgerichteter Eingangsbau zum Familiengrab des Seschemnefer, nahe der Südostecke der Cheopspyramide. Zwei Sitzstatuen und sechs kleine Obelisken flankierten ursprünglich den Zugang. Ende 5./Anfang 6. Dynastie.

Rechts unten: Der Zwerg Seneb und seine Frau Senetides sowie ein kleiner Sohn und eine Tochter. Bemalter Kalkstein, Höhe: 0,33 m, mittlere 6. Dynastie oder wenig später. Aus dem Grab des Seneb auf dem Westfriedhof (Cheopspyramide), Kairo, Ägyptisches Museum.

Unten: »Ersatzkopf« einer unbekannten Frau, Kalkstein, Höhe: 0,25 m, Regierungszeit des Cheops, aus dem Grab des Kanefer, Westfriedhof (Cheopspyramide). Berkely (Ca.), R. H. Lowrie Museum of Anthropology.

ben diesen Triaden ist auch ein Doppelbildnis des Mykerinos mit einer seiner Gemahlinnen erhalten, das früheste Beispiel dieses Statuentyps.

Die als »Dritte Pyramide« von Giseh bezeichnete Pyramide ist offensichtlich in der 26. Dynastie restauriert worden, als der Kult für die in Giseh bestatteten Könige erneut auflebte. Der in der Grabkammer aufgefundene Basaltsarkophag ist leider für immer verloren, denn er versank bei einem Schiffbruch auf dem Seewege nach England. Die Zeit, aus der er stammte, kann auf diese Weise nicht mehr festgestellt werden, doch Reste eines hölzernen Sarges, laut Inschrift dem Mykerinos zugehörig, sind erst 1800 Jahre später in die Pyramide gelangt. 1968 wurde auf Verkleidungsresten nahe dem Eingang zur Pyramide eine Inschrift entdeckt, die offenbar auf die viel späteren Wiederherstellungsarbeiten Bezug nimmt.

Privatgräber

Sämtliche Pyramidenbezirke sind umgeben von Gräberfeldern von Beamten und Priestern. Die Nähe dieser Gräber zur Pyramide erklärt sich daraus, daß viele Grabanlagen dem Grabherrn vom König gestiftet und von königlichen Handwerkern errichtet wurden. Viele der hier Bestatteten hatten zu Lebzeiten Priesterämter in der Nekropole von Giseh.

Die umfangreichsten Friedhöfe liegen westlich, südlich und östlich der Cheopspyramide. Bei den Gräbern an der West- und Ostseite, die zur gleichen Zeit wie die Große Pyramide aufgeführt worden sind, handelt es sich um in Reihen angeordnete Mastabas nach einheitlichem Plan. Im Verlauf des Alten Reiches sind in diese Mastaba-Reihen aus aufgeschichteten Steinen zahlreiche kleinere und größere Gräber eingefügt worden. Die Steinbrüche südöstlich der Pyramiden des Chephren und des Mykerinos mit ihren künstlich erzeugten Felsfassaden eigneten sich natürlich hervorragend zur Anlage von Felsgräbern, den frühesten dieser Art im alten Ägypten.

Die in der Zeit des Cheops typische Mastaba bestand aus einem steinernen Oberbau mit rechteckigem Grundriß und leicht geböschten Seitenflächen. Durch diesen Oberbau führte bis in den unterirdischen Felsgrund ein in einer einfachen Grab- oder Sargkammer endender Schacht. Nach der Bestattung wurde der Schacht für immer unzugänglich gemacht und versiegelt. Die Kultkammer bestand ursprünglich aus ein oder zwei aus Ziegeln errichteten Räumen an der Ostseite der Mastaba. Wichtigster Teil dieser einfachen Kultkapelle war eine Stele mit der Darstellung des Toten am Opfertisch und der Fixierung der Opferliste. An bestimmten vorgeschriebenen Tagen wurden dem *Ka* (unsterblicher Teil des Menschen) des Toten vor dieser Stele Opfer dargebracht.

Die ersten aus Stein errichteten, einfachen Privatgräber von Giseh wurden sehr bald verändert und reicher ausgestaltet. Von dieser Entwicklung war vor allem die Kultkammer betroffen, d.h. Opferstele und zusätzliche Räumlichkeiten wurden ins Innere, in den Kernbau der Mastaba, verlegt, während zugleich auch Grabanlagen mit äußerer Kultkapelle weiterhin errichtet wurden. Die Stele in Gestalt der Opferplatte wurde durch eine sogen. Scheintür ersetzt und die Wände der Kultkammer mit reliefierten Kalksteinplatten verkleidet.

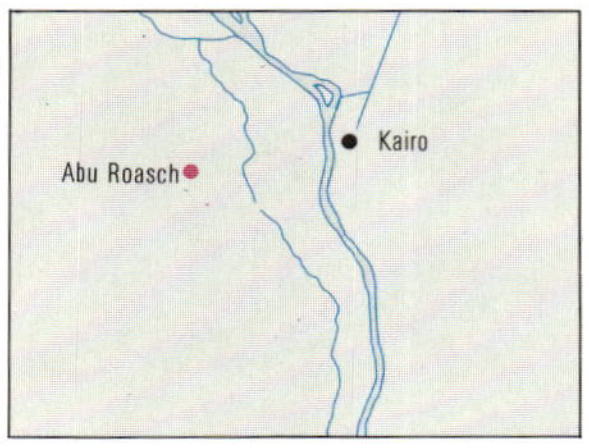

Rechts: Die Große Sphinx vor der Freilegung. Die Aufnahme wurde vor 1875 gemacht.

Rechts Mitte: Sethos I. in der Umarmung einer Göttin, vielleicht Isis, Durchgang zur äußeren Halle des Harmachis-Tempels.

Rechts unten: Deckel des anthropoiden Basaltsarkophags des Ptahhotep, Zeitgenosse Darius' I. Aus »Campbell's Tomb« in der Nähe des Chephren-Aufwegs. Oxford, Ashmolean Museum.

Die Hauptgemahlinnen des Königs waren die einzigen Personen, die neben dem König das Privileg einer Grabanlage in Pyramidenform genossen. Diese kleinen Königinnen-Pyramiden liegen meist unmittelbar neben den Königspyramiden. Keinen Oberbau dagegen wies das Grab der Hetepheres, Gattin des Snofru und Mutter des Cheops, auf, das 1925 gefunden wurde. Die Mumie der Königin fehlte jedoch und überhaupt erweckte das Grab den Eindruck einer späteren Zweitbestattung.

Die Große Sphinx

Die Vorstellung der Sphinx, eines Mischwesens aus Menschenhaupt und Löwenleib, kennen wir erst seit der Zeit des Radjedef, des unmittelbaren Vorgängers von Chephren. Die Vollkommenheit, mit der die beiden an sich nicht zueinander passenden Elemente bei der Großen Sphinx auf die riesigen Proportionen übertragen worden sind, erregt Bewunderung, ohne daß der sich hinter dieser Schöpfung verbergende Gedanke vollkommen klar wäre. Der Tempel vor der Sphinx weist gewisse Ähnlichkeiten mit den Sonnenheiligtümern von Abusir und Abu Gurab aus der 5. Dynastie auf, doch die religiösen Vorstellungen, die sich im Alten Reich mit der Sphinx verbanden, kennen wir nicht. Erst ein Jahrtausend danach identifizierten die Ägypter dieses Kolossalbildnis mit Harmachis, »Horus im Horizont«.

Mehrfach in den Jahrtausenden seines Bestehens mußte dieses Bildwerk vom Sand befreit werden. Zum ersten Mal geschah dies wohl unter Tuthmosis IV. im Neuen Reich, der auf einer Stele – »Traumstele« (so genannt, weil der Text über einen Traum des Königs berichtet) – dieses Ereignis festgehalten hat. Sie ist zwischen den Vorderpranken der Sphinx aufgestellt.

Giseh nach dem Ende des Alten Reiches

Mit dem Ende des Alten Reiches waren Gisehs glorreiche Zeiten dahin, in den folgenden 600 Jahren ereignete sich dort nichts von Bedeutung. Erst mit dem erneuten Hervortreten von Memphis (Mit Rahina) im Neuen Reich gewann auch Giseh wieder an Ansehen. Amenophis II. aus der 18. Dynastie errichtete nordöstlich der Großen Sphinx einen kleinen Tempel für Harmachis aus Ziegeln, den Sethos I. erweiterte. Der Platz wurde zu einem Pilgerzentrum, das mehrere Könige und viele andere Menschen mit Votivstelen ausstatteten.

In der 21. Dynastie wurde die Kultkapelle der südlichsten Königinnenpyramiden im Pyramidenbezirk des Cheops in einen Isistempel umgewandelt, wo man »Isis, die Herrin der Pyramide« verehrte. Erweitert wurde dieser Tempel in der 26. Dynastie. Möglicherweise waren es die an diesem Tempel Dienst tuenden Priester, die das Begräbnis des Mykerinos in der Dritten Pyramide wieder in Ordnung brachten.

Abu Roasch

Die nach dem östlich gelegenen Dorf benannte Stätte hat schon zu Beginn der ägyptischen Geschichte einem Verwaltungszentrum als Nekropole gedient. Bei Ausgrabungen wurden Objekte mit den Namen des Aha und Den gefunden. Als König Radjedef mit seiner Pyramidenanlage auf das Plateau in beherrschender Lage ging, wählte er also keinen jungfräulichen Boden für diesen Baukomplex, der das Pyramidenfeld von Giseh nach Norden hin abschließt. Anhand der Reste von Baumaterial ergibt sich, daß die Pyramide teilweise zumindest mit Rosengranit verkleidet werden sollte. Die Gegebenheiten des Terrains und nicht religiöse Erwägungen bedingten, daß der Aufweg nicht wie gewöhnlich von Osten heraufführt, sondern nach 1500 m Länge von Nordosten kommend auf den Totentempel trifft. Da Radjedef nur acht Regierungsjahre beschieden waren, konnte sein Pyramidenbezirk über Anfänge nicht hinaus gedeihen. Die wichtigsten Teile sind ausgegraben worden, doch die Grabkammer hat in der Neuzeit niemand mehr erreicht.

Trotz seiner Unvollständigkeit hat dieser Pyramidenbezirk außergewöhnlich qualitätvolle königliche Skulpturen aus der ersten Hälfte der 4. Dynastie erbracht. Sie bestehen aus dem sehr harten rötlichen Quarzit vom Gebel el-Ahmar (östl. des modernen Kairo). Sie vermitteln uns nicht nur eine Vorstellung vom idealisierten Bildnis des Königs, erhalten ist vielmehr auch eine Sitzfigur mit der Wiedergabe der Radjedef-Königin Chentetka, die kniend das Bein ihres Gatten umfaßt. Dieses Motiv wurde im Bereich der Privatstatuen mit übernommen, doch in der königlichen Plastik nicht wiederholt.

Abu Roasch hat seine kurzfristige Bedeutung unter Radjedef später niemals wieder zurückgewinnen können, doch eine gewisse Bautätigkeit hat es auch hier in späterer Zeit noch gegeben. Nördlich der Pyramide im Wadi Qaren ist das Oberteil einer ausgezeichneten kleinen Statue der Königin Arsinoe II. gefunden worden, der Schwester und Gattin des Königs Ptolemaios II. Philadelphos (3. Jh. v. Chr.).

Oben: Als dieser Alabasterkopf Arsinoës II. 1922–23 während der Ausgrabungen des Französischen Archäologischen Instituts unter F. Bisson de la Roque gefunden wurde, gehörte noch ein nicht minder attraktiver Körper dazu, der heute verschollen ist. Höhe jetzt: 12,2 cm, New York, Metropolitan Museum of Art.

Rechts: Quarzitkopf des Königs Radjedef mit Königskopftuch und Uräus. Besterhaltenes Exemplar unter zahlreichen Fragmenten von mindestens 20 Statuen, die ursprünglich noch bemalt waren. 1900–1901 von E. Chassinat gefunden. Höhe 0,28 m, Paris, Musée du Louvre.

UNTERÄGYPTEN – DAS DELTA

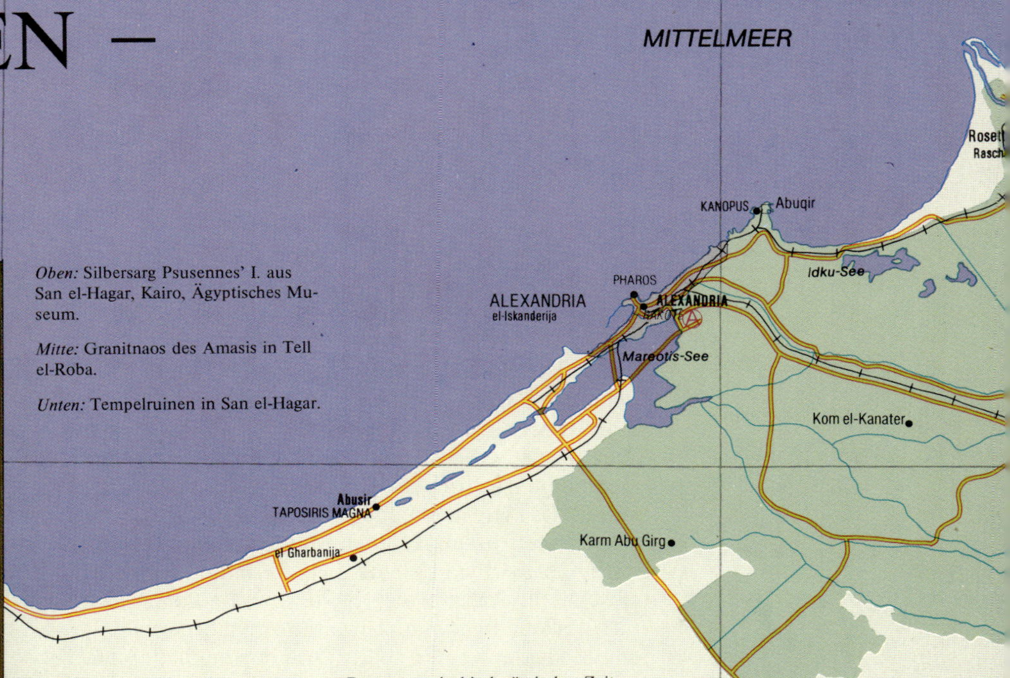

Oben: Silbersarg Psusennes' I. aus San el-Hagar, Kairo, Ägyptisches Museum.

Mitte: Granitnaos des Amasis in Tell el-Roba.

Unten: Tempelruinen in San el-Hagar.

Die älteste Geschichte des Deltagebiets liegt noch tief unter Nilschlammablagerungen verborgen und ist wenig bekannt, doch das hohe Alter seiner Städte und seine wirtschaftliche Bedeutung von früh an sind nicht zu bezweifeln. Das Ostdelta war stets die schwache Stelle Ägyptens, das sich hier mit Vorderasien berührte. Am Ende des Mittleren Reiches fielen von hier aus die Hyksos ein, später war es oft Aufmarschgebiet für ägyptische Feldzüge nach dem Nordosten.

Als die königliche Residenz in der 19. Dynastie nach Pi-Ramesse, in die Ramsesstadt, verlegt wurde, übernahm das Delta die Führungsrolle in ganz Ägypten. Mehrere seiner Stadtfürsten setzten sich in der Dritten Zwischenzeit und in der Spätzeit an die Spitze des ganzen Landes. Unter den Ptolemäern und Römern profitierte das Delta von der Nähe zu den Zentren der klassischen Antike.

Ausim
Denkmäler der Spätzeit

Kom Abu Billu
Frühptolemäischer Tempel der Hathor. Nekropole mit Grabstätten von der 6. Dynastie bis in die ersten nachchristlichen Jahrhunderte.

Kom el-Hisn
Tempel der Sachmet-Hathor aus dem Mittleren Reich und Friedhöfe aus dem Mittleren und Neuen Reich.

Naukratis
Griechische Handelsstadt mit Tempeln für griechische Götter, aber auch für Amun und Toth

Alexandria
Tempel des Serapis (Serapeum) aus der Ptolemäer- und Römerzeit.
Katakomben mit Dekor in Rundplastik und Malerei, z.B. Kom el-Schuqafa.
Zahlreiche Fragmente aus klassisch-antiker Zeit

Abusir (Taposiris Magna)
Unvollendeter ptolemäischer Tempel.
Tiernekropole.

Sa el-Hagar
Kaum sichtbare Reste des Neith-Tempels, viele Objekte in Museen.

Tell el-Faraïn
Drei Ruinenhügel, zwei mit Stadtresten, einer mit Tempelbezirk.

Behbeit el-Hagar
Tempel der Isis aus der Spät- und Ptolemäerzeit.

Tell Atrib
Tempel des Amasis. Stadt, Tempel und Nekropole aus der griechisch-römischen Epoche.
Grab der Königin Tachut.

Tell el-Moqdam
Überreste eines Tempels für Mahes.
Grab der Königin Kamama.

Samannud
Reste des Onuris-Schu-Tempels, Spätzeit und griechisch-römische Epoche

el-Baqlija
Stadt und Tempel für Toth in Tell el-Naqus.
Nekropole mit Ibisfriedhof in Tell el-Sereiki, weitere Ruinen in Tell el-Roba.

Tell el-Roba und Tell el-Timai
Mastabas aus dem Alten Reich. Tempel des Amasis und Widderfriedhof in Tell el-Roba.
Reste aus griechisch-römischer Zeit in Tell el-Timai.

Heliopolis
Tempel des Re und Nebenbauten aus allen Epochen in Tell Hisn. Obelisk Sesostris' I
Gräber der Hohenpriester von Heliopolis aus der 6. Dynastie und Spätzeit.
Gräber des Mnevis-Stiers aus der Ramessidenzeit in Arab el-Tawil.

Tell el-Jahudija
Erdwall aus dem Mittleren Reich oder der Zweiten Zwischenzeit mit Tempel und Palast aus der Ramessidenzeit.
Reste von Stadt und Tempel des Onias.
Friedhöfe aus dem Mittleren Reich und späteren Epochen.

Tell Basta
Tempel für Bastet von Osorkon II. und anderen.
Kleinere Tempel aus der 6., 12., 18. und 22. Dynastie und der griechisch-römischen Epoche.
Tierfriedhöfe, vor allem Katzen.

Saft el-Hinna
Tempelbezirk des Sopdu.

el-Chatana und Qantir
Ruinenstätten mit Siedlungen aus dem Mittleren Reich, der Zweiten Zwischenzeit und Ramessidenzeit.
Reste einer 12. Dynastie-Kapelle in Tell el-Qirqafa.
Tempel des Seth in Tell el-Daba (Auaris ?).
Stadt und Tempel aus dem Mittleren Reich in Esbet Ruschif el-Saghira.
Palast der 19./20. Dynastie in Qantir (Pi-Ramesse, Ramsesstadt ?).
Reste einer Kolossalstatue Ramses' II. in Tell Abu el-Schafia.

Tell Nabascha
Tempelbezirk mit Ramessidentempel für Wadjit und Tempel des Amasis.
Reste der griechisch-römischen Stadt, Friedhof aus der Spätzeit.

San el-Hagar
Tempelbezirk des Amun von Psusennes I. und anderen mit Nebenbauten.
Heiligtum der Mut, errichtet von Siamun, Apries und Ptolemaios IV. Philopator.
Sechs Königsgräber aus der 21. und 22. Dynastie.

Tell el-Maschuta
Tempelbezirk.

Baltim
Lake Burullus
Damiette
Dumjat
Mansala-See
Port Said
el-Balamun
Schirbin
Kom Tennis
el-Mataria
el-Mansala
Tell el-Faraïn
BUTO
PE und DEP, PER WADJIT
Disuq
Kafr el-Scheich
Sacha
XOIS
Dikirnis
Behbeit el-Hagar
ISEUM
HEBIT
el-Mansura
Suez-Kanal
Tell el-Farama
PELUSIUM
el-Bakalija
HERMOPOLIS PARVA
BAH
Tell el-Roba
MENDES
PER-BANEBDJEDET
San el-Hagar
TANIS
DJANET
Tell el-Heir
Migdol
el-Beda
Sa el-Hagar
SAIS
SAU
el-Mahalla el-Kubra
Samannud
SEBENNYTOS
TJEBNUTJER
Abusir
BUSIRIS
Tell el-Timai
THMUIS
ANPET DJEDET
Tell el-Samarra
Tell el-Ginn
Manschijet Abu Omar
Tell Dafana
DAPHNAE
el-Qantara
Tell Abu Sefa
SILE
el-Nigrasch
el-Gieif
NAUKRATIS
el-Simbellawein
Gezira Sangaha
Tell Nabasha
Tell Far^cun, Tell Bedawi
IMET
el-Balamun
Qantir
Tell el-Daba
el-Khatacna
AUARIS
PI-RAMESSE
Raemses
Faqus
PHAKUSSA
Kom el-Hisn
IMAU
Tanta
el-Rubaijin
Kufur Nigm
Horbeit
PHARBAITHOS
Abu Kebir
Kom Hamada
Zifta
Mit Ghamr
Tell el-Moqdam
LEONTOPOLIS
Farascha
Süßwasser-Kanal
Mit Ya^cish
Damiette-Nilarm
Beni Amir
Zagazig
Tell Basta
BUBASTIS
BAST
Wadi Tumilat
Tell el-Maschuta
TJEKU, Pithom
Timsah-See
Schibin el-Kom
Ismailia-Kanal
Tell el-Rataba
Tell el-Sahaba
Saft el-Hinna
PER-SOPDU
Minya el-Qamh
Minuf
Tell Atrib
ATHRIBIS
HUT-HERI-IB, HUT-TA-HERI-IB
Benha
Bilbeis
Kom Abu Billu
TERENUTHIS
Ghita
Großer Bittersee
Merimda Beni Salama
Rosette-Arm
Schibin el-Qunatir
Tell el-Jahudija
LEONTOPOLIS
NAI-TA-HUT
Kabret
Kleiner Bittersee
el-Qatta
Gebel Abu Hassa
Gebel Murr
Suez-Kanal
Ausim
LETOPOLIS
CHEM
Tell Hisn
HELIOPOLIS
IUNU
Arab el-Tawil
el-Matarija
Ard el-Naam
Abu Roasch
KAIRO
Gebel Ahmar
el-Gisa
el-Qahira
Alt-Kairo
BABYLON
Kubri
Qulzum
KLYSMA
Suez
el-Suweis
Giseh
Maadi
Wadi Digla
Tura
Saujet el-Arijan
Abu Ghurab
Abusir
Mit Rahina
MEMPHIS
Helwan
Saqqara
Manschijet Dahschur
Dahschur
Wadi el-Garawi
Masghuna
Dahschur
Umm el-Sawan
Widan el-Faras
Qasr el-Sagha
el-Aijat
el-Lischt
Golf von Suez
Dimai
Kom Auschim
Birket Qarun
MOERIS
FAIJUM
Atfih
Meidum
Seila
Biahmu
Medinet el-Faijum
el-Wasta
Hawara
el-Lahun
el-Lahun
Medinet Madi
Kom Medinet Ghurab
Qarak el-Sultani
Ehnasja el-Medina
Beni Suef

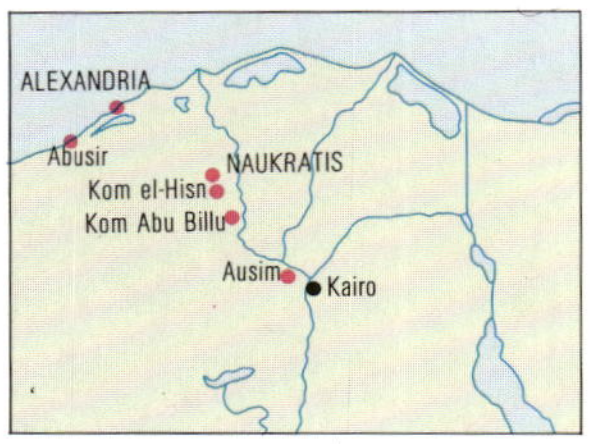

Ausim

Das altägyptische *Chem* (griech. Letopolis), etwa 13 km nordwestlich von Kairo, war die Hauptstadt des 2. unterägyptischen Gaues. Dieser Gau und sein Falkengott Chenti-irti (eine Form des Horus, auch Chenti-Chem genannt, der »Erste von *Chem*«) werden in Texten schon in der 4. Dynastie genannt. Bisher sind allerdings nur Denkmäler aus der Spätzeit gefunden worden, die die Könige Necho II., Psammetich II., Hakoris und Nektanebos I. nennen.

Kom Abu Billu

An der Stelle, wo die Straße vom Wadi Natrun kommend auf den Rosette-Nilarm trifft, liegt die Stadt Tarrana (Kopt. *Terenouti,* griech. Terenuthis). Abgeleitet ist der Name von der Schlangengöttin Renenutet (Termuthis), die wahrscheinlich in dieser Gegend verehrt wurde. Reste eines Tempels und die Nekropole sind auf dem nahegelegenen Kom Abu Billu gefunden worden.

Der Tempel von Kom Abu Billu war »Hathor, Herrin von Mefket« geweiht (die alte Bezeichnung für Tarrana; *mefket* heißt allerdings auch »Türkis«) und wurde 1887–88 von F. Ll. Griffith lokalisiert. Zwar war es nicht möglich, den Grundriß festzustellen, doch Blöcke mit außergewöhnlichen qualitätvollen Hochreliefs stammen von Ptolemaios I. Soter und gehören damit zu den ganz wenigen Kunstwerken, die aus seiner Zeit erhalten geblieben sind, und Ptolemaios II. Philadelphos. Rindergräber in der Nähe sind wohl in Beziehung zum Hathorkult zu sehen.

In der ausgedehnten Nekropole von Kom Abu Billu reichen die Begräbnisse über Jahrtausende hinweg von der 6. Dynastie bis ins 4. nachchristliche Jahrhundert. Tonsärge aus dem Neuen Reich, deren Deckel oftmals grotesk modellierte Gesichter aufweisen, stammen von hier. Berühmt aber ist Kom Abu Billu für eine Denkmälergruppe aus den ersten vier Jahrhunderten n. Chr., die sogen. »Terenuthis«- oder »Kom Abu Billu« -Stelen. Auf diesen Gedenksteinen wird der Tote, meist in unägyptischem Stil, mit erhobenen Armen oder auf einem Bett zurückgelehnt dargestellt. Darunter befindet sich ein kurzer demotischer oder griechischer Text.

Kom el-Hisn

Ein über 500 m sich hinziehender Hügel, heute Kom el-Hisn genannt, birgt die Überreste der altägyptischen Stadt *Imu.* Vom Neuen Reich an lag hier die Hauptstadt des 3. unterägyptischen Gaues, die das frühere, bisher nicht lokalisierte *Hut-ihit* ersetzte.

Am stärksten fällt in Kom el-Hisn der rechteckige Umriß einer Tempelumwallung in den Abmessungen von 115 × 64 m auf. Statuen von Amenemhet III. und Ramses II., die von hier stammen, weisen den Tempel der Sachmet-Hathor zu. Das gesamte Gebiet huldigte der Hathor im besonderen Maße. Südwestlich der Tempelumfassung wurde das Grab des »Vorstehers der Propheten« Chesuwer aus dem Mittleren Reich gefunden. Im Umkreis sind große Friedhöfe aus dem Mittleren und Neuen Reich ausgegraben worden, wobei sich namentlich die männlichen Grabstätten aus dem Mittleren Reich durch reiche Waffenbeigaben, wie Streitäxte, Speere und Dolche auszeichneten.

Oben: Frühptolemäische Reliefs aus Kom Abu Billu: Kuhköpfige Hathor, heute Bolton Museum and Art Gallery, und Ptolemaios I. Soter, heute Oxford, Ashmolean Museum.

Unten: Königskopf, Basalt. Wahrscheinlich Amenemhet III., gefunden im Grab des Chesuwer in Kom el-Hisn, ursprünglich aber vom nahegelegenen Tempel. Die Zuweisung beruht auf der Tatsache, daß in diesem Tempelbereich eine weitere Skulptur Amenemhets III. gefunden wurde. Höhe: 35 cm, Kairo, Ägyptisches Museum.

Naukratis

In der Nähe der heutigen Dörfer el-Gieif, el-Nebira und el-Niqrasch liegt im 5. (saitischen) Gau von Unterägypten die Stätte der antiken griechischen Handelsstadt Naukratis. Griechen – zunächst nur aus Milet – siedelten sich in der 26. Dynastie hier an, und unter Amasis wurde der Stadt das Monopol des Griechenhandels verliehen. Neben mehreren Tempeln für griechische Götter gab es hier auch ein Heiligtum, das wahrscheinlich für Amun und Toth errichtet worden war. Dieser ägyptische Tempel lag im Süden der Stadt. Von all diesen Denkmälern ist heute kaum mehr etwas zu sehen.

Unten: Ausgegrabener Bereich von Naukratis.

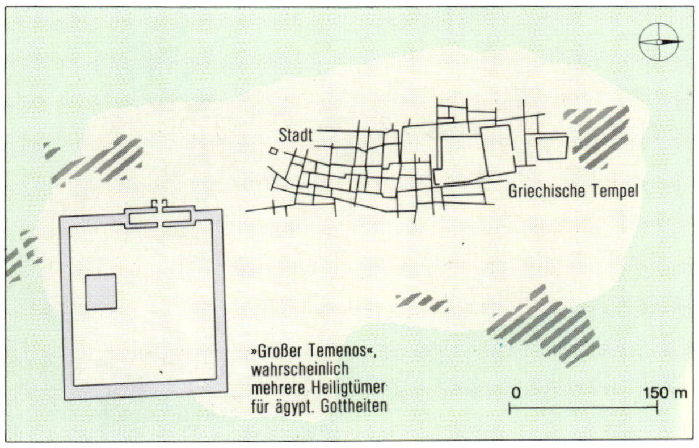

Rechts: Alexandria: Die Nekropolen sind verhältnismäßig gut erhalten, weil sie unterirdisch in den Fels gehauen sind und abseits vom Zentrum liegen. Das eigentliche Stadtgebiet aber ist fast durchgehend besiedelt gewesen und folglich ständig überbaut worden, wobei auch Meereseinbrüche zu verzeichnen sind.

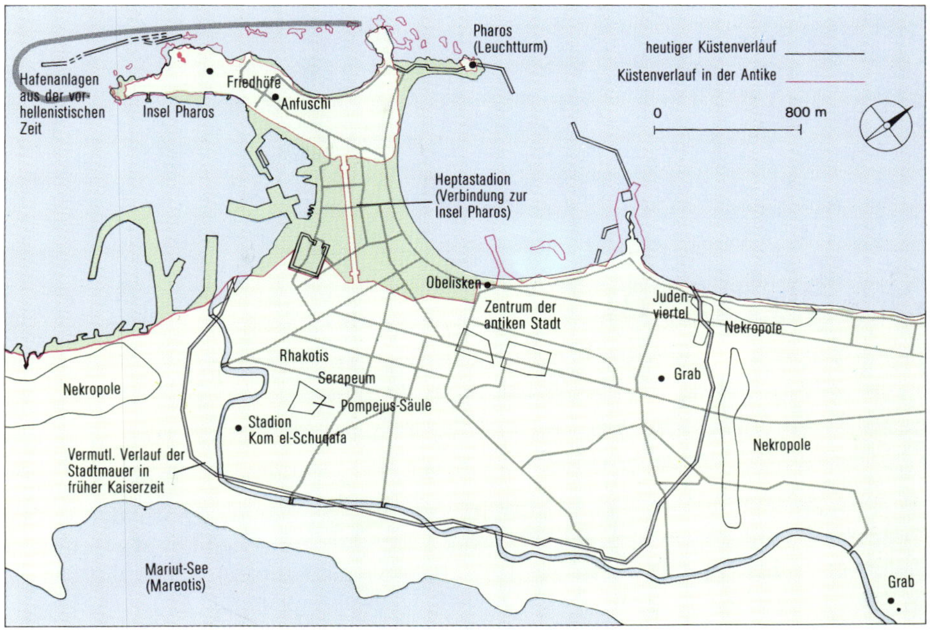

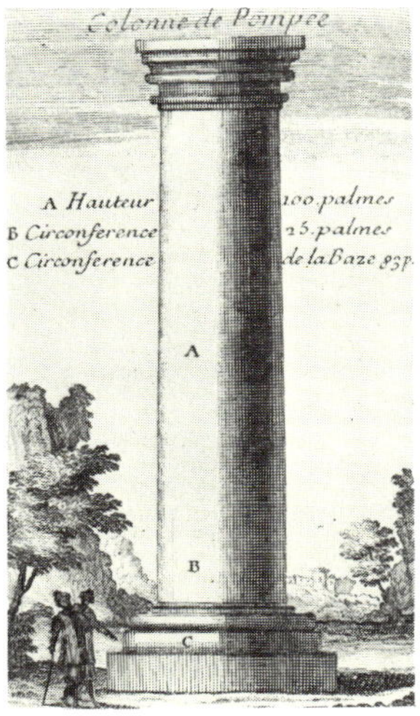

Oben: »Pompejussäule« im Serapeum von Alexandria aus der Zeit des Diokletian. (Aus: Gemelli Careri, *Voyage du tour du monde,* Paris 1719, S. 36.) Auf diesem Stich stimmen nur die Maßangaben, die Proportionen und die Form der Säule entsprechen nicht dem Original. Auch die Landschaftszutaten weisen nach Europa und geben keine Stadt des Vorderen Orients wieder.

Alexandria

Auf Ägyptisch hieß Alexandria »Raqote«, der Name, den auch Ptolemaios I. Soter in einem Text vor seiner Proklamation zum König von Ägypten im Jahre 305 v. Chr. verwendete. Es handelt sich wohl um die Bezeichnung einer ägyptischen Siedlung. Vorptolemäische Mauerreste nördlich und westlich der heute unter Wasser liegenden Insel Pharos sind bisher nicht sicher datiert. Die griechische Bevölkerung Alexandrias nannte einen Stadtteil weiterhin Rhakotis, in dem vorwiegend Ägypter wohnten und wo sich auch einige charakteristische Denkmäler im ägyptischen Stil befanden.

Ein weiteres »Eingeborenen«viertel lag in einem umwallten Bezirk auf Pharos; dort in der Nähe wurden ägyptisierende Gräber der späten Ptolemäerzeit gefunden. In den unteren Bevölkerungsschichten kam es häufig zu Mischehen zwischen Ägyptern und Griechen, im wesentlichen aber war Alexandria eine griechische Stadt, in der jedoch ein buntes Völkergemisch siedelte, wobei die Juden eine der bedeutendsten Gemeinden bildeten. Als wichtigste Stadt und größter Hafen der hellenistischen Welt spielte Alexandria eine hervorragende Rolle in der Verbreitung ägyptischer Gelehrsamkeit in der klassischen Antike.

In Rhakotis lag das berühmte Serapeum, der Tempel des ägyptisch-griechischen Gottes Serapis, der nach Auskunft zweisprachiger Gründungsplaketten von Ptolemaios III. Euergetes I. begonnen wurde. Die heutigen Ruinen, darunter die bekannte »Pompejus-Säule« aus der Zeit des Diokletian, stammen im wesentlichen aus den ersten nachchristlichen Jahrhunderten, doch befindet sich darunter auch ägyptisches Material aus pharaonischer Zeit wie Sphingen und Großplastiken, denen einst die Aufgabe zuteil geworden war, das Szenarium abzurunden. Stücke wie diese und kleinere Objekte wurden über Alexandria auch in römische Serapis- oder Isistempel oder z.B. in die Hadriansvilla in Tivoli (Italien) oder den Diokletianspalast in Split (Jugoslawien) exportiert, um den architektonisch nicht-ägyptischen Bauwerken ägyptisches Flair zu verleihen.

Unweit des Serapeums befinden sich die Katakomben von Kom el-Schuqafa. Die Begräbnisstätten aus dem 1.–2. Jahrh. n. Chr. mit ägyptisierenden Szenen und Dekormotiven sind in den tiefer gelegenen Teilen teilweise noch mit Skulpturen und Reliefschmuck erhalten, in den oberen Teilen sogar mit Resten der Bemalung. Anders als das Grab des Petosiris in Tuna el-Gebel, wo gräzisierende Szenen von ägyptischen Künstlern gearbeitet worden sind, geben die Katakombendarstellungen ägyptische Motive in vereinfachtem klassischem Stil wieder. Für den Isiskult im gesamten Römischen Reich gewannen diese Werke an Bedeutung, wobei sie zunächst neben eigentlich ägyptischen Objekten parallel liefen, um dann schließlich die Oberhand zu gewinnen. Man muß den Ursprung dieses Mischstils wohl in Alexandria suchen.

Rechts: Grabmalerei bei Kom el-Schuqafa in Alexandria, wohl 2. Jahrhundert n. Chr. Neben den klassisch-antiken Ornamenten ist die Hauptszene ägyptisierend mit der geflügelten Sonnenscheibe über einer Mumie auf der Bahre. Am Fuß- und Kopfende Isis und Nephthys in Menschen- und Vogelgestalt. Kairo, Tell el-Moqdam, Tell el-Farain.

Abusir

Ungefähr 45 km westlich von Alexandria ist in Abusir, dem antiken Taposiris Magna, das in ptolemäischer Zeit eine nicht unbedeutende Stadt war, ein unvollendeter Tempel im ägyptischen Stil erhalten. Die Umfassungsmauer besteht nicht wie üblich aus luftgetrockneten Ziegeln, sondern aus Kalkstein, in Ziegelbauweise aufgeführt. Die Ostseite ist in Gestalt eines Eingangspylons gebaut. Ein genaueres Datum läßt sich für die Entstehungszeit dieses Bauwerks nicht ausmachen, da keine Inschriften vorhanden sind.

Eine große Tiernekropole in der Nähe darf als Indiz dafür gelten, daß hier ein bedeutendes Zentrum mit angestammter Bevölkerung bestanden hat.

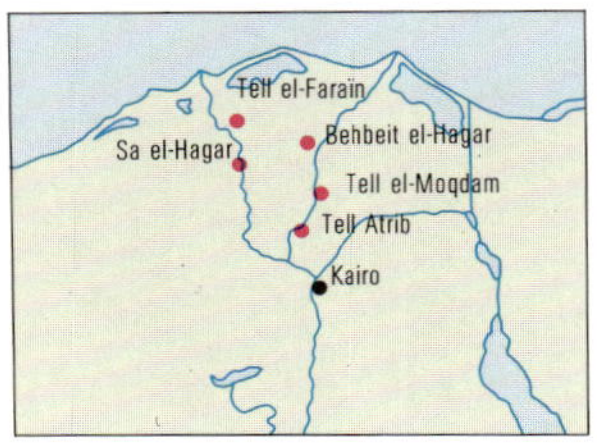

Sa el-Hagar

Das altägyptische *Sau,* später Sais, mit seiner Göttin Neith ist seit den Anfängen der ägyptischen Geschichte bezeugt. Im 5. unterägyptischen Gau, dem bis zur 12. Dynastie auch das Gebiet südlich, der spätere 4. unterägyptische Gau, zugehörte, war Sais die Hauptstadt. Zu politischer Prominenz gelangte der Ort allerdings erst gegen Ende des 8. Jahrhunderts v. Chr., als die ehrgeizigen Lokalfürsten Tefnachte und Bokchoris (24. Dynastie) in Kämpfe mit den Herrschern der 25. (nubischen) Dynastie verwickelt wurden. Hauptstadt des ganzen Landes war Sais in der 26. Dynastie, als es neben Tempeln und königlichen Palästen auch die Gräber der Könige der Saitendynastie beherbergte.

Trotz dieser berühmten Vergangenheit sind außer ein paar vereinzelten Steinblöcken heute keine Denkmäler erhalten. Noch gegen Ende des vorigen Jahrhunderts zeichneten sich die Spuren eines großen Rechtecks (800 × 700 m laut Grundriß bei G. Foucart, 1898) nördlich des Dorfes Sa el-Hagar auf dem rechten Ufer des Rosette-Nilarmes ab. Fünfzig Jahre zuvor, um die Mitte des 19. Jahrhunderts, hielten die Zeichner der Lepsius-Expedition immerhin noch beachtliche Mauerreste fest. Das verhältnismäßig schnelle Verschwinden geht auf *Sebbach*-Gräber zurück: die alten Nilschlammziegel stellen für die Fellachen eine willkommene und billige Düngemittelquelle dar. Das Steinmaterial war bereits im Mittelalter wieder verbaut worden. In den Städten und Dörfern entlang des Rosette-Nilarmes finden sich allenthalben die Spolien aus Sais. Beträchtlich ist die Zahl der Statuen, Stelen, Sarkophage und anderer Objekte in Museen, die laut Inschriften aus Sais stammen. Sie gehören zum überwiegenden Teil in die 26. Dynastie, keines der Denkmäler ist älter als die Dritte Zwischenzeit.

Tell el-Faraïn

Tell el-Faraïn, der »Pharaonenhügel« im 6. unterägyptischen Gau, war das alte Buto (von *Per-Wadjit,* »Haus bzw. Besitztum der Wadjit«, kopt. *Pouto*). In der Überlieferung setzte sich Buto aus den beiden Teilen *Pe* und *Dep* zusammen und war die Heimat der Schlangengöttin Wadjit, Kronen- und Landesgöttin Unterägyptens. Ihre Ergänzung bildete die oberägyptische Geiergöttin mit den Orten *Necheb* (Elkab) und *Nechen* (Kom el-Ahmar). Die »Seelen von Pe«, mit Buto in Zusammenhang stehende falkenköpfige Wesen, sind möglicherweise künstlerische Darstellungen früher Lokalherrscher (unterägyptische Könige) dieses Gebiets.

Tell el-Faraïn besteht eigentlich aus drei Trümmerstätten, zwei mit Siedlungsresten und einem Tempelbezirk. Dies würde der Stadtanlage von Buto entsprechen, doch Grabungen haben bisher keine Ergebnisse erzielt, die im Verhältnis zu Größe und Ruhm des Ortes während der gesamten ägyptischen Geschichte stünden. Abgesehen von einem frühdynastischen Rollsiegel sind Objekte aus der Zeit des allgegenwärtigen Ramses' II. und eine Stiftungsstele aus dem 38. Jahr Scheschonks V. gefunden worden.

Naophor des »Obersten der Ärzte« Psammetichseneb. Die knieende Figur hält einen Naos der Göttin Neith. Diese Basaltstatue war ursprünglich im Tempel der Neith in Sa el-Hagar aufgestellt. Höhe: 63 cm. 26. Dynastie, Rom - Vatikan, Museo Gregoriano Egizio.

Oben: Opferträger aus dem Grab des Harhotpe in Tell el-Faraïn, wohl 30. Dynastie, Kairo, Ägyptisches Museum.

Unten: Die Ruinen von Sa el-Hagar nach einer Zeichnung der Lepsius-Expedition im Jahre 1842.

Unten: Typische Tempelstatue: Djeho, Sohn des Nebanch und der Hetepher. Kniefigur mit einem Naos mit dem Bildnis des Osiris. Schwarzes Hartgestein, Höhe: 54 cm, Ptolemäisch. Die Herkunft ist zwar unbekannt, aber nach der Inschrift stammt die Statue aus Tell Atrib. Lissabon, Stiftung Calouste Gulbenkian.

Frühptolemäisches Granitrelief vom Tempel der Isis in Behbeit el-Hagar. Der König beim Weihrauchopfer vor einem falkenköpfigen Gott mit der Mondscheibe auf dem Kopf, möglicherweise Chons. Szenen zu beiden Seiten bruchstückhaft. Richmond (Va.), Museum of Fine Arts.

Behbeit el-Hagar

Behbeit el-Hagar ist die Stätte eines der bedeutendsten Isistempel im alten Ägypten. Ganz in der Nähe liegt Samannud (das alte Sebennytos), der Herkunftsort der Könige der 30. Dynastie, die den Ruf großer Isisverehrer genossen. Die Gründung des Iseums reichte vielleicht in diese Epoche zurück, möglicherweise wurde aber auch nur ein größerer Tempel anstelle eines noch älteren Bauwerks errichtet. Wie bei vielen Tempeln der Spätzeit wurde auch hier Hartgestein - Granit - verwendet, aber kein Bauwerk dieses Ausmaßes aus Hartgestein ist uns sonst noch soweit erhalten: die Trümmer bedecken eine Fläche von 80 × 55 m in einer Umfassungsmauer, die sich an zwei Seiten noch gut erkennen läßt. Der Tempelbau selbst aber ist entweder infolge von Abtragung oder eines Erdbebens vollkommen zusammengestürzt, der Grundriß wurde bisher nicht festgestellt. Sichtbar ist eine Vielzahl durcheinander liegender Relief- und Architekturblöcke. Dabei sind die Reliefs von Nektanebos I. und II. sowie Ptolemaios II. Philadelphos und Ptolemaios III. Euergetes I. von erstaunlich hoher Qualität, so daß sie in der Feinheit der Ausführung die Reliefs der griechisch-römischen Tempel Oberägyptens übertreffen. Die Reliefkunst dieser Stilrichtung und dieses Materials hat die Vorstellungen der klassischen Antike von Ägypten nachhaltig geprägt. Wurden in der frühkaiserzeitlichen Epoche in Rom Isistempel errichtet, so bediente man sich nicht selten zu ihrer Ausschmückung solcher ägyptischer Denkmäler.

Statue ohne Inschrift, aus Tell Atrib, 12. Dynastie, Granit, Höhe: 63,5 cm, London, British Museum. Kairo, Tell el-Roba, el-Baqlija.

Tell Atrib

Tell Atrib oder Kom el-Atrib nördlich von Benha auf dem rechten Ufer des Damiette-Nilarmes bezieht seinen Namen vom altägyptischen *Hut-heri-ib* (oder *Hut-ta-heri-ib*), kopt. *Athrebi,* griech. *Athribis.* Als Hauptstadt des 10. unterägyptischen Gaus wurde es auch mit dem Namen des *Kem-wer* (»der Große Schwarze«, womit eine Stiergottheit gemeint ist), d. h. der Lokalgottheit und Bezeichnung des Gaues, benannt. In dynastischer Zeit spielte die Krokodils- (auch Falken-) Gottheit Chentechtai eine wichtige Rolle. Nach Auskunft altägyptischer Texte geht die Geschichte von Tell Atrib mindestens bis in die 4. Dynastie zurück, doch die frühesten, durch Grundsteinbeigaben datierten Tempelreste stammen aus der Zeit des Amasis. Stadtreste, weitere Tempel und eine Nekropole aus griechisch-römischer Zeit sind lokalisiert worden. Im ganzen aber wirft die Topographie des kaum durch Ausgrabungen berührten Tell Atrib noch Probleme auf. Vereinzelte Denkmäler aus Tell Atrib oder solche, die aufgrund ihrer Inschriften diesem Ort zuzuweisen sind, belegen die verschiedensten Epochen, reichen aber vor die 12. Dynastie nicht zurück. Wie bei allen Delta-Stätten muß generell immer damit gerechnet werden, daß dort gefundene Denkmäler von anderswo verschleppt sind. Zahlreiche Objekte aus Tell Atrib sind durch die Tätigkeit der *Sebbach*-Gräber zutage gekommen, die dem Tell schon weitgehend geschadet haben. Sie fanden 1924 z. B. ein Versteck mit einem Silberschatz (mehr als 50 kg) aus Amuletten, Ohrringen und Ringen, aber auch Silber in Barrenform aus der 25.–30. Dynastie. Bauern und Arbeiter haben Zufallsfunde gemacht: so wurden die Gräber der Königin Tachut (Gemahlin Psammetichs II.) und einer Frau namens Tadubaste sowie des Peftauamun Tjaiemhorimu aus der Spätzeit, allesamt im Nordteil des Tells, gefunden.

Tell el-Moqdam

Zu den größten durch den Menschen hervorgerufenen Hügeln im Delta zählt auf dem rechten Ufer des Damiette-Nilarmes, 10 km südöstlich von Mit Ghamr, der Tell el-Moqdam. Hier lag in der Ptolemäerzeit die Hauptstadt des 11. unterägyptischen Gaus, das alte Leontopolis. Allem Anschein nach stammte eine Linie des Königshauses der 23. Dynastie von hier, so daß mit königlichen Grabstätten zu rechnen ist. Gefunden wurde bisher allerdings nur das Grab der Königin Kamama, der Mutter Osorkons IV.

Der Tempel des lokalen Löwengottes Mahes (griech. Miysis) im östlichen Bereich der Ruinenstätte erlitt das

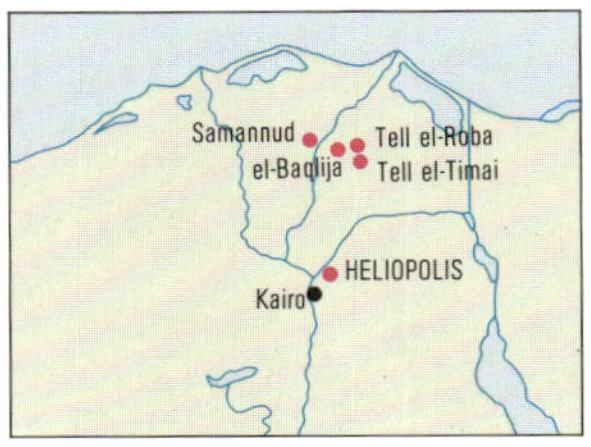

gleiche Schicksal wie die meisten Bauwerke dieser Art im Delta: die Steinblöcke wurden entfernt und wieder verbaut, so daß nicht einmal die Datierung des Bauwerks feststeht. Vom benachbarten Tell Mit Jaïsch stammt Material aus der 22. Dynastie (Stele Osorkons III.) und aus der Ptolemäerzeit.

Denkmäler aus älterer Zeit erwiesen sich als usurpiert (vor allem Statuen) von späteren Herrschern und zudem wahrscheinlich vom ursprünglichen Aufstellungsort verschleppt. In Tell el-Moqdam trifft dies sicher zu auf eine Statue des Königs Nehesi (14. oder 13. Dynastie), die von Merneptah usurpiert wurde, sowie auf Statuen Sesostris' III. Eine beträchtliche Anzahl von Stücken, vor allem Statuetten von Löwen aus Bronze und anderem Material, in der ehemaligen Privatsammlung D. M. Fouquet, die 1922 aufgelöst wurde, kamen aus Tell el-Moqdam.

Es gibt nur wenige Stücke, die bei regulären wissenschaftlichen Grabungen gefunden wurden, doch muß die Herkunft anderer (aus dem Zeitalter Ramses II. oder aus noch früherer Zeit) aufgrund der Urschriften oder anderer Indizien als gesichert gelten.

Oben: Bronzeeinlage in Gestalt des dem Gott Mahes heiligen Löwen, ursprünglich wohl Teil eines Kultgerätes im Tempel. Frühptolemäisch, aus Tell el-Moqdam, Höhe: 14,7 cm. Früher in der Sammlung Fouquet, heute im Brooklyn Museum (N. Y.).

Samannud

Gegen Ende der pharaonischen Zeit spielte auch die Hauptstadt im 12. unterägyptischen Gau, das heute auf dem linken Ufer des Damiette-Nilarmes gelegene, griechisch *Sebennytos* genannte *Tjebnutjer* (kopt. *Djebenoute* oder *Djebemnouti*) eine gewisse Rolle. Nach Manetho, der selbst aus Sebennytos kam, stammten die Könige der 30. Dynastie von hier. Ein Hügel westlich der modernen Stadt birgt den Tempel des Lokalgottes Onuris-Schu. Auf den Granitblöcken sind Nektanebos II., Alexander IV. Philippos Arrhidaios und Ptolemaios II. Philadelphos inschriftlich belegt. Aber auch für zeitlich ältere Denkmäler wird Samannud oder Umgebung als Herkunftsort genannt: so für eine Scheintür eines gewissen Sesni aus dem Alten Reich, für einen Altar Amenemhets I., für eine Psammetich I. zudatierte Statue, das Fragment eines Schreines des Nepherites (wahrscheinlich I.) und für Plastiken aus der Regierungszeit des Nektanebos I.

el-Baqlija

Südlich des heutigen Dorfes el-Baqlija bezeichnen drei niedrige, nur wenige Meter über das bebaute Land hochragende Erhebungen die Stätte des alten *Bah* (Hermopolis Parva der griechisch-römischen Epoche), Hauptstadt des 15. unterägyptischen Gaues. Der Tell el-Naqus bedeckt wohl die antike Stadt und den Tempel des Lokalgottes Toth. Umrisse eines ummauerten Bezirks von 350 × 384 m sind erkennbar, doch innerhalb dieses Bereichs sind nur wenige Überreste erhalten. Unter den Granitblöcken außerhalb der Umfriedung befindet sich auch das umgekehrt liegende und darum glockenartig

Unten links: Personifikationen, die den Reichtum des Landes verkörpern, bringen im Namen Nektanebos' II. dem Gott Onuris-Schu symbolisch die Güter des Landes dar. Granitrelief vom Tempel in Samannud, Baltimore (Md.) Walters Art Gallery.

Unten: Nachthorheb, auch Nachthormenheb genannt, war ein Zeitgenosse Psammetichs II. Allein sechs Statuen sind von ihm an verschiedenen Orten im Delta aufgestellt worden, sein Sarkophag wurde in Sa el-Hagar gefunden. Die Kniefigur aus Sandstein, 1,48 m hoch, stammt möglicherweise aus el-Baqlija. Paris, Musée du Louvre.

Mastaba-Gräber und Häuser, ausgegraben vom Team des Institute of Fine Arts of New York University in Tell el-Roba im Jahre 1977.

wirkende Kapitell einer Papyrussäule, das dem Tell zu seinem Namen »Glockenhügel« verholfen hat. Die zur Stadt gehörige Nekropole einschließlich eines Ibisfriedhofs befindet sich wohl an der Stelle des Tell el-Sereiki.

Darüber hinaus stammen von hier ein monolithischer Naos (Schrein) aus Quarzit mit einer Weihinschrift des Apries an Toth, eine Granitstatue Nektanebos' I., Reliefblöcke aus der Zeit Psammetichs I. und Nektanebos' I. sowie das Fragment eines Basaltsarkophags eines gewissen Ahmose aus der 26. Dynastie. Erst in jüngster Vergangenheit ist eine weitere Nektanebos-Statue entdeckt worden, und 1970 kam das bisher älteste Stück zutage: eine Würfelhockerstatue aus Granit, die einen Schreiber namens Nehesi, einen Zeitgenossen Ramses' II., darstellt.

Der Gutsverwalter Tetu, Sohn des Nachti: In der auf der Vorderseite des Schurzes angebrachten Inschrift – mit der Gebetsformel *hetep-di-nisut* beginnend – wird »Atum – der Herr von Heliopolis« angerufen. Damit ist auf den wahrscheinlichen Herkunftsort der 27 cm hohen Statuette hingewiesen. Granit, Berlin-Charlottenburg, Ägyptisches Museum.

Tell el-Roba und Tell el-Timai (Tmai)

Zwei Ruinenhügel, die einige hundert Meter auseinander liegen und sich nordwestlich der modernen Stadt el-Simbellawein in der Deltamitte befinden, waren hintereinander Hauptstadt des 16. unterägyptischen Gaues: der nördliche Tell el-Roba (altägypt. *Per-ba-neb-djedet* »Haus, bzw. Besitz des Bocks, Herrn von *Djedet*«, griech. Mendes) wurde in griechisch-römischer Zeit abgelöst durch den südlichen Tell el-Timai (griech. Thmuis). Frühere Namen für Tell el-Roba waren *Anpet* und *Djedet*. Ursprünglich hatte die Fischgöttin Hatmehit als Lokalgottheit eine führende Rolle gespielt, doch in dynastischer Zeit hatte sich der »Bock (*Ba*) von Mendes (*Djedet*)« in den Vordergrund geschoben. Im nordwestlichen Bereich sind noch die riesigen Sarkophage zu sehen, in denen die heiligen Widder in der Nekropole beigesetzt waren.

In altägyptischen Texten wird der Gau von Mendes schon in der 4. Dynastie erwähnt, die ältesten Denkmäler, die in Tell el-Roba gefunden wurden, sind Gräber aus dem späten Alten Reich. Vereinzelte Denkmäler mit der Erwähnung von Ramessidenkönigen wie Ramses II., Merneptah und Ramses III. lassen einen Tempelbau aus dieser Epoche vermuten, doch davon ist bisher nichts gefunden worden. Anhand von Grundsteinbeigaben ist erst ein Tempelbau von Amasis belegt, und der fast 8 m hohe monolithische Granitnaos, der das Tempelareal beherrschend überragt, stammt ebenfalls von diesem König der 26. Dynastie. Abgesehen von der unvollständig erhaltenen Umwallung sind jedoch Reste dieses Tempels ebenso wenig gefunden worden wie etwa Fragmente von Reliefblöcken. Am Ende der Spätzeit erst erreichte Tell el-Roba seine Glanzzeit, als die Könige der 29. Dynastie, die angeblich von hier stammten, ihre Heimatstadt wohl sogar zur königlichen Residenz und Hauptstadt des Landes erkoren.

Tell el-Timai, wietgehend zu Sebbach verarbeitet, weist immerhin noch Ziegelbaureste aus der griechisch-römischen Epoche auf.

Heliopolis

Das altägyptische *Iunu* (kopt. und in der Bibel *On*), im 13. unterägyptischen Gau Hauptstadt, ist in und um Tell Hisn, nordwestlich des heutigen el-Matarija, zu suchen und praktisch eine Vorstadt von Kairo (nördl. von Masr el-Gedida). Die Tempel des Sonnengottes Re, Re-Atum oder Re-Harachte von Heliopolis hatten einst zu den nicht nur wirtschaftlich, sondern auch dogmatisch wichtigsten religiösen Institutionen Ägyptens gehört. Die heliopolitanische Lehre mit ihrem Schöpfergott Atum und dem Sonnengott Re (daher der griechische Name Heliopolis, von *helios* – Sonne) im Mittelpunkt hat nicht nur Religionsgeschichte in Ägypten gemacht, sondern vor allem auch politische Geschichte. Als Erscheinungsformen des Gottes wurden hier der Benu-Vogel (Phönix) und der Mnevis-Stier verehrt, als weibliche Pendants Hathor, die »Herrin von Hetepet«, und Jusas.

Trotz dieser hervorragenden Bedeutung der Stadt über die Jahrtausende hinweg sind außer einem Obelisken Sesostris' I. kaum noch Denkmäler in Heliopolis zu sehen. Durch die Nähe Kairos sind schon früh die Tempelblöcke als Spolien wieder verbaut worden, und da der Boden entweder landwirtschaftlich genutzt wird oder überbaut ist, können die Archäologen hier nicht tätig werden. Der Haupttempel und möglicherweise auch die Stadt – der Tell Hisn – waren von einer doppelten Stadtmauer aus Ziegeln umgeben. Das Areal wird auf 1100 × 475 m geschätzt, doch die Topographie des Ortes und die Geschichte seiner Bauten sind weitgehend ungeklärt. Denkmäler – Statuen, Reliefs, Obelisken, Opfertafeln usw. – von der 3. Dynastie bis in die Ptolemäerzeit sind zur Genüge bekannt. Allerdings haben auch Ausgrabungen, namentlich in den letzten Jahren, zu Erkenntnissen über Heliopolis beigetragen. So sind mehrere Tempel von Königen des Neuen Reiches gesichert: von Amenophis III. (wiederhergestellt von Ramses II.), Sethos I., Ramses II. und Ramses IX. sowie Merneptah. Es bleibt noch endgültig zu erforschen, ob man hier getrennte Tempel zu denken hat, die dem großen Re-Tempel angeschlossen gewe-

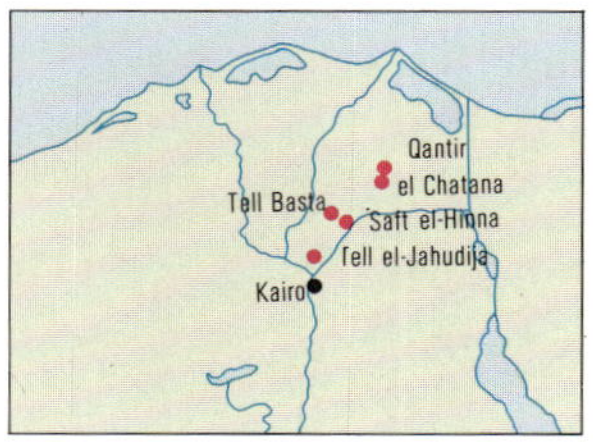

sen waren (derartige Tempel hat es in Heliopolis während des Neuen Reichs nicht weniger als zehn gegeben), oder ob es sich um Teile des Re-Tempels selbst gehandelt hat.

In der Nähe der Südostecke des ummauerten Bezirks sind Gräber der Hohenpriester von Heliopolis aus der 6. Dynastie lokalisiert worden, im Abstand von etwa 550 m vom Obelisken Sesostris' I. in südöstlicher Richtung. Im Abstand von etwa 950 m in gleicher Richtung, in el-Matarija, sind Gräber aus der Spätzeit zutage gekommen, während etwa 3 km entfernt, in Ard el-Naam (der »Straussenfarm«), Objekte gefunden wurden, die auf weitere existierende Gräber aus der Ramessidenzeit und späteren Epochen schließen lassen.

Begräbnisse des Mnevis-Stiers; vorwiegend aus der Ramessidenzeit, wurden in einer Entfernung von 1,3 km nordöstlich des Obelisken in Arab el-Tawil entdeckt.

Tell el-Jahudija

2 km südöstlich des Dorfes Schibin el-Qanatir, im ehemals 13. (heliopolitanischen) unterägyptischen Gau liegt an der Stelle des Tell el-Jahudija (»Judenhügel«) die Ruinenstätte des altägyptischen *Nai-ta-hut*, das griechische Leontopolis.

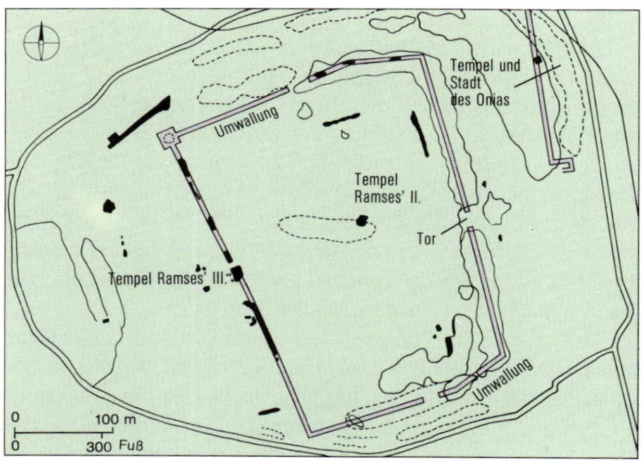

Am deutlichsten zeichnet sich ein rechteckiger Erdwall ab, der zugleich die meisten Rätsel aufgibt: das sogen. »Hyksos-Lager«. Der 515 × 490 m messende Bezirk wird im allgemeinen als Festungsanlage gedeutet und in das ausgehende Mittlere Reich oder die Zweite Zwischenzeit datiert. Da es keine rechten ägyptischen Parallelen für derart massive Verteidigungswälle gibt, die nach innen fast senkrecht abfallen und nach außen glacisartig geböscht sind, hat man außerhalb Ägyptens nach den Erbauern dieser Anlage gesucht, wobei man auf Vorderasiaten, die in der Hyksoszeit eingedrungen waren, verfiel. Es muß sich jedoch keineswegs zwangsweise um eine militärische Anlage handeln, vielmehr besteht auch die Möglichkeit eines Bauwerks zu religiösen Zwecken.

Im Nordostteil der Umwallung sind Kolossalstatuen Ramses' II. gefunden worden, wahrscheinlich hat in dieser Zeit hier ein Tempel gestanden. Im Westteil hat sich

Unten: Kleine polychrome Fayence-Kacheln mit der Darstellung von Lotusblüten, wahrscheinlich vom Tempelpalast Ramses' III. in Tell el-Jahudija, Brooklyn Museum (N.Y.).

ein Tempel Ramses' III. gefunden. Aus diesem Bereich stammen Fayencekacheln mit Rosetten, *Rechit*-Vögel – Symbole der Untertanen des Königs –, Kartuschen mit dem Namen des Königs und Gefangenendarstellungen, ferner architektonische Zierteile, die wohl zu einem Tempelpalast gehörten und heute verschiedene Museumssammlungen bereichern.

Außerhalb der Umwallung an der Nordostecke gibt es noch Reste eines Tempels und der Stadt, die der exilierte jüdische Priester Onias mit königlicher Erlaubnis unter Ptolemaios VI. Philometor für sich und Gleichgesinnte anlegte. Die Siedlung hatte ihr gutes Auskommen über mehr als 200 Jahre hinweg, bis Vespasian im Jahre 71 n.Chr. den Tempel schließen ließ.

Östlich der Umwallung erstrecken sich einige Friedhöfe aus verschiedenen Zeitperioden; die ältesten gehen zurück bis auf das Mittlere Reich.

Oben: Obelisk Sesostris I. in Heliopolis, Granit, Höhe: etwa 20 m.

Tell Basta

In der Spätzeit war die Hauptstadt des 18. unterägyptischen Gaus Bubastis, das altägyptische *Per-Bastet* (Haus bzw. Besitztum der Bastet), die Stadt der Löwengöttin Bastet. Das griechisch überlieferte Bubastis lag im Gebiet des heutigen Tell Basta, südöstlich von Sagasig. Zu Bedeutung war die Stadt aber schon viel früher gelangt, teilweise weil sie an strategisch wichtiger Stelle an den Verbindungswegen von Memphis nach dem Sinai (über das Wadi Tumilat) und nach Vorderasien lag. Ihren Höhepunkt an politischer Einflußnahme erreichte die Stadt in der 22. Dynastie, als die Könige aus ihrer Mitte kamen, der Verfall vollzog sich in den ersten nachchristlichen Jahrhunderten.

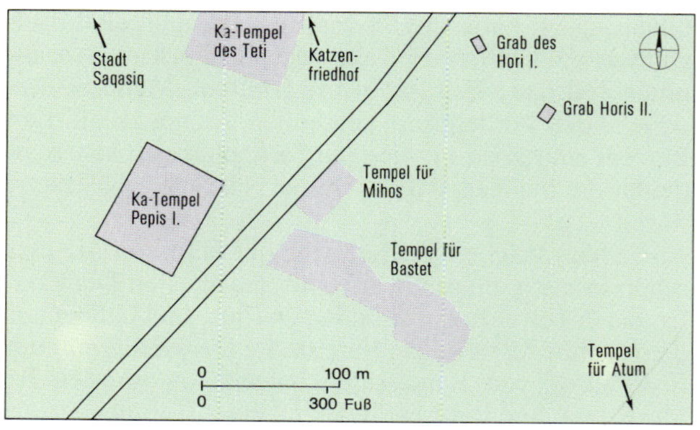

Rechts: Bronzefigur einer Katze, des heiligen Tieres der Göttin Bastet von Bubastis (Tell Basta). Oxford, Ashmolean Museum.

Oben: Krug aus Silber mit goldenem Henkel in Form einer Ziege. Aus einem Gold- und Silberschatz mit Gefäßen und Schmuck, 19. Dynastie. 1906 in Tell Basta gefunden. Höhe: 16,8 cm, Gewicht: 602 g, Kairo, Ägyptisches Museum.

Rechts außen: Bronzebüste eines Königs, wahrscheinlich aus Qantir. Die Zuweisung an Ramses II. trifft sicher nicht zu, das Stück dürfte wesentlich später entstanden sein. Höhe: 36 cm. Hildesheim, Römer und Pelizäus-Museum.

Unten: Vollendung in Form und Oberflächenbearbeitung, selbst der fragmentarische Zustand der Skulptur ändert nichts an dem Eindruck absoluter Perfektion: Nektanebos I., aus Saft el-Hinna, Granit, Höhe: 67 cm, London, British Museum.

Bei Ausgrabungen zwischen 1887 und 1889 durch E. Naville konnte der der Bastet geweihte Tempel von 200 oder 300 m Länge nur in Teilen rekonstruiert werden: eine Eingangshalle Osorkons II., die *Sed*-Fest-Halle und der Säulensaal Osorkons III. und ein Saal Nektanebos' II. lassen sich unterscheiden. Um die Mitte des 5. vorchristlichen Jahrhunderts wird die Lage des Tempels von Herodot beschrieben. Danach befand er sich auf einer Insel mit zwei Kanälen zu seinen Seiten und lag tiefer inmitten der Stadt. Diese Angaben sind durch die Grabungen bestätigt worden, allerdings wären die Kanäle besser als zwei Arme eines heiligen Sees zu bezeichnen.

An weiteren Bauwerken in Tell Basta wären die *Ka*-Tempel Tetis (108 × 50 m, etwa 250 m nordwestlich des Bastet-Tempels) und Pepis I. zu nennen, Sed-Fest-Kapellen von Amenemhet III. und Amenophis III., ein Atumtempel von Osorkon II., ein Tempel für Mahes, dem als Sohn der Bastet geltenden Löwengott, von Osorkon III. gestiftet, und ein Tempel aus römischer Zeit.

Daneben sind in Tell Basta die Gräber hoher Beamter gefunden worden, so des Wesirs Inti aus der 19. Dynastie, und zweier Vizekönige von Kusch namens Hori aus dem Ende der 19. und dem Beginn der 20. Dynastie, die einander als Vater und Sohn im Amt folgten. Nicht unerwähnt seien ausgedehnte Tiernekropolen, vor allem Katzenfriedhöfe (zu Ehren der Bastet), die seit der Dritten Zwischenzeit nachweisbar sind. Erst vor kurzer Zeit wurden Objekte entdeckt, die auf das Alte Reich datiert werden und auf Grabanlagen aus jener Zeit hindeuten.

Saft el-Hinna

Das Dorf Saft el-Hinna östlich von Sagasig liegt an der Stätte des antiken *Per-Sopdu* (Haus bzw. Besitztum des Soped), der früheren Hauptstadt des 20. unterägyptischen Gaus. 1885 grub E. Naville teilweise die Ziegelumwallung des lokalen Tempels mit den Abmessungen 75 m (oder mehr) × 40 m aus. Außerdem legte er eine Reihe von Basaltblöcken ohne Inschriften frei. Darüber hinaus sind noch einige wenige beschriftete Denkmäler aus Saft el-Hinna bekannt wie z.B. Fragmente einer Statue Ramses' II. und ein Granitschrein für Soped, den Nektanebos I. stiftete.

Das Gebiet el-Chatana/Qantir

Die Dörfer el-Chatana und Qantir liegen 6 bzw. 9 km nördlich von Faqus im Nordostdelta. Alle Anzeichen sprechen dafür, daß einige Sanderhebungen in diesem Gebiet Siedlungsreste aus dem Mittleren Reich, der Zweiten Zwischenzeit und der Ramessidenzeit bergen. Die Hyksos-Stadt Auaris, Pi-Ramesse, die Deltaresidenz der Ramessiden und das Raamses des Exodus sind in dieser Gegend zu suchen.

Die größte Bedeutung im Süden bei el-Chatana kommt dem Tell el-Qirqafa zu, wo die Reste eines Granittores zu einer mit Säulen ausgestatteten Kapelle Amenemhets I. und Sesostris' III. gefunden worden sind.

Tell el-Daba weiter östlich hat Statuen der Königin Nefrusobek und des Königs Hornedjheritef (Hetepibre) aus der 12. und 13. Dynastie erbracht. Unter der 15. (Hyksos)-

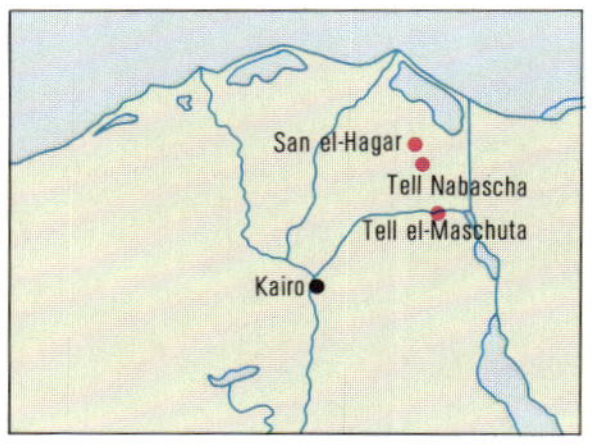

Dynastie erlebte Tell el-Daba die Zuwanderung einer großen Anzahl von Ausländern aus Vorderasien. Nach einer Unterbrechung während der 18. Dynastie sind dann erneute Bautätigkeit unter Haremhab und den Ramessiden nachzuweisen, darunter eine Tempelanlage (180 × 140 m) zu Ehren - möglicherweise - des Seth.

In den zwanziger Jahren unseres Jahrhunderts wurden bei Qantir Kacheln gefunden und darauf folgende Grabungen bestätigten, daß die mit floralen Mustern, Fischen, Enten und Pflanzen verzierten Fayencen von einem Palast der 19./20. Dynastie stammen mußten; denn sie trugen z.B. die Namen von Sethos I. und Ramses II. Zugleich stammen Stelen, Statuen und auch Blöcke von Türstürzen aus diesem Gebiet.

In Tell Abu el-Schafia nördlich von Qantir ist die Basis einer kolossalen Sitzfigur Ramses' II. erhalten, die möglicherweise zu einem Tempel gehört hat, so daß dessen Lage damit angezeigt wäre.

Tell Nabascha

Einen ausgedehnten Hügel über 1,5 km stellt im Nordostdelta das alte *Imet* dar. Im Neuen Reich lag hier die Hauptstadt eines Distrikts, der dann in den 18. (Hauptstadt Bubastis) und 19. (Hauptstadt Tanis) unterägyptischen Gau aufgeteilt wurde. Die moderne Bezeichnung lautet Tell Nabascha, Tell Faraun oder Tell Bedawi. Die Umrisse einer aus Ziegeln errichteten Tempelumwallung der Göttin Wadjit mit 215 × 205 m im Geviert sind noch erkennbar. Hier hat es mindestens zwei Tempel gegeben. Der größere (65 × 30 m) von Osten her war möglicherweise von den Ramessiden errichtet worden (Ramses II. und weitere Könige dieses Namens). Sphingen aus dem Mittleren Reich, von späteren Herrschern usurpiert, die hier gefunden wurden, stammen höchstwahrscheinlich von anderen Stätten. Der kleinere Tempel (30 × 15 m) nahe der Nordostecke des früheren Bauwerks ist mit seiner Hauptachse nach Norden ausgerichtet und wurde laut Grundsteinbeigaben von Amasis gestiftet. An dieser Stelle wurden ebenfalls wiederverwendete Denkmäler aus dem Mittleren Reich sichergestellt. Südöstlich des Tempelbezirks sind die Überreste einer Stadt aus der griechisch-römischen Epoche nachgewiesen worden, und in der Ebene weiter östlich wurde ein Friedhof überwiegend aus der Spätzeit geortet.

San el-Hagar

Das im Nordostdelta gelegene altägyptische *Djanet* (griech. Tanis, heute San el-Hagar) war die Residenz und Begräbnisstätte der Könige der 21. und 22. Dynastie, in der Spätzeit dann die Hauptstadt des 19. unterägyptischen Gaus. Nach dem heutigen Stand der archäologischen Kenntnis handelt es sich um die eindrucksvollste und ausgedehnteste antike Ruinenstätte im Delta. Bei der Interpretation der Ruinen von Tanis lassen sich die Probleme gleichsam in komprimierter Form aufzeigen, die für alle Fundstätten im Delta gelten. Die wichtigsten Ausgräber von San el-Hagar waren A. Mariette in der zweiten Hälfte des vorigen Jahrhunderts, W.M. Flinders Petrie (1883–86) und P. Montet (1929–51).

Eine Ziegelumwallung von 430 × 370 m ist das hervorspringende Element von San el-Hagar. Die Mauern erwiesen sich als 15 m dick und vielleicht 10 m hoch. Im Innern dieses Bezirks liegt eine zweite Umfassungsmauer aus gestempelten Ziegeln aus der Zeit Psusennes' I., und darin stand der große Tempel des Amun. Der Tempelbereich ist heute eine Trümmerstätte mit einer Fülle von Blöcken mit Inschriften und Darstellungen, Säulen, Obelisken und Statuen aus den verschiedensten Epochen. Königsnamen aus dem Alten und Mittleren Reich wie Cheops, Chephren, Teti, Pepi I., Pepi II. und Sesostris I. sind hier belegt. Der überwiegende Anteil der inschriftlich datierten Denkmäler aber bezieht sich auf Ramses II., so daß P. Montet, zweifellos der größte Experte für die Tanis-Monumente, diese Fundstätte mit dem altägyptischen Pi-Ramesse, der Deltahauptstadt der Ramessiden, gleichsetzte. Dagegen ließ sich bisher keines der ausgegrabenen Bauwerke in die Zeit vor Psusennes I. in der 21. Dynastie setzen, so daß nur der Schluß übrig bleibt, daß die ramessidischen Denkmäler von woanders hierher verschleppt worden sein müssen. Teilweise wurden sie als Baumaterial verwendet, wie das im Delta üblich war und wo einzelne solcher Spolien zum Teil über weite Entfer-

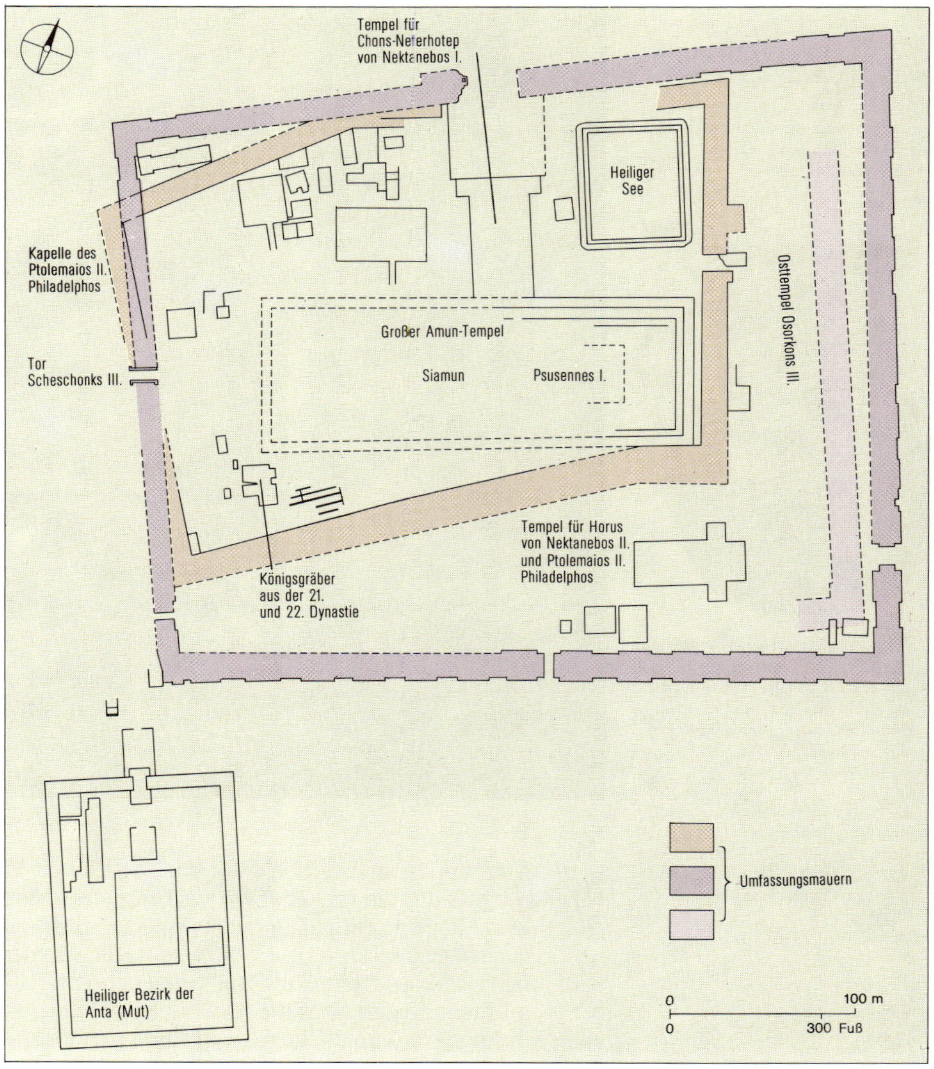

Oben: San el-Hagar.

Unten: Überlebensgroße Sitzfigur Ramses' II., aus Tell Nabascha, Granit, Höhe: 2,02 m, Boston (Mass.) Museum of Fine Arts.

Die personifizierte Brutalität? Es gibt gewiß nicht viele altägyptische Bildwerke, die eine ähnlich gebieterische und furchteinflößende Wirkung ausstrahlten wie diese Mähnensphinx. Ursprünglich für einen König der 12. Dynastie - vielleicht Amenemhet III. - gearbeitet, wurde das imposante Stück von mehreren Königen usurpiert: Ramses II., Merneptah und Psusennes I. ließen ihre Namen einmeißeln. Die Sphinx hat mehrmals den Standort gewechselt, bevor der zuletzt genannte König sie in San el-Hagar aufstellen ließ. Granit, Länge: 2,25 m, Kairo, Ägyptisches Museum.

nungen hinweg »reisten«, manche hatten wohl auch zur Ausschmückung der neuen Tempel gedient.

Durch Grundsteinbeigaben vom Sanktuar im östlichsten Teil des großen Tempels ist Psusennes I. mit Sicherheit nachgewiesen.Siamun leistete dann ebenfalls seinen Beitrag, vielleicht fügte er einen Pylon und einen Hof (den zweiten von außen) hinzu, während Osorkon III. (auch durch Grundsteinbeigaben sicher belegt) die Gesamtkonzeption des Tempels mit einem weiteren Pylon und Hof (dem ersten von außen) verwirklichte. Scheschonk III. errichtete ein Tor in der Umfassungsmauer, durch das man sich dem ersten Pylon nähert. Als späterer Königsname ist noch der des Nektanebos I. in San el-Hagar verläßlich bezeugt. Er nahm hier wohl Ausbesserungsarbeiten vor.

Neben dem großen Tempel gab es noch kleinere Bauwerke innerhalb der inneren Umfassungsmauer. Als Nektanebos I. einen heiligen See und einen Tempel für Chons-Neferhotep anlegte, verwendete er Blöcke mit den Namen von Scheschonk V. (von der Sedfest-Kapelle) und Psammetich I. Außerhalb der Umfassungsmauer gab es eine Kapelle von Ptolemaios II. Philadelphos.

Zu den Königen, die zwischen den beiden Umwallungen bauten, gehören Osorkon III. (der sogen. Osttempel), Nektanebos II. und Ptolemaios II. Philadelphos (Tempel des Horus). Außerhalb der äußeren Umfassungsmauer, nahe der Südwestecke, gab es einen heiligen Bezirk für Anta (Mut), errichtet von Siamun und Apries und erneuert von Ptolemaios IV. Philopator.

1939 entdeckte P. Montet nahe der Südwestecke des großen Tempels innerhalb der inneren Umfassungsmauer Königsgräber aus der 21. und 22. Dynastie. Die Anlage von Gräbern innerhalb eines Tempelbezirks ist charakteristisch für die Dritte Zwischenzeit; bedingt wurde diese Sitte zweifellos durch die unsicheren politischen Verhältnisse im Lande. Sechs Gräber fand man in San el-Hagar, die Psusennes I., Amenemope, Osorkon III. und Scheschonk III. gehört hatten, zwei weitere sind namentlich nicht zuweisbar. Oberbauten hat es bei diesen Gräbern entweder nicht gegeben, oder sie sind abgetragen, jedenfalls hat man keine gefunden. Die unterirdischen Räume aus Kalksteinblöcken, Granit oder Ziegeln waren durch einen Schacht zu erreichen. Die Grabwände Psusennes' I., Osorkons III. und Scheschonks III. zierten Reliefs und Inschriften. In einigen Gräbern hatten mehrere Bestattungen stattgefunden, die Granitsarkophage waren bisweilen usurpiert worden. So fand man auch Teile weiterer königlicher Begräbnisse: in der Anlage Osorkons III. wurde der Sarkophag von Takelotis II. entdeckt, während das Grab Psusennes' I. den mit einem Falkenkopf verzierten Silbersarg Scheschonks II. barg, und Sarkophag und Sarg des Amenemope befanden sich im Grab Psusennes' I.. Silbersärge, goldene Mumienmasken und Schmuck, darunter Pektorale, Armbänder und Halskragen, bildeten die spektakulärsten Fundstücke. Außer dem Grab des Tutanchamun sind die Königsgräber von San el-Hagar die einzigen königlichen Bestattungen, die im wesentlichen intakt aufgefunden worden sind.

Tell el-Maschuta

1883 grub E. Naville einen 210 × 210 m messenden, von einer Ziegelmauer umgebenen Bezirk mit einem Tempel in Tell el-Maschuta im Wadi Tumilat aus. In der Spätzeit ermöglichte ein in diesem Wadi angelegter Kanal die Schiffahrt vom Nil ins Rote Meer. Die meisten Wissenschaftler, obwohl nicht alle, sehen in Tell el-Maschuta das alte *Tjeku* und Pithom der Exodus-Geschichte (Pithom von *Per-Atum*, »Haus bzw. Besitztum des Atum«), das im 8. unterägyptischen Gau die Hauptstadt gewesen war.

NUBIEN

Auf Nubien, das Gebiet südlich des Ersten Kataraktes, hatte Ägypten von frühesten Zeiten an Anspruch erhoben. Nubien besaß auch bedeutende Vorkommen an Gold, Mineralien sowie Holz, und aus seiner Bevölkerung rekrutierten die Ägypter Soldaten und Polizisten.

Die Methoden zur Ausplünderung Unternubiens, dem Gebiet zwischen dem Ersten und Zweiten Katarakt, bestanden während des Alten Reiches vor allem in Raubzügen, um Gefangene und Vieh zu erbeuten. Im Mittleren Reich wurde Unternubien unter direkte militärische Kontrolle Ägyptens gestellt, wobei man zur Sicherung der Herrschaft eine Reihe von Festungen an strategisch wichtigen Punkten bis hin zum Zweiten Katarakt errichtete. Während des Neuen Reiches wurde auch Obernubien bis über den Vierten Katarakt hinaus in das ägyptische Reich einbezogen. In dieser Zeit baute man in Unternubien viele Tempel, darunter mehrere Felsentempel, die vor allem in der Zeit Ramses' II. entstanden. Zu Beginn der Spätzeit gingen aus Nubien, als das Land (als Reich von Kusch) unabhängig geworden war, die Herrscher der 25. Dynastie hervor. Nach erfolglosen Kämpfen mit den Assyrern mußten sich die Kuschiten, die ihre Residenz bei Napata am Vierten Katarakt hatten, aus Ägypten zurückziehen. Ihr aktives Interesse an den ägyptischen Angelegenheiten nahm mit der Zeit immer mehr ab; schließlich entwickelten sie im 3. Jahrhundert v.Chr. eine eigene Kultur, die wir nach der späteren, weiter im Süden gelegenen Hauptstadt Meroë meroïtisch nennen.

Oben: Der Serapistempel von Maharraqa aus römischer Zeit, in einer Zeichnung des französischen Architekten Hector Horeau, 1838. Das Heiligtum wurde 1965–66 in die Gegend von Wadi el-Sebua versetzt.

Links: Der Tempel Ramses' II. in Wadi el-Sebua vor dem Bau des Hochdammes von Assuan. *Oben:* Eine der Sphingen im Vorhof des Tempels im alten Stausee.

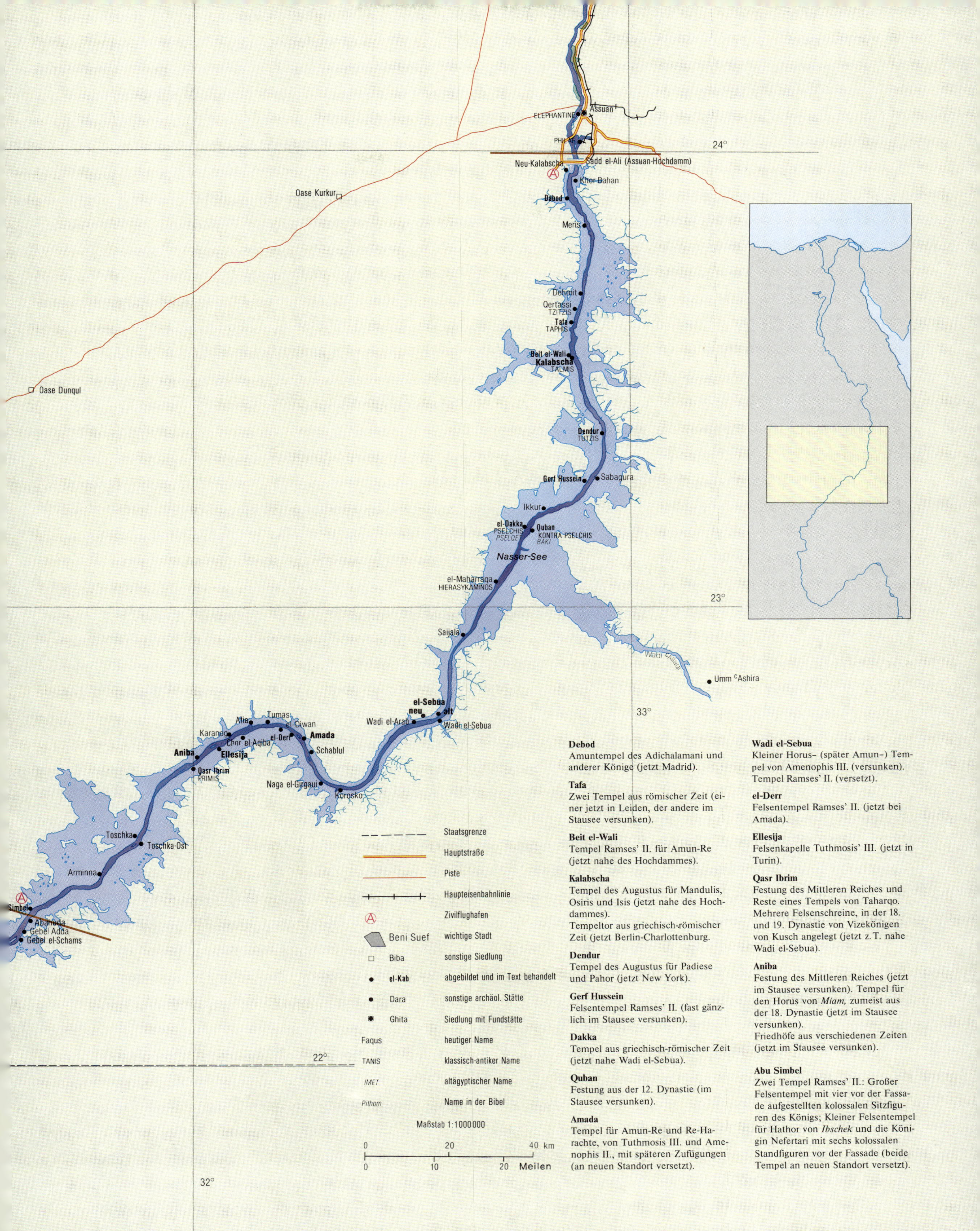

Debod
Amuntempel des Adichalamani und anderer Könige (jetzt Madrid).

Tafa
Zwei Tempel aus römischer Zeit (einer jetzt in Leiden, der andere im Stausee versunken).

Beit el-Wali
Tempel Ramses' II. für Amun-Re (jetzt nahe des Hochdammes).

Kalabscha
Tempel des Augustus für Mandulis, Osiris und Isis (jetzt nahe des Hochdammes).
Tempeltor aus griechisch-römischer Zeit (jetzt Berlin-Charlottenburg).

Dendur
Tempel des Augustus für Padiese und Pahor (jetzt New York).

Gerf Hussein
Felsentempel Ramses' II. (fast gänzlich im Stausee versunken).

Dakka
Tempel aus griechisch-römischer Zeit (jetzt nahe Wadi el-Sebua).

Quban
Festung aus der 12. Dynastie (im Stausee versunken).

Amada
Tempel für Amun-Re und Re-Harachte, von Tuthmosis III. und Amenophis II., mit späteren Zufügungen (an neuen Standort versetzt).

Wadi el-Sebua
Kleiner Horus- (später Amun-) Tempel von Amenophis III. (versunken).
Tempel Ramses' II. (versetzt).

el-Derr
Felsentempel Ramses' II. (jetzt bei Amada).

Ellesija
Felsenkapelle Tuthmosis' III. (jetzt in Turin).

Qasr Ibrim
Festung des Mittleren Reiches und Reste eines Tempels von Taharqo. Mehrere Felsenschreine, in der 18. und 19. Dynastie von Vizekönigen von Kusch angelegt (jetzt z. T. nahe Wadi el-Sebua).

Aniba
Festung des Mittleren Reiches (jetzt im Stausee versunken). Tempel für den Horus von *Miam*, zumeist aus der 18. Dynastie (jetzt im Stausee versunken).
Friedhöfe aus verschiedenen Zeiten (jetzt im Stausee versunken).

Abu Simbel
Zwei Tempel Ramses' II.: Großer Felsentempel mit vier vor der Fassade aufgestellten kolossalen Sitzfiguren des Königs; Kleiner Felsentempel für Hathor von *Ibschek* und die Königin Nefertari mit sechs kolossalen Standfiguren vor der Fassade (beide Tempel an neuen Standort versetzt).

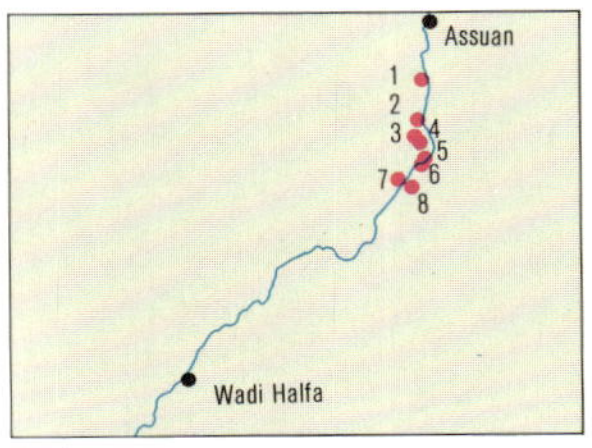

1 Debod
2 Tafa
3 Beit el-Wali
4 Kalabscha
5 Dendur
6 Gerf Hussein
7 Dakka
8 Quban

Debod

Der ältere, dem Gott Amun geweihte Tempel von Debod wurde von dem meroïtischen König Adichalamani zu Beginn des 2. Jahrhunderts v.Chr. erbaut. In griechischer Zeit haben mehrere Herrscher (Ptolemaios VI. Philometor, Ptolemaios VIII. Euergetes II. und Ptolemaios XII. Auletes) das Gebäude erweitert und für den Kult der Göttin Isis bestimmt. Die Reliefs im Vestibül ließen die römischen Kaiser Augustus und Tiberius anbringen. Ältere Ansichten des Tempels zeigen drei Pylone, von denen aber in diesem Jahrhundert nur noch zwei erhalten waren. 1960–61 wurde der Tempel abgebaut und 1968 an Spanien gegeben; seit 1970 ziert er einen der Parks von Madrid.

Tafa

In Tafa standen zwei Tempel aus römischer Zeit. Der sog. Nordtempel ist ohne Reliefschmuck; er wurde dem Rijksmuseum van Oudheden in Leiden geschenkt, nachdem er 1960 abgebaut worden war. Der »Südtempel« war bereits Ende vergangenen Jahrhunderts verschwunden. Im Gebiet von Tafa gab es außerdem zwei Heiligtümer für die Göttin Isis aus derselben Zeit, von denen eines hoch über dem gefährlichen »kleinen« Katarakt des Bab el-Kalabscha stand.

Beit el-Wali

Ramses II. hatte auf dem Westufer von Beit el-Wali für Amun-Re und andere Gottheiten einen kleinen Felsentempel anlegen lassen. Ursprünglich wurde er nach vorn von einem aus Ziegeln erbauten Pylon begrenzt. Der einfache Grundriß zeigt eine Eingangshalle, die zu einer unbekannten Zeit mit einem Ziegelgewölbe überdacht wurde, eine querliegende Säulenhalle und ein Sanktuar. Der Tempel wurde nach Neu-Kalabscha nahe des Hochdammes versetzt.

Kalabscha

Der größte freistehende Tempel im ägyptischen Nubien mit 74 m Länge und 33 m Breite wurde von Kaiser Augustus in Kalabscha, dem antiken Talmis, für den nubischen Gott Mandulis erbaut; in ihm wurden auch die ägyptischen Gottheiten Osiris und Isis verehrt. Von einem Kai gelangte man über eine Terrasse zum Pylon; von dort aus führte der Weg durch einen Vorhof, eine Säulenhalle und zwei Vorräume zum Allerheiligsten. Der Reliefschmuck war nur in drei Räumen fertiggestellt worden. Die Umfassungsmauer des Tempelbezirks schloß auch ein Geburtshaus in der südwestlichen Ecke und eine wohl von Ptolemaios IX. Soter II. erbaute Kapelle in der nordöstlichen Ecke ein. Seit Beginn dieses Jahrhunderts, als der erste Assuan-Damm gebaut wurde, stand der Tempel die meiste Zeit des Jahres unter Wasser. Er wurde 1962–63 mit seinen 13000 Blöcken nach Neu-Kalabscha in der Nähe des neuen Staudammes versetzt. Während des Abbaus fand man die wiederverwendeten Blöcke eines 7,35 m hohen Tores, dessen Reliefs von den letzten Ptolemäern und von Kaiser Augustus stammen; es befindet sich heute im Ägyptischen Museum in Berlin-Charlottenburg.

Dendur

Kaiser Augustus ließ für die beiden Ortsheiligen, Padiese und Pahor, Söhne der Quper, einen kleinen Bau – das Hauptgebäude mißt etwa 13,5 × 7 m – errichten. Der genaue Grund für deren Vergöttlichung in Dendur ist nicht bekannt; vielleicht sind sie an dieser Stelle ertrunken. Ursprünglicher Platz ihrer Verehrung war eine Felsen-

Der Mandulistempel von Kalabscha. Aquarell von Hector Horeau, 1839.

Rechts außen: Vorhof des von Ramses II. erbauten Tempels in Gerf Hussein, von Süden gesehen. Die Aufnahme entstand vor Entstehen des neuen Stausees.

kammer hinter dem jetzigen Tempel, die vielleicht auf die 26. Dynastie zurückgeht. Der Tempel hat einen einfachen Grundriß. Er besteht aus einem Pylon und dem etwa 10 m dahinter liegenden Heiligtum, das nur einen säulenbestandenen Pronaos, ein Vestibül und das Allerheiligste aufweist. Die Reliefs zeigen Augustus vor verschiedenen Gottheiten, darunter vor den beiden vergöttlichten Brüdern sowie vor den nubischen Gottheiten Arensnuphis und Mandulis.

Um den Tempel von Dendur vor den Wassern des Nasser-Stausees zu retten, wurde das Gebäude 1963 abgetragen und einige Jahre später von der ägyptischen Regierung den Vereinigten Staaten zum Geschenk gemacht. Die 642 nach New York gebrachten Blöcke befinden sich zusammengesetzt in einem eigens für dieses Heiligtum erbauten Flügel des Metropolitan Museum of Art.

Rechts unten: Der in der Nähe des Hochdammes bei Assuan wiederaufgebaute Tempel von Kalabscha.

Rechts ganz unten: Die Gottheiten des Kalabscha-Tempels: Mandulis mit der für ihn charakteristischen Krone, hinter ihm Isis. Relief auf einer Säulenschranke von der Rückseite des Vorhofes, nördlich des Eingangs zur Säulenhalle.

Gerf Hussein

Zwischen dem 35. und 50. Regierungsjahr Ramses' II. ließ der Vizekönig von Kusch, Setau, den Felsentempel »Haus des Ramses-meriamun (Ramses II.) in der Domäne des Ptah« anlegen. In einer Nische vor der Rückwand des Allerheiligsten waren die hier verehrten Gottheiten in Form von vier sitzenden Statuen dargestellt: Ptah, der vergöttlichte Ramses II., Ptah-tanen, mit einem Falken über dem Kopf, und die Göttin Hathor.

Der auf dem Westufer gelegene Tempel war zum Teil in den Felsen gebaut worden, während die vorderen Partien frei standen. Sein Grundriß weist erstaunliche Ähnlichkeit mit dem großen Felsentempel von Abu Simbel auf. Unglücklicherweise wurde der Bau dem Stausee geopfert und versank in den Fluten.

Dakka

Der Toht-Tempel von Dakka (altägypt. *Pserqet,* griech. Pselchis), auf dem Westufer gelegen, wurde in griechischer und römischer Zeit errichtet (an ihm haben u.a. Ptolemaios IV. Philopator, Ptolemaios VIII. Euergetes II., der meroïtische Herrscher Ergamenes (Arqamani) aus dem frühen 3. Jahrhundert v. Chr. sowie die römischen Kaiser Augustus und Tiberius gebaut. Zwischen 1962 und 1968 wurde das Heiligtum in die Nähe von Wadi es-Sebua gebracht. Beim Abbau fand man zahlreiche wiederverwendete Blöcke eines älteren Tempels von Hatschepsut und Tuthmosis III., der für den Horus von *Baki* (Quban) bestimmt war und einst vermutlich auf dem gegenüberliegenden Ufer stand.

Quban

Die zu Beginn der 12. Dynastie wahrscheinlich von Sesostris I. errichtete Festung von Quban (ägypt. *Baki,* griech. Contra Pselkis) geht vielleicht auf einen Bau aus dem Alten Reich zurück. Quban war im Neuen Reich die wichtigste Siedlung Unternubiens nördlich von Aniba, da man von hier aus den Zugang zu den Goldminen im Wadi Allaqi kontrollieren konnte. Von einigen Tempeln in diesem Gebiet sind nur kümmerliche Reste gefunden worden.

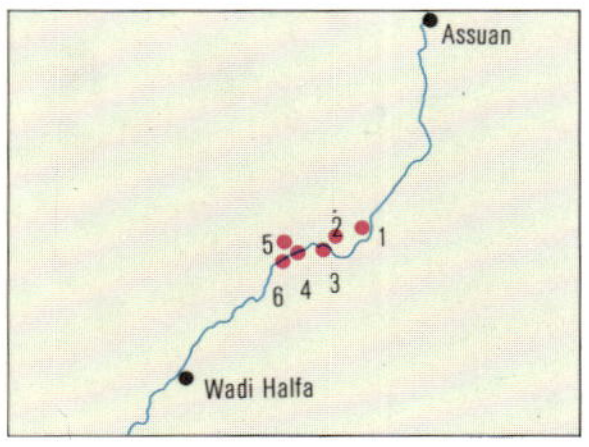

1 Wadi el-Sebua
2 Amada
3 el-Derr
4 Ellesija
5 Aniba
6 Qasr Ibrim

Amada

Die Könige Tuthmosis III. und Amenophis II. hatten auf dem Westufer von Amada für die Götter Amun-Re und Re-Harachte einen Tempel errichten lassen, dem später Tuthmosis IV. eine Säulenhalle hinzufügte. Mehrere Könige der 19. Dynastie, besonders Sethos I. und Ramses II., ließen einige Restaurierungen durchführen und verschiedene Tempelwände mit Reliefs dekorieren.

Im Tempel fanden sich zwei wichtige historische Inschriften. Die ältere von ihnen steht auf einer oben abgerundeten Stele, die an der (östlichen) Rückwand des Sanktuars angebracht war. Der Text aus dem 3. Regierungsjahr Amenophis' II. berichtet von einem siegreichen militärischen Unternehmen in Syrien: »Seine Majestät kehrte in Freude zu seinem Vater Amun zurück, nachdem er sieben Häuptlinge im Gebiet von *Tachesi* mit seiner eigenen Keule erschlagen hatte, die dann mit dem Kopf nach unten hängend am Bug des Schiffes seiner Majestät aufgehängt wurden.« Der andere Text ist in Stelenform auf der linken (nördlichen) Seite des Toreinganges eingraviert worden und bezieht sich auf die Abwehr einer im 4. Jahr des Merenptah von Libyen ausgehenden Invasion Ägyptens.

Zwischen Dezember 1964 und Februar 1975 wurde der Tempel an eine etwa 65 m höhere und 2,5 km vom originalen Standplatz entfernte Stelle versetzt.

Wadi el-Sebua

Bei Wadi el-Sebua befinden sich auf dem Westufer zwei Tempel aus dem Neuen Reich. Der ältere von ihnen stammt von Amenophis III. In der ersten Baustufe bestand er nur aus einem in den Felsen gehauenen Sanktuar (etwa 3×2 m) mit einem davorgesetzten Ziegelpylon, einem Hof und einer Halle, deren Wände zum Teil mit Malereien geschmückt waren. Ursprünglich war der Tempel wohl einem der lokalen nubischen Horusgötter geweiht, später jedoch änderte man dessen Bilder in die des Gottes Amun. Bei der Verfolgung des Amun während der Amarna-Zeit erlitten die Darstellungen Beschädigungen, die jedoch von Ramses II., der gleichzeitig den Tempel nach vorn erweitern ließ, restauriert wurden.

Der große Tempel von Wadi el-Sebua liegt etwa 150 m nordöstlich des Bauwerks von Amenophis III. Zwischen dem 35. und 50. Regierungsjahr Ramses' II. ließ ihn der Vizekönig von Kusch, Setau, errichten und gab ihm den Namen »Haus des Ramses-meriamun (Ramses II.) in der Domäne des Amun«. Er ist zum Teil in den Felsen gehauen und zum Teil freistehend.

Durch drei Pylonen mit dahinterliegenden Höfen gelangte man in eine säulenbestandene Vorhalle, wo der im Felsen angelegte Teil begann. Von dort aus kam man in eine quergelagerte Vorkammer. Sie führte zu fünf Räumen, in das Allerheiligste und in vier Kapellen. Die in der

Links: Der 1. Pylon des von Ramses II. erbauten Tempels in Wadi el-Sebua mit einer davor aufgestellten kolossalen Standfigur des Königs. Die Aufnahme entstand vor der Umsetzung des Tempels.

Unten links: Ramses II. opfert dem falkenköpfigen Gott Horus von *Baki* (Quban) Weihrauch. Relief auf der Westwand der südl. Seitenkapelle; Tempel Ramses' II. in Wadi el-Sebua.

Unten Mitte: Die 1. Pfeilerhalle mit Osiris-Pfeilern des von Ramses II. erbauten Tempels in el-Derr.

Unten rechts: In dieser typischen Szene vom Jenseitsgericht wird das Herz des verstorbenen Penniut gegen die Wahrheit *(Maat)* abgewogen. Der schakalköpfige Totengott Anubis überwacht die Waage, der ibisköpfige Schreibergott Toth notiert das Ergebnis, und die drohende »Verschlingerin« oder »Fresserin« sitzt abwartend daneben, um den Toten zu fressen, falls das Ergebnis gegen ihn ausfällt. Grab des Penniut in Aniba, Zeit Ramses' VI.

rückwärtigen Nische des Sanktuars aufgestellten Statuen sind zerstört, aber zweifellos stellten sie die im Heiligtum verehrten Götter Amun-Re und Re-Harachte sowie den vergöttlichten Ramses II. dar. Während der UNESCO-Kampagne zur Rettung der vom Untergang bedrohten Altertümer Nubiens wurde der Tempel von Wadi es-Sebua an einen etwa 4 km westlich gelegenen Platz versetzt.

el-Derr

Bei el-Derr befand sich der einzige auf dem Ostufer liegende Felsentempel Ramses' II. Das könnte damit zusammenhängen, daß der Fluß auf seinem Weg nach Korosko in »unnatürliche« südöstliche Richtung fließt. 1964 ist der Tempel abgebaut und an einem neuen Platz (bei Amada) wiederaufgestellt worden.

Das »Haus des Ramses-meriamun (Ramses II.) in der Domäne des Re« entstand in der 2. Hälfte der Regierungszeit Ramses' II. und weist sowohl im Grundriß als auch in der Ausschmückung Ähnlichkeiten mit dem großen Felsentempel von Abu Simbel auf. Bei der Reinigung der Wände stellte sich heraus, daß die Malereien äußerst farbenfreudig und lebendig sind und damit stark zu den sonstigen gedämpfteren Farbtönen an anderen Orten kontrastieren. Die vier im Tempel verehrten Gottheiten sind als Sitzstatuen in der rückwärtigen Nische des Allerheiligsten dargestellt: Re-Harachte, der vergöttlichte Ramses II., Amun-Re und Ptah.

Ellesija

Bei Ellesija ließ Tuthmosis III. auf dem Ostufer eine kleine Felsenkapelle anlegen, die nur aus einem etwa 5,5 × 3 m großen Raum mit einer etwa 2 × 3 m großen Nische besteht. Die Reliefs zeigen den König vor verschiedenen Gottheiten, unter denen sich auch der einheimische Dedun und der vergöttlichte Sesostris III. befinden. In der Nische standen ursprünglich Statuen von Tuthmosis III. zwischen dem Horus von *Miam* (Aniba) und der Göttin Satis; sie wurden aber in der Amarna-Zeit zerstört. Ramses II. ließ bei Restaurierungen gleichzeitig die Bilder umwandeln in Darstellungen seiner selbst, zwischen Amun-Re und dem Horus von *Miam* sitzend. Die Kapelle wurde Italien zum Geschenk gemacht; sie befindet sich heute im Museo Egizio in Turin.

Qasr Ibrim

Von drei Sandsteinmassiven, die sich auf dem Ostufer des Nils südlich vom Ort Ibrim (der Name hängt wahrscheinlich mit dem antiken Primis zusammen) abzeichneten, hatte das mittlere die größte Bedeutung. Auf ihm befand sich eine Festung, die zweifellos auf Fundamenten aus pharaonischer Zeit stand. Das lassen vor allem die vielen dort gefundenen, wiederverwendeten oder isolierten Denkmäler aus dem Neuen Reich und der 25. Dynastie schließen. Das früheste Zeugnis ist eine Stele aus dem 8. Jahr Amenophis' I., während man von Taharqa Tempelreste mit Malereien fand, die den König beim Opfer vor einem Gott zeigen. Einige Teile der Festung gehen auf die Römer zurück, als dort unter dem Präfekten Gaius Petronius in der Zeit des Augustus eine römische Garnison stationiert war. Von da an blieb Qasr Ibrim bis in das letzte Jahrhundert hinein ständig besiedelt.

Am Fuß des Felsens ließen mehrere Vizekönige aus der 18. und 19. Dynastie Felsschreine anlegen, die regierenden Königen und verschiedenen Gottheiten geweiht waren. Während der durch den Bau des neuen Assuan-Staudammes notwendig gewordenen Rettungsarbeiten wurden die Reliefs aus dem Felsen geschnitten und in die Nähe von Wadi es-Sebua gebracht. Die große Felsenstele Sethos' I. und seines Vizekönigs von Kusch, Amenemope, die südlich der Festung stand, wurde in der Nähe des wiederaufgebauten Tempels von Kalabscha bei Assuan aufgestellt.

Aniba

Aniba, das alte *Miam*, war im Neuen Reich eine bedeutende Stadt, da sich dort das Verwaltungszentrum für *Wawat* (Unternubien) befand. Bei der Stadt gab es eine Festung, die wohl erst im Mittleren Reich errichtet wurde, und einen Tempel für den Horus von *Miam*. Dieser geht auf den Anfang der 12. Dynastie (Sesostris I.) zurück, doch stammen die meisten erhaltenen, durch archäologische Grabungen zu Tage geförderten Funde aus der 18. Dynastie (Tuthmosis III. und spätere Könige).

Außerdem gab es in der Nähe mehrere Friedhöfe aus unterschiedlichen Zeiten, darunter Gräber aus dem Neuen Reich. Eines von ihnen gehörte einem gewissen Penniut, Stellvertreter für *Wawat* unter Ramses VI.; es wurde nach der Entdeckung verlegt und befindet sich heute an einem neuen Platz bei Amada.

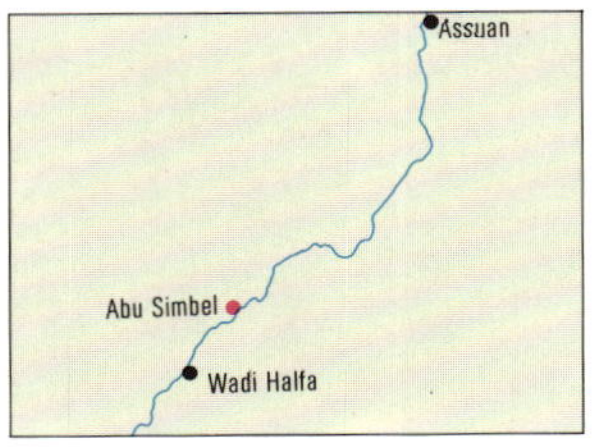

Abu Simbel

Von den sieben Felsentempeln, die Ramses II. in Unternubien errichten ließ (Beit el-Wali, Gerf Hussein, Wadi es-Sebua, el-Derr, zwei bei Abu Simbel sowie in Akscha), gehören die Tempel von Abu Simbel (früher Ibsambul auf dem Westufer zu den eindrucksvollsten.

Vom »Großen Tempel« berichtete zum ersten Male J. L. Burckhardt 1813; wenig später (1817) ließ ihn G. B. Belzoni vom Sand befreien. Wegen der spektakulären Rettungsaktion, bei der der Tempel abgebaut und versetzt wurde, gehört er heute zu den bestbekannten Denkmälern Altägyptens. Sein Name lautete »Haus des Ramses-meriamun (Ramses II.)«; er entstand wahrscheinlich in den frühen Regierungsjahren des Königs.

Durch ein Portal gelangt man zuerst in einen großen Vorhof und dann auf eine Terrasse, an deren Rückseite sich die in den Felsen geschnittene, 35 m breite und 30 m hohe Fassade mit vier davor aufgestellten Sitzstatuen des Königs Ramses II. erhebt. Neben den Beinen dieser etwa 21 m hohen Kolossalstatuen sind wesentlich kleinere Standbilder von Angehörigen des Königs zu sehen. Sie zeigen folgende Personen:

1. südl. Statue: Königin Nefertari neben dem linken, die Königsmutter (und Frau Sethos' I.) Muttaia am rechten Bein des Königs, vorn der Prinz Amunherschopschef.
2. südl. Statue (in derselben Reihenfolge): die Prinzessinnen Bint-Anat, Nebettaui und eine ungenannte, wahrscheinlich Isetnefer.

1. nördl. Statue: Königin Nefertari neben dem rechten, Prinzessin Beketmut neben dem linken Bein des Königs, vorn Prinz Ramose.
2. nördliche Statue: Prinzessin Meritamun, Königin Muttaia und Prinzessin Nefertari.

In einer Nische über dem Tempeleingang steht das Bild des falkenköpfigen Gottes Re mit einer Sonnenscheibe auf dem Kopf; neben seinem rechten Bein befindet sich eine Hieroglyphe in Form von Kopf und Hals eines Tieres, die *user* zu lesen ist, neben dem linken Bein ist die Figur der Göttin Maat zu sehen. Diese symbolische Skulpturengruppe ist eine kryptographische Schreibung des Königsnamens *Usermaatre*. Nach oben hin wird die Fassade durch eine Reihe betender Paviane begrenzt, die mit ihren Schreien die aufgehende Sonne begrüßen.

Der Tempel war so angelegt, daß die über dem Horizont auf dem Ostufer aufgehende Sonne zweimal im Jahr ihre Strahlen durch die Eingangshalle, die darauffolgende große Halle mit acht Pfeilern in Gestalt von königlichen Kolossalstatuen, die zweite Säulenhalle, das Vestibül und schließlich das Allerheiligste warf, um dort die in der rückwärtigen Nische aufgestellten vier Statuen voll zu beleuchten. Die Sitzfiguren repräsentieren die Götter Ptah von Memphis (links), den thebanischen Amun (2. von links), den vergöttlichten Ramses II. (2. von rechts) und den heliopolitanischen Gott Re-Harachte (rechts).

Der »Große Tempel« von Abu Simbel bezeugt, daß Ramses II. zu seinen Lebzeiten göttliche Verehrung in Nubien genoß. Es gibt Szenen, die ihn bei Kulthandlungen vor der heiligen Barke mit seinem eigenen vergöttlichten Bild darauf zeigen (Nordwand der zweiten Säulenhalle sowie Nordwand des Sanktuars). Die Reliefs in der großen Halle haben historischen und symbolischen Charakter: auf der langen Nordwand ist die Schlacht bei Kadesch in Syrien zu sehen, die Südwand enthält Darstellungen von Kriegen mit Syrern, Libyern und Nubiern.

Der »Kleine Tempel« von Abu Simbel ist mit dem großen zeitgleich und war für den Kult der Göttin Hathor von *Ibschek* sowie der Königin Nefertari bestimmt. Sechs etwa 10 m hohe Standbilder, die aus dem anstehenden Felsen herausgehauen waren, befinden sich in der Nische vor der Fassade. Vier Statuen zeigen den König, zwei die Königin, flankiert von Figuren der Prinzen und Prinzessinnen. In seiner Anlage stellt der »Kleine Tempel« eine abgekürzte Version des »Großen Tempels« dar: eine Halle mit Hathorpfeilern, ein Vestibül mit Seitenräumen und das Allerheiligste mit einer Nische, die eine Statue der Hathor-Kuh, die den König schützt, enthält.

Zwischen 1964 und 1968 wurden beide Tempel abgebaut und zu ihrem neuen, etwa 210 m entfernten und 65 m höheren Standort gebracht. Die Kosten für dieses Unternehmen betrugen mehr als 40 Millionen Dollar.

Links: Die in der Nische des Allerheiligsten aufgestellte Gruppe der vier im Tempel verehrten Götter.

Rechts: Das einst viel romantischere Abu Simbel in der Ersten Hälfte des 19. Jahrhunderts (David Roberts, November 1838).

Rechts unten: Die »Rettungsaktion für Abu Simbel« erfolgte nach einem Aufruf der UNESCO an alle ihre Mitgliedsstaaten, bei der Bergung jener nubischen Denkmäler zu helfen, die infolge des bei Assuan im Bau befindlichen Hochdammes im Stausee zu versinken drohten. Die Erhaltung der beiden Tempel von Abu Simbel, die im anstehenden Felsen angelegt waren, bot beträchtliche technische und finanzielle Schwierigkeiten. Von verschiedenen Projekten, die in Betracht gezogen wurden, realisierte man schließlich dasjenige, das den Abbau der Tempel vorsah. Es galt, die Fassade und die Wände der Tempelräume in große Blöcke zu zerlegen und diese zusammen mit den Kolossalstatuen an einem anderen Ort wieder aufzubauen. Unter einer kuppelförmigen Hülle aus Beton wurden die einzelnen Teile wieder zusammengesetzt; außerdem galt es, die äußere Umgebung nachzugestalten. Während des Abbaus mußte ein großer Kofferdamm errichtet werden, da das Wasser im Nasser-Stausee bereits zu steigen begann. Das gigantische Zusammensetzspiel gelang, und am 22. September 1968 konnten beide Tempel an ihrem neuen Standort offiziell der Öffentlichkeit übergeben werden.

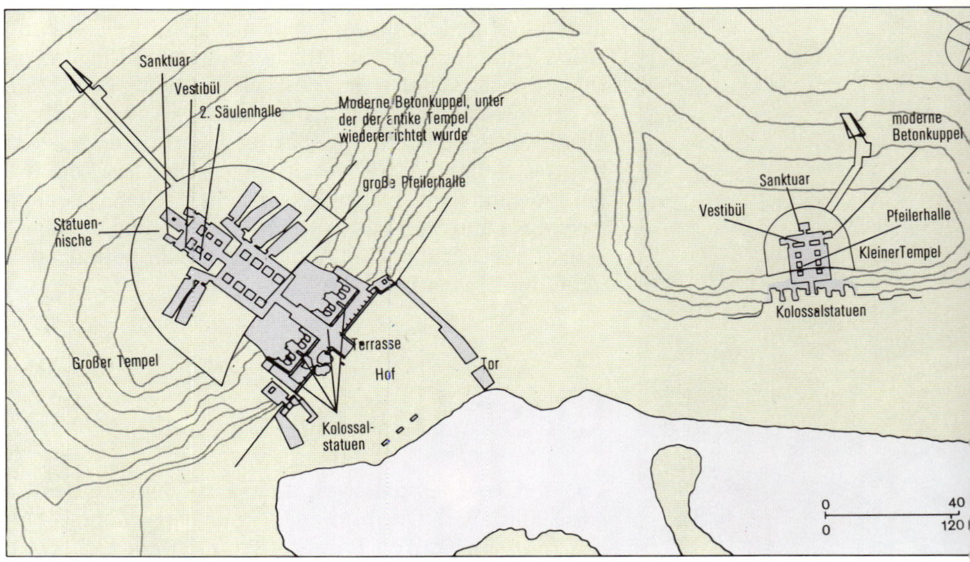

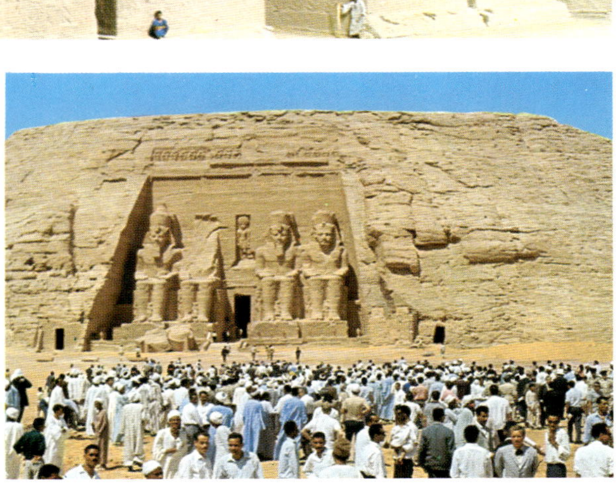

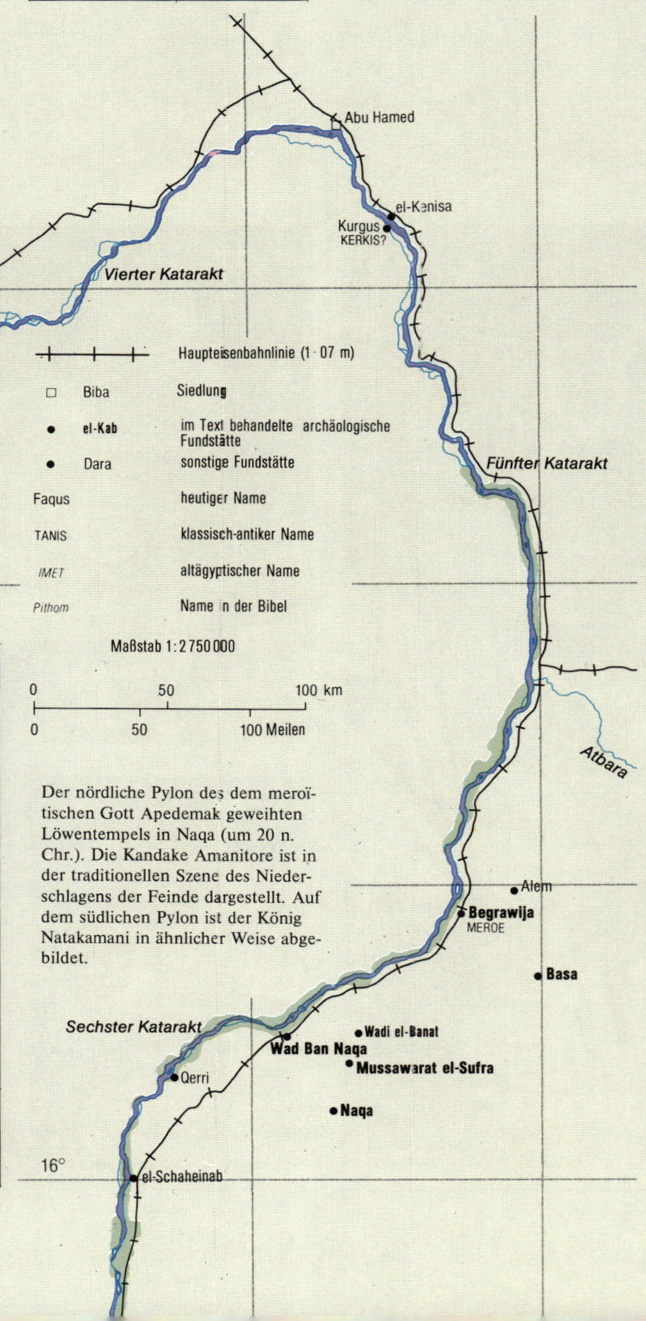

Obernubien

In der Pyramide des in Nuri bestatteten kuschitischen Königs Aspelta (593–568 v. Chr.) wurden 15 solcher zweiteiligen Goldhülsen aus Elektron (Legierung von Gold und Silber) gefunden. Sie sind mit schönen Ziselierungen versehen und zeigen u. a. eine Darstellung der geflügelten Göttin Hathor. Die Zweckbestimmung dieser Hülsen ist nicht genau bekannt. Khartoum, Sudan National Museum, und Boston, Museum of Fine Arts.

Abahuda
Felsentempel des Haremheb für die Götter Amun-Re und Toth (in die Nähe von Abu Simbel versetzt).

Gebel-Schams
Stele und Felsenkapelle des Vizekönigs von Kusch, Paser, aus der Zeit der Könige Eje und Tutanchamun (die Stele wurde in der Nähe von Abu Simbel wiederaufgestellt). Meroïtischer Friedhof mit pyramidenförmigen Gräbern.

Qustul
Friedhöfe der A-Gruppen-Kultur und des Neuen Reiches (sowie von Königen der Ballana-Kultur, auch X-Gruppe genannt, 4.–6. Jh. n. Chr.).

Faras
Zerstörter Tempel aus der Zeit des Tutanchamun.

»Hathor-Felsen«, mit Felsenkapellen für die Göttin Hathor, der »Herrin von *Ibschek*«, 18. Dynastie und Ramessidenzeit; Nische des Vizekönigs von Kusch, Setau, Zeit Ramses' II. Meroïtisches Gebäude mit nahezu 400 wiederverwendeten Blöcken eines Tempels der Tuthmosiden und Ramessiden, wahrscheinlich aus Buhen.

Akascha (Serra West)
Stadt, Tempel und Kapellen aus der Zeit Sethos' I. und Ramses' II. (Tempel jetzt in Chartum).

Serra Ost
Festung des Mittleren Reiches.

Debeira Ost
Felsenkapelle des Djehutihotep Paitis, Prinz von *Tacheti*, vermutlich aus der Zeit der Hatschepsut (jetzt in Chartum).

Debeira West
Felsengrab des Amenemhet, Prinz von *Tacheti*, aus der 18. Dynastie.

Buhen
Stadt (Altes Reich und später) mit einer Festung aus dem Mittleren Reich sowie Tempeln für Isis und Min (»Nordtempel«, erbaut von Amenophis II.) sowie für den Horus von Buhen (»Südtempel«, erbaut von Hatschepsut und Tuthmosis, mit Zufügungen von Taharqo); beide Tempel jetzt in Chartum.

Kor
Festung des Mittleren und Neuen Reiches.

Dorginarti
Festung des Neuen Reiches.

Meinarti
Festung des Neuen Reiches.

Insel Dabnarti
Festung des Mittleren Reiches.

Mirgissa
Festung, Stadt und Friedhöfe, hauptsächlich aus dem Mittleren Reich, sowie kleines Heiligtum für Hathor aus dem Neuen Reich.

Insel Askut
Festung des Mittleren Reiches.

Schalfak
Festung des Mittleren Reiches.

Insel Uronarti
Festung des Mittleren Reiches, mit einem von Tuthmosis III. erbauten Tempel für Dedun und Month.

Kumma (Semna Ost)
Festung des Mittleren Reiches, mit einem von Tuthmosis II. und III. sowie Amenophis II. erbauten Tempel für Chnum (jetzt Chartum).

Semna
Festung des Mittleren Reiches, mit Tempeln von Tuthmosis III. und Taharqo (jetzt in Chartum).

Semna Süd
Festung des Mittleren Reiches.

Amara Ost
Stadt und Tempel aus meroïtischer Zeit.

Amara West
Stadtanlage der 19. Dynastie und später, mit einem Tempel Ramses' II.

Der nördliche Pylon des dem meroïtischen Gott Apedemak geweihten Löwentempels in Naqa (um 20 n. Chr.). Die Kandake Amanitore ist in der traditionellen Szene des Niederschlagens der Feinde dargestellt. Auf dem südlichen Pylon ist der König Natakamani in ähnlicher Weise abgebildet.

PERIPHERE GEBIETE

Insel Sai
Stadt und Festung mit Tempel, 18. Dynastie und meroïtische Zeit.

Sedeinga
Tempel Amenophis' III.
Meroïtische Friedhöfe.

Gebel Doscha
Felsenkapelle Tuthmosis' III.

Soleb
Tempel Amenophis' III. Friedhof des Neuen Reiches.

Sesebi
Stadt des Neuen Reiches, mit Tempel für Aton und für die thebanische Triade (Zeit Echnatons und Sethos' I.).

Nauri
Felsenstele aus dem 4. Jahr Sethos' I.

Tumbos
Stelen von Tuthmosis I. und anderen, darunter eine vom Vizekönig von Kusch, Setau, unter Ramses II.

Kerma
Große Siedlung, Blüte während der Zweiten Zwischenzeit. Friedhof mit Tumulusgräbern, die wiederverwendete ägyptische Objekte enthielten, darunter Statuen, Stelen, Steingefäße. Meroïtischer Friedhof.

Insel Argo
Tempel der 25. Dynastie (Taharqo) in Tabo, mit wiederverwendeten Blöcken des Neuen Reiches und der meroïtischen Zeit.

Kawa
Mehrere Tempel für Amun, hauptsächlich von Tutanchamun, Taharqo sowie verschiedenen kuschitischen Königen (napatanische und meroïtische Zeit) erbaut.

el-Kurru
Pyramidenfeld, darunter Gräber von Königen der 25. Dynastie.

Sanam
Palast, Wirtschaftsgebäude und Friedhöfe aus der 25. Dynastie, mit einem Amun-Tempel des Taharqo.

Gebel Barkal
Meroïtisches Pyramidenfeld.
Tempel und Kapellen, meist für Amun-Re, von Königen des Neuen Reiches sowie von Pije, Taharqo und anderen kuschitischen Herrschern der napatanischen Zeit erbaut.

Nuri
Pyramidenfeld, darunter die Begräbnisse von kuschitischen Königen aus der napatanischen Zeit.

Meroë (Begrawija)
Tempel und Paläste in der Stadt.
Drei Pyramidenfelder aus der gesamten Zeit des Reiches von Kusch, darunter Gräber von Königen aus der meroïtischen Zeit.

Basa
Meroïtischer Tempel für den einheimischen Löwengott Apedemak.

Wadi el-Banat (Duanib)
Zerstörter Tempel; meroïtisch.

Wadi Ban Naqa
Palast aus meroïtischer Zeit. Mehrere zerstörte Tempel, u. a. für Isis.

Musawwarat el-Sufra
Ausgedehnter Gebäudekomplex mit drei Tempeln, Gängen, Rampen und zahlreichen großen Höfen aus meroïtischer Zeit. Weitere Tempel, u. a. für den Löwengott Apedemak.

Naqa
Stadt und mehrere Tempel aus meroïtischer Zeit, erbaut von König Natakamani und Kandake Amanitore für den Löwengott Apedemak.

Die Oasen

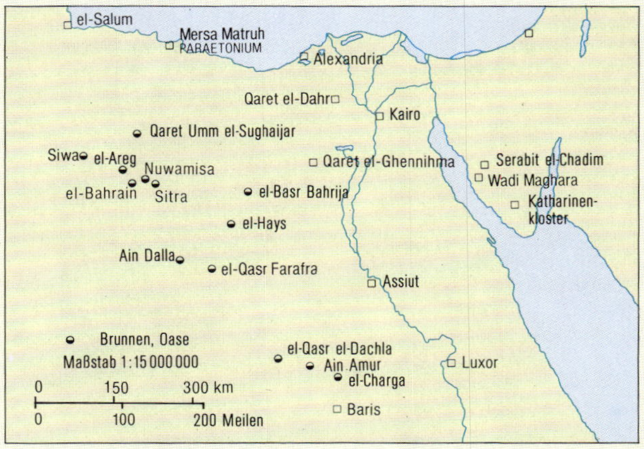

Die westlichen Oasen bestehen aus einer Reihe von Senken in der Libyschen Wüste, die durch Winderosion entstanden sind. Hier gibt es sowohl natürliche Quellen als auch über 100 m tiefe Brunnen. Das Wasser wäre zwar für eine landwirtschaftliche Nutzung ausreichend, doch liegen die Brunnen sehr verstreut und können zuweilen versiegen. Die Bevölkerung (75000 im Jahre 1966) verteilt sich über weite Gebiete mit unfruchtbaren Zonen zwischen den einzelnen Dörfern.

Die Oasen wurden seit dem Paläolithikum bewohnt (in der größten von ihnen, in el-Charga, fanden sich Spuren sehr frühen Ackerbaus), aber Bedeutung erhielten sie eher aufgrund ihrer geographischen Lage, denn um ihrer Produkte willen. Die wirtschaftliche Leistungskraft der einzelnen Gebiete schwankte in derselben Weise wie die Ägyptens; für die römische Zeit gibt es z.B. zahlreiche Hinweise auf einen Handelsaustausch mit dem Niltal.

Unser Wissen über die älteste Geschichte dieser Gebiete ist noch immer sehr unvollkommen. Vom Alten bis zum Neuen Reich finden sich in ägyptischen Texten zahlreiche Erwähnungen der vier südlichsten Oasen, auch gibt es einige archäologische Funde, vor allem aus el-Dachla. Wahrscheinlich wurden die Oasen in dieser ganzen Zeit von Ägypten verwaltet. Von der Dritten Zwischenzeit an häufen sich archäologische Überreste. Nachweislich nahm die Prosperität der Oasen bis zur römischen Zeit, als sich dort Griechen niederließen, ständig zu. Siwa wurde erst während der 26. Dynastie kolonisiert und blieb seitdem unter ägyptischer Kontrolle, aber die Bevölkerung, die heute einen Berber-Dialekt spricht, war wohl stets mehr libyscher als ägyptischer Herkunft.

Unten links: Die Oase el-Dachla. Ansicht des Dorfes el-Smant el-Charab. Im Altertum gab es mehr Seen als heute. Die Erhaltungsbedingungen sind hier derart gut, daß es manchmal schwierig sein kann, ein Bauernhaus aus römischer Zeit von einem heutigen zu unterscheiden.

el-Charga
Ain Amur: Tempel und Siedlung aus römischer Zeit.
Hibis: Gut erhaltener Amun-Tempel, erbaut von Darius, Nektanebos II. und ptolemäischen Herrschern.
Qasr el-Ghueida: Tempel für Amun, Mut und Chons, 25. Dynastie – ptolemäische Zeit.
Gebel el-Teir: Felsinschriften, 26. Dynastie – ptolemäische Zeit.
Nadura: Tempel aus römischer Zeit.
Qasr Saijan: Tempel aus griechisch-römischer Zeit.
Qasr Dusch: Tempel für Serapis und Isis aus römischer Zeit.

el-Dachle
Zahlreiche Siedlungen und Friedhöfe aus dem Alten Reich.
Balat: Stadt; Mastabas der 6. Dynastie und der Ersten Zwischenzeit; Muttempel aus dem Neuen Reich; Gräber aus der Dritten Zwischenzeit und der römischen Periode.
Amhada: Gräber aus der Ersten Zwischenzeit.
Mut: Zerstörter Tempel; Gegenstände aus der Dritten Zwischenzeit.
el-Qasr: Tothtempel aus griechisch-römischer Zeit; Friedhof.
Deir el-Hagar: Tempel; 1. Jh. n. Chr.
Qaret el-Musawwaqa: Bemalte Gräber aus römischer Zeit.
el-Smant el-Charab: Reste einer Stadt und eines zerstörten Tempels; röm.

Bahrija
Denkmäler in der Nähe von *el-Qasr* und *el-Bawit:*
Grab des Amenhotep Hui (18.–19. Dynastie).
Kapellen und Gräber aus der Zeit von Apries, Amasis und der griechisch-römischen Periode.
Tempel Alexanders des Großen.
Zerstörter römischer »Triumphbogen.«
el-Hays: Kleine Siedlung aus römischer Zeit.

Siwa
Aghurmi: Tempel der 26. Dynastie und der ptolemäischen Zeit.
Es wird vermutet, daß Alexander der Große das Orakel des Ammon in diesem Heiligtum aufgesucht hat.
Umm el-Ebeida: Tempel Nektanebos' II.
Gebel el-Mauta: Friedhof der 26. Dynastie und der griechisch-römischen Zeit, darunter einige bemalte Gräber.
Friedhöfe und kleine Tempel ohne Dekor an zahlreichen anderen Orten. Kleine Oasen mit Altertümern: *Qaret Umm el-Sughaijar, el-Areg, Nuwamisa, el-Bahrein, Sitra.*

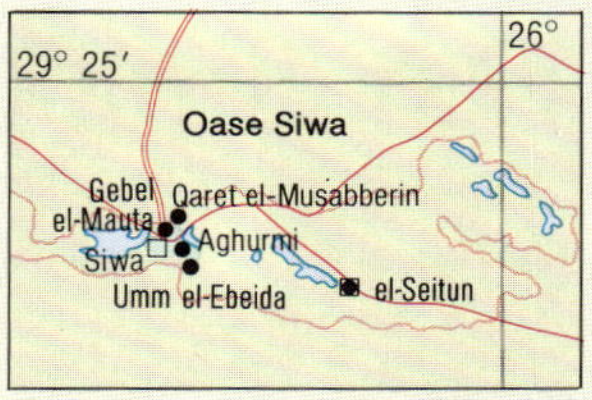

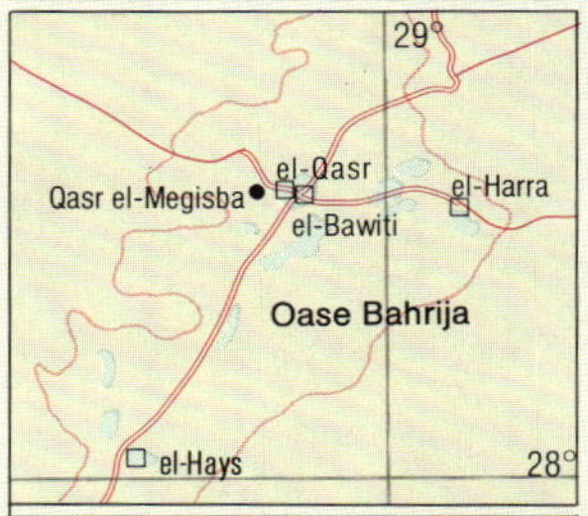

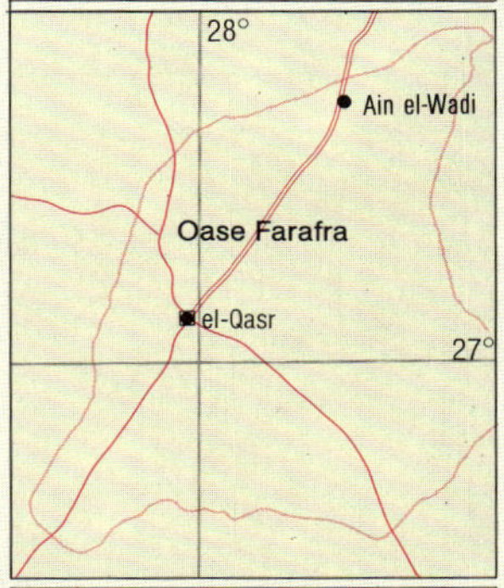

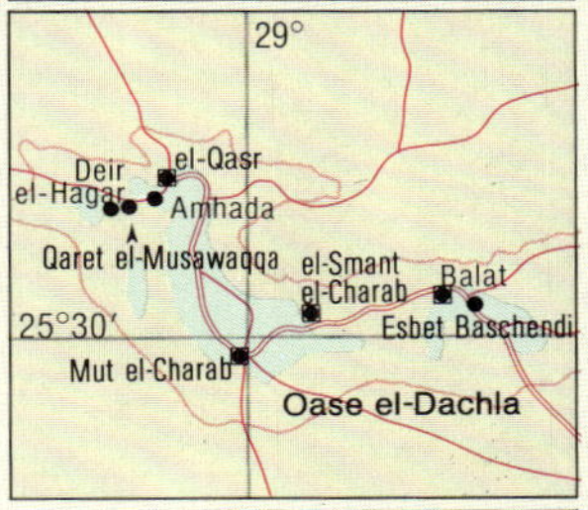

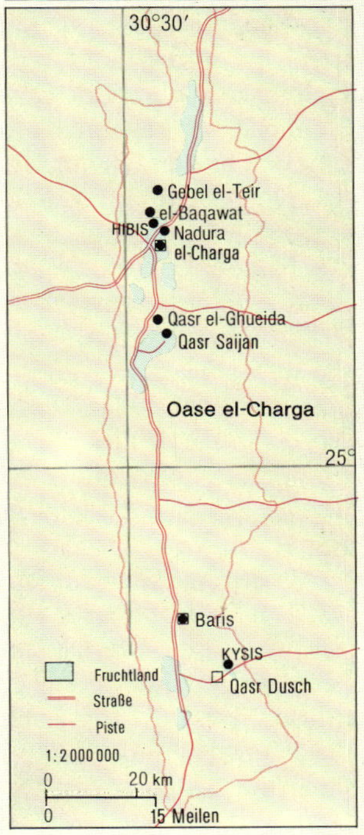

Der Sinai

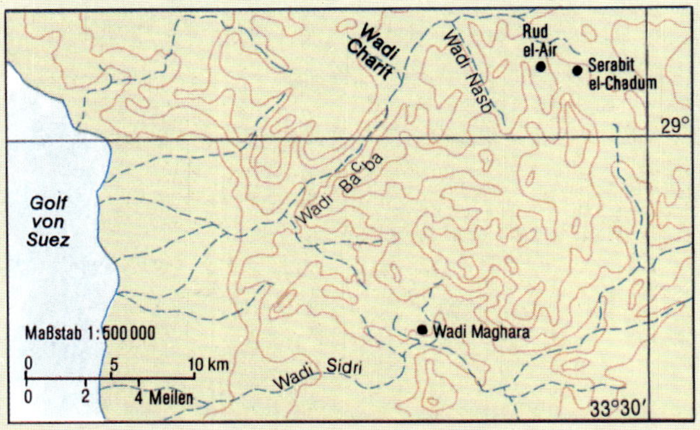

Rechts: Kopf einer Statuette der Teje, der Hauptgemahlin Amenophis' III. Sicher datiert aufgrund der Kartusche auf dem Kopfputz. Grüner Steatit, Höhe 6,5 cm. Herkunft: Serabit el-Chadim. Kairo, Ägyptisches Museum.

Unten links: Relief des Königs Sechemchet, 1973 im Wadi Maghara wiederentdeckt. Die Szene ist beinahe identisch mit einer Darstellung 35 m südlich. Die beiden Felsreliefs gehören zu den frühesten ägyptischen Inschriften auf dem Sinai.

Unten: Neuere Aufnahme des Hathor-Tempels von Serabit el-Chadim mit einigen der noch aufrecht stehenden Stelen.

Die Ägypter wurden schon in der 3. Dynastie von den Mineralvorkommen in den südwestlichen Tälern der Sinai-Halbinsel angezogen. Das Ziel der vom Alten bis zum Neuen Reich regelmäßig ausgesandten Bergwerksexpeditionen bestand in der Gewinnung von Kupfer und Türkis. Doch bei den meisten Kupfervorkommen des Sinai wurden keine ägyptischen Funde gemacht. Gegen Ende des Neuen Reiches stellte Ägypten seine Aktivitäten im Sinai endgültig ein.

Die Expeditionen konnten mehrere Routen nehmen, die sie wohl von Zeit zu Zeit abwechselnd benutzten: die lange Überlandreise, die um den Golf von Suez führte, die kombinierte Land-See-Land-Reise, die in ihrer ersten Etappe ein Durchqueren der östlichen Wüste einschloß, und vielleicht auch eine Nil-See-Land-Route durch den Kanal im Wadi Tumilat.

Als erste wurden Minen des Wadi Maghara ausgebeutet; dort fanden sich sehr frühe Felsinschriften und -reliefs aus der Zeit der Könige Sanacht, Netjerichet (Djoser) und Sechemchet. Die letzte Expedition des Alten Reiches führte im »Jahr 2 der Zählung« (etwa 3. Regierungsjahr) des Königs Pepi II. zu diesem Ort. Obwohl sich dort auch noch die Namen von Königen aus dem Mittleren und Neuen Reich fanden (Amenemhet III., Hatschepsut, Tuthmosis III. und vielleicht auch Ramses II.) hatte der Platz seine einstige Bedeutung eingebüßt.

Serabit el-Chadim mit seinem Hathortempel war jedoch der bedeutendste Platz im Sinai, an dem die Ägypter tätig waren. Der älteste Teil des Tempels, eine im Felsen angelegte »Hathor-Grotte« mit davorliegendem Hof und Eingangsbau, geht auf den Anfang der 12. Dynastie zurück. Im Neuen Reich wurde südlich davon ein Schrein für Soped, den Herrn der östlichen Wüste, angelegt, während der Hathortempel hauptsächlich von Hatschepsut und Tuthmosis III. beträchtlich erweitert wurde. An einigen Stellen verehrte man auch Toth, zusammen mit mehreren vergöttlichten Königen wie z.B. Snofru. Ramses II. ist der letzte Herrscher, dessen Name sich im Sinai gefunden hat. In Rud el-Air, etwa 1,5 km westlich des Tempels von Serabit el-Chadim, wurde unlängst eine Felseninschrift aus dem Mittleren Reich entdeckt.

Durch eine Felseninschrift des Königs Sahure und eine große Stele von Sesostris I. läßt sich das dritte wichtige Zentrum des Sinai datieren, die Türkisvorkommen im Wadi Charit. Nicht weit davon entfernt, im Wadi Nasb, wurden neben einer Felsenstele aus dem 20. Jahr des Königs Amenemhet III. weitere Inschriften aus dem Mittleren und Neuen Reich gefunden.

DRITTER TEIL

KULTUR UND GESELLSCHAFT IM ALTEN ÄGYPTEN

DAS TÄGLICHE LEBEN

Nicht einseitiges Quellenstudium, sondern vielmehr die unterschiedlichsten Beobachtungen vermögen, einem Mosaik gleich, das tägliche Leben im alten Ägypten zu erhellen. Reiches Material bieten einmal die Reliefs und Malereien in den Gräbern, wobei es stets zu bedenken gilt, daß sich nur die Oberschicht der Gesellschaft derart ausgestattete Begräbnisstätten leisten konnte. Das Leben der einfachen Menschen wird häufig nur in Nebenszenen berührt. Ergänzt wird das Darstellungsmaterial durch Modelle und Gebrauchsgegenstände, die als Grabbeigaben gedient haben. Siedlungsgrabungen erbringen meist wenige solcher Gegenstände. Weitere Einblicke vermitteln schließlich literarische Texte und Verwaltungsdokumente auf Papyri.

Szene mit landwirtschaftlichen Arbeiten im Grab Nr. 1 in Deir el-Medina. Das Grab gehörte einem gewissen Sennedjem, Zeit: Sethos I. Dargestellt sind die Jenseitsgefilde Jaru, wo Sennedjem mit seiner Frau Iineferti Korn sichelt, Flachs erntet und mit einem Paar gescheckter Rinder pflügt. Mit der Sichel, die aus einem hölzernen Griff und einer gezähnten Feuersteinklinge bestand, wurde das Korn sehr hoch abgeschnitten, das dringend benötigte Stroh zog man später heraus. Sicheln und Peitschen in der Art, wie Sennedjem sie in diesen Szenen benutzt, wurden bei vielen Grabungen gefunden.

Güter und Weinberge

Vor der Aussaat wurde der Boden gepflügt – als Zugtiere dienten meist Ochsen – oder mit einer Hacke bearbeitet. Danach streute man das Saatgut aus, und Rinder, Schafe oder Ziegen mußten den Samen eintreten.

Die Kornschneider wurden bei ihrer eintönigen Arbeit von einem Flötenspieler unterhalten. Nach dem Schnitt wurden die Ähren in Körben gesammelt und entweder mit Eseln abtransportiert oder von Menschen getragen zum Dreschplatz gebracht. Das »Dreschen« übernahmen wieder Rinder, Schafe oder Ziegen, die über die Ähren getrieben wurden und auf diese Weise die Körner austraten. Durch Worfeln und Sieben wurde die »Spreu vom Weizen getrennt«. Darauf lagerte man das Getreide in Speichern.

Auch die verschiedenen Phasen des Weinanbaus sind häufig dargestellt worden. In Kufen wurden die Trauben zertrampelt, auf diese Weise also erfolgte das Pressen. Begleitet war diese Tätigkeit häufig von rhythmischen Stockschlägen. Der Most wurde später durch einen Sack gefiltert. Hieratisch beschriftete Etikette von Weinkrügen nennen häufig nicht nur das Anbaugebiet, sondern auch den Händler und den Jahrgang des Weines, der in altägyptischer Zeit in den Krügen enthalten war.

Pflügen, Mittleres Reich.

Worfeln und Abtransport der Ähren, 18. Dynastie.

Kornschneiden, 5. Dynastie.

»Dreschen« mit Rindern, 18. Dynastie.

Getriedespeicher, Mittleres Reich.

Weinernte, 18. Dynastie.

Viehzüchter und Hirten

Ausführliche Schilderungen liegen auch über die Viehzucht vor. Vom Bespringen der Rinder, über das Kalben, Trinken der Kälber bis hin zum Melken, Kämpfen der Stiere und die Viehfütterung sind alle Aspekte der Viehzucht dargestellt worden; so z. B. auch die Viehzählung bzw. Inspektion der Rinder-, Schaf- und Ziegenherden seitens des Gutsherrn. Dazu gehörte auch die Wiedergabe der Beobachtung, daß Ziegen gern an Bäumen oder Büschen hochspringen, um Blätter abzuzupfen. Inspiziert wurde ebenfalls der Geflügelhof. Die Hirten werden beim Kochen und Essen abgebildet oder beim Häuten einer geschlachteten Ziege, die am Baum aufgehängt ist. Das Flechten von Matten scheint zu den Freizeitbeschäftigungen der Hirten gehört zu haben. Die Wertschätzung, die man der Viehzucht angedeihen ließ, wird allein schon aus der hohen Zahl von Beamten erhellt, die mit der Viehzucht in Zusammenhang stehende Funktionen ausübten und entsprechende Titel trugen.

Inspektion der Rinderherden, 18. Dynastie.

Hirten mit Ziegen, 19. Dynastie.

Melken, 5. Dynastie.

Jäger mit Hunden, 5. Dynastie.

Kuh beim Kalben, 5. Dynastie.

Jäger und Fischer

Die Jagd auf das Wild der Wüste konnte bald schon keinen erheblichen Beitrag mehr zur Wirtschaft leisten, so daß das Jagen zum Sport der Reichen wurde. Szenen in den Marschen mit Fischfang und Vogeljagd, Papyrusernte und der Herstellung von Papyrusbooten sind meist mit Szenen der Viehhaltung kombiniert. Häufig wiedergegeben ist der Fischfang mit dem Schlagnetz, daneben wurden Fische aber auch mit Körben oder kleinen Klappnetzen, die man in der Hand halten konnte, gefangen. Das Fischespeeren und Angeln, meist von einem leichten Papyrusnachen aus, gehörte zu den beliebtesten Vergnügungen. Die Jagd auf Nilpferde hingegen scheint eher eine Notwendigkeit als eine rein sportliche Betätigung gewesen zu sein.

Fischfang mit dem Schleppnetz, 5. Dynastie

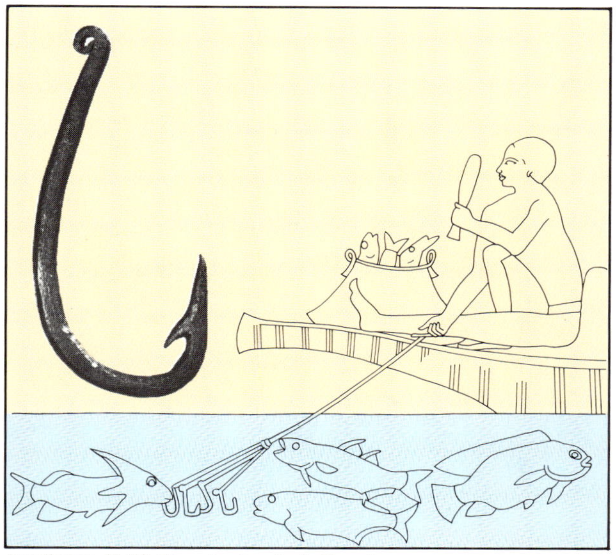

Angelhaken, 18./19. Dynastie. Angeln, 6. Dynastie.

Fischen mit dem Klappnetz und Nilpferdjagd, 6. Dynastie

Fischfang mit dem Schlagnetz, 5. Dynastie.

Nilpferdjagd, 5. Dynastie.

Das Handwerk

Die Arbeitsprozesse bei der Herstellung von Gütern sind mit großem Einfühlungsvermögen in die technischen Vorgänge dargestellt worden: ein Goldschmied wiegt Gold ab, Drechsler arbeiten an hölzernen *Djed*-Zeichen (Symbol für Dauer), die offenbar für einen Schrein bestimmt sind, Bootsbauer bei der Arbeit an einem Schiffsrumpf, Metallgießer blasen das Feuer an. Häufig abgebildet sind auch Bildhauer, wobei die Herstellung der Statuen ebensoviel handwerkliches Geschick wie künstlerisches Können voraussetzte. Tischler, Lederarbeiter, Töpfer und Hersteller von Steingefäßen, Tauhersteller und Ziegeleiarbeiter. Die für diese Tätigkeiten benötigten Werkzeuge sind sowohl in tatsächlicher Größe als auch als Modelle erhalten geblieben.

Goldschmiede, Drechsler, Juweliere und Graveure, 18. Dynastie.

Modellwerkzeuge, 18. Dynastie.

Bootsbauer, 5. Dynastie.

Metallgießer, 5. Dynastie.

Um sicherzustellen, daß im Grab auch Fleischopfer zur Verfügung standen, gehörten Schlachtungsszenen im Flachbild und Modell zu den häufigsten.

Brot und Kuchen gab es in mannigfaltiger Form und Qualität. Alle Arten bestanden zwar aus gemahlenem Korn, aber die Zubereitung war recht unterschiedlich. So wurde der Teig auch in vorgeheizten Tonformen ohne direkte Hitze gebacken.

Das ägyptische Bier wurde aus angebackenem Brot fermentiert. Bierbrauer, die in einem Bottich die Brotstücke bearbeiten oder die Maische durchseihen, sind häufiges Thema von Statuetten, Modellen und Reliefs.

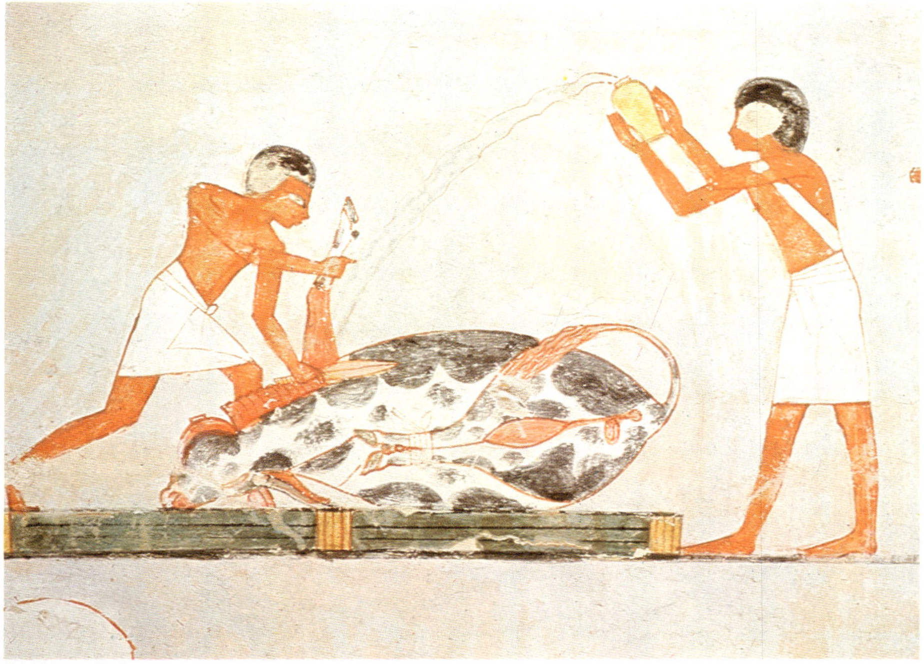
Schlächter, 18. Dynastie.

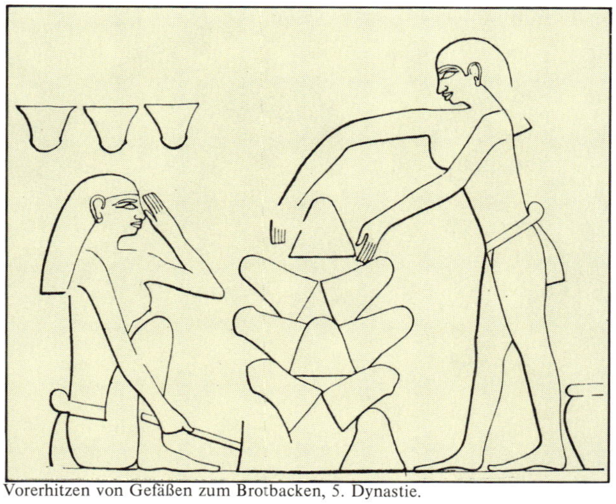
Vorerhitzen von Gefäßen zum Brotbacken, 5. Dynastie.

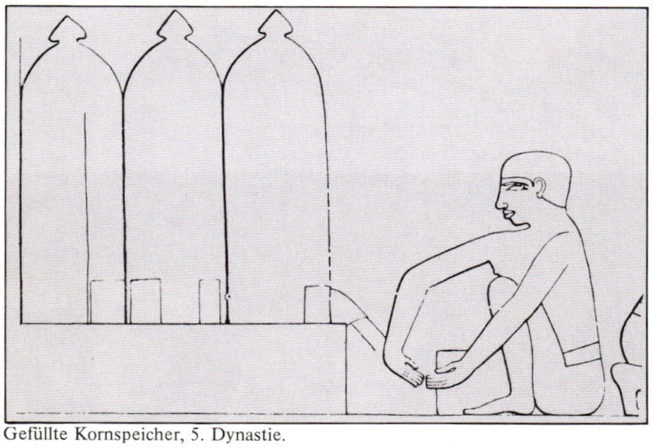
Gefüllte Kornspeicher, 5. Dynastie.

Schlächter, Bäcker und Brauer, Mittleres Reich.

Brauer, Koch und Müllerin, Erste Zwischenzeit.

Brauen, Mittleres Reich.

Das häusliche Leben

Seit frühester Zeit sind mehrere Musikinstrumente bekannt, und in Ausgrabungen sind zahlreiche Exemplare gefunden worden. Flöte, Doppelklarienette, Doppeloboe und Trompete gehörten zu den bekanntesten Blasinstrumenten. Zu den Saiteninstrumenten zählten verschiedene Formen von Harfen, Laute und Lyra; Tamburin und Trommel bildeten die üblichen Membraninstrumente. Vorwiegend im Ritual fanden die Schlaginstrumente Sistrum und Klapper Verwendung.

Funde von Modellhäusern ergänzen teilweise unsere Kenntnisse über die Form der Häuser wie sie aus Siedlungsgrabungen belegt sind, aber für die Epochen der Frühzeit und des Alten Reiches ist unser Wissen über die Anlage der Wohnhäuser verglichen mit dem über Tempel- und Grabbau noch recht lückenhaft.

Auch über die tägliche Haushaltsführung sind die in den Gräbern hinterlassenen Informationen selten und außerordentlich selektiv. Wenn die Ägyptologen aufgefordert wären, einen gewöhnlichen Tag, Monat oder ein ganz normales Jahr im Leben eines Durchschnittsägypters zu beschreiben, bliebe vieles noch der Vermutung überlassen, ein Hinweis darauf, mit welchen Schwierigkeiten sich die Ägyptologie noch immer konfrontiert sieht.

Musikantinnen und Tänzerinnen, 18. Dynastie.

Modellhaus, Mittleres Reich.

Opferträger, Mittleres Reich.

Schilfbesen, 18. Dynastie.

Korb- und Mattenflechterei, Mittleres Reich

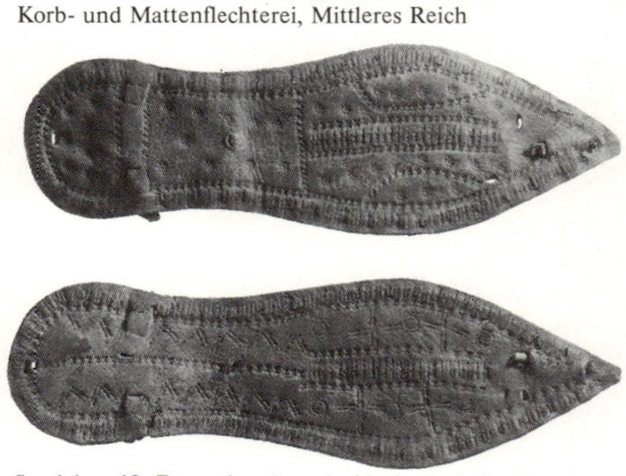

Sandalen, 18. Dynastie oder griechisch-römische Epoche.

Im »Harfnerlied« heißt es: »Streue dir Myrrhe aufs Haupt und kleide dich in feines Leinen.« Die wohlhabende Schicht legte Wert auf schönes Gerät für den Gebrauch im täglichen Leben, vor allem hübsches Toilettengerät wie Kämme, Salbgefäße bzw. Salblöffel (häufig in Form einer Musikantin, eines Dieners mit einem großen Gefäß auf der Schulter oder einer Schwimmerin), Kochgefäße (für Augenschminke) und sonstige Gefäße. Spiegel aus poliertem Kupfer oder Bronze hatten häufig einen Ziergriff. Auch elegantes Mobiliar (Sessel, Stühle, Betten, Truhen und Kästen) und schöne Kleider, Perücken und Schmuck fanden das Wohlgefallen der Reichen. Zu den Vergnügungen zählten gutes Essen und Trinken, Musik, Gesang und Tanz, wobei man sich in Gesellschaft eher Tänze anschaute als sich aktiv zu beteiligen.

Darstellungen von Gastmählern sind ziemlich häufig, vor allem in den thebanischen Gräbern aus dem Neuen Reich. Eine typische Erscheinung sind dabei die Salbkegel auf den Köpfen (die Myrrhe des Harfner-Liedes) der Festteilnehmer. Die aromatische fettige Substanz löste sich im Laufe des Gelages auf und floß über Perücke und Gewänder herab, angenehmen Duft verströmend.

Die Kinder amüsierten sich ähnlich wie sie es noch heute in Ägypten tun. Einfache Spielsachen blieben erhalten. Das Pferd mit Rädern allerdings war vor der griechisch-römischen Epoche nicht bekannt.

Detail aus einer Gastmahlsszene, 18. Dynastie.

Kamm, 19. Dynastie.

Toilettengerät (Salblöffel), 18. Dyn.

Spiegel, Neues Reich.

Klappstuhl, 18. Dynastie.

Spielzeugpferdchen, griechisch-römische Zeit.

SCHREIBER UND SCHRIFT

Als einschneidendste Veränderung gegenüber der Vorgeschichte darf die Erfindung der Schrift um 3000 v.Chr. gelten, die den Beginn der Geschichte bezeichnet. Auf vergleichbare Weise hob die Kenntnis von Lesen und Schreiben die Hochkulturen des Vorderen Orients von den zeitgenössischen Nachbarkulturen ab; denn die Schriftkunde erschloß neue Möglichkeiten der gesellschaftlichen Organisation sowie der Vermittlung einer wachsenden Menge überlieferten Wissens. Doch da die Schrift schwierig war (nicht auf einem Buchstabenalphabet beruhte), beschränkte sich die Kenntnis von Lesen und Schreiben auf eine Elite.

Eine Adelsschicht, die nicht des Lesens und Schreibens kundig gewesen wäre, etwa dem europäischen Landadel vergleichbar, hat es offenbar im alten Ägypten nicht gegeben. Die Angehörigen der Oberschicht hatten alle Schreiberkarrieren im Beamtentum, in der Armee oder als Priester hinter sich, auch die Könige konnten lesen und schreiben. Die höchsten Titel in der Verwaltung stellen zwar keine Beziehung zum Schreiben her, aber von Darstellungen wissen wir, daß diese Titelträger Schreiber waren. In allen Bereichen bildete das Schriftliche die Grundlage jeglicher öffentlichen Organisation.

In seiner ersten Stelle wurde der Schreiber von einem anderen Schreiber ausgebildet. Die Kinder bedeutender Persönlichkeiten gelangten manchmal schon recht früh, etwa mit zwölf Jahren, in die Ämterlaufbahn. Nach Abschluß der Ausbildung begann dann der Aufstieg in der Verwaltungshierarchie. Die Anfangsgründe scheinen, jedenfalls nach dem Befund von Deir el-Medine, wo wir Kenntnis von einer Schule haben, damit erworben worden zu sein, daß Passagen aus dem in kursiven Hieroglypen geschriebenen Buch mit der Bezeichnung »Kemit« abgeschrieben wurden. Dann erfolgte die Einführung in die klassischen Werke der Literatur und schließlich nach Übernahme einer Stellung die Beschäftigung mit zeitgenössischen vermischten Schriften, Modellbriefen, Satiren, Gedichten und panegyrischen Schriften, die offensichtlich als tägliche Hausaufgaben zu erledigen waren und vom Lehrer angeordnet wurden.

Zwei Gesichtspunkte sollten an dieser Art der Ausbildung hervorgehoben werden. Zum einen übten sich die Schreiber vor allem in der Kursivschrift, die von Anbeginn allgemein verwendet wurde, so daß vielleicht sogar eine Sonderschulung für die Beherrschung der auf Denkmälern üblichen Hieroglyphenschrift notwendig war, die denn auch weniger Menschen lesen konnten. In der Spätzeit gingen die beiden Formen der Schrift sogar weit auseinander. Zum zweiten hatten die Ägypter zwar eine syllabisch gegliederte Sprache, so daß Listen bisweilen in »alphabetischer« Ordnung angefertigt wurden, aber das Lernen geschah über das Einüben ganzer Sätze oder Wörter, nicht einzelner Zeichen.

Außer für den Schriftverkehr in der Verwaltung, für Briefe usw. wurde die Kursivschrift auch für unwesentliche Zwecke verwendet, so auch zur Vermittlung der von unserer Warte aus interessantesten schriftlichen Hinterlassenschaft, der Literatur. Aus Schulen und anderen Quellen sind literarische Texte erhalten. Dazu gehören Erzählungen, Lehren und »philosophische« Texte, Hymnen aus den Bereichen Kult und Religion, Liebeslyrik, Königsinschriften und Vermischtes, das erst sekundär als Literatur verwendet wurde. Als nicht in unserem heutigen Sinne literarische Texte würden wir die medizinischen und mathematischen Schriften, Ritualtexte und bestimmte Totenbücher bezeichnen. »Produktionsstätten« aller Art von schriftlicher Hinterlassenschaft waren die den Tempeln angeschlossenen »Lebenshäuser«, wo nicht nur Abschriften von Werken der Schönen Literatur angefertigt wurden, sondern die schriftliche Tradierung überhaupt gepflogen wurde. Fast ohne Unterbrechung dauerte die Überlieferung bis ins 3. Jahrhundert n.Chr. an, wobei nur wenige Texte den Übergang vom Hieratischen zum Demotischen überlebten. Manche Werke der Literatur waren besonders beliebt und allen vertraut.

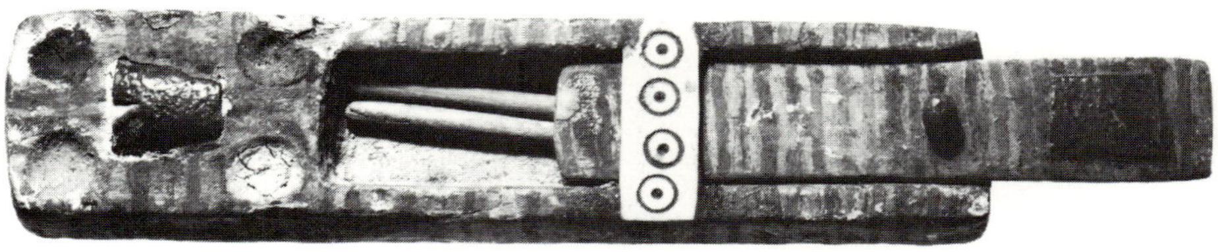

Ganz oben: Schreiberstatue des Petamenope, um 650 v. Chr. Granit. Mit untergeschlagenen gekreuzten Beinen sitzend, hält der Schreiber einen Papyrus zwischen den Knien ausgebreitet. Mit diesem Statuentyp aus dem Alten Reich knüpfte einer der reichsten Männer der Spätzeit bewußt an die Tradition einer weit zurückliegenden Epoche an.

Oben: Übliche Schreiberpalette mit einem Schlitz zur Aufbewahrung der Federn aus Binsen (Originale sind erhalten) und Eintiefungen für die Tuschetäfelchen, von denen noch Reste erhalten sind.

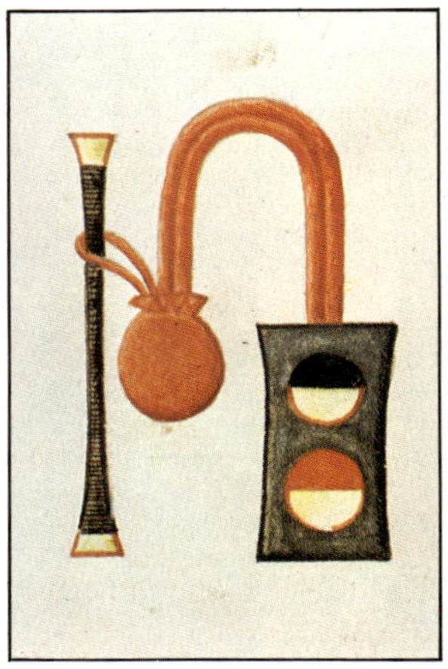

Die wesentlichsten Utensilien des Schreibers hält die Hieroglyphe links fest: eine Palette mit Eintiefungen für den roten und schwarzen Tusche-Farbstoff (Pigment mit gummiartigem Bindemittel), einen Wasserbehälter und eine Binsenfeder oder Papyrusglätter, alles handlich zusammengebunden. Die Tusche entstand durch Hinzufügen von Wasser zu den Farbtäfelchen (vergleichbar unserer heutigen Wasserfarbentechnik). Das Schreiben hatte eher Ähnlichkeit mit dem Malen, wobei die Hand des Schreibers nicht auflag. Da von rechts nach links geschrieben wurde und ursprünglich in senkrechten Kolumnen, hätte die aufliegende Hand das Geschriebene verschmiert. Mit einer voll getränkten Feder konnten etwa ein Dutzend Zeichen auf den Papyrus gebracht werden, ehe man wieder »eintauchen« mußte.

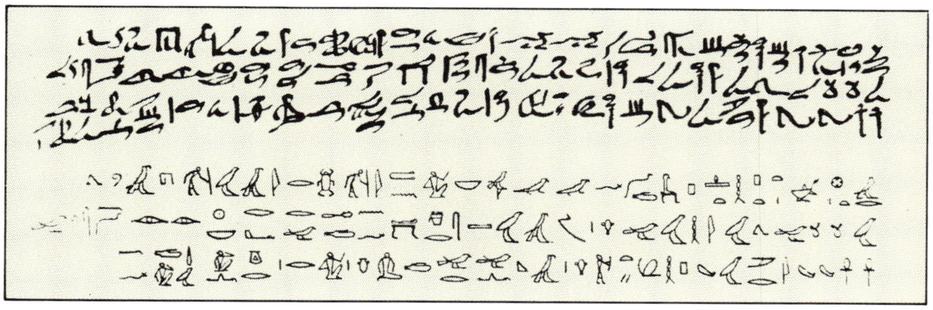

Oben: Beispiel für literarisches Hieratisch der 12. Dynastie und Umsetzung in Hieroglyphen. Übersetzung: »Der Wesir Ptahhotep, er sagt: die Hinfälligkeit ist eingetreten und das Alter herabgestiegen, die Schwäche ist eingetreten, die Geistesschwäche wiedergekehrt. Wie in einer zweiten Kindheit liegt man den ganzen Tag. Die Augen sind schwach und die Ohren taub und das müde Herz versagt. Der Mund schweigt und redet nicht.« Papyrus Prisse 4.2–4, Paris, Bibl. Nationale.

Unten: Bericht über das Unglück der Familie des Peteese, wahrscheinlich für einen hohen Finanzbeamten aus der Zeit Darius' I. bestimmt. Der Text und die Umschrift zwischen den Textzeilen sind von rechts nach links zu lesen, die einzelnen Wörter der Umschrift aber von links nach rechts. Übersetzung: »Der Hafenmeister sandte einen Offizier ab und sagte: »Verhafte alle, Peteese [ein Vorfahr des Verfassers]/sagt dir zu verhaften«. Der Offizier kam nach Teudjoi [el-Hiba] und Peteese ließ die beiden Priester verhaften. Er fuhr nordwärts mit ihnen zum Königspalast./ Vor Pharao wiederholte Peteese alles, was sie getan hatten. Pharao verurteilte die beiden Priester.« Aus el-Hiba. Manchester, John Rylands Library, Pap. 9.

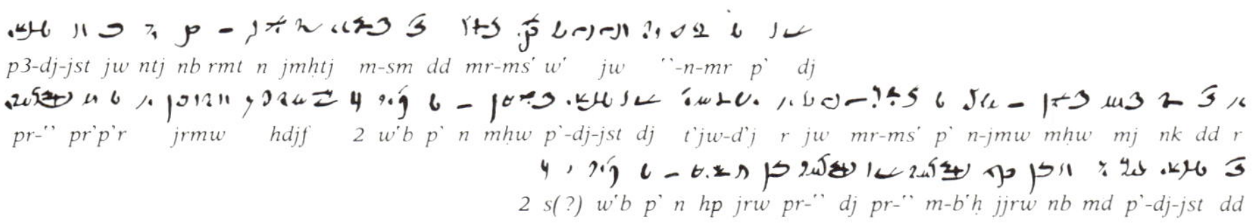

In Ägypten gab es drei Schriftarten: Hieroglyphen für Inschriften auf Denkmälern und für ornamental verwendete Inschriften, kursiv geschriebene Hieroglyphen für religiöse Texte und das »Kemit« genannte Buch sowie Hieratisch, die übliche Kursivschrift im alltäglichen Gebrauch. In der Dritten Zwischenzeit wurden auch Inschriften auf Denkmälern hieratisch geschrieben, das zum Ausgangspunkt für Kursivhieratisch, das im 8.–7. Jh. v. Chr. im thebanischen Bereich Verwendung fand, und Demotisch, die Kursive im Norden nach 700 und in ganz Ägypten um 600 v. Chr., wurde. Hieratisch läßt sich in Hieroglyphen transkribieren, obwohl sich dabei ein Text ergibt, der von einem ursprünglich hieroglyphisch konzipierten abweicht. Beim Demotischen stellen sich allenfalls Bezüge zum Hieratischen her. Kursiv geschriebene Hieroglyphen fanden im Laufe des 1. vorchristlichen Jahrtausends keine Verwendung mehr, während Hieratisch bis zum Schluß beibehalten wurde. Demotisch verwendete man im Geschäftswesen, für Literatur und Inschriften.

Die gesprochene Sprache hat sich natürlich kontinuierlich langsam verändert, die geschriebene Form jedoch in Sprüngen, sie hing mit der Schriftart zusammen. Vom Alten zum Mittleren Reich, der Periode des Alt- und Mittelägyptischen, verlief die Veränderung in der gesprochenen Sprache etwa parallel zur Veränderung in der Schrift. Gesprochenes und Geschriebenes hingegen klafften weit auseinander zur Zeit der 18. Dynastie. Neuägyptisch, die gesprochene Sprache des Neuen Reiches, wurde in Hieratisch geschriebenen Dokumenten der 19.–20. Dynastie verwendet, während für hieroglyphisch geschriebene Texte noch immer eine lockere Form des Mittelägyptischen verwendet wurde. Beim Hieratischen machen sich große Unterschiede bemerkbar zwischen religiösen Texten in Mittelägyptisch und Geschäftsdokumenten in Neuägyptisch. Demotisch, in etwa die gesprochene Sprache vom 7.–6. Jahrhundert v. Chr. an, löste das Neuägyptische ab, doch bis zum Ende der altägyptischen Kultur blieb Mittelägyptisch die förmliche Denkmälersprache. Im 2. nachchristlichen Jahrhundert wurden Zaubertexte in zunehmendem Maße mit griechischen Buchstaben geschrieben und seit dem 4. Jahrhundert n. Chr. entwickelte sich daraus das Koptische, die Sprache des christlichen Ägypten, die allmählich nach 640 n. Chr. dem Arabischen Platz machte.

Ägyptisch gehört zur afro-asiatischen Sprachfamilie, wozu die semitischen Sprachen und afrikanischen Sprachgruppen von Berbersprachen im Nordwesten bis zum Tschadischen (um den Tschad-See) sowie Kuschitischen und Omotischen im südlichen Sudan und Äthiopien rechnen. Am ehesten ähnelt es den semitischen Sprachen, muß aber dennoch als eigenständig gelten. Seine Struktur ist von den semitischen Sprachen etwa so weit entfernt wie das heutige Englisch von Latein.

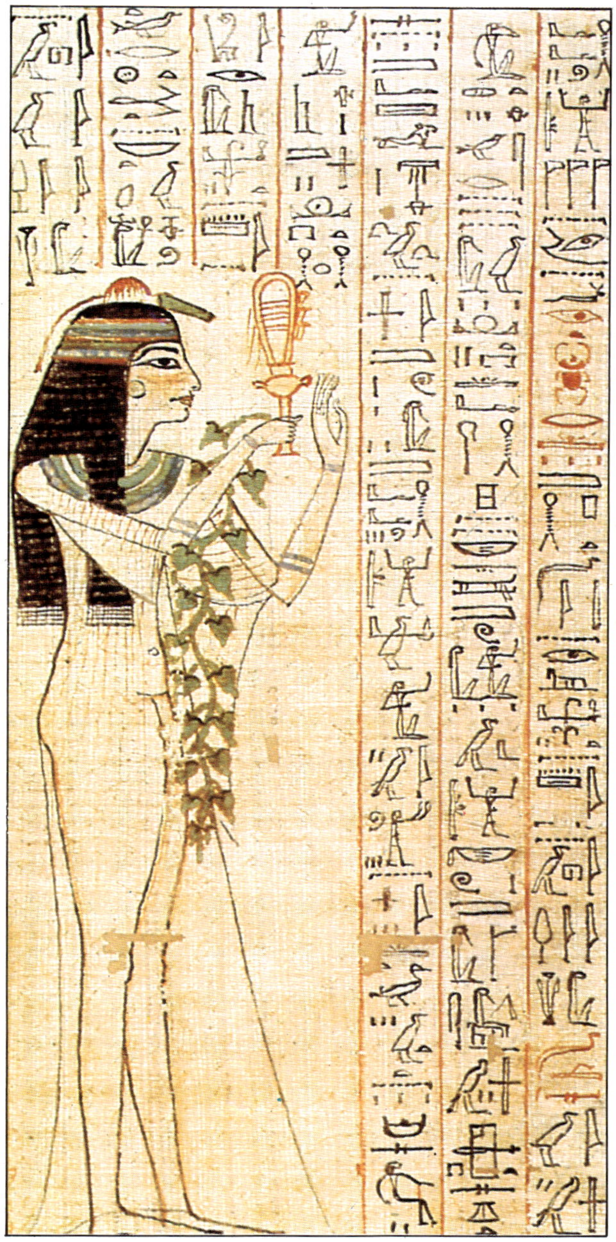

Rechts: Mit Tusche geschriebene Hieroglyphen und Vignette im Totenbuchpapyrus der Dame Anhai, 19. Dynastie. Die roten Zeichengruppen (Rubriken) bezeichnen den Beginn eines Abschnitts. Der Text ist verderbt und unübersetzbar, lehnt sich aber an eine Formel für das Erscheinen als Ptah und eine weitere Formel über das Essen, Trinken und Niederlassen auf dem Thron in der Unterwelt an.

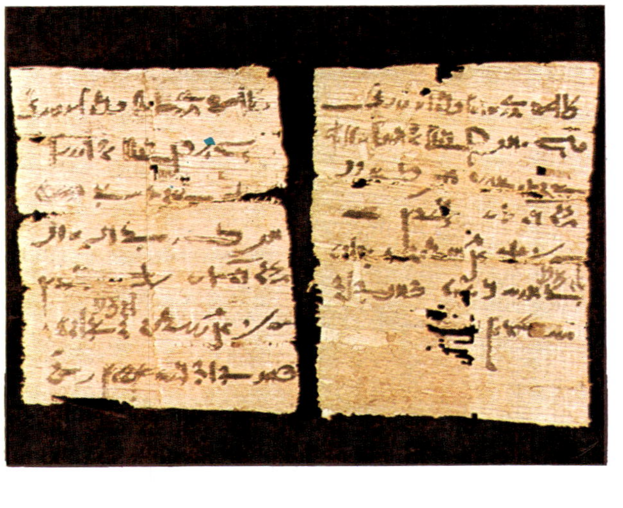

Links: Demotische Fragen an das Orakel des Sobek und der Isis von Soknopaiou Nesos (Dimai) im Faijum; 149 oder 138 v. Chr. Die kleinen Papyruszettelchen (7,5 × 5,5 cm) wurden vor die Gottheit gebracht und auf irgendeine Weise der zutreffende Zettel ausgewählt und entfernt. Die Texte sind fast gleichlautend, die Übersetzung des ersteren lautet: »Bitte des Dieners Teschnufe (Sohn von) Maa-re, der sagt/ vor seinem Herrn Sobek, dem Herrn von Pai, dem großen Gott/und der Isis, vollkommen an Thron. Wenn es mein vernünftigstes Vorgehen ist zu pflügen/das Seeufer in diesem Jahr,/Jahr 33 und ich nicht säen soll, laß diesen Zettel/mir herausbringen.« Auf dem zweiten Zettel heißt es entsprechend verneinend »Wenn es nicht am vernünftigsten ist . . .«, und der Hinweis auf das Säen fehlt.

Inschrift auf einem Naos Tuthmosis' IV., in der über die Auffindung eines Steins berichtet wird, der möglicherweise in diesem Schrein aufbewahrt wurde. An diesem Beispiel soll die Übertragung verdeutlicht werden.

(a) stellt eine Abschrift in Hieroglyphen dar, hier von links nach rechts zu lesen. Zeichen in eckigen Klammern sind Ergänzungen.

Die Zeile (b) stellt die Zeichen-für-Zeichen-Umsetzung in die sogen. wissenschaftliche Umschrift dar. Die Taxogramme oder Determinative, die nicht gelesen werden, sind hochgestellt angegeben. Mit einem Kreuz sind die Zeichen versehen, die eine Komponente zu einem Mehrkonsonantenzeichen darstellen und nicht extra gelesen werden. Logogramme oder Begriffe sind in Großbuchstaben geschrieben. Eine deutliche Unterscheidung zwischen Wörtern aus einzelnen Lautzeichen und der Begriffsschreibung ist nicht getroffen.

(c) in wissenschaftlicher Umschrift vermittelt den Sprachaufbau.

(d) gibt die wortwörtliche Übertragung der ägyptischen Wörter und (e) die Übersetzung ins Deutsche.

Allen Schriftarten liegen die gleichen Prinzipien zugrunde, die darin bestehen, daß Zeichen zweier sich überschneidender Kategorien verwendet werden: Phonogramme, d.h. Lautzeichen, und Semogramme, d.h. Bedeutungszeichen. Die Lautzeichen bilden Silben, bei denen allerdings die Vokale nicht eindeutig angegeben sind. Da die Zeichen den Lautwert von Konsonanten plus jeglichem Vokal oder keinem Vokal wiedergeben, spricht man von einer »Konsonantenschrift«. Die »Umschrift« stellt darum ein Gerüst aus Konsonanten dar. Die nachstehenden Zeichenbeispiele stammen aus dem *rechts* wiedergegebenen Text. Theoretisch gibt es für die Schreibung eines Wortes viele Möglichkeiten unterschiedlicher Zeichenverwendung, aber in der Praxis hatte sich eine Art Übereinkunft herausgebildet, ein bestimmtes Wort wurde mit einer bestimmten Abfolge von Laut- und Bedeutungszeichen wiedergegeben. Sie werden in Gruppen gelesen, nicht in ihre Komponenten zerlegt, wie das ja im Grunde auch mit einer alphabetischen Schrift geschieht.

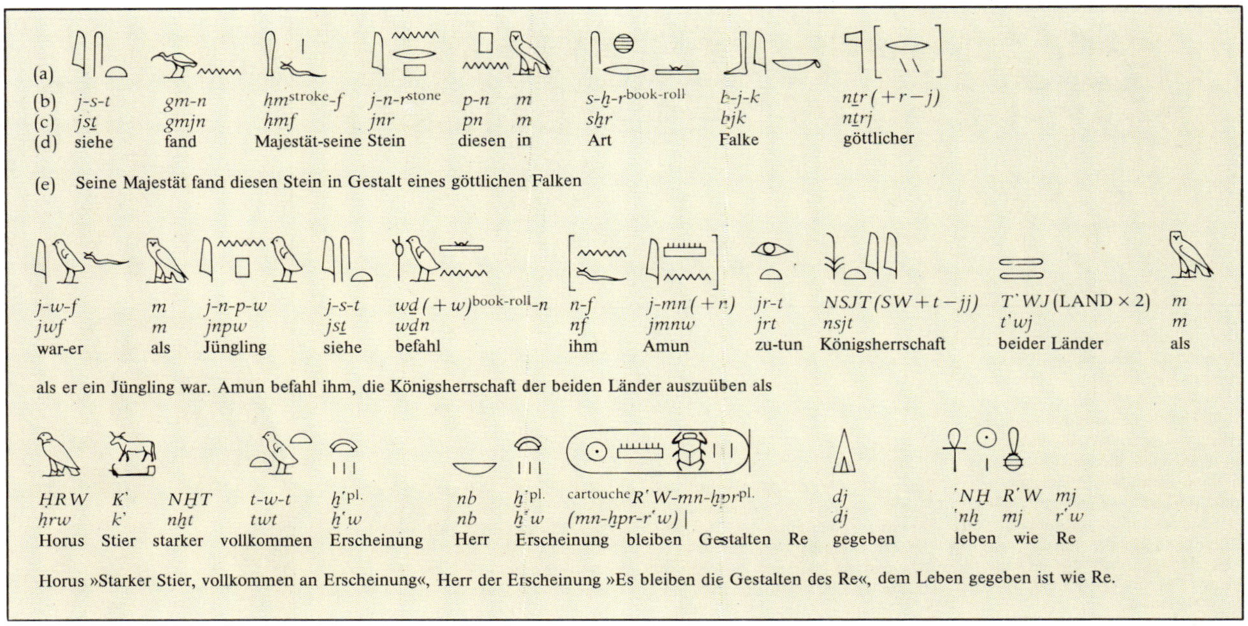

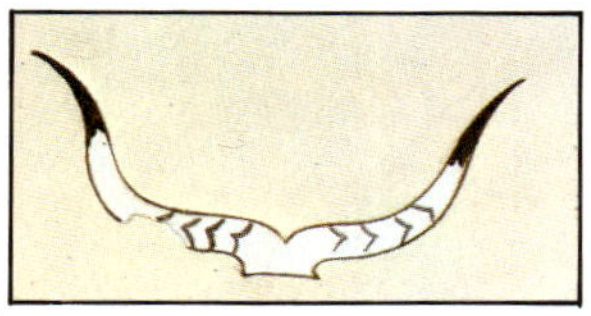

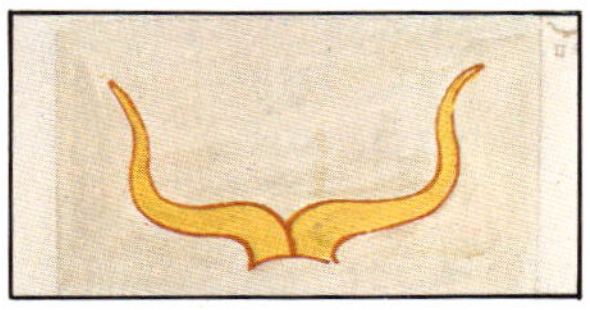

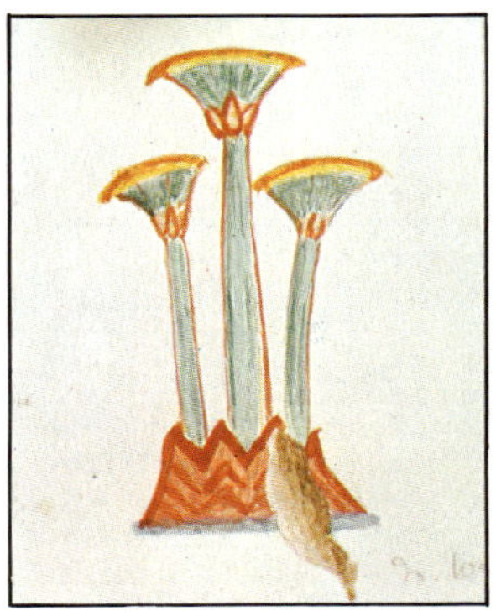

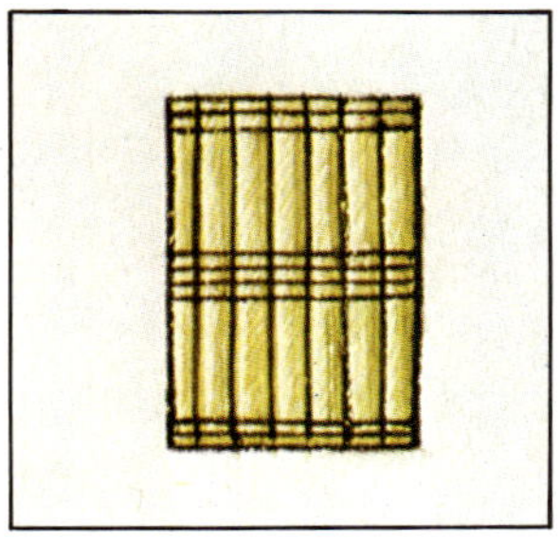

Die Hieroglyphen hatten zugleich auch eine dekorative Funktion; sie wandelten sich mit den Stilen: Veranschaulicht sei dies an der Wiedergabe eines Rindergehörns und eines Papyrusbüschels, einmal nach Art des Alten Reiches, die zweite Version aus dem Mittleren Reich. Dazu eine Schilfmatte.

Ableitung der Wertigkeit:

- *s* von *sw* »Tuchstück«
- *t* von *tj* »Brotlaib«
- *gm* von *gmt* »schwarzer Ibis«
- *r* von *r'* »Mund«
- *p* von *pj* »Matte«
- *jr* von *jrt* »Auge«
- *ḫ'* von *ḫj* »erscheinen« (der Sonne am Horizont)

Die konsonantische Lesung eines Zeichens ist meist mit dem Gegenstand determiniert, den das Wort darstellt, aber dasselbe Zeichen kann auch als Lautträger oder Bedeutungszeichen fungieren.

Der sitzende Mann z.B. kann als *rmt* = Mensch gelesen werden, als *zj* = Mann oder *rhw* = Genosse, aber auch in der Bezeichnung

hmntr = Priester als Deutzeichen bzw. Determinativ.

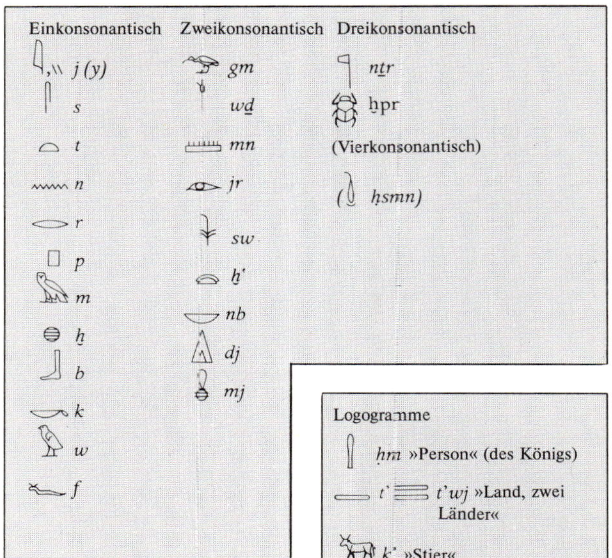

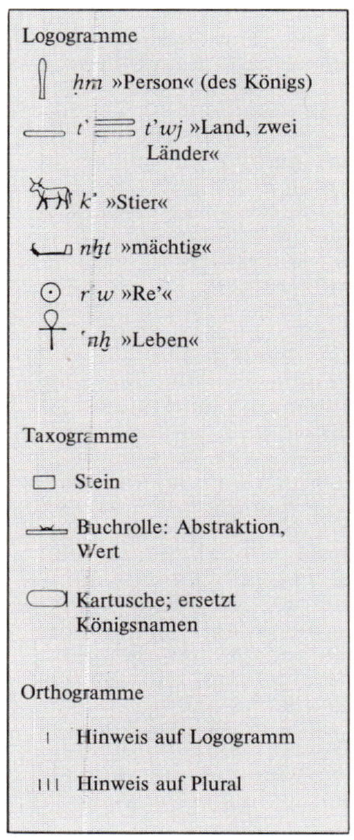

Oben: Die Zeichen können bis zu vier Konsonanten wiedergeben. Einkonsonantenzeichen sind aber die üblichsten. Man darf sie jedoch auf keinen Fall als eine Art Alphabet bezeichnen, weil sie theoretisch Vokale enthalten und innerhalb der Gesamtheit der Lautzeichen keine bestimmte Position einnehmen.

Rechts: Die Semogramme (Bedeutungszeichen) sind in zwei Arten zu unterteilen: in Logogramme (Begriffe), d.h. ein Zeichen vermittelt einen Begriff, und Deutzeichen, die hinter die Lautzeichen gesetzt werden. Die wichtigsten davon sind die Taxogramme oder Determinative. Sie »klassifizieren« ein Wort, d.h. ordnen es einem Begriffs- oder Bedeutungsgebiet zu.

Striche oder Orthogramme bezeichnen ein Wort als Logogramm. Zwei bzw. drei Striche dienen zur Angabe des Duals bzw. Plurals.

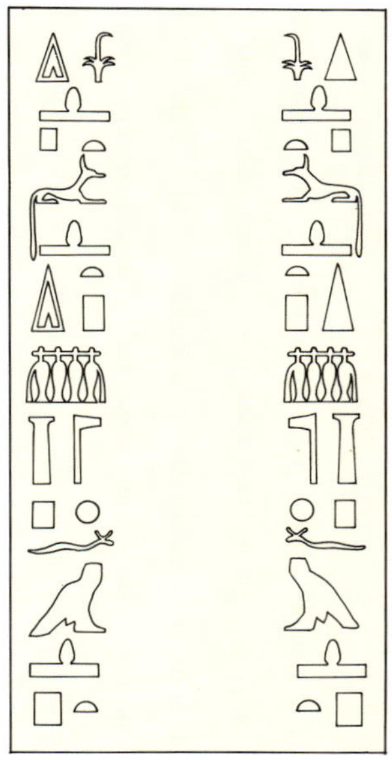

Die Ausrichtung der Zeichen bestimmt die Leserichtung: blicken die Zeichen nach rechts, so wird die Inschrift von rechts nach links gelesen, und umgekehrt. Aber auch senkrechte Kolumnen kommen vor. Im vorliegenden Beispiel wird derselbe Text einmal (links) von oben nach unten und dabei von rechts nach links gelesen und einmal (rechts) von oben nach unten und von links nach rechts. Opfertext an einer Scheintür in der Mastaba des Kahaif. Späte 6. Dynastie. Giseh.

Dekorative Beischrift zu einer Jagdszene in einem Grab der 18. Dynastie. Wörter, die den Namen des Amun enthielten, sind getilgt, möglicherweise im Rahmen der Amunverfolgung in der Amarnazeit. Der Text lautet: »Durchstreifen der Täler, Durchwandern der Hügel, sich Vergnügen beim Schießen des Wildes der Wüste seitens eines, den sein Herr liebt, des Hausverwalters des Wesirs und Schreibers der Kornabrechnungen des [Amun, Amenemhet,] gerechtfertigt.«

Oben: Im Umriß aufgezeichnete Hieroglyphen einer Beischrift aus der 18. Dyn. Übersetzung: »Nordwärts fahren zum Gebiet von Poqer [Abydos]; Wennofer [Osiris] sehen am Fest.« Die Hieroglyphe ist durch ersetzt worden, die ebenfalls *m* gelesen wird, um eine ausgewogenere Gruppenschreibung zu erzielen; heute ist die Korrektur deutlich zu erkennen.

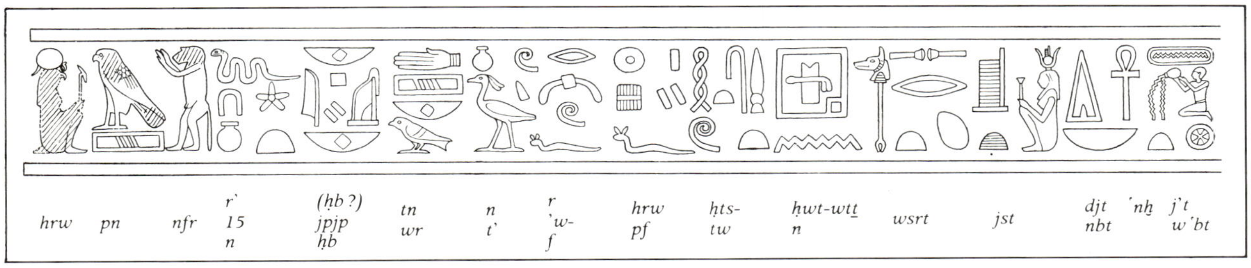

Kryptographie
Verschlüsselte Schreibung bezeichnet man als Kryptographie, die zu allen Zeiten verwendet wurde. Der Leser sollte damit wohl angeregt werden, auch geläufige Standardformeln zu lesen oder aufzusagen. In der Spätzeit und der griechisch-römischen Epoche wurde die Hieroglyphenschrift von einem Repertoire von einigen hundert Zeichen auf Tausende von Zeichen ausgeweitet, mit allen Mitteln wurden neue Zeichen und Kombinationen ausgetüftelt ohne Rücksicht auf die Beschränkung vergangener Epochen. Zu diesem Zeitpunkt hatten die Hieroglyphen die Verbindung zur Alltagsschrift verloren und konnten nur mehr von einer kleinen Elite, namentlich Priestern, die die Vielfalt um ihrer selbst willen erfanden, gelesen werden.

Oben: Faksimile einer dekorativen Inschrift aus der Zeit des Tiberius am Geburtshaus von Philae. Übersetzung: »Dieser schöne Tag, zweiter des Epiphi (Monatsname): dieses Fest, das große Fest des ganzen Landes, an dem Tag, da das Geburtshaus vollendet war für die Mächtige, Isis, Spenderin des Lebens, Herrin des Abaton (s. S. 73)«. Die Umschrift richtet sich nach den Zeichengruppen. Vor allem die ersten Wörter des Textes sind mit nicht-üblichen Zeichen geschrieben. Beispiele für spätere und frühere Lautwerte:

 *p;* früher *bjk*

 n; früher *š*

 *t';* früher *'h*

 *t;* früher *d*

Einige Zeichen gibt es in der Frühzeit nicht: z. B. *nfr.*

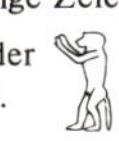

Ein Brief aus der 11. Dynastie (2002 v.Chr.), der niemals an sein Ziel gelangt ist. Der Papyrus ist auf 8 × 4 cm zusammengefaltet und versiegelt und trägt Titel und Namen des Adressaten über dem Siegel: »Vorsteher Unterägyptens, Ranefer.«

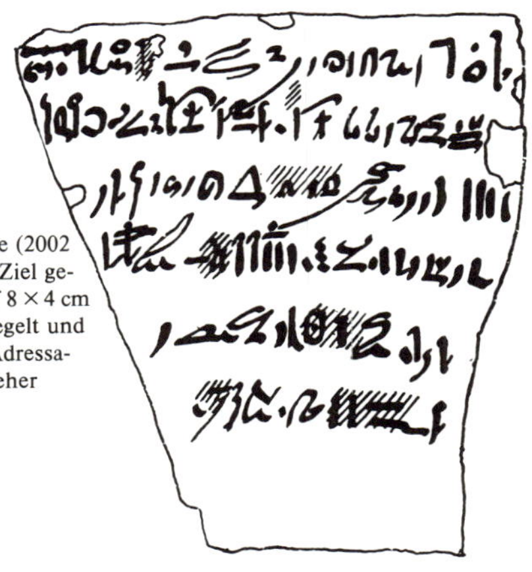

Ostraka, d.h. Kalksteinsplitter, wurden zum Aufsetzen von Textenwürfen oder als billiger Papyrusersatz verwendet. Im vorliegenden Beispiel hat sich ein Analphabet von einem Bekannten ein Schuldenanerkenntnis schreiben lassen. Der Gläubiger hatte das Ostrakon wohl bis zur Abwicklung der Angelegenheit aufbewahrt. Zu dieser Zeit – zwischen Ramses III. und Ramses IX. – war eine Tunika 1-3 Sack Getreide wert. Übersetzung: »Jahr 5, Monat 3 der *Peret*-Jahreszeit (etwa Winter), Tag 22. Der Wächter des Gutes Penrenenutet sagt: »Bei Amun und dem Herrscher, wenn [wieder] eine Woche anfängt ohne daß ich dem Harmin diese Tunika gegeben habe, wird sie [meine Schuld] zu meinen Ungunsten verdoppelt. Getan (d.h. geschrieben) vom Vorarbeiter des Arbeitertrupps, Nechemmut.« Aus Deir el-Medina, London, University College.

DIE ARMEE

Die älteste, in ihrem Verlauf zu rekonstruierende Schlacht in der Geschichte der Menschheit fand 1285 v. Chr. nahe der Stadt Qadesch am Orontes statt. Die Gegner waren Ramses II. und der hethitische König Muwatallis; bei der Auseinandersetzung ging es um die Kontrolle über Syrien. Am Ende mußten beide Seiten schwere Verluste hinnehmen; der Kampf endete unentschieden, obwohl Ramses II. einen moralischen Sieg errang.

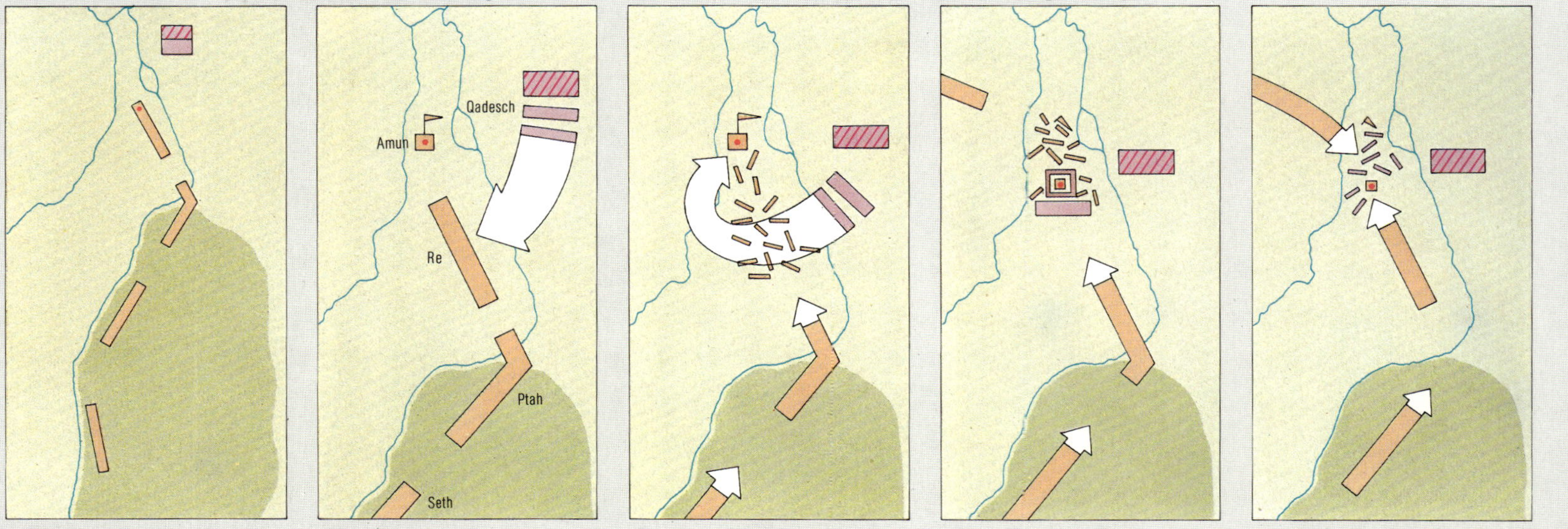

Ägypt. Fußtruppen u. Streitwagen, ca. 20 000 Mann
Ramses II.
Ägypt. Feldlager
Hethit. Streitwagen; 3500 Wagen, 10 500 Mann
Hethit. Fußtruppen, 8000 Mann

1. Die ägyptische Armee bestand aus vier Divisionen, hinzu kam eine kleine, unabhängig operierende Einheit. Durch falsche, absichtlich zugespielte Informationen glaubten die Ägypter irrtümlicherweise, daß sich der hethitische Feind zurückgezogen habe. Daraufhin marschierten die ägyptischen Truppen den Orontes entlang nach Norden, ohne zu wissen, daß die Hethiter jenseits von Qadesch verborgen lagen.

2. Die ägyptische Vorhut, das Armee-Korps des Amun unter Führung von Ramses II., erreichte den Treffpunkt nordwestlich der Stadt und schlug dort das Lager auf. Als das Armeekorps des Re, keine Gefahr ahnend, näherrückte, wurde es an seiner rechten Flanke von der hethitischen Streitwagentruppe verheerend angegriffen.

3. Das durch den Überraschungsangriff gelähmte Armeekorps des Re löste sich auf und wurde versprengt. Überlebende flohen nach Norden in Richtung auf das ägyptische Lager und wurden von hethitischen Streitwagen verfolgt. Das Armeekorps des Ptah marschierte noch durch die Robaui-Wälder südlich der Stadt Schabtuna und setzte teilweise auf das Westufer des Orontes über, war also zu weit entfernt, um der angegriffenen Division zu Hilfe kommen zu können.

4. Das Feldlager wurde überrannt, wobei das Armeekorps des Amun schwere Verluste erlitt. Der König und seine Leibwache versuchten verzweifelt, sich den Weg freizukämpfen, um sich mit dem näherrückenden Armeekorps des Ptah zu vereinigen. Muwatallis setzte seine Streitwagenreserve ein, um die Schlacht rasch zu entscheiden.

5. Durch seine tapfere, wenn auch erzwungene Aktion verschaffte sich der ägyptische König genügend Zeit. Schließlich erschien die mit besonderen Aufgaben betraute Sondereinheit und vernichtete zusammen mit der inzwischen auch eingetroffenen Division des Ptah die hethitische Streitwagentruppe. Muwatallis' Infanterie blieb auf dem anderen Ufer tatenlos.

Durch seine einzigartige geographische Lage hatte Ägypten einen großen Vorteil: seine relative Sicherheit. Die in der Wüste beiderseits des Niltals lebenden nomadischen Stämme hörten bald auf, für die hochorganisierte und sehr viel stärkere ägyptische Zivilisation eine ernsthafte Gefahr zu sein. Nur in Zeiten mangelnder Stabilität stellten sie eine Macht dar, mit der zu rechnen war. Koloniale Expansion bereits während der 12. Dynastie führte zu ausgedehnten Feldzügen und zum Bau von Festungen in Unternubien; aber nicht vor der 18. Dynastie erfuhren die Ägypter echten Widerstand, als sie die militärische Arena betraten, um Syrien und Palästina zu erringen.

Das Wort *mescha,* »Armee«, bezeichnete ursprünglich sowohl militärische Kräfte als auch friedliche, zu den Mineralvorkommen ausgesandte Expeditionen. Während des Alten Reiches wurden im Bedarfsfall Männer ausgehoben, um das verhältnismäßig kleine stehende Heer aufzufüllen. In der Ersten Zwischenzeit änderte sich die Situation. Durch die Instabilität der Lage legten sich die Gaufürsten kleine Privatarmeen zu und verwendeten nichtägyptische Söldnereinheiten. Das Mittlere Reich kannte bereits gut organisierte, stehende Militäreinheiten, die durch örtliche Polizeikräfte im Bedarfsfalle ergänzt wurden. Das Heer bestand im wesentlichen aus Infanterie, der die Schiffsmannschaften angegliedert waren. Die Zweite Zwischenzeit und die 18. Dynastie sahen einen beispiellosen Anstieg der Waffenentwicklung, der militärischen Organisation (Aufkommen der Streitwagentruppe, Zusammenfassung der Infanterie in 250 Mann starke Kompanien, die von einem Standartenträger geführt wurden), der Verfeinerung von Strategie und Taktik. Das stehende Heer und die Berufsoffiziere begannen, in der Innenpolitik des Landes eine Rolle zu spielen. In der Spätzeit bildeten weit mehr ausländische Söldner als einheimische Truppen den Kern des Heeres.

Altägyptische Waffen der verschiedendsten Typen kennt man aus zeitgenössischen Darstellungen, von Modellen und archäologischen Funden.

Der Bogen, die wichtigste weitreichende Waffe, wurde zu allen Zeiten verwendet. Die älteste Form war ein zusammengesetzter Hornbogen, der aus zwei Gazellen- oder Antilopenhörnern bestand. Diese wurden mittels eines hölzernen Zwischenstückes miteinander verbunden. Daneben gab es den leicht doppelkonvexen einfachen Bogen, der aus einem einzigen Holzstück gefertigt war. In der Zweiten Zwischenzeit wurde aus Asien eine neue Art von zusammengesetztem Bogen eingeführt, der vornehmlich aus blättrigen Streifen verschiedener Materialien bestand und eine weitaus verbesserte Reichweite und Durchschlagskraft besaß. In gespanntem Zustand nahm er die charakteristische Form eines Dreiecks an. *Köcher* waren seit dem Alten Reich in Gebrauch.

Speere wurden in allen Epochen der ägyptischen Geschichte benutzt.

Die *Keule* mit einem steinernen Keulenkopf, der verschiedene Formen haben konnte, wurde in der Vorgeschichte als wirkungsvollste Waffe des Nahkampfes benutzt. In historischer Zeit verwendete man statt dessen *Streitäxte* mit kupfernen Klingen. Einige der frühen halbkreisförmigen Axtklingen unterscheiden sich kaum von gleichzeitigen Geräten der Handwerker, aber noch im Alten Reich kam ein spezieller Typ mit schmaler Klinge auf.

Diese Streitaxtform und ein weiterer Typ mit bogenförmigen Einbuchtungen am Klingenrücken waren für das Mittlere Reich charakteristisch. Der in der Zweiten Zwischenzeit eingeführte Typ mit einer Klinge, die wesentlich länger als breit war und eine leicht konvexe Schneide hatte, besaß eine wesentlich vergrößerte Durchschlagskraft; sie ist vermutlich eine eigenständige Entwicklung. Im Neuen Reich trifft man dann auch das asiatische *Sichelschwert* an, das ebenso wie die ägyptische Streitaxt verwendet wurde (eher Hieb- als Stichwaffe). Zudem wurden *Knüppel*, *Stöcke* und *Wurfhölzer* sowie *Dolche* eingesetzt.

Zum Schutz der eigenen Person dienten *Schilde*, die seit der späten Vorgeschichte belegt sind. Leichte *Körper-Panzer* kannte man seit dem Neuen Reich, aber sie fanden nur begrenzt Verwendung.

Der in der Zweiten Zwischenzeit in Ägypten eingeführte zweirädrige, von Pferden gezogene *Streitwagen* bestand aus Holz mit Leder- und Metallverarbeitung. Zur Bemannung gehörten zwei Soldaten, der Wagenlenker und der Streitwagenkämpfer, der mit Bogen, Speer und Schild ausgerüstet war. Der wesentliche Beitrag des Streitwagens zur Kriegskunst bestand in der Beweglichkeit und dem Überraschungseffekt: Die Streitwagentruppe fuhr in vollem Tempo auf die Hauptmasse des Feindes zu und im Vorüberbrausen schossen die Bogenschützen ihre Pfeile ab. Da der Streitwagen nicht gepanzert war, eignete er sich für den Frontalangriff kaum. Waren dann die feindlichen Linien aufgebrochen, benutzte man die Streitwagen für die Verfolgung und Jagd auf die versprengten Fußtruppen.
Das Auftreten besonderer Titel zeigt, daß die Streitwagentruppe seit der Regierungszeit Amenophis' III. eine eigene Waffengattung der ägyptischen Armee bildete.

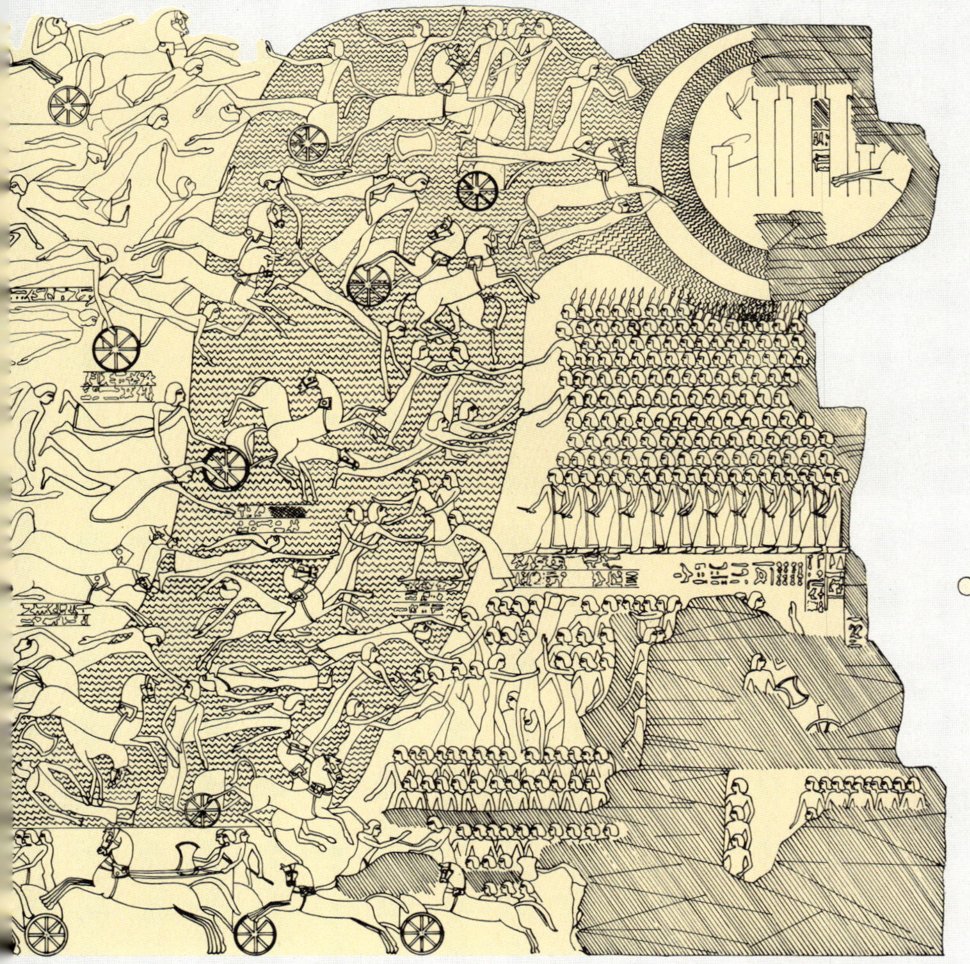

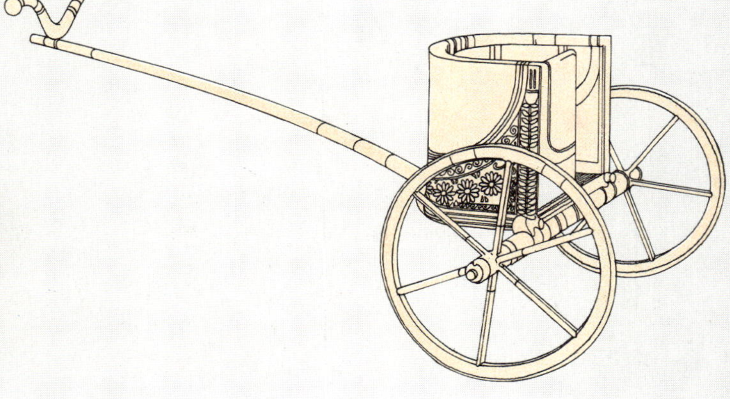

DIE FRAU IN DER GESELLSCHAFT

Die gesellschaftliche Stellung der Frau im alten Ägypten läßt sich sehr gut an den Rollen erkennen, die sie in den Grabdarstellungen der frühen Zeit spielt. An der Spitze der Hierarchie steht die Ehefrau – oder manchmal auch die Mutter – des Grabeigentümers, die elegant, aber einfach gekleidet ist. Sie sitzt mit ihrem Mann müßig am Speisetisch, erscheint neben ihm in Statuengruppen und auf Bildern der Scheintüren, nur selten in jenen Szenen, die die Überwachung der Arbeiten durch den Grabherrn schildern, am häufigsten jedoch dann, wenn Opfergaben – die sie gleichfalls empfängt – dargebracht werden. Diese Aufzählung zeigt schon, daß man von der Frau erwartete, im Hause zu sein. Ganz im Unterschied zu den genannten Zeugnissen gibt es jedoch auch Flachbilder und Statuetten, die Dienerinnen und Frauen bei niederen Arbeiten zeigen, z.B. bei der Brot- und Bierherstellung oder beim Spinnen und Weben. Auch diese Hilfsarbeiten wurden wahrscheinlich in den Privatgemächern des Hauses oder des Gutes ausgeführt. So weist die gelbe Hautfarbe der Frau unter anderem darauf hin, daß sie weniger der Sonne ausgesetzt war als der Mann, dessen Hautfarbe normalerweise ein Rotbraun ist.

In den frühen Grabdarstellungen fehlen Frauen bei den wichtigsten Arbeiten und den vergnüglichsten Zerstreuungen, ebenso bei den gröberen Tagewerken. Männer z.B. kelterten den Wein, was anstrengender als Bierbrauen ist. Abgesehen von Szenen mit Musikantinnen und sehr akrobatischen Tänzen junger Mädchen erscheint die Rolle der Frau in den frühen Perioden sehr zurückhaltend; das mag aber damit zusammenhängen, daß wir die Quellen nicht voll ausdeuten können. Im Neuen Reich treten die Frauen viel stärker hervor, ihre Kleidung wird modischer, und der erotische Inhalt jener Szenen, in denen sie vorkamen, wurde deutlicher als früher – wenn allerdings auch noch immer stark verschleiert. Die Spätzeit kehrt im wesentlichen zu der früheren Zurückhaltung zurück.

Frauen führten keine wichtigen Titel, außer einigen priesterlichen, und abgesehen von einigen Mitgliedern der königlichen Familie und den wenigen regierenden Königinnen besaßen sie keine politische Macht. Ihr üblicher Titel »Hausherrin« ist eine ehrende Bezeichnung und bedeutet wohl kaum mehr als die Anrede »Frau«.

Frauen in unterschiedlichen Rollen und verschiedenen Darstellungen

Links außen unten: Der korpulente Kaaper umarmt seine schlanke Frau. Seine Körperformen sind Ausdruck für weises Alter und Wohlhabenheit, der ihre verkörpert das zarte weibliche Ideal. Umarmungen sind sehr selten dargestellt worden. Die kleinen Szenen mit Musikanten und Affendarstellungen enthalten erotische Anspielungen. Relief aus der Mastaba des Kaaper, Saqqara, frühe 5. Dynastie.

Links oben: Hölzerne Statue einer Dienerin mit Opfergaben, die wegen ihrer Größe (Höhe ca. 1,1 m) und wegen der Farbigkeit des Gewandes ungewöhnlich ist. Typologisch hängt die Statue mit Reliefdarstellungen des Alten Reiches zusammen, in denen Opfergabenträger die Produkte der Güter herbeibringen. Aus dem Grab des Meketre in Theben-West (Nr. 280), um 2020 v. Chr., New York, Metropolitan Museum of Art.

Links unten: Ostrakon mit der Zeichnung eines Mädchens beim akrobatischen Tanz. Kalkstein, 19. Dynastie, aus Deir el-Medina, Turin, Museo Egizio.

Oben: Statuengruppe des Königs Tuthmosis IV. und seiner Mutter Tia. Wenn Könige mit ihrer Mutter dargestellt wurden, hatten sie vielleicht noch keine Hauptgemahlin. Das gilt aber nicht in diesem Fall, denn Tuthmosis IV. besaß nicht weniger als drei in 10 Jahren. Aus Karnak, schwarzer Granit, Höhe 1,10 m, 18. Dynastie, Kairo, Ägyptisches Museum.

Die meisten Frauen waren des Lesens und Schreibens unkundig und deshalb von der Beamtenschaft ebenso ausgeschlossen – wonach sie sowieso nicht strebten – wie von den wichtigsten geistigen Bereichen der ägyptischen Kultur. Symptomatisch ist dafür, daß man Alter und Weisheit bei den Männern schätzte – in diesem Sinne wurden sie oft als korpulente, ältere Beamte dargestellt –, aber nicht bei Frauen. Sogar die Mutter eines Mannes ist in der Darstellung nicht von der Ehefrau zu unterscheiden; beide erscheinen gleichermaßen jugendlich.

Familienstrukturen erscheinen idealisiert und vereinfacht. Die kodifizierten Darstellungsinhalte bei Gräbern und Stelen ließen keinen Raum für Witwen und Witwer, für Geschiedene, Homosexuelle oder Abweichungen von der Monogamie – obwohl man weiß, daß dies alles vorkam. Eine Geschichte berichtet z. B. von einer Affäre zwischen einem König und einem Offizier, und in der Mythe von Horus und Seth finden sich homosexuelle Episoden. Es gab eine begrenzte Polygamie im Alten und Mittleren Reich; Könige konnten viele Frauen haben, doch nur eine – zusätzlich zur Mutter, wenn diese noch lebte – trug den Titel »große Königliche Gemahlin«.

Die Ehe

Die Ägypter lebten vorwiegend in der Einehe. Erbschaften gingen vom Vater an die Kinder, aber nicht nach einem starren System. Der Familienbesitz wurde durch einen Ehevertrag genau bestimmt – Dokumente dieser Art sind nicht vor der Dritten Zwischenzeit erhalten –, aber auch durch Schenkungsurkunden, die entweder zwischen Lebenden abgeschlossen wurden oder die Form von Testamenten hatten. Überall spielte dabei die Frau eine bedeutende Rolle, doch war diese nicht mit der ihres Ehemannes identisch. Sie brachte einen Teil des gemeinsamen Eigentums in die Ehe mit, die theoretisch einen neuen Hausstand schuf und nicht die Erweiterung des elterlichen Hauses bedeutete; bei Scheidungen besaß die Frau gewisse Rechte auf diesen Besitz. Sie konnte ferner Testamente abfassen und ihr Eigentum an Erben ihrer Wahl vermachen. Es ist auffällig, daß es keine Hinweise auf irgendwelche Hochzeitszeremonien und auf juristische Verfahren bei der Ehescheidung gibt. Dennoch war der Status von zwei miteinander lebenden Menschen nicht derselbe wie der eines Ehepaares. In einem Fall ist überliefert, daß ein Mann angeklagt ist, mit einer Frau Geschlechtsverkehr zu haben, die mit einem anderen Mann zusammenlebt, jedoch nicht mit ihm verheiratet ist. Wir vermögen hierin keinen Verstoß zu erblicken. Doch trotz solcher relativ freien Einrichtungen war der Ehebruch einer verheirateten Frau ein ernsthaftes Vergehen. Abgesehen von den genannten Abstufungen führten Sterblichkeit und eine hohe Scheidungsrate zu komplizierten Situationen hinsichtlich des Eigentums und der Erbschaft. Die durchschnittliche Lebenserwartung lag bei etwas über 20 Jahren, so daß es weder für einen Mann noch für eine Frau ungewöhnlich war, mehrmals verwitwet gewesen zu sein. Ein Testament aus dem Mittleren Reich illustriert die Schwierigkeiten hinsichtlich der Erbschaft. Ein Mann trat von seinem Amt zurück und vermachte es seinem Sohn, während er die Mutter des Soh-

Rechts: Mereruka und seine Frau sitzen gemeinsam auf einem Bett, sie spielt die Harfe. Unter dem Bett sind mehrere Kästen und Krüge abgebildet. Sie enthielten laut Inschrift: »Das Beste an Schätzen aus Gold, alle Sorten Öle, Kleidung.« Diese Dinge dienten wahrscheinlich zum Schmücken des Paares bei ihren amourösen Begegnungen. Relief im Grab des Mereruka, Saqqara, 6. Dynastie, Zeit des Königs Teti.

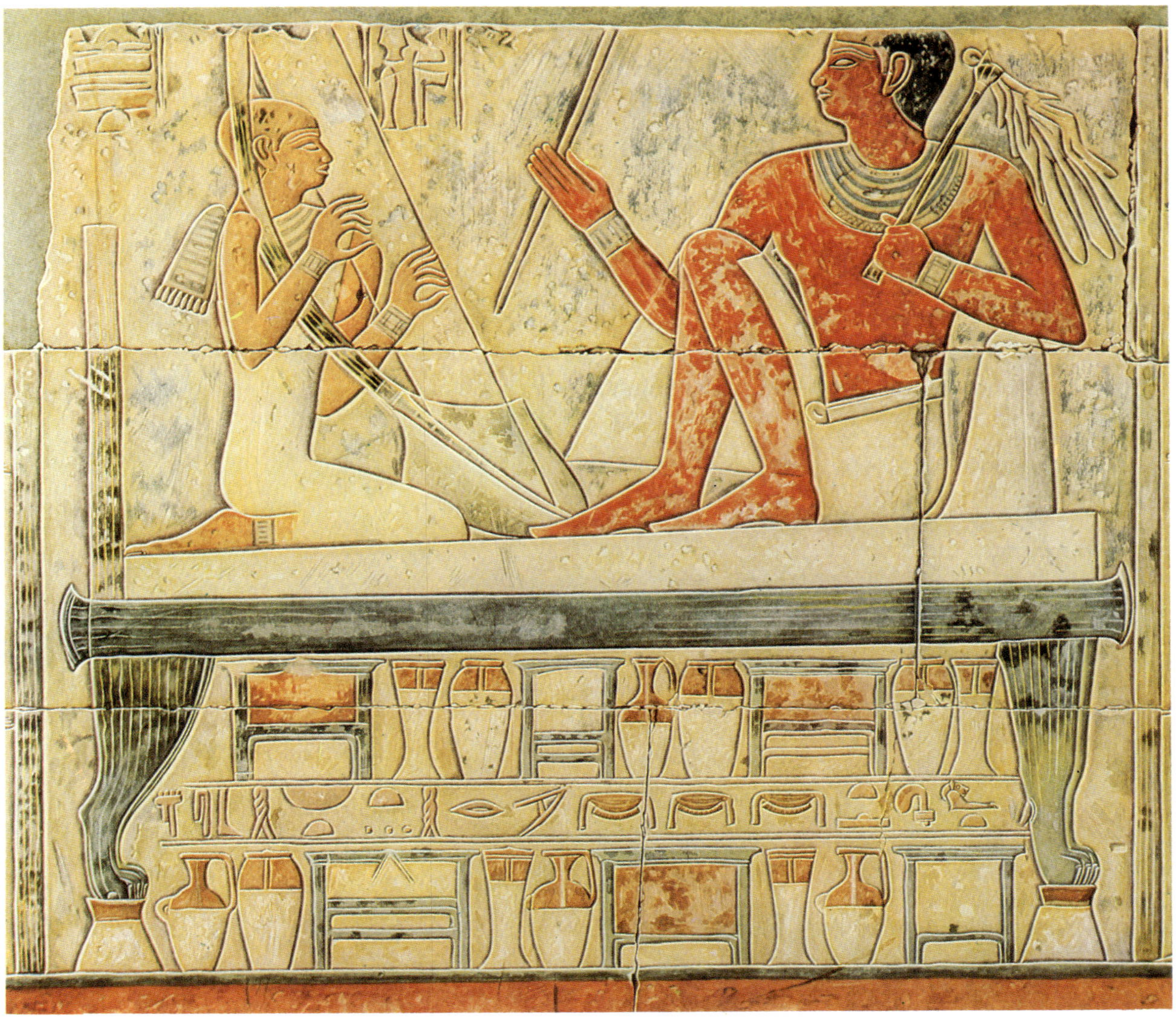

Links: Mia, eine Dame vom Hof Amenophis' III. Ebenholzstatuette aus einem Grab in der Nähe des königlichen Haremskomplexes bei Kom Medinet Ghurab. Höhe 15,6 cm, 18. Dynastie. New York, Brooklyn Museum. Ein Exemplar aus einem Fundkomplex ähnlicher Arbeiten.

nes enterbte und sein gesamtes Eigentum seinen Kindern von einer anderen Frau (einschließlich der noch nicht geborenen) übertrug; vermutlich war er mit keiner der beiden Frauen verheiratet.

Über den sozialen Hintergrund der Ehe weiß man kaum etwas. Man konnte sehr nahe Blutsverwandte heiraten, unter Umständen sogar Halbgeschwister; wir kennen jedoch keine genauen Vorschriften über erlaubte und verbotene Partner. In der königlichen Familie ist die Bruder-Schwester-Ehe nichts Ungewöhnliches, aber diese Praxis könnte einen absichtlichen Gegensatz zum gewöhnlichen Volk gebildet haben. Im griechisch-römischen Ägypten sind Geschwisterehen ausreichend bezeugt. Unsere Hauptschwierigkeit für ein volles Verständnis der gesamten Familienbeziehungen resultiert aus den ägyptischen Verwandtschaftsbezeichnungen. Da es nur wenige gab, konnte dasselbe Wort z.B. Bruder, Mutterbruder und Brudersohn (und zweifellos noch anderes) bedeuten. Dies gilt auch für andere Bezeichnungen, und deshalb ist es so schwierig, rekonstruierte Genealogien auch wirklich beweisen zu können.

Das Alter der einzelnen Partner zum Zeitpunkt ihrer ersten Eheschließung ist nicht bekannt. Einige Familienstammbäume lassen erkennen, daß Männer gelegentlich schon vor ihrem 20. Lebensjahr Väter mehrerer Kinder waren. Genaueres wissen wir zwar über die königliche Familie, aber diese Verhältnisse sind natürlich nicht typisch.

Sexualität und Fruchtbarkeit

Männer – und nur von dieser Seite stammt unser Wissen – waren zwar an einer Erhöhung der weiblichen Sexualität interessiert – dabei spielte neben dem angenehmen Aspekt auch religiöse Motivation eine Rolle –, aber nicht um ihrer selbst willen. So war ihre Haltung zu diesem Problem zwiespältig. In der Literatur ist einerseits die böse Verführerin ein gängiges Motiv, andererseits ist die Liebespoesie des Neuen Reiches oftmals im Namen der leidenschaftlich Liebenden geschrieben, wobei auf moralisierende Untertöne verzichtet wird. Obwohl die Erzählungen religiöse Elemente enthalten, spiegeln sie wie die Liebespoesie den weltlichen Aspekt der Liebe wider. Im religiösen Zusammenhang war die Sexualität wegen ihrer Beziehung zur Zeugung und – damit verbunden – zur Wiedergeburt im Jenseits sehr bedeutsam. So wird auch verständlich, daß einige Gottheiten wie Hathor unter den Göttinnen und Min unter den Göttern diese Eigenschaft prononciert zur Schau tragen. Im Zusammenhang mit dem Grab konnten versteckte erotische Anspielungen in Darstellungen zwei Gründe haben: einmal sollten sie durch die Zeugungskraft die Wiedergeburt im Jenseits sichern und zum anderen dem Verstorbenen auch nach seinem Tode ein angenehmes Leben ermöglichen. Zu den Szenen mit erotischem Inhalt gehören auch die im Neuen Reich häufigen Bilder vom Fisch- und Vogelfang in den Sümpfen des Deltas. Der Tote wird von seiner Frau begleitet, die mit einem höchst modischen Gewand etwas unpassend gekleidet ist, eine schwere Perücke trägt und zwei Hathorsymbole in den Händen hält. Solche Perücken waren vor allem in Verbindung mit Nacktheit direkte erotische Signale.

So wird zum Beispiel in einer Geschichte aus dem Neuen Reich erzählt, wie eine Frau ihren Schwager beschuldigt, daß er den Versuch unternommen hätte, sie verführen zu wollen, und als Beweis führt sie seine angeblichen Worte an: »Komm, wir wollen uns vergnügen und beisammen schlafen. Setze Deine Perücke auf.«

Solche Motive hat es in den frühen Perioden kaum gegeben. Zu den wenigen Beispielen gehört eine Szene aus dem Grab des in Saqqara gelegenen Grabes des Mereru-

Rechts: Vogeljagd im Papyrusdickicht. Nebamun fährt in Begleitung von Frau und Tochter auf einem Papyrusboot, alle sind sorgfältig gekleidet. Die Ente auf dem Vorderteil des Bootes stellt – ebenso wie die Perücke der Frau und die von ihr in der Linken gehaltenen Gegenstände (Halskragen – Gegengewicht und Sistrum) – eine erotische Anspielung dar. Trotzdem besagt der Text lediglich: »Sich vergnügen, schöne Dinge sehen, Fangen von Vögeln als eine Tätigkeit der Sechet [die Göttin der Marschen] ...« Zeit Tuthmosis' IV., London, British Museum.

Unten: Kopulierendes Paar. Eine von zahlreichen Stellungen, abgebildet in einem satirischen obszönen Papyrus des späten Neuen Reiches. Wie in einer der anderen Szenen scheint die Frau dem Mann gegenüber indifferent zu sein. Turin, Museo Egizio.

ka aus der 6. Dynastie. Sie zeigt den Grabherrn und seine Frau, beide sitzen sich auf einem Bett gegenüber und sie spielt für ihn auf der Harfe. Mit solchen Bildern wollte man dem Mann gewiß sein erotisches Vergnügen für das Jenseits garantieren. Auch ein entsprechender Spruch oder eine im Grab niedergelegte weibliche Statuette konnten denselben Zweck erfüllen, waren aber weniger auf die Ehefrau bezogen. Ein Spruch der Sargtexte aus dem Mittleren Reich konnte deswegen auch ganz eindeutig beginnen: »Kopulieren eines Mannes in der Nekropole«. Im mythologischen Kontext finden sich dieselben Bezüge wie etwa im Totenbuch, wo Osiris dem Schöpfergott klagt, daß es nach dem Ende der Welt »keine [sexuelle] Befriedigung mehr gäbe«, woraufhin Atum antwortet: »Ich gab Verklärung anstelle von Wasser, Luft und Befriedigung«, hier als die drei Vorbedingungen des Lebens angesehen, »und Frieden des Herzens anstelle von Brot und Bier«.

Es gibt nur ein einziges Dokument größeren Umfangs mit obszönem Inhalt. Dabei handelt es sich um einen Papyrus aus dem späten Neuen Reich mit einer Folge von Zeichnungen und kurzen Beischriften. Sie illustrieren Stellungen zwischen einem karikaturhaft-fetten Mann (oder mehreren) mit übergroßem Phallus und einer Frau (oder mehreren), die nur mit Perücke, Halskragen, Reifen an Oberarmen und Handgelenken sowie mit einem schmalen Gürtel bekleidet ist. Da aber der Papyrus auch einige humoristische Skizzen von Tieren in menschlichen Rollen enthält – ein auch sonst gutbekanntes Motiv –, darf man vermuten, daß der obszöne Teil ebenfalls humoristisch gemeint ist. Aus derselben Zeit ist dagegen auch ein Fall von Prüderie überliefert. In einer Grabmalerei aus der 18. Dynastie wurden nackten tanzenden Mädchen und leichtbekleideten Frauen Gewänder aufgemalt, um sie zu »bekleiden«.

Wenn der Mann um seine Zeugungskraft besorgt war, so mußte bei der hohen Todesrate die Fruchtbarkeit nicht nur für Männer, sondern auch für Frauen notwendigerweise von Bedeutung sein. In allen – außer den reichsten – Familien waren Kinder deswegen lebensnotwendig, weil sie mit ihrer Arbeitskraft – besonders in der Landwirtschaft – zum Familienunterhalt beizusteuern hatten. Es ging aber auch darum, die Familienlinie fortzusetzen; am sichtbarsten äußert sich dieses Bestreben durch die verbreitete Sitte, dem Sohn den Namen des Großvaters zu geben. In erhaltenen gynäkologischen Texten finden sich unter anderem Rezepte zur Heilung von Unfruchtbarkeit, für Geburtsprognosen, Empfängnisverhütung und Abtreibung. Es ist aber nicht anzunehmen, daß diese Mittel sehr wirkungsvoll waren. Besonders aus Hathorheiligtümern besitzen wir eine Unmasse von Frauenfiguren aus Ton, bei denen die Genitalien stark betont sind. Die plausibelste Interpretation dieser Figuren deutet sie als Opfergaben, die von Frauen mit der Bitte um Fruchtbarkeit in den betreffenden Heiligtümern niedergelegt wurden.

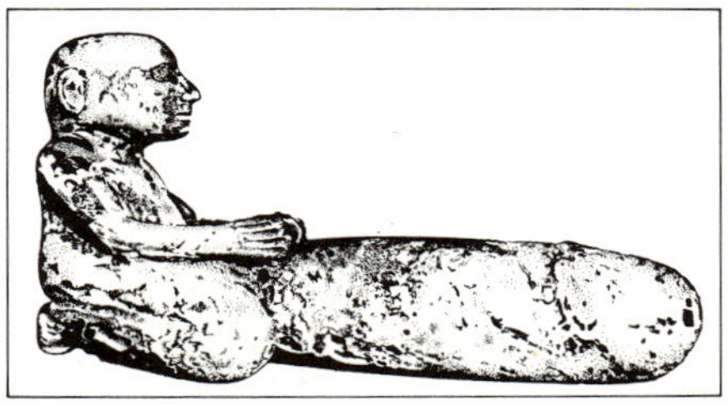

Links außen: Kalksteinstatuette eines knienden Mannes mit übergroßem erigiertem Penis; wahrscheinlich ein Zauber zur Erlangung von Fruchtbarkeit oder männlicher Potenz. Spätes Neues Reich, aus Deir el-Medina, Turin, Museo Egizio.

Links: Verzierter Löffel, vielleicht ein rituell gebrauchter Salbenbehälter, in Form eines schwimmenden Mädchens, das vor sich eine Ente hält. Das Mädchen trägt eine kunstvolle Perücke, schwere Ohrringe und einen Halskragen, ist aber nur mit einem Gürtel mit schrägem Träger auf dem Rücken »bekleidet«. Das Motiv des Mädchens, das ihrem Liebsten ein Tier darbietet, um ihn auf sich aufmerksam zu machen, ist auch aus der Liebespoesie bekannt. Holz und Bein, 18. Dynastie, Paris, Louvre.

Links: Fruchtbarkeitsstatuetten in Form nackter Frauen in Ton und Fayence, ganz rechts eine »Puppe« aus Schilf und Leinen. Alle Figuren (mit Ausnahme der dritten von rechts aus Fayence) betonen die Genitalien. Die 4. Figur von rechts (von hinten photographiert) hält ein Kind und trägt ein Amulett in Form eines »Isis-Knotens« (Symbol für Leben und sexuelle Fruchtbarkeit) im Nakken. Mittleres – Neues Reich, London, University College.

DIE RELIGION

Hölzerne Figur eines widderköpfigen Dämonen, der vermutlich einst Schlangen in den Händen hielt. Wie viele andere Objekte des Totenkultes war auch diese Figur ursprünglich mit schwarzem Harz überzogen. Sie gehört zu einer Gruppe ähnlicher Statuen aus dem Tal der Könige in Theben-West, die alle eine Parallele in den Unterweltsbüchern und mythologischen Papyri des Neuen Reiches haben. Im Grab des Tutanchamun wurde jedoch nichts dergleichen gefunden. London, British Museum.

Da die ägyptische Kultur völlig von der Religion durchdrungen war, mußte die offizielle Auffassung von der eigenen Geschichte ebenfalls eine religiöse sein. Wie auch immer die Dinge im Einzelnen lagen, wir müssen davon ausgehen, daß es in Ägypten so etwas wie eine Säkularisierung, die wir in der gesellschaftlichen Entwicklung sonst immer voraussetzen, nicht gegeben hat. Die zentrale Institution des Königtums endete, als es seine Göttlichkeit verloren hatte, doch wurde die ägyptische Gesellschaft in anderer Hinsicht sicher religiöser. Die ägyptische Religion ist in drei deutlich voneinander geschiedene Aspekte zu teilen. Das ist einmal die offizielle, staatliche Sphäre, von der wir sehr viel wissen, dann der Bereich des Totenwesens, über den uns ausreichende Zeugnisse vorliegen, und schließlich die täglichen Praktiken der Bevölkerung in ihrer Mehrheit, die sich weitgehend vom offiziellen Kult unterschieden und über die wir kaum Kenntnis haben.

Links: Eingang zum Raum 31 des von Ramses III. erbauten Tempels von Medinet Habu. Der König hält eine Keule und ein Szepter. Seine Worte lauten: »Jeder, der dieses Heiligtum betritt, reinige sich viermal«.

Der König und die Geschichte

Nach dem offiziellen Dogma bestand die ägyptische Gesellschaft aus drei Kategorien, den Göttern, dem König und den Menschen. Die Menschen fehlen z. B. in den offiziellen bildlichen Berichten, die die Geschichte und die Religion als ein Wechselspiel zwischen den Göttern und dem König darstellen. Dies wird zum Teil durch eine Reihe von Vorschriften begründet. Sie regeln auch, welche Figurenkategorien in Darstellungen und bestimmten Zusammenhängen gemeinsam vorkommen dürfen. Danach konnten in der frühen Zeit Privatpersonen und Götter nicht zusammen abgebildet werden (das änderte sich später), doch niemals durften gewöhnliche Menschen in Tempeln dargestellt werden. Die Verbindung zwischen Gott und Mensch schuf der König, der in seiner Mittlerrolle die Menschen gegenüber den Göttern und umgekehrt die Götter gegenüber den Menschen vertrat. Nach dem geltenden Dogma war er auch die lebende Verkörperung des Schöpfergottes auf Erden; diese Vorstellung ist durch eine reichhaltige und komplexe Terminologie definiert worden. Der König übernahm damit die Aufgabe des Schöpfergottes, indem er Ordnung an die Stelle von Chaos setzte. Geschichte ist also nach ägyptischer Auffassung ein Ritual, dessen Hauptthema die Funktion des Königs bildet.

Der Herrscher war für das Wohl des Volkes verantwortlich, er nahm dessen Sorgen wie der »gute Hirte« des Alten Testaments auf sich; diese wörtliche Formulierung ist aus Ägypten ebenfalls bekannt. Die Könige suchten ihren Status gegenüber dem Volk zu erhöhen, indem sie sich mit den Göttern identifizierten oder sich in einzelnen Fällen selbst vergöttlichten. So wurde es möglich, daß sie ihrem eigenen Abbild opferten, wie es für Amenophis III. und Ramses II. bezeugt ist.

Offizielle und private Religion

Die offizielle Religion bestand aus dem Kult und den Götterfesten in den Haupttempeln und aus dem Geschichtsablauf in dem eben geschilderten Sinne. Dabei basierte der Kult auf dem Prinzip der Gegenseitigkeit. Der Pharao (nach der Theorie, tatsächlich aber die Priester) versorgte die Götter und kümmerte sich um deren Kultbilder. Dafür nahmen die Götter in ihren Bildern Wohnung und erwiesen dem König und somit den Menschen ihre Gunst. Die nahezu kommerzielle Natur dieser Beziehung äußerte sich offen in Opferformeln, wo es heißt: »Der König ist zu dir [der Gottheit] gekommen mit Opfergaben, die er dir brachte, so daß du ihm [dafür] alle Länder [oder ein ähnliches Geschenk] geben mögest«. Derselbe Gedanke wird in den Hauptszenen der Tempel ebenfalls ausgedrückt, allerdings etwas verhaltener. Diese wie durch einen Kontrakt geregelte Beziehung zwischen Gott und Mensch ließ natürlich auch andere Seiten zu, ähnlich wie bei einem Ehekontrakt. Der König bringt seine Anbetung und Verehrung der Gottheit zum Ausdruck und preist ihre Eigenschaften. Die Gottheit antwortet dem König mit Liebe und durch Wohlgefallen. Die ägyptische Sprache besitzt einen großen Wortschatz, um diese grundlegenden Gedanken auszudrücken. Es ergeben sich dabei nicht unbedingt zu erwartende Beziehungen. So können der Mensch oder der König einen Gott nicht »lieben«, sondern nur »anbeten«, »respektieren« oder ihm »danken«. Manche der dem König oder den Göttern zugeschriebenen Eigenschaften würden wir eher als Reaktionen auf sie ansehen; denn »Furcht« z. B. kann doch nur die Möglichkeit bedeuten, Furcht zu erregen, und mit »Liebe« Liebe erwecken zu können. Dabei sind die Beziehungen zwischen den einzelnen Beteiligten streng hierarchisch geordnet. Die niedrigere Kategorie tritt aktiv auf, indem sie die über ihr stehende mit bescheidenen Wohltaten versorgt, und wird zum passiven Empfänger, wenn sie von der anderen Seite größere Gegengaben erhält.

Sinn und Zweck des Kultes sind dieselben wie das Ziel der Geschichte: es geht um die Erhaltung und Erhöhung der bestehenden Weltordnung. Die Haupttempel waren örtlichen Gottheiten geweiht, die innerhalb ihres Gebietes meist als Schöpfergott galten und die wesentlichen Aspekte der göttlichen Welt in sich vereinigten. Den Kult vollzog eine Hierarchie von Priestern, die Masse der Bevölkerung hatte damit nichts zu tun, abgesehen von denjenigen, die gleichsam als Teilzeitpriester einen von vier Monaten Dienst taten, und einer größeren Anzahl von Menschen, die auf den Tempelländereien arbeiteten. Nur die Priester durften (neben dem König) das Tempelinnere betreten. Der Gott verließ sein Heiligtum zu bestimmten Götterfesten. Dies war die einzige Gelegenheit, bei der sich das einfache Volk ihm nähern konnte, besonders zur Befragung des Orakels. Aber selbst dann wurde das Kultbild in einem Schrein verborgen gehalten, den man auf einer symbolischen Barke herumführte, so daß man wußte, der Gott war da, aber nicht sichtbar.

Oben: Röhrenförmiges Behältnis aus Gold für einen zusammengerollten Papyrus mit einem Erlaß des Gottes Chons zum Schutz des Eigentümers, der es um den Hals zu tragen hatte. Die Aufschrift lautet: »Rede des Chons von Theben, Neferhotep. Er gibt sicheren Schutz dem Schaq, verstorben.« Eines von drei ähnlichen Stücken, 22. Dynastie, Höhe 5,2 cm, Cambridge, Fitzwilliam Museum.

Links: Relief am Tempel Amenophis' III. in Soleb (Obernubien). Die Darstellung zeigt den König beim Opfer vor seinem eigenen vergöttlichten Bild und entspricht üblichen Tempelszenen. »Nebmaatre [Vorname von Amenophis III.], der große Gott«, trägt die Krone einer Mondgottheit und hält ein Götterszepter, dazu aber das königliche Kopftuch, den Uräus an der Stirn und einen Zeremonialbart.

Oben: Fayenceamulette einer Mumie. Oben (von links nach rechts): ein *Udjat*-Auge, ein Pektoral in Form eines geflügelten Skarabäus sowie ein Skarabäus; alles Symbole der Wiedergeburt. Unten: Die mumiengestaltigen Horussöhne Duamutef (links) und Qebehsenuef (rechts), die Göttinnen Isis (links) und Nephthys (rechts) als Klageweiber an der Mumie des Osiris, zwei *Djed*-Amulette, die Dauer bedeuten, eine Papyruspflanze als Symbol des Grünens, Gedeihens, sowie ein widderköpfiger Gott, wahrscheinlich Amun. Aus Abydos, 30. Dynastie, Oxford, Ashmolean Museum.

Unten: Sorgfältig gewickelte Tiermumien eines Ibis (mit Bild des Gottes Thot), einer Katze und einer Schlange (im Vordergrund). Dazwischen ein hölzerner Fischsarg. Spätzeit bis griechisch-römische Epoche, Oxford, Ashmolean Museum.

Außerhalb dieser Götterfeste war der offizielle Kult für die gewöhnlichen Menschen ohne Belang. Für uns ist es kaum möglich, ihre Einstellung diesen Dingen gegenüber zu erkennen. Es gibt nur ein oder zwei Passagen in Texten, die den Wert von Opfern infrage stellen; man darf sie aber nicht überbewerten, denn sie müssen vor dem Hintergrund der allgemeinen Anschauung gesehen werden, wonach die Opfer für notwendig erachtet wurden. Wie auch immer die Haltung des einfachen Menschen dazu gewesen sein mag, hinsichtlich seiner eigenen religiösen Bedürfnisse wandte er sich woanders hin. Im ganzen Land gab es neben den Haupttempeln viele lokale Heiligtümer für niedere Gottheiten (oder für andere Formen der Hauptgötter). Die gewöhnlichen Leute gingen zu diesen Heiligtümern, wo sie beteten, Opfer niederlegten und Orakel befragten. Es gab auch Pilgerzentren, wie z.B. in Abydos, das seine Blüte im Mittleren Reich hatte, oder in Saqqara, wo die Tierfriedhöfe in der Spätzeit und in der griechisch-römischen Epoche einen Hauptanziehungspunkt darstellten. Wenn wir Briefformeln Glauben schenken dürfen, haben die Leute täglich die Heiligtümer besucht – oder möglicherweise zu Hause gebetet –, um sich in Bittgebeten für das Wohlergehen der abwesenden Adressaten zu verwenden.

Religiöse Aktivitäten dieser Art wurden von einer Vielfalt anderer Dinge begleitet, von denen viele bereits in Magie übergehen. In diesem Zusammenhang seien von den zahlreichen religiösen Objekten nur genannt: Amulette, darunter göttliche Erlasse, die ihren Träger schützen sollten, Büsten von Vorfahren, die im Hause aufgestellt wurden, und manche anderen speziellen Dinge wie Kleidungsvorschriften in Zusammenhang mit der Niederkunft. Aus Texten erfahren wir von magischen Heilmitteln gegen Krankheiten, von Liebeszaubern, Kalendern mit guten und schlechten Tagen, von der Furcht vor dem bösen Blick, Weissagungen u.a. durch Träume und von Briefen, die an verstorbene Verwandte geschrieben wurden, von denen man glaubte, daß sie einen Groll gegen die Lebenden hegten. Trotz der mannigfaltigen Form religiöser Bräuche und der in die Hunderte gehenden verschiedenen Gottheiten hatten einige wichtige Ereignisse im Leben eher einen überraschend weltlichen Charakter. Wir haben z.B. keine Hinweise auf Rituale, die sich auf das neugeborene Kind bezogen, sondern nur auf solche, die die Geburt erleichtern und die Verunreinigung der Mutter verhindern sollten. Auch andere wichtige Einschnitte im Leben, wie die Beschneidung der Jungen, die wohl kurz vor der Pubertät erfolgte, oder die Heirat sind nicht ritualisiert worden.

Ein Bereich populären wie offiziellen religiösen Lebens bildete die Tierverehrung, die die Fremden im Altertum außerordentlich beeindruckt hat. Schon immer wurden Tiere gehalten, die besonderen Gottheiten heilig waren – oder auch um ihrer selbst willen als Gottheiten verehrt wurden – und zeremonielle Bestattungen erhielten; aber in der Spätzeit nahm die Tierverehrung riesige Ausmaße an. Von der mit der Hauptgottheit eines Gebietes verbundenen und dort als heilig angesehenen Spezies wurde entweder ein einzelnes Tier mumifiziert und beigesetzt oder alle erreichbaren Exemplare. Es galt als eine »gute Tat«, für ein Tierbegräbnis zu zahlen. In Memphis zum Beispiel, dessen Bevölkerung zweifellos sehr gemischt war, wurden viele Tierarten verehrt. Am berühmtesten war der dem Gott Ptah heilige Apis-Stier, der in einer Katakombe (dem Serapeum) beigesetzt wurde, während das Muttertier an anderer Stelle sein Grab erhielt. Ferner fanden sich dort Friedhöfe von Ibissen, Pavianen, Hunden oder Schakalen, Katzen, Ichneumons und Widdern. Weitere Tierarten wie Fische, Schlangen und Krokodile wurden an anderen Orten Ägyptens verehrt. In der Wüste nördlich von Saqqara entstand sogar eine ganze Stadt zur Befriedigung dieser angestiegenen Bedürfnisse.

Das ägyptische Pantheon

Ortsgötter

Jeder Versuch, ägyptische Gottheiten nach Kategorien zu ordnen, muß zu grober Vereinfachung führen. Dafür gibt es zwei wesentliche Gründe: einmal die Komplexität der ägyptischen religiösen Vorstellungen und zum anderen der lange Zeitraum, in dem sich diese entwickelten. Der Glaube des einfachen Volkes unterschied sich erheblich von der offiziellen Religion der großen Tempel.

In der folgenden Zusammenstellung werden zu ihren Darstellungen und der hieroglyphischen Form ihrer Namen drei weitere Angaben hinzugefügt: 1. die wesentlichen ikonographischen Merkmale, an denen man eine Gottheit erkennen kann, 2. Charakter und Funktion einer Gottheit, ihr Verhältnis zu anderen Göttern usw. und 3. die wichtigsten Kultorte.

Viele Götter und Göttinnen sind als Ortsgottheiten anzusehen, da sie seit frühesten Zeiten mit einer besonderen Ortschaft verbunden sind. Dennoch hatten viele scheinbare Ortsgötter ebenfalls von frühen Zeiten an Verehrungsstätten in anderen Gegenden des Landes. Die Gottheiten teilten meist das Schicksal der Stadt, aus der sie stammten. Während einige von ihnen später zu »Staatsgöttern« aufrückten (so z. B. der memphitische Ptah, der thebanische Amun-Re und der heliopolitanische Re-Harachte), deren Kult sich über ganz Ägypten ausbreitete, fielen andere mehr oder minder der Vergessenheit anheim; sie wurden von stärkeren Gottheiten anderer Orte ersetzt oder, was häufiger ist, mit diesen verschmolzen. Letzteres konnte auf zweierlei Weise geschehen: durch Übernahme von Attributen (so nahm Osiris einige ikonographische Einzelheiten des Gottes Anedjti auf) oder durch Bildung einer Mischgottheit (z. B. Ptah-Sokar-Osiris); diesen Prozeß bezeichnet man als Synkretismus. Durch ihre Verbindung zu ansässigen Gottheiten wurden »Gastgötter« auch in den jeweiligen Ortstempeln verehrt.

Re (Re-Harachte)
Sonnenscheibe auf dem Kopf, falkenköpfig (Re-Harachte) /Sonnengott, der mit Harachte und dem Urschöpfergott Atum zu Re-Harachte-Atum verbunden wurde; oft auch mit anderen Göttern verbunden (Amun-Re usw.)/Heliopolis; als Staatsgott des Neuen Reiches auch an vielen anderen Plätzen verehrt.

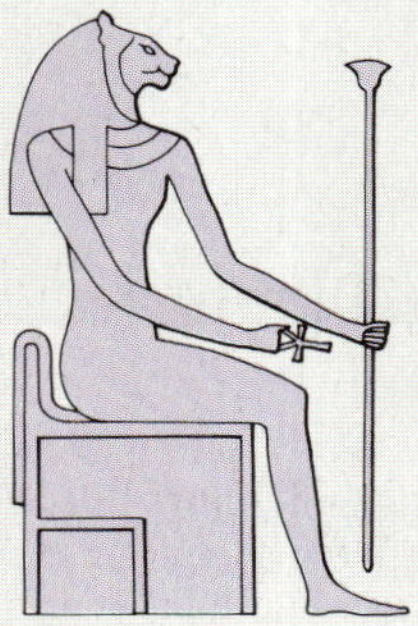

Bastet
Kopf einer Löwin oder Katze/Kriegsgöttin; eng mit Mut und Sachmet verbunden/Tell Basta.

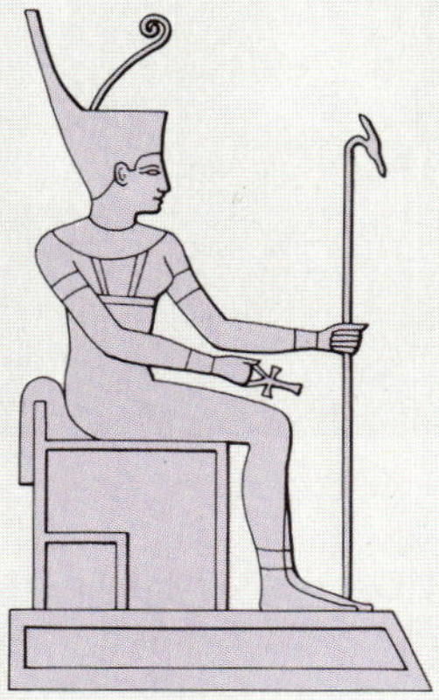

Neith
Rote Krone oder 2 Pfeile mit Schild auf dem Kopf (auch in der Hand gehalten)/Göttin des Krieges und der Jagd; eng mit Sobek verbunden; Schutzgottheit/Sa el-Hagar, auch Memphis, Faijum und Esna.

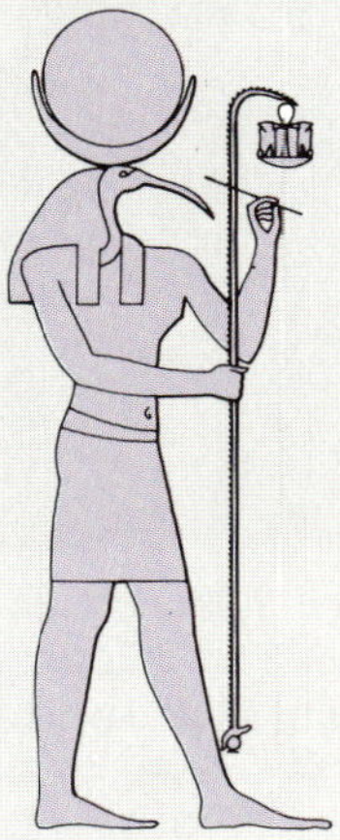

Toth
Ibisköpfig, oft auch mit Mondsichel/Gott des Schreibens und Rechnens, Pavian als weiteres heiliges Tier/el-Aschmunein und el-Baqlija.

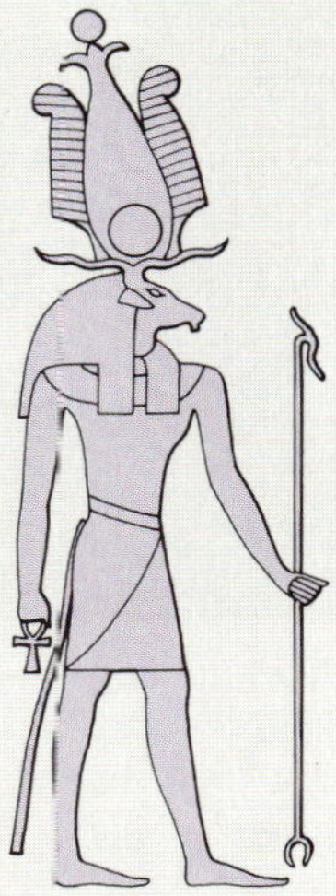

Harsaphes
Widderköpfig oder als Widder/erlangte Bedeutung während der Ersten Zwischenzeit, als Herakleopolis Ägyptens nördliche Hauptstadt war; eng mit Re, Osiris und Amun verbunden/Ehnasja el-Medina.

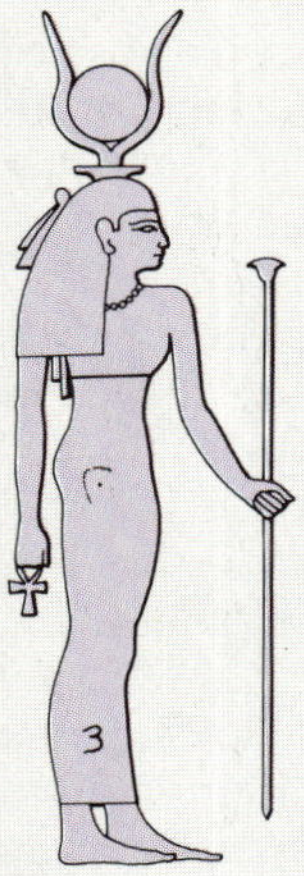

Hathor
Sonnenscheibe, Kuhgehörn, auch kuhköpfig und als Kuh dargestellt. »Hathor-Pfeiler« oder Sistrum usw./Göttin der Frauen, auch Himmelsgöttin, Baumgöttin (Memphis) und Nekropolengöttin (Theben)/Heliopolis, Memphis, Atfih, el-Qusija, Dendera, Theben, Gebelein, Abu Simbel, Sinai (Serabit el-Chadim).

Month
Oft falkenköpfig, Sonnenscheibe und zwei Federn/Kriegsgott, oft mit dem Buchis-Stier von Armant verbunden/Armant, aber auch Karnak, Nag el-Medamud, Tod.

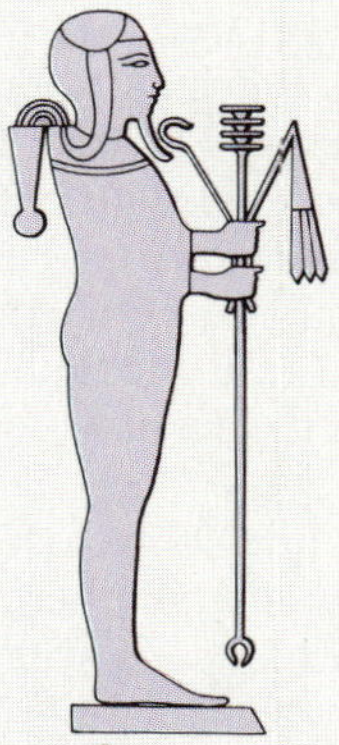

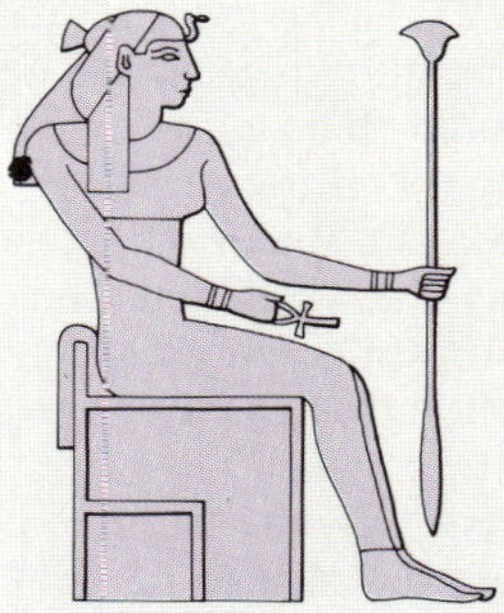

Chons, **Mut** und **Amun (Amun-Re)**
Chons: Seitenlocke des Kindes, manchmal mit Mondsichel, oft mumiengestaltig; Mut: Geierhaube oder Kronen (Weiße oder Doppelkrone), auch löwenköpfig; Amun: Zwei Federn, Manchmal ithyphallisch/Mut war Kriegsgöttin; Amuns weibliches Gegenstück war Amaunet/Thebanische Triade (Karnak, Luxor), aber Amun war auch in el-Aschmunein bedeutend; als Staatsgott des Neuen Reiches wurde Amun-Re auch in vielen anderen Orten verehrt (Tanis, Memphis, die Oasen).

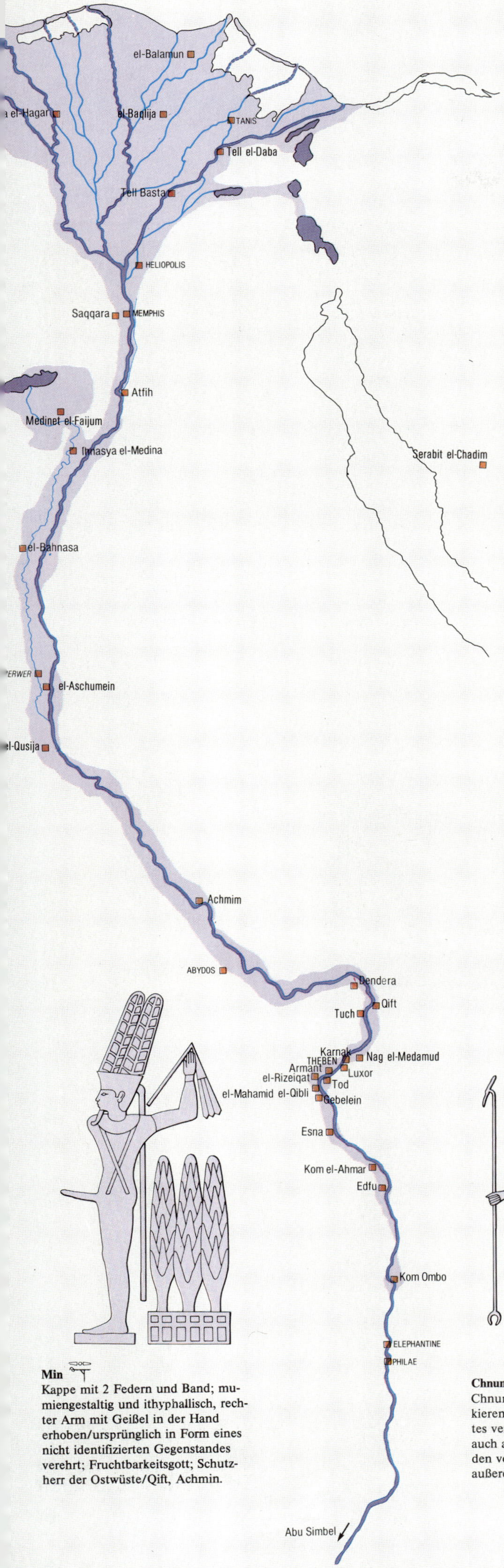

Horus (verschiedene Lokalformen, z.B. Horus-*Necheni*) Falkenköpfig oder als Falke dargestellt, oft mit Doppelkrone/Himmelsgott, früheste Staatsgottheit Ägyptens, gehört zur heliopolitanischen Neunheit, Sohn von Osiris und Isis.

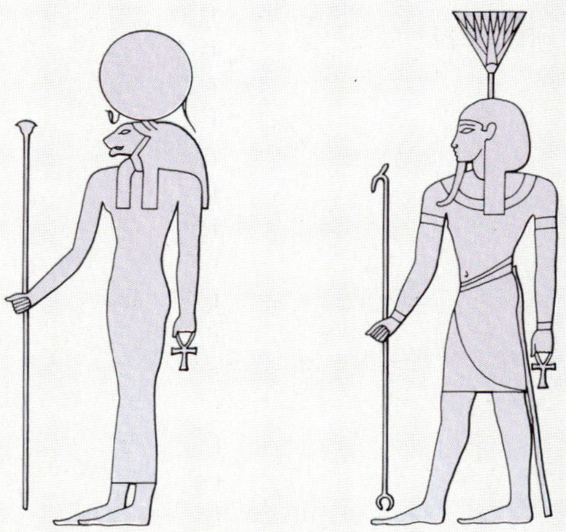

Ptah , **Sachmet** und **Nefertem**
Ptah *(unten rechts)*: Mumiengestaltig mit drei Szeptern; Sachmet: löwenköpfig; Nefertem: Lotosblüte auf dem Kopf (manchmal auch mit 2 Federn), oder als Kind auf einer Lotosblüte sitzend/Ptah war ein Schöpfergott, Schutzherr der Handwerker, verschmolz bald mit den Nekropolengöttern Sokar und Osiris zu Ptah-Sokar-Osiris, verbunden mit dem Apis-Stier; Sachmet mit Mut und Bastet verbunden/Memphitische Triade: Ptah auch in Theben und Abydos verehrt sowie als Staatsgott des Neuen Reiches an anderen Orten (z. B. in Nubien).

Sobek
Krokodilgestaltig oder krokodilköpfig/Faijum, aber auch el-Mahamid el-Qibly bei Riseiqat (*Sumenu*), Gebelein, Esna und Kom Ombo.

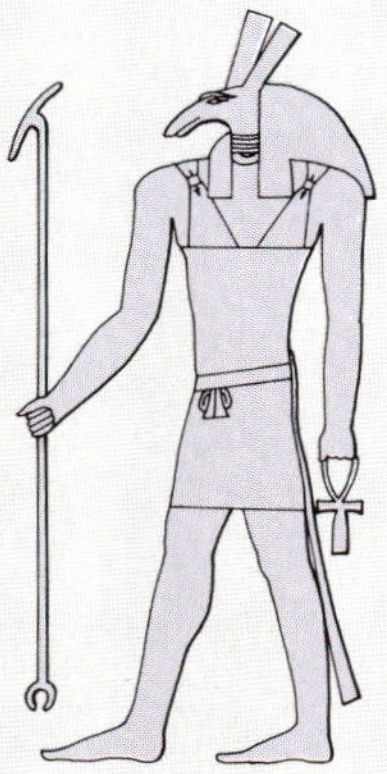

Seth
Bisher nicht identifiziertes Tier oder als Mensch mit dem Kopf dieses Tieres: Gott des Chaos, der Wüsten, des Sturmes und des Krieges; gehört zur heliopolitanischen Neunheit: Bruder des Osiris/Tuch, el-Bahnasa, Tanis, Tell el-Daba (im östlichen Delta wegen seiner Ähnlichkeit mit dem syrischen Baal besonders angesehen).

Min
Kappe mit 2 Federn und Band; mumiengestaltig und ithyphallisch, rechter Arm mit Geißel in der Hand erhoben/ursprünglich in Form eines nicht identifizierten Gegenstandes verehrt; Fruchtbarkeitsgott; Schutzherr der Ostwüste/Qift, Achmin.

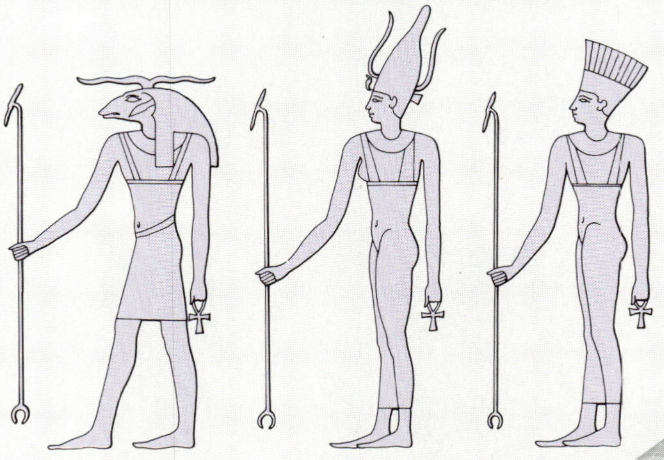

Chnum , **Satis** und **Anukis**
Chnum: widdergestaltig oder widderköpfig; Anukis: Weiße Krone mit zwei flankierenden Gazellenhörnern; Satis: Federkopfputz/Im Gebiet des 1. Kataraktes verehrt wegen Chnums Verbindung mit der Überschwemmung; Chnum auch alter Schöpfergott (Zeugungskraft des Widders), manchmal auch beim Bilden von Menschen auf der Töpferscheibe dargestellt/Elephantine, Chnum außerdem auch in Esna und *Herwer* (Hur bei el-Aschmunein).

Universalgötter

Einige ägyptische Gottheiten waren in dem Sinne »universal«, als sie mit keinem speziellen Kultort verknüpft waren. Das hinderte jedoch nicht, sie in lokale theologische Systeme einzubinden (Isis z. B. gehörte zur Neunheit von Heliopolis) und ihnen Tempel zu weihen (Isis war die auf Philae verehrte Hauptgottheit). Umgekehrt begannen einige »Universalgottheiten« ihren »Aufstieg« als Ortsgötter (wie z. B. Anubis).

Isis und **Harpokrates**
Frau mit Hieroglyphe ihres Namens auf dem Kopf/gehörte zur Neunheit von Heliopolis; Gattin des Osiris; Schutzgottheit und Zauberin.

Harpokrates
Nacktes Kind mit Finger am Mund, Haarlocke an der rechten Schläfe/gehörte zur Neunheit von Heliopolis; Sohn von Osiris und Isis.

Unten: **Apis**
Stier mit bestimmter Fellmusterung und Sonnenscheibe zwischen den Hörnern oder stierköpfig/mit Ptah verbunden; Saqqara (Serapeum).

Oben: **Geb** **Schu** **und Nut**
gehörten zur Neunheit von Heliopolis; Gottheiten der Erde (Geb), der Luft (Schu) und des Himmels (Nut).

Osiris
Mumiengestaltig; Krummstab und Geißel, weiße Krone über Widdergehörn/Gott des Vegetationsrhythmus; Herrscher der Unterwelt.

Anubis
Liegender Hund (»Schakal«) oder hundeköpfig, schwarz/Nekropolengott; verbunden mit der Mumifizierung; wohl ursprünglich aus dem 17. oberägyptischen Gau.

Bes
Zwerg mit maskenhaftem Gesicht, Federkrone und Löwenmähne/Gott der Familie; Schutzherr schwangerer Frauen; verbunden mit Musik und Tanz.

Imhotep
Vergöttlichter Beamter des Königs Djoser; Schutzherr der Schreiber; Heilgott, Weiser und Zauberer; als Sohn von Ptah und einer Frau namens Chreduanch angesehen.

Nephthys
Frau mit Hieroglyphe ihres Namens auf dem Kopf/gehörte zur Neunheit von Heliopolis; Schwester der Isis; Schutzgottheit.

Taweret
Mischwesen aus Nilpferd und Frau, mit Löwentatzen und Krokodilschwanz, an das Zeichen für »Schutz« gelehnt/Schutzherrin der schwangeren Frauen.

Die Priesterschaft

Vor dem Neuen Reich gab es keine große, ständig beschäftigte Priesterschaft. Erst der von anderen religiösen Veränderungen begleitete Machtzuwachs der Tempel in der 18. Dynastie brachte die Entstehung der Priesterschaft als einer besonderen Schicht mit sich; diese Entwicklung setzte sich mit Unterbrechungen bis in die Spätzeit fort. Die wichtigsten Kultanforderungen konnten von einem Offizianten, einem Spezialisten für das Ritual oder einem Vorlesepriester, der mit dem Offizianten identisch sein konnte, sowie den für die praktischen und weniger heiligen Funktionen zuständigen, nur zeitweise beschäftigten Priestern versehen werden. Aber in Karnak z.B. gab es einen 1., 2., 3. und 4. Priester des Amun an der Spitze des riesigen Tempelpersonals, das eine beträchtliche Macht ausübte.

Einem ägyptischen Grundprinzip entsprach es, daß der Sohn das väterliche Priesteramt erbte. Dem stand jedoch ein anderer Grundsatz entgegen, wonach der König den besten Mann für eine bestimmte Aufgabe berufen sollte. Am Ende des Neuen Reiches hatte sich das Prinzip der Erblichkeit durchgesetzt, und die ägyptische Gesellschaft entwickelte sich rasch auf jenen starren Zustand hin, der etwa so war, wie ihn Herodot im 5. Jahrhundert v.Chr. beschrieben hat; die Bevölkerung teilte sich in mehrere Berufsgruppen, die Kasten ziemlich ähnlich waren. Dieser Vergleich ist durchaus angemessen, denn die Priester z.B. unterlagen verschiedenen Beschränkungen, die sich auf die erlaubte Nahrung, die vorgeschriebene Kleidung, das Rasieren und auf sexuelle Enthaltsamkeit während der Zeit ihres Gottesdienstes (wohl aber nicht in der übrigen Zeit) erstreckten.

Die Priester bezogen Einkommen vom Tempel und besaßen oft Pfründen an mehreren Tempeln. Die Opfergaben wurden zunächst dem Gott vorgelegt und kamen, »nachdem er sich zufriedengestellt hatte«, dann an die kleineren Heiligtümer oder Kapellen, um schließlich zu den Priestern zurückzukehren, die sie verspeisten. Die Opfer selbst können jedoch nur einen geringen Teil des Tempeleinkommens ausgemacht haben, so daß ein großer Teil seiner sonstigen Einkünfte - auch Opfer genannt - direkt dazu verwendet wurde, das Tempelpersonal zu entlohnen und spezielle Produkte einzutauschen, die der Tempel benötigte. Zu den Tempeln gehörten auch Werkstätten und ihnen angegliederte Schulen, die über die Erfordernisse der eigenen Institution hinaus Schreibernachwuchs ausbildeten.

Berufspriester und Beamte, einschließlich solcher in der Armee, waren die beiden Hauptschichten, die lesen und schreiben konnten. Die Beamtenschaft scheint ihre Unabhängigkeit und politische Bedeutung im Verlaufe der Ramessidenzeit verloren zu haben und wurde von der Armee und der Priesterschaft (oft ein- und dieselben Personen) ersetzt. So wurden die Priester zu Bewahrern der geistigen Kultur. Legitime (oder »weiße«) Magie war traditionell den Vorlesepriestern vorbehalten gewesen, aber in der Spätzeit kam den Priestern eine größere kulturelle Bedeutung zu. Griechische Besucher erwähnen sie häufig, da sie die Ereignisse an wesentlichen Punkten der Geschichte beeinflußten, etwa wenn sie die öffentliche Meinung gegen Beschneidungen ihrer Einkünfte mobilisierten, wie z.B. besonders nach dem Tod des Kambyses (522 v.Chr.) und zur Zeit des Königs Teos (360 v.Chr.). Die Kultur der griechisch-römischen Tempel war eine priesterliche Kultur, deren wichtigstes Merkmal die Abwertung der Rolle des Königs ist: in früheren Perioden agierten die Priester vor dem Gott als Stellvertreter des Königs, nun aber trat der König in seiner Eigenschaft als Priester auf. Das Klischee von der ägyptischen Gesellschaft, die von Priestern beherrscht wird, gilt ohne Zweifel nicht für die früheren Zeiten. Für die Spätzeit dürfte es jedoch weitgehend zutreffen.

Götter und Mythen

Der ägyptische Polytheismus kleidete die Antwort des Menschen auf sein Dasein in der Welt in eine höchst komplexe Form. Darin herrschen die Götter stärker vor als in den Mythen, die es über sie gibt. Der Mythos spielt in der Religion Ägyptens keine so große Rolle wie z.B. in Griechenland. So sind zwar einige Götter durch Mythen definiert, andere jedoch durch ihre geographische Gebundenheit und durch ihre Einbindung in Gruppen. Die meisten haben auch eine enge Verbindung zu irgendeinem Aspekt der Welt, so z.B. Re zur Sonne, Ptah zum Handwerk, Hathor zu den Frauen usw., aber das sind nicht alle ihre Eigenschaften. In besonderen Zusammenhängen können viele Götter dieselben Merkmale besitzen, während für den einzelnen Gläubigen irgendein Gott eigentlich alle Kennzeichen von Göttlichkeit annehmen kann.

Es gibt kaum vollständige Versionen ägyptischer Mythen aus Ägypten, so daß wir uns auf die klassischen Autoren verlassen müssen. Die Form der meisten religiösen ägyptischen Texte schließt eine Erzählung aus; daher ist bezweifelt worden, ob es überhaupt irgendwelche umfangreichen Texte gegeben hat, die ganze Mythen ausführlich schildern. Versionen über einzelne Episoden des Kampfes zwischen Horus und Seth im Streit um das Erbe des Osiris liegen aus dem Mittleren Reich, dem späten Neuen Reich und dem 4. Jahrhundert vor, aber nicht einmal zwei Varianten stimmen überein.

Allen Fassungen ist hingegen ein recht weltlicher Ton und eine wenig schmeichelhafte Porträtierung der Götter gemeinsam. Sie gehören also ebensosehr zur fiktiven Erzählung wie zum religiösen Textgut, obwohl es im Ton vergleichbare Mythen gibt, die in religiöse und besonders in magische Kompositionen eingebettet sind.

Die Schöpfungsmythen geben dem Sonnengott Re den Vorzug, der auch Re-Harachte oder (Re-)Atum genannt werden kann. Nach der verbreitetsten Mythe erschien der Schöpfer aus dem Urozean auf einem Urhügel und schuf

Rechts: Kopf eines Falken aus Bronze (Vollguß). Das Stück hat auf der Rückseite einen Vorsprung in Form eines umgekehrten T und war deswegen als Aufsatz für einen Stab oder einen Kultgegenstand des Tempels bestimmt. Der Flansch auf dem Kopf diente vermutlich zur Befestigung einer Krone aus anderem Material. Spätzeit, Höhe 12,1 cm. London, British Museum.

durch Masturbation bzw. durch Ausspeien das Götterpaar Schu und Tefnut. Diese wiederum zeugten Geb und Nut, die Erde und den Himmel, deren Kinder Osiris, Isis, Seth und Nephtys waren. Diese Gruppe von neun Gottheiten bildete die Neunheit von Heliopolis; andere Zentren hatten ähnliche Gruppen. Osiris und Isis sind die Hauptakteure in der bestbekannten ägyptischen Mythe, die schildert, wie Seth zum Mörder des Osiris wird, wie Isis ihren Sohn Horus auf dem toten Körper ihres Brudergemahls Osiris empfängt und wie Horus später über Seth den Sieg erringt. Überliefert wurde die Mythe in Griechisch von Plutarch im 1. Jahrhundert n. Chr.; wir wissen folglich nicht, was daran authentisch ägyptisch ist.

Offenbar sind die Vorstellungen vom Sonnenlauf wesentlich »ägyptischer« als diese Mythen. Dort wird ein kleiner Vorrat an Grundmotiven verwendet und endlos wiederholt. Dabei wäre es falsch, nach einer völligen Übereinstimmung in den einzelnen Variationen zu suchen; von konstanter Bedeutung ist der Zyklus selbst.

Der Sonnengott wird jeden Morgen neu geboren, er überquert den Himmel in einem Sonnenboot, dann altert er, stirbt (was niemals ausdrücklich gesagt wurde) und reist während der Nacht in einem Zyklus der Wiedergeburt durch die Unterwelt. Während nun im Schöpfungsmythos die Himmelsgöttin Nut die Enkelin des Sonnengottes war, konnte sie für die Zwecke des Sonnenzyklus zur Mutter werden, in deren Mund der Sonnengott zur Nacht verschwand, um am Morgen von ihr geboren zu werden. Bei der Wiedergeburt konnte sie auch Hathor sein, die sonst immer als Tochter des Re gilt. Möglicherweise in Anspielung auf diese Gedanken werden Schöpfungsgötter, besonders Amun-Re, auch als »Stier seiner Mutter« bezeichnet. Diese Motive gleichen jedoch eher mythischen Situationen als vollständigen Mythen, da sie nicht zusammengestellt wurden, um Erzählungen zu bilden. Allerdings können Mythen aus diesen Situationen entstehen. Wir kennen zwei Mythen, »Die Vernichtung des Menschengeschlechts« und »Isis und Re«, die vom hohen Alter des Sonnengottes ausgehen, einer der Grundkomponenten des kosmographischen Zyklus. Beide Mythen kreisen um den körperlichen Verfall und die daraus entstehenden Folgen für das Königtum des Gottes am Ende des Uranfangs auf Erden.

Um den Sonnenzyklus rankte sich eine große Fülle verwandter Vorstellungen, vor allem um den kritischen Moment des Sonnenaufgangs. Bei seiner Reise durch die Nacht wird der Sonnengott auf seinem Boot von Gottheiten begleitet, die meist Personifikationen von Aspekten seines Wesens sind und Namen wie »magische Macht« und »Erkenntnis« tragen. An einer Stelle wird das Boot von einer Gruppe von Schakalen geschleppt; seine Besatzung und Ausrüstung werden in den einzelnen »Büchern«, wie diese Mischungen von bildlichen und textlichen Zusammenstellungen über die Unterwelt genannt werden, unterschiedlich geschildert. Wenn der Sonnengott aus der Nacht auftaucht, jubelt die gesamte Schöpfung; Götter und Göttinnen begrüßen ihn, der König, die »östlichen Seelen« (Personifikationen von Menschheitskategorien), aber auch die Paviane, die Beifall kreischen. Erwähnenswert ist die Tatsache, daß wie in den Tempeln die gewöhnlichen Menschen dabei ausgeschlossen sind.

Bei aller Mannigfaltigkeit und scheinbaren Willkür gibt es Übereinstimmungen in der Gruppierung der Götter in lokale Systeme. Die üblichste Gruppe ist die Triade, die aus zwei »erwachsenen« und einer jugendlichen Gottheit besteht. Triaden stellen jedoch nur eine Auswahl dar, und so konnten andere Gottheiten mit der Gruppe eine lose Verbindung haben oder mit einzelnen ihrer Mitglieder ausgetauscht werden. Als Beispiel sei die thebanische

Oben: Die untergehende Sonne. In der Mitte die Hieroglyphe für »Westen«, die sich in der Wüste befindet, mit einer Sonnenscheibe bekrönt. Oben schützen geflügelte Horusaugen die Sonne. Darunter links und rechts anbetende Figuren von »Untertanen«, Göttergruppen, Pavianen, Göttinnen Nephthys und Isis sowie zweimal der *Ba* (»Seele«) des Toten als Vögel mit menschlichem Kopf und Armen. Papyrus des Anhai, 19. Dynastie, London, British Museum.

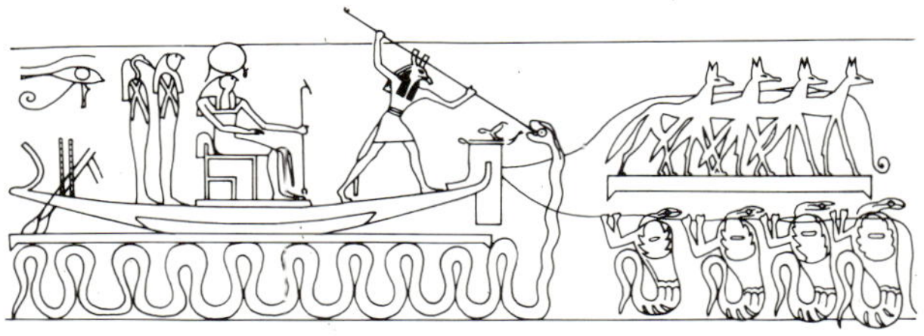

Unten: Eine Version der Reise des Sonnengottes durch die Nacht. Das Boot wird von Schakalen und Uräusschlangen mit menschlichen Händen gezogen. Seth ersticht die Apophis-Schlange. Hinter Re-Harachte befinden sich die mumiengestaltigen Figuren von Horus und Seth. Papyrus des Hiruben, 21. Dynastie. Kairo, Ägyptisches Museum.

Rechts: Bronzestatuette der Göttin Wadjet, mit Löwenkopf und Schlange. Der Uräus ist das heilige Tier der Wadjet, während die Löwin ihren grausamen Aspekt verkörpert. Höhe 45 cm, Zeit des Apries, vermutlich aus Tell el-Faraïn, Bologna, Museo Civico.

Unten: Bronzestatuette des Gottes Atum. Der Schöpfergott ist in einer Form dargestellt, die von der üblichen Gestalt des Osiris abgeleitet ist. Das Gesicht ist das des alternden, untergehenden Sonnengottes. Bronzefiguren dieser Art wurden von Gläubigen in Tempel gestiftet. Höhe 23,5 cm. Oxford, Ashmolean Museum.

Pilgerflasche aus Fayence mit Bemalung. In der Mitte die Figur des Gottes Bes mit Federkopfputz, Flügeln und hängenden Brüsten, ein Paar *Udjat*-Augen in den Händen haltend. Zwischen Kopf und Händen je ein *Anch*-Zeichen (Lebenszeichen). Außerdem oben, unten und an den Seiten pflanzliche Motive sowie auf jeder Seite eine Sonnenscheibe (?). Höhe der Figur 5,6 cm, frühe 19. Dynastie (?). Aus Riqqa. Oxford, Ashmolean Museum.

Triade genannt, die aus Amun-Re, Mut und Chons besteht, den drei Gottheiten der Haupttempel von Karnak; obwohl sie eine Familiengruppe bilden, ist weder Mut die Gemahlin des Amun-Re noch Chons das Kind von beiden. Es ist also eher so, daß hier drei Gottheiten mit unterschiedlicher Herkunft zusammengefügt wurden und dabei die kleinste Einheit der Familie als Modell diente. Die mangelnde Realitätstreue äußert sich ja schon darin, daß es jeweils nur ein »Kind« gibt. Die Gründe für diese Vereinfachung mögen in der Bedeutung der Zahl drei und einem Prinzip der Sparsamkeit liegen. Amaunet, ein weiblicher Amun, ist eine weitere thebanische Gottheit, die manchmal die Stelle von Mut einnehmen kann, während Month, wahrscheinlich der ursprüngliche Gott des thebanischen Gaues, seinen eigenen Tempelkomplex unmittelbar nördlich der Hauptanlage von Karnak hatte. In Memphis waren die vier Hauptgottheiten Ptah, Sachmet, Nefertem und Sokar (der Gott der Nekropole) ähnlich variabel miteinander verbunden: die ersten drei bildeten eine Triade, während Sokar oft mit Ptah identifiziert wurde. Hathor und Neith, die bedeutende Kulte in Memphis besaßen, wurden aus der Hauptgruppe ausgeschlossen. In Heliopolis stand der Sonnengott, dessen Kult in die beiden Separatkulte des Re und des Atum aufgeteilt war, für sich allein, aber er zog zwei weibliche Begleiterinnen an sich, Jusas und Hathor-Nebethetepet, die in der Hauptsache Personifikationen des sexuellen Aspekts in den solaren Schöpfungsmythen darstellten.

Eine andere Form der Vereinigung von Gottheiten wird als Synkretismus bezeichnet. Dabei nimmt die Gottheit einen Mehrfachnamen an, in der Regel erwirbt sie dabei Namen und Eigenschaften einer anderen, bedeutenderen Gottheit. Amun-Re ist somit Amun in seinem Re-Aspekt, und dies kann wiederum zu der Form Amun-Re-Atum erweitert werden, Amun als Re *und* Atum, der Aspekt des alternden Sonnengottes. Re ist bei solchen Gruppierungen bei weitem der gebräuchlichste Name; darin äußert sich die Universalität des Sonnengottes und seine Bedeutung in den frühen Perioden der Geschichte. In etwas anderer Weise wurde Osiris in Abydos als Osiris-Chentiamentiu mit einem Ortsgott identifiziert, der wahrscheinlich der ursprünglichere in diesem Gebiet war. Solche Verbindungen verdecken niemals vollständig die Identität jener Gottheiten, deren Namen miteinander verschmolzen.

Die bisher erwähnten Gottheiten kann man durchaus Hauptgötter nennen. Fast alle besaßen einen Kult und ein Gebiet, in dem sie Herren waren. Einige kosmische Gottheiten wie Geb hatten keinen eigenen Kult. Daneben gab es untergeordnetere Gottheiten, die nur in begrenzten Zusammenhängen vorkamen. Die beliebtesten waren wohl Bes und Taweret, die im Hause eine nicht zu unterschätzende Rolle spielten und besonders mit der Niederkunft verbunden waren. Beide waren monströse, aus einzelnen Elementen zusammengesetzte Mischwesen, wie man dies bei den Hauptgöttern nicht kannte. Bes wird als Zwerg mit übergroßem, maskenhaftem Gesicht dargestellt und Taweret als eine Mischung aus Nilpferd und Krokodil mit hängenden, offenbar menschlichen Brüsten und gewaltigem Leib. Darüber hinaus existierten viele Dämonen, die man von magischen und Unterweltstexten kennt und die sehr unterschiedliche Namen tragen und oftmals groteske Formen besitzen.

Die Welt der Toten

Die ägyptischen Unterweltsvorstellungen, wie sie hauptsächlich in den Königsgräbern des Neuen Reiches geschildert und dargestellt wurden, bilden eine sehr spezielle Version des Totenreichs. Auch hier gibt es – wie in allen Bereichen der ägyptischen Religion – zahlreiche Möglichkeiten der Auffassung. Ursprünglich waren die Anschauungen über das Leben des Königs im Jenseits, der sich nach dem Tode mit den Göttern vereinigte, von den Vorstellungen über das Weiterleben der gewöhnlichen Menschen sehr verschieden, aber mit der Zeit übernahm auch der Privatmann die für den König bestimmten Konzeptionen. Gleich welches Schicksal dem Menschen also im Jenseits beschieden war, fest stand nur, daß das Leben nach dem Tode unsicher war, da überall Gefahren lauerten, denen es mit magischen Mitteln zu begegnen galt.

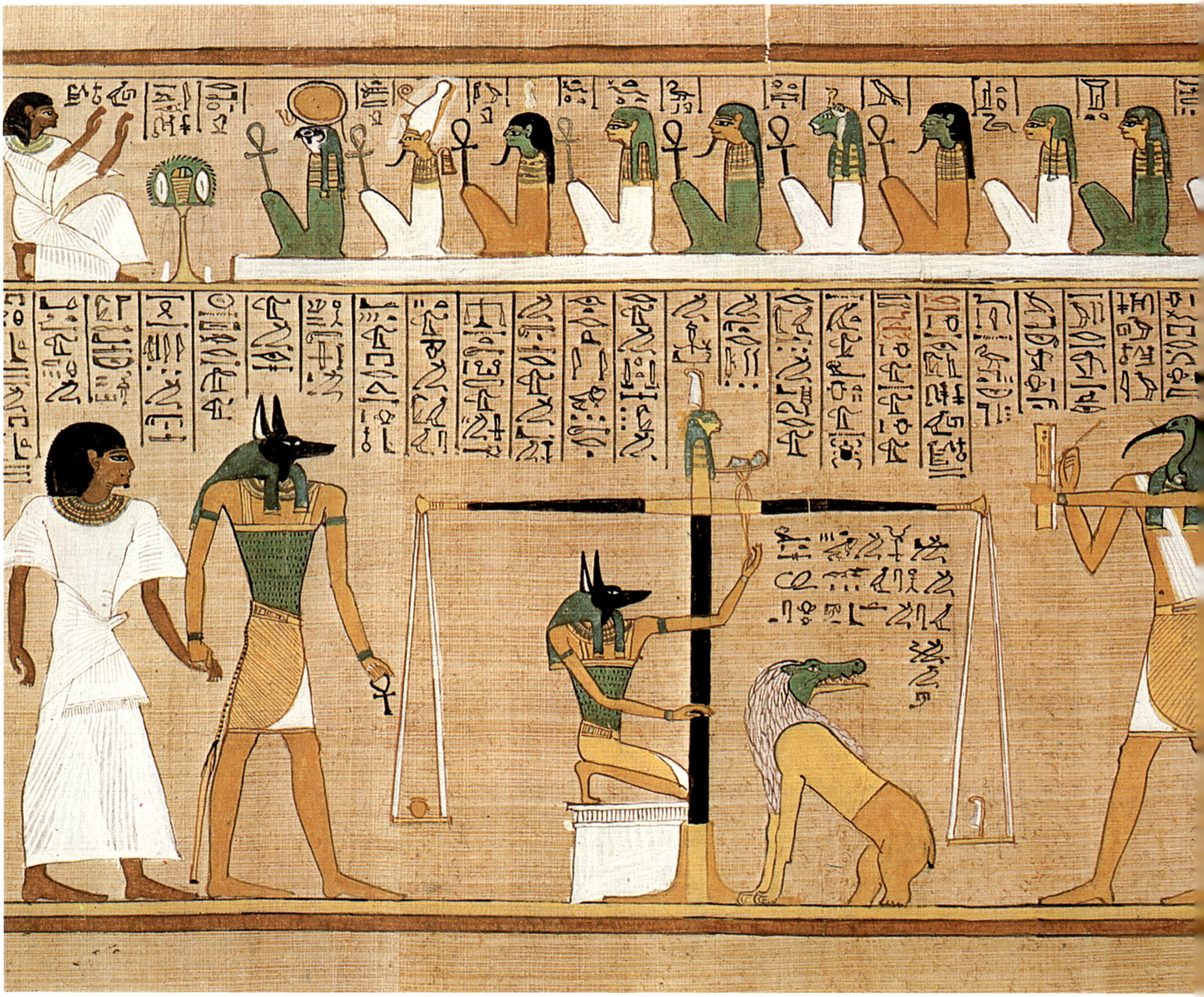

So konzentrierten sich alle Anstrengungen auf das Grab und auf alles, was damit zusammenhing. Offenbar sollte der beispiellose Aufwand, den die reichen Ägypter in Bezug auf ihre Bestattung betrieben, zum Teil auch dazu dienen, das Ansehen des Grabbesitzers noch zu seinen Lebzeiten zu erhöhen, aber das ist nur ein Nebeneffekt des eigentlichen Zweckes. Der Tote sollte im Grab und in dessen Nähe weiterexistieren oder durch die Unterwelt reisen können. Er strebte danach, sich mit den Göttern, besonders mit Osiris, zu identifizieren oder als verklärter Geist als Mitglied auf dem »Boot der Millionen« am Sonnenlauf teilzunehmen. Vielleicht weil Menschen in dieser Art von Darstellungen, in denen solche Motive vorkommen, nicht abgebildet werden durften, gibt es auch keine Wiedergabe dieses Bootes. Die beiden genannten Wunschvorstellungen über das Schicksal nach dem Tode haben sich ursprünglich wohl ausschließlich auf den König bezogen, denn Privatinschriften aus dem Alten Reich sprechen stattdessen vom »Wandeln auf den schönen Wegen des Westens (dem Totenreich)«.

Zwischen dem Tod und dem Eingehen in die göttliche Welt stand das Totengericht; dieses Thema spielte in den Totenvorstellungen der Menschen eine ungeheure Rolle, galt aber weniger für die Könige. Es ist häufig auf Papyri, in Gräbern und auf Mumienhüllen dargestellt worden. Zentrales Motiv ist die Wägeszene, in der das Herz des Verstorbenen gegen die Maat, die ägyptische Vorstellung von der rechten Ordnung, abgewogen wird. Die Maat wird hauptsächlich als Hieroglyphe dargestellt, entweder als Straußenfeder oder als weibliche Personifikation des Begriffes in Gestalt einer am Boden hockenden Frau, die um die Perücke ein Band geschlungen hat, in der die Maat-Feder steckt. Toth, als Schreibergott Herr von Weisheit und Gerechtigkeit, leitet die Wägung und notiert das Ergebnis in Anwesenheit von Osiris, der einem Kollegium von 42 Richtern präsidiert. Waren Herz und Maat im Gleichgewicht, hatte der Tote die Prüfung bestanden. Das Urteil bewies die Übereinstimmung mit Maat, das heißt mit richtiger Lebensführung. Um einer Verurteilung zu entgehen, war der Verstorbene darauf vorbereitet, in einer Unschuldserklärung alle möglichen Arten von Vergehen aufzuzählen und zu versichern, sie nicht

Szene des Totengerichts, aus dem Totenbuch des Hunefer. Das Herz des Verstorbenen wird gegen die Maat abgewogen. Links führt Anubis den Toten in die Gerichtshalle. In einer 2. Szene kniet Anubis auf einem Podest und überprüft die Balance der Waage. Toth (rechts) notiert das Ergebnis, und die »Fresserin« ist bereit, den Toten gegebenenfalls zu verschlingen. Danach führt Horus den Verstorbenen zu dem in einem Schrein sitzenden Osiris. Sein Thron steht auf dem »Natronsee«, aus dem eine Lotosblüte emporwächst; darauf die vier mumiengestaltigen »Horussöhne«. Hinter Osiris stehen Isis und Nephthys.
Im schmalen Fries über der Hauptszene kniet Hunefer in anbetender Haltung vor 14 abwechselnd hell und dunkel dargestellten Gottheiten. Es handelt sich um Re, die Neunheit von Heliopolis (außer Seth) sowie um Personifikationen von »Ausspruch«, »Erkenntnis« sowie der »Südlichen«, »Nördlichen« und »Westlichen Wege«. Papyrus des Hunefer, 19. Dynastie, London, British Museum.

begangen zu haben. Dieses negative Sündenbekenntnis und die Darstellung, die das positive Ergebnis festhielt, bildeten magische Mittel zur Beeinflussung des Totengerichts, so wie Totentexte und die übrige Ausstattung des Grabes magische Hilfen für ein erfolgreiches Weiterleben im Jenseits waren.

In der Szene vom Totengericht erscheint auch ein monströses weibliches Mischwesen, »Fresserin« oder »Totenfresserin« genannt. Sie sollte denjenigen verschlingen, der die Prüfung nicht bestand; in römischer Zeit ist dieses Ereignis sogar einmal dargestellt worden.

Für den Ägypter stellte der Abschied von diesem Leben nur ein erstes Stadium dar. Den zweiten Tod, der die vollkommene Auslöschung bedeutete, galt es unter allen Umständen zu vermeiden.

Dabei bewirkte die Vernichtung nicht eine gänzliche Beseitigung des Opfers, denn die »Toten« (d.h. die zum zweiten Mal Gestorbenen) werden in den unteren Registern der Unterweltsbücher dargestellt, wie sie Bestrafungen erleiden.

Auch die Grabszenen dienten der Versorgung des Toten für sein späteres Leben im Jenseits, aber in vielen Fällen ist der Bezug auf das Weiterleben nicht klar und ihr äußerer Inhalt durchaus von weltlicher Natur. Ebenso dienten die vielen materiellen Beigaben diesem Ziel; dazu gehören (in früher Zeit) große Mengen an Lebensmitteln, Grabstatuen, die von der »Seele« des Verstorbenen bewohnt werden konnten, und natürlich die auf das Sorgfältigste gewickelte und durch viele Amulette geschützte Mumie. Sie wurde in einen Sarg (oder in mehrere ineinandergeschachtelte Särge) gelegt und vorher auf magische Weise mit Hilfe des »Mundöffnungsrituals« belebt. Viele der Grabbeigaben wiederholten symbolisch in immer neuen Formen den Wunsch nach Wiedergeburt. Manche Beigaben waren für ganz spezielle Bedürfnisse im Jenseits bestimmt. Bis zu 400 Uschebtis, wohl die am zahlreichsten erhaltenen Altertümer Ägyptens, begleiteten einen einzigen Toten. Als Ersatzfiguren des Toten hatten sie unter anderem die Aufgabe, für den Grabherrn im Totenreich zu arbeiten, indem sie an seiner Stelle antworteten, wenn er möglicherweise zur Zwangsarbeit – wozu das Sandtragen gehörte – aufgerufen würde.

Bestattungsriten

Die Mumifizierung

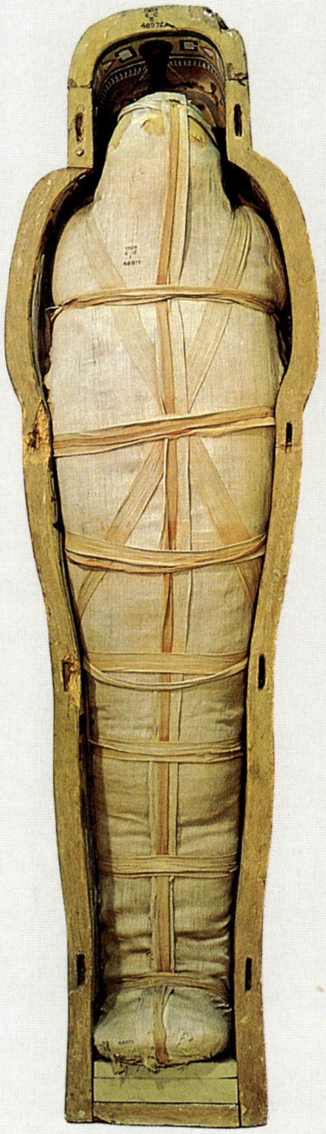

Die Mumifizierung ist ein Verfahren, künstlich die Körper verstorbener Menschen und Tiere zu erhalten. Die ägyptische Zivilisation ist nicht die einzige in der Welt, die solche Sitte praktizierte; aber ägyptische Mumien sind am besten bekannt und werden oft, zum Verdruß der Ägyptologen, als die Verkörperung Altägyptens und Hauptgegenstand des Studiums betrachtet. Mumien können natürlich zur Erweiterung unseres Wissens beitragen, zum Beispiel liefern sie Informationen über solche Dinge wie Krankheiten, die Lebensbedingungen und die Nahrung der alten Ägypter und manches andere mehr. Untersuchungen der königlichen Mumien erweitern möglicherweise unsere Erkenntnisse zur ägyptischen Chronologie, wenn etwa nach der Freilegung das Alter des Königs zum Zeitpunkt seines Todes ermittelt wird, ebenso können Familienbeziehungen zwischen den mumifizierten Toten aufgedeckt werden.

Zur Geschichte
Wie viele andere Bräuche entstand auch die Mumifizierung als Ergebnis der Wechselbeziehung zwischen dem Menschen und seiner natürlichen Umgebung. Sie stellte den Versuch dar, einen Teil derselben mit künstlichen Mitteln zu erhalten, wenn dessen Existenz bedroht schien.

In der Vorgeschichte waren die Begräbnisse sehr einfach. Die Körper wurden in flache Gruben gelegt, die man am Wüstenrand aushob und anschließend mit Sand bedeckte. In der trockenen Luft bewirkte der Kontakt mit dem heißen Sand sehr rasch eine Austrocknung, oft bevor das Gewebe zerfiel, so daß die Körper manchmal auf natürliche Weise gänzlich erhalten blieben. Dies blieb nicht unbemerkt, denn solche »Mumien« wurden von Zeit zu Zeit zufällig gefunden, und daraus entwickelte sich der Glaube, daß die Erhaltung des Körpers für die menschliche Fortexistenz nach dem Tode unerläßlich sei. Als am Ende der Vorgeschichte die ersten größeren Grabanlagen entstanden und Särge aufkamen, gab es diese natürlichen Bedingungen, vor allem das Einbetten in den heißen Sand, nicht mehr. So wurde es notwendig, nach Methoden zu suchen, die auf künstlichem Wege das erreichten, was die Natur zuvor allein bewerkstelligt hatte, und so wurde die Sitte der Mumifizierung eingeführt. Ihre Entwicklung ist gekennzeichnet vom Widerspiel zweier Verfahrensweisen. Die eine hatte die möglichst vollständige Erhaltung des Körpers zum Ziel, während die andere, etwas formalistischere, sich auf die Wicklung und Umhüllung der Mumie konzentrierte. Den Gipfel erreichte die Mumifizierungskunst im Neuen Reich und in der anschließenden Periode, dann aber setzte ein merklicher Verfall ein, als ob man erkannt hätte, daß nach der zuerst genannten Methode keine Perfektion zu erreichen sei, und die formalistische gewann die Oberhand.

Verfahrensweise
Die Mumifizierung wurde in Werkstätten in der Nähe der Nekropolen ausgeführt. Sie lieferten zugleich auch den größten Teil der Grabausstattung. Die angewandten Methoden wechselten von Zeit zu Zeit und richteten sich auch nach der Wohlhabenheit der Familie des Verstorbenen. Es gibt keine genaue Beschreibung dieses Verfahrens von den Ägyptern selbst, aber die einzelnen Schritte lassen sich durch Untersuchungen der Mumien rekonstruieren.

Die hier beschriebene Methode wurde am Ende des Neuen Reiches und während der Dritten Zwischenzeit angewandt. Die Prozedur dauerte etwa 70 Tage, das wichtigste dabei war die Entwässerung des Körpers, indem man ihn in Natron legte; dieses natürlich vorkommende Dehydriermittel besteht aus einer Mischung von Karbonat, Bikarbonat, Chlorid und Natriumsulphat. Die einzelnen Stadien:

1. Entfernung des Gehirns.
2. Entfernung der Eingeweide durch einen an der linken Seite angebrachten Einschnitt.
3. Reinigung der Körperhöhlung und der Eingeweide.
4. Behandlung der Eingeweide: Entleerung von ihrem Inhalt, Entwässerung durch Natron, Trocknung, Salben und Zufügung von geschmolzenem Harz.
5. Zeitweiliges Füllen des Körpers mit Natron und duftendem Harz.
6. Lagerung des mit Natron bedeckten Körpers etwa 40 Tage lang.
7. Entfernung der zeitweiligen Füllmaterialien.
8. Subcutanes Auffüllen der Glieder mit Sand, Ton u.a.
9. Füllen der Körperhöhlungen mit harzgetränkten Leinenpackungen und Beuteln mit wohlriechenden Materialien, z.B. Myrrhen und Zimt, aber auch mit Sägespänen u.a.
10. Einreiben des Körpers mit Salben.
11. Behandlung der Körperoberfläche mit geschmolzenem Harz.
12. Wicklung des Körpers mit Leinenbinden unter Einschluß von Amuletten, Schmuck usw.

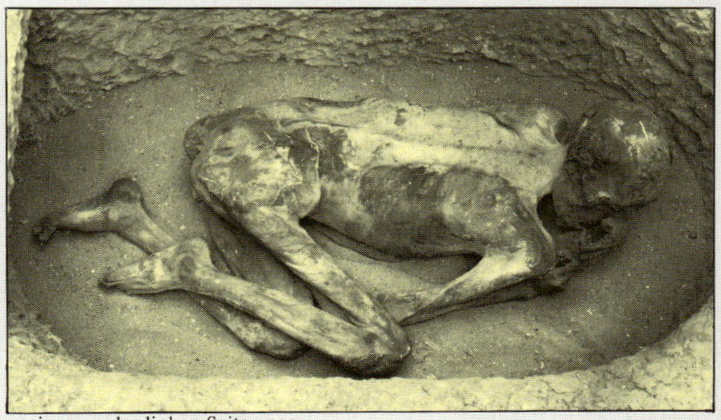

Die Königsmumien
Ägyptologen genießen den einzigartigen Vorteil, den Hauptfiguren ihres Studienbereiches direkt gegenüberstehen zu können. Das Versteck mit königlichen Mumien, das 1881 in Deir el-Bahari entdeckt wurde, enthielt die Mumien der meisten bedeutenden Herrscher des Neuen Reiches, darunter Thutmosis I., Sethos I. *(oben)* und Ramses II. *(unten)*.

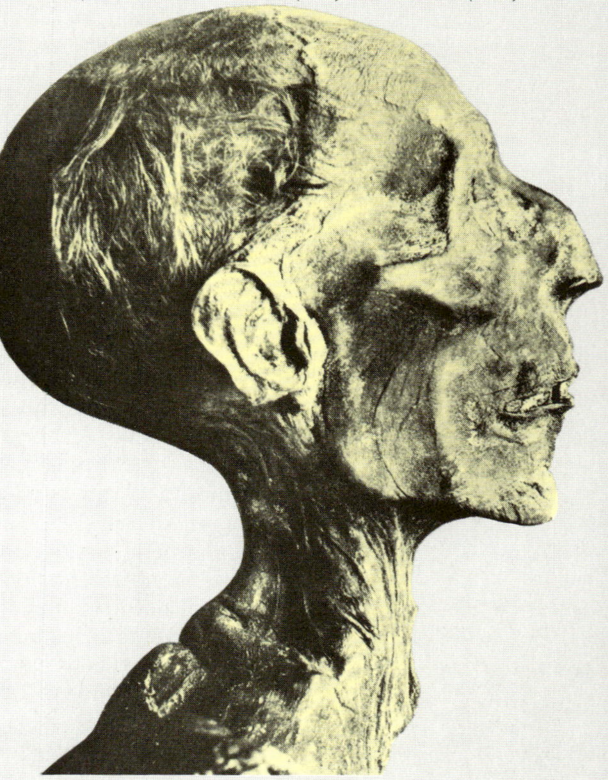

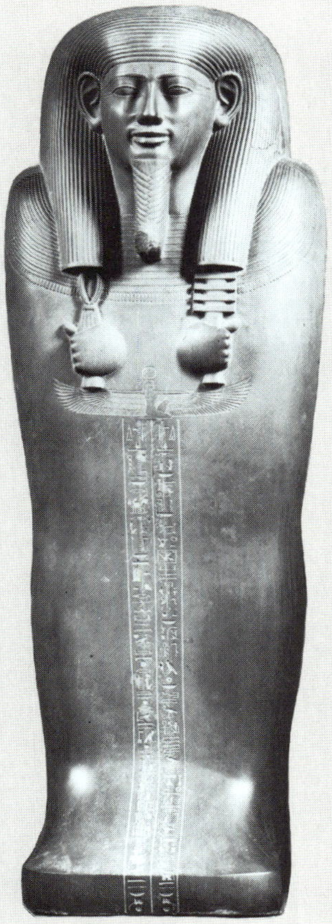

Die Eingeweidekrüge

Der Begriff Kanopenkrüge wurde von den frühen Ägyptologen eingeführt, die sie irrtümlicherweise mit Kanopos, dem Steuermann des Menelaos im Trojanischen Krieg, in Zusammenhang brachten. Der Sage nach kam er unter tragischen Umständen ums Leben und wurde angeblich in Kanopos (ägyptisch *Per-geuti*, heute Abu Quir im nordwestlichen Delta beigesetzt, wo man ihn in Gestalt eines Kruges verehrte.

Die Eingeweidekrüge bestanden im allgemeinen aus Alabaster (Kalzit), aber auch aus Kalkstein, gebranntem Ton oder Fayence, und waren für die Aufnahme der bei der Mumifizierung entfernten Eingeweide bestimmt. Sie kamen in die Sargkammer in unmittelbare Nähe des Sarges. Anfänglich waren die Deckel recht einfach, vom Mittleren Reich an gestaltete man sie in Form menschlicher Köpfe, während man sie von der Ramessidenzeit an als Köpfe der vier Horussöhne bildete. Texte auf den Krügen stellten jeden einzelnen unter den Schutz einer Göttin. Obwohl eindeutige Hinweise selten sind, muß man für sie einen speziellen Nutzen annehmen.

	Kopf	Göttin	Inhalt
Amset	Mensch	Isis	Leber
Hapi	Pavian	Nephthys	Lungen
Duamutef	Schakal	Neith	Magen
Qebehsenuef	Falke	Selkis	Eingeweide

Särge und Sarkophage

Der größte Teil des Materials, das uns für Untersuchungen über das alte Ägypten zur Verfügung steht, kommt aus Gräbern. Särge und Sarkophage gehören dabei zu den am zahlreichsten erhaltenen Altertümern, doch dieser etwas makabre Aspekt der Ägyptologie wird oftmals durch die gelungene Gestaltung der Särge wettgemacht. Ihre Unterscheidung nach größeren Zeitabschnitten bietet keine Probleme mehr, aber bis jetzt ist nur für Teilbereiche eine etwas genauere Ikonographie und Chronologie erarbeitet worden.

Die Begriffe *Sarg* und *Sarkophag* werden bisweilen so benutzt, als seien sie austauschbar; im folgenden bezeichnen sie ein Behältnis aus Holz bzw aus Stein (Kalkstein, Granit, Basalt u.a.), unabhängig von ihrer Form, aus Unterteil und Deckel bestehend. Särge befanden sich oft in Sarkophagen, und manchmal gab es ganze Sätze (innerer und äußerer Sarg oder 1., 2. und 3. Sarg), jedoch wurde zuweilen die *Mumie* auch nur mit einem Brett (wie ein »Deckel«) bedeckt. Eine dritte Gruppe stellten die besonders in der Dritten Zwischenzeit und in der griechisch-römischen Periode gebräuchlichen *Kartonagesärge* dar (der Begriff wird herkömmlich wie »Sarg« und »Sarkophag« verwendet). Sie bestanden aus mehreren Leinen-, Leim- und Stuckschichten (in der griechisch-römischen Zeit verwendete man statt dessen Papyrus) und wurden über einer »Modell-Mumie« geformt; anschließend erfolgte die Bemalung mit hellen Wasserfarben.

Für Särge und Sarkophage gibt es zwei Grundformen, die *kastenförmige* und die *anthropoïde* (»mumiengestaltige«); Kartonagesärge sind immer anthropoïd. Als eine natürliche Erweiterung der früheren Mumienmasken, die den oberen Teil der Mumie bedeckten, kamen die anthropoïden Särge im Mittleren Reich auf. Der Dekor war über die Zeiten hinweg vielen Veränderungen unterworfen. Einige Särge aus der Frühzeit weisen außen eine »Palast-Fassade« auf, die sich dann auch bei Sarkophagen des Alten Reiches findet. In der Ersten Zwischenzeit und im Mittleren Reich wurde das Innere des herakleopolitanischen Typs der kastenförmigen Särge oft mit Sargtexten beschriftet; außerdem brachte man Darstellungen der verschiedenen Gegenstände der Grabausstattung sowie Opferlisten an. Die anthropoïden *Rischi-Särge* (so benannt nach dem arab. Wort für »Feder«; ihr Dekor besteht aus einem aufgemalten, Federn nachahmenden Flügelpaar) sind für die 17. Dynastie charakteristisch, während weiße Särge mit Bändern, die den Eindruck von Mumienbandagen hervorrufen sollten, in der 18. Dynastie verbreitet waren.

In der letzten Phase des Neuen Reiches und später herrschte die Tendenz vor, den Umfang des Dekors durch Zufügung kleiner Szenen mit verschiedenen Gottheiten und Texten zu erweitern. Kastenförmige Särge und Sarkophage wurden immer seltener und wurden nur noch einmal, gegen Ende der Spätzeit, wieder aufgenommen. Die anthropoiden Sarkophage der Spätzeit sind wegen ihrer vollkommenen Ausführung und Gestaltung mit Recht als große Kunstwerke berühmt geworden.

Totenstatuetten

Seit dem Ende des Mittleren Reiches bildeten eine oder mehrere Statuetten (die ägyptische Bezeichnung schwankte zwischen *Schabti, Schawabti* und *Uschebti*) einen wichtigen Teil der Grabausstattung. Seit der 18. Dynastie wurden die Statuetten wenig stimmig zum Abbild des mumifizierten Körpers des Toten und zugleich mit landwirtschaftlichen oder sonstigen Geräten ausgestattet. Hier spiegeln sich die beiden Hauptaspekte wider, die mit diesen Figuren verbunden waren: sie sollten körperlicher Ersatz des Toten sein und gleichzeitig ein Arbeiter, der als Stellvertreter des Verstorbenen handelte, wenn dieser zur Durchführung verschiedener Fronarbeiten im Jenseits aufgerufen wurde. Die Formel auf den Statuetten (Kapitel 6 des Totenbuches) enthielt entsprechende Anweisungen, doch kommt in ihr eine ähnliche Zweideutigkeit hinsichtlich der Identität der Statuetten zum Ausdruck. In der ramessidischen Zeit läßt sich eine zahlenmäßige Zunahme der Totenfiguren feststellen; in der Spätzeit waren oftmals mehrere hundert in einem einzigen Grab.

Die wichtigsten Anhaltspunkte zur Datierung der Statuetten sind: aus hartem dunklem Stein gefertigt: wahrscheinlich Mittleres Reich oder 25. Dynastie, sicher nicht später als 26. Dynastie. Aus Holz hergestellt, rohe Ausführung: dann gehören sie in die späte 17. oder frühe 18. Dynastie, auf alle Fälle sind sie nicht später als das Neue Reich.

Mit Werkzeug: Mitte der 18. Dynastie und später (es wurden aber auch dann noch Statuetten ohne Werkzeuge hergestellt).
Mit Körben: vor den Körper gehalten = 18. Dynastie, auf dem Rücken dargestellt = 19. Dynastie und später.
Polychome (rot, blau/grün, gelb, schwarz) Bemalung auf weißem Grund: Ende der 18. Dynastie bis Ramessidenzeit.
Flacher Rücken und/oder Kopfband: Dritte Zwischenzeit.
Kleine Standfläche und Rückenpfeiler: Mitte 26. Dynastie und später.

ÄGYPTEN UND WESTLICHE KUNST

Obgleich die ägyptische Kultur verschiedene Völker im Mittelmeerraum seit dem 2. Jahrtausend v. Chr. beeinflußt hatte, zeigten erst die Römer an ägyptischen Dingen wegen ihres typisch ägyptischen Charakters Interesse. Dieses Interesse war, wie später auch, gefärbt von der griechischen Sicht Ägyptens, wonach dies das Land esoterischer Weisheit war. Es manifestierte sich aber lediglich in einer künstlichen Nachahmung.

Die Anziehungskraft all dessen, was ägyptisch war, verband sich mit der Verehrung der alexandrinischen Gottheiten Isis und Sarapis, deren Kulte in spätrepublikanischer Zeit (1. Jahrhundert v. Chr.) in Rom eingeführt wurden. Die Eroberung Ägyptens im Jahre 30 v. Chr. öffnete den Weg für die Einfuhr von Altertümern, die als öffentliche Monumente dienen, Häuser und Gärten schmücken oder die Tempel der ägyptischen Gottheiten ausstatten sollten. Zu ihnen gehörte diese Paviansfigur aus grauem Granit, die zusammen mit ihrem Gegenstück im Iseum Campense in Rom aufgestellt war. Der römische Geschmack trug eher dem Exotischen als dem wirklich Ägyptischen Rechnung. Mit der Herstellung ägyptisierender Stücke wie dieser doppelköpfigen Herme, die für die Nilotischen Gärten (Canopus) von Hadrians Villa in Tivoli bestimmt war, wurde der bizarre Aspekt noch stärker zum Ausdruck gebracht. Mitte des 4. nachchristlichen Jahrhunderts konnte sich Rom zahlreicher Obelisken, zweier Pyramiden und einer Vielzahl ägyptischer Skulpturen rühmen.

Die nach Rom und in andere Teile des Römischen Reiches gebrachten Denkmäler Ägyptens blieben für das Abendland bis zum 18. Jahrhundert das einzige Anschauungsmaterial ägyptischer Kunst. Löwen und Sphingen wurden in romanischer Plastik des 13. Jahrhunderts kopiert. Die hier abgebildete stammt vom Duomo zu Civita Castellana. Das Wiederauftauchen einiger dieser Denkmäler und die Entdeckung klassischer Texte, in denen sich auch Berichte über Ägypten fanden, erweckten das Interesse der Humanisten in der Renaissance. Von den Autoren der Klassischen Antike erfuhren sie, daß die Hieroglyphen abstrakte Vorstellungen in einer symbolischen, allgemein verständlichen Form verkörperten. Leon Battista Albertis (1404–1472) Wappen, das göttliche Allwissenheit symbolisieren sollte, ist ein frühes Beispiel für diese Vorstellung.

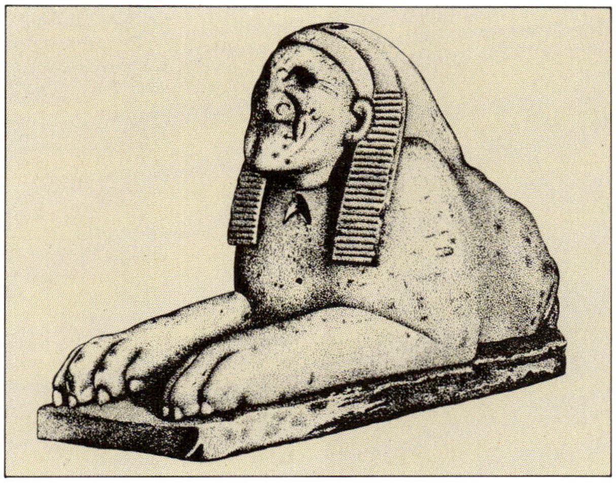

Es kam zu einer Blüte des allegorischen Gebrauchs der Hieroglyphen, der im Werk Albrecht Dürers zur Vollendung gebracht und in der den Symbolen gewidmeten Literatur des 16. Jahrhunderts trivialisiert wurde. Die bedeutendste technische Leistung des 16. Jahrhunderts war die Wiederaufstellung des Vatikan-Obelisken im Jahre 1586 vor St. Peter, hier in einer Illustration von Domenico Fontana. Es folgte die Aufstellung anderer Obelisken, und dieses Motiv fand Eingang in die europäische Architektur, wo es aber bald seinen spezifisch ägyptischen Charakter verlor. Wichtiger war das ernsthafte Interesse, das dieses Ereignis hervorrief. Im folgenden Jahrhundert wurden die Hieroglyphen Gegenstand neuer Untersuchungen, und es erschienen die ersten wissenschaftlichen Publikationen ägyptischer Altertümer. Diese Entwicklung erreichte in den großen enzyklopädischen Arbeiten des 18. Jahrhunderts ihren Höhepunkt, in denen ägyptische Arbeiten neben klassisch griechischen abgebildet wurden. Von solchen Quellen und von den ersten, gut illustrierten Reiseberichten, die um die Mitte des Jahrhunderts erschienen, kam die Anregung zu ägyptisierenden Arbeiten wie Dinglingers edelsteinbesetztem Apis-Altar (1781) oder den überladenen Dekor des Piranesi (1760) für das Caffè Inglese in Rom. Sein ägyptischer Stil fand in den Arbeiten französischer und britischer Architekten am Ende des 18. Jahrhunderts eine verbreitete Nachahmung.

Neben dieser neuen Würdigung Altägyptens setzte sich auch die mystische Tradition fort. Das Feld der Geheimnisse (*arcana*), das bereits von den Rosenkreuzern entworfen wurde, nutzte die Freimaurerei aus. Die von dieser Bruderschaft neu aufgenommenen ägyptischen Riten inspirierten Schikaneder, den Librettisten Mozarts (der selbst ein Freimaurer war), zu Gedanken, denen er in der *Zauberflöte* Ausdruck gab. Das hier abgebildete Frontispiz der Ausgabe von 1791 mutet recht okkult an.

Sieben Jahre später brachte die französische Invasionsarmee neben Soldaten auch Wissenschaftler mit nach Ägypten, allen voran Vivant Denon. Sein Medaillenschrank (oben) ist nach einem in seinem eigenen Werk über Ägypten abgebildeten Pylon entworfen worden. Diese Arbeit und die offizielle Publikation der Expedition, die *Description d'Égypte,* boten eine Fülle von Illustrationen.

Die detaillierten Zeichnungen der großen ägyptischen Tempel, besonders der aus griechisch-römischer Zeit mit ihren gewaltigen Gesimsen und verzierten Säulenkapitellen, dienten als Vorbilder für eine nachahmende Architektur, die in ihrer Art etwas nüchterner war als die, welche Piranesi vertreten hatte. Der ägyptische Stil wurde als angemessen erachtet für das Massige, das Monumentale und das Sepulchrale. In Europa und Amerika entstanden Gerichtsgebäude, Gefängnisse, Fabriken Bahnstationen, Brücken, Kirchen und besonders Friedhöfe wie dieser (oben) im süditalienischen Alberobello in ägyptisierender Manier.

Die von Percier und Fontaine, den beiden Innenarchitekten Napoleons, stammenden eleganten Entwürfe bildeten die Vorläufer für die Mode der *Égyptiennerie* auf dem Kontinent in den drei Jahrzehnten nach der französischen Unternehmung, zu der sich die Arbeiten von Thomas Hope und anderen in England gesellten. Der ägyptische Stil führte in der Angewandten Kunst häufig zu einem lediglich spielerischen ornamentalen Gebrauch entsprechender Motive, z. B. in Wegwoods »hieroglyphischem« Tee-Service aus der Zeit um 1810 *(unten).*

Andere Entwürfe lehnten sich enger an die Form ägyptischer Objekte an, z. B. die Stühle von Holman Hunt (1855), die später von Liberty hergestellt wurden, oder einzelne Stücke eines Silbergeschirrs, die auf Vorbildern antiker Stücke wie diesem Rotweinkrug *(unten)* beruhen. Die Entzifferung der Hieroglyphen, die Entwicklung der Ägyptologie als Wissenschaft und die Entstehung großer Altertümersammlungen in Europa und Amerika hielten das öffentliche Interesse am Alten Ägypten wach. Von Zeit zu Zeit erfuhr die Mode für ägyptisierende Dekors neue Impulse durch Ereignisse wie die 1854 erfolgte

Eröffnung des Ägyptischen Hofes im Kristallpalast. Die vielbewunderte Extravaganz, u. a. durch die Ausstattung mit Abgüssen der berühmtesten Denkmäler Altägyptens, gab vielleicht die Anregung für den ägyptischen Garten in Biddulph Grange *(rechts oben)* mit steinernen Sphingen und der gekappten Pyramide – ein zurechtgestutzter viktorianischer Nachkomme des hadrianischen Canopus, für Angelo Querinis ägyptischen Garten der Villa Altichiero im Padua des 18. Jahrhunderts und für Caninas bezaubernden ägyptischen Eingangsbau zu den Gärten der Borghese in Rom (1827).

Die Entdeckung des Tutanchamun-Grabes im Jahre 1922 rief eine neue Welle ägyptisierender Trivialitäten in der Angewandten Kunst hervor; der monumentale Baustil fand in unserem Jahrhundert jedoch nur in der phantastischen Architektur des Films Anwendung. Der pharaonische Glanz in Graumans Ägyptischem Theater in Hollywood (1922) schlug sich nur in einigen weniger großartig gelungenen englischen Schöpfungen nieder, wie dem im Jahre 1930 in Islington entstandene Carlton *(oben).*

Das Verständnis für die moderne Kunst brachte auch ein besseres Verstehen der unterschiedlichen Gestaltungsprinzipien der alten Ägypter mit sich; besonders deren Plastik hat die zeitgenössischen Bildhauer beeinflußt. Die Bühnenausstattung für die *Zauberflöte* (1977) von David Hockney zeigt zwar ein tieferes Einfühlungsvermögen in das Wesen Altägyptens als Schinkels aufwendige Architektur für die Aufführung von 1815, aber der Sinn für majestätische Weiträumigkeit ist beiden eigen.

MUSEEN MIT SAMMLUNGEN ÄGYPTISCHER KUNST

Obwohl schon früher Sammlungen ägyptischer Altertümer bestanden haben, die sich vor allem aus Kuriositäten und Reiseerinnerungen zusammensetzten, entstanden Museen, die altägyptische Denkmäler zur Erbauung und Bildung der breiteren Öffentlichkeit ausstellten, nicht vor der ersten Hälfte des 19. Jahrhunderts. Heute ist die Zahl der Sammlungen, die altägyptische Stücke von Bedeutung aufweisen, auf über 500 angestiegen und über fünf Kontinente verstreut, während Sammlungen, in denen Ägypten überhaupt vertreten ist, in die Tausende gehen. An vielen dieser Institutionen arbeiten Ägyptologen, zahlreiche Museen sind zu bedeutenden Forschungszentren geworden. »Ausgrabungen« in den Magazinen und Kellern, um Fachleuten wie Laien die dort verborgenen Schätze zugänglich zu machen, gehören gegenwärtig zu den dringendsten Aufgaben der Disziplin.

Ägypten
Alexandria
Greco-Roman Museum
Assuan
Museum auf der Insel Elephantine
Kairo
Egyptian Museum/Ägypt. Museum
Luxor
Luxor Museum
Mallawi
Mallawi Museum
Minja
Minja Museum

Australien
Melbourne
National Gallery of Victoria
Sydney
Australian Museum
Nicholson Museum of Antiquities

Belgien
Antwerpen
Museum Vleeshuis
Brüssel
Musées Royaux d'Art et d'Histoire
Lüttich
Musée Curtius
Mariemont
Musée de Mariemont

Brasilien
Rio de Janeiro
Museu Nacional

Kopf einer Prinzessin, bräunlicher Quarzit, Bildhauerwerkstatt des Tuthmose in el-Amarna, Berlin, Ägyptisches Museum, 21223

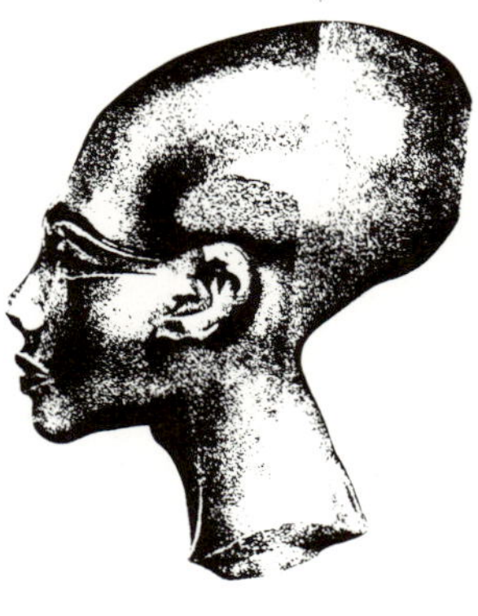

Dänemark
Kopenhagen
Nationalmuseet
Ny Carlsberg Glyptotek
Thorwaldsen Museum

Deutschland
Berlin
Staatliche Museen zu Berlin – Preußischer Kulturbesitz, Ägyptisches Museum und Papyrussammlung
Dresden
Albertinum
Essen
Folkwang Museum
Frankfurt am Main
Liebighaus
Hamburg
Museum für Kunst und Gewerbe
Museum für Völkerkunde
Hannover
Kestner-Museum
Heidelberg
Ägyptologisches Institut der Universität
Hildesheim
Roemer-Pelizaeus-Museum
Karlsruhe
Badisches Landesmuseum
Leipzig
Ägyptisches Museum
München
Staatliche Sammlung Ägyptischer Kunst

Sitzfigur des Chephren mit Horusfalken auf der Rückenplatte, Diorit-Gneis, aus Giseh, Kairo, Ägyptisches Museum, CG 14

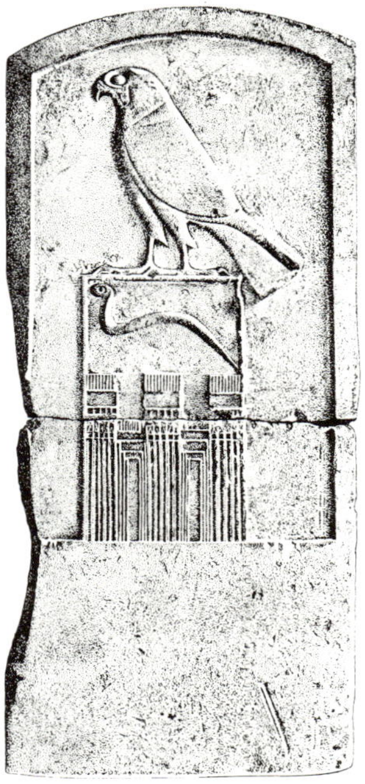

Grabstele des Königs Wadj, Kalkstein, von seiner Grabanlage in Abydos, Paris, Louvre, E 11007

Tübingen
Ägyptologisches Institut der Universität
Würzburg
Martin von Wagner Museum der Universität

Frankreich
Avignon
Musée Calvet
Grenoble
Musée de Peinture et de Sculpture
Limoges
Musée Municipal
Lyon
Musée des Beaux-Arts
Musée Guimet
Marseille
Musée d' Archéologie
Nantes
Musée des Arts Décoratifs
Orléans
Musée Historique et d' Archéologie de l' Orléanais
Paris
Bibliothèque Nationale
Louvre
Musée du Petit Palais
Musée Rodin
Institut d' Egyptologie
Toulouse
Musée Georges Labit

Griechenland
Athen
National Museum

Großbritannien
Bristol
City Museum
Cambridge
Fitzwilliam Museum
Dundee
Museum and Art Gallery
Durham
Gulbenkian Museum of Oriental Art and Archeology
Edinburgh
Royal Scottish Museum
Glasgow
Art Gallery and Museum
Burrell Collection
Hunterian Museum
Leicester
Museum and Art Gallery
Liverpool
Merseyside County Museums
School of Archaeology and Oriental Studies
London
British Museum
Horniman Museum
Petrie Collection (University College)
Victoria and Albert Museum
Manchester
University Museum
Norwich
Castle Museum

Relief mit der Darstellung eines blinden Harfners. Aus dem Grab des königlichen Metzgers Patenemhab vom Ende der 18. Dynastie in Saqqara, Kalkstein, Leiden, Inv. AMT. L-35

Relief mit der Darstellung gefangener Neger, aus dem Grab des Haremhab in Saqqara, wohl aus der Zeit des Tutanchamun, Bologna, 1887 (1869)

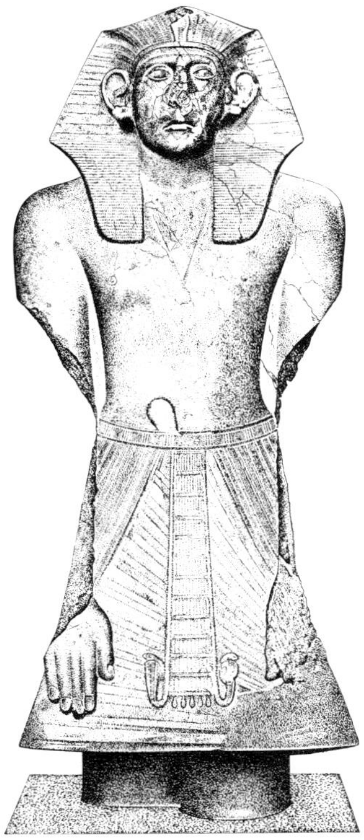

Statue Sesostris' III. aus Deir el-Bahari, Granit, London British Museum, 684

Oxford
Ashmolean Museum
Pitt Rivers Museum

Irland
Dublin
National Museum of Ireland

Italien
Bologna
Museo Civico
Florenz
Museo Archeologico
Mantua
Museo del Palazzo Ducale
Mailand
Museo Archeologico
Neapel
Museo Nazionale
Parma
Museo Nazionale di Antichità
Palermo
Museo Nazionale
Rom
Museo Barracco
Museo Capitolino
Museo Nazionale Romano delle Terme Diocleziane
Rovigo
Museo dell' Accademia dei Concordi
Triest
Civico Museo di Storia ed Arte
Turin
Museo Egizio
Vatikan-Stadt
Museo Gregoriano Egizio
Venedig
Museo Archeologico del Palazzo Reale di Venezia

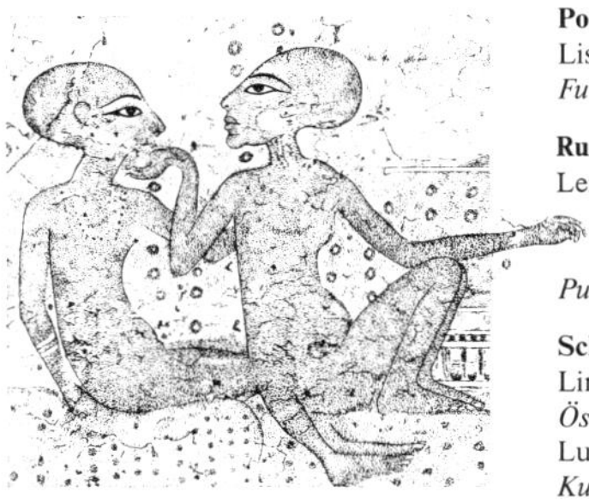

Wandmalerei mit der Darstellung zweier Töchter der Nofretete, von einem Palast in el-Amarna, Oxford, Ashmolean Museum 1893. 1–4 (267)

Japan
Kyoto
University Archaeological Museum

Kanada
Montreal
McGill University, Ethnological Museum
Museum of Fine Arts
Toronto
Royal Ontario Museum

Kroatien
Zagreb
Archeološki Muzej

Kuba
Havanna
Museo Nacional

Mexiko
Mexico City
Museo Nacional de Antropologia

Niederlande
Amsterdam
Allard Pierson Museum
Leiden
Rijksmuseum van Oudheden
Otterlo
Rijksmuseum Kröller-Müller

Österreich
Wien
Kunsthistorisches Museum

Polen
Krakau
Muzeum Narodowe
Warschau
Muzeum Narodowe

Portugal
Lissabon
Fundacão Calouste Gulbenkian

Rußland
Leningrad
Eremitage
Moskau
Puschkin Museum

Schweden
Linköping
Östergöttlands Museum
Lund
Kulturhistoriska Museet
Stockholm
Medelhavsmuseet
Uppsala
Victoriamuseum

Schweiz
Basel
Museum für Völkerkunde
Genf
Musée d' Art et d' Histoire
Lausanne
Musée Cantonal d' Archéologie et d' Histoire
Musée Cantonal des Beaux-Arts

Kopf Amenophis' III., überlebensgroß, Diorit, New York, Brooklyn Museum, 5919

Links: Sphinx Amenophis' III. Blaue Fayence, New York, MoMA, 1972.125

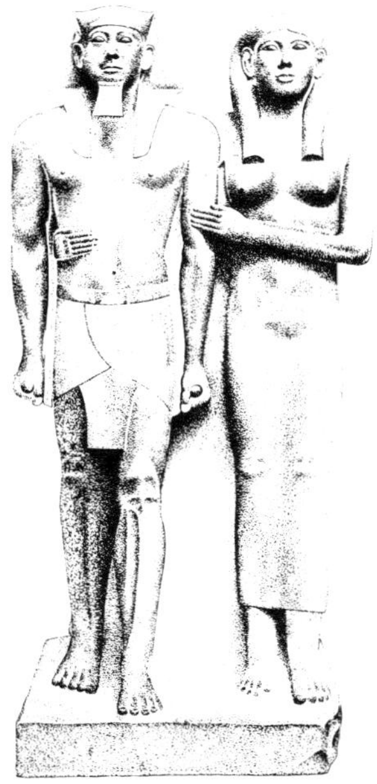

Statuengruppe des Mykerinos (Menkaure) und der Königin Charmerernebti II., vom Taltempel der königlichen Pyramidenanlage in Giseh, Boston, Museum of Fine Arts, 11.1738

Neuchâtel
Musée d' Ethnographie
Riggisberg
Abegg-Stiftung

Spanien
Madrid
Museo Arqueológico Nacional

Sudan
Chartum
Sudan Museum

Tschechoslowakei
Prag
Náprstkovo Muzeum

Ungarn
Budapest
Szépmüvészeti Múzeum

USA
Baltimore (Md.)
Walters Art Gallery
Berkeley (Ca.)
Robert H. Lowie Museum of Anthropology
Boston (Mass.)
Museum of Fine Arts
Brooklyn (N. Y.)
Brooklyn Museum
Cambridge (Mass.)
Fogg Art Museum, Harvard University
Semitic Museum, Harvard University
Chicago (Ill.)
Field Museum of Natural History
Oriental Institute Museum
Cincinnati (Ohio)
Art Museum
Cleveland (Ohio)
Museum of Art
Denver (Col.)
Art Museum
Detroit (Mich.)
Detroit Institute of Arts
Kansas City (Miss.)
William Rockhill Nelson Gallery of Art
Los Angeles (Ca.)
County Museum of Art
Minneapolis (Minn.)
Institute of Arts Museum
New Haven (Conn.)
Yale University Art Gallery
New York
Metropolitan Museum of Art
Palo Alto (Ca.)
Stanford University Museum
Philadelphia (Pa.)
Pennsylvania University Museum
Pittsburgh (Pa.)
Museum of Art, Carnegie Institute
Princeton (N. J.)
University Art Museum
Providence (R. I.)
Rhode Island School of Design
Richmond (Va.)
Museum of Fine Arts
St. Louis (Miss.)
Art Museum
San Diego (Ca.)
Museum of Man
San Francisco (Ca.)
M. H. De Young Memorial Museum
San José (Ca.)
Rosicrucian Museum
Seattle (Wash.)
Art Museum
Toledo (Ohio)
Museum of Art
Washington D. C.
Smithsonian Institution
Worcester (Mass.)
Art Museum

Kopf der Nofretete, bemalter Kalkstein, aus der sogen. Bildhauerwerkstatt des Tuthmose in el-Amarna, Berlin, Ägyptisches Museum, 21 300

FACHBEGRIFFE

Wir haben uns in diesem Buch bemüht, so weit wie möglich auf die Verwendung von Fachbezeichnungen zu verzichten. Sofern sie sich nicht vermeiden ließen, werden sie im vorliegenden Verzeichnis erläutert. Zusätzlich sind einige Verwaltungs- und Priestertitel noch eingehender behandelt. Weitere Fachausdrücke sind in den einschlägigen, in der Bibliographie aufgeführten Werken nachzulesen. Querverweise sind *kursiv* hervorgehoben.

Abakus, Deckplatte des Kapitells, dient als Unterlage für den *Architrav.*

Achtheit, Bezeichnung einer Gruppe von vier weiblichen und vier männlichen Gottheiten von Hermopolis. Sie symbolisieren den Zustand der Welt vor der Schöpfung. In der klassischen Ausprägung zusammengesetzt aus Nun und Naunet (Urwasser, Urozean), Huh und Hauhet (Unendlichkeit), Kuk und Kauket (Dunkelheit) und Amun und Amaunet (das Verborgene). Darüber hinaus gibt es Varianten.

Ambulatorium, überdachter Säulenumgang, vorwiegend um die Außenseiten kleinerer Tempel aus dem Neuen Reich, auch bei Barkenstationstempeln und *Geburtshäusern* aus griechisch-römischer Zeit.

Architrav, auf den Deckplatten der Säulen aufliegender waagerechter Steinbalken, entweder die Säulen verbindend oder Säulen mit Mauer, trägt den Oberbau (Dach).

Ba, eine von mehreren Bezeichnungen der Ägypter für verschiedene Aspekte der Persönlichkeit, häufig mit »Seele« übersetzt. Mit dem Bereich des Göttlichen und der Macht in Verbindung stehend, Götter verfügen über mehrere Bas. Bezeichnet die Fähigkeit, in anderen Erscheinungsformen aufzutreten, die als Bas bezeichnet werden, so ist z.B. der Apisstier »Ba des Gottes Ptah.« Der Ba des Toten bewegt sich frei im Jenseits und kann auf die Erde zurückkehren. Siehe auch *»Ka«.*

Badarian, Bezeichnung für die mit Sicherheit früheste nachgewiesene neolithische Kultur im Niltal (um 4500 v. Chr.); so benannt nach dem typischsten Fundort el-Badari.

Barkenheiligtum; Wenn die Götterbilder aus ihren Tempeln auszogen, wurden sie auf Barken getragen. Für Fahrten auf dem Fluß standen grössere Götterbarken zur Verfügung. Die Modellbarken wurden in den sogen. Barkenheiligtümern im Tempel aufbewahrt. In Karnak und Luxor handelt es sich um ansehnliche Bauwerke.

Baumgöttin, Göttin, die mit einem heiligen Baum in Verbindung gebracht wird und als Baum mit menschlichen Armen dargestellt werden kann, auch als Frauengestalt, die aus einem Baum hervorgeht. Hathor, Isis und Nut sind z.B. als Baumgöttinnen wiedergegeben worden, stets im Zusammenhang mit dem Totenkult.

demotisch, (griech. demotika grammata = Volksschrift), Weiterentwicklung des *Hieratischen*; bildete sich im 7. vorchristlichen Jahrhundert in Unterägypten heraus. Umgangsschrift in der Spätzeit und griech.-röm. Epoche, spätester sicher datierter Text: 452 n. Chr.

Ersatzkopf, rundplastischer Kopf während einer bestimmten Epoche im alten Reich als Grabskulptur mit verhältnismäßig realistischer Herausarbeitung der Gesichtszüge des Toten, daher auch bisweilen als »Porträtkopf« bezeichnet. Repräsentiert den Toten im Grab; über 30 dieser Köpfe sind vorwiegend in Gisa gefunden worden.

Fruchtbarkeit, Personifikation der: ein bestimmter Typ von Opferträgern an der Basis von Tempelwänden, die dem Tempel Opfer darbringen. Sie stellen die aus der Überschwemmung resultierende Überfülle dar oder sind Personifikationen des Reichtums eines geographischen Gebiets, manchmal auch abstrakt Verkörperungen der Fülle. Die männlichen Personifikationen sind meist mit schweren Leibern und herabhängenden Brüsten wiedergegeben, wobei die Körperfülle den Überfluß symbolisiert.

Gau, Verwaltungseinheit im alten Ägypten mit der Bezeichnung »Sepat«, griech. »Nomos«. Die Gaueinteilung scheint sich bereits in der frühdynastischen Zeit herausgebildet zu haben, erreichte den Abschluß ihrer Entwicklung aber erst in der Ptolemäerzeit. In Zeiten einer straffen Zentralmacht wie z.B. im späteren Mittleren Reich spielten die Gaue keine große Rolle.

Gaufürst, höchster Beamter im Gau. Im ausgehenden Alten Reich und bis ins frühe Mittlere Reich hinein waren die Gaufürsten zu Erbfürsten geworden, die ihre Gaue mehr oder minder selbstherrlich regierten, unabhängig von der Zentralmacht des Königtums. Die Könige der 11. Dyn. z.B. sind aus einer solchen Gaufürstenfamilie hervorgegangen. Im Laufe der 12. Dynastie wurde die politische Bedeutung des Amtes immer stärker zurückgedrängt.

Geburtshaus, auch Mammisi genannt, besondere Art eines kleinen Tempels, dem jeweiligen Haupttempel angeschlossen, namentlich in der griech.-röm. Epoche. Sie stellten die Geburtshäuser der am Ort verehrten Gottheit dar oder, sofern die Lokalgottheit eine Göttin war, das Geburtshaus ihres Kindes. Die Darstellungen der Geburt des Götterkindes geht ikonographisch auf frühere Wiedergaben der Geburt des Königs zurück.

Gottesgemahlin, Hohepriesterin des Amun in Theben, ein Amt, das vom Neuen Reich bis in die Spätzeit belegt ist. Die Gottesgemahlin lebte im Zölibat. In der 23.–26. Dyn. hatten Prinzessinnen dieses Amt inne, die ihre jeweilige Nachfolgerin »adoptierten«. Über die Person diente die Institution der Gottesgemahlin als Mittel politischer Einflußnahme.

Gottesvater, Priestertitel im Neuen Reich und später, im allgemeinen mit Zusatz des Gottesnamens, z.B. »Gottesvater des Amun«; der Gottesvater stand im Rang über den »Wab-«Priestern, d.h. »den Reinen«, doch unter den »Propheten«.

Grabkegel, Tonkegel vorwiegend von thebanischen Gräbern des Mittleren Reiches bis in die Spätzeit, die auf der runden oder rechteckigen Unterseite abgedrückt Titel und Namen des Grabeigentümers enthalten. Die um die 30 cm hohen Tonkegel waren ursprünglich in die Grabfassade eingelassen oder auch in die Grabpyramide, und zwar in Querreihen angeordnet.

Graf, so wird im allgemeinen ein Rangtitel im Alten und Mittleren Reich übersetzt. Wie viele andere hatte auch dieser Titel seine Bedeutung verloren, die Übersetzung ist daher eher Übereinkunft, als daß sie präzise wiedergäbe, was darunter zu verstehen ist. Im Neuen Reich wurde der Titel für eine örtliche Verwaltungsfunktion verwendet und sollte daher mit »Bürgermeister« übersetzt werden.

Güterverwalter, Oberster. Titel des Obersten Verwalters von Gütern im Besitz eines Tempels, des Königs (auch seines Totentempels), eines Mitglieds der Königsfamilie (z.B. der *Gottesgemahlin*) oder selbst eines Privatmannes. Aufgrund der wirtschaftlichen Bedeutung des Amtes waren die Obersten Güterverwalter häufig ausserordentlich einflußreich, so z.B. Senenmut, der dieses Amt bei Königin Hatschepsut und ihrer Tochter Nefrure zugleich ausübte. Ebenso bedeutend etwa Amenophis Hui, der Bruder des *Wesirs* Ramose, der Oberster Güterverwalter von Memphis in der Zeit Amenophis' III. war. Der Titel kommt im Neuen Reich und in der Spätzeit vor.

Herold, im Mittleren und Neuen Reich Titel eines Beamten, dessen Aufgabe offenbar darin bestand, dem König Bericht zu erstatten und dessen Befehle zu verkünden, sowohl am Hofe als auch z. B. auf dem Schlachtfeld.

Herrin des Hauses, Titel der Hausfrau, den vom Mittleren Reich an die verheirateten Frauen erhielten.

hieratisch, von griech. »heilig«, übliche Schriftart für *Papyri* und *Ostraka,* während aller Epochen der ägyptischen Geschichte verwendet. Später hieratisch für religiöse Texte vorbehalten, daher die Bezeichnung »heilige« Zeichen. Das Hieratische weist nicht den gleichen Grad von Bildhaftigkeit auf wie die *Hieroglyphen*, und die Zeichen werden oft miteinander verbunden.

Hieroglyphe, griech. »heilige Kerbe«, Zeichen der ägyptischen Schrift, nur auf Denkmälern verwendet. Die meisten Zeichen sind identifizierbare Bilder und werden nicht untereinander verbunden.

Hoherprieser, werden im allgemeinen die Obersten der lokalen Priesterschaften genannt. Der Hohepriester des Amun von Theben nannte sich »Erster Prophet des Amun«, der des Ptah von Memphis führte den Titel »Oberster der Leiter der Handwerker«, der des Re von Heliopolis »Größter der Schauenden« und der des Thot von Hermopolis »Größter der Fünf.«

Hohlkehle, Bekrönung von Mauern, Türen oder waagrecht abschließenden *Stelen* und Scheintüren. Es handelt sich um eine halbkreisförmige Einwölbung mit senkrecht aufgebrachten Ornamenten, die möglicherweise Schilf oder sonstige vergängliche Baumaterialien wiedergeben, auf die dieses Architekturelement auch zurückgeführt wird. In der Mitte oft eine geflügelte Sonnenscheibe. Ist außerhalb Ägyptens häufig nachgeahmt worden.

Horusname, erster Name des Königs in der Titulatur, häufig in ein *Serech* gesetzt, bestehend aus einem Epitheton, das den König als Erscheinungsform eines Aspektes des Horus bezeichnet.

Hypostylenhalle, Säulenhalle, griech. »tragende Pfeiler«. Im Gefüge der Tempelanlagen befinden sich die Säulenhallen, bisweilen zwei, im vorderen Bereich und bilden meist den imposantesten Teil, der später hinzugefügt wurde und vielfältige symbolische Anspielungen enthält.

Ichneumon, Nagetier, das Schlangen tötet und die Eier der Krokodile zerstört, dem indischen Mungo verwandt. Das Ichneumon galt gemeinsam mit der Spitzmaus als Tier des Sonnengottes Re und wurde namentlich in der Spätzeit und in der griech.-röm. Epoche mumifiziert beigesetzt. Erhalten sind zahllose Bronzestatuetten von Ichneumons.

ithyphallisch, griech. »mit geradem Phallos«, d.h. mit eregiertem Penis. Mehrere Götter wurden in dieser Form dargestellt, so z. B. Min, Amun (vor allem in Luxor) und der wieder zum Leben erweckte Osiris.

Ka, ein Aspekt der Persönlichkeit, ursprünglich vielleicht mit der sexuellen Fruchtbarkeit zusammenhängend. Der Mensch wurde wie mit einem Double mit seinem »Ka« geboren, im Jenseits existierte der Ka unabhängig, erhielt Opfer und garantierte das ewige Leben des Menschen; siehe auch *Ba.*

Kartusche, Oval mit Querbalken unten, in das der Königsname seit der 4. Dynastie geschrieben wurde. Detaillierte Wiedergaben lassen erkennen, daß es sich um ein verknotetes Tau handelte und in der Form ohne Anfang und Ende die zyklische Wiederkehr angedeutet sein sollte, vielleicht auch in Beziehung auf den Sonnenlauf. Die Könige führten zwei Kartuschennamen, wobei der eine stets auf Re Bezug nimmt *(Thronname)* und der zweite den Geburtsnamen darstellt.

Katarakt, Hartgesteinbereiche im Flußbett des Niles, die Stromschnellen verursachen. Zwischen Assuan und Chartum gibt es sechs numerierte und mehrere kleinere solcher Katarakte. Die Kataraktenbereiche waren der Schiffahrt hinderlich, der Zweite Katarakt konnte z. B. nur in der Überschwemmungszeit befahren werden. Die *Katarakte* 1–4 und der Dal-Katarakt waren in verschiedenen Epochen Landesgrenzen.

Keilschrift, Schrift im Zweistromland, Zeichen, die mit einem Griffel in Ton eingedrückt wurden, dessen keilförmiges Ende die »Keile« hervorrief. In dieser Schrift wurden viele Sprachen geschrieben, am verbreitetsten das Akkadische, die Diplomatensprache des 2. Jahrt. v. Chr. Keilschrifttexte sind in Ägypten in el-Amarna gefunden worden und auf Objekten aus der Perserzeit. Im Vorderen Orient sind ägyptische Keilschrifttexte in Boghasköy in Anatolien und Kamid el-Los in Syrien zutage gekommen.

Kenotaph, symbolisches Grab oder Totenkultstätte zusätzlich zur tatsächlichen Begräbnisstätte. Das Südgrab im Pyramidenkomplex des Djoser in Saqqara z. B. ist ein Kenotaph wie möglicherweise auch die Nebenpyramiden der 4.–6. Dynastie. In Abydos gab es Kenotaph-Kapellen für Privatleute vor allem im Mittleren Reich und königliche Kenotaph-Tempel aus dem Mittleren und Neuen Reich. Kenotaphe gibt es außerdem in Gebel el-Silsila und Qasr Ibrim.

Kiosk, kleines, offenes Bauwerk, als Wegestation für Götterstatuen verwendet bei Festgelegenheiten, wenn das Kultbild den Haupttempel verließ.

Kolossalfigur, überlebensgroße Statue, von Königen, aber auch Privatleuten und Göttern. Typischster Aufstellungsort: vor Tempeltoren oder Pylonen. Bisweilen waren sie Kultbilder oder dienten als Mittler zwischen Menschen und Göttern.

Kontrapost, (ital. »Gegensatz«), rundplastische Wiedergabe der menschlichen Figur im Gegeneinander von ruhender und angespannter Haltung, so daß der Körper asymmetrisch erscheint. In der ägyptischen Kunst außerordentlich selten.

Kursive, schnell mit der Hand geschriebene Schrift, vor allem *hieratisch* und *demotisch.* Kursive Hieroglyphen sind vereinfachte Zeichen, dem Hieratischen ähnlich. Für religiöse Texte und bei der Ausbildung der Schreiber verwendet. Im 1. Jahrtausend v. Chr. nicht mehr verwendet.

Logogramm, Schriftzeichen, das ein ganzes Wort bzw. einen Begriff wiedergibt, manchmal mit einem Strich versehen und/oder der Femininendung -t.

Mastaba, arab. für »Bank«, wurde zur Bezeichnung für frei stehende Gräber der frühdynastischen Epoche und des Alten Reiches (wenige auch später). Der Oberbau einer Mastaba besteht aus einem Rechteck, oben flach, mit vertikalen (Nilschlammziegel-) oder leicht schrägen (Stein-)Mauern.

Naos, Schrein zur Aufbewahrung von Götterstatuen, vor allem in Tempelsanktuaren. Meist wurde ein kleiner hölzerner Naos in einen großen aus einem Stück (Monolith) Stein gestellt, letztere sind vor allem für die Spätzeit kennzeichnend und häufig mit Dekor versehen. Naos wird jedoch auch als Bezeichnung für das Tempelsanktuar verwendet.

Nekropole, griech. für »Friedhof«, eigentl. »Totenstadt«. Als Nekropole bezeichnet man ausgedehnte Bereiche mit Begräbnisstätten, die über längere Zeit hinweg benutzt wurden. Eine Ansammlung von Gräbern aus einer enger begrenzten Epoche wird meist »Friedhof« genannt. Friedhöfe können Bestandteile der Nekropole sein.

Neunheit, (Enneade) griech. ennea= neun, Gruppe von 9 Gottheiten, in mehreren Kultzentren belegt. Die Zahl 9 stellt die Vervielfältigung des Plurals dar (Plural 3, d. h. 3 mal 3) und steht damit für eine große Zahl, so gibt es Neunheiten mit mehr als neun Göttern. In der berühmten großen Neunheit von Heliopolis treffen zwei Mythen zusammen. Ihr gehören an: Re-Atum, Schu, Tefnut, Geb, Nut, Osiris, Isis, Seth und Nephthys.

Nilometer, in den Nil hinabführende Treppe mit Wasserstandsmarken über Niedrigwasser. Verwendet zum Messen und in einigen Fällen zum Notieren von Überschwemmungshöhen. Am bekanntesten die Nilometer von Elephantine und auf der Insel Roda in Kairo.

Obelisk, hoher rechteckiger, nach oben schmaler werdender Steinpfeiler, Monolith, an der Spitze ein *Pyramidion.* Von einer griechischen Bezeichnung für Spieß abgeleitet. Obelisken sind, vielleicht ähnlich wie Pyramiden, Sonnensymbole und stehen in Beziehung zu dem »benben« genannten Stein von Heliopolis. Zu Paaren standen Obelisken vor dem Eingang zu Gräbern des Alten Reiches, auch vor Tempeln. Ein einzelner Obelisk im Ostteil von Karnak war Gegenstand eines Kultes.

Orthogramm, Schriftzeichen, dessen Funktion darin besteht, die Funktion eines anderen Schriftzeichens zu erläutern oder zur Schreibung von Dual und Plural zu dienen.

Osirispfeiler, Pfeiler mit Königsstatue, meist bei Vorhallen oder pfeilerumstandenen Höfen. Im Unterschied zu den Karyatiden der klassisch-antiken Architektur sind die Pfeilerstatuen keine tragenden Elemente. Sie sind meist mumiengestaltig wiedergegeben, aber keineswegs immer. Die Verbindung zu Osiris ist umstritten.

Ostrakon, griech. »Topfscherbe«. Kalksteinabschläge oder Tonscherben, die als Schreib- oder Zeichenunterlage dienten. Auch Scherben von Weinkrügen, die beschriftet sind, werden als Ostraka bezeichnet. Ostraka hat es zu allen Zeiten gegeben, am bekanntesten sind jedoch die aus der 19.–20. Dyn. Etwa 20000 sind gefunden worden. Die Texte sind meist *hieratisch* und *demotisch,* aber auch *kursive Hieroglyphen* sind erhalten, häufig Entwürfe zu hieroglyphischen Denkmälerinschriften, aber auch Entwürfe für Relief- und Malereiszenen.

Papyrus, Schreibmaterial, wichtiger Exportartikel. Frühester Papyrus (unbeschriftet) aus der 1. Dyn., letzter aus islamischer Zeit als die Pflanze in Ägypten ausstarb. Die bisweilen sehr langen, schmalen Papyrusrollen entstanden durch übereinandergelegte – horizontal und vertikal – Streifen des Marks der Pflanze. Die Schichten wurden geklopft, so daß die Stärke das Bindemittel bildete. Einzelne Bögen wurden zu langen Rollen zusammengeklebt. Die günstigere Oberfläche des Papyrus (normalerweise recto) war diejenige, bei der die Fasern horizontal verliefen, Briefe begannen meist quer zum Faserverlauf.

Peristylhof, säulenumstandener Hof, in der Mitte offen, an den Seiten, von den Säulen ausgehend überdacht (griech. Peristylon).

Phonogramm, Lautzeichen, Schriftzeichen, das einen Laut wiedergibt. Nur die Konsonanten sind exakt angegeben. Phonogramme können 1–4 Konsonanten enthalten.

Pronaos, Raum vor dem Sanktuar *(Naos)* im Tempel, die Lage des Pronaos variiert je nach Tempelgrundriß, manchmal auch für Säulenhalle verwendet.

Prophet, Priestertitel, eigentl. »Gottesdiener«, rangmäßig über dem Wab-Priester und *Gottesvater,* häufig mit Zusatz des Götternamens, z. B. »Prophet des Month«. An der Spitze der lokalen Priesterschaft, namentlich der Provinztempel, steht der »Vorsteher der Propheten«. Der Hohepriester des Amun von Theben nannte sich »Erster Prophet des Amun,« rangmäßig nach ihm kamen der Zweite, Dritte und Vierte Prophet.

Propylon, Tor vor einem Pylon.

Pylon, nach der griech. Bezeichnung für Einzugstor. Monumentale Eingangsmauer vor dem Tempel, bestehend aus zwei an allen Seiten geböschten turmartigen Massiven mit einem Durchgang in der Mitte, an den Eckkanten *Rundstäbe,* die neben der *Hohlkehle* den oberen Abschluß bilden. Der Pylon ist zwar der größte, aber am wenigsten wichtige Bestandteil des Tempels und wurde meist zuletzt errichtet. Ausgedehntere Tempelanlagen wie Karnak z. B. verfügen über mehrere Pylone (dort 10 auf zwei Achsen verteilt).

Pyramidentexte, Texte auf den Innenräumen von Pyramiden vom Ende der 5. und 6.–8. Dyn. Zunächst für den König bestimmt, gingen sie später teilweise in Totentexte auch für Privatleute ein. Inhaltlich beziehen sich die Texte auf Begräbniszeremonien, aber auch auf Tempelrituale und andere Dinge.

Pyramidion, Schlußstein der Pyramide oder Spitze des *Obelisken.* Das mit Darstellungen versehene Pyramidion erhielt eine eigene Bedeutung und bildete den Schlußstein auch der kleinen Ziegelpyramiden des Neuen Reiches (Deir el-Medina, Saqqara) und Spätzeit (Abydos).

Rangtitel, Titel, der sich auf den Status bezieht, aber nicht mit einer speziellen Aufgabe verbunden ist; von großer Bedeutung im Alten Reich, geringer im Mittleren Reich. Eine Rangtitelabfolge (aufsteigend) lautet z. B. »Bekannter des Königs«, »Einziger Gefolgsmann«, »Graf«, »Erbprinz«.

Rundstab, halbrunde oder zylindrische Verdickung an Mauerkanten, Stelen oder auch waagerechte Begrenzung. Bei detailliert ausgeführten Beispielen läßt das Muster auf eine Bandwicklung schließen, die um einen Stab oder ein Schilfbündel geführt war. Mit ziemlicher Sicherheit stammt dieses Architekturelement aus der Bauweise mit leicht vergänglichen Materialien.

Saff-Grab, arab. »Reihe«. Zur Benennung von Gräbern der frühen 11. Dyn., die aus einer Reihe von Öffnungen in der Felswand (Kolonnade) bestehen.

Sargtexte, Texte auf den Innenseiten von Särgen des Mittleren Reiches, die dem Toten in der Unterwelt behilflich sein sollen. Sie setzen die Tradition der Pyramidentexte fort und entwickeln diese weiter, werden nun aber von Privatleuten benutzt. Bekannt sind mehr als 1000 Sprüche.

Sebbach-Gräber, Sebbachin heißen im Arabischen Leute, die nach Sebbach graben, d. h. stickstoffhaltiger Erde von antiken Siedlungen, die als Düngemittel benutzt wird. Es kann sich dabei um luftgetrocknete Nilschlammziegel oder organische Reste handeln. Die Sebbach-Gräber sind zu einem großen Teil für die Zerstörung antiker Stätten verantwortlich.

Sedfest, Ritual der Regeneration des Königs, fast regelmäßig nach dreißig Regierungsjahren begangen, danach im Abstand von drei Jahren, aber auch in kürzeren Abständen. Dargestellt vor allem an den Wänden der königlichen Totentempel, weil sich der König auch im Jenseits eine ewig erneuerte Herrschaft wünschte.

Seevölker, Völkerschaften, die in der späten 19. und frühen 20. Dyn. an die Mittelmeerküste Ägyptens anbrandeten, wahrscheinlich im Zusammenhang mit einer Welle von Zerstörungen von Siedlungen im Vorderen Orient in Zusammenhang stehend und entfernt auch mit dem Untergang der Mykenischen Kultur und des Hethiterreiches. Über die Identität dieser Völkerschaften streiten die Gelehrten noch.

Semogramm, Bedeutungszeichen, das keinen Lautwert vermittelt. Untergruppierungen sind *Logogramm, Taxogramm* und *Orthogramm,* auch Ideogramm genannt.

Serech, Darstellung einer Nilschlammziegel-Fassade, die zu einem Palast oder einer Umfassungsmauer gehört, über der Fassade im Stil der frühdynastischen Epoche ein freies Rechteck. Über dem Rechteck wird der für Horus stehende hockende Falke wiedergegeben, im Rechteck der *Horusname* des Königs.

Siegeler, Vorsteher der. Typischer Verwaltungstitel der 12. Dyn., den ein hoher Beamter des Schatzhauses führte. Er war dem »Leiter« des Schatzhauses und seinem Stellvertreter verantwortlich. Der Titel ist auf die Sitte zurückzuführen, daß die meisten Waren in versiegelten Gefäßen das Schatzhaus verließen oder dorthin gelangten. Tonstücke mit Siegelabdrücken sind häufig gefunden worden.

Sistrum, Musikinstrument, eine Art Rassel, vor allem der Hathor heilig. Zwei Arten sind am häufigsten belegt: a) das Naossistrum bestehend aus einem *Naos* über einem Hathorkopf mit Griff, zu Seiten volutenartig eingerollt zwei Drahthenkel (die eigentliche Rassel befand sich im Naos), b) das Bügel- oder Bogensistrum, bestehend aus einem hufeisenförmig gebogenem Bügel-Oberteil mit lose durchgesteckten Querstäben. Das Oberteil ruht auf einem kleineren Hathorkopf, das Bogensistrum weist ebenfalls einen Griff auf. Typ a) wurde vom Neuen Reich an als Säulenkapitellform verwendet, wobei wohl angespielt wurde auf den Raschellaut von Papyrusdolden (übliche Kapitellform) und anderen Sumpfpflanzen, den das Sistrum hervorbrachte. Beide Kapitellformen werden auch kombiniert. In Dendera spielte das Sistrum – meist vom Typ a) – eine hervorragende Rolle im Kult.

Sonnenscheibe, geflügelte, Sonnenscheibe mit einem Paar ausgebreiteter Schwingen, das früheste mögliche Beispiel aus der 1. Dyn. In Verbindung mit dem Horus von Behedet (Edfu) symbolisiert das Emblem die Sonne. Häufiger Architekturdekor bei Dekken, Hohlkehlen und Stelen. Häufig außerhalb Ägyptens nachgeahmt.

Standartenträger, des Herrn der beiden Länder. Militärtitel des Neuen Reiches für Offiziere der Infantrie, Streitwagentruppe und Marine. Dem Standartenträger unterstand eine Kompanie von 250 Mann. Die Kompanien der ägyptischen Armee hatten unterschiedliche »Standarten«.

Talatat, arab. für drei (Handbreiten), d. h. Steinblöcke einer bestimmten Abmessung wie sie für Tempel Amenophis' IV. Echnaton verwendet wurden. An verschiedenen Orten sind sie wieder verbaut und aus solchen Bauwerken geborgen worden, in Karnak allein etwa 30000, so daß ganze Wände mit Szenen im Amarnastil aus diesen Blöcken zusammengesetzt werden konnten.

Tasian, nach dem Ort Deir Tasa, prädynastische Fundstätte in Oberägypten, wurde zur Bezeichnung einer prädynastischen Kultur, die sich möglicherweise vom *Badarian* nicht unterscheidet.

Taxogramm, Deutzeichen, auch Determinativ genannt. Schriftzeichen, das hinter den Phonogrammen steht und ein Wort einem bestimmten Begriffsbereich oder einem Bedeutungsbereich zuordnet, gewissermaßen »klassifiziert«.

Thronname, der erste der in Kartuschen geschriebenen Namen des Königs, den er bei der Thronbesteigung annahm, meist enthält er eine Aussage über den Gott Re, später mit weiteren Epitheta. Der Thronname Tuthmosis' IV. lautete z. B. Men-cheperu-Re (»Re ist dauernd an Erscheinungen«).

Tierkreis, die babylonischen und griechischen Tierzeichen gelangten in der griech.-röm. Epoche nach Ägypten, ins Ägyptische »übertragen« bildeten sie den Dekor astronomischer Decken in Gräbern, Tempeln und auf Sargdeckeln.

Totenbuch, auf Papyrus niedergeschriebene Spruchsammlung, die vom Neuen Reich bis in die griech.-röm. Epoche dem Toten mit ins Grab gegeben wurde. Teilweise Fortsetzung der *Pyramiden-* und *Sargtexte.* Die Auswahl der Sprüche – etwa 200 sind bekannt – ist von Exemplar zu Exemplar verschieden.

Unterweltsbücher, Texte und Bilder an den Wänden der Königsgräber des Neuen Reiches, in denen die Reise des Sonnengottes am nächtlichen Himmel der Unterwelt geschildert wird. In der Spätzeit von Privatleuten übernommen.

Uräus, charakteristischstes Attribut der Königsherrschaft: eine Kobra, die sich auf der Stirn oder an der Krone des Königs aufbäumt. Die Kobra steht zugleich mit der Göttin Wadjit in Verbindung und gilt als »Auge« des Sonnengottes Re. Gefahrdrohend und feuerspeiend garantiert sie den Schutz des Königs.

Verkleidung, einer Maueroberfläche oder Bastion, kann in Form einer Steinschicht über Nilschlammziegeln ornamental oder strukturell bedingt sein, um Füllmaterial Stabilität zu verleihen.

Vizekönig, von Kusch, oberster Verwaltungsbeamter von Nubien, im Neuen Reich zunächst »Königssohn«, dann »Königssohn von Kusch« genannt (seit der Mitte der 18. Dyn.) Tatsächlich handelte es sich jedoch nicht um einen Königssohn. Der Verwaltungsbereich des V. reichte im Norden bis Kom el-Ahmar (Hierakonpolis). Seine Stellvertreter für Unternubien (Wawat) und Obernubien (Kusch) residierten in Aniba bzw. Amara.

Vorlesepriester, Priestertitel, wörtl. »der das Ritualbuch trägt«, d. h. der im Toten- und Tempelkult die Ritualtexte rezitierte. Er trug eine weiße Schärpe schräg über die Brust. Der »Oberste Vorlesepriester« stand im Rang höher.

Wedelträger, zur Rechten des Königs, Hoftitel, der wohl ein reiner Ehren- oder Rangtitel hoher Beamter des Neuen Reiches war. Die rechte galt als die angesehenere Seite.

Wesir, höchster Beamter in der Verwaltung, ein Amt, das es bereits in frühdynatischer Zeit gab. Im Neuen Reich gab es zwei Wesire mit Sitz in Memphis und Theben. Später aber waren die einflußreichsten Persönlichkeiten nicht die Wesire, so daß das Amt in der Spätzeit von geringerer Bedeutung war. Es sind Texte überliefert, in denen die Einsetzung des Wesirs und seine Aufgaben detailliert geschildert werden.

BILDQUELLENVERZEICHNIS

Alle Zeichnungen sind von Marion Cox, Abingdon, alle Karten von Lovell Johns, Oxford. Abkürzungen: Ash. = Ashmolean Museum, Oxford; BL = Britsh Library, London; BM = British Museum, London; DAI = Deutsches Archäologisches Institut, Kairo; EM = Egyptian Museum, Kairo; GI = Griffith Institute, Ashmolean Museum, Oxford; JF = John Fuller, Cambridge; LJ = Lovell Johns, Oxford; Louvre = Musée du Louvre, Paris; ME = Museo Egizio, Turin; Met = Metroppolitan Museum of Art, New York; MH = Michael Holford, Loughton; OI = Oxford Illustrators, Oxford; RW = Roger Wood, London; WF = Werner Forman, London

Seite

2–5. Titulatur Ramses' VI.: Marion Cox, Abingdon, und Stephen Cocking, Oxford.
8–9. Zeittafel: JF.
15. Schnitt durch das Niltal: LJ (nach Butzer).
17. Nilboot mit Wassergefäßen: Mansell Collection, London.
Shadufs: Mansell Collection, London.
19. Altägyptische Landkarte: ME.
20. Granitfelsen bei Assuan: J. Ruffle, Birmingham.
Landschaft Ostküste: J. D. Muhly, Philadelphia.
22. Würfelhocker des Metamenope: G. Herwart von Hohenberg, *Thesaurus Hieroglyphicorum,* Buch 13, o.J., Abb. 28.
Obelisk und Elefant : Francesco Colonna, *Hypnerotomachia Polifili,* Venedig, 1499.
22–23. Karte von Ortelius : BL.
24. Statuette des Hapi : B. Montfaucon, *L'Antiquité expliquée et représentée en figures,* Suppl. I. Paris, 1724, Fig. 31.
Titulatur Domitians : Athanasius Kircher, *Obeliscus Pamphilius,* Rom, 1650, S.499.
Objekte aus der Sammlung Lauds : Ash.
Felskapellen am Gebel el-Silsila : F. L. Norden, *Voyage de l'Egypte et de Nubie,* Kopenhagen, 1755, Abb. CXXIII.
25. Bildnis Thevenots : *Voyages de Mr. de Thevenot en Europe, Asie & Afrique,* I, Amsterdam, 1727, Abb. I.
Bildnis des Fürer von Heimendorf : C. Fureri, *Itinerarium Aegypti, Arabiae, Palestinae, Syria, alia,* Nürnberg, 1610, Frontispiz.
Obelisk Sesotris' I., Heliopolis : Cemelli Careri, *Voyage du tour du monde,* I, Paris, 1729, gegenüber S.37.
26. Allegorie : Norden, op. cit., Frontispiz.
Pyramidion : G. Zoëga, *De origine et usu obeliscorum,* Rom, 1797, Abb. 2.
27. Ausgrabungen in Tell el-Dab'a : Österreichisches Archäologisches Institut, Zweigstelle Kairo.
28.Fremdvölker als Gefangene: Zeichnung von einem Relief in Abusir : L. Borchardt *et al. Das Grabdenkmal des Königs Saßhu-Re',* 2, Leipzig, 1913, Abb. 6.
29. Ramses III. in der Schlacht: Reliefzeichnung aus Medinet Habu: Oriental Institute, University of Chicago, *Medinet Habu,* I, Chicago, 1930, S.32.
30. Gegenstände aus Gräbern der Negade-I-Kultur: Ash. 1895, 126, 275, 1008 (Photo: Elsevier).
34. Statue eines Gefangenen: Met., Fletcher Fund, 47.2.
35. Grabstele eines Nubiers aus el-Riseiqat: mit Genehmigung des Museum of Fine Arts, Boston, 03.1848.
38. Palette Narmer: EM, CG 14716 (Photo: Hirmer Verlag, München).
Elfenbeinstatuette: BM 37996.
Chasechem: Ash., E. 517.
König der 3. Dynastie: Brooklyn Museum, Brooklyn, N.Y., Charles Edwin Wilbour Fund, 46.167.
Shepseskaf: Genehmigung der Smithsonian Institution, Freer Gallery of Art, Washington DC, 38.11.
Merenre Nemtiemsaf: EM, JE 33035 (Photo aus: F. W. von Bissing, *Denkmäler ägyptischer Skulptur,* München, 1914. Abb.13).
Neferhotep I.: Museo Civico, Bologna, B.1799 (Photo: Alinari, Florenz).
Amenophis IV.: Louvre, E.27112.
Tutanchamun: EM (Photo: GI).
39. Ramses II.: ME, Cat.1380 (Photo: Phaidon Press).
Sethos I.: Met.22.2.21.
König der 3. Zwischenzeit: Brooklyn Museum, Brooklyn, N.Y., Charles Edwin Wilbour Fund, 36.835. Amasis (?): Genehmigung des University Museum, University of Pennsylvania, E.14303.
Ptolemaios IV. Philopator (?): Peabody Museum of Natural History, Yale University, New Haven, Conn.
40. Relief in der Kapelle Sesotris' I., Karnak: Hirmer Verlag, München.
42. Skarabäen: Fraser-von Bissing Collection, Universität Basel, 68, 127, 178 (Strichzeichnung aus: E. Hornung und E. Staehelin, *Skarabäen und andere Siegelamulette aus Basler Sammlungen,* Mainz, 1976).
Dolchgriff: EM, CG 52768 (Photo aus: *Annales du Service des Antiquités de L'Égypte,* 7, Kairo, 1906, Abb. 8).
45. Keilschriftbrief aus el-Amarna: BM.
Statue des Amenophis: EM, CG 42127 (Photo: Hirmer Verlag, München).
51. Basis einer Statue Darius' I.: JF.
52. Griech.-ägypt. Terrakottastatuetten: EM, CG 27049, 27123 (Zeichnung: JF).
Diodoritkopf 1. Jh. v. Chr. aus Mit Rahine: Brooklyn Museum, Brooklyn, N.Y., Charles Edwin Wilbour Fund, 58.30.
55. Statuen von Ptolemaios II. Philadelphos und Arsinoë II.: Museo Gregoriano Egizio, Vatican, 12, 14 (Photo: Phaidon Press).
Sarg des Artemidorus: BM 6705.
56. Statue des Metjetji: Brooklyn Museum, Brooklyn, N.Y., Charles Edwin Wilbour Fund, 51.1.
57. Statue des Amenopemhat in kniender Haltung: Met., Rogers Funds, 24.2.2.
58. Jagdszene: N. de G. Davies, *The Tomb of Ken-Amun at Thebes,* I, New York, 1930, Abb.XLVIII.
Unechte Durchsichtigkeit: H. Schäfer, *Principles of Egyptian Art,* Oxford, 1974, Fig. 16.
Inhalt über einem Objekt dargestellt; ibid., Fig. 162
Stele der 12. Dynastie: ibid., Fig. 15.
59. Statuette einer Dienerin: Gulbenkian Museum of Oriental Art, Durham, N.752.
Würfelhocker des Pedimahes aus Tell el-Moqdam: Brooklyn Museum, Brooklyn, N.Y., Charles Edwin Wilbour Fund, 64.146.
60. Frau mit Korb auf dem Kopf: Met. 20.3.7 (Zeichnung: JF).
Frau, die in einen Ofen bläst: E. Brunner-Traut, *Die altägyptischen Scherbenbilder,* Wiesbaden, 1956, Abb.XXIV (Objekt im II. Weltkrieg zerstört). Löwe, Kopf von vorn: Museo Gregoriano Egizio, Vatican, 21 (Photo: Alinari, Florenz).
Löwe im Profil: A.-P. Zivie, Paris.
Fliege: JF.
Biene, Eidechse: Nina M. Davies, *Picture Writing in Ancient Egypt,* Oxford, 1958, Abb.V, aus Grab 88 in Theben.
62. Königliche Mastaba: JF (nach Lauer).
Königliche Stele aus der 1. Dynastie: Louvre, E.11007.
Stele in Form einer Scheintür: Art Museum, Princeton University, Princeton, N.J., C. O. von Kienbusch, Jr. Memorial Collection, 42–48.
Strichzeichnung einer Scheintür: JF (nach Junker).
Provinzstele der 1. Zwischenzeit: JF (nach Dunham).
Stele des Mittleren Reiches: Ash., QC 1109.
63. Nischenstele: EM, CG 1427 (Photo aus J.E. Quibell, *Excavations at Saqqara: The Tomb of Hesy,* Kairo, 1913, Abb.XXIX.2).
Palastfassade: JF.
Stele in Form einer Opferplatte: EM, CG 57127 bis (Photo aus: G. A. Reisner,*A History of the Giza Necropolis, I,* Cambridge, Mass., 1942, Abb. 20b.)
Stele des Mittleren Reiches: Ash., QC 1110.
Stele des Neuen Reiches: JF (nach Jéquier).
Stele des Neuen Reiches: Rijksmuseum van Oudheden, Leiden, Inv. L.XI.11 (Zeichnung: JF (nach Boeser)).
Spätzeitstele: Kunsthistorisches Museum, Wien, 8493.
64. Längsschnitt des Tempels von Dendara: D. Barnard, London (nach Chassinat).
66. Boote auf dem Nil: A. A. M. van der Heyden, Amsterdam.
68–69. Boote auf dem Nil: D. Barnard, London (nach Reisner, Winlock und Landström).
70. Die Insel Elephantine: A. A. M. van der Heyden, Amsterdam.
Edfu: Kolossalstatue eines Falken: Rosalind Hall, London.
Philae: Kiosk des Trajan: A.-P. Zivie, Paris.
Qubbet el-Haua, Assuan: Gräberkomplex: J. Baines, Oxford.
72. Die Insel Elephantine: A. A. M. van der Heyden, Amsterdam.
Qubbet el-Haua, Assuan: Pfeilerdarstellung im Grab des Setka: J. Baines, Oxford.
Steinbrüche bei Assuan: Mumiengestaltige Kolossalstatue: A. A. M. van der Heyden, Amsterdam.
73. Philae: Tempelareal: David Roberts, *Sketches in Egypt & Nubia,* 1, London, 1846, Abb. 26.
Philae: Hathortempel, Ausschnitt: A.-P. Zivie, Paris.
Philae: Lageplan: LJ (nach Lyons).
74. Philae: Relief am Tor des Hadrian: E. Winter, Gusterath.
Kom Ombo: Lageplan: LJ (nach de Morgan).
75. Kom Ombo: Tempel des Sobek und Haroëris: RW.
Kom Ombo: Sitzende Gottheit mit Opferaufbau: J. Ruffle, Birmingham.
Kom Ombo: König (Ausschnitt): Rosalind Hall, London.
76. Edfu: Luftaufnahme. Institute of Archaeology, University of London (Photo. RAF, copyright reserved).
Edfu: Säulenkapitelle: A. A. M. van der Heyden, Amsterdam.
77. Edfu: Blick durch den Säulensaal: A. A. M. van der Heyden, Amsterdam.
78. Kom el-Ahmar: Lageplan: LJ (nach Quibell und Green).
Kom el-Ahmar: Löwe, Tonfigur: Ash., E. 189 (Photo:Elsevier).
Kom el-Ahmar: Statuetten: Ash., E. 180, E. 6 (Photo: Elsevier).
79. Kom el-Ahmar: Prunkkeulenkopf des Königs »Skorpion«: Ash., E. 3632.
80. el-Kab: Gesamtansicht: A.-P. Zivie, Paris.
el-Kab: Lageplan: LJ (nach Somers Clarke).
el-Kab: Tempelplan: LJ (nach Stiénon).
81. Esna: Tempel des Chnum in Kom el-Deir: *Description de l'Égypte,* 1, 2. Aufl., Paris, 1820, Abb. 66(3).
Esna: Fassade des Chnumtempels: A. A. M. van der Heyden, Amsterdam.
82. el-Moalla, Grab des Anchtif, Fischestechen: J. Ruffle, Birmingham.
Gebelein: Grab des Iti – Transport und Einbringen von Getreide: ME 14354o (Photo: Scala, Florenz).
Gebelein: Grab des Iti – kniende Jünglinge: ME (Photo: E. Scamuzzi, Ediz. d'Arte F'lli Pozzo, Turin).
Tod: Ptolemäertempel: A.-P. Zivie, Paris.
83. Armant: Statue des Sebekemsaf: Kunsthistorisches Museum, Wien, 5801.
84. Theben: Gesamtansicht: A. A. M. van der Heyden, Amsterdam.
86. Luxor: Säulengang Amenophis' III.: Rosalind Hall, London.
Luxor: Lageplan: LJ (nach Schwaller de Lubicz).
Luxor: Pylon von Norden: MH.
87. Malereien im römischen *sacellum,* kopiert von J. G. Wilkinson: GI.
Luxor: Pylon im 19. Jh.: Roberts, op. cit. 1, Abb. 22.
Luxor: Säulen vom Säulensaal: A. A. M. van der Heyden, Amsterdam.
88–89. Luxor: Granitstatue (Ausschnitt): John Hillelson Agency, London.
90. Karnak: Widdersphingen: A. A. M. van der Heyden, Amsterdam.
Karnak: Statue Sethos' II. (ohne Kopf): WF.
Karnak: Großer Amuntempel: Rosalind Hall, London.
91. Karnak: Plan: LJ (nach Nagel).
Karnak: Tempel Ramses' III.: A. A. M. van der Hayden, Amsterdam.
92. Karnak: Relief – Ramses II. im Streitwagen: J. Ruffle, Birmingham.
Karnak: Statue des Senenmut: Field Museum of Natural History, Chicago, Ill., 173800.
Karnak: Statue des Pacharchon: Walters Art Gallery, Baltimore, Md., 22.175.
93. Karnak: Statue der Bint-Anat: A. A. M. van der Heyden, Amsterdam.
94. Theben-West: Kolossalstatuen des Memnon: Roberts, op. cit. I. Abb. 12.
95. Theben-West: Kolossalstatue im Wasser: J. Baines, Oxford.
96. Deir el-Bahari: Soldaten (Relief) MH.
Deir el-Bahari: Plan: LJ (nach Winlock).
Deir el-Bahari: Luftbild: J. Baines, Oxford.
97. Ramesseum: Plan: LJ (nach Hölscher).
Ramesseum: Säulenhalle von SW: A. A. M. van der Heyden, Amsterdam.
Ramesseum: Relief – Erstürmung der Festung Dapur: A. A. M. van der Heyden, Amsterdam.
98. Medinet Habu: Plan: LJ (nach Hölscher).
Medinet Habu: Tempel Ramses' III.: Hirmer Verlag, München.
99. Medinet Habu: Krönung Ramses' III.: Rosalind Hall, London.
Tal der Könige: J. Baines, Oxford.
100. Tal der Könige: Relief – König beim Opfer vor Harsiese: Rosalind Hall, London.
Tal der Könige: Malerei im Grab Tuthmosis'III.: Rosalind Hall, London.
Arbeitersiedlung von Deir el-Medina: Rosalind Hall, London.
101. Stücke aus dem Grab des Tutanchamun (jetzt alle im EM): oben – GI; unten – John Hillelson Agency, London.
102. Theben: Grab des Ramose: A. A. M. van der Heyden, Amsterdam.

103. Theben: Sargboden: BM 6705 (Photo: MH).
Theben: Grab des Amunemone: A.-P. Zivie, Paris.
104. Theben: Grab des Amunemone: A.-P. Zivie, Paris.
105. Theben: Grab, Paschedu: John Hillelson Agency, London.
106-07. J. G. Wilkinson in Theben: GI (Photos: Elsevier).
108. Nil bei Dendara: J. Ruffle, Birmingham.
Landschaft bei Nag Hammadi: J. Baines, Oxford.
Basaltstatuette aus Naqada: Ash. 1922.70.
110. Nag el-Medamud: Äußere Säulenhalle des Monthtempels: A.-P. Zivie, Paris.
Nag el-Medamud: Türbekrönung Sesostris' III. Louvre, E. 13983.
Naqada: Rekonstruktion der Mastaba: D. Barnard, London (nach de Morgan).
Naqada: bemalter Topf: Ash. 1895.482 (Photo: Elsevier).
111. Qift: Relief – Sesostris I. vor Min: University College, London, 14786.
Qift: Roter Granitkopf eines römischen Kaisers: Wiedergabe mit Genehmigung des University Art Museum, University of Pennsylvania, E. 976.
Qus zur Zeit der Napoleonischen Expedition nach Ägypten: Expedition Francaise.
112. Dendara: Plan: LJ (nach Daumas).
Dendara: Hathortempel: Hirmer Verlag, München.
Dendara: Tor aus römischer Zeit: J. Baines, Oxford.
113. Dendara: Äußere Säulenhalle: A. A. M. van der Heyden, Amsterdam.
Dendara: Relief vom Geburtshaus: Rosalind Hall, London.
114. Hu: Nilpferd aus gebranntem Ton: Ash., E. 3267.
Hu: Klapper (Knochen) der Sithator: BM 30866.
Abydos: Fragmente von Möbeln: Ash., E. 3255, E. 1283 (Photo: Elsevier).
115. Abydos: Relief: A. M. Calverley. *The Temple of King Sethos at Abydos,* 3, London und Chicago, Ill., 1938, Abb. 37.
116. Abydos: Karte: OI (nach Kemp).
Abydos: Tempel Ramses' II. J. Baines, Oxford.
Abydos: Grundriß des Tempels Sethos' I.: OI (nach Kemp, und Porter und Moss).
117. Abydos: Relief – gemästeter Ochse: J. Baines, Oxford.
Abydos: Personifikation von Dendara: J. Baines, Oxford.
118. Achmim: Opfertafel des Harsiese: BM 1227.
Achmim: Sarg eines Espamai: Ägyptisches Museum, Berlin, 12/66 (Photo: Bildarchiv Preussischer Kulturbesitz).
119. Achmim: Plan: LJ (nach Lepsius).
Achmim: Deckel vom Sarkophag des Schepen-Min: Ny Carlsberg Glyptothek, Kopenhagen, AE.I.N. 923.
Wannina: Plan: LJ (nach Petrie).
Qau el-Kebir: Kopf einer Statue des Ibu: ME, Suppl. 4411 (Photo: H. W. Müller, München).
120. Beni Hasan: Modellboot: Ash., F. 2301 (Photo: Elsevier).
Beni Hasan: Landschaft: RW.
Faijum: Landschaft: A. A. M. van der Heyden, Amsterdam.
122. Asiut: Soldaten: EM, CG 258 (Photo RW).
Meir: Nilpferd aus Fayence: Met. 17.9.1.
123. Meir: Uchotep mit Frauen und Tochter: mit Genehmigung des Museum of Fine Arts, Boston, 1973.87.
el-Amarna: Grab Merires I.: WF.
el-Amarna: Plan LJ (nach W. S. Smith).
124. el-Amarna: Nofretete: Ägyptisches Museum, Berlin, 21300 (Photo: Hirmer Verlag, München).
el-Amarna: Echnatons Töchter: Ash. 1893.1-41 (Photo: MH).
125. el-Amarna: Fragment einer weibl. Statue: Louvre, E. 25409.
el-Amarna: Talatat – Hand des Königs: Schimmel Collection (Photo: WF).
el-Amarna: Talatat – Gefolgsleute: Schimmel Collection (Photo: WF).
126. Deir el-Bersha: Karte von Wadi el-Nachla: LJ (nach Griffith und Newberry).
Deir el-Bersha: Grab des Djehutihotep, Gemälde von J. G. Wilkinson: GI (Photo: Elsevier).
127. el-Ashmunein: Basilika: A. A. M. van der Heyden, Amsterdam
el-Ashmunein: Statuette mit Pavian: Ash. 1961.536 (Photo: Elsevier).
128. Tuna el-Gebel: Malerei in ägyptisch-griechischem Mischstil: S. Gabra und E. Drioton, *Peintures à fresques et scènes peintes à Hermoupolis-Ouest,* Kairo, 1954, Abb. 25.
Zauijet el-Amwat: Schnitt durch die Stufenpyramide: OI (nach Lauer).
129. Ihnasja el-Medina: Statuette des Harsaphes: mit Genehmigung des Museum of Fine Arts, Boston, 06.2408.
Ihnasja el-Medina: Relief – Ochsenköpfe: JF (nach Parke Bernet Galleries Sale Catalogue, 29/30. April 1964).
Ihnasja el-Medina: Relief – Rinder: Museo Arqueológico, Madrid.
Ihnasja el-Medina: Statue des Merirehaischtef: BM 55722.
130. Kom Medinet Ghurab: Kopf der Königin Teje: Ägyptisches Museum, Berlin, 21834 (Photo: Bildarchiv Preussischer Kulturbesitz).
el-Lahun: Plan: OI (nach Petrie).
el-Lahun: Pyramide Sesostris' II.: Rosalind Hall, London.
131. Das Faijum: Tempel von Qasr el-Sagha: D. Johannes, Kairo.
Das Faijum: Statue des Königs Amenemhet III.: EM, CG 395 (Photo: WF).
132. Meidum: Äußeres Mauerwerk der Stützmauern: A. A. M. van der Heyden, Amsterdam.
Meidum: Luftaufnahme: Institute of Archaeology, University of London (Photo: RAF, copyright reserved).
Meidum: Pyramidenschnitt: D. Barnard, London (nach Mendelssohn).
Meidum: Statue des Rahotep und der Nofret: EM, CG 3,4 (Photo: RW).
133. el-Lischt: Relief – Bogenschützen: Met. 22.123 (Zeichnung: JF).
el-Lischt: Relief – Göttin Seschat: Brooklyn Museum, Brooklyn, N. Y., Charles Edwin Wilbour Fund, 52.129.
134. Giseh: Pyramiden bei Sonnenuntergang: WF.
Sphinx in Mit Rahina: A. A. M. van der Heyden, Amsterdam.
136. Mit Rahina: Plan: LJ (nach Anthes).
Mit Rahina: Kolossalstatue Ramses' II.: A. A. M. van der Heyden, Amsterdam.
137. Dahschur: Pyramiden: Rosalind Hall, London.
Dahschur: Pyramidion Amenemhets III.: EM, JE 35745 (Photo: Phaidon Press).
Dahschur: Ka-Statue: EM, CG 259 (Zeichnung: JF).
138-39. Pyramiden: D. Barnard, London (nach Borchardt, Fachry, Lauer und Mendelssohn).
140. Diagramm, das die relative Höhe von Pyramiden veranschaulicht: D. Barnard, London.
142. Saqqara: Spielscheiben: EM, JE 70160 (Photo: RW).
143. Saqqara: Stufenpyramide des Djoser: RW.
144. Saqqara: Lageplan: LJ (nach Porter und Moss).
Saqqara: Plan: LJ (nach Lauer).
145. ganz oben links und rechts – Saqqara: Stufenpyramide des Djoser: A. A. M. van der Heyden, Amsterdam. unten links – Saqqara: Stufenpyramide des Djoser: J. Baines, Oxford.
Saqqara: Oberer Teil der Statue des Djoser: EM, JE 49158 (Photo: RW).
Saqqara: Vertiefungen für Boote im Pyramidenbezirk des Unas: B. D. Anson, Cheltenham.
146. Saqqara: Unaspyramide: Aufweg und Totentempel: A. A. M. van der Heyden, Amsterdam.
Saqqara: Hezire: EM, CG 1426 (Photo: Hirmer Verlag, München).
147. Saqqara: Statue eines korpulenten älteren Mannes: EM, CG 34 (Photo: RW).
Saqqara: Relief – Männer mästen Gänse und Kraniche: Staatliche Museen, Berlin (DDR), 14642 (Photo: WF).
Saqqara: Schlachtungszene: Colorivic, London.
Saqqara: Relief – Opferträger: Rosalind Hall, London.
Saqqara: Relief – Rinder durchqueren einen Kanal: Rosalind Hall, London.
Saqqara: Relief – Schrein mit einer Statue des Toten: RW.
148. Saqqara: Relief – Opfernde vor Sachmet: EM, Temp. No. 5.7.24.15 (Photo: RW).
Saqqara: Grab des Nufer – Hissen des Mastes bei einem Segelboot: DAI.
149. Saqqara: Grab des Nufer – Scheintüren: Daily Telegraph Colour Library, London.
Saqqara: Grab des Hetepka – Scheintür: RW.
Saqqara: Statue eines Schreibers : EM, CG 78 (Photo: RW).
150. Saqqara: Grab des Haremhab – Höflinge: Egypt Exploration Society, London.
Saqqara: Grab des Haremhab – Gefangener: Egypt Exploration Society, London.
Saqqara: Grab des Haremhab – Gefangene (Ausschnitt): Egypt Exploration Society, London.
Saqqara: Grab des Haremhab – 2. Hof: Egypt Exploration Society, London.
151. Saqqara: Serapeum: RW.
152. Abusir: Luftaufnahme: Institute of Archaeology, University of London (Photo: RAF, copyright reserved).
Abusir: König Userkaf oder Göttin Neith: EM, JE 90220 (Photo: Hirmer Verlag, München.).
153. Abusir: Pyramiden: A. A. M. van der Heyden, Amsterdam.
Abusir: Rekonstruktion eines seetüchtigen Schiffes: D. Barnard, London (nach Faulkner).
Abusir: Relief – seetüchtige Schiffe: Staatliche Museen, Berlin (DDR), 21833.
154. Abu Gurab: Obeliskenbasis: Hirmer Verlag, München.
Abu Gurab: Tempelrekonstruktion: D. Barnard, London (nach von Bissing).
Abu Gurab: Altar: D. Johannes, Kairo.
Abu Gurab: Relief – Ägyptische Landschaft: Staatliche Museen, Berlin (DDR), 20036.
155. Zawyet el-'Aryan: Grundriß und Schnitt der »Steinpyramide«: OI (nach Reisner).
156-57. Giseh: Pyramiden: A. A. M. van der Heyden, Amsterdam.
158. Giseh: Plan: (nach Reisner).
Giseh: Pyramidenschnitte: OI (nach Edwards).
159. Giseh: Mauerwerk der Großen Pyramide: A. A. M. van der Heyden, Amsterdam.
160. Giseh: Große Galerie der Großen Pyramide: *Description de l'Égypte,* 5, Paris, 1823, Abb. 13 (rechts).
161. Giseh: Taltempel des Chephren: J. Baines, Oxford.
Giseh: Aufweg zur Cheopspyramide: C. R. Lepsius, *Denkmäler aus Ägypten und Äthiopien,* 1, Berlin, 1849, Abb. 20.
162. Giseh: Statue des Chephren und Horus: EM, CG 14 (Photo: John Hillelson Agency, London).
163. Giseh: »Ersatzkopf«: Robert H. Lowie Museum of Anthropology, Berkeley, Ca., 6.19767 (Photo aus: H. F. Lutz, *Egyptian Statues and Statuettes in the Museum of Anthropology of the University of California,* Leipzig, 1930, Abb. 38a).
Giseh: Mykerinos zwischen Hathor und Gau: EM, JE 46499 (Photo: Hirmer Verlag, München).
Giseh: Grabeingang mit Sitzstatuen: J. Baines, Oxford.
Giseh: Statue – Zwerg Seneb und Familie: EM, JE 51280 (Photo: RW).
164: Giseh: Die Große Sphinx: GI (Photo: Elsevier).
Giseh: Relief – Sethos I. in der Umarmung: RW.
Giseh: Sarkophag des Ptahhotep: Ash. 1947.295.
165. Abu Roasch: Kopf Arsinoës II.: Met. 38.10.
Abu Roasch: Kopf des Königs Radjedef: Louvre, E. 12626.
166. Sa el-Hagar: Silbersarg Psusennes'I.: EM, JE 85912 (Photo: RW).
Tell el-Roba: Naos des Amasis: Mendes Expedition, Institute of Fine Arts, New York University.
Tempelruinen in San el-Hagar: A.-P. Zivie, Paris.
168. Kom Abu Billu: Relief – Hathor: Bolton Museum and Art Gallery, Lancs., 14.89.
Kom Abu Billu: Relief – Ptolemaios I. Soter: Ash. 1889.182.
Kom el-Hisn: Königskopf: EM, JE 42995 (Photo: Bildarchiv Foto Marburg, Marburg).
169. Naukratis: Plan: LJ (nach Petrie).
Alexandria: Plan: OI (nach Fraser und Brunner-Traut).
Alexandria: »Pompejussäule«: Careri, op. cit. I. gegenüb. S. 37.
Alexandria: Grabmalerei bei Kom el-Schuqafa: J. Baines, Oxford.
170. Tell el-Farain: Relief – Grab des Harhotpe, Opferträger: EM, JE 46591 (Photo: H. W. Müller, München).
Sa el-Hagar: Statue des Psammetichseneb, kniend: Museo Gregoriano Egizio, Vatican, 166 (Photo: Alinari, Florenz).
Ruinen von Sa el-Hagar im Jahre 1842: Lepsius, op. cit. I. Abb. 56 unten.
171. Tell Atrib: Statue des Djeho, kniend und mit Naos: Fundacão Calouste Gulbenkian, Lissabon, 403.
Behbeit el-Hagar: Relief – König beim Weihrauchopfer: Museum of Fine Arts, Richmond, Va., 63.45.
Statue aus Tell Atrib: BM 1237.
172. Tell el-Moqdam: Bronzeeinlage in Gestalt eines Löwen: Brooklyn Museum, Brooklyn, N.Y., Charles Edwin Wilbour Fund, 55.177.
Samannud: Relief – Opferträger: Walters Art Gallery, Baltimore, Md., 22.119.
el-Baqlija: Kniende Statue des Nachthorheb: Louvre, A 94 (Photo: Alinari, Florence).
173. Tell el-Roba: Mastaba-Gräber und Häuser: Mendes Expedition, Institute of Fine Arts, New York University.
Heliopolis: Statue des Tetu: Ägyptisches Museum, Berlin, 8432 (Photo: Bildarchiv Preussischer Kulturbesitz).
174. Tell el-Jahudija: Plan: OI (nach du Mesnil du Buisson und Wright).
Tell el-Jahudija: Fayence-Kacheln: Brooklyn Museum. Brooklyn, N.Y., Charles Edwin Wilbour Fund, 55.182.
Heliopolis: Obelisk Sesotris' I.: D. Johannes, Kairo.
Tell Basta: Plan: OI (nach Habachi).
175. Tell Basta: Silberkrug: EM, CG 53262.
Tell Basta: Bronzefigur einer Katze: Ash., Fortnum B. 2 (Photo: Elsevier).
el-Chatana: Bronzebüste eines Königs (Ramses II.?): Roemer-Pelizaeus-Museum, Hildesheim, 384.
Saft el-Hinna: Torso Nektanebos'I.: BM 1013.
176. San el-Hagar: Plan: LJ (nach Lézine).
Tell Nabascha: überlebensgroße Sitzfigur Ramses 'II.: mit Genehmigung des Museum of Fine Arts, Boston, 87.111.
177. San el-Hagar: Sphinx: EM, CG 394 (Photo: RW).
178. el-Sebua: Tempel Ramses 'II.: RW.
el-Maharraqa: Serapistempel, Aquarell von Hector Horeau: GI.
el-Sebua: Tempel Ramses 'II.: RW.
180. Tempel von Kalabscha, Aquarell von Hector Horeau: GI.
181. Der wiederaufgebaute Tempel von Kalabscha: Rosalind Hall, London.
Kalabscha: Relief – Mandulis und Isis: A.A.M. van der Heyden, Amsterdam.
Gerf Hussein: Tempel Ramses 'II.: RW.
182. el-Sebua: Tempel Ramses 'II., 1. Pylon und überlebensgroße Standfigur des Königs: RW.
el-Sebua: Tempelrelief Ramses II. opfert dem Horus: RW.
el-Derr: Tempel Ramses 'II.: RW.
183. Aniba: Grab des Penniut – Szene vom Jenseitsgericht: RW.
184. Abu Simbel: Götter des großen Tempels: RW.
Abu Simbel: Plan: LJ (nach Vattenbyggnadsbyran Concluding Report).
185. Abu Simbel im frühen 19. Jh.: Roberts, op. cit. 1, Abb. 8.
Abu Simbel: Transport zum neuen Standort: Colorific! London.
186. Nuri: Zylindrische Goldhülsen des Königs Aspelta: Sudan

Museum, Khartum (Photo: WF).
Naqa: Pylon des Löwentempels: WF.
187. el-Smant el-Charab: D. B. Redford, Toronto.
188. Serabit el-Chadim: Kopf einer Statuette der Teje: EM, JE 38257 (Photo: Hirmer Verlag, München).
Wadi Maghara: Relief – König Sechemchet: R. Giveon, Mishmar Ha'emek.
Serabit el-Chadim: Hathortempel: David Harris, Jerusalem.
190. Szene mit landwirtschaftlichen Arbeiten im Grab des Sennedjem: Hirmer Verlag, München.
191. Pflügen, Mittleres Reich: BM 51090 (Photo: MH).
Worfeln und Abtransport der Ähren, 18. Dynastie: Theban. Grab Nr. 69, Menna: MH.
Kornschneiden, 5. Dynastie: Saqqara Grab Nr. 60, Ti: H. Wild, *Le Tombeau de Ti, 3,* Kairo, 1966, Abb. CLIII.
Dreschen mit Rindern, 18. Dynastie: Theban. Grab Nr. 69, Menna: MH.
Getreidespeicher, Mittleres Reich: BM 41573 (Photo: MH).
Weinernte, 18. Dynastie: Theban. Grab Nr. 52, Nacht: WF.
192. Inspektion der Rinderherden, 18. Dynastie: BM 37976 (Photo: MH).
Hirten mit Ziegen, 19. Dynastie: Theban. Grab Nr. 217, Ipuy: A. Mekhitarian, Brüssel.
Melken, 5. Dynastie, Saqqara Grab Nr. 60, Ti: Wild, op. cit. 2, Abb. CXXIV.
Jäger mit Hunden, 5. Dynastie: Saqqara Grab D 64, Ptahhotep: N. de G. Davies, *The Mastaba of Ptahhetep and Akhethetep at Saqqareh,* 1, London, 1900, Abb. XXII.
Kalbende Kuh, 5. Dynastie: Saqqara Grab Nr. 60, Ti: Wild, op. cit. 2, Abb. CXXIV.
193. Fischfang mit dem Wadenetz: Saqqara Grab Nr. 60, Ti: Wild, op. cit 2, Abb. CXXIII.
Angelhaken, 18./19. Dynastie: University College London, 7772.
Angeln, 6. Dynastie: Saqqara, Grab der Prinzessin Seschseschet Idut: Macramallah, *Le Mastaba d'Idout,* Kairo 1935, Abb. VII.
Fischen mit dem Klappnetz und Nilpferdjagd, 6. Dynastie: Saqqara Grab der Prinzessin Seschseschet Idut: J. Baines, Oxford.
Fischen mit Klappnetz und Angeln, 6. Dynastie: Saqqara Grab der Prinzessin Seschseschet Idut: J. Baines, Oxford.
Nilpferdjagd, 5. Dynastie: Saqqara, Grab Nr. 60, Ti: Wild, op. cit. 2, Abb. CXVII.
194. Goldschmiede, Drechsler, Juweliere und Graveure, 18. Dynastie: Theban. Grab Nr. 181, Nebamun und Ipuki: Gemälde von Nina M. Davies in BM (Photo: MH).
Modellwerkzeuge, 18. Dynastie: Met. 96.4.7,22.3.245, 22.3.246, 22.3.247, 25.3.104.
Bootsbauer, 5. Dynastie: Saqqara Grab Nr. 60, Ti: Wild, op. cit. 2, Abb. CXXIX.
Metallgießer, 5. Dynastie: Saqqara Grab von Nianchchnum und Chnemhotep: DAI.
195. Schlächter, 18. Dynastie: Theban. Grab Nr. 69, Menna: MH.
Vorerhitzen von Gefäßen zum Brotbacken, 5. Dynastie: Saqqara Grab Nr. 60, Ti: Epron und Daumas, *Le Tombeau de Ti, I,* Kairo, 1939, Abb. LXVIII.
Gefüllte Kornspeicher, 5. Dynastie, Saqqara Grab Nr. 60, Ti: ibid., Abb. LXX.
Schlächter, Bäcker und Brauer, Mittleres Reich: Merseyside County Museums, Liverpool, 55.82.7.
Brauer, Koch und Müllerin, 1. Zwischenzeit: Ash. 1921.1421–3 (Photo: Elsevier).
Brauen, Mittleres Reich: BM 36423 (Photo: MH).
196. Musikantinnen und Tänzerinnen, 18. Dynastie: BM 37984 (Photo: MH).
Modellhaus, Mittleres Reich: BM 22783 (Photo: MH).
Opferträger, Mittleres Reich: mit Genehmigung des Museum of Fine Arts, Boston, 21.326.
Schilfbesen, 18. Dynastie: University College London, 7936.
Korb- und Mattenflechterei, Mittleres Reich: School of Archaeology and Oriental Studies, Liverpool University.
Sandalen, griech.-röm. Epoche: University College London, 28360.
197. Detail aus einer Gastmahlszene, 18. Dynastie, geraubt in der 19. Dynastie: Theban. Grab Nr. 45, Djehuti/Djehutiemhab: A. Mekhitarian, Brüssel.
Kamm, 19. Dynastie: Ash. 1890.1101 (Photo: Elsevier).
Salblöffel, Neues Reich: University College London, 14365.
Spiegel, Neues Reich: BM 37173 (Photo: MH).
Klappstuhl, 18. Dynastie: BM 2477 (Photo: MH).
Spielzeugpferd, griech.-röm. Zeit: BM 26687 (Photo: MH).
198. Statue des Petamenope: EM, JE 37341.
Schreiberpalette: Ash., E. 1989.
Hieroglyphe mit Schreiberutensilien, 4. Dynastie: Gemälde von N. de G. Davies in Ash. (Photo: Elsevier).
199. Literarisches Hieratisch der 12. Dynastie: A. Gardiner, *Egyptian Grammar,* 3. Aufl., Oxford, 1957, Abb. III.
Demotische Schriftart: nach W. Erichsen, *Auswahl frühdemotischer Texte,* 1, Kopenhagen, 1950, S. 44–45.
Papyrus der Anhai: BM 10472 (Photo: MH).
Demotische Papyruszettel: GI, P.Ox. Griffith 1–2 (Photo: Elsevier).
200. Hieroglyphen mit »Umschrift« und Übersetzungen. Marion Cox, Abingdon (nach Helck).
Hieroglyphen: Rinderhörner, Papyrusbüschel, Schilfmatte (4. Dynastie, 12. Dynastie, 18. Dynastie): Gemälde von N. de G. Davies in Ash. (Photo: Elsevier).
Leserichtung: Marion Cox, Abingdon (nach Junker).
201. Dekorative Beischrift: Theban. Grab Nr. 82: Nina M. Davies, *Ancient Egyptian Paintings,* I, Chicago, 1936, Abb.XVIII.
Im Umriß aufgezeichnete Hieroglyphen: Theban. Grab Nr. 139: ibid, 2, Abb. LVI.
Dekorative Inschrift in Philae: H. Junker und E. Winter, *Das Geburtshaus des Tempels der Isis in Philä.* Wien, 1965, Abb. 362.
Zusammengefalteter und versiegelter Papyrusbrief: Heqanakhte Papers III: Met.
Briefadresse: Marion Cox, Abingdon (nach James).
Ostrakon: J. Černý und A. H. Gardiner, *Hieratic Ostraca,* 1, Oxford, 1957, Abb. XXa(1).
202–03. Die Armee: D. Barnard, London (nach Lepsius und Helck).
204. Der korpulente Kaaper umarmt seine schlanke Frau: H. G. Fischer, »A Scribe of the Army in a Saqqara Mastaba of the Early 5th Dynastie«, *Journal of Near Eastern Studies,* 18, 1959, Abb. 8.
Dienerin mit Opfergaben: Met. 20.3.7.
Statuette der Mia: Brooklyn Museum, Brooklyn, N.Y., Charles Edwin Wilbour Fund, 47.120.3.
Ostrakon mit Mädchen beim akrobat. Tanz: ME (Photo: WF).
205. Tuthmosis IV. und seine Mutter: EM, CG 42080 (Photo: Hirmer Verlag, München).
Mererukas Frau beim Harfenspiel: *The Mastaba of Mereruka,* 1, Chicago, 1938, Abb. 95.
206. Kopulierendes Paar: ME 55001 (Zeichnung: Marion Cox, Abingdon).
207. Vogeljagd im Papyrusdickicht: BM 37977.
208. Erotische Statuette: ME (Zeichnung: JF).
Verzierter Löffel: Louvre, N. 1725.
Fruchtbarkeitsstatuetten: University College London, Petrie Collection.
209. Figur eines widderköpfigen Dämonen: BM 50702 (Photo: MH).
210. Relief Ramses' III.: Oriental Institute, University of Chicago, *Medinet Habu, VII,* Chicago, 1964, Abb. 490 B.
Goldener Erlaß des Gottes Chons: Fitzwilliam Museum, Cambridge, E.12.1940.
Relief am Tempel Amenophis' III. in Soleb: Lepsius, op. cit., Abt. III, 87b.
211. Amulette: Ash., EA 798.
Tiermumien: Ash., QC 1145, QC 1151, 1969.486, QC 1146 (Photo: Elsevier).
212. Re (Re-Harachte): Ash. 1878.236 (Photo: Elsevier). Amun: Met., Geschenk von Edward S. Harkness, 1926.
213. Ptah: ME, Cat. 86. (Photo: Pozzo Gros Monti, Turin).
214. Nut: BM 10554.
Isis und Harpokrates: Ash., QC 1086 (Photo: Elsevier).
Harpokrates: Ash., QC 1090 (Photo: Elsevier).
Apis-Stier: Ash. (Photo: Elsevier).
Osiris: Ash. 1971.421 (Photo: Elsevier).
Anubis: Ash. (Photo: Elsevier).
Bes: Ash. (Photo: Elsevier).
Imhotep: Ash. 1971.1005 (Photo: Elsevier).
Nephthys: Ash. (Photo: Elsevier).
Taweret: Ash. 1913.718 (Photo: Elsevier).
215. Kopf eines Falken aus Bronze (Vollguß): BM 38527 (Photo: MH).
216. Sonnenuntergang auf einem Papyrus des Anhai: BM 10472.
Bronzestatuetten des Atum: Ash. 1969.490 (Photo: Elsevier).
217. Bronzestatuette der Wadjet: Museo Civico, Bologna, 294 (Photo: Fotofast, Bologna).
Pilgerflasche mit der Figur des Bes: Ash. 1890.897 (Photo: Elsevier).
218–19. Szene aus dem Totenbuch des Hunefer: BM 9901.
220. Mumie und Sarg einer Priesterin: BM 48971–2 (Photo: MH).
Vorgeschichtliches Skelett im Grab: BM 32751.
Mumie Sethos' I.: G. Elliot Smith, *The Royal Mummies,* Kairo, 1912, Frontispiz.
Mumie Ramses' II.: Elliot Smith, op. cit., Abb. XLIV.
221. Verzierter Sarg: Staatliche Sammlung Ägyptischer Kunst, München, ÄS 6055.
Anthropoider Sarkophag: BM 17.
Sarkophag: EM, JE 51950 (Photo: Hirmer Verlag, München).
Eingeweidekrüge: Ash. 1889.1320–3 (Photo: Elsevier).
Totenstatuetten: Ash. (Photo: Elsevier).
222. Pavian aus Granit: Museo Capitolino, Rome (Zeichnung: JF).
Doppelköpfige Herme: Museo Gregoriano Egizio, Vatican, 78 (Zeichnung: JF).
Sphinx in Cività Castellana: JF.
Wappen Albertis: JF.
Vatikan-Obelisk: D. Fontana, *Della transportione dell'obelisco Vaticano,* Rom, 1590.
223. Titelblatt *Die Zauberflöte:* Internationale Stiftung Mozarteum, Salzburg.
Denons Medaillenschrank, c. 1805: Met. 26.168.77.
Friedhof in Alberobello: Helen Whitehouse, Oxford.
Wedgwood Tee-Service: Nottingham Castle Museum (Photo: Layland-Ross Ltd., Nottingham).
Rotweinkrug: Fitzwilliam Museum, Cambridge, M.I., 1976.
Ägyptischer Garten in Biddulph Grange um 1905: Country Life Magazine, London.
Das Carlton in Islington, London: Andrew Lawson, Oxford.
Hockneys Bühnenbild für *Die Zauberflöte* in Glyndebourne: Guy Gravett, Hurstpierpoint.
224–25. Museen mit Ägyptischen Sammlungen: JF.

BIBLIOGRAPHIE

Die Forschungsergebnisse der Ägyptologen erscheinen zum größten Teil in wissenschaftlichen Zeitschriften, wovon ein Dutzend allein diesem Fach vorbehalten sind. Sie sind im Lexikon der Ägyptologie (siehe unten) aufgeführt. Die Autoren des vorliegenden Buches haben sich weitgehend auf die in diesen Fachzeitschriften publizierten Aufsätze gestützt und weichen daher von der Darstellung in anderen Büchern bisweilen ab. Dies gilt vor allem für den historischen Abriß.
*In andere Sprachen übersetzt

Allgemeine und Nachschlagewerke
British Museum, *An Introduction to Ancient Egypt.* London 1979.
F. Daumas, *La Civilisation de l'Égypte pharaonique.* Paris 1965.
A. Erman und H. Ranke, *Ägypten und ägyptisches Leben im Altertum.* 2. Aufl. Tübingen 1923.*
W. C. Hayes, *The Scepter of Egypt,* i–ii. New York 1953, Cambridge (Mass.) 1959.
W. Helck und E. Otto, *Kleines Wörterbuch der Ägyptologie.* 2. Aufl. Wiesbaden 1970.
W. Helck *et al.* (HRg.), *Lexikon der Ägyptologie* (6 Bde in Vorbereitung.). Wiesbaden 1972–.
E. Hornung, *Einführung in die Ägyptologie.* Darmstadt 1967.
H. Kees, *Ägypten.* München 1933.
S. Moscati (ed.), *L'alba della civiltà,* i–iii. Turin 1976.
C. F. Nims, *Thebes of the Pharaohs.* London 1965.
E. Otto, *Wesen und Wandel der ägyptischen Kultur.* Berlin etc. 1969.
G. Posener *et al., Dictionnaire de la civilisation égyptienne.* Paris 1959.*
J. A. Wilson, *The Burden of Egypt/The Culture of Ancient Egypt.* Chicago (Ill.) 1951.*

Teil I: Die Kultur des Alten Ägypten
Die Geographie des Alten Ägypten
W. Y. Adams, Nubia: *Corridor to Africa.* London 1977.
K. W. Butzer, *Early Hydraulic Civilization in Egypt.* Chicago (Ill.) und London 1976.
H. Kees, *Das alte Ägypten, eine kleine Landeskunde.* 2. Aufl. Berlin 1958.*
A. Lucas und J. R. Harris, *Ancient Egyptian Materials and Industries.* 4th ed. London 1962.
P. Montet, *Géographie de l'Egypte ancienne, i–ii.* Paris 1957–61.
B. Trigger, *Nubia under the Pharaohs.* London 1976.

Die Erforschung d. Alten Ägypten
W. R. Dawson und E. P. Uphill, *Who was who in Egyptology.* 2nd ed. London 1972.
L. Greener, *The Discovery of Egypt.* London 1966.
Reiseschriftsteller in der Reihe: »Voyageurs occidentaux en Egypte«. Kairo 1972–.

Der geschichtliche Hintergrund
E. Bevan, *A History of Egypt under the Ptolemaic Dynasty.* London 1927.
J. H. Breasted, *A History of Egypt.* 2nd ed. New York 1909.*
Cambridge Ancient History, i–iv. 3rd ed. Cambridge 1970–.
A. H. Gardiner, *Egypt of the Pharaohs.* Oxford 1961.*
W. Helck, *Geschichte des alten Ägypten.* Leiden und Köln 1968.
E. Hornung, *Grundzüge der ägyptischen Geschichte.* 2. Aufl. Darmstadt 1978.
F. K. Kienitz, *Die politische Geschichte Ägyptens vom 7. bis zum 4. Jahrhundert vor der Zeitwende.* Berlin 1953.
K. A. Kitchen, *The Third Intermediate Period in Egypt (1100–650 B. C.).* Warminster 1973.
J. G. Milne, *A History of Egypt under Roman Rule.* 3rd ed. London 1924.

Bildende Kunst und Architektur
A. Badawy, *A History of Egyptian Architecture,* i–iii. Giza 1954, Berkeley (Cal.) 1966–68.
S. Clarke und R. Engelbach, *Ancient Egyptian Masonry.* London 1930.
J.-L. de Cenival, *Égypte. Époque pharaonique.* Fribourg 1964.*
E. Iversen, *Canon and Proportions in Egyptian Art.* 2nd ed. Warminster 1975.
K. Lange und M. Hirmer, *Ägypten.* 4. Aufl. München 1967.*
H. Schäfer, *Von ägyptischer Kunst.* 4. Aufl. Wiesbaden 1963.*
W. S. Smith, *The Art and Architecture of Ancient Egypt.* Harmondsworth 1958.
-- *A History of Egyptian Sculpture and Painting in the Old Kingdom.* 2nd ed. London and Boston (Mass.) 1949.
C. Vandersleyen et al., *Das alte Ägypten.* Berlin 1975.

Stelen
J. Vandier, *Manuel d'archéologie égyptienne,* ii(1). Paris 1954.

Teil II: Nilreisen
Zu den einzelnen archäologischen Stätten konnten nur jeweils ein oder zwei Werke genannt werden. Die Auswahl erfolgte nach dem Gesichtspunkt der Präsentation neuester Forschungsergebnisse oder der Darstellung eines bestimmten Problemkreises. Eine vollständige Bibliographie bieten: B. Porter und R. L. B. Moss, *Topographical Bibliography of Ancient Egyptian Hieroglyphical Texts, Reliefs and Paintings,* i–vii, i. 2nd ed. Oxford 1927 - (abgekürzt PM). Archäolog. Arbeiten zu Ägypten und Nubien außerdem aufgeführt von J. Leclant in der Zeitschrift »Orientalia«. 1950–.

Elephantine und Assuan (PM v. 221–44)
E. Bresciani und S. Pernigotti, *Assuan. Il tempio tolemaico di Isi. I blocchi decorati e iscritti.* Pisa 1978.
E. Edel, *Die Felsengräber der Qubbet el-Hawa bei Assuan,* i–. Wiesbaden 1967–.

Philae (PM vi. 203–56)
H. Junker und E. Winter, *Philae,* i–. Wien 1958–.
H. G. Lyons, *A Report on the Island and Temples of Philae.* [London 1897].
S. Sauneron und H. Stierlin, *Die letzten Tempel Ägyptens. Edfu und Philae.* Zürich 1978.*

Kom Ombo (PM vi. 179–203)
J. de Morgan *et al., Kom Ombos,* i–ii. Wien 1909.

Gebel el-Silsila (PM v. 208–18, 220–21)
R. A. Caminos and T. G. H. James, *Gebel el-Silsilah,* i–. London 1963–.

Edfu (PM v. 200–05; vi. 119–77)
M. de Rochemonteix und E. Chassinat, *Le Temple d'Edfou,* i–xiv. Paris 1892, Kairo 1918–.

Kom el-Ahmar (PM v. 191–200)
B. Adams, *Ancient Hierakonpolis, with Supplement.* Warminster 1974.
W. A. Fairservis, Jr. *et al.,* »Preliminary Report on the First Two Seasons at Hierakonpolis«, *Journal of the American Research Center in Egypt,* ix (1971–72), 7–68.
J. E. Quibell (vol.ii with F. W. Green), *Hierakonpolis,* i–ii. London 1900, 1902.

Elkab (PM v. 171–91)
P. Derchain, *Elkab, i. Les Monuments religieux à l'entrée de l'Ouady Hellal.* Brüssel 1971.
Fouilles de el Kab, i–iii. Brüssel 1940–54.

Esna (PM v. 165–67; vi. 110–19)
D. Downes, *The Excavations at Esna 1905–1906.* Warminster 1974.
S. Sauneron, *Esna,* i–. Kairo 1959–.

el-Moalla (PM v. 170)
J. Vandier, *Mo'alla, la tombe d'Ankhtifi et la tombe de Sébekhotep.* Kairo 1950.

Gebelein (PM v. 162–64)

Tod (PM v. 167–69)
F. Bisson de la Roque, *Tôd (1934 à 1936).* Kairo 1937.

Armant (PM v. 151–61)
R. Mond und O. H. Myers, *Temples of Armant. A Preliminary Survey.* London 1940.
-- *The Bucheum,* i–iii. London 1934.

Luxor (PM ii.[2] 301–39)
H. Brunner, *Die südlichen Räume des Tempels von Luxor.* Mainz 1977.
A. Gayet, *Le Temple de Louxor.* Kairo 1894.

Karnak (PM ii.[2] 1–301)
P. Barguet, *Le Temple d'Amon-Rê à Karnak. Essai d'exégèse.* Kairo 1962.
Reliefs and Inscriptions at Karnak, i–, by the Epigraphic Survey. Chicago (Ill.) 1936–.

Theben-West (PM i[2] and ii.[2] 339–537)
H. Carter und A. C. Mace, *The Tomb of Tut.ankh.amen,* i–iii. London etc. 1923–33.
E. Hornung und F. Teichmann, *Das Grab des Haremhab im Tal der Könige.* Bern 1971.
Medinet Habu, i–viii, by the Epigraphic Survey. Chicago (Ill.) 1930–70.
E. Naville, *The Temple of Deir el Bahari,* Introductory Memoir and i–vi. London 1894–1908.
J. Osing, *Der Tempel Sethos' I. in Gurna. Die Reliefs und Inschriften,* i–. Mainz 1977–.
G. Thausing und H. Goedicke, *Nofretari. Eine Dokumentation der Wandgemälde ihres Grabes.* Graz 1971.

Nag el-Medamud (PM v. 137–50)
F. Bisson de la Roque, *J. J. Clère et al., Rapport sur les fouilles de Medamoud (1925–32).* Kairo 1926–36.

Naqada und Tuch (PM v. 117–19)
J. de Morgan, *Recherches sur les orgines de l'Égypte,* ii, 147–202. Paris 1897.

Qus (PM v. 135–6)

Qift (PM v. 123–34)
W. M. F. Petrie, *Koptos.* London 1896.

Dendra (PM v. 109–16; vi. 41–110)
É. Chassinat und F. Daumas, *Le Temple de Dendara,* i–. Kairo 1934–.
F. Daumas, *Dendara et le temple d'Hathor.* Cairo 1969.
A. Mariette, *Denderah,* i–iv. Paris 1870–73.

el-Qasr el-Saijad (PM v. 119–22)

Hu (PM v. 107–09)
W. M. F. Petrie, *Diospolis Parva: the Cemeteries of Abadiyeh and Hu, 1898–9.* London 1901.

Abydos (PM v. 39–105; vi. 1–41)
A. M. Calverley et al., *The Temple of King Sethos I at Abydos,* i–. London and Chicago (Ill.) 1933–.
A. Mariette, *Abydos,* i–ii, Paris 1869–80.
W. M. F. Petrie, *The Royal Tombs of the First Dynasty/Earliest Dynasties.* London 1900–01.

Beit Challaf (PM v. 37)
J. Garstang, *Mahâsna and Bêt Khallâf.* London 1903.

Achmim (PM v. 17–26)

Wannina (PM v. 31–34)
W. M. F. Petrie, *Athribis.* London 1908.

Qau el-Kebir (PM v. 9–16)
H. Steckeweh, *Die Fürstengräber von Qaw.* Leipzig 1936.

Assiut (PM iv. 259–70)
F. L. Griffith, *The Inscriptions of Siut and Der Rifeh.* London 1889.

Deir el-Gabraui (PM iv. 242–46)
N. de G. Davies, *The Rock Tombs of Deir el Gebrawi,* i–ii. London 1902.

Meir (PM iv. 247–58)
A. M. Blackman, *The Rock Tombs of Meir,* i–vi. London 1914–53.

el-Amarna (PM iv. 192–237)
N. de G. Davies, *The Rock Tombs of El Amarna,* i–vi. London, 1903–08.
G. T. Martin, *The Royal Tomb at el-'Amarna,* i–. London 1974–.
T. E. Peet, C. L. Woolley, J. D. S. Pendlebury *et al., The City of Akhenaten,* i–iii. London 1923, 1933, 1951

el-Sheich Saïd (PM iv. 187–92)
N. de G. Davies, *The Rock Tombs of Sheikh Saïd.* London 1901.

Deir el-Berscha (PM iv. 177–87)
P. E. Newberry und F. L. Griffith, *El Bersheh,* i–ii. London 1892.

el-Aschmunein (PM iv. 165–69)
G. Roeder, *Hermopolis 1929–1939.* Hildesheim 1959.

Tuna el-Gebel (PM iv. 169–75)
S. Gabra und E. Drioton, *Peintures à fresques et scènes peintes à Hermoupolis ouest (Touna el-Gebel).* Kairo 1954.
G. Lefebvre, *Le Tombeau de Petosiris,* i–iii. Kairo 1923–24.

el-Sheich Ibada (PM iv. 175–77)
Antinoe (1965–1968). Missione archeologica in Egitto dell' Università di Roma. Rom 1974.

Beni Hasan mit Speos Artemidos (PM iv. 140–65)
P. E. Newberry, F. L. Griffith *et al., Beni Hasan,* i–iv. London 1893–1900.

Sauijet el-Amwat (PM iv. 134–39)
A. Varille, *La Tombe de Ni-Ankh-Pepi à Zâouyet el- Mayetîn.* Kairo 1938.

Tihna el-Gebel (PM iv. 127–33)
R. Holthoer und R. Ahlqvist, »The Roman Templé at Tehna el-Gebel,« *Studia Orientalia,* xliii. 7 (1974).

el-Bahnasa (PM iv 124)
W. M. F. Petrie, *Tombs of the Courtiers and Oxyrhynkhos.* London 1925.
The Oxyrhynchus Papyri, i-. London 1898–.

el-Hiba (PM iv. 124–25)
H. Ranke, *Koptische Friedhöfe bei Karâra und der Amontempel Scheschonks I bei el Hibe.* Berlin und Leipzig 1926.

Dischascha (PM iv. 121–23)
W. M. F. Petrie, *Deshasheh 1897.* London 1898.

Ehnasja el-Medina (PM iv. 118–21)
E. Naville, *Ahnas el Medineh (Heracleopolis Magna).* London 1894.
W. M. F. Petrie, *Ehnasya 1904.* London 1905.

Kom Medinet Ghurab (PM iv. 112–15)
L. Borchardt, *Der Porträtkopf der Königin Teje.* Leipzig 1911.

el-Lahun (PM iv. 107–12)
W. M. F. Petrie, *Kahun, Gurob, and Hawara.* London 1890.
––*Illahun, Kahun and Gurob 1889–90.* London 1891.

Faijum (PM iv. 96–104)
E. Bresciani, *Rapporto preliminare delle campagne di scavo 1966 e 1967.* Mailand und Varese 1968.
A. Vogliano, *Rapporto degli scavi ... Madınet Madı,* i–ii. Mailand 1936–37.

Maidum (PM iv. 89–96)
W. M. F. Petrie, *Medum.* London 1892.

el-Lischt (PM iv. 77–85)
H. Goedicke, *Re-used Blocks from the Pyramid of Amenemhet I at Lisht.* New York 1971.

Mit Rahina (PM iii. 217–27)
R. Anthes *et al., Mit Rahineh 1955 and 1956.* Philadelphia (Pa.) 1959 und 1965.
W. M. F. Petrie *et al., Memphis,* i-v. London 1909–13.

Dahschur (PM iii. 228–40)
J. de Morgan, *Fouilles à Dahchour,* i–ii. Wien 1895–1903.
A. Fakhry, *The Monuments of Sneferu at Dahshur,* i–ii. Kairo 1959–61.

Saqqara (PM iii. 83–215 and iii.²393–776)
P. Duell *et al., The Mastaba of Mereruka,* i–ii. Chicago (Ill.) 1938.
M. Z. Goneim, *Horus Sekhem-khet. The Unfinished Step Pyramid at Saqqara,* i. Kairo 1957.
J.-P. Lauer, *Saqqara. The Royal Cemetery of Memphis.* London 1976.*
Le Tombeau de Ti, i–iii (i by L. Epron and F. Daumas, ii and iii by H. Wild). Kairo 1939–66.
A. M. Moussa und H. Altenmüller, *Das Grab des Nianchchnum und Chnumhotep.* Mainz 1977.

Abusir (PM iii.²324–50)
L. Borchardt, *Das Grabdenkmal des Königs Śa 3hu-re', i–ii.* Leipzig 1910–13.
H. Ricke *et al., Das Sonnenheiligtum des Königs Userkaf,* i–ii. Kairo 1965, Wiesbaden 1969.

Abu Ghurab (PM iii.²314–24)
E. Edel und S. Wenig, *Die Jahreszeitenreliefs aus dem Sonnenheiligtum des Königs Ne-user-Re.* Berlin 1974.

Sawijet el-Arijan (PM iii.²312–14)
D. Dunham, *Zawiyet el-Aryan. The Cemeteries Adjacent to the Layer Pyramid.* Boston (Mass.) 1978.

Giseh (PM iii.²10–312)
D. Dunham und W. K. Simpson, *The Mastaba of Queen Mersyankh III.* Boston (Mass.) 1974.
H. Junker, *Gîza,* i–xii. Wien/Leipzig 1929–55.
G. A. Reisner, *Mycerinus. The Temples of the Third Pyramid at Giza.* Cambridge (Mass.) 1931.
––*A History of the Giza Necropolis,* i–ii. Cambridge (Mass.) 1942–55.
W. K. Simpson, *The Mastabas of Kawab, Khafkhufu I and II.* Boston (Mass.) 1978.
C. M. Zivie, *Giza au deuxième millénaire.* Kairo 1976.

Abu Roasch (PM iii.²1–10)
F. Bisson de la Roque, *Rapport sur les fouilles d'Abou-Roasch (1922–1923)* und *(1924).* Kairo 1924–25.

Ausim (PM iv. 68)

Kom Abu Billu (PM iv. 67–68)

Kom el-Hisn (PM iv. 51–52)

Naukratis (PM iv. 50)
D. G. Hogarth, H. L. Lorimer und C. C. Edgar, »Naukratis, 1903,« *Journal of Hellenic Studies,* xxv (1905), 105–36.

Alexandria (PM iv. 2–6)
A. Adriani, *Repertorio d'arte dell' Egitto greco-romano,* series C, i–ii. Palermo 1966.
P. M. Fraser, *Ptolemaic Alexandria,* i–iii. Oxford 1972.

Sa el-Hagar (PM iv. 46–49)
R. el-Sayed, *Documents relatifs à Saïs et ses divinités.* Kairo 1975.

Tel el-Farain (PM iv. 45)

Behbeit el-Hagar (PM iv. 40–42)

Tell Atrib (PM iv. 65–67)
P. Vernus, *Athribis.* Kairo 1978.

Tell el-Muqdam (PM iv. 37–39)
E. Naville, *Ahnas el Medineh (Heracleopolis Magna).* London 1894, 27–31.

Samannud (PM iv. 43–44)
G. Steindorff, »Reliefs from the Temples of Sebennytos and Iseion in American Collections,« *Journal of the Walters Art Gallery;* vii–viii (1944–45), 38–59.

el-Baqlija (PM iv. 39–40)
A.-P. Zivie, *Hermopolis et le nome de l'Ibis.* Kairo 1975.

Tell el-Roba and Tell el-Timai (PM iv. 35–37)
H. De Meulenaere und P. MacKay, *Mendes II.* Warminster 1976.

Heliopolis (PM iv. 59–65)
W. M. F. Petrie und E. Mackay, *Heliopolis, Kafr Ammar and Shurafa.* London 1915.
H. Ricke, »Eine Inventartafel aus Heliopolis im Turiner Museum,« *Zeitschrift für ägyptische Sprache und Altertumskunde,* lxxi (1935), 111–33.

Tell el-Jahudija (PM iv. 56–58)
E. Naville, *The Mound of the Jew and the City of Onias.* London 1890.
G. R. H. Wright, »Tell el-Yehudiyah and the Glacis,« *Zeitschrift des Deutschen Palästina-Vereins,* lxxxiv (1968), 1–17.

Tell Basta (PM iv. 27–35)
Labib Habachi, *Tell Basta.* Kairo 1957.

Saff el-Hinna (PM iv. 10–11)
E. Naville, *The Shrine of Saft el Henneh and the Land of Goshen 1885.* London 1887.

Gebiet von Chatana/Qantir (PM iv.9–10)
M. Bietak, *Tell el-Dab'a II.* Wien 1975.

Tell Nabascha (PM iv.7–9)
W. M. F. Petrie, *Tanis II, Nebesheh (Am) and Defenneh (Tahpanhes).* London 1888.

San el-Hagar (PM iv.13–26)
P. Montet, *La Nécropole royale de Tanis,* i–iii. Paris 1947–60.
-- *Les Énigmes de Tanis.* Paris 1952.

Tell el-Maschuta (PM iv.53–55)
E. Naville, *The Store City of Pithom and the Route of the Exodus.* London 1903.

el-Dakka (PM vii. 40–50)
G. Roeder und W. Ruppel, *Der Tempel von Dakke,* i–iii. Kairo 1913–30.

Quban (PM vii. 82–83)

Amada (PM vii.65–73)
H. Gauthier, *Le Temple d'Amada.* Kairo 1913–26.

el-Sebua (PM vii.53–64)
H. Gauthier, *Le Temple de Ouadi es-Seboua.* Kairo 1912.

el-Derr (PM vii.84–89)
A. M. Blackman, *The Temple of Derr.* Kairo 1913.

Ellesija (PM vii.90–91)
S. Curto, *Il tempio di Ellesija.* Turin 1970.

Qasr Ibrim (PM vii.92–94)
R. A. Caminos, *The Shrines and Rock-inscriptions of Ibrim.* London 1968.

Dabod (PM vii.1–5)
M. Almagro, *El templo de Debod.* Madrid 1971.

Tafa (PM vii.8–10)
H. D. Schneider, *Taffeh. Rond de wederopbouw van een Nubische tempel.* Den Haag 1979.

Beit el-Wali (PM vii.21–27)
H. Ricke, G. R. Hughes und E. F. Wente, *The Beit el-Wali Temple of Ramesses II.* Chicago (Ill.) 1967.

Kalabscha (PM vii.10–21)
K. G. Siegler, *Kalabsha. Architektur und Baugeschichte des Tempels.* Berlin 1970.

Dendur (PM vii.27–33)
C. Aldred, »The Temple of Dendur,« *Metropolitan Museum of Art Bulletin,* xxxvi (1) (Summer 1978).

Gerf Hussein (PM vii.33–37)

Aniba (PM vii.75–81)
G. Steindorff, *Aniba,* i-ii. Glückstadt ect. 1935-37.

Abu Simbel (PM vii.95–119)
C. Desroches-Noblecourt und C. Kuentz, *Le Petit Temple d'Abou Simbel,* i–ii. Kairo 1968.
W. MacQuitty, *Abu Simbel.* London 1965.

Sinai
A. H. Gardiner, T. E. Peet und J. Černý, *The Inscriptions of Sinai,* i–ii. London 1952–55.

Schiffe
B. Landström, *Ships of the Pharaohs. 4000 Years of Egyptian Shipbuilding.* London 1970.
M. Z. Nour *et al., The Cheops Boats,* i. Kairo 1960.

Pyramiden
I. E. S. Edwards, *The Pyramids of Egypt.* London mehrere Aufl.*
A. Fakhry, *The Pyramids.* Chicago (Ill.) und London 1969.
J.-P. Lauer, *Le Mystère des pyramides.* Paris 1974.*

Teil III: Aspekte der äg. Gesellschaft
Die Frau in der Gesellschaft
P. W. Pestman, *Marriage and Matrimonial Property in Ancient Egypt.* Leiden 1961.
S. Wenig, *Die Frau im alten Ägypten.* Leipzig 1967.

Schreiber und Schrift
Grammatiken über die verschiedenen Stufen der Sprachentwicklung haben verfasst: J. B. Callender; J. Černý und S. I. Groll; E. Edel; A. H. Gardiner; H. Junker; G. Lefebvre; F. Lexa; W. Spiegelberg; Wörterbücher: W. Erichsen; A. Erman und H. Grapow; R. O. Faulkner. Die bei der Beschreibung des Schriftsystems verwendete Terminologie nach W. Schenkel.

Die Armee
A. R. Schulman, *Military Rank, Title, and Organization in the Egyptain New Kingdom.* Berlin 1964.
W. Wolf, *Die Bewaffnung des altägyptischen Heeres.* Leipzig 1926.
Y. Yadin, *The Art of Warfare in Biblical Lands in the Light of Archaeological Discovery.* London 1963.

Religion
H. Frankfort, *Ancient Egyptain Religion.* New York 1948.*
E. Hornung, *Der Eine und die Vielen.* Darmstadt 1971.
S. Morenz, *Ägyptische Religion.* Stuttgart 1960.*
E. Otto, *Osiris und Amun. Kult und heilige Stätten.* München 1966.*

Begräbnissitten
J.-F. und L. Aubert, *Statuettes égyptiennes, chaouabtis, ouchebtis.* Paris 1974.
M.-L. Buhl, *The Late Egyptian Anthropoid Stone Sarcophagi.* Kopenhagen 1959.
W. R. Dawson und P. H. K. Gray, *Mummies and Human Remains.* London 1968.
A. M. Donadoni Roveri, *I sarcofagi egizi dalle origini alla fine dell'Antico Regno.* Rom 1969.
J. Hamilton-Paterson und C. Andrews, *Mummies: Death and Life in Ancient Egypt.* London 1978.
H. Schneider, *Shabtis,* i–iii. Leiden 1977.

REGISTER GEOGRAPHISCHER NAMEN

Um die Auffindung der einzelnen Orte zu erleichtern, wurde den Stichwörtern die jeweilige geographische Längen- und Breitenangabe hinzugefügt.

REGISTER

Kursiv gesetzte Seitenzahlen weisen auf Abbildungen bzw. Bildlegenden hin. Der bestimmte Artikel el- bleibt bei der alphabetischen Einordnung des betreffenden Stichworts unberücksichtigt.